2023 증보판

# 중국법률용어사전

김주 · 장지화 · 강광문 · 김정애 · 이해란

박영사

# 2023년 증보판을 펴내면서

한·중 수교 30년 간 양국은 경제·문화 분야의 긴밀한 교류와 더불어 법학분야에서도 지속적인 교류가 이뤄졌고, 중국법에 대한 수요도 날로 증가하여 일부 로스쿨에는 중국법 과목을 개설하기에 이르렀다. 저자 중 한 명이 2009년에 한국 법학도들의 중국법에 대한 이해를 돕기 위한 첫걸음으로 "상용중국법률용어사전"을 출간한 지도 어느새 15년이 지났다. '십년이면 강산도 변한다'는 말처럼 중국의 기본법인 <헌법>, <형법>, <민사소송법>, <형사소송법>이 전부 개정되었고, <민법전>도 새로 제정되는 등 커다란 변화가 있었다.

이러한 배경 하에, 정확한 중국법률용어에 대한 이해를 돕기 위한 차원에서 기존의 <상용중국법률용어사전>의 개정판을 출간할 필요성을 느끼게 되었고, 어렵게 개정을 준비하는 기회에 중국법률용어를 조금 더 보완하고자 하는 욕심이 생기게 되었다. 한국에서 공부하고 근무하면서 이러한 문제에 대해 사명감을 느낀 5명의 저자들은 SV(사회공헌) 차원에서 틈틈이 시간을 내서 근 3년간 20여 차례의 대면/화상회의를 하면서 기존에 600여개에 불과하던 중국법률용어사전의 용어를 3배 이상인 1700여개로 대폭 늘리는 작업을 진행하였다. 특히 기존 사전에는 포함되지 아니하였던 지식재산권법/경제법/세법 등 법률분야를 추가하였고, 형법/형사소송법 관련 용어도 대폭 보강하였다. 법률용어의 수량도 꽤나 많아진 점을 감안하여 "상용(常用)"이란 딱지를 감히 떼어내고 "증보판"으로 출간하게 되었고, 향후에도 훌륭한 저자분들의 참여 하에 보다 완성도가 높은 후속 "증보판"을 이어갈 생각이다.

사전을 편찬하면서, 저자들은 사전 만들기는 이미 존재하는 중국법률용어 자료들을 정확하고 알기 쉽게 한국어로 재해석하는 작업이라는 공통된 인식 하에 어느 특정인의 주관적인 의견보다는 통설에 따라 정리하는 것이 필요하다는 점에 의견을 모았다. 그리하여 중국법률의 조항을 근간으로 용어를 선정한 후, 주로 중국에 출간된 대표적인 서적들의 설명을 참조하면서 최대한 용어 해석의 객관성을 확보하려고 애썼다. 또한 부족한 점이 많다는 것을 너무 잘 알기에 다양한 의견을 수렴하고, 외부 전문가들의 지혜를 모을 필요가 있다고 판단하였다. 따라서 재한중국인법학회를 통하여 공식적인 학회를 열어 5명의 저자들이 각자 맡은 파트에 대하여 발표하고, 한국 교수/변호사들과 각 법률용어에 대응하는 한글 용어의 선택, 용어의 설명 방식 등에 대하여 충분한 토론을 거쳤다. 그 후, 재한중국인법학회 회원들로부터 1차 교정을 받고, 5명의 한국 교수/변호사들로부터 2차 교정을 받았으며, 마지막으로 한중법학회 정영진 회장으로부터 전체 원고에 대한 3차 교정을 받았다. 여러 도움과 지원 덕분에 부족한 부분이 많이 보완되었으나 아직도 미흡한 점이 적지 않다는 것을 잘 알고 있다. 이런 점은 향후 독자들의 소중한 의견을 겸허히 받아들이고 다음 증보판에 반영하도록 하겠다.

장기간 집필의 어려움 속에서 같이 고민해주시고 물심양면으로 도움을 주신 모든 분들께 고마움을 전한다. 그리고 항상 튼튼한 울타리가 되어준 정영환 교수님께도 진심으로 감사드리며, 출간을 흔쾌히 허락해주시고 애써 주신 박영사의 조성호 이사님, 한두희 과장님, 양수정 대리님께도 깊은 감사를 드린다.

저자 일동

# 일러두기

- 
- 
- 

    본 사전은 일정 수준의 법학 기초가 있는 독자들이 중국의 법률용어를 이해하는데 도움을 드리고자 편저한 것이다. 그 외 중국법에 관심이 있는 일반 독자들도 이 책을 통해 중국법에 대한 이해를 높일 수 있을 것이다.

## 1. 용어의 선정범위

    본 사전은 헌법, 행정법, 민법, 형법, 상법, 지식재산권법, 민사소송법, 형사소송법, 노동법, 세법, 경제법 등 분야의 용어들을 중점으로 선정하였고, 장별분류도 위 법률 순서로 배치하였으며, 용어의 배열은 대체적으로 법률 조문 순으로 하였다.

## 2. 법률용어 표기방법

    본 사전의 기본 틀은 왼쪽에 중국법률용어를 한자로 표기하고, 각각의 한자 위에 병음을 표기하는 동시에 각각의 한자 아래에 대응하는 한글도 표기하였다. 오른쪽에는 같은 의미 또는 유사한 의미의 한국법률용어를 표기하였고, 같거나 유사한 의미의 한국법률용어가 없는 경우에는 중국법률용어를 직역하거나 중국법률용어의 핵심을 표현할 수 있는 내용으로 용어를 정리하였다.

    그리고 같은 법률용어라 할지라도 민사소송법과 형사소송법에 모두 있는 경우에는 해석이 다를 수 있기 때문에 민사소송법과 형사소송법에 각각 별도로 설명하였다.

**예1** 중국법률용어에 대응하는 한국법률용어가 있으며 직역 한글과도 같은 경우

| wù quán<br>**物权**<br>물 권 | **물권** |

**예2** 중국법률용어에 대응하는 의미가 같거나 유사한 한국법률용어가 있으나 직역 한글과는 다른 경우

| zī xī<br>**孳息**<br>자 식 | **과실** |

**예3** 중국법률용어에 대응하는 의미가 같거나 유사한 한국법률용어가 없는 경우

| chū ràng<br>**出让**<br>출 양 | **출양<br>토지사용권 유상양도** |

**예4** 유사한 형법 죄명은 다음과 같이 표기하였는데, 괄호안의 각각의 단어는 괄호 앞의 단어를 대체하여 죄명을 이루는 것으로 이해하면 된다.

| wèi jìng wài qiè qǔ　cì tàn　shōu mǎi　fēi fǎ tí gòng<br>**为境外窃取(刺探·收买·非法提供)**<br>guó jiā mì mì qíng bào zuì<br>**国家秘密(情报)罪**<br>위경외절취(자탐 · 수매 · 비법제공)국가비밀(정보)죄 | **국가비밀(정보)절취<br>(탐지·매수·불법제공)죄** |

### 대응하는 죄명
• 국가비밀절취죄, 국가정보절취죄

• 국가비밀탐지죄, 국가정보탐지죄

• 국가비밀매수죄, 국가정보매수죄

• 국가비밀불법제공죄, 국가정보불법제공죄

## 3. 본문 설명

중국법률용어를 설명하는 본문에서는 해당 중국법률용어(한자/병음포함)를 그대로 표기하였다. 그러나 중국법률용어를 설명하는 본문에서 다른 중국법률용어를 사용해야 할 경우에는 독해의 편의상 대응하는 한국법률용어를 사용하고, 오해의 소지가 있는 경우에는 한국법률용어 뒤에 중국법률용어를 (괄호)로 표기하거나, 다소 어색하지만 중국법률용어(한자)를 그대로 사용하였다. 또한, 필요 시 독자들이 검색해볼 수 있도록 중요한 법률명과 대표적인 조항 1개를 표기하였으나, 간결성 차원에서 본문 가운데 표기하지 않고 통일적으로 본문의 마지막에 배치하였다.

## 4. 색인

중국의 병음 순서 및 한글 가, 나, 다 순서로 작성

| 중국의 병음순으로 작성 | 가, 나, 다 순서로 작성 |
|---|---|
| **a**<br>àn fèn gòng yǒu<br>按份共有<br>àn fèn zé rèn<br>按份责任 | **ㄱ**<br>가격 거시 조정<br>가공 |
| **b**<br>bà miǎn<br>罢免<br>bǎng jià zuì<br>绑架罪 | **ㄴ**<br>낙찰통지서<br>난동 행위 |
| **c**<br>cái chǎn bǎo quán<br>财产保全<br>cái chǎn bǎo xiǎn<br>财产保险 | **ㄷ**<br>단독제<br>단독판사 |

## 5. 저자별 담당 분야

김  주: 민법 / 민사소송법 / 노동법

장지화: 형법 / 형사소송법

강광문: 헌법 / 행정법

김정애: 상법 / 지식재산권법

이해란: 경제법 / 세법

# 추 천 사

    최근 김주 박사(중국변호사)로부터 2009년에 발간한 「상용중국법률용어사전」의 증보판을 근 15년 만에 출판하게 되었다는 소식을 듣고 무척 기쁘고 감사한 마음이 들었다. 추천사를 통하여 이번 증보판의 출판을 진심으로 축하한다. 이 증보판 사전은 향후 한·중 법률의 교류와 발전에 엄청난 기여를 할 것이 명약관화하다.

    2009년에 발간한 「상용중국법률용어사전」은 김주 박사가 당시 박사과정의 바쁜 일정 중에 한국에서 유학하면서 받은 감사함을 한·중 법률의 교류와 발전을 위하여 조금이라도 기여한다는 귀한 마음으로 시작하여, 중국법 각 분야의 법률용어 중 기본적인 600여개의 법률용어를 선별하여 정리하면서 완성된 것이다. 당시 추천사를 쓰면서 그 내용은 말할 것 없고 김주 박사의 귀한 마음을 알게 되어 선생으로서 정말 훌륭한 제자를 둔 것에 대한 큰 자부심을 갖고 무척 기뻐한 생각이 난다.

    그런데 이번 「중국법률용어사전」은 종전의 제목 중 '상용'이라는 제목을 빼고, 각 법률분야의 용어를 1700여개로 대폭 늘렸으며, 필진도 김주 박사 외에 대한민국에 있는 10년 이상 된 중국법과 한국법의 전문가 4명을 추가하여 5명의 출중한 필진이 참여하고 있다. 추가된 4명의 필진을 구체적으로 보면 강광문 교수(서울대 법전원, 헌법/행정법), 장지화 박사(중국변호사, 형법/형사소송법 담당), 김정애 교수(외대 법전원, 상법/지식재산권법), 이해란 중국변호사(경제법/세법)이다.

    이러한 5명 필진의 면면만 보더라도 「중국법률용어사전」의 내용을 충분히 짐작할 수 있지만, 더욱이 5명의 필진 모두가 한·중 법률의 교류와 발전이라는 사회공헌의 일념으로 하나 되어 약 3년간 20여 차례의 대면과 화상회의를 통하여 다듬었다고 하니 그 의미는 더욱 큰 것으로 생각된다. 또한 2022년 12월에는 「재한중국인법학회」의 세미나 주제로 필진 5명이 담당분야의 다듬어진 법률용어를 가지고 발표하여 토론의 장을 갖기도 하였다. 이렇게 종전의 「상용중국법률용어사전」의 토대 위에 연부역강한 5명의 필진이 3년간 다듬고 다듬어, 이제 11개 법 분야(민법·민사소송법·노동법/형법·형사소송법/헌법·행정법/상법·지식재산권법/경제법·세법) 총 1700여개의 법률용어를 담은 「중국법률용어사전」이라는 대작이 완성된 것이다. 5명의 필진은 「중국법률용어사전」이 가지고 있는 폭발적 의미를 오히려 잘 모를 것이다. 하지만 추천사를 쓰는 제3자적인 입장에서 보면 한국과 중국, 중국과 한국 사이 법률의 교류와 발전에 엄청난 사건이라고 평가된다.

　필진 중 일부는 본인의 제자이기도 하지만 5명의 저자인 김주 박사, 강광문 교수, 장지화 박사, 김정애 교수, 이해란 중국변호사의 한·중, 중·한 법률의 교류와 발전이라는 사회공헌에 이바지 하겠다는 귀중한 마음에 깊이 감사드린다. 또한 5명의 필진 모두 하나님의 축복이 넘치길 빈다. 본인이 귀중한 「중국법률용어사전」의 추천사를 쓰게 된 것을 큰 영광으로 생각한다.


2023년 11월 9일
정 영 환 교 수
고려대학교 법학전문대학
(중국정법대학교 명예교수)

# 추 천 사

안녕하세요. 한중법학회 회장인 인하대 법학전문대학원의 정영진 교수입니다. 2023년 증보판 "중국법률용어사전"의 축사를 쓰게 되어 기쁘게 생각합니다. 본인은 2005년부터 현재까지 법과대학 및 법학전문대학원에서 중국법을 강의하면서 중국법 입문자를 위해 미국의 Black's Law Dictionary와 같이 신뢰할 수 있는 중국법률용어사전이 있었으면 좋겠다는 생각을 많이 했습니다.

중국법과 한국법이 모두 대륙법계에 속하고 있어서 외형적·구조적으로 상호 유사한 면이 있지만 중국법은 사회주의 법계에 속하고 한국법은 자본주의 법계에 속한다는 점에서 그 이념에 있어서는 큰 차이가 있습니다. 중국법과 한국법의 특수성을 무시한 채 같은 한자어라는 이유로 중국법률용어를 한국어로 단순 번역하는 경우 중국법에 대한 많은 오해를 불러일으킬 수 있습니다. 예를 들면 중국법에 특유한 承包의 경우 일본학자의 번역을 참고하여 "도급"이라고 번역하는 경우가 많았는데, 承包와 한국법의 도급과는 그 내용과 성질에 있어서 유사점은 찾아 보기 어렵기 때문에 承包를 도급으로 번역하는 관행은 지양되어야 할 것입니다.

김주 변호사는 2009년 한국 최초의 중국법률사전인 "중국법률용어사전"을 출간하여, 중국법 입문자에게 많은 도움을 준 바 있습니다. 김주 변호사는 중국법과 한국법에 정통한 4분과 함께 2023년 증보판 "중국법률용어사전"을 출간하기 위하여, 2022년 12월 한중법학회와 재한중국인법학회와의 공동학술대회에서 증보판 초안에 대한 발표와 토론을 거친 바 있습니다. 이러한 장기간의 검토 과정을 거쳐 드디어 2023년 증보판을 출간하게 된 것에 대하여 중국법 연구자의 한 사람으로 환영하는 바입니다.

2023 증보판 중국법률용사전이 중국법을 공부하는 분들에게 등대 같은 역할을 해주기를 바라며, 향후에도 정기적으로 업데이트하여 한·중 법학교류의 디딤돌이 될 수 있기를 기대합니다.

2023년 12월
한중법학회 회장 교수 정영진

# 차 례

# 제 1 장

# 헌법

| | |
|---|---|
| rén mín mín zhǔ zhuānzhèng<br>**人民民主专政**<br>인 민 민 주 전 정 | 인민민주독재 |

중국의 국가성격, 즉 국체(国体)를 말한다. 국가성격은 국가의 계급적 본질이고 사회 각 계급, 계층이 국가에서 차지하는 지위를 나타낸다. 현재 중국은 노동자 계급이 영도하고 노동자와 농민의 연맹을 기초로 하는 人民民主专政의 사회주의국가이며, 人民民主专政의 실질은 프롤레타리아독재(无产阶级专政)이다. 국체에 대응하는 개념은 국가의 정권형식을 나타내는 정체(政体)이다. 중국의 정체는 인민대표대회제도이다(宪法 제1조).

| | |
|---|---|
| rén mín dài biǎo dà huì zhì dù<br>**人民代表大会制度**<br>인 민 대 표 대 회 제 도 | 인민대표대회제도 |

중국의 정권조직형식, 즉 정체(政体)를 말한다. 국가의 모든 권력은 인민에게 속하지만, 인민은 전국인민대표대회와 지방 각급 인민대표대회를 통하여 국가권력을 행사한다. 현(县), 향(乡) 인민대표대회는 직접선거를 통해 선출되고, 현 이상의 인민대표대회는 간접선거를 통하여 신출된다. 국가의 행정기관, 감찰기관, 재판기관, 검찰기관은 모두 인민대표대회를 통해 선출되고 인민대표대회에 대하여 책임지고 인민대표대회의 감독을 받는다(宪法 제2조).

| | |
|---|---|
| mín zhǔ jí zhōng zhì<br>**民主集中制**<br>민 주 집 중 제 | 민주집중제 |

민주를 기초로 하고 집중을 지도로 하는, 민주와 집중이 서로 결합된 국가조직운영의 기본원리를 말한다. 이는 중국공산당이 상하 조직관계와 내부 공산당원의 관리를 위하여 개발한 원리에서 유래하였다. 현재 중국에서 民主集中制는 주로, 인민대표대회가 인민을 대표하여 국가권력을 통일적으로 행사하고 행정기관 등 기타 국가

기관들이 인민대표대회에 의하여 선출되고 인민대표대회에 대하여 책임지며 감독을 받는 데에서 구현되고 있다(宪法 제3조).

| 004 | yī fǎ zhì guó<br>依法治国<br>의 법 치 국 | 의법치국 |

법에 따라 나라를 다스린다는 원칙, 제도를 말한다. 사회주의 법치국가의 건설은 중국 사회주의 건설의 기본임무 중 하나이고 중국 특색을 가진 사회주의 정치의 기본 목표 중 하나이다. 중국에서 법치(法治)라고 함은 헌법과 법률의 규정에 따라 모든 국가사무를 처리하고 각종 업무의 제도화와 법제화를 실현함으로써, 국가의 의사결정이 지도자의 변화 또는 지도자 개인생각의 변화의 영향을 받지 않도록 한다는 의미이다. 이러한 중국식 법치의 개념은 서양이나 한국에서 말하는 이른바 법의 지배(rule of law)와 다른 특징을 지니고 있다. 依法治国은 1999년 헌법 개정을 통하여 중국 헌법에 명문화되었다(宪法 제5조).

| 005 | mín zú qū yù zì zhì<br>民族区域自治<br>민 족 구 역 자 치 | 민족구역자치 |

국가의 통일적인 영도 하에서, 소수민족이 집거하는 지역을 중심으로 민족자치지역을 설치하고 민족자치기관을 설립하여 헌법과 법률의 규정에 따라 자치권을 행사하게 하는 제도를 말한다. 民族区域自治는 성급(省级)인 자치구, 시급(市级)인 자치주, 현급(县级)인 자치현으로 구분된다. 현재 내몽고(内蒙古), 녕하(宁夏), 신강(新疆), 서장(西藏), 광서(广西) 5개의 자치구가 설치되어 있다. 그 외 30개의 시급 자치기관인 자치주, 120개 현급 자치기관인 자치현이 있다(宪法 제4조).

| shè huì zhǔ yì gōngyǒu zhì<br>**社会主义公有制**<br>사 회 주 의 공 유 제 | **사회주의공유제** |
|---|---|

토지를 포함한 생산수단에 대하여 국가 또는 집체(集体)가 소유하는 제도를 말하며, 이는 중국 사회주의 경제제도의 기초이다. 社会主义公有制는 전민소유제(全民所有制)인 국가소유제와 근로대중의 집체소유제(集体所有制)로 구성된다. 현재 중국은 사회주의 초급단계에 놓여있으므로 社会主义公有制 외에 자영경제(个体经济), 사영경제 등 非공유제 경제형식을 허용하고 발전시키고 있다(宪法 제6조).

| quánmín suǒ yǒu zhì<br>**全民所有制**<br>전 민 소 유 제 | **전민소유제** |
|---|---|

국가소유제(国家所有制)라고도 하는데, 이는 중국 국민경제의 주요 부분을 구성하는 소유제도이다. 중국은 현재 국가안보 관련 등 국가의 주요 산업에 대하여 국가소유제를 시행하고 있다. 그 외 도시의 토지는 국가소유이고 광물, 수류(水流), 삼림, 산령(山岭), 황무지, 갯벌 등 자연자원은 법률의 규정에 의해 집체소유(集体所有)인 경우 외에는 모두 국가소유이다(宪法 제6조).

| guóyǒujīng jì<br>**国有经济**<br>국 유 경 제 | **국유경제** |
|---|---|

사회주의 전민소유제경제(社会主义全民所有制经济)라고도 하는데 이는 중국의 국민경제를 주도하는 역량이다. 현재 중국에서 도시의 토지는 국가소유이고 기타 핵심 산업 또한 국가소유이다. 토지 외의 생산수단에 대한 国有经济는 구체적으로 국가가 설립, 투자한 국유기업 및 국유회사의 형태를 취하고 있다(宪法 제7조).

## 009

### jí tǐ suǒ yǒu zhì
### 集体所有制
### 집 체 소 유 제

### 집체소유제

노동군중집체소유제(劳动群众集体所有制)라고도 하는데, 개별 집체(集体)에 소속되어 있는 사람들이 생산수단을 공동으로 소유하고 생산수단의 이용성과를 공동으로 배분하는 소유형태를 말한다. 전민소유제와 함께 사회주의공유제에 속하며, 농촌 토지의 경우 법률의 규정에 의해 국가소유에 속하는 경우 외에는 集体所有(jí tǐ suǒ yǒu)로 되어 있다(宪法 제8조).

## 010

### jiā tíng chéng bāo jīng yíng
### 家庭承包经营
### 가 정 승 포 경 영

### 가정승포경영

주로 농촌 지역에서 시행하고 있는, 농민가정(农户)을 단위로 한 집체소유경제의 운영방식을 말한다. 농민가정은 농촌집체와 승포계약(承包合同)을 체결함으로써 집체소유의 농경지(耕地), 임야(林地) 및 목초지(草地) 등에 대한 점유, 사용 및 수익의 권리를 취득한다. 승포경영권자는 관련 법률의 규정에 따라 자신의 승포경영권을 맞바꾸거나(互换), 양도(转让)할 수 있다. 이러한 승포경영권은 민법상 단순한 채권이 아닌 용익물권의 일종이다(宪法 제8조).

## 011

### gè tǐ jīng jì
### 个体经济
### 개 체 경 제

### 자영경제

근로자 개인이 생산수단을 소유하고 자신의 노동을 통해 생산하고 수익을 창출하는 경제형식을 말한다. 个体经济(gè tǐ jīng jì)는 일반적으로 그 규모가 작고 주로 개체공상호(个体工商户)로 등록되어 있다. 1993년 헌법 개정을 통해 个体经济(gè tǐ jīng jì)를 사영경제(私营经济)와 함께 사회주의 시장경제의 중요한 구성 부분이라고 규정함으로써 그 법적 지위를 인정하였다(宪法 제11조).

| | |
|---|---|
| sī yíngjīngjì<br>**私营经济**<br>사 영 경 제 | **사영경제** |

私营经济<sup>sī yíngjīngjì</sup>는 자영경제(个体经济)에 비하여 일반적으로 그 규모가 크고, 자신의 노동에 의거하지 않고 타인을 고용하는 형태를 취하는 경제형식을 말한다. 私营经济<sup>sī yíngjīngjì</sup>에는 회사(유한회사와 주식회사 포함), 조합기업(合伙企业) 및 독자기업 등이 포함된다. 私营经济<sup>sī yíngjīngjì</sup>는 자영경제와 더불어 非공유제 경제의 한 형태이다(宪法 제11조).

| | |
|---|---|
| fēi gōngyǒu zhì jīng jì<br>**非公有制经济**<br>비 공 유 제 경 제 | **비공유제 경제** |

생산수단(生产资料)에 대한 사회주의 공유제 외의 기타 소유제에 기초한 경제를 말한다. 이러한 非公有制经济<sup>fēi gōngyǒu zhì jīng jì</sup>의 대표적인 형태에는 자영경제(个体经济)와 사영경제(私营经济)가 포함된다. 자영경제와 사영경제 등 非公有制经济<sup>fēi gōngyǒu zhì jīng jì</sup>는 사회주의 시장경제의 중요한 구성 부분이고, 국가는 非公有制经济<sup>fēi gōngyǒu zhì jīng jì</sup>의 발전을 격려, 지지 및 인도하는 한편, 법에 따라 非公有制经济<sup>fēi gōngyǒu zhì jīng jì</sup>에 대하여 감독하고 관리한다(宪法 제11조).

| | |
|---|---|
| shè huì zhǔ yì shì chǎngjīng jì<br>**社会主义市场经济**<br>사 회 주 의 시 장 경 제 | **사회주의 시장경제** |

중국 공산당과 정부가 마르크스이론을 토대로 중국의 현실을 결부하여 이론화한 개념 중 하나이다. 社会主义市场经济<sup>shè huì zhǔ yì shì chǎngjīng jì</sup>의 요점은, 생산수단에 대한 사회주의 공유제를 견지하는 동시에 시장을 자원배분의 주요 수단으로 한다는 것이다. 이러한 시장경제는 시장이 아닌 국가계획과 통제를 주요 수단으로 하는 기존의 계획경제(计划经济)와 구분된다. 중국에서 社会主义市场经济<sup>shè huì zhǔ yì shì chǎngjīng jì</sup>는 1993년 헌법 개정을 통해 헌법적 지위를 얻게 되었다(宪法 제15조).

| 015 | àn láo fēn pèi<br>**按劳分配**<br>안 로 분 배 | **근로에 따른 배분** |

사회주의 공유제가 요구하는 수입 배분의 기본원칙으로서, 개개인은 자신의 능력에 따라 일을 하고 자본투자나 금융이자 등에 따른 것이 아니라 그가 투입한 노동에 따라 수입을 배분받는 제도를 말한다. 현재 중국은 사회주의 초급단계에 처해 있으므로, 按劳分配<sup>àn láo fēn pèi</sup>를 위주로 하면서 다양한 형식의 배분 방식이 병행하는 제도를 시행하고 있다(宪法 제6조).

| 016 | guóyǒu qǐ yè<br>**国有企业**<br>국 유 기 업 | **국유기업** |

중앙정부인 국무원 또는 지방 정부가 주요 출자자로 있는 기업을 말한다. 1990년대 이후 이른바 회사제도개혁(公司制改革)을 통해 중국의 대부분 国有企业<sup>guóyǒu qǐ yè</sup>은 회사의 법인격을 취득하게 되었다. 国有企业<sup>guóyǒu qǐ yè</sup>과 국유회사(国有公司)는 서로 혼용되어 사용되기도 한다. 国有企业<sup>guóyǒu qǐ yè</sup>은 구체적으로 국유독자기업(国有独资企业), 국유독자회사(国有独资公司), 국유자본이 통제하는 회사(国有资本控股公司) 및 기타 형태의 중앙정부나 지방정부가 감독, 관리하는 기업들이 포함되어 있다(宪法 제16조).

| 017 | zhái jī dì<br>**宅基地**<br>택 기 지 | **택지**<br>**농촌주택용지** |

농촌 주민들이 주택 및 관련 부대시설을 건설하는 데 이용할 수 있는 집체소유(集体所有)의 토지를 말한다. 농촌의 宅基地<sup>zhái jī dì</sup>는 집체소유에 속한다. 宅基地<sup>zhái jī dì</sup>의 사용권자는 이 토지에 대하여 점유, 사용의 권리를 가지고 있고 그 토지사용권의 취득, 행사, 양도는 관련 법규에 따른다(宪法 제10조).

| zì liú dì　zì liú shān<br>**自留地/自留山**<br>자 류 지 / 자 류 산 | **자류지/자류산** |
|---|---|

1950년대 이후, 중국 농촌지역에서 시행한 이른바 사회주의개조를 거치면서 농민들의 토지소유권이 농촌합작사(农村合作社) 및 그 후의 인민공사(人民公社)에 합병되는 과정에서, 농민들에게 여전히 남겨져 농민들이 자주적으로 사용할 수 있는 일부의 토지 및 산림(山林)을 말한다. 이러한 토지와 산림의 소유권은 농민집체에 속하고 농민들은 그 토지와 산림에서 대하여 사용, 경영하는 권리를 가지고 있다(宪法 제10조).

| yì wù jiào yù<br>**义务教育**<br>의 무 교 육 | **의무교육** |
|---|---|

만 6세에 달한 모든 아동은 반드시 9년간의 교육을 의무적으로 받아야 하고, 이를 위한 학비나 잡비(杂费)가 면제되는 것을 말한다. 조건이 구비되지 않는 지역에서는 취학의 시작 나이를 만 7세로 연기할 수 있다(宪法 제19조).

| pǔ tōnghuà<br>**普通话**<br>보 통 화 | **표준어** |
|---|---|

규범한자(规范汉字)와 함께 법이 정한 국가통용언어문자(国家通用语言文字)에 속하는 언어를 말한다. 普通话(pǔ tōnghuà)의 음은 북경의 발음을 표준으로 북방지역의 방언을 기초로 규정되어 있다. 국가는 普通话(pǔ tōnghuà)를 전국적으로 통용되는 표준어가 되도록 널리 보급해야 한다(宪法 제19조).

| 021 | jì huàshēng yù<br>**计划生育**<br>계 획 생 육 | **산아제한** |

인구정책에 따라 계획적으로 출산하도록 하는 제도를 말하며, 중국의 기본 국책 중 하나이다. 헌법은 부부는 计划生育을 실행할 의무가 있다고 명문화하였다. 최근 중국은 인구상황의 변화에 따라, 1부부 1자녀라고 하는 기존의 엄격한 기준을 완화하는 조치를 잇달아 내놓고 있다(宪法 제49조).

| 022 | wǔ zhuāng lì liàng<br>**武裝力量**<br>무 장 역 량 | **무장역량** |

중앙군사위원회의 영도와 통일적인 지도를 받는 정규군인 인민해방군(육해공군 포함), 인민무장경찰부대 및 민병(民兵)을 말한다(宪法 제93조).

| 023 | zhí xiá shì<br>**直辖市**<br>직 할 시 | **직할시** |

중국의 지방행정구역 중 성급에 해당하는 시(市)로서, 중앙정부의 직접적인 영도를 받는 지역을 말한다. 현재 중국에는 북경(北京), 상해(上海), 천진(天津), 중경(重庆) 4개의 직할시가 설치되어 있다(宪法 제30조).

| 024 | zhèng zhì bì nán<br>**政治避难**<br>정 치 피 난 | **정치피난** |

정치적 이유로 피난을 요구하는 외국인에게 비호(庇护)를 받을 권리를 부여하는 것을 말한다. 비호의 구체적인 내용에는 입국과 체류 허가 등의 내용이 포함된다. 다만 이와 관련한 중국 국내법이 아직 제정되어 있지 않아, 여기서 말하는 政治避难의 법적 의미는 명확하지 않다(宪法 제32조).

| | |
|---|---|
| **特别行政区**<br>tè bié xíngzhèng qū<br>특 별 행 정 구 | **특별행정구** |

일국양제(一国两制)의 방침 하에 설립된, 기타 통상적인 지방자치단체에 비하여 특수한 법적 지위를 향유하고 특별한 정치, 경제 및 사회제도를 시행하는 행정구역을 말한다. 현재 중국에는 홍콩특별행정구와 마카오특별행정구 2개의 特别行政区가 설립되어 있다. 국가는 필요시 特别行政区를 설치할 수 있고, 그 구체적인 내용은 전국인민대표대회가 법률로 정한다. 特别行政区는 기타 지방 행정기관에 비하여 고도의 자치권을 행사할 수 있다는 데 그 특징이 있다(宪法 제31조).

| | |
|---|---|
| **一国两制**<br>yì guóliǎng zhì<br>일 국 양 제 | **일국양제** |

한 국가, 두 가지 제도(一个国家, 两种制度)의 약칭으로, 주권이 통일된 국가 내에서 대부분 지역이 사회주의제도를 시행하는 한편, 특정 지역에서는 사회주의와 근본적으로 다른 자본주의 제도와 생활방식을 유지한다는 것을 주요 내용으로 하는 제도를 말한다. 一国两制는 홍콩, 마카오 및 대만과 같은 역사문제를 해결하기 위하여 중국 공산당과 정부가 고안한 독창적인 개념이다. 1990년대 후반 홍콩과 마카오가 중국으로 반환되고 이 두 지역에 특별행정구(特别行政区)가 설치되면서, 一国两制는 실제로 중국에서 시행되고 있다.

| | |
|---|---|
| **公民**<br>gōngmín<br>공 민 | **공민** |

중화인민공화국의 국적을 가진 자연인을 말한다. 헌법은 제2장 '공민의 기본 권리와 의무'에서 중국 국민이 향유하는 각종 권리와 부담하여야 하는 의무를 열거하여 규정하였다. 중국에서는 公民과 더불어 인민(人民)이라는 용어도 사용한다. 일반적

으로 법률 개념인 公民(gōngmín)에 비하여 인민은 정치적 개념이라고 해석되지만, 두 개념은 구별되지 않고 자주 혼용된다(宪法 제33조).

| 028 | 人权(rén quán) 인 권 | 인권 |
| --- | --- | --- |

모든 인간이 인간으로서 향유할 수 있는 권리를 말한다. 중국은 2004년 헌법 개정을 통해 人权(rén quán)이라는 용어를 처음으로 헌법에 도입하였고, 국가는 人权(rén quán)을 존중하고 보장한다고 규정하였다. 그전까지 중국에서는 인권보다는 공민의 기본권리(基本权利)라는 표현을 사용하였다. 중국에서 人权(rén quán)을 논할 시에는 형식적인 人权(rén quán)의 보장보다는 人权(rén quán)의 실질적인 실현을 강조하고, 각종 人权(rén quán) 중에서는 자유권에 비하여 생존권이나 발전권(发展权) 등 사회적 권리를 강조하는 경향을 보인다(宪法 제33조).

| 029 | 平等权(píngděngquán) 평 등 권 | 평등권 |
| --- | --- | --- |

모든 공민이 평등하게 권리를 향유하고 어떠한 차별적인 대우도 받지 않는 헌법적 지위를 말한다. 중국 국적을 가진 모든 공민은 법 앞에서 일률적으로 평등하다. 물론 이러한 평등은 절대적인 개념이 아니라 상대적 개념으로서, 객관적인 상황에 기초한 각종 합리적인 구별은 인정된다(宪法 제33조).

| 030 | 政治权利(zhèng zhì quán lì) 정 치 권 리 | 정치권리 |
| --- | --- | --- |

공민이 국가의 정치생활에 참여하는 각종 권리와 자유를 통칭하는 개념이다. 가장 대표적인 政治权利(zhèng zhì quán lì)는 공민의 선거권과 피선거권이다. 현(县), 향(乡) 인민대표대회

는 선거인이 직접 선거를 통해 선출하고 현 이상의 인민대표대회는 간접선거를 통하여 선출된다(宪法 제34조).

| xuǎn jǔ quán 选举权 선 거 권 | 선거권 |
|---|---|

031

공민이 국가권력기관의 대표 및 기타 공직인원(公职人员)을 선출하는 권리를 말한다. 선거권은 헌법이 공민에게 보장한 정치권리의 주요 내용이다. 만 18세 이상의 공민은 정치권리를 박탈당한 자 이외에 모두 选举权(xuǎn jǔ quán)을 가진다. 选举权(xuǎn jǔ quán)의 행사는 인민대표대회선거법(全国人民代表大会和地方各级人民代表大会选举法) 등 법률에 따른다(宪法 제34조).

| bèi xuǎn jǔ quán 被选举权 피 선 거 권 | 피선거권 |
|---|---|

032

공민이 국가권력기관의 대표 및 기타 공직인원(公职人员)으로 선출될 수 있는 권리를 말한다. 被选举权(bèi xuǎn jǔ quán)은 헌법이 공민에게 보장한 정치권리의 주요 내용이다. 만 18세 이상의 공민은 정치권리를 박탈당한 자 이외에 모두 被选举权(bèi xuǎn jǔ quán)을 가진다(宪法 제34조).

| yán lùn zì yóu 言论自由 언 론 자 유 | 언론의 자유 |
|---|---|

033

공민이 각종 형식을 통하여 자신의 사상과 관점을 표현, 전파하는 자유를 말한다. 言论自由(yán lùn zì yóu)는 헌법이 보장한 공민의 기본권리 중 하나이다. 言论自由(yán lùn zì yóu)는 절대적인 것이 아니라 헌법과 법률이 정한 범위에서 보장받는다(宪法 제35조).

| 034 | chū bǎn zì yóu<br>**出版自由**<br>출 판 자 유 | **출판의 자유** |

공민이 신문·잡지·도서·음반제품 등 형식의 출판물을 공개적으로 발행함으로써
자신의 의견이나 사상을 표현, 전파하는 자유를 말한다. <sup>chū bǎn zì yóu</sup>出版自由는 헌법이 보장한
공민의 기본권리 중 하나이다. 각종 출판활동은 출판관리조례(出版管理条例) 등 법
규에 따라야 한다(宪法 제35조).

| 035 | jié shè zì yóu<br>**结社自由**<br>결 사 자 유 | **결사의 자유** |

공민이 특정의 목적을 실현하기 위하여 어떤 사회단체를 조직하는 자유를 말한다.
<sup>jié shè zì yóu</sup>结社自由는 헌법이 보장한 공민의 기본권리 중 하나이나, 공민이 결사를 통해 만든
단체는 법에 따라 등기하여야 한다. 국무원 민정부문(民政部门)과 현급 이상 인민
정부의 민정부문이 사회단체의 등기관리기관이다. 등기에 관한 구체적인 업무는 사
회단체등기관리조례(社会团体登记管理条例) 등 법규에 따른다(宪法 제35조).

| 036 | jí huì yóuxíng shì wēi zì yóu<br>**集会游行示威自由**<br>집 회 유 행 시 위 자 유 | **집회 · 데모 · 시위의 자유** |

사람들이 공공도로 등 노천의 공공장소에 모여서 자신의 의견을 발표하거나(集会),
대열을 지어 행진하면서 공동의 바람을 표시하거나(游行), 이러한 집회나 데모 또
는 정좌(静坐) 등의 방식으로 요구·항의·지지·성원 등의 바람을 표시하는(示威) 활
동을 말한다. <sup>jí huì yóuxíng shì wēi zì yóu</sup>集会游行示威自由는 헌법이 보장한 공민의 기본권리 중 하나이다. 이
러한 권리의 행사는 집회유행시위법(集会游行示威法) 등 법규에 따른다(宪法 제
35조).

| zōng jiào xìn yǎng zì yóu<br>**宗教信仰自由**<br>종 교 신 앙 자 유 | 종교신앙의 자유 |
|---|---|

공민이 종교를 신앙하는 자유와 종교를 신앙하지 않을 자유, 특정 종교를 신앙 또
는 신앙하지 않을 자유 및 한 종교 내에서 특정 종파를 신앙 또는 신앙하지 않을 자
유를 말한다. 宗教信仰自由는 헌법이 보장한 공민의 기본권리 중 하나이다. 국가는
정상적인 종교활동을 보호하고 누구든지 종교를 이용하여 사회질서를 파괴하거나
공민의 신체적 건강을 손상하거나 국가의 교육제도를 방해하는 활동을 해서는 안
된다. 그 외 중국 국내의 종교 단체와 종교 사무는 외부 세력의 지배를 받지 않는다
(宪法 제36조).

| rén shēn zì yóu<br>**人身自由**<br>인 신 자 유 | 신체의 자유 |
|---|---|

공민의 인신(公民人身)이 불법적인 침해로부터 보호받는 헌법적 지위를 말한다. 구
체적으로는 어떠한 공민도 인민검찰원의 승인이나 결정 또는 인민법원의 결정을 거
치지 않거나 공안기관의 집행에 의하지 않고서는 체포(逮捕)당하지 아니한다. 또한
불법적인 구금, 기타 불법적인 방식을 통한 공민의 인신자유에 대한 제한이나 박탈
은 금지되고, 몸에 대한 불법적인 수색도 엄격히 금지된다(宪法 제37조).

| rén gé zūn yán<br>**人格尊严**<br>인 격 존 엄 | 인격적 존엄 |
|---|---|

명예, 프라이버시권 등 개개인의 인격권과 밀접히 관련되는 헌법적 지위를 말한다.
헌법에 따르면 人格尊严은 침해받지 않고, 어떠한 방법으로도 공민을 모욕·비방 또
는 무고·모함하는 것은 금지된다. 人格尊严의 구체적 내용에는 공민의 성명권(姓
名权), 초상권(肖像权), 명예권(名誉权), 영예권(荣誉权), 프라이버시권(隐私权) 등
권리가 포함된다(宪法 제38조).

| 040 | zhù zhái bù shòu qīn fàn<br>**住宅不受侵犯**<br>주 택 부 수 침 범 | 주거의 불가침범 |

공민의 주택에 대한 불법적인 침입 또는 불법적인 수색의 금지를 말한다. 住宅不受<sup>zhù zhái bù shòu</sup><br><sup>qīn fàn</sup>侵犯은 헌법이 보장한 공민의 기본적인 권리 중 하나이다. 불법적으로 타인의 주택을 수색하거나 주택에 침입한 자는 3년 이하의 유기징역 또는 구역(拘役)의 형을 받을 수 있다(宪法 제39조).

| 041 | tōng xìn zì yóu<br>**通信自由**<br>통 신 자 유 | 통신의 자유 |

공민이 서신·전보(电报)·팩스·전화 및 기타 통신수단을 통하여 자신의 뜻에 따라 통신을 하고 타인의 간섭을 받지 않을 자유 및 권리를 말한다. 헌법에 따르면 국가안전 또는 형사범죄 수사의 필요에 의하여, 공안기관 또는 검찰기관이 법률이 정한 절차에 따라 통신에 대하여 검사를 하는 경우 외에, 어떠한 조직이나 개인도 어떠한 이유로도 공민의 通信自由<sup>tōng xìn zì yóu</sup>와 통신의 비밀을 침해해서는 아니 된다(宪法 제40조).

| 042 | sī yǒu cái chǎnquán<br>**私有财产权**<br>사 유 재 산 권 | 사유재산권 |

공민 개개인이 노동 및 기타 합법적인 방식으로 재산을 취득하고 이를 점유·사용·처분하는 권리를 말한다. 헌법이 보장하는 私有财产权<sup>sī yǒu cái chǎnquán</sup>에는 소유권은 물론 채권, 주식 또는 지분(股权), 각종 지식재산권, 토지승포경영권(土地承包经营权) 등 기타 재산적 권리가 포함된다. 2004년 헌법 개정을 통하여 공민의 합법적인 사유재산은 침범되지 않는다는 규정을 추가하였다(宪法 제13조).

| gōnggòng cái chǎn<br>**公共财产**<br>공 공 재 산 | 공공재산 |
|---|---|

국가 또는 집체(集体)가 소유하고 있는 재산을 말한다. 헌법은 사회주의 公共财产<br>은 신성불가침하고, 어떠한 조직이나 개인도 어떠한 수단으로 국가와 집체의 재산을 점거(侵占)하거나 파괴하는 것을 금지한다고 규정하고 있다. 公共财产<sup>gōnggòng cái chǎn</sup>에는 국유재산, 근로대중의 집체소유의 재산(劳动群众集体所有的财产), 빈곤퇴치와 기타 공익사업에 사용되어야 하는 사회기부재산 또는 전문항목재산(专项基金的财产) 등이 포함된다. 그 외 국가기관, 국유회사와 기업, 집체기업과 인민단체에서 관리, 사용 또는 운송 중에 있는 사유재산은 公共财产<sup>gōnggòng cái chǎn</sup>으로 간주한다(宪法 제12조).

| láo dòngquán<br>**劳动权**<br>노 동 권 | 노동권<br>근로권 |
|---|---|

헌법이 보장하는 노동의 능력을 가진 공민이 노동에 종사하고 보수를 취득하는 기본권리를 말한다. 헌법은 노동을 공민의 기본권리인 동시에 기본의무라고 규정하고, 모든 노동력이 있는 공민의 영광스러운 책임(光荣职责)이라고 정하였다. 국가는 각종 방법을 통하여 노동 및 취업의 조건을 조성하고 노동자 보호를 강화하며 노동 조건을 개선하고, 생산을 발전시키는 전제하에 노동 보수와 복지 대우를 향상시켜야 한다(宪法 제42조).

| xiū xī quán<br>**休息权**<br>휴 식 권 | 휴식권 |
|---|---|

헌법에 의해 보장된, 일정 시간 동안 노동을 한 노동자가 피로를 제거하고 노동력을 회복하기 위한 기본권리를 말한다. 헌법은 노동자는 휴식의 권리가 있고 국가는 노동자의 휴식과 휴양을 위한 시설을 건설한다고 규정하였다. 노동자의 매일 노동

시간은 8시간을 초과하지 못하고 매주 평균 노동시간은 44시간을 초과하지 못한다. 그 외 노동자는 공휴일(公休日), 법정명절휴일(法定节假日), 유급연차휴가(带薪年休假) 등 휴가제도의 적용을 보장받는다(宪法 제43조).

| 046 | jiào yù quán<br>**教育权**<br>교 육 권 | 교육권 |
|---|---|---|

교육을 받을 권리(受教育权)라고도 하는데, 공민이 문화, 과학 등의 교육훈련을 받는 기본권리를 말한다. 헌법은 교육을 받는 것은 공민의 권리인 동시에 의무라고 규정하고 있으며, 9년간 의무교육제를 실행하고 있다. 따라서 일정 나이에 이른 모든 아동 및 청소년은 9년간의 무상교육을 받을 권리를 가지는 동시에 그러한 교육을 반드시 받아야 한다(宪法 제46조).

| 047 | shè huì bǎozhàngquán<br>**社会保障权**<br>사 회 보 장 권 | 사회보장권 |
|---|---|---|

공민이 자신의 존엄 있는 생활을 유지하기 위하여 국가에 일정한 급부를 청구하는 기본권리를 말한다. 헌법이 보장하고 있는 社会保障权에는 크게 4가지 내용이 포함된다. ① 공민이 연로, 질병, 근로능력이 상실한 경우에 국가와 사회로부터 물질적 원조(物质帮助)를 받을 권리를 가진다. ② 맹인, 농아 및 기타 장애를 가진 공민은 근로, 생활, 교육의 면에서 국가와 사회로부터 도움을 받을 권리를 가진다. ③ 국가와 사회는 장애를 입은 군인의 생활을 보장하고 열사의 가족을 구휼(抚恤)하고 군인의 가족을 우대한다. ④ 법이 정한 퇴직제도(退休制度)에 따라, 기업과 국가기관에서 퇴직한 정년 퇴직자의 생활은 국가와 사회로부터 보장을 받는다(宪法 제45조).

| guó jiā  jī guān<br>**国家机关**<br>국 가 기 관 | 국가기관 |
|---|---|

국가기구(国家机构)라고도 하는데. 국가권력을 행사하고 국가의 관리를 담당하는 조직을 말한다. 国家机关에는 국가원수인 주석과 부주석, 전국인민대표대회를 포함한 각급 국가 권력기관, 국무원을 포함한 각급 행정기관, 감찰기관, 재판기관, 검찰기관 및 군사기관이 포함된다(宪法 제3장).

| guó jiā gōng zuò rén yuán<br>**国家工作人员**<br>국 가 공 작 인 원 | 국가공직종사자 |
|---|---|

각급 국가기관에서 업무를 수행하는 인원을 말한다. 좁은 의미에서는 공무원(公务员)을 지칭하는데, 공직에 종사하고 국가의 행정편제(行政编制)에 소속되어 있으며 국가재정에서 그들의 보수, 복지의 비용이 충당되는 인원을 말한다(公务员法 제2조).

| shì  yè dān wèi<br>**事业单位**<br>사 업 단 위 | 사업단위 |
|---|---|

사회공익의 목적을 위하여 국가기관 또는 기타 조직이 국유자산을 이용하여 설립한 교육, 과학, 문화, 보건 등 활동을 수행하는 사회조직이다. 事业单位는 공익성격을 띤 업무를 수행하지만 행정기구에 속하지 않고 그 인원들도 공무원으로 취급하지 않는다.

| huá qiáo  guī qiáo  qiáo juàn<br>**华侨/归侨/侨眷**<br>화 교 / 귀 교 / 교 권 | 화교/귀국 교포/교포 가족 |
|---|---|

华侨는 해외에서 정주하는 중국 공민을 말한다. 华侨는 중국인 혈통을 지니고 있지

만, 중국 국적을 상실하고 거주지 국적을 취득한 이른바 화인(华人)과 구별되는 개념이다. 归侨는 중국 국내에 돌아와 정주하는 华侨를 말한다. 외국적 화인(外籍华人) 또한 비준을 거쳐 중국 국적을 회복하거나 취득한 경우 归侨로 간주한다. 侨眷은 华侨, 归侨의 중국 국내에 있는 가족을 말한다. 구체적으로는 华侨, 归侨의 의 배우자, 부모, 자녀 및 그 배우자, 형제자매, 조부모, 외조부모, 손자손녀, 외손자손녀 및 华侨, 归侨와 장기적인 부양관계를 가지고 있는 기타 친족을 말한다. 국가는 华侨의 정당한 권익 및 归侨와 侨眷의 합법적인 권익을 보장한다(宪法 제50조).

| 052 | bīng yì<br>**兵役**<br>병 역 | **병역** |

공민이 국가의 무장조직에 참가하여 군사훈련을 받고 일정한 기간 동안 무장조직에서 임무를 수행하여야 하는 제도를 말한다. 모든 공민은 법률에 따라 兵役에 복무하여야 하는 의무를 지닌다. 한편으로 병역법(兵役法)에 따르면, 중국은 현재 자원兵役을 주체로 하고 자원兵役과 의무兵役이 서로 결합된 兵役제도를 시행하고 있다(宪法 제55조).

| 053 | mínbīng<br>**民兵**<br>민 병 | **민병** |

국가의 정규 무장력인 인민해방군에 대하여 조수 역할, 충원 역할을 담당하는 군중무장조직(群众武装组织)을 말한다. 민병은 인민해방군, 인민무장경찰부대(人民武装警察部队)와 함께 중국 무장역량(武装力量)을 구성한다. 병역조건에 부합하는, 만 18세에서 만 35세에 이르는 남성 공민은 관련 규정에 따라 民兵조직에 참가하여야 한다(宪法 제55조).

| quánguó rén mín dài biǎo dà huì<br>**全国人民代表大会**<br>전 국 인 민 대 표 대 회 | 전국인민대표대회 |
|---|---|

헌법의 시행을 감독하고 국가의 기본법률을 제정·개정하고 국가주석과 부주석을 임명하는 등 광범위한 권한을 행사하는 최고 권력기관을 말한다. 全国人民代表大会(quánguó rén mín dài biǎo dà huì)는 성·자치구·직할시 및 특별행정구와 군대에서 선출한 대표로 구성된다. 全国人民代表大会(quánguó rén mín dài biǎo dà huì)의 임기는 5년이고 상설기구인 전국인민대표대회 상무위원회(全国人民代表大会常务委员会)를 두고 있다(宪法 제57조).

| quánguó rén mín dài biǎo dà huì cháng wù wěi yuán huì<br>**全国人民代表大会常务委员会**<br>전 국 인 민 대 표 대 회 상 무 위 원 회 | 전국인민대표대회 상무위원회 |
|---|---|

전국인민대표대회의 상설기관을 말하며, 전국인대상위회(全国人大常委会)라고 줄여서 부르기도 한다. 全国人民代表大会常务委员会(quánguó rén mín dài biǎo dà huì cháng wù wěi yuán huì)는 전국인민대표대회에서 선출되며 전국인민대표대회에 책임을 지고 업무를 보고하여야 한다. 全国人民代表大会常务委员会(quánguó rén mín dài biǎo dà huì cháng wù wěi yuán huì)는 전국인민대표대회와 더불어 국가의 입법권을 행사한다. 그 외 헌법을 해석하고 헌법의 시행을 감독하고 법률을 해석하고 전국인민대표대회 폐회기간에 법률을 보완하고 개정하는 등 광범위한 권한을 행사한다. 全国人民代表大会常务委员会(quánguó rén mín dài biǎo dà huì cháng wù wěi yuán huì)의 임기는 전국인민대표대회의 임기와 동일하게 5년이다(宪法 제65조).

| quánguó rén mín dài biǎo dà huì cháng wù wěi yuán huì wěi yuánzhǎng<br>**全国人民代表大会常务委员会委员长**<br>전 국 인 민 대 표 대 회 상 무 위 원 회 위 원 장 | 전국인민대표대회<br>상무위원회 위원장 |
|---|---|

전국인민대표대회 상무위원회의의 업무를 주관(主持)하는 수장(首长)을 말한다. 위원장 외에 약간 명의 부위원장을 둘 수 있으며, 부위원장은 위원장의 위탁을 받고 위원장의 일부 권한을 대행한다. 全国人民代表大会常务委员会委员长(quánguó rén mín dài biǎo dà huì cháng wù wěi yuán huì wěi yuánzhǎng)과 부위원장

은 전국인민대표대회가 선출하고 그 후보자 명부는 전국인민대표대회의장단(主席
团)이 확정한다. 全国人民代表大会常务委员会委员长, 부위원장은 두 차례 임기(两
届, 매회 임기 5년)를 초과하여 연임할 수 없다(宪法 제65조).

---

**057**
quánguó rén mín dài biǎo dà huì zhuānmén wěi yuán huì
**全国人民代表大会专门委员会**
전 국 인 민 대 표 대 회 전 문 위 원 회

**전국인민대표대회 전문위원회**

---

전국인민대표대회 및 그 상무위원회의 지도하에 관련 의안(议案)을 연구하고 심의
하는 기구를 말한다. 전국인민대표대회에는 민족위원회, 법률위원회, 재정경제위원
회, 교육과학문화위생위원회, 외교사무위원회, 화교위원회, 환경과자원보호위원회
(环境与资源保护委员会), 농업과 농촌위원회, 사회건설위원회 및 그 밖의 위원회를
설치할 수 있다(宪法 제70조).

---

**058**
quánguó rén mín dài biǎo dà huì diàochá wěi yuán huì
**全国人民代表大会调查委员会**
전 국 인 민 대 표 대 회 조 사 위 원 회

**전국인민대표대회 조사위원회**

---

전국인민대표대회 또는 전국인민대표대회 상무위원회가 특정 문제에 관한 조사를
위하여 설치한 임시조직을 말한다. 调查委员会의 조사에 대하여 관련 국가기관, 사
회단체, 공민은 필요한 자료를 제공할 의무를 지닌다. 전국인민대표대회 또는 전국
인민대표대회 상무위원회는 调查委员会의 보고에 근거하여 상응한 결의를 채택할
수 있다(宪法 제71조).

---

**059**
quánguó rén mín dài biǎo dà huì zhǔ xí tuán
**全国人民代表大会主席团**
전 국 인 민 대 표 대 회 주 석 단

**전국인민대표대회 의장단**

---

전국인민대표대회의 회의를 주관(主持)하는 조직을 말한다. 全国人民代表大会主
席团은 전국인민대표대회 회의 전에 개최되는 예비회의(预备会议)에서 선출한다.

<sup>quánguó rén mín dài biǎo dà huì zhǔ xí tuán</sup>
全国人民代表大会主席团의 명단 초안은 전국인민대표대회 상무위원회 위원장이
제출하여 상무위원회의 심의 후 예비회의에 제출된다. <sup>quánguó rén mín dài biǎo dà huì zhǔ xí tuán</sup>全国人民代表大会主席团은
약간 명의 상무주석(常務主席)을 선출하여 <sup>quánguó rén mín dài biǎo dà huì zhǔ xí tuán</sup>全国人民代表大会主席团를 주관(主持)
한다(宪法 제61조).

| guó jiā zhǔ xí 国家主席 국 가 주 석 | 국가주석 |
|---|---|

전국인민대표대회를 통해 선출되고 국가를 대표하여 국사활동을 하는 기관을 말한
다. 선거권과 피선거권을 가진, 만 45세 이상인 중국 공민은 모두 <sup>guó jiā zhǔ xí</sup>国家主席 및 부주
석으로 선출될 수 있다. <sup>guó jiā zhǔ xí</sup>国家主席과 부주석의 임기는 5년이며 횟수에 제한 없이 연
임이 가능하다. <sup>guó jiā zhǔ xí</sup>国家主席은 법률을 공포하고 각종 명령을 반포하며 전국인민대표
대회와 그 상무위원회의 결정에 따라 국무원 총리와 부총리를 포함한 행정부의 주
요 인사를 임명하는 등 권한을 행사한다(宪法 제79조).

| jǐn jí zhuàng tài 紧急状态 긴 급 상 태 | 비상사태 |
|---|---|

국가가 중대한 사태가 발생하거나 발생할 위험에 직면하여, 그 위해를 방지하기 위
하여 공민의 일부 자유와 권리를 제한하는 등 특별 조치를 취할 수 있는 제도를 말
한다. <sup>jǐn jí zhuàng tài</sup>紧急状态는 중국 헌법에서 규정한 3가지 비상 상황 중 하나이다. <sup>jǐn jí zhuàng tài</sup>紧急状态
외에 전쟁상태 및 동원령의 반포가 있다. 전국인민대표대회 상무위원회는 전국 또
는 개별 성·자치구·직할시의 <sup>jǐn jí zhuàng tài</sup>紧急状态를 결정하고, 국무원은 법률 규정에 따라
성·자치구·직할시의 부분 지역의 <sup>jǐn jí zhuàng tài</sup>紧急状态를 결정한다. 국가주석은 전국인민대표
대회 상무위원회의 결정에 따라 <sup>jǐn jí zhuàng tài</sup>紧急状态의 진입을 선포한다(宪法 제67조).

| zhànzhēngzhuàng tài<br>**战争状态**<br>전 쟁 상 태 | 전시상태 |
| --- | --- |

타국의 침략행위 등으로 인해 국가안전이 엄중한 위협에 처한 경우, 국가의 경제활동에 대하여 제한을 가하고 공민의 일부 권리를 제한하는 등 특별조치를 취할 수 있는 제도를 말한다. 战争状态는 비상상태, 동원령의 반포와 함께 중국 헌법에서 규정한 3가지 비상 상황 중 하나이다. 전국인민대표대회가 전쟁 및 평화의 문제에 관하여 결정하고, 전국인민대표대회 상무위원회는 전국인민대표대회 폐회기간에 필요한 경우 战争状态의 선포를 결정하고, 국가주석이 전국인민대표대회 및 전국인민대표대회 상무위원회의 결정에 근거하여 战争状态를 선포한다(宪法 제67조).

| dòngyuánlìng<br>**动员令**<br>동 원 령 | 동원령 |
| --- | --- |

전시상태 등 비상상황에 직면하여 국가의 인력과 재산을 동원함으로써, 경제를 포함한 각종 활동을 비상상황에 일률적으로 복종하게 하도록 하는 제도를 말한다. 动员令의 반포는 중국 헌법에서 규정한 3가지 비상 상황 중 하나이다. 动员令 외에 전시상태와 비상상태가 있다. 동원은 전국총동원(全国总动员)과 부분지역 동원(局部动员)으로 나뉜다. 전국인민대표대회 상무위원회가 전국총동원 또는 부분지역 동원을 결정하고 국가주석이 전국인민대표대회 상무위원회의 결정에 따라 动员令을 반포한다(宪法 제67조).

| jiān chá jī guān<br>**监察机关**<br>감 찰 기 관 | 감찰기관 |
| --- | --- |

국가의 감찰권을 행사하는 기관을 말한다. 监察机关은 2018년 헌법 개정과 감찰법의 제정으로 새롭게 탄생한 국가기구이다. 监察机关에는 국가감찰위원회와 지방

각급 감찰위원회가 있다. 監察机关은 기존의 행정감찰기관의 기능 및 인민검찰원의 일부 기능을 행사한다. 監察机关의 법적 성격에 관해서는 현재 여러 가지 논의가 있으나, 단순한 행정기관이나 사법기관이 아닌 헌법과 법률에 근거를 둔 새로운 국가기관으로 인정되고 있다(宪法 123조).

| guó jiā jiān chá wěi yuán huì<br>**国家监察委员会**<br>국 가 감 찰 위 원 회 | **국가감찰위원회** |
|---|---|

전국의 감찰업무를 책임지는 최고 감찰기관을 말한다. 国家监察委员会를 포함한 각급 감찰기관은 2018년 헌법개정과 감찰법의 제정으로 탄생한 기구들이다. 国家监察委员会는 전국인민대표대회에 의해 설치되고 전국인민대표대회 및 그 상무위원회에 대하여 책임을 지며 감독을 받는다. 国家监察委员会 주임은 전국인민대표대회에서 선출한다. 현재 国家监察委员会는 중국공산당 당내 기구인 중국공산당중앙기율검사위원회(中共中央纪律检查委员会)와 부서통합근무(合署办公)의 형식으로 업무를 수행하고 있다(宪法 제125조).

| jiān chá guān<br>**监察官**<br>감 찰 관 | **감찰관** |
|---|---|

감찰기관인 각급 감찰위원회에서 소속되어 감찰권을 행사하는 국가공무원을 말한다. 監察官은 법에 따라 직책을 수행하고 법률의 보호를 받으며 행정기관, 사회단체 및 개인의 간섭을 받지 않는다. 2021년에 제정된 감찰관법(監察官法)에는 감찰관의 조건, 임면, 징계 등 사항이 자세히 규정되어 있다(監察官法 제3조).

| rén mín fǎ yuàn<br>**人民法院**<br>인 민 법 원 | **인민법원** |
|---|---|

국가 재판기관을 말한다. 人民法院은 크게 최고인민법원(最高人民法院), 지방 각

급 人民法院 및 전문 人民法院으로 구분된다. 지방 각급 人民法院은 고급 人民法院, 중급 人民法院, 기층 人民法院으로 나뉜다. 전문 人民法院에는 해사법원, 군사법원, 지식재산권법원, 금융법원 등이 포함된다. 각급 人民法院은 독립적으로 재판권을 행사하는 한편, 동급 인민대표대회 및 그 상무위원회의에 대하여 책임을 진다. 최고인민법원은 지방 각급 人民法院과 전문 人民法院의 재판업무를 감독하고 상급 人民法院은 하급 人民法院의 재판업무를 감독한다(宪法 제128조).

---

**068**

**人民检察院**
인 민 검 찰 원
rén mín jiǎn chá yuàn

**인민검찰원**

---

국가의 법률감독기관(法律监督机关)이라고도 하며, 공소권, 일부 형사사건에 대한 수사권, 형사사건의 수사를 포함한 국가의 각종 법집행행위에 대한 법률감독권, 공익소송의 제기 등의 권한을 행사하는 기관을 말한다. 人民检察院은 최고인민검찰원(最高人民检察院), 지방 각급 人民检察院 및 군사 人民检察院과 같은 전문 人民检察院으로 구분된다. 지방 각급 人民检察院은 성급 人民检察院, 시급 人民检察院, 현급 人民检察院으로 나뉜다. 각급 人民检察院은 독립적으로 검찰권을 행사하는 한편, 동급 인민대표대회 및 그 상무위원회에 대하여 책임을 진다. 최고인민검찰원은 지방 각급 人民检察院과 전문 人民检察院의 업무를 지도(领导)하고 상급 人民检察院은 하급 人民检察院의 업무를 지도한다(宪法 제134조).

---

**069**

**最高人民法院**
최 고 인 민 법 원
zuì gāo rén mín fǎ yuàn

**최고인민법원**

---

국가의 최고 심판기관을 말한다. 最高人民法院은 지방 각급 인민법원과 전문 인민법원의 재판업무를 감독한다. 最高人民法院은 전국인민대표대회와 전국인민대표대회 상무위원회에 대하여 책임을 진다. 最高人民法院 원장은 전국인민대표대회에 의해 선출되거나 파면(罢免)된다. 最高人民法院 부원장, 재판관(审判员), 심판위원

회위원은 最高人民法院(zuì gāo rén mín fǎ yuàn) 원장의 제청(提请)에 따라 전국인민대표대회 상무위원회가
임명하거나 해임한다(宪法 제132조).

| 最高人民检察院(zuì gāo rén mín jiǎn chá yuàn)<br>최 고 인 민 검 찰 원 | 최고인민검찰원 |
| --- | --- |

070

국가의 최고 검찰기관을 말한다. 最高人民检察院(zuì gāo rén mín jiǎn chá yuàn)은 지방 각급 인민검찰원 및 전문
인민검찰원의 업무를 지도(领导)한다. 最高人民检察院(zuì gāo rén mín jiǎn chá yuàn)은 전국인민대표대회와 전
국인민대표대회 상무위원회에 대하여 책임을 진다. 最高人民检察院(zuì gāo rén mín jiǎn chá yuàn) 검찰장은 전국
인민대표대회에 의해 선출되거나 파면(罢免)된다. 最高人民检察院(zuì gāo rén mín jiǎn chá yuàn) 부검찰장, 검찰
원(检察员), 검찰위원회위원은 最高人民检察院(zuì gāo rén mín jiǎn chá yuàn) 원장의 제청(提请)에 따라 전국인민
대표대회 상무위원회가 임명하거나 파면한다(宪法 제137조).

| 高级人民法院(gāo jí rén mín fǎ yuàn)<br>고 급 인 민 법 원 | 고급인민법원 |
| --- | --- |

071

성·자치구·직할시에 설치된 인민법원을 말한다. 高级人民法院(gāo jí rén mín fǎ yuàn)은 다음 사건을 심리
한다. ① 법률이 규정한 高级人民法院(gāo jí rén mín fǎ yuàn) 제1심 관할인 사건 ② 하급 인민법원이 보고
하여 요청한 제1심사건 ③ 최고인민법원이 지정한 제1심사건 ④ 중급인민법원의 판
결, 재정에 대한 상소, 항소 사건 ⑤ 심판감독절차에 따라 제기된 재심사건 ⑥ 중급
인민법원이 비준(复核)을 신청한 사형 사건(人民法院组织法 제20조).

| 中级人民法院(zhōng jí rén mín fǎ yuàn)<br>중 급 인 민 법 원 | 중급인민법원 |
| --- | --- |

072

성·자치구 관할 시(市)의 中级人民法院(zhōng jí rén mín fǎ yuàn), 직할시 내에 설치된 中级人民法院(zhōng jí rén mín fǎ yuàn), 자치주
中级人民法院(zhōng jí rén mín fǎ yuàn), 성·자치구 내에서 지구(地区) 단위로 설립된 中级人民法院(zhōng jí rén mín fǎ yuàn)을 말한

다. <ruby>中级人民法院<rt>zhōng jí rén mín fǎ yuàn</rt></ruby>은 다음 사건을 심리한다. ① 법률이 규정한 <ruby>中级人民法院<rt>zhōng jí rén mín fǎ yuàn</rt></ruby>이 제1심으로 관할하여야 하는 사건 ② 기층인민법원이 보고하여 요청한 제1심사건 ③ 상급인민법원이 지정한 제1심사건 ④ 기층인민법원의 판결, 재정에 대한 상소, 항소 사건 ⑤ 심판감독절차에 따라 제기된 재심사건(人民法院组织法 제22조).

| 073 | |
|---|---|
| <ruby>基层人民法院<rt>jī céng rén mín fǎ yuàn</rt></ruby><br>기 층 인 민 법 원 | 기층인민법원 |

현과 자치현의 인민법원, 구(区)가 설립되지 않은 시의 인민법원, 시가 관할하는 구의 인민법원을 말한다. <ruby>基层人民法院<rt>jī céng rén mín fǎ yuàn</rt></ruby>은 법률이 별도로 규정한 경우 외에 제1심 사건을 심리한다(人民法院组织法 제24조).

| 074 | |
|---|---|
| <ruby>法官<rt>fǎ guān</rt></ruby><br>법 관 | 법관 |

법에 따라 국가 재판권(审判权)을 행사하는 재판인원(审判人员)을 말한다. 1995년에 법관법(法官法)이 제정되어 <ruby>法官<rt>fǎ guān</rt></ruby>의 자격, 임명과 파면 등 사항에 대하여 규정하고 있다. <ruby>法官<rt>fǎ guān</rt></ruby>은 심판원(审判员)과 흔히 혼용되기도 하지만, <ruby>法官<rt>fǎ guān</rt></ruby>은 재판권을 행사하는 특정 국가공무원 자격이고 심판원은 구체적으로 사건을 심리하기 위하여 구성된 재판인원이다. 인민법원은 사건을 법관단독재판(法官一人独任)을 통해 또는 합의부(合议庭)에서 심리하여야 하는데, 합의부는 법관으로 구성하거나 법관과 인민배심원(人民陪审员)이 함께 구성할 수 있다(法官法 제2조).

| 075 | |
|---|---|
| <ruby>检察官<rt>jiǎn chá guān</rt></ruby><br>검 찰 관 | 검찰관 |

법에 따라 국가의 검찰권을 행사하는 검찰인원을 말한다. 최고인민검찰원, 지방 각

급 인민검찰원 및 군사검찰원과 같은 특수 유형의 인민검찰원의 검찰장, 부검찰장, 검찰위원회 위원 및 검찰원(檢察員)을 포함한다. 1995년에 제정된 검찰관법(檢察官法)은 檢察官의 자격, 임명과 파면 등 사항에 관하여 구체적으로 규정하고 있다(檢察官法 제2조).

| guó wù yuàn<br>国务院<br>국 무 원 | 국무원 |
|---|---|

최고 권력기관의 집행기관인 동시에 국가의 최고 행정기관을 말한다. 国务院은 전국인민대표대회에 대하여 책임을 지고 업무를 보고하고, 최고인민대표대회 폐회기간에는 전국인민대표대회 상무위원회에 대하여 책임을 지고 업무를 보고한다. 国务院은 총리, 몇 명의 부총리, 몇 명의 국무위원, 각 부 부장, 각 위원회 주임, 감사장(审计长), 비서장으로 구성된다. 国务院 총리는 국가주석이 지명(提名)하고 전국인민대표대회가 결정한다. 국가주석은 전국인민대표대회의 결정에 따라 国务院 총리를 해임할 수 있다. 국무원 총리, 부총리의 임기는 5년이고 2기 이상 연임할 수 없다(宪法 제85조).

| zhōngyāng jūn shì wěi yuán huì<br>中央军事委员会<br>중 앙 군 사 위 원 회 | 중앙군사위원회 |
|---|---|

국가의 최고 군사지휘기관을 말한다. 中央军事委员会는 전국의 무장력을 지도(领导)하며, 전국인민대표대회와 전국인민대표대회 상무위원회에 대하여 책임을 진다. 中央军事委员会 주석은 전국인민대표대회가 임명하거나 해임한다. 현재 중국에서는 국가기관인 中央军事委员会와 중국공산당 산하의 중공중앙군사위원회(中共中央军事委员会)는 동일한 조직기구 및 동일한 인원으로 구성되어 있다. 실제로 이 두 기관을 서로 구분하지 않고 중앙군위(中央军委)로 약칭하여 부르기도 한다(宪法 제93조).

| 078 | cūn mín wěi yuán huì<br>**村民委员会**<br>촌 민 위 원 회 | **촌민위원회** |
|---|---|---|

농촌 지역 주민들의 자치를 실현하고 농민들의 합법적인 권익을 수호하기 위하여 설립된 자치기구를 말한다. 村民委员会(cūn mín wěi yuán huì)는 도시지역의 주민위원회(居民委员会)와 함께 이른바 지방자치성 자치조직(基层群众性自治组织)에 속한다. 村民委员会(cūn mín wěi yuán huì)의 설립, 철폐, 영역의 조정은 향진(乡镇) 인민정부가 제시하고, 해당 村民委员会(cūn mín wěi yuán huì)의 토의와 동의를 거쳐 현급 인민정부가 허가한다. 村民委员会(cūn mín wěi yuán huì)는 촌민회의, 촌민대표회의에 책임을 지고 업무를 보고한다(宪法 제111조).

| 079 | jū mín wěi yuán huì<br>**居民委员会**<br>거 민 위 원 회 | **주민위원회** |
|---|---|---|

주민자치의 원칙에 따라 대체로 100호(户)에서 700호의 범위에서 설립된 도시지역의 자치기구를 말한다. 居民委员会(jū mín wěi yuán huì)는 농촌지역의 촌민위원회(村民委员会)와 함께 이른바 지방자치성 자치조직(基层群众性自治组织)에 속한다. 居民委员会(jū mín wěi yuán huì)의 설립, 철폐, 규모 조정은 구(区) 인민정부 또는 구가 설치되지 않은 시 인민정부가 결정한다. 居民委员会(jū mín wěi yuán huì)는 주민회의에 대하여 책임지고 업무를 보고한다(宪法 제111조).

| 080 | jī céngqúnzhòngxing zì zhì zǔ zhī<br>**基层群众性自治组织**<br>기 층 군 중 성 자 치 조 직 | **지방자치성 자치조직** |
|---|---|---|

基层群众性自治组织(jī céngqúnzhòngxing zì zhì zǔ zhī)에는 농촌지역의 촌민위원회(村民委员会)와 도시지역의 주민위원회(居民委员会)가 포함된다. 이러한 자치조직은 주로, 그 지역의 공공사무와 공익사업을 처리하고 민간분쟁을 조정하며 인민정부에 대중의 의견, 요구를 반영하고 건의를 제시하는 등 업무를 담당한다. 이러한 자치조직은 법적 성격상 국가기관에 포함되지 않고, 여기서 일하는 인원들은 공무원의 신분을 지니지 않는다(宪法 제111조).

| tè shè<br>**特赦**<br>특사 | **특별사면** |
|---|---|

법이 정한 절차에 따라, 특정인에 대하여 그들의 형벌을 면제해주는 제도를 말한다. 전국인민대표대회 상무위원회가 特赦을 결정하고 국가주석이 전국인민대표대회 상무위원회의 결정에 따라 특사령을 반포한다. 판결이 확정되기 이전, 특사령을 통해 그 형벌이 면제된 경우 더 이상 형사책임을 추궁하지 않고, 이미 추궁되고 있다면 그 사건을 철회(撤销)하거나 불기소, 심리종결 또는 무죄선고를 하여야 한다. 유기징역 이상의 형벌을 처벌받은 자가 特赦 이후 5년 이내에 다시 유기징역 이상 처벌을 받게 되는 죄를 범하면 누범(累犯)에 속하고 가중처벌(从重处罚)한다(宪法 제67조).

| guó qí<br>**国旗**<br>국기 | **국기** |
|---|---|

중국의 国旗는 오성홍기(五星红旗)이다. 1949년에 사회주의정권을 수립하면서 전국 범위에서의 응모를 거쳐 중국인민정치협상회의에서 결정하였다. 오성홍기의 빨간색 바탕은 혁명을 상징하고 하나의 큰 별은 중국 공산당, 큰 별을 둘러싼 작은 별들은 사회의 각 계층을 대표한다(宪法 제141조).

| guó gē<br>**国歌**<br>국가 | **국가** |
|---|---|

중국의 国歌는 의용군행진곡(义勇军进行曲)이다. 원래는 톈한(田汉) 작사, 네얼(聶耳) 작곡의 영화 주제곡이었는데 1949년 중국인민정치협상회의에서 国歌로 결정하고 2004년 헌법 개정을 통해 헌법에 명문화하였다(宪法 제141조).

| 084 | guó huī<br>**国徽**<br>국 휘 | **국장** |

중국의 国徽<sup>guó huī</sup>은 다섯 개의 별이 천안문을 밝게 비추고, 테두리는 곡식 이삭과 톱니바퀴로 되어 있는 모양을 하고 있다. 国徽<sup>guó huī</sup>의 현재 모양은 여러 논의를 거쳐 1950년에 최종적으로 정해졌다(宪法 제142조).

| 085 | shǒu dū<br>**首都**<br>수 도 | **수도** |

중국의 首都<sup>shǒu dū</sup>는 북경(베이징)이다. 1949년 중국인민정치협상회의에서 北平<sup>běi píng</sup>(북경의 원래 지명)을 수도로 정하고 北京<sup>běi jīng</sup>으로 개명하였다(宪法 제143조).

| 086 | zhōng guó rén mínzhèng zhì xié shāng huì yì<br>**中国人民政治协商会议**<br>중 국 인 민 정 치 협 상 회 의 | **중국인민정치협상회의** |

인민정협(人民政协) 또는 정협(政协)이라고도 하며, 중국공산당이 영도하는 다당합작(多党合作)과 정치협상제도의 주요 기구이자 중국인민의 애국통일전선조직(爱国统一战线组织)이다. 中国人民政治协商会议<sup>zhōng guó rén mínzhèng zhì xié shāng huì yì</sup>는 전국위원회와 지방 각급 위원회로 구성된다. 人民政治协商会议<sup>rén mínzhèng zhì xié shāng huì yì</sup>의 주요 기능에는 정치협상, 민주감독, 정치참여와 논의가 포함된다(宪法 전문).

| 087 | mín zhǔ dǎng pài<br>**民主党派**<br>민 주 당 파 | **민주당파** |

집권당인 공산당 외의 정당을 말한다. 民主党派<sup>mín zhǔ dǎng pài</sup>에는 중국국민당혁명위원회(中国

国民党革命委员会), 중국민주동맹(中国民主同盟), 중국민주건국회(中国民主建国会), 중국민주촉진회(中国民主促进会), 중국농공민주당(中国农工民主党), 중국치공당(中国致公党), 93학사(九三学社), 대만민주자치동맹(台湾民主自治同盟) 8개가 있다. 民主党派(mínzhǔdǎngpài)의 주요 기능은 중국공산당의 영도 하에서 정치협상에 참여하고 민주감독을 하는 것이다(宪法 전문).

| zhèng zhì xié shāng zhì dù 政治协商制度 정 치 협 상 제 도 | 정치협상제도 |
|---|---|

중국공산당이 유일한 집권당이고, 기타 8개 민주당파는 참정당(参政党)으로서 중국공산당과 합작하여 정치에 참여하고 감독 역할을 수행하는 정치제도를 말한다. 정치협상회의는 이러한 정당제도의 운영을 위한 중요한 조직형식이다. 政治协商制度(zhèng zhì xié shāng zhì dù)는 중국 특색의 사회주의 정당제도이고 중국의 기본적인 정치제도의 일부분이다(宪法 전문).

| xiàn fǎ jiān dū 宪法监督 헌 법 감 독 | 헌법 감독 |
|---|---|

전국인민대표대회와 그 상무위원회가 헌법의 실시를 감독하는 것을 말한다. 구체적으로 전국인민대표대회는 전국인민대표대회 상무위원회가 제정한 부적합한 법률을 개정하거나 철폐할 수 있고 전국인민대표대회 상무위원회는 법률과 헌법에 저촉되는 행정법규, 지방성법규 등 법령을 폐지할 수 있다. 국무원, 인민법원, 인민검찰원과 성급 인민대표대회 등은 행정법규, 지방성법규와 같은 법령이 헌법이나 법률에 저촉된다고 여겨질 때 전국인민대표대회 상무위원회에 심사를 요구할 수 있고 상무위원회는 관련 전문위원회를 통해 심사하고 의견을 제출하여야 한다(宪法 제62조).

| 090 | xiàn fǎ xiū gǎi<br>**宪法修改**<br>헌 법 수 개 | **헌법 개정** |

전국인민대표대회 상무위원회 또는 5분의 1이상의 전국인민대표대회 대표가 건의하고 전국인민대표대회 대표 3분의 2이상의 다수결로 헌법을 개정하는 것을 말한다. 현행 헌법은 1982년에 통과된 이후 1988년, 1993년, 1999년, 2004년, 2018년 총 5차례 개정을 거쳤다(宪法 제64조).

| 091 | xiàn fǎ jiě shì<br>**宪法解释**<br>헌 법 해 석 | **헌법 해석** |

전국인민대표대회 상무위원회가 헌법에 대한 해석권을 행사하는 것을 말한다. 헌법 해석을 위한 구체적인 제도, 절차는 아직 규정되어 있지 않다. 한편으로, 전국인민대표대회 상무위원회는 헌법에 위반되는 법률 및 기타 법령에 대하여 심사하거나 폐지하는 등 헌법감독의 기능을 수행한다고 규정하고 있으므로, 이러한 헌법감독의 기능을 수행함에 있어서 헌법에 대한 해석을 동반하게 된다(宪法 제67조).

| 092 | niánxiàn fǎ wǔ sì xiàn fǎ<br>**1954年宪法, 五四宪法**<br>1954년헌법, 오사헌법 | **1954년 헌법** |

1954년에 개최된 제1기 전국인민대표대회 제1차 회의에서 심의, 통과한 중국의 첫 사회주의헌법을 말한다. 헌법은 서문 이외에 4장(총칙, 국가기구, 공민의 기본적인 권리와 의무, 국기·국장·수도), 106개 조항으로 구성되어 있다. 이 헌법은 소련의 사회주의헌법과 1949년의 중국인민정치협상회의공동강령(中国人民政治协商会议共同纲领) 및 1949년 이전의 중국공산당이 제정한 일련의 헌법문서를 토대로 제정되었다. 헌법은 중국의 사회주의 기본원칙을 명확히 하고 사회주의 과도기의 경제제도를 규정하였으며 중국 공민이 향유하는 기본적인 권리와 자유를 보장하고 있다.

| niánxiàn fǎ    qī wǔ xiàn fǎ<br>**1975年宪法, 七五宪法**<br>1975년헌법. 칠오헌법 | **1975년 헌법** |
|---|---|

1975년 제4기 전국인민대표대회 제1차 회의에서 1954년 헌법의 개정과 함께 새롭게 심의, 통과된 헌법을 말한다. 1975年宪法은 기본적인 구성과 주요 내용에 있어서는 1954년 헌법을 승계하였으나, '계급투쟁을 강령으로 하는 노선(以阶级斗争为纲)'을 강조하는 등 여러 가지 면에 있어서 불완전하고, 크게 퇴보한(大倒退) 헌법으로 평가받고 있다.

| niánxiàn fǎ    qī bā xiàn fǎ<br>**1978年宪法, 七八宪法**<br>1978년헌법. 칠팔헌법 | **1978년 헌법** |
|---|---|

1978년 제5기 전국인민대표대회 제1차 회의에서 1975년 헌법을 대폭 수정하는 형식으로 새롭게 통과된 헌법을 말한다. 1976년에 중국에서는 10년에 걸친 이른바 문화대혁명(文化大革命) 운동이 종결된다. 극좌사상의 잘못을 수정하고 사회주의 법치질서를 회복하기 위하여 1975년 헌법에 대한 수정이 필요했던 것이다. 1978年宪法은 그 후 1979년, 1980년에 각각 일부 개정되었다.

| niánxiàn fǎ    bā èr xiàn fǎ<br>**1982年宪法, 八二宪法**<br>1982년헌법. 팔이헌법 | **1982년 헌법** |
|---|---|

1982년 전국인민대표대회 제5기 제5차 회의에서 통과한 중화인민공화국헌법을 말한다. 이 헌법은 기존의 1978년 헌법을 수정한 형식을 취하고 있지만 내용 면에 있어서 크게 변화하였다. 이는 1954년 헌법, 1975년 헌법, 1978년 헌법에 이은 중국의 네 번째 사회주의헌법이고 현재까지 시행되고 있다. 헌법은 서문 이외에 총 4장(총칙, 공민의 기본적인 권리와 의무, 국가기구, 국기·국장·수도) 138개 조항으로 구성되어 있다. 내용 면에서, 이 헌법은 1954년 헌법을 주요 기반으로 하고 1978년 이후

중국 공산당이 도입한 새로운 방침, 정책을 반영하였다. 헌법은 1982년에 통과된 이후 1988년, 1993년, 1999년, 2004년, 2018년 총 5차례 개정을 거쳤다.

| 096 | gòngtónggānglǐng<br>**共同纲领**<br>공 동 강 령 | **공동강령** |
|---|---|---|

1949년 사회주의 중국이 성립한 후 전국인민대표대회가 소집되기 이전인 9월 29일에 개최된 중국인민정치협상회의(中国人民政治协商会议) 제1차 회의에서 통과되어, 헌법이 제정되기까지 국가 기본법의 역할을 수행한 문건을 말한다. 共同纲领은 서문 이외에 총칙, 정권기관, 군사제도, 경제정책, 문화와 교육정책 및 외교정책 총 7장, 60개 조항으로 구성되었고, 1954년에 제정된 중화인민공화국헌법(1954년 헌법)에 의하여 대체된다.

| 097 | lì fǎ quán<br>**立法权**<br>입 법 권 | **입법권** |
|---|---|---|

법률 등 각종 규범성 법규를 제정하는 권력을 말한다. 전국인민대표대회와 전국인민대표대회 상무위원회가 입법권을, 보다 정확히는 국가입법권을 행사한다. 구체적으로 전국인민대표대회는 형사, 민사, 국가기구 관련 및 기타 기본법률(基本法律)을 제정하고 전국인민대표대회 상무위원회는 전국인민대표대회가 제정하여야 하는 법률 이외의 법률을 제정한다. 법률 외에 행정법규는 국무원이 제정하고 지방성법규(地方性法规)는 성급 인민대표대회와 그 상무위원회가 제정한다(立法法 제10조).

| 098 | fǎ lǜ<br>**法律**<br>법 률 | **법률** |
|---|---|---|

전국인민대표대회와 전국인민대표대회 상무위원회가 제정한 법규범을 말한다. 구체

적으로 전국인민대표대회는 형사, 민사, 국가기구 관련 및 기타 기본법률(基本法律)을 제정하고 전국인민대표대회 상무위원회는 전국인민대표대회가 제정하여야 하는 法律 이외의 法律을 제정한다. 한편으로, 국민의 정치적 권리를 박탈하거나 인신의 자유를 제한하는 강제조치와 처벌 등에 관해서는 반드시 法律로 정하여 한다는 이른 바 법률유보의 원칙이 규정되어 있다. 法律은 국가 최고법규인 헌법에 위배되어서는 안 되지만 法律의 효력은 행정법규, 지방성법규, 규장보다 높다(立法法 제10조).

| jī běn fǎ lǜ<br>**基本法律**<br>기 본 법 률 | **기본법률** |
|---|---|

전국인민대표대회가 제정하는, 형사, 민사, 국가기구 관련 및 기타 기본적인 법률을 말한다. 전국인민대표대회 상무위원회는 전국인민대표대회가 제정하여야 하는 법률 이외의 법률을 제정한다고 하고 있으나, 基本法律의 개념이나 범위에 대해서는 명확하게 규정된 바 없다. 基本法律은 크게 형사 관련 基本法律, 민사 관련 基本法律, 국가기구 관련 基本法律 및 기타 基本法律로 구분된다. 따라서 형법, 형사소송법, 민법전, 민사소송법 등 법률 외에 선거법, 전국인민대표대회조직법, 국무원조직법과 같은 국가기구 관련 법률은 基本法律에 속한다고 할 수 있다(立法法 제10조).

| xíngzhèng fǎ guī<br>**行政法规**<br>행 정 법 규 | **행정법규** |
|---|---|

국무원이 헌법과 법률에 근거하여 제정한 법규범을 말한다. 국무원은 법률의 규정을 집행하기 위한 필요 사항 및 국무원의 행정관리기능에 속하는 사항에 관하여 行政法规를 제정할 수 있다. 그 외 법률로 규정하여야 하는 사항이지만, 전국인민대표대회와 그 상무위원회의 위임(授权)에 따라 국무원이 行政法规를 규정할 수 있다. 行政法规의 효력은 헌법과 법률 아래에 놓여있으나 지방성법규, 규장보다 높다(立法法 제12조).

| 101 | dì fāngxìng fǎ guī<br>**地方性法规**<br>지 방 성 법 규 | **지방성법규** |

성급 인민대표대회와 그 상무위원회가 현지 상황을 고려하여 헌법, 법률 및 행정법규에 저촉되지 않는 전제하에 제정한 법규범을 말한다. 일부 규모가 큰 시 인민대표대회와 그 상무위원회도 현지에 적용되는 地方性法规를 제정할 수 있으나 성 인민대표대회 상무위원회에 보고하여 비준을 받아야 한다. 地方性法规와 부문규장의 내용이 달라 어떻게 적용할지가 불명확한 경우에는 국무원이 의견을 제시한다. 국무원이 地方性法规를 적용하여야 한다고 판단하면 地方性法规를 적용하고, 국무원이 부문규장을 적용하여야 한다고 판단하면 전국인민대표대회 상무위원회에 재결(裁决)을 요청하여야 한다(立法法 제80조).

| 102 | guī zhāng<br>**规章**<br>규 장 | **규장** |

국무원의 각 부처가 제정한 부문규장(部门规章)과 지방 인민정부가 제정한 지방정부규장(地方政府规章)을 말한다. 规章의 내용은 헌법, 법률, 행정법규에 저촉되어서는 아니 된다. 부문규장 사이 또는 부문규장과 지방정부규장 사이에 불일치가 발생할 시에는 국무원이 이에 대하여 재결(裁决)한다(立法法 제106조).

| 103 | bù mén guī zhāng<br>**部门规章**<br>부 문 규 장 | **부문규장** |

국무원 소속 각 부처가 제정한 법규범을 말하며, 부문규장은 지방정부규장(地方政府规章)과 더불어 규장(规章)에 속한다. 部门规章의 내용은 법률 또는 행정법규, 결정, 명령을 집행하기 위한 사항에 한한다. 部门规章은 헌법, 법률, 행정법규에 저촉되어서는 아니 된다. 部门规章이 지방성법규와 내용이 달라 어떻게 적용할지가 불

명확한 경우에는 국무원이 의견을 제시한다. 국무원이 지방성법규를 적용하여야 한다고 판단하면 지방성법규를 적용하고, 국무원이 部门规章(bù mén guī zhāng)을 적용하여야 한다고 판단하면 전국인민대표대회 상무위원회에 재결(裁決)을 요청하여야 한다(立法法 제91조)

| dì fāngzhèng fǔ guī zhāng<br>**地方政府规章**<br>지 방 정 부 규 장 | **지방정부규장** |
| --- | --- |

지방 인민정부가 제정한 법규범을 말하며, 부문규장(部门规章)과 더불어 규장(规章)에 속한다. 우선, 성 인민정부 및 비교적 큰 시의 인민정부는 법률과 행정법규 및 지방성법규에 근거하여 본 지역에 적용하는 地方政府规章(dì fāngzhèng fǔ guī zhāng)을 제정할 수 있다. 地方(dì fāng)政府规章(zhèng fǔ guī zhāng)의 내용은 주로 법률, 행정법규 및 지방성법규를 집행하기 위한 사항과 본 지역의 구체적인 행정관리사무에 한한다. 그 외 구(区)가 설치된 시, 자치주의 인민정부는 도시건설과 관리, 환경보호 및 역사문화보호 등 사항에 관하여 地方政府规(dì fāngzhèng fǔ guī)章(zhāng)을 제정할 수 있다. 地方政府规章(dì fāngzhèng fǔ guī zhāng)은 법률, 행정법규, 지방성법규에 저촉되어서는 아니 된다(立法法 제93조).

| zì zhì tiáo lì  dānxíngtiáo lì<br>**自治条例 / 单行条例**<br>자 치 조 례 / 단 행 조 례 | **자치조례/단행조례** |
| --- | --- |

민족자치지역의 인민대표대회가 현지 민족의 정치, 경제 및 문화의 특징에 근거하여 제정한 법규범을 말한다. 그중 自治条例(zì zhì tiáo lì)는 자치지역의 기본조직원칙, 기구설치 등 기본문제에 관한 종합적인 법규이고 单行条例(dānxíngtiáo lì)는 자치지역의 특정 문제에 관한 법규이다. 자치구의 自治条例(zì zhì tiáo lì)와 单行条例(dānxíngtiáo lì)는 전국인민대표대회 상무위원회에 보고하여 비준을 받아야 하고 자치주와 자치현의 自治条例(zì zhì tiáo lì)와 单行条例(dānxíngtiáo lì)는 성 인민대표대회 상무위원회에 보고하여 비준을 받아야 한다(立法法 제85조).

| fǎ lǜ àn<br>**法律案**<br>법 률 안 | 법률안 |

법률 제정의 목적으로, 전국인민대표대회 및 전국인민대표대회 상무위원회에 제출된 법안을 말한다. 법률은 전국인민대표대회와 전국인민대표대회 상무위원회가 제정하므로, 法律案의 제출도 전국인민대표대회에 제출되는 法律案과 전국인민대표대회 상무위원회에 제출되는 法律案으로 구분된다. 우선, 전국인민대표대회 의장단(主席团)은 전국인민대표대회에 法律案을 제출할 수 있다. 그 외 전국인민대표대회 상무위원회, 국무원, 중앙군사위원회, 국가감찰위원회, 최고인민법원, 최고인민검찰원, 전국인민대표대회의 각 전문위원회, 각 대표단(代表团) 또는 30인 이상 대표의 공동서명을 통해 전국인민대표대회에 法律案을 제출할 수 있고 그 法律案에 대해서는 전국인민대표대회 의장단이 회의에 상정할지를 결정한다. 다음으로, 전국인민대표대회 상무위원회에 대해서는 위원장회의(委员长会议)가 法律案을 제출 할 수 있다. 그 외 국무원, 중앙군사위원회, 국가감찰위원회, 최고인민법원, 최고인민검찰원, 전국인민대표대회의 각 전문위원회가 法律案을 제출할 수 있고 이에 대해서는 위원장회의가 상무위원회의 회의에 상정할지를 결정한다(立法法 제17조).

| fǎ lǜ jiě shì<br>**法律解释**<br>법 률 해 석 | 법률해석 |

전국인민대표대회 상무위원회가 법률에 대하여 해석권을 행사는 것을 말한다. 국무원, 중앙군사위원회, 국가감찰위원회, 최고인민법원, 최고인민검찰원, 전국인민대표대회의 각 전문위원회 및 성급 인민대표대회 상무위원회는 전국인민대표대회 상무위원회에 法律解释을 요청할 수 있다. 전국인민대표대회 상무위원회가 내린 法律解释은 법률과 동일한 효력을 지닌다. 그 외 최고인민법원과 최고인민검찰원은 각각 심판업무와 검찰업무 중 법률의 구체적인 적용에 관하여 法律解释을 할 수 있다. 최고인민법원과 최고인민검찰원은 法律解释을 한 후, 그 공포일부터 30일 이내

에서 전국인민대표대회 상무위원회에 비안(備案)하여야 한다. 이를 일반적으로 최고인민법원 또는 최고인민검찰원의 사법해석이라고 한다(立法法 제48조).

| sī fǎ jiě shì<br>**司法解释**<br>사 법 해 석 | **사법해석** |
|---|---|

최고인민법원과 최고인민검찰원이 각각의 심판업무와 검찰업무에서 법률의 구체적인 적용에 관하여 내린 해석을 말한다. 전자는 최고인민법원의 司法解释(sī fǎ jiě shì) 또는 심판해석, 후자를 최고인민검찰원의 司法解释(sī fǎ jiě shì) 또는 검찰해석이라고 부른다. 다만 좁은 의미에서의 司法解释(sī fǎ jiě shì)은 법률에 관한 최고인민법원의 해석만을 지칭하기도 한다. 중국에서 司法解释(sī fǎ jiě shì)의 법적 성격 및 그 법원성(法源性)에 대해서는 논쟁이 있지만, 일반적으로 최고인민법원의 司法解释(sī fǎ jiě shì)은 법원(法源)으로서 인정되고 있다(立法法 제119조).

| shòuquán lì fǎ<br>**授权立法**<br>수 권 입 법 | **위임입법** |
|---|---|

국무원이 전국인민대표대회와 그 상무위원회의 수권결정에 따라 원래 법률로 제정하여야 하는 사항에 관해 행정법규를 우선 제정하고 그 후 조건이 성숙되면 다시 법률로 제정하는 입법 형식을 말한다. 다만 범죄와 형벌, 국민의 정치적 권리를 박탈하거나 인신의 자유를 제한하는 강제조치와 처벌, 사법제도 등 사항은 授权立法(shòuquán lì fǎ)을 할 수 없다. 그 외 전국인민대표대회와 그 상무위원회는 1990년대에 경제특구 소속 성(省) 인민대표대회와 그 상무위원회 및 경제특구 인민대표대회와 그 상무위원회에 입법권을 수권한 경우가 몇 차례 있었다(立法法 제12조).

| fǎ lǜ bǎo liú<br>**法律保留**<br>법 률 보 류 | **법률유보** |

일부 특정 사항에 관해서는 형식적이 법률을 — 행정법규나 기타 법규범이 아닌 —
통해 규정하여야 한다는 원칙을 말한다. 입법법에 따르면 아래 사항에 관해서는 반
드시 법률로 규정하여야 한다. ① 국가주권 사항 ② 각급 인민대표대회, 인민정부, 인
민법원과 인민검찰원의 설치, 조직과 기능 ③ 민족구역자치제도, 특별행정구제도, 기
층군중자치제도 ④ 범죄와 형벌 ⑤ 공민의 정치권 박탈, 인신의 자유를 제한하는 강
제조치와 처벌 ⑥ 세금종류의 설치, 세율의 확정과 세수징수관리 등 세수 관련 기본
제도 ⑦ 비국유재산의 징수와 징용 ⑧ 민사 기본제도, ⑨ 기본적인 경제제도와 재정,
세관, 금융 및 대외무역의 기본제도 ⑩ 소송과 중재제도 ⑪ 반드시 전국인민대표대회
와 그 상무위원회가 법률로 정해야 하는 기타 사항(立法法 제11조).

| bèi àn<br>**备案**<br>비 안 | **비안**<br>**등록** |

법규 등이 제정된 이후 관련 기관에 보고하여 등록함으로써 향후의 심사(審查)를
위하여 준비하는 제도를 말한다. 입법법에 따르면 행정법규, 지방성법규, 자치조례
와 단행조례 및 규장은 공포 후 30일 이내에 법의 규정한 각각의 기관에 보고하여
备案해야 한다. 예컨대, 행정법규는 전국인민대표대회에 보고하여 备案하고, 성 인
민대표대회 및 그 상무위원회가 제정한 지방성법규는 전국인민대표대회 상무위원
회와 국무원에 보고하여 备案한다(立法法 제109조).

# 제 2 장

# 행정법

| xíngzhèng zhǔ tǐ<br>**行政主体**<br>행 정 주 체 | 행정주체 |
|---|---|

행정법의 강학상 개념으로서, 법에 따라 행정기능을 지니고 있고 행정관리활동을 독립적으로 수행하며 그에 따른 법적 책임을 지는 조직을 말한다. 行政主体에는 크게 행정기관(行政机关)과 법률 등이 권한을 위임한 조직(授权的组织)이 포함된다. 행정소송법에 따르면, 구체적인 행정행위를 실행한 행정기관이 원칙적으로 행정소송의 피고로 된다(行政诉讼法 제26조).

| xíngzhèng jī guān<br>**行政机关**<br>행 정 기 관 | 행정기관 |
|---|---|

법에 따라 설립된, 행정권을 행사하고 독립적인 법적 지위를 지닌 조직을 말한다. 行政机关은 행정법상 개념인 행정주체의 일종이다. 중국의 行政机关에는 크게 중앙 行政机关과 지방 行政机关으로 나눌 수 있다. 중앙 行政机关에는 국무원과 국무원 산하 각 부처가 포함되고 지방 行政机关에는 성, 시, 현 지방인민정부 및 산하 부처, 향(乡) 지방인민정부가 포함된다.

| xíngzhèngxiāng duì rén<br>**行政相对人**<br>행 정 상 대 인 | 행정상대인<br>행정객체 |
|---|---|

행정법률관계(行政法律关系)에서 행정주체에 상대되는 일방으로서, 행정주체에 대하여 권리를 향유하고 의무를 지는 공민, 법인 또는 기타 조직을 말한다. 행정소송법은 행정소송의 원고적격에 관하여, 행정행위의 상대인 및 기타 행정행위와 이해관계가 있는 공민, 법인 또는 기타 조직은 소를 제기할 수 있다고 규정하였다(行政诉讼法 제25조).

**004**

yī fǎ xíngzhèngyuán zé
**依法行政原则**
의 법 행 정 원 칙

### 의법행정의 원칙

각종 행정권의 행사는 반드시 법에 따라야 한다는 원칙을 말한다. 구체적으로 직권법정(职权法定), 법률우선 및 법률유보 등의 내용을 포함하고 있다. 여기서 직권법정은, 국가의 행정기관과 기타 조직의 행정기능이 반드시 법률에 의하여 규정되거나 법률의 위임을 전제하여야 한다는 것을 말한다. 법률우선은, 법률이 행정을 구속하고 행정은 법률을 위반할 수 없다는 것을 의미한다. 마지막으로 법률유보는, 특정 사항에 관해서는 반드시 법률을 통하여 규정하여야 하고 행정기관은 이에 대하여 법률을 통한 별도의 위임이 없는 한 규범을 제정할 수 없다. 예컨대, 중국 입법법은 범죄와 형벌 관련 등 사항에 관해서는 반드시 법률로 정하여야 한다는 규정을 두고 있다(立法法 제11조).

**005**

hé lǐ xíngzhèngyuán zé
**合理行政原则**
합 리 행 정 원 칙

### 행정합리성의 원칙

의법행정의 원칙이 있음에도 불구하고 행정기관은 행정기능을 수행함에 있어서 광범위한 재량권을 행사할 수밖에 없는데, 이러한 재량권 행사의 남용을 방지하고 행정상대인(行政相对人)의 합리적 이익을 보장하기 위한 원칙을 말한다. 중국에서는 비례의 원칙(比例原则), 행정공평원칙(行政公平原则), 행정재량합리성원칙(行政裁量合理性原则) 등으로 표현되기도 한다. 행정처벌법은 총칙에서 행정처벌은 '위법행위의 사실, 성격, 정상(情节) 및 사회위해의 정도와 상당하여야 한다'고 규정하고 있는데, 이는 合理行政原则이 실정법에서 반영된 한 예로 여겨진다(行政处罚法 제5조).

**006**

xíngzhèng zhǐ dǎo
**行政指导**
행 정 지 도

### 행정지도

행정주체가 그 직무범위에서 특정한 행정목적을 실현하기 위하여 설득, 권고, 건의,

정책지도 등 방식을 통하여 행정상대인(行政相对人)의 활동을 유도하는 非강제적인 행정행위를 말한다. 각종 법률과 행정법규에는 行政指导 관련 내용을 규정하고 있다. 예컨대, 농업법은 '관련 지방인민정부는 초원의 보호, 건설과 관리를 강화하고, 농민과 유목민 및 농업과 유목업생산경영조직(农牧业生产经营组织)이 인공목장, 사료용 풀과 사료기지(饲草饲料基地)를 건설하고 천연목장을 개량하도록 지도(指导)하고 조직한다'고 규정하고 있다(农业法 제61조).

---

**行政合同**
xíngzhèng hé tong
행 정 합 동

**행정계약**

007

---

행정주체와 행정상대인(行政相对人)이 국가의 특정 행정기능을 실현하기 위하여, 쌍방 의사표시의 일치를 전제로 체결된 계약을 말한다. 行政合同은 사법상 계약의 특징과 더불어 공법적 특징을 일부 지니고 있다. 예컨대, 行政合同의 체결과 내용은 법이 정한 행정절차 등을 엄격히 준수하여야 하고 행정주체는 계약의 이행에 있어서 일정한 우월적 지위를 향유한다. 중국에서 대표적인 行政合同은 국유토지의 유상 이용을 위한 국유토지사용권양도계약(国有土地使用权出让合同), 국유기업의 승포경영계약(承包经营合同), 정부구매계약(政府采购合同) 등이 있다.

---

**行政给付**
xíngzhèng jǐ fù
행 정 급 부

**급부행정**

008

---

행정주체가 법률 규정에 따라 도움이 필요한 공민 등에게 물질적 도움 및 기타 관련 도움을 주는 행정행위를 말한다. 行政给付의 대상은 주로 고령자, 장애인, 노동력을 상실한 자, 자연재해의 피해자 등 사회적 약자이다. 중국의 行政给付는 헌법 규정과 더불어 장애인보장법(残疾人保障法), 노인권익보장법(老年人权益保障法), 부녀자권익보장법(妇女权益保障法)과 같은 각종 법률과 행정법규, 규장에 산재해 있다. 行政给付의 주요 형식에는 구휼금(抚恤金), 사회구제복지금(社会救济福利金), 퇴직자 등을 위한 연금(离退休金), 자연재해재난구제금 및 구제물품 지급 등이 있다.

## 009
xíngzhèngxíng wéi
### 行政行为
행 정 행 위

## 행정행위

행정주체가 행한, 일정한 행정법적 효과를 초래하는 행위를 말한다. 行政行为는 추상적 行政行为와 구체적 行政行为, 기속(羈束) 行政行为와 재량(裁量) 行政行为, 등 여러 가지 기준으로 구분할 수 있다. 구체적인 行政行为를 실행한 행정주체가 행정소송의 피고로 된다. 공민이나 법인 및 기타 조직은 행정기관과 행정기관 공무원의 行政行为가 자신의 합법적 권익을 침해하였다고 주장하는 자는 인민법원에 행정소송을 제기할 수 있다(行政诉讼法 제25조).

## 010
xíngzhèng lì fǎ
### 行政立法
행 정 입 법

## 행정입법

행정행위 중 추상적 행정행위의 일종으로, 국가행정기관이 법에 정한 권한과 절차에 따라 행정법규(行政法规), 규장(规章)을 제정하는 활동을 말한다. 行政立法은 크게 행정기관이 헌법과 법률의 규정에 근거하여 행사하는 직권입법(职权立法)과 입법기관의 특별 수권(授权)에 따라 행사하는 수권입법으로 나눌 수 있다. 그 외 입법의 주체에 따라 중앙 行政立法과 지방 行政立法으로 구분할 수도 있다.

## 011
xíngzhèng xǔ kě
### 行政许可
행 정 허 가

## 행정허가

행정주체가 공민, 법인 및 기타 조직의 신청에 근거하여 법에 따라 심사한 후 그들이 특정 활동을 하도록 허용하는 행위를 말한다. 行政许可는 크게 일반허가, 특별허가, 인가(认可), 심사비준(核准), 등기 5가지로 구분된다.

| xíngzhèng chǔ fá<br>**行政处罚**<br>행 정 처 벌 | 행정처벌 | 012 |

행정주체가 행정관리질서를 위반하였지만 아직 범죄에까지 이르지 않은 공민, 법인 및 기타 조직에 대하여 법에 따라 행정제재를 가하는 행위를 말한다. 行政处罚에는 경고와 공개비평(通报批评), 과태료(罚款), 불법 소득과 불법 재물의 몰수, 허가증서(许可证件)의 임시압류 또는 취소, 생산과 영업의 제한 또는 정지, 행정구류 및 기타 법률과 행정법규가 정한 행정처벌이 포함된다(行政处罚法 제9조).

| xíngzhèng jū liú<br>**行政拘留**<br>행 정 구 류 | 행정구류 | 013 |

공안기관이 법에 따라 위법자의 인신자유를 일정 기간 동안 박탈하는 행정처벌을 말한다. 행정처벌 중 가장 중한 처벌에 속한다. 공민의 인신자유를 제한하는 이러한 行政拘留는 반드시 법률로서 규정하여야 한다. 行政拘留의 기간은 일반적으로 10일 이내, 엄중한 경우에는 15일 이내, 복수의 위법행위에 대하여 처벌 시에는 최대 20일을 넘지 않는다(治安管理处罚法 제16조).

| xíngzhèng qiáng zhì<br>**行政强制**<br>행 정 강 제 | 행정강제 | 014 |

행정기관이 강제수단을 통해 실시하는 행위로서 行政强制조치와 行政强制집행을 포함한다. 그중 行政强制조치는 행정기관이 행정관리의 질서를 유지하기 위하여 법에 따라 공민 등의 인신자유나 재산에 대하여 임시적으로 제한하거나 통제하는 행위이다. 行政强制집행은 행정기관이 직접 또는 행정기관이 인민법원에 신청하여, 행정결정을 이행하지 않는 공민, 법인 및 기타 조직에 대하여 법에 따라 그 의무를 강제적으로 이행하도록 하는 행위이다. 行政强制의 정의, 종류, 절차 등은 2011년에 제정된 행정강제법에 따른다(行政强制法 제2조).

| 015 | xíngzhèngshòuquán<br>**行政授权**<br>행 정 수 권 | **행정위임** |

법률 및 기타 법규의 위임(授权)에 의해 행정기관이 아닌 조직이 대외적으로 행정기능을 행사하고 그에 상응한 법적 책임을 지는 제도를 말한다. 行政授权을 받아 행정기능을 수행하는 조직에는 대표적으로 대학과 같은 사업단위(事业单位), 통신회사나 철도회사와 같은 기업조직, 변호사협회와 같은 사회단체 등이 있다. 行政授权을 받은 조직은 위임을 통해 행정주체의 자격을 획득하고 행정소송의 피고 등 당사자로 될 수 있다.

| 016 | xíngzhèng wěi tuō<br>**行政委托**<br>행 정 위 탁 | **행정위탁** |

행정기관이 필요에 따라 기타 조직 또는 개인이 관련 행정기능을 수행하게 하고 그 법적 책임은 행정기관이 스스로 지는 것을 말한다. 행정위임(行政授权)과 달리 行政委托의 경우, 행정기능을 위탁받은 조직 또는 개인은 이를 통하여 행정주체의 자격이 부여되지 않고, 따라서 관련 행정소송에 있어서 위탁업무를 수행하는 조직이나 개인이 아니라 행정기능을 위탁한 原 행정기관이 피고로 된다(行政诉讼法 제26조).

| 017 | xíngzhèng sù sòng<br>**行政诉讼**<br>행 정 소 송 | **행정소송** |

공민, 법인 및 기타 조직이 행정주체의 행정행위가 자신의 합법적 권익을 침해하였다고 주장하여 인민법원에 소를 제기하고 인민법원이 그 쟁의를 심리하고 재판하는 소송제도를 말한다. 중국은 1989년에 행정소송법을 제정하여 1990년부터 시행함으로써 중국에서도 이른바 民告官(인민이 관청을 고소)이 가능하게 되었다.

| xíngzhèng sù sòngshòu àn fàn wéi<br>**行政诉讼受案范围**<br>행 정 소 송 수 안 범 위 | 행정소송의 수리범위 |
|---|---|

행정주체의 행정행위로 인하여 권익을 침해당한 공민, 법인 및 기타 조직이 소송절차를 통하여 자신의 합법적인 권익을 보호받을 수 있는 범위를 말한다. 行政诉讼受<sub>xíngzhèng sù sòngshòu</sub> 案范围<sub>àn fàn wéi</sub>에 대하여, 행정소송법은 개괄적 규정, 열거규정 및 배제규정을 결합한 입법모델을 채택하였다. 우선 개괄적 규정으로 공민, 법인 및 기타 조직은 행정기관과 행정기관 공무원의 행정행위가 자신의 합법적인 권익을 침해하였다고 여기면 인민법원에 소를 제기할 권리가 있다고 하였다. 그 외 행정소송법은 인민법원이 반드시 수리하여야 하는 12가지 행정행위 및 수리하지 않는 4가지 행정행위를 열거하여 규정하였다(行政诉讼法 제12조).

| xíngzhèng sù sòngguǎn xiá<br>**行政诉讼管辖**<br>행 정 소 송 관 할 | 행정소송관할 |
|---|---|

인민법원이 제1심 행정사건을 수리함에 있어서의 관할권 또는 권한의 배분을 말한다. 행정소송법에서 규정한 관할에는 주로 상하급 인민법원의 사건수리 권한에 관한 급별관할(级別管辖) 규정과 동급 인민법원의 사건수리 권한에 관한 지역관할(地域管辖) 규정 및 기타 규정이 포함되어 있다. 급별관할 규정에 따르면, 기층인민법원이 제1심 행정사건을 관할하고 일부 특수한 사건은 중급 이상 인민법원이 각각의 규정에 따라 관할한다. 그 외 지역관할(地域管辖)에 관하여, 행정소송법은 행정행위를 행한 행정주체의 소재지 인민법원이 행정사건을 관할한다고 규정함과 동시에 기타 일부 특수한 경우의 지역관할 규정을 두었다(行政诉讼法 제14조).

**020**

**xíngzhèng sù sòngyuángào**
**行政诉讼原告**
행 정 소 송 원 고

**행정소송의 원고**

행정소송의 원고로서 소를 제기할 수 있는, 행정행위의 상대인 및 기타 행정행위와 이해관계가 있는 공민, 법인 또는 기타 조직을 말한다. 원고자격을 가진 자연인이 사망한 경우, 가까운 친척이 소를 제기할 수 있고, 법인이나 조직이 말소된 경우, 그 권리를 승계한 법인이나 조직이 소를 제기할 수 있다(行政诉讼法 제25조).

**021**

**xíngzhèng sù sòng bèi gào**
**行政诉讼被告**
행 정 소 송 피 고

**행정소송의 피고**

행정소송의 피고로 되는, 행정행위를 행한 행정기관을 말한다. 그 외 行政诉讼被告 관련 규정은 다음과 같다. ① 행정복의(行政复议)를 거친 사건에서, 복의기관(复议机关)이 원래의 행정행위를 유지하기로 결정한 경우, 원래의 행정행위를 한 행정기관과 복의기관이 공동피고가 되고, 복의기관이 原 행정행위를 변경한 경우, 복의기관이 피고가 된다. ② 복의기관이 법정기한 내 복의결정을 내리지 않아 공민, 법인이나 기타 조직이 원래의 행정행위를 제소한 경우 원래의 행정행위를 한 행정기관이 피고가 되고, 복의기관의 부작위를 제소한 경우 복의기관이 피고가 된다. ③ 두 개 이상의 행정기관이 동일한 행정행위를 행한 경우 공동으로 행정행위를 행한 행정기관이 공동피고가 된다. ④ 행정기관이 위탁(委托)한 조직이 행한 행정행위의 경우 위탁한 행정기관이 피고가 된다. ⑤ 행정기관이 폐지되거나 직권이 변경된 경우, 그 직권을 계속해서 행사하는 행정기관이 피고가 된다(行政诉讼法 제26조).

**022**

**xíngzhèng fù yì**
**行政复议**
행 정 복 의

**행정복의**
**행정심판**

공민, 법인 또는 기타 조직이 구체적인 행정행위가 자신의 합법적인 권익을 침해하였다고 생각되는 경우 행정기관에 재심의를 신청하고, 이를 수리한 행정기관이 관련 행정행위에 대하여 심사, 결정하는 제도를 말한다. 行政复议<sup>xíngzhèng fù yì</sup>는 엄격한 의미에서 사법제도가 아니고 준사법적 성격을 가진, 행정기관을 통한 권리구제제도이다. 따라서 行政<sup>xíngzhèng</sup>复议<sup>fù yì</sup>기관의 관련 권한도 사법권이 아닌 행정권에 속한다. 중국은 1999년에 행정복의법(行政复议法)을 제정하여 행정복의에 관한 일련의 절차를 규정하고 있다.

| xíngzhèng fù yì shēnqǐng rén<br>**行政复议申请人**<br>행 정 복 의 신 청 인 | 행정복의 신청인<br>행정심판 신청인 | 023 |
|---|---|---|

구체적인 행정행위로 인하여 합법적인 권익을 침해 받은 자로서, 자신의 명의로 관련 기관에 신청하여 해당 행정행위에 대하여 심사, 결정하도록 하는 공민, 법인 또는 기타 조직을 말한다. 行政复议申请人<sup>xíngzhèng fù yì shēnqǐng rén</sup>이 사망한 경우 가까운 친척이 신청할 수 있고, 行政复议申请人<sup>xíngzhèng fù yì shēnqǐng rén</sup>이 민사능력이 없거나 제한된 민사능력만을 가진 경우에는 그 법정대리인이 대신하여 신청할 수 있으며, 법인이나 조직이 말소된 경우 그 권리를 승계한 법인이나 조직이 신청할 수 있다(行政复议法 제14조).

| xíngzhèng fù yì bèi shēnqǐng rén<br>**行政复议被申请人**<br>행 정 복 의 피 신 청 인 | 행정복의 피신청인<br>행정심판 피신청인 | 024 |
|---|---|---|

공민, 법인 또는 기타 조직이 구체적인 행정행위에 대하여 불복하여 행정복의를 신청한 경우, 그 행정행위를 한 행정주체를 말한다. 두 개 이상의 행정기관이 공동명의로 행정행위를 행한 경우 공동으로 행정행위를 행한 행정기관이 피신청인으로 된다. 행정기관이 위탁(委托)한 조직이 행한 행정행위의 경우 위탁한 행정기관이 피신청인으로 된다. 행정기관이 폐지되거나 직권이 변경된 경우, 그 직권을 계속해서 행사하는 행정기관이 피신청인으로 된다(行政复议法 제19조).

| 025 | xíngzhèng fù yì jī guān<br>行政复议机关<br>행 정 복 의 기 관 | 행정복의기관<br>행정심판기관 |

행정복의신청인(行政复议被申请人)의 복의(复议)신청을 수리하여 관련 행정행위의 합법성에 대하여 심사, 결정하는 기관을 말한다. 2023년 행정복의법(行政复议法) 개정에 따라, 현급 이상 각급 인민정부 및 법률이 정한 행정복의의 기능을 행사하는 기타 행정기관이 行政复议机关으로 된다(行政复议法 제4조).

| 026 | xíngzhèng fù yì qián zhì<br>行政复议前置<br>행 정 복 의 전 치 | 행정복의 전치제도<br>행정심판 전치제도 |

공민, 법인 또는 기타 조직이 구체적인 행정행위에 대하여 불복하여 법적인 구제방법을 강구할 경우 반드시 관련 기관에 행정복의(行政复议)를 먼저 신청하여야 하고, 인민법원에 직접 행정소송을 제기할 수 없는 제도를 말한다. 행정복의를 거친 후 공민 등이 복의결정에 여전히 불복하는 경우 비로소 인민법원에 행정소송을 제기할 수 있다(行政复议法 제34조).

| 027 | jīng gào<br>警告<br>경 고 | 경고 |

행정기관이 위법행위에 대하여 가하는 행정처벌의 일종으로, 당사자에게 해당 법위반사실을 알리고 경각심을 불러일으키는 처벌을 말한다. 警告는 행정처벌 중 가장 가벼운 처벌이며 처벌권한이 있는 기관은 간이절차에 따라 현장에서 행정처벌의 결정을 내릴 수 있다(行政处罚法 제9조).

| fá kuǎn 罚款 벌 관 | 과태료 |
|---|---|

행정기관이 위법행위에 대하여 가하는 행정처벌의 일종으로, 일정 액수의 현금을 강제로 납부하게 하는 처벌을 말한다. 罚款은 법률, 행정법규 및 지방성법규를 통해서만 행정처벌로 설정할 수 있다. 다만 법률과 행정법규가 아직 제정되지 않은 경우, 국무원 각 부처는 罚款을 설정할 수 있고 그 금액 한도는 국무원이 정한다. 또한 법률과 지방성법규가 아직 제정되지 않은 경우, 성급 인민정부와 성급 인민정부 소재지 시의 인민정부 및 국무원이 비준한 비교적 큰 시의 인민정부는 罚款을 설정할 수 있고 그 금액 한도는 성급 인민대표대회 상무위원회가 정한다. 행정처벌로서의 이러한 罚款은 형벌의 일종인 벌금(罚金)과는 법적 성격이 다른 처벌이다(行政处罚法 제9조).

| mò shōu wéi fǎ suǒ dé 没收违法所得 몰 수 위 법 소 득 | 불법 소득의 몰수 |
|---|---|

행정기관이 위법행위에 대하여 가하는 행정처벌의 일종으로, 불법적으로 취득한 소득, 재물을 몰수하는 처벌을 말한다. 没收违法所得는 법률, 행정법규 및 지방성법규를 통해 행정처벌로 설정할 수 있다(行政处罚法 제9조).

| zé lìngtíngchǎntíng yè 责令停产停业 책 령 정 산 정 업 | 생산과 영업 정지명령 |
|---|---|

행정기관이 위법행위에 대하여 가하는 행정처벌의 일종으로, 회사 등 조직의 생산과 영업을 정지시키는 처벌을 말한다. 责令停产停业은 법률, 행정법규 및 지방성법규를 통해 행정처벌로 설정할 수 있다(行政处罚法 제9조).

## 031

**暂扣或者吊销许可证件**
zàn kòu huò zhě diàoxiāo xǔ kě zhèngjiàn
잠 구 혹 자 적 소 허 가 증 건

**허가증서의 임시압류 또는 취소**

행정기관이 위법행위에 대하여 가하는 행정처벌의 일종으로, 기존에 발급한 허가증서를 임시로 압류하거나 취소하는 처벌을 말한다. 暂扣或者吊销许可证件은 법률, 행정법규를 통해 행정처벌로 설정할 수 있고, 지방성법규를 통해 위 행정처벌 중 기업 영업집조(营业执照)의 취소를 제외한 처벌을 설정할 수 있다(行政处罚法 제9조).

## 032

**听证程序**
tīngzhèngchéng xù
청 증 절 차

**청문절차**

행정기관이 행정처벌의 결정을 내리기 이전에 당사자의 요구에 근거하여 공개적인 청문회를 개최하여 관련 의견을 청취하는 절차를 말한다. 현행법에 따르면 행정기관은 생산과 영업 정지명령, 허가증서의 임시압류 또는 취소(暂扣或者吊销许可证件), 비교적 큰 금액의 벌금 등의 행정처벌을 결정하기 전에는 당사자에게 청문회를 개회할 권리가 있음을 알려야 한다. 당사자가 청문회를 요구할 경우 행정기관은 청문회를 조직하여야 하고, 당사자는 청문 관련 비용을 부담하지 않는다(行政处罚法 제63조).

## 033

**行政强制措施**
xíngzhèngqiáng zhì cuò shī
행 정 강 제 조 치

**행정강제조치**

행정기관이 행정관리의 질서를 유지하기 위하여 법에 따라 공민 등의 인신자유나 재산에 대하여 임시적으로 제한하거나 통제하는 것을 말한다. 行政强制措施에는 공민 인신자유의 제한, 장소와 시설 또는 재물의 차압, 재물의 압수, 예금·송금의 동결 및 기타 行政强制措施가 포함된다. 行政强制措施는 원칙적으로 법률을 통해 설정하여야 하지만 예외 상황에는 행정법규, 지방성법규도 일부 行政强制措施를 설정할 수도 있다. 行政强制措施는 행정강제집행(行政强制执行)과 함께 행정강제(行政强制)의 한 유형이다(行政强制法 제2조).

| xíngzhèngqiáng zhì zhí xíng<br>**行政强制执行**<br>행 정 강 제 집 행 | **행정강제집행** 034 |
|---|---|

행정기관이 직접 또는 행정기관이 인민법원에 신청하여, 행정결정을 이행하지 않는 공민, 법인 및 기타 조직에 대하여 법에 따라 그 의무를 강제적으로 이행하도록 하는 것을 말한다. 行政强制执行은 행정강제조치(行政强制措施)와 함께 행정강제(行政强制)의 한 유형이다(行政强制法 제2조).

| zhì ān guǎn lǐ chǔ fá<br>**治安管理处罚**<br>치 안 관 리 처 벌 | **치안관리처벌** 035 |
|---|---|

공공질서를 어지럽히는 등 각종 불법행위 중 아직 형법이 정한 범죄를 구성하지 않고 형시치벌을 추궁할 정도에 이르지 않은 행위에 대하여, 공안기관이 내리는 행정처벌을 말한다. 공안기관이 결정하는 治安管理处罚에는 경고, 과태료(罚款), 행정구류 및 공안기관이 발급한 허가증(许可证)의 취소가 있다. 治安管理处罚의 절차 등에 관해 2005년에 치안관리처벌법이 제정되었다. 치안관리처벌법에 규정하지 않은 사항은 행정처벌법을 적용한다(治安管理处罚法 제2조).

| jié huǒ dòu ōu<br>**结伙斗殴**<br>결 화 투 구 | **패싸움** 036 |
|---|---|

치안관리처벌법에서 말하는 结伙斗殴는 공공질서를 위반한 행위의 일종으로, 구체적으로는 무리를 지어 행패를 부리거나 패거리 싸움을 하는 행위를 말한다. 넓은 의미에서는 소란, 난동 행위(寻衅滋事)의 일종이다. 무리를 지어 행패부리는 자는 5일

이상 10일 이하의 구류(拘留)를 처벌하고 또한 500위안 이하의 과태료(罚款)를 병과할 수 있다. 정상(情节)이 엄중한 경우 10일 이상 15일 이하의 구류를 처벌하고 또한 1,000위안 이하의 과태료(罚款)를 병과할 수 있다(治安管理处罚法 제26조).

037

xún xìn zī shì
**寻衅滋事**
심 흔 자 사

**소란·난동행위**

치안관리처벌법에서 말하는 寻衅滋事(xún xìn zī shì)는 공공질서를 위반한 위법행위의 일종으로, 구체적으로는 소란이나 난동을 피우는 행위를 말한다. 소란이나 난동을 피우는 자는 5일 이상 10일 이하의 구류(拘留)를 처벌하고 또한 500위안 이하의 과태료(罚款)를 병과할 수 있다. 정상(情节)이 엄중한 경우 10일 이상 15일 이하의 구류로 처벌하고 또한 1,000위안 이하의 과태료(罚款)를 병과할 수 있다(治安管理处罚法 제26조).

038

qiāo zhà lè suǒ
**敲诈勒索**
고 사 늑 색

**재물공갈·갈취**

치안관리처벌법에서 말하는 敲诈勒索(qiāo zhà lè suǒ)은 타인의 인신권리 또는 재산권을 침해하는 위법행위의 일종으로, 구체적으로 타인의 재물을 공갈하여 갈취하는 것을 말한다. 타인의 재물을 공갈하여 갈취한 자는 5일 이상 10일 이하의 구류(拘留)를 처벌하고 또한 500위안 이하의 과태료(罚款)를 병과할 수 있다. 정상(情节)이 엄중한 경우 10일 이상 15일 이하의 구류로 처벌하고 또한 1,000위안 이하의 과태료(罚款)를 병과할 수 있다(治安管理处罚法 제49조).

039

zhāo yáo zhuàng piàn
**招谣撞骗**
초 요 당 편

**공공연한 사기행각**

치안관리처벌법에서 말하는 招谣撞骗(zhāo yáo zhuàng piàn)은 사회관리를 방해하는 위법행위의 일종으로, 국가기관의 종사자로 또는 기타 허위의 신분으로 위장하여 공공연히 사기행각을 벌리는 행위를 말한다. 공공연히 사기행각을 벌리는 자는 5일 이상 10일 이하의 구류(拘留)를 처벌하고 또한 500위안 이하의 과태료(罚款)를 병과할 수 있다. 군인, 경찰의 신분으로 위장한 자에 대해서는 가중하여 처벌한다(治安管理处罚法 제51조).

| xíngzhèng péi cháng<br>**行政赔偿**<br>행 정 배 상 | 행정배상 |
|---|---|

행정기관 및 그 종사자가 직무를 수행하는 과정에서 공민, 법인 및 기타 조직의 합법적인 권익을 침범하여 손실을 초래한 경우, 법률 규정에 따라 국가가 그 배상책임을 지는 제도를 말한다. 行政赔偿은 사법배상과 더불어 국가배상의 일종이다. 1994년에 제정된 중국의 국가배상법은 행정배상의 배상범위, 배상청구인, 배상의무기관 및 배상절차 등에 대하여 자세히 규정하고 있다(国家赔偿法 제3조).

| guó jiā bǔ cháng<br>**国家补偿**<br>국 가 보 상 | 국가보상 |
|---|---|

국가기관과 그 종사자의 합법적인 행위로 인하여 공민, 법인 및 기타 조직에게 손실을 초래한 경우 그 손실에 대하여 보상하는 제도를 말한다. 国家补偿에는 행정보상과 더불어 입법보상과 사법보상이 포함된다. 행정보상은 국가의 행정기관과 행정기관 공무원의 합법적인 행위로 인해 초래한 손실에 대한 보상이다. 헌법은 2004년 개정을 통해 '국가는 공공이익의 수요에 의하여 법률의 규정에 따라 공민의 사유재산에 대하여 징수 또는 징용(征收或者征用)을 할 수 있고 그에 대하여 보상을 한다' 및 '국가는 공공이익의 수요에 의하여 법률의 규정에 따라 토지에 대하여 징수 또는 징용을 할 수 있고 그에 대하여 보상을 한다' 규정함으로써 헌법제도로서의 国家补偿 제도를 규정하였다(宪法 제10조).

**042**

sī fǎ péi cháng
**司法赔偿**
사 법 배 상

**사법배상**

형사·민사·행정소송의 과정에서 수사, 재판 등의 직무를 수행하는 국가기관 및 그 공무원이 직무 수행 중 공민, 법인 및 기타 조직의 합법적인 권익을 침해하여 손실 을 초래한 경우, 법률 규정에 따라 국가가 그 배상책임을 지는 제도를 말한다. 司法 赔偿은 행정배상과 더불어 국가배상의 일종이다. 司法赔偿 중 가장 일반적인 형태 가 형사배상이다. 1994년에 제정된 중국의 국가배상법은 행정배상과 더불어 형사 배상의 배상범위, 배상청구인, 배상의무기관 및 배상절차 등에 대하여 자세히 규정 하고 있다. 그 외 민사소송 또는 행정소송 과정에서의 국가배상은 형사배상의 규정 을 참조하도록 하였다(国家赔偿法 제17조).

**043**

guó jiā péi chángqǐng qiú rén
**国家赔偿请求人**
국 가 배 상 청 구 인

**국가배상청구인**

국가배상책임이 발생한 경우, 국가에 대하여 그 배상을 요구할 수 있는 주체를 말한 다. 우선 피해를 입은 공민, 법인 및 기타 조직이 国家赔偿请求人으로 되고, 피해자 인 공민이 사망한 경우에는 그 상속인 및 기타 피해자와 부양관계(扶养关系)를 지 닌 친족이 国家赔偿请求人으로 된다. 피해자인 법인 또는 기타 조직이 말소된 경우 에는 그 권리를 상속한 자가 国家赔偿请求人으로 된다(国家赔偿法 제6조).

**044**

guó jiā péi cháng yì wù jī guān
**国家赔偿义务机关**
국 가 배 상 의 무 기 관

**국가배상의무기관**

국가배상책임이 발생한 경우 그 배상의무를 이행하여야 하는 국가기관을 말한다. 국가배상법은 행정배상과 형사배상을 구분하여 각각의 国家赔偿义务机关을 규정 하였다. 행정배상의 경우, 공민 등의 합법적 권익을 침해한 행정기관이 国家赔偿义

务机关으로 되고, 행정복의(复议)를 거친 행정행위의 경우 최초에 권리의 침해를 초래한 행정기관이 国家赔偿义务机关으로 된다. 단, 행정복의기관(复议机关)의 복의 결정이 손해를 가중시켰다면 복의기관이 그 가중한 부분에 대한 배상의무를 이행하여야 한다. 형사배상의 경우 수사, 재판 등 사법적 직무를 수행한 각 기관이 国家赔偿义务机关으로 된다. 재판업무와 관련하여, 재심절차를 거쳐 무죄판결이 결정되었다면 효력을 발생시킨 原 판결을 내린 인민법원이 国家赔偿义务机关으로 되고, 2심에서 무죄로 판결되었거나 2심에서 파기 환송한 후 무죄로 판결된 경우, 제1심 판결을 내린 인민법원이 国家赔偿义务机关으로 된다(国家赔偿法 제7조).

| 刑事赔偿 형 사 배 상 | 형사배상 |
| --- | --- |

수사, 검찰, 심판의 직무를 수행하는 기관 및 유치장(看守所), 감옥관리기관(监狱管理机关)과 그 종사자가 직무를 수행하는 과정에서 공민 등의 인신권리(人身权), 재산권을 침해한 경우 국가가 그에 대하여 배상하는 제도를 말한다. 刑事赔偿은 사법배상의 일종이고 중국의 국가배상에는 사법배상 외에 행정배상이 있다. 1994년에 제정된 중국의 국가배상법은 행징배상과 刑事赔偿의 배상범위, 배상청구인, 배상의무기관 및 배상절차 등에 대하여 자세히 규정하고 있다(国家赔偿法 제17조).

| 国家赔偿 국 가 배 상 | 국가배상 |
| --- | --- |

국가가 공민, 법인 및 기타 조직의 합법적인 권익을 침해하여 손실을 초래한 경우 배상을 하는 제도를 말한다. 공민은 국가기관과 국가기관 공무원의 권리 침해로 손실을 입은 경우 법률 규정에 따라 배상을 받을 권리가 있다고 규정하였다. 国家赔偿은 크게 행정배상과 사법배상으로 나눌 수 있고, 사법배상 중 가장 일반적인 형태가 형사배상이다. 형사배상 외에는 민사사법배상 및 행정사법배상이 있다. 중국 국가배상법은 주로 행정배상과 형사배상에 대하여 규정하고 있다(宪法 제41조).

## 行政司法
### xíngzhèng sī fǎ
행 정 사 법

### 행정사법

국가의 특정 행정기관이 법이 정한 절차에 따라 구체적인 사건을 심리하고 관련 분쟁을 재결(裁決)하는 행정행위를 말한다. 行政司法은 비록 행정행위이지만 일부 사법적 성질을 지니고 있어서 준사법행위(准司法行为)라고 불리기도 한다. 行政司法에는 주로 행정복의(行政复议), 행정재결(行政裁决), 행정중재(行政仲裁), 행정조정(行政调解)이 포함된다.

## 行政裁决
### xíngzhèng cái jué
행 정 재 결

### 행정재결

특정 행정기관이 법이 정한 절차에 따라 일부 민사분쟁을 처리하고 결정하는 행정행위를 말한다. 行政裁决은 중국 특색이 강한 행정사법(行政司法)의 한 종류이다. 行政裁决에는 크게 권리확인(确权) 관련 行政裁决, 배상 및 보상 관련 行政裁决, 기타 行政裁决이 포함된다. 권리확정을 위한 行政裁决의 예로, 중국 수법(水法)은 '복수의 행정구역 간에 물에 관련한 분쟁이 발생할 경우 협상하여 처리한다. 협상이 이루어지지 않을 경우 상급 인민정부가 재결(裁決)한다'고 규정하고 있다(水法 제56조).

## 行政仲裁
### xíngzhèngzhòng cái
행 정 중 재

### 행정중재

행정기관이 제3자의 신분으로 법에 정한 절차에 따라 각종 민사분쟁에 대하여 중재하는 절차를 말한다. 行政仲裁는 非행정기관이 진행하는 각종 민간중재(民间仲裁)와 구분된다. 대표적인 행정중재에는 노동쟁의중재(劳动争议仲裁)가 있다. 중국 노동법에 따르면 '사용자와 근로자 사이에 노동분쟁이 발생할 경우, 당사자는 법에 따라 조정, 중재 및 소를 제기할 수 있고 또한 협상하여 해결할 수도 있다'고 규정하였고 노동중재를 위한 전문법인 노동쟁의조정중재법(劳动争议调解仲裁法)이 제정되어 있다. 노동쟁의중재 외에 농촌토지승포경영분쟁(农村土地承包经营纠纷), 사회보험쟁의(社会保险争议), 공무원인사쟁의(公务员人事争议) 등이 <sub>xíngzhèngzhòng cái</sub> 行政仲裁를 통하여 해결될 수 있다(劳动法 제77조).

| <sub>xíngzhèngtiáo jiě</sub> **行政调解** <br> 행 정 조 해 | 행정조정 | 050 |
|---|---|---|

행정기관이 분쟁 당사자를 설득하여 당사자들로 하여금 자원(自愿)과 상호양보(互让)의 원칙에 입각하여, 협상을 통해 분쟁을 해결하게 하는 행정행위를 말한다. 소송을 통하지 않고 분쟁을 해결하는 각종 조정(调解)은 사회주의 중국에서 광범위하게 사용되어 온 분쟁해결 방식이다. 이러한 조정에는 <sub>xíngzhèngtiáo jiě</sub> 行政调解와 더불어 일반 인민대중이 참여하는 인민조정(人民调解), 사법기관인 인민법원이 주도하는 법원조정(法院调解)이 있다. <sub>xíngzhèngtiáo jiě</sub> 行政调解의 한 예로 도로교통안전법의 다음의 규정이 있다. '교통사고손해배상에 관한 쟁의에 대하여, 당사자는 공안기관의 도로교통관리부서에 조정(调解)을 신청할 수 있고 직접 인민법원에 민사소송을 제기할 수도 있다. 공안기관 도로교통관리부서의 소정을 거친 후 당사자가 협의를 달성하지 못하거나 조정서가 효력발생 후 이행하지 않는 경우, 당사자는 인민법원에 민사소송을 제기할 수 있다'(道路交通安全法 제74조).

| <sub>gōng wù yuán</sub> **公务员** <br> 공 무 원 | 공무원 | 051 |
|---|---|---|

공직에 종사하고 국가의 행정편제(行政编制)에 소속되어 있으며 국가재정에서 그들의 보수, 복지의 비용이 충당되는 인원을 말한다. <sub>gōng wù yuán</sub> 公务员의 임용, 승진, 직책과 직무 등 사항에 관해서는 2005년 제정된 공무원법에 따른다(公务员法 제2조).

| 052 | | |
|---|---|---|
| gōng wù yuán zhí wù<br>**公务员职务**<br>공 무 원 직 무 | | **공무원 직무** |

중국 공무원의 직급체계는 이른바 공무원직무·직급병행제도(公务员职务与职级并行制度)를 시행하고 있다. 公务员职务<sup>gōng wù yuán zhí wù</sup>는 영도직무(领导职务)로서 구체적으로 총 10개의 직무로 구분된다. 즉 국가급(国家级) 정직, 국가급 부직, 성·부급(省部级) 정직, 성·부급 부직, 청·국급(厅局级) 정직, 청·국급 부직, 현·처급(县处级) 정직, 현·처급 부직, 향·과급(乡科级) 정직, 향·과급 부직을 말한다. 영도직무에 속하지 않는 공무원은 그 직종에 따라 각각의 직급(职级)으로 구분된다. 공무원의 직무와 직급은 총 27급으로 정해진 급별(级别)에 대응한다(公务员法 제17조).

| 053 | | |
|---|---|---|
| gōng wù yuán zhí jí<br>**公务员职级**<br>공 무 원 직 급 | | **공무원 직급** |

중국 공무원의 직급체계는 이른바 공무원직무·직급병행제도(公务员职务与职级并行制度)를 시행하고 있다. 그중 영도직무(领导职务)에 속하지 않는 공무원은 公务员职级<sup>gōng wù yuán zhí jí</sup>에 따라 구분한다. 이러한 직급은 청·국 급 (厅局级) 이하에서 설치되고 그 명칭은 직종별에 따라 다르다. 예컨대, 종합관리류(综合管理类) 공무원 직급은 현재 총 12개로 나뉜다. 즉 1급 순시원(一级巡视员), 2급 순시원, 1급 조연원(一级调研员), 2급 조연원, 3급 조연원, 4급 조연원, 1급 주임과원(一级主任科员), 2급 주임과원, 3급 주임과원, 4급 주임과원, 1급 과원(一级科员), 2급 과원이다. 공무원의 직무와 직급은 총 27급으로 정해진 공무원 급별(级别)에 대응한다(公务员法 제17조).

| 054 | | |
|---|---|---|
| gōng wù yuán jí bié<br>**公务员级别**<br>공 무 원 직 별 | | **공무원 직별** |

공무원의 계급을 구분하는 명칭이다. 현재 중국의 公务员级别<sup>gōng wù yuán jí bié</sup>은 1급에서 27급으로

나누어져 있다. 그 외 공무원의 직급체계는 이른바 공무원직무·직급병행제도(公务员职务与职级并行制度)를 시행하고 있다. 그중 영도직무(领导职务)는 총 10개가 있고 영도직무에 속하지 않는 공무원은 직급(职级)에 따라 구분된다. 공무원직무와 직급은 각각의 급별에 대응한다(公务员法 제21조).

| xún shì yuán 巡视员 순 시 원 | 순시원 |
|---|---|

055

공무원 직급(职级)의 일종이다. 영도직무(领导职务)에 속하지 않는 공무원은 직급을 통해 구분되는데, 종합관리류(综合管理类) 공무원의 경우 구체적으로 1급 巡视员, 2급 巡视员(xún shì yuán) 등 총 12개 직급으로 나뉜다(公务员法 제19조).

| diào yán yuán 调研员 조 연 원 | 조연원 |
|---|---|

056

공무원 직급(职级)의 일종이다. 영도직무(领导职务)에 속하지 않는 공무원은 직급을 통해 구분되는데, 종합관리류(综合管理类) 공무원의 경우 구체적으로 가급 순시원(巡视员)과 더불어 1급 调研员(diàoyányuán), 2급 调研员(diàoyányuán), 3급 调研员(diàoyányuán), 4급 调研员(diàoyányuán) 등 12개 직급으로 나뉜다(公务员法 제19조).

| zhǔ rèn kē yuán 主任科员 주 임 과 원 | 주임과원 |
|---|---|

057

공무원 직급(职级)의 일종이다. 영도직무(领导职务)에 속하지 않는 공무원은 직급을 통해 구분되는데, 종합관리류(综合管理类) 공무원의 경우 구체적으로 각급 순시원(巡视员), 조연원(调研员)과 더불어 1급 主任科员(zhǔ rèn kē yuán), 2급 主任科员(zhǔ rèn kē yuán), 3급 主任科员(zhǔ rèn kē yuán), 4급 主任科员(zhǔ rèn kē yuán) 등 12개 직급으로 나뉜다(公务员法 제19조).

| <br>kē yuán<br>**科员**<br>과 원 | **과원** |
|---|---|

공무원 직급(职级)의 일종이다. 영도직무(领导职务)에 속하지 않는 공무원은 직급을 통해 구분되는데, 종합관리류(综合管理类) 공무원의 경우 구체적으로 각급 순시원(一级巡视员), 조연원(调研员), 주임과원(主任科员)과 더불어 1급 科员, 2급 科员 등 12개 직급으로 나뉜다(公务员法 제19조).

| <br>chā é xuǎn jǔ<br>**差额选举**<br>차 액 선 거 | **경쟁선거** |
|---|---|

특정 선거에서 입후보자의 수가 당선자 정원보다 많은 선거 방식을 말한다. 差额选举와 달리 입후보자와 당선자 수가 동일한 선거 방식을 중국에서는 비경쟁선거(等额选举)라고 한다. 전국인민대표대회와 지방 각급 인민대표대회의 대표는 差额选举를 통하여 선거되어야 한다. 선거권자가 직접 인민대표대회의 대표를 선거하는 경우, 입후보자의 수는 당선자 수에 비하여 1/3 내지 1배가 많아야 하고, 현 이상 지방 각급 인민대표대회가 상급 인민대표대회의 대표를 선거하는 경우 입후보자의 수는 당선자 수에 비하여 1/5 내지 1/2배 많아야 한다(全国人民代表大会和地方各级人民代表大会选举法 제30조).

| <br>děng é xuǎn jǔ<br>**等额选举**<br>등 액 선 거 | **비경쟁선거** |
|---|---|

특정 선거에서 입후보자의 수와 당선자 정원이 동일한 선거 방식을 말한다. 等额选举와 달리, 입후보자 수가 당선자 수보다 많은 선거 방식을 중국에서는 경쟁선거(差额选举)라고 한다. 각 대표의 임기 내에서 어떤 이유로 인하여 결원이 발생할 경우(因故出缺) 보충선거를 진행하여야 하는데, 보충선거는 입후보자 수가 당선자 수보

다 많을 수도 있고 당선자 수와 같을 수도 있다. 구체적인 선거방법은 성급 인민대표대회 상무위원회에서 정한다(全国人民代表大会和地方各级人民代表大会选举法 제57조).

jiàn jiē xuǎn jǔ
**间接选举**
간 접 선 거

**간접선거**

061

선거인이 대의기관의 대표를 직접 선거하는 것이 아니라 직하급(直下级) 대의기관의 대표 등 이미 선출된 대표가 다시 대표를 선거하는 방식을 말한다. 전국인민대표대회 대표 및 성, 시 인민대표대회의 대표는 직하급 인민대표대회에서 선거한다. 그에 대하여 현, 향 인민대표대회의 대표는 선거인이 직접 선거한다(全国人民代表大会和地方各级人民代表大会选举法 제3조).

bà miǎn
**罢免**
파 면

**파면**

062

관련 규정에 따라 인민대표대회의 대표 또는 기타 공직자로 하여금 그 직을 그만두게 하는 제도를 말한다. 각급 인민대표대회의 대표는 선거인(选民) 및 原 선거단위(选举单位)의 감독을 받아야 하고 선거인 또는 선거단위는 자신이 선거(选举)한 대표를 罢免(bà miǎn)할 수 있다. 그 외 각급 인민대표대회는 자신이 선거한 공직자를 罢免(bà miǎn)할 수 있다. 예컨대, 전국인민대표대회는 관련 법 절차에 따라 국가주석과 부주석, 국무원 총리와 부총리, 최고인민법원장, 최고인민검찰원장, 국가감찰위원회 주임, 중앙군사위원회 주석 등 인원을 罢免(bà miǎn)할 수 있다(全国人民代表大会和地方各级人民代表大会选举法 제49조).

| 063 | xiàn yì<br>**现役**<br>현 역 | **현역** |

중국의 병역은 現役과 예비역(预备役)으로 나뉜다. 중국 인민해방군에서 現役으로 복무하는 자를 군인으로 칭한다. 군인에는 사병(士兵)과 군관이 포함되어 있다. 現役 사병은 의무병역제 사병(义务兵役制士兵)과 자원병역제 사병(志愿兵役制士兵)으로 나뉘고, 그중 의무병의 現役 기간은 2년이다(兵役法 제6조).

| 064 | yù bèi yì<br>**预备役**<br>예 비 역 | **예비역** |

중국의 병역은 현재 현역(现役)과 预备役으로 나뉜다. 중국 인민해방군에서 현역으로 복무하는 자를 군인으로 칭하고 현역 부대에 예편되어 있거나 预备役 부대에 편입된 자를 预备役 인원으로 칭한다(兵役法 제6조).

| 065 | yì wù bīng<br>**义务兵**<br>의 무 병 | **의무병** |

현역 사병은 의무병역제 사병(义务兵役制士兵)과 자원병역제 사병(志愿兵役制士兵)으로 나뉘는데, 의무병역제 사병을 义务兵이라고 칭하고 자원병역제 사병은 군사(军士)로 칭한다. 义务兵의 현역 근무 기간은 2년이다. 사병 외에는 군관이 있다(兵役法 제25조).

| 066 | jūn shì<br>**军士**<br>군 사 | **군사** |

현역 사병은 의무병역제 사병(义务兵役制士兵)과 자원병역제 사병(志愿兵役制士

兵)으로 나뉘는데, 의무병역제 사병을 의무병(义务兵)이라고 칭하고 자원병역제 사
병은 <ruby>军士<rt>jūn shì</rt></ruby>로 칭한다. 의무병의 현역 근무 기간은 2년인데 반해, <ruby>军士<rt>jūn shì</rt></ruby>의 현역 기간은
일반적으로 30년을 초과하지 않고 나이는 만 55세를 초과하지 않는다. 사병 외에는
군관이 있다(兵役法 제25조).

| <ruby>退役军人<rt>tuì yì jūn rén</rt></ruby><br>퇴 역 군 인 | 제대 군인 |
|---|---|

현역에서 제대한 의무병(退出现役的义务兵), 군사(军士) 및 군관(军官)을 말한다.
<ruby>退役军人<rt>tuì yì jūn rén</rt></ruby>들의 취업, 처우 등 사항은 관련 법률 규정에 따른다. 2018년에는 <ruby>退役军<rt>tuì yì jūn</rt></ruby>
<ruby>人<rt>rén</rt></ruby> 관련 업무 전담부서인 제대군인사무부(退役军人事务部)를 설치하여 국무원 산
하에 두고 있다(兵役法 제53조).

| <ruby>人民解放军<rt>rén mín jiě fàng jūn</rt></ruby><br>인 민 해 방 군 | 인민해방군 |
|---|---|

현역 부대와 예비역 부대로 구성된 군대를 말한다. 중국 무장역량은 <ruby>人民解放军<rt>rén mín jiě fàng jūn</rt></ruby>, 중
국인민무장경찰부대(中国人民武装警察部队) 및 민병(民兵)으로 구성되어 있다. <ruby>人<rt>rén</rt></ruby>
<ruby>民解放军<rt>mín jiě fàng jūn</rt></ruby>을 포함한 전국의 무장역량은 중국 공산당의 지도(领导)를 받아야 하고 중
앙군사위원회가 <ruby>人民解放军<rt>rén mín jiě fàng jūn</rt></ruby>을 포함한 전국의 무장역량을 통일적으로 지휘한다(国
防法 제22조).

| <ruby>武警<rt>wǔ jǐng</rt></ruby><br>무 경 | 무장경찰 |
|---|---|

인민해방군(人民解放军), 민병(民兵)과 함께 중국 무장역량의 일부를 구성하는 인
민무장경찰부대를 말한다. 중앙군사위원회가 인민해방군, <ruby>武警<rt>wǔ jǐng</rt></ruby>을 포함한 전국의 무

장역량을 통일적으로 지휘한다. 武警<sup>wǔ jǐng</sup>은 돌발적인 사회안전 관련 사건의 처리, 테러 활동의 방지와 처리, 해상에서의 권리수호와 법집행, 재난구호 및 기타 중앙군사위원회가 부여한 임무를 수행한다(国防法 제22조).

| 070 | hù kǒu<br>**户口**<br>호 구 | **호구**<br>**호적** |
|---|---|---|

호적(户籍)이라고도 하는데, 호구등기(户口登记)를 통해 규정된 중국 공민의 신분증명(身份证明)을 말한다. 중국 공민은 누구나 예외 없이 법 규정에 따라 户口<sup>hù kǒu</sup> 등기를 마쳐야 한다. 户口<sup>hù kǒu</sup> 등기 업무는 각급 공안기관이 주관하며 공안기관은 户口<sup>hù kǒu</sup> 등기부를 작성하고 각 가정에 주민호구부(居民户口簿)를 발급한다. 호구부에는 공민의 성명, 출생일, 친족관계, 혼인상황 등 정보가 기재되어 있다. 중국은 1970년대 말까지 엄격한 户口<sup>hù kǒu</sup> 관리제도를 유지하고 공민의 이동자유를 제한하였으나 그 후 점차 완화하였다(户口登记条例 제2조).

| 071 | hù kǒudēng jì bù<br>**户口登记簿**<br>호 구 등 기 부 | **호구등기부**<br>**호적대장** |
|---|---|---|

공안기관이 작성한 중국 공민의 신분상황, 가족관계 등을 증명하는 서류를 말한다. 户口登记簿<sup>hù kǒudēng jì bù</sup>는 가정 단위로 발급되고 호주(户主)는 호구부의 등기사항에 변동이 생긴 경우에는 해당 등기기관에 신고하여야 한다(户口登记条例 제4조).

# 제 3 장

# 민법

| mín fǎ diǎn<br>**民法典**<br>민 법 전 | **민법전** 001 |
|---|---|

민법은 평등한 주체사이, 즉 자연인, 법인과 비법인조직 간의 신분관계와 재산관계에 적용되는 법률을 말한다. 1949년 중화인민공화국 건국 이후 民法典(mín fǎ diǎn)의 제정에 착수하였으며, 민법전의 전단계로 민법통칙(民法通則)을 제정하였고, 그 외 단행법으로 혼인법(婚姻法), 상속법(继承法), 부양법(收养法), 담보법(担保法), 계약법(合同法), 물권법(物权法), 불법행위법(侵权责任法), 민법총칙(民法总则) 등을 제정하였다. 2020년 5월 28일, 중국 民法典이 제정되었고, 2021년 1월 1일부터 시행되었으며, 이와 동시에 위 단행법들은 모두 폐지되었다. 民法典(mín fǎ diǎn)은 총 7편(총칙·물권·계약·인격·혼인가정·상속·불법행위·부칙), 1,260개의 조항으로 구성되었다(民法典 제2조).

| sī quánshénshèngyuán zé<br>**私权神圣原则**<br>사 권 신 성 원 칙 | **사유재산 신성불가침의 원칙** 002 |
|---|---|

私权神圣原则(sī quánshénshèngyuán zé)은 민사주체의 인신권(신분권·인격권), 재산권 및 기타 합법적 권익은 법률의 보호를 받으며, 어떠한 조직이나 개인은 민사주체의 이러한 권리를 침해해서는 아니되는 것을 말하며 "민사권익의 법률보호 원칙"이라고노 한다. 중국 헌법에 국가재산 신성불가침 규정과 대비하여, 민법에 사적권리의 신성불가침을 상응하게 규정한 것이라 볼 수 있다(民法典 제3조).

| píngděngyuán zé<br>**平等原则**<br>평 등 원 칙 | **평등의 원칙** 003 |
|---|---|

민사활동의 주체는 독립된 법률인격을 가지고, 평등한 권리능력을 행사하고 민사책임의 부담과 민사권리의 보호에 있어서도 모두 같은 법률의 적용을 받는 원칙을 말

한다. 平等原則<sup>píngděngyuán zé</sup>이라는 대원칙은 독립된 법률인격이 있는 주체가 민사활동에 참여함에 있어서 스스로 자기의사에 따르고(사적자치의 원칙), 상대방과의 민사활동에서 차별대우를 받지 아니하며(공평의 원칙), 제3자를 위한 민사활동에서 합리적이고 적절한 대가를 요구(등가유상)하는 등에서 표현된다. 한편, 민사주체의 법률지위상의 평등은 구체적인 민사법률관계 중에서 각 당사자가 가지는 구체적인 권리와 부담하는 의무가 동일하다는 의미는 아니다(民法典 제4조).

---

**004**

**自愿原则**
zì yuànyuán zé
자 원 원 칙

### 자원의 원칙

---

민사주체는 민사활동에 종사함에 있어서 자기의 의사에 따라 민사법률관계를 설립·변경 및 종료할 수 있는 원칙을 말한다. 自愿原则<sup>zì yuànyuán zé</sup>에 따르면 민사주체는 모두 자기의 진실된 의사 및 독립·자주적인 선택권에 의하여 거래대상과 거래조건을 정하고 법률관계를 설립·변경하는 동시에 상대방의 의사와 사회의 공공이익을 존중하고 자기의 의사를 상대방 또는 제3자에게 강요해서는 아니 된다. 거래 또는 기타 민사활동을 하는 행위가 법률의 규정에 위반되지 않을 시, 어떠한 기관·단체·개인 등 제3자는 이를 간섭해서는 아니 된다. 법률이 금지하지 않는 범위 내에서 민사주체는 의사의 자치를 실현할 수 있다(民法典 제5조).

---

**005**

**公平原则**
gōngpíngyuán zé
공 평 원 칙

### 공평의 원칙

---

민사주체가 민사활동에 종사함에 있어서 각자의 권리와 의무를 공평하게 확정해야 하는 원칙을 말한다. 公平原则<sup>gōngpíngyuán zé</sup>에 따르면, 민사주체가 가지는 권리와 부담하는 의무는 대등해야 한다. 예컨대 계약관계의 존속기간 내에 당사자의 귀책사유가 아닌 변화가 발생하여 기존의 계약관계가 현저히 불공평하게 된 경우, 불리한 위치에 있는 당사자는 계약의 조정을 요구할 수 있다. 그 외, 고의나 중과실로 상대방에 재산손

해를 초래한 경우 내지 상대방의 신체상 손해를 초래한 경우의 면책조항은 公平原 [gōngpíngyuán]
则[zé]에 어긋나기에 무효이다. 또한, 위약금을 과도하게 높게 설정하거나, 초래된 손해
에 비하여 과도하게 낮게 설정하였을 경우 당사자는 公平原则[gōngpíngyuán zé]에 근거하여 적당히
증감해줄 것을 법원에 청구할 수 있다(民法典 제6조).

| chéng xìn yuán zé<br>**诚信原则**<br>성 신 원 칙 | 신의성실의 원칙 |
|---|---|

민사주체는 민사활동에 종사함에 있어서 성실에 입각하여 승낙한 내용을 엄격히 지
켜야 하는 원칙을 말한다. 민사주체는 통상적인 사회 관념에 기초하여 도덕적으로
권리를 행사하거나 의무를 이행하여야 하며, 부당경쟁 또는 상대방의 권익을 침해
해서는 아니 된다. 법원은 민사분쟁에 적용할 제정법이 없는 경우 등 특별한 상황에
서, 최소·최후성으로 诚信原则[chéng xìn yuán zé]을 적용하여 공평한 판결을 내릴 수 있다(民法典 제
7조).

| gōng xù liáng sú yuán zé<br>**公序良俗原则**<br>공 서 양 속 원 칙 | 공서양속의 원칙 |
|---|---|

민사주체가 민사활동에 종사함에 있어서 공공의 질서와 선량한 풍속을 준수해야 하
는 원칙을 말한다. 공서양속은 공공질서와 선량한 풍속을 뜻하는 것인 바, 전자는
국가 또는 사회의 질서를 뜻하고, 후자는 사회의 일반적인 도덕관념을 말한다. 민사
분쟁은 법률에 따라 처리해야 하고, 법률규정이 없는 경우에는 관습을 적용할 수 있
으나, 공서양속에 위배되어서는 아니 되며, 공서양속에 위배되는 민사행위는 무효
이다(民法典 제8조).

| 008 绿色原则 (lǜ sè yuán zé) 녹 색 원 칙 | 녹색의 원칙 환경보호의 원칙 |

민사주체의 민사활동은 자원절약 및 생태환경보호에 유리해야 하는 원칙을 말한다. 绿色原则(lǜ sè yuán zé)은 자원에 대한 효율적인 이용 및 생태환경에 대한 보호, 이 두가지 내용을 포함하고 있다. 绿色原则(lǜ sè yuán zé)은 기존 민법에는 없었던 내용일 뿐만 아니라 전 세계적으로도 찾아보기 힘든 민법 원칙이다. 미세먼지, 수질오염 등으로 곤욕을 치른 중국은 환경보호의 중요성을 통감하고 민사활동영역에 绿色原则(lǜ sè yuán zé)을 새로운 시대의 가치로 도입하여, '녹색민법'이라는 평가를 받고 있다. 중국 민법전에는 생태환경보호와 직접적인 관련이 있는 조항이 무려 18개나 되며, 향후 환경오염이 심각한 제조업뿐만 아니라 소비영역, 물류영역에서도 녹색원칙에 부응하여 새로운 변화가 발생할 것으로 예상된다(民法典 제9조).

| 009 自然人 (zì rán rén) 자 연 인 | 자연인 |

법에서 권리능력을 인정 받는, 자연적, 생물학적 속성이 있는 사람을 말한다. 기존 민법통칙(民法通则)에서는 공민이라고 칭하기도 했으나 민법전에서는 自然人(zì rán rén)으로 통일했다. 自然人(zì rán rén)은 법인에 대응하는 개념이며, 출생부터 사망까지 민사권리능력을 구비하고 민사권리를 가지며 민사의무를 부담한다. 또한 自然人(zì rán rén)에는 본국 공민뿐만 아니라 외국인과 무국적자도 포함된다. 自然人(zì rán rén)의 출생시간과 사망시간은 출생증명·사망증명에 기재한 시간을 기준으로 하며, 출생증명·사망증명이 없는 경우에는 호적등기 또는 기타 유효한 신분등기에 기재한 시간을 기준으로 한다. 상술한 기재시간을 번복할 만한 기타 증거가 있는 경우, 해당 증거에서 증명하는 시간을 기준으로 한다. 반면 태아는 비록 自然人(zì rán rén)이 아니지만 상속재산을 상속하거나, 증여를 받는 등 태아의 이익과 관련될 경우 민사권리능력이 있는 것으로 본다. 단, 분만 시 태아가 사산인 경우에는 그 민사권리능력은 처음부터 존재하지 않는다(民法典 제13조).

| mín shì zhǔ tǐ<br>**民事主体**<br>민 사 주 체 | 권리의무의 주체 |
|---|---|

010

민사법률관계의 주체라고도 하며, 민사활동에 참여하고 권리를 가지고 의무를 이
행하는 자를 말한다. 민법전에 따르면 民事主体에는 자연인·법인·비법인조직이 있
으며 특별한 경우에 국가도 민사법률관계의 주체가 될 수 있다[예컨대 국가가 무주
(无主)재산의 소유자가 되는 경우]. 민법전은 결국 民事主体의 능력 및 민사활동을
규율하기 위하여 제정된 법률이라고 볼 수 있다.

| mín shì quán lì néng lì<br>**民事权利能力**<br>민 사 권 리 능 력 | 권리능력 |
|---|---|

011

민사주체가 민사활동에 종사하여 민사권리를 행사하고 민사의무를 부담할 수 있
는 자격을 말한다. 자연인의 民事权利能力은 평등하고, 타인은 이를 빼앗을 수 없으
며, 처분하거나 양도할 수도 없다. 자연인은 출생시점으로부터 사망시점까지 民事
权利能力이 있고, 법인 및 비법인조직은 성립 시부터 종료 시까지 民事权利能力이
있다.

| mín shì xíng wéi néng lì<br>**民事行为能力**<br>민 사 행 위 능 력 | 행위능력 |
|---|---|

012

민사상 권리·의무가 발생하는 법률행위를 스스로 행사할 수 있는 능력을 의미한다.
민사권리능력이 있다고 하여 모두 자기의 행위에 의하여 권리를 취득하거나 의무를
부담할 수 있는 것이 아니라, 民事行为能力이 있어야만 자기의 의사에 따라 기존의
민사 법률관계를 변동하고 스스로 그 결과를 부담할 수 있다. 즉 민사권리능력이 있
다고 하여 모두 民事行为能力이 있는 것은 아니다. 民事行为能力은 자연인의 연령
과 정신건강상태를 기준으로 능력자, 제한능력자, 무능력자로 분류한다.

---

**013**

wánquánmín shì xíng wéi néng lì rén
**完全民事行为能力人**
완 전 민 사 행 위 능 력 인

**능력자**

---

권리나 의무를 행사하기 위한 행위를 단독으로 완전히 진행할 수 있는 자를 말한다. 만 18세 이상인 자는 성년으로서 완전한 행위능력이 있으며 독립적으로 민사활동을 진행할 수 있기 때문에 完全民事行为能力人에 해당된다. 한편, 만 16세 이상 미성년자가 자기의 근로수입을 주요한 생활원천으로 할 경우에도 完全民事行为能力人에 해당될 수 있다. 법인인 경우, 성립 시에 권리능력과 함께 행위능력을 구비하며 종료 시에 권리능력과 행위능력은 함께 소멸된다. 즉 법인은 자연인과 달리 그 권리능력과 행위능력은 동일 시점에 취득되고 또한 동일 시점에 소멸된다(民法典 제17조).

---

**014**

xiàn zhì mín shì xíng wéi néng lì rén
**限制民事行为能力人**
한 제 민 사 행 위 능 력 인

**제한능력자**

---

법률행위를 스스로 완전하게 할 수 없는 자를 말한다. 만 8세 이상의 미성년자는 限制民事行为能力人이며, 그의 민사활동은 법정대리인이 대리하거나 법정대리인의 동의 또는 추인을 얻어야 한다. 단, 순수하게 이익만 얻는 민사법률행위 또는 자기의 연령과 지능에 상응한 민사활동은 법정대리인의 동의 없이 할 수 있다. 이외에, 자신의 행위를 완전하게 분별할 수 없는 성인도 限制民事行为能力人에 해당된다(民法典 제19조).

---

**015**

wú mín shì xíng wéi néng lì rén
**无民事行为能力人**
무 민 사 행 위 능 력 인

**무능력자**

---

행위능력이 완전히 없는 자를 말한다. 만 8세 미만의 미성년자는 无民事行为能力人이며, 이들의 민사활동은 법정대리인이 대리한다. 이외에, 자기의 행위를 완전히 분

별할 수 없는 성인 내지 만 8세 이상의 미성년자도 <ruby>无民事行为能力人<rt>wú mín shì xíng wéi néng lì rén</rt></ruby>이며, 법정대리인이 이들의 민사활동을 대리한다. 이외에 자신의 행위를 분별할 수 없는 성인도 <ruby>无民事行为能力人<rt>wú mín shì xíng wéi néng lì rén</rt></ruby>에 해당된다(民法典 제20조).

| <ruby>未成年人<rt>wèi chéngnián rén</rt></ruby><br>미 성 년 인 | 미성년자 |
|---|---|

만 18세 미만의 자연인을 말한다. 이 중 만 8세 미만인 <ruby>未成年人<rt>wèi chéngnián rén</rt></ruby>에 대해서는 행위능력이 없는 자로서, 수익계약의 체결 등 특별한 경우 이외의 민사행위를 단독으로 진행할 수 없다. 또한 만 8세부터 만 18세까지는 제한능력자로서 일부 민사행위를 단독으로 할 수 있으며 그중 만 16세 이상 만 18세 미만인 <ruby>未成年人<rt>wèi chéngnián rén</rt></ruby>은 그의 노동보수를 주요생활원천으로 하는 경우 능력자로 본다(民法典 제17조).

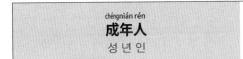

| <ruby>成年人<rt>chéngnián rén</rt></ruby><br>성 년 인 | 성년자 |
|---|---|

만 18세 이상의 자연인을 말한다. <ruby>成年人<rt>chéngnián rén</rt></ruby>은 정신질환으로 인하여 그 행위능력이 제한, 또는 인정되지 않는 경우를 제외하고, 모두 행위능력이 있고 독립적으로 민사법률행위를 행할 수 있다(民法典 제18조).

| <ruby>住所<rt>zhù suǒ</rt></ruby><br>주 소 | 주소 |
|---|---|

자연인의 호적등기 또는 기타 유효한 신분등기에 기재되어 있는 곳을 말한다. 일상거소(经常居住地)와 <ruby>住所<rt>zhù suǒ</rt></ruby>가 서로 다른 경우 일상거소를 <ruby>住所<rt>zhù suǒ</rt></ruby>로 본다. <ruby>住所<rt>zhù suǒ</rt></ruby>는 계약성립 시의 판단기준이 되기도 하고, 민사소송의 관할지와 송달지를 정하는 기준이 되기도 한다. 법인은 그 주요업무기구의 소재지를 <ruby>住所<rt>zhù suǒ</rt></ruby>로 한다. 법에 의해 등기를 해야 하는 법인은 주요업무기구의 소재지를 <ruby>住所<rt>zhù suǒ</rt></ruby>로 등기해야 한다(民法典 제25조).

| 019 | jīngcháng jū zhù dì<br>**经常居住地**<br>경 상 거 주 지 | 일상거소 |

통상 일정한 장소에서 상당한 기간 동안 정주(定住)한 사실이 인정되는 곳을 말한다. 经常居住地와 주소가 일치하지 않을 경우에는 经常居住地를 주소로 본다. 经常居住地는 주소와 구별되는 개념이지만, 당사자가 1년 이상 거주하는 경우에는 주소로 본다는 점에서 주소와 밀접한 관련이 있는 개념이라 할 수 있다(民法典 제25조).

| 020 | jiān hù rén<br>**监护人**<br>감 호 인 | 후견인 |

미성년자 또는 성년자로서 무능력자, 제한능력자의 신체건강을 보호하고 생활을 보살피며, 그들의 재산을 관리, 보호하고 민사활동을 대리하며 관리와 교육을 진행하고 제3자와 분쟁이 발생한 경우 대리하여 소송을 진행하는 자를 말한다. 미성년자의 부모는 미성년자의 监护人이다. 미성년자의 부모가 이미 사망하였거나 후견능력이 없는 경우에는 ① 조부모,외조부모, ② 형(兄),제(姐), ③ 기타 监护人이 되고자 하는 개인 또는 조직[단, 반드시 미성년자 주소지의 거민위원회(居民委员会), 촌민위원회(村民委员会) 또는 민정부서(民政部门)의 동의를 받아야 함] 순으로 후견인이 결정된다(民法典 제26조).

| 021 | fǎ dìng dài lǐ rén<br>**法定代理人**<br>법 정 대 리 인 | 법정대리인 |

법률의 규정에 따라 무능력자와 제한능력자를 대리하여 재산을 관리하거나 법률행위를 하는 자를 말하며, 무능력자 또는 제한능력자 본인의 대리권수여가 필요하지 않다. 무능력자와 제한능력자의 法定代理人은 후견인이다. 중국법상 법정대표인(法定代表人)이라는 용어가 있으므로 法定代理人과 혼동하기 쉬운데 법정대표인

은 회사를 대표하는 자를 말하며 한국의 대표이사와 유사한 용어이므로 양자를 명확히 구별해야 한다(民法典 제23조).

| xià luò bù míng zhě<br>**下落不明者**<br>하 락 불 명 자 | **부재자<br>생사불명자** | 022 |

자연인이 최후 거소를 떠나 일정한 기간 동안 생사불명상태가 지속된 자를 말한다. 下落不明者의 생사불명 기간은 그 소식이 중단된 때부터 기산하며 당해 자연인의 재산관리를 위해 이해관계인은 법원에 실종 또는 사망에 관한 선고를 신청할 수 있다.

| xuān gào shī zōng<br>**宣告失踪**<br>선 고 실 종 | **실종선고** | 023 |

자연인이 그 최후 거주지를 떠나 2년 동안 생사불명상태가 지속되는 경우, 당해 실종자와 관련된 민사법률관계를 정리, 해결하기 위하여 이해관계인이 직접 법원에 당해 자연인의 실종선고를 신청하고 법원이 이에 대해 선고하는 것을 말한다. 전쟁기간에 생사불명이 된 경우에는 생사불명의 시간은 전쟁이 종결된 날 또는 관련기관이 확정한 생사불명이 된 날부터 기산한다(民法典 제40조).

| xuān gào sǐ wáng<br>**宣告死亡**<br>선 고 사 망 | **사망선고** | 024 |

자연인이 최후 거주지를 떠나 4년 동안 생사불명이거나 또는 불의의 사고발생일부터 2년 동안 생사불명인 경우, 이해관계인이 직접 법원에 당해 자연인의 사망선고를 신청하는 것을 말한다. 불의의 사건으로 생사불명이 되고, 관련기관에서 해당 자연인의 생존이 불가능하다는 것을 증명한 경우 宣告死亡 신청은 2년의 기간 제한을

받지 아니한다. 법원은 생사불명자에 대하여 1년의 공고기간을 거친 후 宣告死亡하 (xuān gào sǐ wáng)
여 법률상 사망으로 의제한다. 다만, 불의의 사고일 경우 관련기관에서 해당 자연인
이 생존 불가함을 증명한 경우, 3개월의 공고기간을 거쳐 宣告死亡을 할 수 있다(民 (xuān gào sǐ wáng)
法典 제46조).

---

**025**

cái chǎn dài guǎn rén
**财产代管人**
재 산 대 관 인

**재산관리인**

---

실종자(失踪人)의 재산을 관리 또는 보존하는 자를 말한다. 실종자의 재산은 그의
배우자·성인 자녀·부모 또는 기타 财产代管人이 될 의향이 있는 자가 대신 관리한 (cái chǎn dài guǎn rén)
다. 재산관리에 대해 분쟁이 발생하거나 전술한 财产代管人이 존재하지 않거나 전 (cái chǎn dài guǎn rén)
술한 财产代管人이 재산관리 능력이 없는 경우 법원에서 财产代管人을 지정한다 (cái chǎn dài guǎn rén)
(民法典 제42조).

---

**026**

yíng yè zhí zhào
**营业执照**
영 업 집 조

**사업자등록증**
**영업허가증**
**영업집조**

---

yíng yè zhí zhào
营业执照는 시장주체등기기관이 법인 및 개체공상호(个体工商户)의 신청에 의하
여 발급하는, 일정한 생산경영활동에 종사할 수 있는 자격증명서를 말한다. 营业执 (yíng yè zhí)
照를 발급한 경우 그 발급일이 시장주체의 성립일이다. 营业执照에는 그 사업체의 (zhào) (yíng yè zhí zhào)
명칭·유형·주소·책임자·자금·성립일자·영업기한·경영범위 등 내용이 포함되며,
그 정본은 경영장소에 비치해야 한다.

---

**027**

gè tǐ gōngshāng hù
**个体工商户**
개 체 공 상 호

**개체공상호**
**개인상공업자**

---

시장주체등기기관에 등록하여 영업집조(营业执照)를 발급받은 후 상공업에 종사하

는 자연인을 말한다. 个体工商户<sup>gè tǐ gōngshāng hù</sup>는 개인노동자가 1~2명의 견습공, 또는 3~5명의 보
조자를 고용하여 직접 경영에 참가하는 형식을 취한다. 个体工商户<sup>gè tǐ gōngshāng hù</sup>는 상호를 소유
할 수 있으며, 기업소득세를 납부하지 않고 개인소득세를 납부한다. 민사분쟁 발생
시, 자연인을 소송당사자로 인정하며, 채무는 ① 개인이 경영하는 경우 개인재산으
로 변제하고, ② 가족에서 경영하는 경우에는 가족재산으로 변제하며, 개인경영인
지 가족경영인지 구분하기 어려운 경우에는 가족재산으로 변제한다. 단, 어떠한 경
우에도 채무의 변제에 있어서 가족의 생활필수품과 필수적 생산도구는 남겨두어야
한다(民法典 제54조).

| 农村承包经营户<br>nóng cūn chéng bāo jīng yíng hù<br>농촌승포경영호 | 농촌승포경영호 |
|---|---|

농촌집체경제조직(农村集体经济组织)의 구성원이 농촌집체경제조직과 계약을 체
결하여 일정한 기간 동안 토지를 수급하여 경영하고 계약에 따라 그 대가를 지급하
는 자를 말한다. 토지의 소유권이 농촌경제조직에 귀속되는 전제하에 农村承包经<sup>nóng cūn chéng bāo jīng</sup>
营户<sup>yíng hù</sup>는 농촌경제조직 구성원의 생산력을 높이고 토지자원의 효율성을 높이기 위한
생산제도로서 현재 중국농촌지역의 주요한 경제 형태로 자리매김하고 있다. 农村<sup>nóng cūn</sup>
承包经营户<sup>chéng bāo jīng yíng hù</sup>는 공상기관에 등기할 필요가 없고 농업관리부서에 토지승포계약(土地
承包合同)을 등기하는 것으로 요건이 충족된다. 개체공상호(个体工商户)가 도시에
서의 개인경제 형태라고 하면 农村承包经营户<sup>nóng cūn chéng bāo jīng yíng hù</sup>는 농촌에서의 개인경제 형식이라고
할 수 있다. 양자는 국유경제 및 집체경제(集体经济)와 대응하는 개념에서 비롯된
것이다(民法典 제55조).

| 法人<br>fǎ rén<br>법인 | 법인 |
|---|---|

민사권리능력과 민사행위능력을 구비하고 법에 따라 독립적으로 민사권리를 가지

고 민사의무를 부담하는 조직을 말한다. 法人(fǎ rén)은 그의 주요영업기구의 소재지를 주소로 하고, 독립적인 재산 또는 경비(经费)가 있으며, 자기의 명칭 또는 조직기구와 장소가 있어야 하고 자기 명의로 민사활동에 참여하고 그 전부 재산으로 독립적으로 민사책임을 부담한다. 法人(fǎ rén)에는 영리법인·비영리법인·사업단위법인·기부법인·특별법인·기관법인 등이 있다(民法典 제57조).

| 030 | shè lì rén<br>**设立人**<br>설 립 인 | **설립자** |

법인 설립을 목적으로 활동하는 자를 말한다. 设立人(shè lì rén)이 법인 설립을 위하여 진행한 민사활동의 법률적 결과는 법인이 부담한다. 단, 법인이 성립되지 아니한 경우 그 법률적 결과는 设立人(shè lì rén)이 부담하며, 设立人(shè lì rén)이 2인 이상인 경우 연대책임을 부담한다(民法典 제75조).

| 031 | yíng lì fǎ rén<br>**营利法人**<br>영 리 법 인 | **영리법인** |

이윤을 취득하고 주주 등 출자자에게 배당하는 것을 목적으로 성립한 법인을 말하며 유한회사, 주식회사와 기타 기업법인 등이 포함된다. 营利法人(yíng lì fǎ rén)은 법에 의해 등기해야 하며, 등기기관에서 营利法人(yíng lì fǎ rén) 영업집조(营业执照)를 발급해주며, 영업집조 발급일이 营利法人(yíng lì fǎ rén)의 성립일이 된다(民法典 제76조).

| 032 | fēi yíng lì fǎ rén<br>**非营利法人**<br>비 영 리 법 인 | **비영리법인** |

공익 또는 기타 비영리 목적으로 설립하고 출자자, 설립자 또는 회원에게 이윤을 배당하지 않는 법인을 말하며 사업단위법인(事业单位法人)·사회단체법인·기금

회·사회복무기구(社会服务机构) 등이 포함된다. 민법전은 법인을 크게 영리법인과
非营利法人으로 구분하고 사단법인과 재단법인으로 구분하지는 않고 있다(民法典
제87조).

| shì yè dān wèi fǎ rén 事业单位法人 사 업 단 위 법 인 | 사업단위법인 국가출자 공익법인 |
|---|---|

국가기관 또는 기타 조직이 경제사회발전의 수요에 부응하고 사회공익의 목적으로
국가자산으로 설립한, 교육·과학기술·문화·위생 등 활동에 종사하는 조직을 말한
다. 그중, 법인조건을 구비한 사업단위는 법에 의해 등기 후 事业单位法人 자격을
취득하고, 법에 의해 법인등기가 필요 없는 경우에는 성립일로부터 事业单位法人
자격을 가진다(民法典 제88조).

| juān zhù fǎ rén 捐助法人 연 조 법 인 | 공익법인 |
|---|---|

공익 목적으로 출연한 재산으로 설립한 기금회, 사회복무기구(社会服务机构) 등 법
에 따라 등기한 법인을 말한다. 법에 따라 설립한 종교활동징소도 법인조건을 구비
하면, 법인등기 신청을 제출하여 捐助法人자격을 취득할 수 있다. 여기서 기금회는
자연인·법인 또는 기타 조직이 출연한 재산으로 공익자선활동의 목적으로 설립한
비영리법인이고, 사회복무기구는 자연인·법인 또는 기타 조직이 사회에 서비스를
제공하기 위하여 비국유자산으로 설립한 비영리법인이다(民法典 제92조).

| tè bié fǎ rén 特别法人 특 별 법 인 | 특별법인 |
|---|---|

기관법인, 농촌집체경제조직법인(农村集体经济组织法人), 성진농촌의 합작경제조

직법인(城镇农村的合作经济组织法人), 기층군중성자치조직법인(基层群众性自治组织法人) 등을 말한다(民法典 제96조).

---

**036**
jī guān fǎ rén
**机关法人**
기 관 법 인

**기관법인**

독립적인 경비(经费)가 있는 국가기관이 법인격을 취득한 경우를 말한다. 机关法人은 통상 각급 권력기관, 각급 정부 및 각급 법원과 검찰기관 등을 의미하며 이러한 机关法人은 민사활동에 참여하는 경우에만 법인으로서의 역할을 발휘하고 그 이외의 경우에는 공법주체로서 입법권·행정권·사법권을 행사하게 된다. 독립적인 경비가 있고, 행정기능을 수행할 수 있는 기관은 성립일부터 机关法人 자격을 취득하고 행정기능을 이행하기 위하여 필요한 민사활동에 종사할 수 있다(民法典 제97조).

---

**037**
fēi fǎ rén zǔ zhī
**非法人组织**
비 법 인 조 직

**비법인조직**

법인격이 없으나 법에 따라 자신의 명의로 민사활동에 종사하는 조직을 말하며 개인독자기업(个人独资企业), 합화기업(合伙企业), 법인격이 없는 전문복무기구(专业服务机构) 등이 포함된다. 非法人组织은 반드시 법률의 규정에 따라 등기해야 하며, 그 자산으로 채무를 변제하기에 부족한 경우 그 출자자 또는 설립인이 무한책임을 부담한다(民法典 제104조).

---

**038**
wù
**物**
물

**물건**

물권의 객체를 말하고, 부동산과 동산을 포함한다. 그 외 법률이 권리를 물권의 객체로 규정한 것은 그에 따른다. 즉 부동산이나 동산과 같은 유체물이 아니어도 관리

가 가능하고 실정법에 물권의 객체로 규정된 경우에는 物이 될 수 있다(民法典 제
115조).

권리자가 법에 따라 특정한 물건을 직접 배타적으로 지배하는 것을 내용으로 하는
권리이며, 소유권, 용익물권과 담보물권을 포함한다. 物权은 원시취득(예컨대 생
산·선점·첨부·유실물습득·매장물발견·선의취득 등)의 방법과 승계취득의 방법
(예컨대 매매·상속·유증·증여·교환 등)으로 취득하게 된다. 物权의 변동은 공시원
칙과 공신원칙에 따르며 동산의 권리변동의 공시방법은 인도이고, 부동산의 권리변
동의 공시방법은 등기이다. 物权은 포기, 취소권의 행사, 계약에 의한 양도, 멸실, 기
간만료, 혼동(混同) 등 원인으로 소멸된다(民法典 제114조).

계약·불법행위·사무관리·부당이익 및 기타 법률 규정에 근거하여 권리자가 특정
의무자에게 일정한 행위를 하거나 하지 아니할 것을 청구하는 권리를 말한다. 债权
은 변제·공탁·상계·면제 등으로 소멸된다(民法典 제118조).

민사주체가 그 지적 노동에 기초하여 취득한 성과로서 법에 따라 가지는 전속권리
이며 그 객체에는 작품·발명·실용신안·디자인·상표·지리표시·상업비밀·직접회
로배치설계·식물신품종 등이 포함된다(民法典 제123조).

| 042 | mín shì fǎ lǜ xíng wéi<br>**民事法律行为**<br>민 사 법 률 행 위 | **법률행위** |

자연인 또는 법인이 민사권리와 민사의무를 발생·변경·소멸하는 합법적인 법률행위를 말한다. 民事法律行为는 쌍방의 일치한 의사표시로 성립될 수도 있고, 일방적인 의사표시로 성립될 수도 있다. 民事法律行为는 법률의 특별한 규정이 있거나, 당사자의 별도의 약정이 없는 한 성립한 때부터 효력을 발생한다. 民事法律行为는 구두 또는 기타 형식을 취할 수 있으며, 법률에 특별한 규정이 있거나 당사자의 별도의 약정이 있는 경우에는 특정한 형식을 취해야 한다(民法典 제133조).

| 043 | yì sī biǎo shì<br>**意思表示**<br>의 사 표 시 | **의사표시** |

意思表示는 일정한 법률효과를 발생할 목적으로 외부에 표시하는 행위이며, 권리의무의 발생·변경·소멸의 효과를 가져온다. 대화의 방식으로 행한 의사표시는 상대방이 그 내용을 알게 된 때에 효력이 발생하고 비대화 방식으로 행한 의사표시는 상대방에게 도달한 때에 효력이 발생한다. 상대방이 없는 의사표시는 의사표시가 완성된 때에 효력이 발생하며 법률에 별도의 규정이 있는 경우는 제외한다. 의사표시는 명시적 또는 묵시적인 방법으로 행할 수 있으나 묵시적인 방법으로 행한 것은 법률의 규정이 있거나, 당사자의 약정이 있거나 당사자 간에 거래관습에 부합되는 경우에만 의사표시가 있는 것으로 본다(民法典 제137조).

| 044 | kě chèxiāomín shì xíng wéi<br>**可撤销民事行为**<br>가 철 소 민 사 행 위 | **취소할 수 있는 법률행위** |

중대한 착오에 기하거나, 사기 내지 강박에 의하여 진실된 의사에 반하여 민사법률행위를 행한 자, 현저히 공평을 잃은 조건으로 민사법률행위를 행한 자가 법원 또

는 중재기구에 자신의 행위에 대한 취소를 신청할 수 있는 행위를 말하며 취소된 민사행위는 처음부터 무효이다. 당사자는 취소사유를 알았거나, 알 수 있었을 날부터 1년 내에, 중대한 착오에 기한 당사자는 취소사유를 알았거나, 알 수 있었을 날부터 90일 내에, 강박을 받은 당사자는 강박행위가 종료된 날로부터 1년 내에 취소권을 행사해야 하며, 그러하지 아니할 경우 취소권은 소멸된다. 민사법률행위가 취소된 경우 재산을 취득한 민사주체는 당해 재산을 손해를 입은 상대방에게 반환하여야 하고, 반환할 수 없거나 반환할 필요가 없는 경우에는 보상해주어야 한다. 과실 있는 일방당사자는 상대방이 입은 손해를 배상하고 쌍방이 모두 과실이 있는 경우에는 각자 상응한 책임을 부담한다(民法典 제147조).

| wú xiào mín shì xíng wéi<br>**无效民事行为**<br>무 효 민 사 행 위 | **무효행위** |
|---|---|

045

법률에 규정된 원인으로 인하여, 당사자가 행한 민사행위가 처음부터 효력을 발생하지 않는 것을 말한다. 여기에는 ① 행위무능력자가 실행한 민사법률행위, ② 제한능력자가 법에 의해 독립적으로 실행할 수 없는 민사법률행위, ③ 법률·행정법규의 강제성 규정을 위반한 민사법률행위, ④ 공서양속을 위반한 민사법률행위, ⑤ 행위자와 상대방이 악의로 모의하여 타인의 합법권익에 손해를 초래하는 민사법률행위가 포함된다. 민사법률행위가 부분적으로 무효이고 다른 부분에 영향을 미치지 아니하면 다른 부분은 여전히 효력이 있다. 민사법률행위가 무효가 된 경우 재산을 취득한 민사주체는 손해를 입은 상대방에게 해당 재산을 반환하여야 하고, 반환할 수 없거나 반환할 필요가 없는 경우에는 보상해주어야 한다. 과실 있는 일방당사자는 상대방이 입은 손해를 배상하고 쌍방이 모두 과실이 있는 경우에는 각자 상응한 책임을 부담한다(民法典 제144조).

046
fù tiáo jiàn mín shì fǎ lǜ xíng wéi
**附条件民事法律行为**
부 조 건 민 사 법 률 행 위

**조건부 법률행위**

장래의 불확실한 조건의 성부에 따라 효력이 발생하거나 소멸하는 효과가 생기는 민사법률행위를 말한다. 한편, 민사법률행위의 성격에 의하여 조건부로 할 수 없는 경우에는 그러하지 아니하다. 다만, 당사자가 자신의 이익을 위하여 부당하게 조건이 성사되지 않도록 저지한 경우에는 조건이 성사되었다고 보고, 부당하게 조건을 성사시킨 경우에는 조건이 성사되지 아니하였다고 본다(民法典 제159조).

047
fù qī xiàn mín shì fǎ lǜ xíng wéi
**附期限民事法律行为**
부 기 한 민 사 법 률 행 위

**기한부 법률행위**

당사자가 법률행위에 일정한 기한을 설정하고, 해당 기한의 도래를 민사법률행위의 효력발생 또는 소멸의 근거로 하는 것을 말한다. 기한의 도래는 확정적인 것이므로 조건부 민사법률행위처럼 확정되지 않을 우려는 없다. 단, 혼인이나 입양 등 성격상 기한을 설정할 수 없는 경우는 제외한다(民法典 제60조).

048
xiào lì dài dìng mín shì xíng wéi
**效力待定民事行为**
효 력 대 정 민 사 행 위

**유동적 효력 법률행위**

제3자가 의사표시를 하기 전에는 민사법률행위의 효력이 불확정적 상태에 놓여있는 경우의 법률행위를 말한다. 이러한 행위에는 무권대리, 제한능력자가 자신의 행위능력을 초과하여 행한 민사법률행위 등이 포함된다. 效力待定民事行为에 대해서는 권리자의 추인권(追认权), 상대방의 최고권(催告权)과 취소권이 부여된다. 제한능력자의 법률행위에 대하여 추인이 있을 때까지 선의의 상대방은 철회할 권리가 있으며, 상대방이 본인 내지 법정대리인에게 최고 후 일정한 기간 내에 의사표시가 없을 경우 추인을 거절한 것으로 본다.

| yì si biǎo shì xiá cī 意思表示瑕疵 의 사 표 시 하 자 | 하자 있는 의사표시 |
|---|---|

의사표시는 일정한 법률효과를 발생할 목적으로 외부에 그 의사를 표시하는 행위인데, 意思表示瑕疵는 그 의사결정 과정이 자유롭지 못하거나 표시행위가 행위자의 진실된 의사에 위배되는 경우를 말한다. 사기·강박·중대한 착오·현저한 불공평이 있는 상황에서의 의사표시 및 통정한 허위의 의사표시는 意思表示瑕疵에 속한다. 통정한 허위의 의사표시는 무효이며, 기타의 경우 당사자는 일정한 기간 내에 취소권을 행사할 수 있다(民法典 제152조).

| zhài de bù lǚ xíng 债的不履行 채 적 불 이 행 | 채무불이행 |
|---|---|

채무자가 채무를 변제하기 위한 어떠한 이행 행위도 하지 아니한 경우를 말하며, 이행불능과 이행거절이 포함된다. 이행불능은 채무자가 사실상 채무를 이행할 수 없는 상황으로서 채권자는 채무자에게 강제이행을 청구할 수 없으며 결국 채무의 소멸 또는 손해배상채권으로 전환하게 된다. 이행거절은 채무자가 채무를 이행할 수 있음에도 불구하고 이행하지 아니한 경우를 말하며, 채권자는 채무의 강제이행을 청구하거나, 손해배상을 청구하거나, 담보물권이 있는 경우 담보물권을 실행할 수 있다.

| zhài de bù shì dàng lǚ xíng 债的不适当履行 채 적 불 적 당 이 행 | 채무불완전이행 |
|---|---|

채무자가 이행 행위를 하였으나 당사자간에 약정한 또는 법률에 규정한 이행 요구에 부합되지 아니한 경우를 말하며, 이행지체와 이행하자가 포함된다. 이행지체는 확정기한이 있는 채무에 대하여 채무자가 그 기한이 도래하여도 이행하지 않을 때

성립되고, 기한의 정함이 없는 채무는 채무자가 이행 청구를 받은 때로부터 성립된다. 이행지체가 있는 경우 채권자는 강제이행을 청구하거나, 담보물권이 있는 경우 담보물권을 실행하거나, 손해배상을 청구할 수 있다. 이행하자는 채무자의 이행에 하자가 있어 채권자의 이익에 손해를 초래한 것을 말한다. 이행하자가 있는 경우 채권자는 하자 보완이 가능한 경우 완전이행을 청구할 수 있고, 하자 보완이 불가능한 경우 손해배상을 청구할 수 있다.

| 052 | dài lǐ<br>**代理**<br>대 리 | 대리 |
|---|---|---|

대리인이 본인의 명의로 민사법률행위를 하고 그 법률효과가 본인에게 귀속되는 것을 말한다. 단, 법률의 규정, 당사자 간의 약정 또는 민사법률행위의 성격에 근거하여 본인이 직접 행해야 하는 민사법률행위는 제3자가 代理(dài lǐ)할 수 없다. 代理(dài lǐ)에는 임의대리와 법정대리가 포함되며 임의대리인은 본인의 위탁에 의해 대리권을 행사하고, 법정대리인은 법률의 규정에 의해 대리권을 행사한다(民法典 제161조).

| 053 | wěi tuō dài lǐ<br>**委托代理**<br>위 탁 대 리 | 임의대리 |
|---|---|---|

본인의 위탁에 의해 성립되는 대리를 말하며, 공동대리·쌍방대리·복대리 등이 포함된다. 공동대리는 여러 명이 하나의 대리사항을 대리하는 것을 말하며 별도의 약정이 없는 한 공동으로 대리권을 행사해야 한다. 쌍방대리는 대리인 혼자서 쌍방의 본인을 모두 대리하여 법률행위를 하는 것을 말하는데 두 본인의 동의 또는 추인이 없는 한 금지된다. 복대리는 대리인이 다시 자기 이름으로 본인의 대리인을 선임하는 행위를 말하는데 본인의 동의 또는 추인을 얻어야 한다. 본인이 동의 또는 추인한 경우, 본인은 복대리인에게 직접 업무를 지시할 수 있고, 대리인은 복대리인의 선임 및 복대리인에게 지시한 사항에 대해서만 책임을 진다. 반면, 본인이 동의 또

는 추인하지 아니한 경우 대리인은 복대리인의 행위에 대해 책임을 져야 하며, 긴급한 상황에서 본인의 이익을 위하여 복대리가 필요한 경우는 제외한다.

| wú quán dài lǐ<br>**无权代理**<br>무 권 대 리 | **무권대리** |
|---|---|

대리인이 대리권이 없음에도 불구하고 본인의 명의로 민사법률행위를 행하는 것을 말한다. 无权代理에는 ① 행위자가 대리권이 없는 경우, ② 행위자가 대리권의 범위를 초과한 경우, ③ 행위자가 대리권 종료 후 여전히 대리행위를 한 경우가 포함된다. 无权代理에 대해서는 본인의 추인이 있는 경우에만 본인에게 효력이 발생한다. 상대방은 본인에게 30일 내에 추인할 것을 최고할 수 있으며, 본인의 표시가 없는 경우에는 추인거절로 본다. 본인이 추인을 하기 전에 선의의 상대방은 취소권이 있다. 본인이 추인을 거절한 경우, 선의의 상대방은 무권대리인에게 채무의 이행을 요구하거나 손해배상을 청구할 수 있으나 배상의 범위는 본인이 추인한 경우 상대방이 얻을 수 있는 이익을 초과해서는 아니 된다. 또한, 상대방은 행위자가 무권대리인 것을 알았거나 알 수 있었을 경우, 상대방은 행위자와 과실비례에 따라 책임을 부담해야 한다(民法典 제171조).

| biǎojiàn dài lǐ<br>**表见代理**<br>표 현 대 리 | **표현대리** |
|---|---|

행위자가 대리권이 없음에도 불구하고 외관상 마치 대리권이 있는 것처럼 보여 선의의 상대방으로 하여금 당해 무권대리인을 유권대리인으로 인정할 만한 충분한 사유가 존재하는 경우, 거래의 안전을 위하여 그 대리행위를 유효한 것으로 보아 상대방이 철회권을 행사하지 아니하는 한, 본인이 그 결과를 부담하는 것을 말한다. 表见代理에는 대리권수여의 표시에 의한 表见代理, 권한을 초과한 表见代理, 대리권 종료후의 表见代理 등 3가지 경우가 있다. 단 상대방이 행위자가 무권대리인 것을

알았거나 알 수 있었을 경우, 상대방과 행위자는 각자의 과실책임에 따라 책임을 부담해야 한다(民法典 제172조).

| 056 | mín shì quán lì 民事权利 민 사 권 리 | 권리(사권) |
|---|---|---|

민사주체가 법의 규정에 따라 행사할 수 있는 권리를 말한다. 民事权利는 법률의 보호를 받으며, 물권·채권·지식재산권·인신권(인격권과 신분권) 등 권리가 포함된다. 民事权利 중 대세적 효력을 갖는 물권은 법정주의를 주요원칙으로 하며 소유권·점유권·토지승포경영권(土地承包经营权)·토지사용권·지역권·저당권·질권·유치권 등이 포함된다. 반면 상대효를 강조하는 채권은 사적자치를 주요원칙으로 하고 법률 또는 약정에 따라 상대방에게 일정한 행위를 청구할 수 있는 청구권을 뜻하며 계약채권, 계약체결상의 과실로 인한 채권, 증여 등 일방적 행위로 인한 채권, 사무관리로 인한 채권, 불법행위로 인한 채권, 부당이득으로 인한 채권 등이 포함된다.

| 057 | mín shì yì wù 民事义务 민 사 의 무 | 의무 |
|---|---|---|

민사법률관계의 당사자 일방이 상대방의 이익을 만족하기 위하여 행하는 행위를 말하며, 권리에 대응되는 개념이다. 民事义务에는 법정의무와 약정의무가 포함되며, 전자는 인격권·물권·재산권 등 절대권과 법정청구권에 대응하는 의무이며, 후자는 당사자의 의사표시에 의해 발생하는 의무이다(民法典 제176조).

| 058 | mín shì zé rèn 民事责任 민 사 책 임 | 책임 |
|---|---|---|

민사주체가 의무 위반으로 인하여 부담하게 되는 결과이다. 적극적 의무를 위반한

부작위로 인하여 타인에게 손해를 초래하거나 소극적 의무를 위반한 작위로 인하여 타인에게 손해를 초래한 경우 民事責任을 부담해야 한다. 통상적으로 의무위반사실에 대한 확정은 民事責任을 부담하는 전제가 된다(民法典 제176조).

| àn fèn zé rèn<br>**按份责任**<br>안 분 책 임 | **분할책임** |
|---|---|

059

수인의 행위자가 있는 경우 그 책임의 비례를 확정할 수 있으면 비례에 따라 채권자에게 상응한 책임을 지는 것을 말한다. 반면 책임의 비례를 확정 짓기 어려울 경우에는 균등한 비율로 책임을 부담한다(民法典 제177조).

| lián dài zé rèn<br>**连带责任**<br>연 대 책 임 | **연대책임** |
|---|---|

060

수인의 채무자가 동일한 채무에 대하여 채무전부를 각자 이행할 의무가 있고 채무자 1인의 이행으로 다른 채무자도 그 의무를 면하게 되는 책임의 종류를 말한다. 채권자는 일부 또는 전부의 연대채무자에게 책임을 부담할 것을 청구할 수 있다. 연대채무자의 책임 비례는 각자 책임의 대소에 의하여 확정하며, 책임의 대소를 확정하기 어려울 경우 평균하여 책임을 부담한다. 실제로 부담한 책임이 자기의 책임 분을 초과한 연대채무자는 기타 연대채무자에게 구상할 수 있다(民法典 제178조).

| bù kě kàng lì<br>**不可抗力**<br>불 가 항 력 | **불가항력** |
|---|---|

061

예측불가하고 피할 수 없으며 극복할 수 없는 객관적인 상황을 말한다. 不可抗力으로 인하여 민사의무를 이행할 수 없는 경우에는 민사책임을 부담하지 않는다. 不可抗力은 아래와 같은 효과가 발생한다. ① 소멸시효기간 마지막 6개월 내에 不可抗

力이 발생하여 청구권을 행사할 수 없는 경우, 소멸시효는 중지되고, ② 不可抗力<sup>bù kě kàng lì</sup>
발생으로 계약의 목적을 실현할 수 없는 경우 당사자는 계약을 해제할 수 있으며,
③ 당사자 일방이 不可抗力<sup>bù kě kàng lì</sup>으로 계약을 이행할 수 없는 경우, 不可抗力 영향에 근
거하여 부분 또는 전부의 책임을 면제할 수 있다(民法典 제180조).

| 062 | zhèngdāngfáng wèi<br>正当防卫<br>정 당 방 위 | 정당방위 |
|---|---|---|

타인의 불법행위에 대하여 자기 또는 제3자의 민사 권익을 보호하기 위하여 부득이
타인에게 손해를 가한 자는 배상 책임을 부담하지 않는 행위를 말한다. 단, 正当防
卫<sup>zhèngdāngfáng wèi</sup>가 필요한 한도를 초과하여 발생해서는 아니될 손해를 초래한 경우 正当防卫<sup>zhèngdāngfáng wèi</sup>를
행한 자는 적절한 민사책임을 부담해야 한다. 타인의 민사 권익을 보호하기 위하여
正当防卫<sup>zhèngdāngfáng wèi</sup>를 행한 자가 손해를 입은 경우, 불법행위자가 민사책임을 부담하고 수익
자는 영향에 근거하여 적절히 손해를 보상할 수 있다. 불법행위자가 없거나 도주하
였거나 민사책임을 부담할 능력이 없는 경우 수익자는 正当防卫<sup>zhèngdāngfáng wèi</sup>을 행한 자에게 적
절히 손해를 보상해야 한다(民法典 제181조).

| 063 | jǐn jí bì xiǎn<br>緊急避险<br>긴 급 피 험 | 긴급피난 |
|---|---|---|

급박한 위험을 피하기 위하여 부득이 타인에게 손해를 가한 경우를 말한다. 급박한
위험을 초래한 자가 민사책임을 부담하며 자연적으로 급박한 위험이 초래된 경우
에는 해당 행위를 한 자가 민사책임을 부담하지는 않지만 적절히 손해를 보상할 수
있다. 緊急避险<sup>jǐn jí bì xiǎn</sup> 조치가 부당하거나 필요한 한도를 초과하여 발생해서는 아니될 손
해를 초래한 경우 해당 행위를 한 자는 적절한 민사책임을 부담해야 한다(民法典
제182조).

| sù sòng shí xiào 诉讼时效 소송시효 | 소멸시효 |
| --- | --- |

소유권을 제외한 재산권 및 채권에 있어서 권리자가 그의 권리를 행사할 수 있음에도 불구하고 일정한 기간 동안 권리불행사의 상태가 계속된 경우에 그 자의 권리를 소멸시키는 제도를 말한다. 일반 诉讼时效 기간은 3년이며 권리자가 손해를 입은 사실과 채무자를 알았거나 알 수 있었을 날부터 기산한다. 단, 권리는 손해를 입은 날부터 20년을 초과한 경우에는 보호받지 못하며 특수한 상황이 있는 경우에는 법원이 권리자의 신청에 의하여 연장여부를 결정한다. 일반 诉讼时效 외에, 단기 诉讼时效(예컨대 제품 하자로 인해 초래된 배상 청구의 诉讼时效는 2년) 및 장기 诉讼时效(예컨대 국제간 화물매매계약과 기술수출입계약으로 발생한 분쟁의 诉讼时效는 4년)가 적용되는 경우도 있다(民法典 제188조).

| sù sòng shí xiàokàngbiàn 诉讼时效抗辩 소송시효항변 | 소멸시효의 항변 |
| --- | --- |

권리자가 법정 소멸시효 기간 내에 권리를 행사하지 아니한 경우, 의무자가 시효의 이익을 받겠다고 주장하는 것을 말한다. 단, 다음의 청구에 대한 诉讼时效抗辩 주장은 인정되지 않는다. ① 침해정지·방해제거(排除妨碍)·위험제거(消除危险)에 대한 청구권, ② 부동산물권과 등기한 동산물권에 대한 재산반환청구권, ③ 부양료(抚养费, 赡养费, 扶养费) 청구권, ④ 예금의 원리금에 대한 지급청구권 등이다.

| sù sòng shí xiàozhōng zhǐ 诉讼时效中止 소송시효중지 | 시효정지 |
| --- | --- |

소송시효 기간의 마지막 6개월 내에 권리자가 청구권을 행사할 경우 일정한 법정사유가 발생하여 시효의 완성을 유예하고, 해당 법정사유가 종료된 때부터 6개월이

만기 되는 때에 그 소멸시효가 완성되는 것 말한다. 诉讼时效中止[sù sòng shí xiàozhōng zhǐ] 사유는 당사자간에 약정할 수 없으며 다음과 같은 법정사유로만 가능하다. ① 불가항력, ② 무능력자 또는 제한능력자가 법정대리인이 없거나, 법정대리인이 사망·행위능력상실·대리권을 상실한 경우, ③ 상속 개시 후 상속인 또는 상속재산 관리인을 확정하지 못한 경우, ④ 권리자가 의무자 또는 타인의 통제를 받은 경우, ⑤ 권리자가 청구권을 행사할 수 없는 기타 장애 등이다(民法典 제194조).

---

067

**诉讼时效中断**[sù sòng shí xiàozhōngduàn]
소 송 시 효 중 단

**시효중단**

---

소송시효의 진행 중에 법정 중단 사유가 발생하여 이미 진행한 시효 기간이 전부 효력을 상실하고, 그 중단 사유가 종료된 때부터 시효기간을 다시 계산하는 것을 말한다. 诉讼时效中断[sù sòng shí xiàozhōngduàn] 사유는 당사자간에 약정할 수 없으며 다음과 같은 법정사유만 포함된다. ① 권리자가 의무자에게 이행을 청구한 경우, ② 의무자가 의무의 이행에 동의한 경우, ③ 권리자가 소송 또는 중재를 제기한 경우, ④ 소송 또는 중재를 제기한 것과 동등한 효력이 있는 경우[예컨대 권리자가 인민조정위원회(人民调解委员会)] 및 기타 민사분쟁을 해결할 권한이 있는 국가기관에 민사권리 보호 신청을 한 경우 또는 권리자가 공안·검찰·법원 등에 신고·고소한 경우이다(民法典 제195조).

---

068

**抛弃时效利益**[pāo qì shí xiào lì yì]
포 기 시 효 이 익

**시효이익의 포기**

---

소멸시효로 생기는 법률상의 이익을 받지 않겠다는 의사표시를 말하며, 이는 묵시적인 방법이든 명시적인 방법이든 모두 가능하다. 시효이익의 보호를 받는 것은 당사자의 권리이므로 사적자치의 원칙에 근거하여 당사자가 처분할 수 있다. 단, 당사자가 미리 시효이익을 포기하는 것은 무효이다(民法典 제197조).

| qī jiān<br>**期间**<br>기 간 | **기간** |

069

민사법률관계의 발생, 변경과 소멸 시점을 판단하는 기준이 되는 일정한 시점에서, 다른 시점까지의 시간적인 간격을 말한다. 기간은 양력(公历) 년, 월, 일, 시로 계산하고 년, 월, 일로 계산할 때 시작일은 산입하지 않고 다음날부터 계산하며 시로 계산할 때에는 법률의 규정 또는 당사자가 약정한 시간부터 기산한다. 년, 월로 기간을 계산할 때 만기 월의 대응되는 날이 기간의 마지막 날이고 대응되는 날이 없는 경우 해당 월의 말일이 기간의 마지막 날이 되며 기간의 마지막 날이 법정 휴일인 경우 해당 법정 휴일이 종료된 익일을 기간의 마지막 날로 한다(民法典 제200조).

| bú dòngchǎndēng jì<br>**不动产登记**<br>부 동 산 등 기 | **부동산등기** |

070

부동산물권의 설립·변경·양도와 소멸은 법에 따라 등기해야 하는 경우, 부동산등기부에 기재한 날로부터 효력을 발생한다. 반면, 국가가 소유하는 자연자원은 不动产登记(bú dòng chǎndēng jì)를 하지 않아도 된다. 부동산등기부는 물권의 귀속과 그 내용의 근거가 되며, 부동산권리증서(不动产权属证书)와 부동산등기부에 기재한 사항이 불일치한 경우, 부동산등기부에 명확한 착오가 있음이 증명되지 않는 한 부동산등기부에 기재한 내용을 기준으로 한다(民法典 제209조).

| yù gàodēng jì<br>**预告登记**<br>예 고 등 기 | **가등기** |

071

장래의 부동산 물권의 실현을 보장하기 위하여 약정에 따라 등기기관에 예비적 등기를 하여 제3자에 대한 대항력을 갖는 것을 말한다. 预告登记(yù gàodēng jì) 후 권리자의 동의 없이 그 부동산을 처분하는 행위에는 물권적 효력이 발생하지 않는다. 预告登记(yù gàodēng jì) 후 채권이 소멸하였거나 부동산등기를 할 수 있는 날부터 90일 내에 등기신청을 하지 않으면 预告登记(yù gàodēng jì)는 효력을 상실한다(民法典 제221조).

| 072 | zhēngshōu<br>征收<br>징 수 | 공용징수<br>공용수용 |
|---|---|---|

국가가 공공 이익의 수요에 근거하여 집체소유(集体所有)의 토지와 조직·개인의 부동산 소유권을 취득하고 적절한 보상을 해주는 행위를 말한다. 집체소유의 토지를 征收(zhēngshōu)할 경우 법에 의해 지체 없이 토지보상비·안치(安置)보조비 및 농촌촌민주택·기타 지상 부착물과 묘종(青苗) 등 보상비를 지급하고 征收(zhēngshōu)당한 농민들의 사회보장비용(社会保障费)을 마련해야 한다. 조직·개인의 부동산을 征收(zhēngshōu)할 경우, 법에 의해 征收(zhēngshōu)보상을 제공하고 개인주택을 征收(zhēngshōu)할 경우 征收(zhēngshōu)당한 자의 거주조건을 보장해줘야 한다(民法典 제243조).

| 073 | zhēngyòng<br>征用<br>징 용 | 징발 |
|---|---|---|

국가가 긴급구조, 역병 방지 등 긴급 수요로 인하여 조직·개인의 부동산 또는 동산을 이용하는 행위를 말한다. 징수와 다른 점은 징수는 소유권이 국가에 넘어가지만 征用(zhēngyòng)은 일정 기간 사용한 후 원래의 소유권자에게 반환한다는 것이며, 훼손·멸실되어 반환이 불가능한 경우에는 보상해 주어야 한다(民法典 제245조).

| 074 | guó jiā suǒ yǒuquán<br>国家所有权<br>국 가 소 유 권 | 국가소유권 |
|---|---|---|

국가가 전체 국민의 이익을 대표하여 통일적으로 특정된 재산에 대해 소유권을 가지는 것을 말한다. 국유재산은 국무원이 국가를 대표하여 소유권을 행사하고, 법률에

별도의 규정이 있는 경우에는 그에 따른다. 국가소유 전속재산에는 ① 광산·하천·해역·무인도·도시토지·삼림·산지·초원·황무지·간척지(법률상 집체소유에 속하는 것으로 규정된 삼림·산지·초원·황무지·간척지는 제외), ② 무선전파 스펙트럼자원, ③ 국방재산 등이 있다. 비전속 재산(법률에 국가소유라고 규정한 경우에만 해당)에는 ① 농촌과 교외의 토지, ② 야생동식물자원, ③ 문화재(文物), ④ 물·철도·도로·전력시설·전신시설과 오일가스관 등 기초시설 등이 있다(民法典 제246조).

| nóngcūn jí tǐ jīng jì zǔ zhī 农村集体经济组织 농 촌 집 체 경 제 조 직 | 농촌집체경제조직 |
|---|---|

토지 등 집체(集体) 소유재산을 토대로 토지승포(土地承包), 자원개발, 자본누적, 자산증식 등 집체자산의 경영관리 서비스를 담당하는 기층 경제조직을 말한다. 农村集体经济组织은 법에 따라 집체 구성원을 대표하여 집체자산의 소유권을 행사하고 독립경제활동의 자주권을 지닌다.

| jí tǐ suǒ yǒu quán 集体所有权 집 체 소 유 권 | 집체소유권 |
|---|---|

농촌집체경제조직(农村集体经济组织)이 농민의 이익을 대표하여 통일적으로 특정된 재산에 대해 소유권을 가지는 것을 말한다. 집체소유에 속하는 부동산과 동산은 본 집체 구성원의 집체소유에 속하며 다음과 같은 것이 있다. ① 법률에 집체소유라고 규정한 토지와 삼림·산지·초원·황무지·간척지, ② 집체소유의 건물·생산시설·농토수리시설, ③ 집체소유의 교육·과학·문화·위생·체육 등 시설, ③ 집체소유의 기타 부동산과 동산 등이 포함된다(民法典 제260조).

| | |
|---|---|
| 077 sī rén suǒ yǒu quán<br>**私人所有权**<br>사 인 소 유 권 | **사적소유권** |

사인(私人)이 그의 합법적인 수익·부동산·생활용품·생산도구·원자재 등 부동산과 동산에 대하여 소유권을 가지는 것을 말한다. 국가·집체·사인의 물권과 기타 권리자의 물권은 법률의 평등한 보호를 받으며, 임의의 조직과 개인이 그 권리를 침해해서는 아니 된다. 사적 소유권이 민법을 포함한 각종 법률의 적용과 보호를 받는 것이 당연하겠지만, 중국에서는 국가·집체의 권리를 우선시하는 경향이 있으며 이러한 문제점을 해결하고자 사적 소유권도 국가·집체의 그것과 동일한 권리를 향유한다고 명확히 규정한 것이다(民法典 제266조).

| | |
|---|---|
| 078 yè zhǔ<br>**业主**<br>업 주 | **집합건물 소유자**<br>**구분소유자** |

건물 및 그 부대시설에 대하여 소유권을 가지는 자를 말한다. 业主<sup>yè zhǔ</sup>는 건축물 내의 주택, 상업용 건물 등 전속 부분에 대하여 소유권을 가지고 전속 부분 이외의 공용부분에 대해서는 공유와 공동관리의 권리를 향유한다(民法典 제271조).

| | |
|---|---|
| 079 jiàn zhù wù qū fēn suǒ yǒu quán<br>**建筑物区分所有权**<br>건 축 물 구 분 소 유 권 | **건물의 구분소유권** |

집합건물 소유자가 건축물 내의 주택, 상가건물 등 전유부분에 대하여 소유권을 가지고, 전유부분 이외에 공용부분에 대해서는 부분적으로 공유하고 공동으로 관리하는 권리를 말한다(民法典 제271조).

| jīngyíngxìngyòngfáng<br>**经营性用房**<br>경 영 성 용 방 | **상가건물<br>영업용 건물** | 080 |

상업·공업·여행·사무 등 경영성 활동에 사용하는 건물을 말하며, 거주의 목적으로 사용되는 주택과 구별되는 개념이다. 집합건물 소유자는 법령의 규정에 어긋나게 주택을 经营性用房<sub>jīngyíngxìngyòngfáng</sub>으로 용도 변경해서는 아니 된다.

| yè zhǔ dà huì<br>**业主大会**<br>업 주 대 회 | **입주자대표회의<br>집합건물 소유자대표회의** | 081 |

집합건물 소유자가 자기의 권리를 보호하기 위한 목적으로 설립한 공동체를 말한다. 집합건물 소유자들은 业主大会를 설립하고 집합건물 소유자 위원회를 선거할 수 있다. 业主大会의 결정은 집합건물 소유자에 대하여 구속력이 있다. 业主大会의 결정이 집합건물 소유자의 합법적인 권익을 침해할 경우, 침해를 입은 집합건물 소유자는 법원에 그 결정의 취소를 청구할 수 있다(民法典 제277조).

| wù yè fú wù qǐ yè<br>**物业服务企业**<br>물 업 복 무 기 업 | **건물관리서비스기업** | 082 |

법에 의해 설립되고, 전문 자격을 갖고 있으며 집합건물 소유자와 서비스 계약을 체결하고 건물 관리와 관련한 활동에 종사하는 기업을 말한다.

| xiāng lín guān xì<br>**相邻关系**<br>상 린 관 계 | **상린관계** | 083 |

두 명 또는 두 명 이상의 서로 인접한 부동산의 소유자 또는 사용자가 부동산의 소

유권 또는 사용권의 행사에 있어서 서로 간에 편리를 주고 제한을 받게 되는데 이러한 경우에 발생한 권리의무관계를 말한다. 相邻关系는 일반적으로 자연자원·택지의 사용·배수·오염물 배출·용수 등 경우에 발생한다. 부동산의 相邻 권리자는 공평하고 합리적인 원칙에 입각하여 생산과 생활에 편리하도록 상부상조하여 화목하게 지내는 원칙에 근거하여 相邻关系를 정확히 처리해야 하며 법률·법규에 相邻关系의 처리에 관한 규정이 있는 경우 그 규정에 따르고, 규정이 없는 경우에는 현지의 관습에 따른다(民法典 제288조).

| 084 | wù shàngqǐng qiú quán<br>**物上请求权**<br>물 상 청 구 권 | 물권적 청구권 |

대세적 효력이 있는 물권의 실현이 어떤 사정으로 인하여 방해를 받거나 방해 받을 가능성이 있는 경우에 권리자가 방해자에 대하여 그 방해의 제거 또는 예방에 필요한 행위를 청구할 수 있는 권리를 말한다. 物上请求权의 목적은 권리자의 물권 실현에 있어서의 방해요소를 제거하여 권리자가 물권의 목적물에 대한 지배적 상태를 회복함으로써 물권을 실현하기 위한 데에 있다. 따라서 物上请求权은 물권의 존재를 전제로 하여 발생하는 권리이므로 이 점에서 물권이 침해를 받은 후 발생하는 채권적 청구권 및 손해배상청구권과 구별된다.

| 085 | gòngyǒu<br>**共有**<br>공 유 | 공동소유 |

2인 이상의 민사주체가 동일한 재산에 대해 소유권을 가지는 것을 말한다. 共有는 안분공유(按份共有)와 공동공유(共同共有)로 나누어진다. 공동소유자가 共有 부동산 또는 동산에 대하여 안분공유 또는 공동공유라는 약정이 없거나 약정이 불명확할 경우, 공동소유자 간에 가족관계 등이 있는 경우를 제외하고 안분공유로 본다. 共有 부동산 또는 동산으로 발생한 채권채무의 대외관계에서 공동소유자는 연대채

권을 가지고 연대채무를 부담한다. 단 법률에 별도의 규정이 있거나 제3자가 공동 소유자 사이에 연대채권·채무관계가 없음을 안 경우는 제외한다(民法典 제297조).

| àn fèn gòngyǒu<br>**按份共有**<br>안 분 공 유 | 공유 |
|---|---|

086

공동소유에 속하며 2인 이상의 공동소유자가 동일한 재산에 대하여 각자 지분에 따라 권리를 가지고 의무를 부담하는 형태를 말한다. 按份共有(àn fèn gòngyǒu)자가 공동소유부동산 또는 동산의 지분에 대하여 약정이 없거나 약정이 불명확할 경우에는 출자액에 따라 지분을 정하고, 출자액을 확정할 수 없는 경우에는 동등한 지분이 있는 것으로 본다. 별도의 약정이 없는 경우, 按份共有(àn fèn gòngyǒu)자는 수시로 분할청구를 할 수 있다. 按份共有(àn fèn gòngyǒu)자는 본인의 공동소유 부동산 또는 동산의 지분을 양도할 수 있으며, 기타 공동 소유자는 우선매수권이 있다. 按份共有(àn fèn gòngyǒu)자 간에 별도의 약정이 있는 경우 외에, 공동 소유 부동산 또는 동산을 처분하거나 또는 중대한 수선(修繕)을 할 경우에는 3분의 2이상의 按份共有(àn fèn gòngyǒu)자의 동의가 있어야 한다(民法典 제298조).

| gòngtónggòngyǒu<br>**共同共有**<br>공 동 공 유 | 합유 |
|---|---|

087

공동소유에 속하며 2인 이상의 소유자가 공동소유하는 모든 재산에 대하여 지분을 나누지 않고 공동으로 소유권을 가지는 것을 말한다. 안분공유(按份共有)와 구별되는 점은 공동소유자의 지분을 나누지 않으며 평등하게 권리를 가지고 의무를 부담하며 共同共有(gòngtónggòngyǒu) 관계의 존속기간 내에 共同共有(gòngtónggòngyǒu)자는 임의로 그 공동소유재산을 처분할 수 없다. 별도의 약정이 없는 경우, 共同共有(gòngtónggòngyǒu)자는 공동소유의 기초가 상실되거나 중대한 사유가 있는 경우 분할청구를 할 수 있다. 공동소유 부동산 또는 동산을 처분하거나 중대한 수선(修繕)을 할 경우에는 전체 共同共有(gòngtónggòngyǒu)자의 동의가 있어야 한다. 단 공동소유자 사이에 별도의 약정이 있는 경우에는 제외한다(民法典 제299조).

| shàn yì qǔ dé<br>**善意取得**<br>선 의 취 득 | **선의취득** |
| --- | --- |

즉시취득(即时取得)라고도 하는데, 동산 또는 부동산의 점유자가 해당 동산 또는 부동산에 대하여 처분권이 없으면서 해당 물건의 소유권을 타인에게 양도하거나 타인을 위하여 타물권을 설정하는 경우, 타인이 소유권을 양수한 시점 또는 타물권을 취득한 시점에 선의이며 법률에 규정한 기타 요건을 만족하는 경우 해당 물건의 소유권 또는 타물권을 취득하는 제도를 말한다(民法典 제311조).

| yí shī wù<br>**遗失物**<br>유 실 물 | **유실물** |
| --- | --- |

점유자가 없으나 소유자가 있는 물건을 말한다. 부동산에는 遺失物에 관한 문제가 발생하지 않는다. 소유권자 또는 기타 권리자는 遺失物을 되찾을 권리가 있다. 遺失物이 양도에 의하여 타인이 점유할 경우 권리자는 처분권이 없는 자에게 배상을 청구하거나 양수인을 알았거나 알 수 있었을 때부터 2년 내에 양수인에게 원물의 반환을 청구할 권리가 있다. 단 양수인이 경매 또는 경영자격이 있는 경영자에게서 그 遺失物을 구매한 경우 권리자는 원물반환을 청구할 때 양수인이 지급한 비용을 지급해야 한다. 권리자는 양수인에게 상기 비용을 지급한 후 처분권 없는 자에게 사후에 구상할 권리가 있다(民法典 제312조).

| shí dé rén<br>**拾得人**<br>습 득 인 | **습득자** |
| --- | --- |

유실물을 습득한 자를 말한다. 拾得人은 유실물을 권리자에게 반환해야 한다. 拾得人은 지체 없이 권리자에게 통보하여 수령하도록 하거나 공안 등 관련부서에 송부해야 하며 관련부서는 유실물을 받은 후 권리자를 아는 경우 지체 없이 권리자에게

통보하여 수령하게 해야 하며 알지 못할 경우에는 지체 없이 분실물공고를 해야 한
다. 拾得人(shí dé rén)은 유실물을 관련부서에 제출하기 전에, 관련부서는 유실물을 수령자에
게 인도하기 전에 유실물을 타당하게 보관할 의무가 있다. 고의 또는 중대한 과실로
유실물이 훼손·멸실할 경우 민사책임을 져야 한다. 반면에 권리자는 유실물을 수
령할 경우 拾得人(shí dé rén) 또는 관련부서에 유실물보관 비용 등을 지급해야 한다(民法典 제
314조).

종물에 대응되는 개념이며, 主物(zhǔ wù)과 종물은 동일한 소유권자에게 귀속되나 그중 주
요한 역할을 하는 물건을 말한다. 예컨대 칼과 칼집에서 칼은 主物(zhǔ wù)이고 칼집은 종물
이며, 배와 노에서 배가 主物(zhǔ wù)이고 노가 종물이다. 主物(zhǔ wù)을 양도할 때에는 종물도 함께
양도해야 하며, 당사자 간에 별도의 약정이 있는 경우는 제외한다(民法典 제320조).

주물에 대응되는 개념이며, 주물에 종속되는 물건을 말한다. 从物(cóng wù)은 주물과 함께 농
일한 소유자에게 속하며, 독립된 물건이지만 주물의 사용에 이바지하여야 한다. 从
物(cóng wù)은 주물과 함께 양도해야 하지만 당사자 간에 별도의 약정이 있는 경우는 약정에
따른다(民法典 제320조).

타인의 동산에 대하여 加工(jiā gōng)하여 개조하는 것을 말하는데, 협의의 加工(jiā gōng)은 加工(jiā gōng) 후 새

로운 물건을 만들어내는 것을 말하고, 광의의 加工<sup>jiā gōng</sup>은 새로운 물건을 만들어 내지는 않지만 加工<sup>jiā gōng</sup>으로 인하여 기존 동산의 가치가 올라가는 경우도 포함한다. 加工<sup>jiā gōng</sup>으로 인한 물건의 소유권은 약정이 있는 경우에는 약정에 따르고, 약정이 없거나 불명확한 경우에는 법률 규정에 따른다. 법률에도 규정이 없는 경우에는 물건의 효용을 다하는 원칙(充分发挥物的效用)과 무과실 당사자를 보호하는 원칙에 근거하여 확정한다(民法典 제322조).

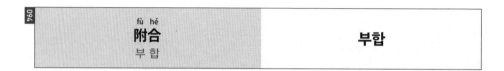

소유자가 다른 두 개 이상의 물건이 결합하여 거래 관계에서 한개의 물건으로 인정되는 것을 말한다. 附合<sup>fù hé</sup>으로 인한 물건의 소유권은 약정이 있는 경우에는 약정에 따르고, 약정이 없거나 불명확한 경우에는 법률 규정에 따른다. 법률에도 규정이 없는 경우에는 물건의 효용을 다하는 원칙과 무과실 당사자 보호원칙에 근거하여 확정한다. 동산이 부동산에 附合<sup>fù hé</sup>한 경우에는 부동산 소유자가 그 동산의 소유권을 취득하고, 동산과 동산이 附合<sup>fù hé</sup>한 경우에는 주물의 소유자가 부합물의 소유권을 취득한다(民法典 제322조).

소유자가 다른 두 개 이상의 동산이 상호 결합하여 분리하기 어렵거나 그 분리에 과다한 비용이 들어가서 소유권의 변동이 발생하는 경우를 말한다. 混合<sup>hùn hé</sup>으로 인한 물건의 소유권은 약정이 있는 경우에는 약정에 따르고, 약정이 없거나 불명확한 경우에는 법률 규정에 따른다. 법률에도 규정이 없는 경우에는 물건의 효용을 다하는 원칙과 무과실 당사자 보호원칙에 근거하여 확정한다(民法典 제322조).

원물

과실을 생기게 하는 물건을 말하며, 原物의 소유자는 원칙적으로 그 물건에서 생긴 과실을 취득한다.

원물과 상대적인 개념으로서 원물로부터 생산된 수익을 말한다. 孳息에는 천연孳息과 법정孳息이 있는데 전자는 자연법칙에 따라 원물로부터 산출되는 수익을 말하고 후자는 법률규정에 의해 원물로부터 산출되는 수익 예컨대 이자·임대료 등을 말한다. 孳息은 원물로부터 분리되어야 수취할 수 있으며 원물과 孳息은 2개의 물건에 속한다. 천연孳息은 소유권자가 孳息를 취득하며, 소유권자도 있고 용익권자도 있을 경우 용익권자가 취득하며 별도의 약정이 있는 경우에는 그 약정에 따른다. 법정孳息은 약정이 있는 경우에는 약정에 따르고 약정이 없거나 약정이 불명확할 때에는 거래관습에 따라 취득한다(民法典 제321조).

권리자가 타인이 소유한 부동산 또는 동산에 대하여 일정한 범위 내에서 점유·사용 및 수익을 취하는 물권이다. 用益物权에는 토지승포사용권(土地承包经营权), 건설용지사용권, 택지사용권, 거주권, 지역권 등이 있다. 用益物权은 사용·수익을 목적으로 사용가치를 지배하는 권리라는 점에서 교환가치의 지배를 목적으로 하는 담보물권과 다르다(民法典 제323조).

| 099 土地承包经营权 tǔ dì chéngbāo jīngyíngquán 토지승포경영권 | 토지승포경영권 |

농업경영자가 법률의 규정이나 계약의 약정에 따라 농촌집체경제조직(农村集体经济组织)이나 국가소유의 토지를 사용하여 수익을 얻는 권리를 말한다. 중국의 농촌집체경제조직은 가정도급경영을 기초로 하고 통합과 분리를 결합한 이중경영체제를 실행하는데 토지는 농민집체소유(农村集体所有)와 국가소유로 나누지만 집체가 사용하는 경작지·임지(林地)·초지(草地) 및 기타 농업에 사용되는 토지는 법에 따라 土地承包经营权제도를 실행한다. 土地承包经营权은 그 계약이 효력을 발생한 때부터 성립되며 현급 이상 지방정부는 土地承包经营权자에게 권리증서를 발급하여 경영권을 확인해주어야 한다. 경작지의 土地承包经营权의 기한은 30년, 초지는 30년 내지 50년이며 임지는 30년 내지 70년이다(民法典 제331조).

| 100 土地经营权流转 tǔ dì jīngyíngquán liú zhuǎn 토지경영권유전 | 토지경영권이전 |

토지승포경영권자(土地承包经营权)가 자기 결정에 의하여 자주적으로 임대, 지분투자 또는 기타 방법으로 토지경영권을 이전하는 것을 말한다. 土地经营权流转 기간이 5년 이상인 경우, 토지경영권은 土地经营权流转 계약이 효력을 발생한 때부터 설립한다. 당사자는 등기기관에 토지경영권을 등기할 수 있으며 등기하지 아니한 경우 선의의 제3자에 대항할 수 없다(民法典 제335조).

| 101 建设用地使用权 jiàn shè yòng dì shǐ yòngquán 건설용지사용권 | 건설용지사용권 |

자연인·법인 또는 기타 조직이 법에 따라 국가소유의 토지를 점유·사용·수익하거나 그 토지를 이용하여 건물, 정착물을 건조할 수 있는 권리를 말한다. 建设用地使用权

은 국유토지소유권 또는 집체토지소유권(集体土地所有权)에 근거하여 발생하는 용익물권이다. 중국은 토지 공유제를 실시하기 때문에 개인은 토지소유권을 취득할 수 없고, 토지 매매도 허용되지 않는다. 建设用地使用权의 기간은 용도에 따라 다르며, 거주용지는 70년, 공업용지는 50년, 교육·과학기술·문화·위생·체육용지는 50년, 상업·여행·유흥용지는 40년, 종합용지(综合用地)는 50년이다(民法典 제344조).

| huà bō<br>划拨<br>획 발 | 획발<br>토지사용권 무상양도 |
|---|---|

102

사용자가 보상·안치(安置) 비용을 납부한 후 현급 이상 정부가 건설용지사용권을 사용자에게 인도하여 사용하게 하거나 건설용지사용권을 무상으로 사용자에게 인도하여 사용하게 하는 방식을 말한다. 划拨은 건설용지사용권의 1차적 취득 즉 원시취득의 경우에 국가와 농촌집체경제조직(农村集体经济组织)이 划拨행위의 주체가 되며, 아래와 같은 특징이 있다. ① 사용자가 건설용지사용권을 취득할 경우 상응한 대가를 지급할 필요가 없고, ② 건설용지는 공익목적으로 사용해야 하며, ③ 양도의 제한을 받고, ④ 사용기간에 대한 제한이 없다.

| chū ràng<br>出让<br>출 양 | 출양<br>토지사용권 유상양도 |
|---|---|

103

국가가 건설용지 소유권자의 신분으로 건설용지 사용권을 일정한 기한 내에 사용자에게 양도하고 사용자는 국가 또는 농촌집체경제조직(农村集体经济组织)에 건설용지 사용권의 양도대금을 지급하는 것을 말한다. 出让은 건설용지사용권의 1차적 취득 즉 원시취득의 경우에 국가가 出让 행위의 주체가 되는 것이고, 계약의 형식으로 건설용지 소유자와 사용자간에 진행되는 거래이며 기한의 제한이 있는 민사행위에 속한다. 건설용지의 소유자가 사용자에게 건설용지의 사용권을 양도함에도 불구하고 양도의 방식에 出让이라는 법률용어를 사용하게 된 이유는 토지의 공유제 때문에 1차적 양도는 出让<sup>chūràng</sup>이라고 하고 2차적 양도는 전양(转让)이라고 구분하기 위해서이다.

| 104 | zhuǎnràng<br>**转让**<br>전 양 | 양도 |
|---|---|---|

권리의 주체가 법률행위에 의하여 그 권리를 타인에게 이전하는 것을 말한다. 부동산 물권의 转让<sup>zhuǎnràng</sup>은 법률규정에 의해 등기해야 하고, 동산 물권의 转让<sup>zhuǎnràng</sup>은 점유를 이전해야만 효력이 발생한다. 건설용지사용권의 转让<sup>zhuǎnràng</sup>은 이미 존재하는 건설용지사용권의 주체가 변경되는 것을 말하며, 그 사용기간은 당사자 간에 약정이 가능하나 건설용지사용권의 잔여기간을 초과해서는 아니 된다.

| 105 | fáng suí dì zǒu<br>**房随地走**<br>방 수 지 주 | 토지 · 건물 일괄 양도 |
|---|---|---|

건설용지사용권의 양도·교환·출자 또는 증여 시 해당 토지에 부착되어 있는 건축물·정착물도 함께 처분해야 하는 것을 말한다. 반대로 건축물·정착물을 양도·교환 출자 또는 증여하는 경우 해당 건축물·정착물이 점유하는 범위 내의 건설용지 사용권도 함께 처분해야 한다(民法典 제356조).

| 106 | zhái jī dì shǐ yòngquán<br>**宅基地使用权**<br>택 기 지 사 용 권 | 택지사용권 |
|---|---|---|

농촌집체경제조직(农村集体经济组织)의 구성원이 법에 따라 집체소유(集体所有)의 토지에 대해 점유·사용하고 당해 토지에 주택 및 기타 부속시설을 건설할 수 있는 권리를 말한다. 宅基地使用权<sup>zhái jī dì shǐ yòngquán</sup>은 독립적인 용익물권이며, 1가구당 오직 1개의 宅基地<sup>zhái jī dì</sup>만 취득할 수 있다(民法典 제362조).

| jū zhù quán 居住权 거 주 권 | 거주권 |

자연인이 계약 또는 유언에 근거하여 취득한 타인의 주택에 대하여 점유 및 사용하여 자신의 생활거주의 수요를 만족시키는 용익물권을 말한다. 居住权자는 주택에 대하여 점유와 사용만 가능하고 별도의 약정이 없는 한 임대 또는 저당은 불가하다. 居住权은 기간 만료 후 연장하지 아니한 경우 또는 居住权자가 사망한 경우에 소멸된다(民法典 제366조).

| dì yì quán 地役权 지 역 권 | 지역권 |

자신의 부동산의 효용을 높이기 위하여 계약의 약정에 따라 타인의 부동산을 이용하는 권리를 말한다. 地役权의 설정은 당사자의 서면계약으로 이루어지며 그 계약에는 ① 당사자의 명칭과 주소, ② 승역지와 요역지의 위치, ③ 이용목적과 방법, ④ 이용기한, ⑤ 비용 및 지급방식, ⑥ 분쟁해결방법 등에 관한 내용이 포함되어야 한다(物权法 제373조).

| gōng yì dì 供役地 공 역 지 | 승역지 |

지역권 법률관계에서 타인의 토지에 편리를 제공하는 토지를 말한다.

| xū yì dì 需役地 수 역 지 | 요역지 |

지역권 법률관계에서 타인의 기타 토지로부터 편리를 제공받을 필요가 있는 토지를 말한다.

| 111 | dān bǎo wù quán<br>**担保物权**<br>담 보 물 권 | 담보물권 |

담보채권의 실현을 위하여 채무자 또는 제3자가 동산·부동산 또는 기타 권리를 객체로 하여 설정한 권리로서, 채무자가 만기 채무를 이행하지 않거나 당사자가 약정한 담보물권의 실현 상황이 발생한 경우 권리자가 해당 담보재산을 처분하여 우선변제를 받을 수 있는 물권을 말한다. 担保物权은 물건의 교환가치의 취득을 목적으로 하는 가치권이라는 점에서 용익물권이 사용가치의 취득을 목적으로 하는 이용권인 것과 다르다(民法典 제386조).

| 112 | fǎn dān bǎo<br>**反担保**<br>반 담 보 | 구상담보 |

제3자가 채무자를 위하여 채권자에게 담보를 제공해 주는 대신에 채무자가 해당 제3자의 요구에 따라 해당 제3자에게 담보를 제공하는 담보방식을 말한다. 反担保는 채무자와 제3자의 관계에서 담보에 대한 특정용어일 뿐 구체적인 내용에서는 일반 담보의 그것과 다를 바 없다(民法典 제387조).

| 113 | dǐ yā<br>**抵押**<br>저 압 | 저당 |

채무자 또는 제3자가 채권자에게 담보법에서 정한 재산을 담보로 제공하고, 채무자가 채무를 이행하지 않을 경우 채권자가 법률의 규정에 따라 담보로 제공된 재산을 환가 또는 경매·자조매각하여 우선적으로 변제 받을 수 있는 담보방식을 말한다(民法典 제394조).

| dǐ yā rén **抵押人** 저 압 인 | 저당권설정자 | 114 |
|---|---|---|

저당권을 설정한 자 즉 담보재산을 제공한 채무자 또는 제3자를 말한다.

| dǐ yā quán rén **抵押权人** 저 압 권 인 | 저당권자 | 115 |
|---|---|---|

저당권의 채권을 가지고 있는 자를 말한다.

| dǐ yā cái chǎn **抵押财产** 저 압 재 산 | 저당물 | 116 |
|---|---|---|

저당의 목적물로 제공 가능한 물건을 말한다. 저당가능한 물건에는 건축물과 기타 토지 부착물, 건설용지사용권, 해역사용권, 생산설비·원자재·반제품·제품, 건설 중인 건축물·선박·항공기, 교통운송도구 등이 있다. 반면, 저당권 설정이 불가한 물건으로는 토지소유권, 택지·자류지(自留地)·자류산(自留山) 등 집체소유(集体所有) 토지사용권, 학교·유치원·의료기구 등 공익을 목적으로 설립한 비영리법인의 교육시설·의료위생시설 및 기타 사회공익시설, 소유권·사용권이 불명확하거나 분쟁이 있는 재산, 법에 의해 압류·감독관리된 재산 등이 있다.

| fú dòng dǐ yā **浮动抵押** 부 동 저 압 | 부동담보 | 117 |
|---|---|---|

저당권자가 현재 소유하고 있거나 장래에 소유하게 될 재산인 생산설비·원자재·반제품·제품 등 동산으로 담보를 제공하고, 채무자가 채무를 변제하지 않거나 당사자

간에 약정한 담보권 실현 상황이 발생할 경우, 채권자가 저당물 확정 시의 동산을 환가하여 우선 변제 받을 수 있는 권리를 말한다(民法典 제396조).

| 118 | dǐ yā hé tong<br>**抵押合同**<br>저 압 계 약 | **저당권설정계약** |
| --- | --- | --- |

저당권을 설정하기 위하여 저당권자와 저당권설정자 사이에 체결하는 계약을 말한다. 抵押合同(dǐ yā hé tong)은 서면으로 체결해야 하며 피담보채권의 종류와 액수, 채무자의 채무 이행 기간, 저당물의 명칭, 수량, 담보 범위 등을 기재해야 한다(民法典 제400조).

| 119 | liú zhì<br>**流质**<br>유 질 | **유저당** |
| --- | --- | --- |

저당계약을 체결할 때 저당권자와 저당권설정자가 계약에 채무이행기간 만료 전에 채무자가 채무를 변제하지 못할 경우 저당물의 소유권을 채권자에게 이전하기로 미리 약정하는 것을 말한다. 流质(liú zhì) 약정이 있는 경우라 할지라도 바로 소유권을 이전할 수는 없고, 저당권자는 저당재산에 대하여 우선 변제 받을 수 있다(民法典 제401조).

| 120 | dǐ yā quándēng jì<br>**抵押权登记**<br>저 압 권 등 기 | **저당권설정등기** |
| --- | --- | --- |

등기기관에 저당권에 관한 사항을 등기하는 것을 말한다. 저당물 중 ① 건물과 기타 토지부착물, ② 건설용지사용권, ③ 해역사용권, ④ 건설 중에 있는 건물은 등기를 한 때부터 저당권이 설정된다. 반면 ① 생산설비·원자재·반제품·제품, ② 교통운수 도구, ③ 제조 중에 있는 선박·항공기의 저당권은 저당권설정계약의 효력발생 시에 설정되며 등기를 하지 않은 경우에는 선의의 제3자에게 대항할 수 없다(民法典 제402조).

| dǐ yā quán bǎo quán<br>**抵押权保全**<br>저 압 권 보 전 | 저당권보충 | 121 |

저당권설정자의 행위가 저당재산의 가치의 감소를 초래할 우려가 있는 경우, 저당
권자가 저당권설정자에게 당해 행위의 정지를 청구하는 것을 말한다. 더불어, 저당
재산의 가치가 감소하였을 경우 저당권자는 저당재산의 원상회복 또는 상응한 담보
제공을 요구할 권리가 있다. 한편, 저당권설정자가 저당재산의 원상회복도 하지 않
고 담보도 제공하지 않을 경우 저당권자는 채무자에게 사전에 채무를 변제할 것을
요구할 권리가 있다(民法典 제408조).

| dǐ yā quán rén zhài quán què dìng<br>**抵押权人债权确定**<br>저 압 권 인 채 권 확 정 | 피담보채무의 확정 | 122 |

근저당권에서 채권자의 채권이 확정되는 경우를 말한다. 抵押权人债权确定의 사유
로는 ① 약정한 채권확정기간이 만기된 경우, ② 채권확정기간을 약약하지 않았거
나 약정이 불명확한 경우, 저당권자와 저당권설정자는 근저당권이 설립한 날부터
만 2년 후, ③ 새로운 채권이 발생할 가능성이 없는 경우, ④ 저당재산이 봉인·차압
된 경우, ⑤ 채무자 또는 저당권설정자가 파산선고를 받거나 말소된 경우, ⑥ 법률
에 규성한 재권이 확정되는 기타 상황 등이 있다(民法典 제423조).

| zuì gāo é dǐ yā<br>**最高额抵押**<br>최 고 액 저 압 | 근저당 | 123 |

저당권자와 저당권설정자가 협의로 채권 최고액의 한도 내에서 저당물로 일정한 기
간 내에 연속적으로 발생하는 채권에 대해 담보하는 것을 말한다. 最高额抵押은 차
관계약 및 채권자와 채무자가 일정한 기간 내에 연속적으로 발생하는 특정 상품거
래에 관한 계약에 적용되며 最高额抵押 설정 전에 이미 존재한 채권은 당사자의 동

의를 얻어 最高额抵押<sup>zuì gāo é dǐ yā</sup>의 채권범위로 전환할 수 있다. 最高额抵押의 채권이 확정되기 전에 일부 채권을 양도할 경우 最高额抵押<sup>zuì gāo é dǐ yā</sup> 권리는 양도할 수 없다. 단, 당사자 사이에 별도의 약정이 있는 경우는 약정에 따라 진행한다(民法典 제420조).

| 124 | zhì quán<br>**质权**<br>질 권 | 질권 |
|---|---|---|

채권자가 채권의 담보로써 채무자 또는 제3자가 제공한 물건을 점유하고, 채무자가 채무를 변제하지 않거나 당사자 간에 약정한 질권 실현의 상황이 발생할 시 채권자가 그 물건을 환가하여 우선 변제 받는 권리를 말한다(民法典 제425조).

| 125 | zhì quán rén<br>**质权人**<br>질 권 인 | 질권자 |
|---|---|---|

질권의 채권을 가지고 있는 자를 말한다.

| 126 | chū zhì rén<br>**出质人**<br>출 질 인 | 질권설정자 |
|---|---|---|

질권을 설정한 자, 즉 질권재산을 제공한 채무자 또는 제3자를 말한다.

| 127 | zhì quán bǎo quán<br>**质权保全**<br>질 권 보 전 | 질권의 보충 |
|---|---|---|

질물이 훼손되거나 가치가 현저히 저하되어 질권자의 권리를 손상시킬 가능성이 있는 경우, 질권자가 질권설정자에게 상응한 담보를 제공하도록 요구하는 것을 말한다. 질권설정자가 이를 거부할 경우 질권자는 질물을 경매 또는 자조매각함과 동시

에 질권설정자와 협의하여 질물을 경매 또는 자조매각하여 얻은 수입으로 담보채권을 사전에 변제받거나 질권설정자와 약정한 제3자에게 공탁할 수 있다(民法典 제433조).

**提存** (tí cún)
제 존

**공탁**

계약의 이행에 있어서 채권자의 원인으로 인해 채무자가 적시에 계약상의 목적물에 대한 인도의무를 이행할 수 없는 경우 채무자가 제3기관에 목적물을 인도하거나 목적물을 경매, 자조매각한 금액을 제3기관에 공탁함으로써 채무자의 계약상의 의무를 종료하는 일종의 채무자 보호제도를 말한다. 提存(tí cún)일부터 5년 내에 채권자가 권리를 행사하지 아니하면 그 수령권은 소멸되며 提存(tí cún)비용을 공제한 후 잔여 목적물 또는 그 대체물은 국가 소유로 된다(民法典 제570조).

**留置** (liú zhì)
유 치

**유치**

보관계약·운송계약 등 계약에서 채권자가 계약 내용에 따라 채무자의 동산을 점유하고 있는 경우, 채무자가 채무를 이행하지 않으면 채권자가 법적 규정에 따라 그 재산을 留置(liú zhì)할 권리가 있고, 동 재산의 환가 또는 경매·자조매각한 수입으로 우선 변제 받는 것을 말한다. 단 기업 간의 留置(liú zhì)는 채권과 동일한 법률관계가 있을 필요가 없다(民法典 제447조).

**合同** (hé tong)
합 동

**계약**

평등한 주체인 자연인·법인·기타 조직 사이에 민사권리의무관계의 발생·변경·소멸하기 위한 합의를 말한다. 合同<sup>hé tong</sup>은 한국에서의 '합동(동일한 방향·목적으로부터 합쳐진 합의)'과 '계약(부동한 방향·목적으로부터 합쳐진 합의)'처럼 구별을 두지 아니하며 각 당사자들이 민사법률관계에 대한 의사표시의 합의가 이루어지면 이를 모두 合同<sup>hé tong</sup>이라 한다(民法典 제463조).

---

**131**

**缔约过失责任** (dì yuē guò shī zé rèn)
체 약 과 실 책 임

**계약체결상의 과실**

당사자가 계약을 체결하기 전에 신의성실원칙에 반하여 상대방의 신뢰이익에 손해를 준 경우에 지는 책임을 말한다. 缔约过失责任(dì yuē guò shī zé rèn)을 지는 경우는 다음과 같은 3가지가 있다. ① 상대방과 계약을 체결할 목적이 전혀 없음에도 불구하고 계약체결을 구실로 상대방 또는 제3자의 이익에 손해를 초래하는 경우, ② 상대방의 계약 체결 결정에 대해 중대한 영향을 미치게 되는 중요한 사실을 은닉하거나 허위정보를 제공하는 경우, ③ 기타 신의성실원칙에 위반되는 행위를 한 경우 등이 있다(民法典 제500조).

---

**132**

**要约** (yào yuē)
요 약

**청약**

타인과 계약의 체결을 원하는 의사표시로서 이러한 의사표시에는 단순한 계약체결의 의사만 포함되어 있는 것이 아니라 구체적인 계약체결조건을 명시하여 상대방이 수정 없이 이러한 의사표시를 받아들이는 경우 행위자는 곧 당해 의사표시의 법적 구속력을 받게 되는 행위를 말한다. 要约(yào yuē)은 도달주의 즉, 要约(yào yuē)이 상대방에게 도달한 시점에서 효력이 발생하며, 특정된 경우를 제외하고는 철회하거나 취소할 수 있다(民法典 제472조).

| yào yuē yāo qǐng<br>**要约邀请**<br>요 약 요 청 | 청약의 유인 |
| --- | --- |

상대방이 청약을 발송할 것을 요청하는 표시를 말한다. 要约邀请(yào yuē yāo qǐng)은 계약체결의 준비단계로서 법률구속력이 없으며 불특정 다수인에게 발송할 수 있다. 要约邀请(yào yuē yāo qǐng)에는 견적표의 발송, 경매·입찰공고, 상업공고 등이 포함된다(民法典 제473조).

| chè huí yào yuē<br>**撤回要约**<br>철 회 요 약 | 청약의 철회 |
| --- | --- |

청약이 청약수령자에게 도달하기 전에 또는 도달과 동시에 기 발송 청약을 거두어들이면서 청약의 효력을 무효화하는 절차를 말한다(民法典 제475조).

| chè xiāo yào yuē<br>**撤销要约**<br>철 소 요 약 | 청약의 취소 |
| --- | --- |

청약이 청약수령자에게 도달한 후, 청약수령자가 청약에 대한 승낙통지를 발하기 전에 청약자가 청약을 거두어들이는 것으로써 계약의 성립을 무산시키는 것을 말한다. 단, 청약자가 당해 청약에 대한 승낙기간을 확정하였거나 청약의 취소불가를 명시한 경우 또는 청약수령자가 당해 청약은 취소불가라고 인정할 만한 사유가 있고 당해 청약의 이행을 위한 준비 작업을 행한 경우에는 청약을 취소할 수 없다(民法典 제476조).

| yào yuē shī xiào<br>**要约失效**<br>요 약 실 효 | 청약의 실효 |
| --- | --- |

청약이 법률 구속력을 잃고 청약자와 청약수령자를 구속하지 않는 것을 말한다. ①

청약이 거절되거나, ② 청약이 법에 의해 취소되거나, ③ 승낙기간이 만료되었으나 청약수령자가 승낙하지 아니한 경우, ④ 청약수령자가 청약의 내용에 대하여 실질적인 변경을 한 경우에 要约失效(yào yuē shī xiào)가 발생한다(民法典 제478조).

| 137 | 承诺(chéngnuò)<br>승 낙 | 승낙 |
|---|---|---|

청약수령자가 청약에 동의하는 의사표시를 말한다. 유효한 承诺(chéngnuò)이 되기 위해서는 ① 承诺(chéngnuò)기간 내(承诺(chéngnuò)기간이 명확하지 아니한 경우 청약이 대화의 방식으로 이루어진 때에는 즉시 승낙의 의사표시를 하여야 하고, 대화가 아닌 방식으로 이루어진 경우에는 상당한 기간 내)에 청약자에게 도달되어야 하고, ② 청약내용에 대해 수정하여서는 아니 되며(승낙이 청약내용에 대해 실질적이지 아니한 사항에 관한 변경을 한 경우 청약자가 적시에 반대의사를 표시하거나 또는 청약에서 어떠한 내용의 변경도 금지한다는 특별 경우를 제외하고는 이러한 승낙은 유효하며 계약의 내용은 승낙내용을 기준으로 함), ③ 청약수령자의 承诺(chéngnuò) 의사가 포함되어야 한다. 承诺(chéngnuò)은 통지의 방식으로 이루어지지만, 거래습관·청약의 요구에 따른 承诺(chéngnuò)행위가 청약자에게 도달된 때에도 효력을 발생한다(民法典 제479조).

| 138 | 撤回承诺(chè huí chéngnuò)<br>철 회 승 낙 | 승낙의 철회 |
|---|---|---|

승낙의사는 철회할 수 있지만 이러한 철회의 통지는 승낙의사가 청약자에게 도달하기 전이거나 승낙의사의 도달과 동시에 청약자에게 도달되어야 유효하게 승낙을 철회할 수 있다. 이러한 점에서 撤回承诺(chè huí chéngnuò)은 청약의 철회와 같은 기준이 적용된다(民法典 제485조).

| hé tongchéng lì<br>**合同成立**<br>합 동 성 립 | 계약의 성립 [139] |
|---|---|

계약은 승낙이 효력을 발생한 시점에 성립된다. 단, 계약이 성립되었다고 해서 반드시 효력이 발생하는 것은 아니다. 통상 계약은 성립된 후 바로 효력이 발생하지만 특수한 경우에는 그러하지 아니다. 예컨대 계약의 효력발생요건으로 법정 등기를 요하거나 비준 또는 조건부, 기한부 등 법정 또는 약정 조건이 부가된 경우에는 이러한 법정 조건 또는 약정 조건이 충족된 경우에만 계약이 법적 효력을 발휘하여 각 당사자들을 구속하게 된다(民法典 제490조).

| gé shì tiáokuǎn<br>**格式条款**<br>격 식 조 관 | 보통거래약관 [140] |
|---|---|

일방 당사자가 중복사용과 획일적인 처리를 위해 일방적으로 작성한 정형적인 계약 내용 내지 계약조건을 말한다. 格式条款(gé shì tiáokuǎn)으로 계약을 체결하고자 하는 경우 格式条款(gé shì tiáokuǎn)의 제공자는 공평원칙에 따라 각 당사자의 권리의무를 확정하고 신의성실원칙에 따라 합리적인 방법으로 상대방에게 책임의 경감 또는 면책조항에 대하여 주의할 것을 고지하며 상대방의 요구에 따라 관련 조항을 설명할 의무가 있다. 格式条款(gé shì tiáokuǎn)의 일방적인 특징으로 인해 그중 일부 조항에 대해 서로 다르게 해석될 가능성이 있는데 이런 경우에는 格式条款(gé shì tiáokuǎn)의 제공자 측에 불리한 방향으로 해석된다(民法典 제496조).

| fù tiáojiàn hé tong<br>**附条件合同**<br>부 조 건 합 동 | 조건부계약 [141] |
|---|---|

계약당사자는 계약의 효력발생 또는 효력해지 조건을 약정할 수 있는데 이러한 조건이 설정된 계약을 말한다. 여기에서 조건은 향후 발생여부가 확정되지 아니한 적법한 사실, 즉 각 당사자들이 예견할 수 없는 적법한 조건으로써, 장래 반드시 발생

하거나 또는 반드시 발생하지 않을 사실은 조건으로 설정할 수 없으며, 또한 법률에서 규정한 사실도 조건이 될 수 없다. 이러한 조건의 형성에 있어서 당사자가 자기 이익을 위해 부당하게 조건의 형성을 저해하는 경우 조건이 형성된 것으로 보고, 당사자가 자기 이익을 위해 부당하게 조건이 형성되게 하는 경우 조건이 형성되지 아니한 것으로 본다.

| 142 | fù qī xiàn hé tong<br>附期限合同<br>부 기 한 합 동 | 기한부계약 |
|---|---|---|

계약이 적법하게 성립된 후 계약 당사자는 계약의 효력발생기한 또는 효력해지기한을 약정할 수 있는데 이러한 기한이 설정된 계약을 말한다. 기한은 당사자가 예견한, 확정된 기한을 말한다.

| 143 | wú xiào hé tong<br>无效合同<br>무 효 합 동 | 무효계약 |
|---|---|---|

계약이 이미 성립되었으나 그 내용이 법률·행정법규의 강행 규정 또는 공서양속 등 관련 법정 사유를 위반하여 법률효력이 없는 계약을 말한다. 무효계약은 그 성립시점부터 법률효력이 없으며 이 경우 계약으로 인해 취득한 재산은 반환하여야 하며, 반환할 수 없거나 반환할 필요가 없는 경우 환가하여 보상하여야 한다. 또한 이 경우 계약체결상의 과실원칙을 적용하며 쌍방이 모두 과실이 인정되는 경우 각자 상응한 책임을 부담하게 된다.

| 144 | hé tong jiě chú<br>合同解除<br>합 동 해 제 | 계약의 해제<br>계약의 해지 |
|---|---|---|

계약의 약정사유 또는 법정사유가 발생한 경우 계약을 해제하고 아직 이행하지 아

니한 때에는 이행을 종료하고 이미 이행한 때에는 당사자가 계약을 이행한 상황과 계약의 성격에 따라 원상회복 또는 그 밖의 구제조치를 취하거나 손해배상을 청구하는 것을 말한다. 合同解除는 법률·행정법규(行政法規)에 계약의 해제 비준·등기 등 절차를 거쳐야 한다는 별도의 규정이 없는 한, 해제통지가 상대방에게 도달한 때에 해제된다(民法典 제566조).

| tóng shí lǚ xíngkàngbiànquán<br>**同时履行抗辩权**<br>동 시 이 행 항 변 권 | **동시이행항변권** |
|---|---|

쌍무계약의 이행에 있어서 각 당사자의 의무이행의 우선순위가 규정되어 있지 아니하는 경우, 양 당사자는 원칙상 동시에 계약에서 약정한대로 이행기(만기채무이행)에 의무를 이행해야 하고, 만일 일방 당사자가 의무를 적시에 이행하지 아니하면 그 위약상황에 따라 상대방도 전부 또는 일부 의무의 이행을 거절할 수 있는 권리를 말한다(民法典 제525조).

| xiān lǚ xíngkàngbiànquán<br>**先履行抗辩权**<br>선 이 행 항 변 권 | **선이행항변권** |
|---|---|

쌍무계약의 이행에 있어서 의무이행에 선후순위가 정해져 있는 경우, 선순위 의무이행자가 그 의무를 적시에 이행하지 아니하면 후순위 의무이행자는 선순위 의무이행자의 불이행정도에 상응하여 그의 의무이행을 일부 또는 전부를 거절할 수 있는 권리를 말한다. 이 경우, 선순위 의무이행자의 의무불이행은 위약행위로 되지만, 후순위 의무이행자의 先履行抗辩权에 의한 의무이행 거절은 위약행위로 보지 아니하게 된다(民法典 제526조).

| | |
|---|---|
| 147 bù ān kàngbiànquán<br>**不安抗辩权**<br>불 안 항 변 권 | **불안의 항변권** |

쌍무계약의 이행에 있어서 후순위 이행의무자에게 ① 경영사정의 중대한 악화, ② 채무를 도피하기 위한 재산의 이전, 자금의 불법인출, ③ 상업신용의 상실, ④ 채무변제능력을 상실하였거나 상실할 수 있는 기타 사정이 확실한 증거로 증명된 경우, 선순위 이행의무자가 그 이행을 일시적으로 중지할 수 있는 권리를 말한다. 不安抗辩权의 행사에 있어서 선순위 의무이행자는 적시에 상대방에게 통지하여야 하며 상대방이 합리적인 기간 내에 이행능력을 회복하지 못하거나 기타 적절한 담보를 제공하지 못하면 선순위 이행의무자는 계약을 해제·해지할 수 있다(民法典 제527조).

| | |
|---|---|
| 148 tí qián lǚ xíng<br>**提前履行**<br>제 전 이 행 | **조기이행** |

계약의 이행에 있어서, 채무자가 쌍방이 약정한 이행기 도래 전에 채무를 조기 이행하는 것을 말한다. 채무의 提前履行에 있어서 조기 이행이 채권자의 이익에 손해를 초래할 우려가 있는 경우 채권자는 채무자의 提前履行을 거절할 수 있다. 채무자의 提前履行으로 인해 채권자에게 추가로 발생하는 비용은 채무자가 부담하게 된다(民法典 제530조).

| | |
|---|---|
| 149 bù fēn lǚ xíng<br>**部分履行**<br>부 분 이 행 | **일부이행** |

계약의 이행에 있어서 채무자가 일부채무를 이행하는 것을 말한다. 이러한 部分履行이 채권자의 이익에 손해를 초래할 우려가 있는 경우 채권자는 채무자의 部分履行을 거절할 권리가 있다. 채무자의 部分履行으로 인해 채권자에게 추가로 발생하는 비용은 채무자가 부담하게 된다(民法典 제531조).

| | |
|---|---|
| qíng shì biàngēng<br>**情势变更**<br>정 세 변 경 | **사정변경** |

계약이 유효하게 성립된 후, 계약 이행 기간에 당사자 간에 계약 체결 시 예견할 수 없었던 중대한 변화가 발생하여(상업 리스크 제외) 계약의 계속 이행이 당사자 일 방에게 현저하게 불공평할 경우, 불리한 영향을 받는 당사자는 상대방과 협상을 다 시 하거나 합리적인 기간 내에 협상이 이뤄지지 아니할 경우 계약의 변경 또는 해 제·해지를 청구하는 제도를 말한다(民法典 제533조).

| | |
|---|---|
| zhàiquán rén dài wèi quán<br>**债权人代位权**<br>채 권 인 대 위 권 | **채권자대위권** |

채권자의 채권회수를 보장하기 위한 법률제도로써 채무자가 채권자에 대한 만기 채 권을 변제하지 아니하고 채무자의 제3채무자에 대한 채권이 만기되었음에도 불구 하고 소송 또는 중재의 방법으로 제3채무자에 대한(일신전속권은 제외함) 금전급부 채권을 주장하지 아니함으로 인해 채권자가 만기채권을 회수하지 못할 경우, 채권 자가 자신의 명의로 제3채무자를 상대로 채무자를 대위하여 제3채무자 소재지 법 원에 소송을 제기함으로써 채권액의 한도 내에서 채권을 직접 회수할 수 있는 권리 를 말한다(民法典 제535조).

| | |
|---|---|
| zhàiquán rén chè xiāoquán<br>**债权人撤销权**<br>채 권 인 철 소 권 | **채권자취소권** |

채무자가 자신의 재산을 감소하는 행위를 실시하여 채권자에게 손해를 초래한 경 우, 채권자가 법원에 소송을 제기하여 해당 행위의 취소를 청구할 수 있는 권리를 말한다. 채무자의 이러한 행위에는 채권을 포기하거나, 채권담보를 포기하거나, 재 산을 무상으로 처분하거나, 만기채권을 악의로 연장하는 등의 경우, 채무자가 현저

히 불합리한 저가로 재산을 양도하거나, 현저히 불합리한 고가로 재산을 양수받거나 타인의 채무를 위하여 담보를 제공할 시 채무자의 상대방이 이를 알았거나 알 수 있었을 경우에 债权人撤销权<sup>zhàiquán rén chèxiāoquán</sup>을 행사할 수 있다(民法典 제538조).

| 153 | zhàiquánzhuǎnràng<br>**债权转让**<br>채 권 전 양 | 채권양도 |
| --- | --- | --- |

법정, 약정 또는 계약의 성격에 의해 양도할 수 없는 권리 이외의 기타 채권을 제3자에게 양도하는 것을 말한다. 채권자는 채무자에게 채권양도 통지(법령상 债权转让<sup>zhàiquánzhuǎnràng</sup>가 비준·등기 등 절차를 요하는 경우 그에 따름)를 함으로써 채권양도의 3자간(채권자·채무자·채권인수자)에 법적 효력을 발생시킨다. 债权转让<sup>zhàiquánzhuǎnràng</sup>은 무인성(无因性), 취소불가성(양수인의 동의를 취득한 경우는 제외)의 특징을 가지며, 채무자는 채권자에 대한 항변권을 양수인에게도 행사할 수 있다(民法典 제545조).

| 154 | zhài wù zhuǎn yí<br>**债务转移**<br>채 무 전 이 | 채무인수 |
| --- | --- | --- |

채무자가 자신의 채무를 제3자에게 양도하는 것을 말하며 채무부담(债务承担)이라고도 한다. 채무의 전부 또는 일부를 제3자에게 양도하고자 할 경우 채무자는 채권자에게 债务转移<sup>zhài wù zhuǎn yí</sup>를 통지하여야 할 뿐만 아니라 채권자의 동의를 얻어야 한다(법령에서 비준·등기 등 절차를 요하는 경우 그에 따름). 또한 양수인은 채권자에 대해 기존 채무자의 채권자에 대한 항변을 주장할 수 있다(民法典 제551조).

| 155 | jiā rù zhài wù<br>**加入债务**<br>가 입 채 무 | 병존적 채무인수 |
| --- | --- | --- |

제3자가 채권채무 관계에 가입하여 종래의 채무자와 공동으로 동일 내용의 채무를

부담하는 것을 말하며 병존적 채무부담(并存的债务承担)이라고도 한다. 채권자가 합리적인 기간 내에 명확히 거절하지 아니한 경우, 채권자는 제3자가 부담할 의향이 있는 범위 내에서 채무자와 연대책임을 부담할 것을 청구할 수 있다(民法典 제552조).

채권자와 채무자가 서로 동종의 채권·채무를 가지는 경우 그 채권과 채무를 대등액에 있어서 소멸케 하는 일방적 의사표시를 말한다. 抵销는 법정 抵销와 약정 抵销로 나눌 수 있다. 전자는 각 당사자가 서로 만기채무를 가지고 있고 당해 채무의 목적물의 종류와 품질 등이 동일한 경우, 법률 또는 계약의 성격에 의해 채무를 상호 소멸할 수 없는 경우를 제외하고, 임의의 일방당사자는 그의 채무로 상대방의 채무를 소멸시킬 수 있는 형성권을 말하며 조건이나 기한을 붙이지 못한다. 후자는 각 당사자가 서로 채무를 가지고 있으나 그 목적물의 종류·품질이 서로 다른 경우에 상호 합의하여 각자의 채무를 소멸시킬 수 있는 권리로서 이는 일방적인 형성권이 아니라 상계계약이라고 할 수 있다(民法典 제568조).

당사자가 계약의 약정에 근거하여 계약상 의무를 이행하여 계약의 목적을 실현하는 것을 말한다.

채무자가 채권자에 대하여 부담하는 수개의 채무의 종류가 같고 채무자가 전부 채

무를 변제하기에 부족한 경우, 채무자가 변제 시 이행할 채무를 지정하는 것을 말한
다. 채무자가 지정하지 아니한 경우 이미 이행기가 도래한 채권을 우선 이행하고, 수
개의 채무가 모두 이행기가 도래한 경우에는 담보가 없거나 담보가 가장 적은 채무
를 우선 이행한다. 모두 담보가 없거나 담보가 같은 경우, 채무자의 부담이 상대적으
로 큰 채무를 이행하고, 부담이 같은 경우 채무 이행기 도래 선후 순서에 따라 이행하
고, 채무 이행기 도래 시간이 같은 경우 채무비례에 따라 이행한다(民法典 제560조).

| 159 | lì xī<br>**利息**<br>이 식 | 이자 |
|---|---|---|

원본채권으로 발생하는 소득을 말한다. 예컨대 금전 또는 대체물을 빌려 쓴 대가로
지급되는 일정 비율의 금전 등이다.

| 160 | zhàiquánzhài wù zhōng zhǐ<br>**债权债务终止**<br>채 권 채 무 종 지 | 채권채무종료 |
|---|---|---|

일정한 상황이 발생함으로 인해 채권채무관계가 종료되는 것을 말한다. 예컨대 ①
채무를 이행한 경우, ② 쌍방 간의 채무를 상호 상계한 경우, ③ 채무자가 목적물을
공탁한 경우, ④ 채권자가 채무를 면제한 경우, ⑤ 채권·채무가 동일인에게 귀속된
경우, ⑥ 법률 또는 약정 사유 등이 있는 경우이다. 계약상의 권리와 의무가 소멸된
후에도 당사자는 신의성실의 원칙을 준수하고, 거래관습에 따라 통지·협력·비밀유
지 등 의무를 이행해야 한다(民法典 제557조).

| 161 | wéi yuē zé rèn<br>**违约责任**<br>위 약 책 임 | 위약책임 |
|---|---|---|

각 당사자 사이에 적법하게 성립되고 법적 효력을 발생한 계약상 의무를 위반한 경

우 부담하는 민사책임을 말한다. 당사자가 사전에 계약의무를 이행하지 아니할 것을 명확히 표시하거나 그 행동으로 이를 명확히 표시한 경우에는 이행기간 만료 전이라도 위약책임을 추궁할 수 있다. 违约责任(wéi yuē zé rèn)이 있는 경우 상대방은 위약자에게 계속이행, 구제조치, 손해배상 등을 요구할 수 있다(民法典 제577조).

| sǔn hài péi cháng<br>**损害赔偿**<br>손 해 배 상 | 손해배상 162 |
|---|---|

불법행위 또는 채무불이행으로 인하여 피해자에게 손해를 입힌 경우 가해자가 피해자에게 배상하는 것을 말한다. 그 외 계약관계에서 계약을 위반한 당사자가 상대방 당사자에게 초래한 손실에 대하여 법률과 계약의 약정에 따라 배상하는 경우를 말한다. 여기서 피해자가 입은 손해에는 직접적인 손해와 간접적인 손해를 모두 포함하지만 계약을 위반한 당사자가 계약 체결 시 예견하였거나 예견할 수 있었을 위약행위로 인해 발생하게 될 손실을 초과하여서는 아니된다(民法典 제584조).

| wéi yuē jīn<br>**违约金**<br>위 약 금 | 위약금 163 |
|---|---|

계약을 체결할 때 계약을 위반하는 경우 그로 인한 불이익으로 일정한 금액을 채권자에게 지급하는 방식의 위약책임을 말한다. 일방 당사자가 위약행위를 한 경우 상대방이 실질적으로 손해를 입었는지 여부와 관계없이 징벌적으로 위약행위자에게 가하는 일종의 계약불이행에 대한 책임추궁방법이다. 违约金(wéi yuē jīn)은 위약행위에 대한 징벌일 뿐 违约金(wéi yuē jīn)을 지급한다고 하여 위약행위자의 계약상 의무의 소멸 또는 종료를 의미하는 것은 아니다. 또한 당사자의 권익을 더욱 적절하게 보호하기 위해, 약정한 违约金(wéi yuē jīn)이 실제 손실보다 적은 경우 또는 약정한 违约金(wéi yuē jīn)이 실제 손실보다 과다하게 많은 경우, 당사자는 법원 또는 중재기관에 적정한 금액으로 조정할 것을 청구할 수 있다(民法典 제585조).

| 164 | dìng jīn<br>定金<br>정 금 | 계약금 |

채권의 담보로 계약 체결의 당사자 일방이 상대방에게 지급하는 금전을 말한다. 채무자가 채무를 이행한 후 定金은 대금으로 상계하거나 회수해야 한다. 定金을 지급한 일방이 약정한 채무를 이행하지 않을 경우 定金의 반환을 청구할 권리가 없고, 定金을 받은 일방이 약정한 채무를 이행하지 않을 경우 定金은 배액으로 반환해야 한다. 定金의 금액은 당사자가 약정할 수 있으나 주계약 목적액의 20%를 초과해서는 아니 된다(民法典 제586조).

| 165 | quán lì de jìng hé<br>权利的竞合<br>권 리 적 경 합 | 권리의 경합 |

계약의 이행에 있어서 일방 당사자의 위약행위가 상대방 당사자의 신체 또는 재산상의 권리를 침해하여 위약책임 또는 불법행위책임이 경합될 경우, 피해자는 그중 하나를 선택하여 상대방에게 책임을 물을 수 있는 것을 말한다(民法典 제186조).

| 166 | mǎi mài hé tong<br>买卖合同<br>매 매 합 동 | 매매계약 |

일방 당사자가 목적물의 소유권을 상대방 당사자에게 이전하고 상대방 당사자가 목적물 대금을 지급하는 계약을 말한다. 买卖合同은 일반적으로 목적물의 명칭·수량·품질·가격·이행기간·이행지·이행방법·포장방식·검수표준과 방법·결재방식·계약언어 및 효력 등이 포함된다(民法典 제595조).

| biāo dì wù<br>**标的物**<br>표 적 물 | **목적물** |
|---|---|

167

매매계약에서 계약 당사자의 권리의무의 대상을 말한다. 매매계약에서 매도인은 标<sup>biāo</sup>的物을 매수인에게 이전해야 하고, 매수인은 标的物<sup>biāo dì wù</sup>의 소유권을 취득하는 대가를 매도인에게 지급해야 한다.

| jiāo fù<br>**交付**<br>교 부 | **인도**<br>**교부** |
|---|---|

168

목적물 내지 증서(凭证)를 넘기는 행위를 말한다. 동산물권은 법률에 별도의 규정이 없는 한 交付<sup>jiāo fù</sup>시에 효력을 발생한다. 계약의 약정이 불명확하거나 거래관습에 의해 이행지를 확정할 수 없는 경우, 부동산의 交付<sup>jiāo fù</sup>는 부동산 소재지(所在地)에서 이행하고, 기타 목적물은 의무를 이행하는 당사자 소재지에서 이행한다.

| jiǎn yì jiāo fù<br>**简易交付**<br>간 이 교 부 | **간이인도** |
|---|---|

169

양수인이 양도인으로부터 목적물을 양수 받기 전에 이미 목적물을 점유한 상황에서 양도인과 양수인이 그 인도를 확인하는 것을 말한다.

| zhàn yǒu gǎi dìng<br>**占有改定**<br>점 유 개 정 | **점유개정** |
|---|---|

170

양도인이 양수인에게 목적물의 소유권을 양도하였지만 합의에 따라 양도인이 계속 당해 목적물을 점유하는 방법을 말한다.

| 171 | zhǐ shì jiāo fù<br>**指示交付**<br>지 시 교 부 | 지시에 의한 점유이전 |

목적물이 제3자에게 적법하게 점유된 상황에서 양도인과 양수인이 합의하여 제3자가 직접 양수인에게 당해 목적물의 점유를 이전하는 방법을 말한다.

| 172 | jiǎn yàn<br>**检验**<br>검 험 | 검사 |

매수인이 목적물을 수령한 후 약정한 기간 내에 검사할 의무를 말하며, 약정이 없는 경우에는 지체없이 검사해야 한다. 당사자 간에 약정한 检验기간이 있는 경우, 매수인은 해당 기간 내에 목적물의 수량 또는 품질이 약정에 부합되지 않음을 매도인에게 통지해야 하며, 매수인이 이를 게을리한 경우에는 목적물의 수량과 품질이 약정에 부합되는 것으로 본다. 약정이 없는 경우 매수인은 합리적인 기간 내에 매도인에게 통지해야 하며, 그러하지 아니하거나 목적물을 수령한 후 2년 내에 매도인에게 통지하지 아니한 경우에는 목적물의 수량과 품질이 약정에 부합되는 것으로 본다(民法典 제621조).

| 173 | chū mài rén<br>**出卖人**<br>출 매 인 | 매도인 |

매매계약에서 목적물 내지 증빙을 매수인에게 인도하는 일방 당사자를 말한다. 出卖人은 상응한 민사행위능력을 구비해야 하는 이외에, 인도하고자 하는 목적물에 대한 소유권 또는 처분권이 있어야 한다. 그러하지 아니할 경우 매수인은 계약을 해제하고 매도인에게 위약책임을 질 것을 청구할 수 있다(民法典 제597조).

| | |
|---|---|
| mǎi shòu rén<br>**买受人**<br>매 수 인 | **매수인** |

174

매매계약에서 목적물을 수령하고 대금지급의무를 부담하는 일방 당사자를 말한다. 买受人<sup>mǎi shòu rén</sup>은 상응한 민사행위능력을 구비하면 되고, 목적물을 수령한 후 약정한 기간 내 또는 합리적인 기간 내에 검사한 후 매도인에게 통지할 의무가 있다.

| | |
|---|---|
| píngyàng pǐn mǎi mài hé tong<br>**凭样品买卖合同**<br>빙 양 품 매 매 합 동 | **견본매매계약** |

175

당사자간에 일정한 견본을 확정하고 매도인이 인도한 목적물은 견본과 동등한 품질을 구비하도록 요구하는 매매계약을 말한다. 凭样品买卖合同<sup>píngyàng pǐn mǎi mài hé tong</sup>의 당사자는 견품을 봉인하여 보존하고 견본의 품질에 대하여 설명할 수 있어야 한다. 매도인이 인도한 목적물은 견품 및 설명한 품질과 동일해야 한다. 매수인이 은폐된 하자를 발견하지 못하고 또한 인도한 목적물이 견본과 같다 할지라도 이러한 목적물은 동 종류 물품의 일반적인 표준에 부합되어야 한다(民法典 제635조).

| | |
|---|---|
| shì yòng mǎi mài hé tong<br>**试用买卖合同**<br>시 용 매 매 계 약 | **시용매매계약**<br>**시험사용매매계약** |

176

계약의 성립 시에 매도인이 목적물을 매수인에게 인도하여 실험 또는 검사에 사용하고 매수인은 약정한 시용기간 내에 목적물에 대하여 인가하는 것을 효력발생 조건으로 체결한 매매계약을 말한다. 주로 신제품의 판매에 적용된다. 시용기간 내에 시용자는 구매여부를 결정하여야 하며 시용기간 만료 후에도 아무런 의사표시가 없는 경우 시용자가 구매한 것으로 본다(民法典 제637조).

| 177 | bǎo liú suǒ yǒu quán<br>**保留所有权**<br>보 류 소 유 권 | 소유권유보 |

매매계약을 체결하면서, 매도인이 대금을 모두 지급받기 전에 목적물을 매수인에게 인도하지만 대금이 모두 지급될 때까지 목적물의 소유권은 매도인에게 유보되며 대금이 모두 지급될 때에 그 소유권이 매수인에게 이전된다는 내용의 특약이다. 매수인이 ① 약정에 따라 대금을 지급하지 아니하고 최고 후 합리적인 기간 내에 여전히 지급하지 아니할 경우, ② 약정에 따라 특정조건을 완료하지 아니할 경우, ③ 목적물을 매각, 질권설정 또는 기타 부당처분으로 매도인에게 손해를 초래한 경우 매도인은 목적물을 회수할 권리가 있다(民法典 제642조).

| 178 | gōngyòngdiàn hé tong<br>**供用电合同**<br>공 용 전 합 동 | 전기공급사용계약 |

전기공급자가 전기사용자에게 전력을 공급하고 전기사용자가 요금을 지급하는 계약을 말한다. 供用电合同(gōngyòngdiàn hé tong)은 쌍무·유상·낙성계약이며 공익성과 연속성의 특징을 가지고 있다. 공급자가 시설의 수리 등 원인으로 임시적으로 공급을 중단하고자 하는 경우 사전에 공급중단통지를 하고 자연재해 등 원인으로 공급이 중단된 경우 적시에 수리하지 아니하여 수급자가 받은 피해에 대해서는 손해배상을 하여야 한다. 통상 이러한 계약은 공익성을 띄므로 그 거래가격에 대해 일반 상거래계약과는 달리 정부에서 개입하여 조정하는 경우가 많다. 수도·가스·열에너지의 공급계약은 供用电合同(gōngyòngdiàn hé tong)을 준용한다(民法典 제648조).

| 179 | zèng yǔ hé tong<br>**赠与合同**<br>증 여 합 동 | 증여계약 |

증여자가 자신의 재산을 무상으로 수증자에게 수여하기로 하고 수증자는 그에 대한

수령의사를 표시하는 계약을 말한다. 증여인은 사회공익, 도덕의무성격의 증여계약 또는 공증을 거친 赠与合同 이외에는, 赠与合同 체결 후 재산 인도 이전에 당해 계약을 취소할 수 있으며, 인도할 재산에 대하여 상대부담이 있는 경우를 제외하고는 하자담보의무를 부담하지 아니하며 고의 또는 중대한 과실 이외에 멸실·훼손의 위험을 부담하지 아니 한다(民法典 제657조).

jiè kuǎn hé tong
**借款合同**
차 관 합 동

**금전대차계약**

180

차주가 대주로부터 금전을 차용하고 기한이 도래하면 차용금과 그로 인한 이자를 대주에게 지급할 것을 약정하는 계약을 말한다. 借款合同은 일반적인 상황에서는 낙성계약이지만 대주와 차주가 자연인인 경우에는 요물계약이다. 어떠한 경우든지 차관이자는 사전에 원금에서 공제할 수 없으며 그럼에도 불구하고 원금에서 차관이자를 공제하여 차관을 제공한 경우 실제 차관(즉 공제 후 금액)을 제공한 액수에 따라 그 원리금을 산정하여 지급한다(民法典 제667조).

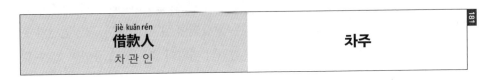

jiè kuǎn rén
**借款人**
차 관 인

**차주**

181

금전대차계약에서 대주로부터 금전을 차용한 자를 말한다.

dài kuǎn rén
**贷款人**
대 관 인

**대주**

182

금전대차계약에서 차주에게 금전을 대여해주는 자를 말한다.

| 183 | yú qī lì xī<br>**逾期利息**<br>유 기 이 식 | **연체이자** |

차주가 금전대차계약에 약정한 기한 내에 빌려 쓴 금전을 반환하지 아니할 경우 계약의 약정 또는 국가의 관련 규정에 근거하여 지급하는 연체이자를 말한다.

| 184 | bǎozhèng hé tong<br>**保证合同**<br>보 증 합 동 | **보증계약** |

채권의 실현을 보장하기 위하여 보증인과 채권자의 약정으로, 채무자가 채무를 이행하지 아니할 경우 보증인이 약정에 따라 채무를 이행하거나 책임을 부담하는 행위를 말한다. 保证合同은 인적담보에 속하고 제3자가 개인 신용으로 채무자의 채무에 대하여 보증을 서는 것이며, 이러한 제3자를 보증인이라고 한다. 채무를 대신하여 변제할 능력이 있는 법인, 기타 조직 및 자연인은 모두 보증인 자격이 있다. 단, 국가기관은 국무원으로부터 허가를 받아 외국정부 또는 국제경제조직에서 대출을 받아 재대출을 하는 경우를 제외하고는 보증인이 될 수 없고, 학교·유치원·병원 등 공익을 목적으로 하는 사업단위·사회단체는 보증인이 될 수 없으며, 기업법인의 분사무소(分之机构), 직능부문(职能部门)은 법인의 위임이 없는 한 보증인이 될 수 없다(民法典 제681조).

| 185 | yì bān bǎozhèng<br>**一般保证**<br>일 반 보 증 | **일반보증** |

당사자가 보증계약에서 채무자가 채무를 이행할 수 없을 때 보증인이 채무자를 위해 대신 책임을 지기로 약정한 보증을 말한다. 一般保证의 보증인은 주계약의 분쟁이 재판 또는 중재 판정을 받은 후 채무자의 재산에 대하여 법적으로 강제 집행하여도 채무를 이행할 수 없는 경우를 제외하고는 채권자에 대하여 보증책임의 이행을

거절할 수 있다. 단 다음 사항 중 하나에 해당되는 경우 보증인은 상술한 권리를 행사할 수 없다. ① 채무자가 생사불명이고, 집행할 재산이 없는 경우, ② 법원에서 채무자의 파산사건을 수리한 경우, ③ 채권자가 채무자의 재산이 전체 채무를 이행하기에 부족하거나 채무이행능력을 상실하였음을 증명할 수 있는 경우, ④ 보증인이 서면으로 위에서 규정한 권리를 포기한 경우 등이다(民法典 제687조).

| lián dài zé rèn bǎozhèng<br>**连带责任保证**<br>연 대 책 임 보 증 | **연대보증** |
|---|---|

당사자가 보증계약에서 보증인과 채무자가 채무자의 채무에 대하여 연대책임을 지기로 약정한 보증을 말한다. 连带责任保证의 채무자가 주계약에서 정한 채무이행기한이 도래하였음에도 불구하고 채무를 이행하지 아니할 경우 채권자는 채무자에게 채무이행을 요구하거나 보증인에게 그 보증범위 내에서 보증책임을 질 것을 요구할 수 있다. 예컨대 당사자가 보증방식에 대하여 일반보증인지 连带责任保证인지에 약정하지 않았거나 약정이 명확하지 않는 경우에는 일반보증책임을 진다(民法典 제688조).

| bǎozhèng fàn wéi<br>**保证范围**<br>보 증 범 위 | **보증범위** |
|---|---|

보증인이 채무자의 채무에 대하여 보증책임을 부담하는 범위를 말한다. 보증담보에는 주채권 및 이자·위약금·손해배상금과 채권을 실현하는 비용이 포함되며 보증계약에 별도의 약정이 있는 경우에는 그 약정에 따른다(民法典 제691조).

| bǎozhèng qī jiān<br>**保证期间**<br>보 증 기 간 | **보증기간** |
|---|---|

보증인이 보증채무를 부담하는 기간을 말하는데 약정이 있는 경우에는 약정에 따르

고 약정이 없는 경우에는 법정기간에 따른다. 保证期间<sup>bǎozhèng qī jiān</sup>을 약정하지 않은 경우 保证<sup>bǎozhèng</sup>期间<sup>qī jiān</sup>은 주채무 이행기한 만료일부터 6개월로 한다. 예컨대 채권자와 채무자가 주채무의 이행기간에 대하여 약정이 없거나 약정이 명확하지 아니한 경우 保证期间은 채권자가 채무자에게 채무이행을 청구하는 유예기간(宽限期)이 만료된 날로부터 기산한다(民法典 제692조).

---

**189**

**租赁合同** (zū lìn hé tong)
조 임 합 동

**임대차계약**

임대인이 임차인에게 임차물을 인도하여 사용·수익하게 하고 임차인은 그 대가로 차임을 지급하는 계약을 말한다. 租赁合同의 임대기간은 20년을 초과하지 못하며 초과된 부분은 무효이다. 그리고 임대기간 만료 후 당사자의 약정으로 租赁合同을 연장할 수 있지만 재계약 일로부터 20년을 초과하지 못한다. 임대기간이 6개월 이상인 경우에는 반드시 서면에 의한 租赁合同을 체결하여야 하며 그러하지 아니한 경우에는 기간을 정하지 않은 租赁合同으로 본다(民法典 제703조).

---

**190**

**出租人** (chū zū rén)
출 조 인

**임대인**

임대차계약에서 임차인이 사용·수익하도록 임차물을 교부하고 그 대가로 차임을 수령하는 당사자를 말한다.

---

**191**

**承租人** (chéng zū rén)
승 조 인

**임차인**

임대차계약에서 임대인에게 차임을 지급하고 임차물을 사용하는 당사자를 말한다.

| zhuǎn zū<br>**转租**<br>전 조 | 전대 |
|---|---|

192

임차인이 임대인의 동의를 얻은 후 임차한 물건을 제3자에게 임대하는 행위를 말한다. 임차인이 转租한 경우 임대인과 임차인 간의 임대차계약은 계속하여 유효하며 제3자가 임대물에 손해를 초래한 경우 임차인은 손실을 배상해야 한다. 임차인이 임대인의 동의가 없이 转租한 경우 임대인은 계약을 해제할 수 있다(民法典 제716조).

| róng zī zū lìn hé tong<br>**融资租赁合同**<br>융 자 조 임 합 동 | 금융리스계약 |
|---|---|

193

임대인(금융리스업자)은 임차인(금융리스이용자)이 선택한 매도인, 임대물에 근거하여 매도인으로부터 임대물을 구입한 후 임차인에게 사용하도록 하고 임차인은 임대인에게 차임을 지급하는 계약을 말한다. 임대인과 임차인은 임대기간만료 후의 임대물의 귀속에 대해 약정할 수 있으며 약정하지 아니하였거나 불분명한 경우, 임대물은 임대인에게 귀속된다. 다만, 당사자가 임대기간이 만료된 후 임대물의 소유권을 임차인에게 귀속하기로 약정하고 임차인이 차임 대부분을 지급한 뒤 잔액을 지급할 수가 없는 상황에서 임대인이 融资租赁合同을 해제하고 임대물을 회수할 경우, 회수한 임대물의 가치가 임차인이 지급하지 아니한 차임 및 기타 비용을 초과하는 경우 임차인은 그 부분에 해당하는 가치의 반환을 청구할 수 있다(民法典 제735조).

| bǎo lǐ hé tong<br>**保理合同**<br>보 리 합 동 | 팩토링계약<br>채권매입계약 |
|---|---|

194

매출채권의 채권자가 현재 또는 장래의 매출채권을 채권매입자에게 양도하고 채권매입자가 자금제공, 매출채권의 관리 또는 추심, 대금지급 담보 등 서비스를 제공하

는 종합금융서비스계약을 말한다. 당사자들은 상환청구권이 있는 保理合同과 상환
청구권이 없는 保理合同중 선택하여 약정할 수 있다(民法典 제761조).

| 195 | chéng lǎn hé tong<br>承揽合同<br>승 람 합 동 | 도급계약 |

수급인이 도급인의 요구에 따라 일정한 작업을 완성하여 그 업무성과를 인도하고
도급인은 그 대가로 보수를 지급하는 유상·낙성·쌍무계약을 말한다. 承揽合同에는
가공·주문제작·수리·복제·측정·검사 등이 포함된다. 당사자간에 별도의 약정이
없는 한, 수급인은 자기의 설비·기술과 노력으로 특정된 업무의 주요부분을 완성해
야 하며 도급인의 동의 후 제3자에게 하도급을 할지라도 수급인은 당해 제3자의 업
무성과에 대해 도급인에 대해 책임져야 한다. 또한 별도의 약정이 없는 한, 수급인
이 여러 명인 경우 공동수급인은 도급인에 대해 연대책임을 부담하여야 한다(民法
典 제770조).

| 196 | dìng zuò rén<br>定作人<br>정 작 인 | 도급인 |

도급계약에서 수급인에게 일정한 작업을 완성할 것을 요구하는 당사자 일방을 말
한다.

| 197 | chéng lǎn rén<br>承揽人<br>승 람 인 | 수급인 |

도급계약에서 도급인이 요청한 일정한 작업을 완성하여 그 업무성과를 인도하고 보
수를 받는 당사자 일방을 말한다.

| jiàn shè gōngchéng hé tong<br>**建设工程合同**<br>건 설 공 정 합 동 | **건설공사계약** |
|---|---|

발주자가 건설공사를 수급인에게 발주하고 수급인이 발주자의 요구에 따라 공사를 완성한 후 발주자에게 인도하며, 발주자가 수급인에게 그 대가로 대금을 지급하는 계약을 말한다. 建设工程合同은 서면으로 체결해야 하며 지반조사·설계·시공 등 계약이 포함된다. 建设工程合同도 도급계약의 특수한 계약형태이기 때문에 도급계약의 관련 규정을 준용한다(民法典 제788조).

| fā bāo rén<br>**发包人**<br>발 포 인 | **발주자** |
|---|---|

건설공사계약에서 건설공사를 수급인에게 도급하는 자를 말한다. 발주자는 수급인 1인이 완성할 수 있는 건설공사를 수개로 분할하여 다수의 수급인과 계약을 체결해서는 아니 된다.

| chéng bāo rén<br>**承包人**<br>승 포 인 | **수급인** |
|---|---|

발주자로부터 건설공사를 도급 받은 건설사업자를 말한다. 수급인은 제3자에게 일괄 하도급하거나, 건설공사를 분할한 후 분할 하도급(分包)의 형태로 제3자에 일괄 하도급(转包)을 해서는 아니 된다. 단 발주자의 동의를 얻어 자신이 완성할 공사의 일부분을 건축자질과 조건을 갖춘 제3자에게 분할 하도급을 줄 수 있으며 이런 경우에 업무성과에 대해 당해 수급인은 제3자와 더불어 발주자에게 연대책임을 부담하여야 한다.

| 201 | zǒngchéng bāo<br>**总承包**<br>총 승 포 | **수급인**<br>**총승포** |

발주자로부터 지반조사·설계·시공 등 모든 공사를 도급 받은 수급인을 말한다.

| 202 | fēn bāo<br>**分包**<br>분 포 | **하도급**<br>**분할 하도급** |

건설공사의 수급인이 발주자의 동의를 얻어 도급 받은 일부 공사를 제3자에게 맡겨 완성하는 행위를 말한다.

| 203 | zài fēn bāo<br>**再分包**<br>재 분 포 | **재하도급** |

하수급인이 하도급 받은 건설공사를 다른 사람에게 다시 하도급하는 것을 말하며, 이는 법적으로 금지되는 행위이다.

| 204 | zhuǎn bāo<br>**转包**<br>전 포 | **일괄 하도급** |

수급인이 도급 받은 건설공사 전부를 제3자에게 하도급하는 행위를 말한다. 转包은 법적으로 금지된 행위이며, 수급인은 제3자에게 转包하거나 건설공사를 분할한 후 분할 하도급(分包)의 명목으로 제3자에 转包해서는 아니 된다(民法典 제791조).

| | |
|---|---|
| yùn shū hé tong<br>**运输合同**<br>운 수 합 동 | **운송계약** |

운송인이 여객이나 화물을 운송 출발지에서 약정된 장소에 운송하고 여객이나 송하인 또는 수하인이 승차요금 또는 운송비를 지급하는 계약을 말한다. 运输合同은 물건운송계약과 여객운송계약으로 나누어지며 통상 약관을 사용한다. 공공운송에 종사하는 운송인은 여객이나 송하인의 통상적이고 합리적인 운송요구를 거절해서는 아니되며 약정된 운송노선 또는 통상 운송노선에 따라 약정된 목적지까지 여객이나 화물을 운송해야 한다(民法典 제809조).

| | |
|---|---|
| chéng yùn rén<br>**承运人**<br>승 운 인 | **운송인** |

육상 또는 하천, 항만에서 물건 또는 여객의 운송을 영업으로 하는 자를 말한다.

| | |
|---|---|
| tuō yùn rén<br>**托运人**<br>탁 운 인 | **송하인** |

물건운송에 있어서 운송인에 대하여 물건의 운송을 위탁하는 자를 말한다. 托运人이 위험물의 운송을 의뢰하고자 하는 경우 국가 관련 규정에 따라 적절하게 포장한 후 관련 서류를 운송인에게 제출하여야 한다.

| | |
|---|---|
| kè yùn hé tong<br>**客运合同**<br>객 운 합 동 | **여객운송계약** |

자연인의 운송을 목적으로 하는 계약을 말한다. 당사자 사이에 별도의 약정 또는 별도의 거래관습이 있는 경우를 제외하고 客运合同은 운송인이 여객에게 승차권을

인도한 시점에 성립된다. 운송인의 원인으로 지연 운송된 경우 운송인은 운임가격을 인하할 의무는 없지만 여객의 요구에 따라 기타 운송수단을 제공하거나 요금을 환불해야 한다. 반면에 여객이 자신의 원인으로 승차권에 기재된 시간에 승차하지 못한 경우에는 약정한 기간 내에 승차권의 환불 또는 변경절차를 이행해야 한다. 기간 내에 절차를 이행하지 않은 경우 운송인은 승차 요금을 환불하지 아니할 수 있고 운송 의무를 부담하지 않는다(民法典 제814조).

| 209 | huò yùn hé tong 货运合同 화 운 합 동 | 물건운송 |

운송인은 송하인이 의뢰한 물건을 약정한 지점까지 운송하고 송하인이 운송비를 지급하는 운송계약을 말한다. 운송인이 물건을 수하인에게 인도하기 전에 송하인은 운송인에게 손해를 배상해주는 조건하에 언제든지 운송을 중지하거나 운송변경요청을 할 수 있으며, 물건의 훼손·멸실에 대한 배상액과 관련하여 당사자의 의사가 일치되지 않고 상응한 관습도 존재하지 아니하는 경우 물건도달지의 시장가격으로 계산한다(民法典 제825조).

| 210 | duō shì lián yùn hé tong 多式联运合同 다 식 연 운 합 동 | 복합운송계약 |

복합운송경영자가 송하인과 전체 운송구간에 대한 운송계약을 체결하고 운송 중 발생한 손해 전체에 대해 송하인에게 법에 따라 배상하는 유상·쌍무·낙성계약을 말한다. 복합운송경영자는 매 운송 구역마다 운송인과의 합의에 따라 매 운송인들 간의 대내적 책임부담을 약정하여 실시할 수 있으나 이러한 약정은 전체 운송과정에서 복합운송경영자가 부담하게 될 의무에는 영향을 미치지 않는다(民法典 제838조).

| ji shù hé tong<br>**技术合同**<br>기 술 합 동 | 기술계약 |
|---|---|

211

당사자 사이에서 기술의 개발·양도·자문 또는 서비스를 위해 체결한 계약을 말하고 그 목적물은 기술성과와 기술비밀이다. 기술을 불법적으로 독점하거나, 타인의 기술성과를 침해하는 技术合同은 무효계약이다(民法典 제843조).

| ji shù kāi fā hé tong<br>**技术开发合同**<br>기 술 개 발 합 동 | 기술개발계약 |
|---|---|

212

당사자 사이에서 신기술·신제품·신공정 또는 신소재 및 그 시스템의 연구개발과 관련하여 체결하는 계약을 말하며 위탁개발계약과 합작개발계약이 포함된다. 위탁개발계약의 경우 당사자 사이에 별도의 규정이 없으면 특허출원권은 연구개발자에게 귀속되며 위탁자는 법에 의해 당해 특허를 사용할 수 있다. 개발의 경우, 당사자 사이에서 별도의 약정이 없는 한 당사자들은 특허출원권을 공유하게 되고, 당사지 일방이 특허출원을 거부하면 상대방은 특허를 신청할 수 없고, 당사자 일방이 공유하는 특허출원권을 양도하고자 할 경우 상대방에게 우선매수권이 부여되며, 당사자 일방이 특허출원권을 포기한 경우 상대방은 특허를 신청할 권리가 있고 이 경우 특허출원권을 포기한 당사자에게는 당해 특허의 무상사용권이 부여된다(民法典 제851조).

| ji shù zhuǎnràng hé tong<br>**技术转让合同**<br>기 술 전 양 합 동 | 기술양도계약 |
|---|---|

213

기술을 합법적으로 소유한 권리자가 특허권·특허출원권·기술비밀과 관련된 권리를 타인에게 양도하는 계약을 말한다. 技术转让合同에는 특허권 양도계약, 특허출원권 양도계약, 기술비밀 양도계약 등이 포함된다. 技术转让合同의 이행과정에서 양도인이 양수인에게 기술의 실시를 위한 전용설비·원자재 등 기타 기술자문·기술서비스에 대해 약정한 경우 이러한 부분은 계약의 일부분으로서 향후 분쟁이 발생할 경우 관련 규정에 따라 처리한다.

214

ji shù xǔ kě hé tong
**技术许可合同**
기 술 허 가 합 동

# 기술허여계약

기술을 합법적으로 소유한 권리자가 특허권·특허출원권·기술비밀과 관련된 권리를 타인에게 실시·사용하도록 하는 계약을 말한다. 技术许可合同에는 특허권 실시허여계약, 기술비밀사용허여계약 등이 포함된다. 技术许可合同의 이행과정에서 양도인이 양수인에게 기술의 실시를 위한 전용설비·원자재 등 기타 기술자문·기술서비스에 대해 약정한 경우 이러한 부분은 계약의 일부분으로서 향후 분쟁이 발생할 경우 관련 규정에 따라 처리한다.

215

ji shù zī xún hé tong
**技术咨询合同**
기 술 자 문 합 동

# 기술자문계약

특정된 기술항목에 대해 타당성논증·기술예측·전문기술조사·분석평가보고 등의 제공을 그 목적으로 하는 계약을 말한다. 당사자 간에 별도의 약정이 없는 경우, 技术咨询合同의 이행과정에서 수탁인이 위탁인에 의해 제공된 기술자료와 업무조건을 이용하여 완성한 신규 기술성과는 수탁인에게 귀속되고, 위탁인이 수탁인의 업무성과를 이용하여 완성한 신규 기술성과는 위탁인에게 귀속된다.

216

ji shù fú wù hé tong
**技术服务合同**
기 술 복 무 합 동

# 기술서비스계약

당사자 일방이 기술지식으로 상대방을 위해 특정 기술문제를 해결해주기 위해 체결하는 계약을 말한다. 당사자 간에 별도의 약정이 없는 경우, <sup>jì shù fú wù hé tong</sup>技术服务合同의 이행 과정에서 수탁인이 위탁인이 제공한 기술자료와 업무조건을 이용하여 완성한 신규 기술성과는 수탁인에게 귀속되고, 위탁인이 수탁인의 업무성과를 이용하여 완성한 신규 기술성과는 위탁인에게 귀속된다.

| <sup>bǎoguǎn hé tong</sup>保管合同<br>보 관 합 동 | 임치계약 |
| --- | --- |

임치인이 수치인에게 물건의 보관을 위탁하고 수치인이 이를 수락하여 보관한 뒤 그 보관물을 임치인에게 반환하는 계약을 말한다. 임치인이 수치인의 영업장소에서 쇼핑, 식사, 숙박 등 활동을 할 때 물건의 보관을 위탁하는 경우에 적용된다. <sup>bǎoguǎn hé tong</sup>保管合同은 민사계약으로서 보관료에 대해 약정하지 아니하였거나 약정이 불분명하고, 보충합의·거래관습에 의해서도 확정할 수 없는 경우에는 무상계약으로 본다. 따라서 물건의 보관 중 유상계약인 경우에는 과실책임원칙에 따라 수치인이 배상책임을 부담하지만 무상계약인 경우에는 수치인에게 중대한 과실이 없음이 증명되는 경우 수치인은 손해배상책임을 부담하지 아니한다(民法典 제888조).

| <sup>jì cún rén</sup>寄存人<br>기 존 인 | 임치인 |
| --- | --- |

임치계약에서 수치인에게 물건의 보관을 위탁하는 자를 말한다. <sup>jì cún rén</sup>寄存人은 약정에 의해 수치인에게 보관료를 지급해야 하며, 보관료에 대해 약정하지 아니하였거나 약정이 불분명하고, 보충합의·거래관습에 의해서도 확정할 수 없는 경우에는 보관료 지급 의무가 없는 것으로 본다.

| 219 | bǎo guǎn rén<br>**保管人**<br>보 관 인 | 수치인 |

임치계약에서 임치인의 물건을 보관하는 자를 말한다. 保管人은 선량한 관리자의 주의의무를 다하여 물건을 보관해야 한다. 긴급상황이 발생하거나 임치인의 이익을 위한 경우 외에, 임의로 보관장소 또는 보관방법을 변경해서는 아니 된다.

| 220 | cāng chǔ hé tong<br>**仓储合同**<br>창 저 합 동 | 창고임치계약 |

임치계약의 특수한 형태로서 임치인이 보관물을 수치인(창고업자)에게 인도하여 보관하고 임치인은 보관료를 지급하는 계약을 말한다. 仓储合同에서 수치인은 반드시 창고보관 시설을 갖추고 해당 업무를 영위하는 자여야 한다. 仓储合同에서 임치인은 수치인으로부터 물건을 수령한 후 창고증권(仓单)을 인도하여야 한다. 임치인이 물건을 인도하였음을 주장하거나 물건의 반환할 주장하고자 할 경우 창고증권을 증빙으로 제출해야 한다(民法典 제904조).

| 221 | cún huò rén<br>**存货人**<br>존 화 인 | 임치인 |

창고임치계약에서 수치인(창고업자)에게 물건을 인도하여 보관토록 하는 자를 말한다. 存货人은 수치인에게 창고임치 비용을 지급해야 한다. 인화성·폭발성·유독성·부식성·방사성 등 위험물품 또는 쉽게 변질하는 물품을 보관 시, 存货人은 해당 물품의 성격을 설명하고 관련 자료를 제공해야 한다.

| cāng dān<br>**仓单**<br>창 단 | 창고증권 |
|---|---|

수치인(창고업자)이 임치인의 청구에 의하여 임치인에게 발행하는 유가증권을 말한다. 임치인은 물건을 인도하였음을 주장하거나 물건의 반환을 주장하고자 할 경우 仓单을 증빙으로 제출해야 한다.

| wěi tuō hé tong<br>**委托合同**<br>위 탁 합 동 | 위임계약 |
|---|---|

위임인과 수임인의 약정에 의하여 수임인이 위임인의 사무를 처리하는 계약을 말한다. 수임인이 자기의 명의로 위임인의 수권범위 내에서 제3자와 계약을 체결하는 경우, 제3자가 계약체결 시 수임인과 위임인사이의 대리관계를 알았다면 당해 계약은 곧 위임인과 제3자를 구속하게 된다. 다만 제3자가 이러한 사실을 알지 못하거나 당해 계약이 수임인과 제3자만을 구속함을 증명할 수 있는 확실한 증거가 있는 경우는 제외한다(民法典 제919조).

| wù yè fú wù hé tong<br>**物业服务合同**<br>물 업 복 무 합 동 | 건물관리서비스계약 |
|---|---|

건물관리서비스업자가 건물 소유자를 위하여 건물 및 그 부대시설의 유지보수, 위생과 관련 질서 유지 등 부동산서비스를 제공하고, 건물소유자는 건물관리비를 지급하는 계약을 말한다(民法典 제937조).

| 225 | háng jì hé tong<br>**行纪合同**<br>행 규 합 동 | 위탁매매계약 |

위탁매매인이 자기명의로 위탁자를 위한 거래 활동에 종사하고 위탁자는 위탁매매인에게 보수를 지급하는 계약을 말한다. 자기명의로 거래행위를 한다는 점에서 중개인과 구별된다. 위탁매매인이 위임사무를 처리하기 위하여 지급한 비용은 당사자간에 별도의 약정이 있는 경우를 제외하고 위탁매매인이 부담한다. 위탁매매인이 위탁물을 점유하고 있는 때에는 적절하게 보관할 의무가 있다(民法典 제951조).

| 226 | háng jì rén<br>**行纪人**<br>행 규 인 | 위탁매매인 |

위탁매매계약에서 자기명의로 타인의 계산으로 거래 활동에 종사하는 자를 말한다. 위탁매매인이 제3자와 계약을 체결한 경우 위탁매매인은 그 계약으로부터 직접 권리를 취득하고 의무를 부담한다. 제3자가 의무를 이행하지 아니하여 위탁자에 손해를 초래한 경우, 위탁매매인과 위탁자간에 별도의 약정이 있는 경우를 제외하고 위탁매매인은 그 손해를 배상해야 한다.

| 227 | zhōng jiè hé tong<br>**中介合同**<br>중 개 합 동 | 중개계약 |

중개인이 위탁인에게 계약을 체결할 기회를 제공하거나 계약체결의 중개서비스를 제공하고 위탁인은 그 대가로 보수를 지급하는 계약을 말한다. 중개인은 계약체결에 관한 사항을 위탁인에게 성실하게 보고해야 하며, 중요한 사항을 고의로 은폐하거나 허위사항을 제공하여 위탁인의 이익에 손해를 초래한 경우 보수를 청구할 수 없으며 위탁인에게 초래한 경우 손실을 배상해야 한다. 중개인에 의하여 계약이 체결된 경우 위탁인은 약정에 따라 보수를 지급해야 하며 약정이 명확하지 않거나 관

련 관습에 의해서도 확정할 수 없는 경우에는 중개인의 노무를 적절히 참작하여 확정한다(民法典 제961조).

| | | |
|---|---|---|
| **hé huǒ hé tong**<br>**合伙合同**<br>합 화 합 동 | **조합계약** | 228 |

2인 이상의 조합원이 공동의 사업목적을 위하여 상호출자하여 이익을 공유하고 리스크를 공동 부담하는 계약을 말한다. 合伙合同(hé huǒ hé tong) 종료 전에 조합원은 조합재산의 분할을 청구할 수 없다(民法典 제967조).

| | | |
|---|---|---|
| **hé huǒ rén**<br>**合伙人**<br>합 화 인 | **조합원** | 229 |

조합계약의 당사자를 말한다. 合伙人은 조합계약에 약정한 출자방식, 액수와 납부기간에 근거하여 출자의무를 이행해야 한다. 조합계약에 별도의 약정이 없는 한, 合伙人(hé huǒ rén)은 조합사무의 이행으로 인한 보수 청구권이 없다.

| | | |
|---|---|---|
| **hé huǒ cái chǎn**<br>**合伙财产**<br>합 화 재 산 | **조합재산** | 230 |

조합원의 출자, 조합사무의 영위로 취득한 수익과 기타 재산을 말한다. 조합계약 종료 전에 조합인은 合伙财产(hé huǒ cái chǎn)의 분할을 청구할 수 없다.

| | | |
|---|---|---|
| **hé huǒ shì wù**<br>**合伙事务**<br>합 화 사 무 | **조합업무** | 231 |

조합계약을 이행하기 위한 사무를 말한다. 合伙事务(hé huǒ shì wù)는 전체 조합인이 공동으로 집

행하되, 조합계약에 약정이 있거나 전체 조합인의 결정으로 1인 또는 수인의 조합
인에게 업무 집행을 위탁할 수 있다. 업무를 집행하지 않은 조합인은 업무 집행에
대한 감독권이 있다.

| 232 | hé huǒzhài wù<br>**合伙债务**<br>합 화 채 무 | **조합채무** |
|---|---|---|

조합이 부담하는 채무를 말한다. 조합인은 合伙债务에 대하여 연대책임을 부담하
며 조합인이 자기가 부담해야 할 비율을 초과하여 채무를 변제한 경우 기타 조합인
에게 구상할 수 있다.

| 233 | zhǔn hé tong<br>**准合同**<br>준 합 동 | **준계약** |
|---|---|---|

법에 명시된 사무관리와 부당이익을 말한다. 准合同으로 인하여 발생한 권리의무
관계는 민법전에 정한 바에 따른다.

| 234 | wú yīn guǎn lǐ<br>**无因管理**<br>무 인 관 리 | **사무관리** |
|---|---|---|

법률상 또는 약정상 의무 없이 타인의 이익이 손해를 입는 것을 피하기 위하여 타인
의 사무를 관리하거나 서비스를 제공하는 것을 말한다. 사무관리자는 수익자에게
无因管理로 인하여 발생한 비용을 청구할 수 있으며 无因管理로 인하여 손실을 입
은 경우 수익자에게 적절한 보상을 청구할 수 있다(民法典 제979조).

| bú dàng dé lì<br>**不当得利**<br>부 당 득 리 | 부당이득 | 235 |
|---|---|---|

법률상 원인없이 타인의 재산 또는 노무로 인하여 이익을 얻은 것을 말한다. 이 경우 수익자는 그 이득을 손실을 본 자에게 반환해야 한다. 단, ① 도의적 관념에 부합되는 급부, ② 변제기에 있지 아니한 채무를 변제한 때, ③ 채무 없음을 알고 이를 변제한 때에는 不当得利를 반환할 필요가 없다(民法典 제985조).

| bú dàng dé lì rén<br>**不当得利人**<br>부 당 득 리 인 | 부당수익자 | 236 |
|---|---|---|

부당이득을 얻은 자를 말한다.

| rén gé quán<br>**人格权**<br>인 격 권 | 인격권 | 237 |
|---|---|---|

민사주체가 가지는 생명권·신체권·건강권·성명권·명칭권·초상권·명예권·영예권·사생활권 등 민사권리를 말한다. 人格权은 포기, 양도하거나 상속하지 못한다(民法典 제989조).

| shēngmìngquán<br>**生命权**<br>생 명 권 | 생명권 | 238 |
|---|---|---|

자연인의 생명 안전 이익을 내용으로 하는 독립적인 인격권을 말한다(民法典 제1002조).

| | |
|---|---|
| **身体权** <br> shēn tǐ quán <br> 신 체 권 | **신체권** |

자연인의 완전한 신체와 행동자유에 대한 권리를 말한다(民法典 제1003조).

| | |
|---|---|
| **健康权** <br> jiàn kāng quán <br> 건 강 권 | **건강권** |

자연인의 심신건강에 대한 권리를 말한다(民法典 제1004조).

| | |
|---|---|
| **性自主权** <br> xìng zì zhǔ quán <br> 성 자 주 권 | **성자주권** |

자연인이 성 순결의 양호한 품행을 유지하고 자기의 의지에 따라 자기의 성 이익을 지배하는 인격권을 말한다. 따라서 타인의 의사에 반하여 언어·문자·도면·행동으로 타인에게 불쾌감·굴욕감 등을 주는 성희롱을 할 경우 피해자에 대하여 민사책임을 부담해야 한다(民法典 제1010조).

| | |
|---|---|
| **姓名权** <br> xìng míng quán <br> 성 명 권 | **성명권** |

공서양속에 반하지 않는 범위 내에서 자연인이 자기의 성명을 결정, 사용하고 규정에 따라 성명을 변경할 수 있는 권리를 말한다(民法典 제1012조).

| míngchēngquán<br>**名称权**<br>명 칭 권 | 명칭권 |
|---|---|

법인 및 비법인조직이 자기의 명칭을 결정, 사용, 변경하고 타인의 불법간섭, 도용을 배제하는 권리를 말한다(民法典 제1013조).

| xiàoxiàngquán<br>**肖像权**<br>초 상 권 | 초상권 |
|---|---|

영상, 조각, 회화 등의 방식으로 일정한 매개체에 반영된 특정 자연인임을 식별할 수 있는 외부 형상에 대하여 다른 사람이 임의로 제작, 공표하거나 영리적으로 이용 당하지 않을 권리를 말한다(民法典 제1018조).

| míng yù quán<br>**名誉权**<br>명 예 권 | 명예권 |
|---|---|

자연인과 법인이 자신의 속성과 가치에 대하여 취득한 사회적 평가를 보호, 유지하는 권리를 말한다(民法典 제1024조).

| róng yù quán<br>**荣誉权**<br>영 예 권 | 영예권 |
|---|---|

특정 민사주체가 사회생산, 사회활동 중에서 두드러진 표현과 공헌이 있어 정부·기관·단체 또는 기타 조직으로부터 부여 받은 긍정적인 평가를 말한다(民法典 제1031조).

| 247 | yǐn sī quán<br>**隐私权**<br>은 사 권 | 사생활권 |

자연인이 자신의 사생활이 다른 조직 또는 개인의 정탐(刺探)·침범(侵扰)·누설·공개 등의 방식에 의한 침해를 받지 않을 권리를 말한다(民法典 제1032조).

| 248 | gè rén xìn xī quán<br>**个人信息权**<br>개 인 신 식 권 | 개인정보권 |

자연인이 법에 의해 자기의 개인정보자료에 대하여 지배권을 가지고 타인의 침해를 배제하는 인격권을 말한다(民法典 제1034조).

| 249 | qīn shǔ<br>**亲属**<br>친 속 | 친족 |

혼인, 혈연과 법률의 의제로 발생한 사람과 사람 간의 특정한 신분관계를 말한다. 亲属<sub>qīn shǔ</sub>에는 배우, 혈족(血亲)과 인척(姻亲)이 포함된다(民法典 제1045조).

| 250 | jìn qīn shǔ<br>**近亲属**<br>근 친 속 | 근친족 |

친족 중에서 배우·부모·자녀·형제자매·조부모·외조부모·손자녀·외손자녀를 말한다. 그중 배우·부모·자녀와 기타 공동 생활하는 近亲属<sub>jìn qīn shǔ</sub>은 가정구성원(家庭成员)이라고 한다.

남녀 쌍방의 결혼으로 생겨난 친족을 말한다. 配偶<sup>pèi ǒu</sup>는 혈족의 원천이고, 인척의 기초이다. 配偶<sup>pèi ǒu</sup>의 친족 신분은 결혼으로 시작되고, 配偶<sup>pèi ǒu</sup> 일방의 사망 또는 이혼으로 종결된다.

혈통 연결이 있는 친족을 말하며, 자연血亲<sup>xuè qīn</sup>과 의제血亲<sup>xuè qīn</sup>이 포함된다.

동일한 선조에서 생겨난 혈통 연결이 있는 친족을 말한다. 예컨대 부모와 자녀, 조부모와 손자녀, 외조부모와 외손자녀, 형제자매 등이다.

혈통 연결이 없거나 직접적인 혈통 연결이 없으나 법률상 의제에 의하여 자연혈족과 동일한 권리의무를 갖게 되는 친족을 말한다.

| 255 | yīn qīn<br>**姻亲**<br>인 친 | 인척 |

혼인을 중개로 하여 생겨난 친족을 말하며, 배우자 일방과 상대방 혈족 간의 인척 관계를 말한다. 姻亲에는 혈족의 배우자·배우자의 혈족·배우자의 혈족의 배우자 등이 포함된다.

| 256 | qīn xì<br>**亲系**<br>친 계 | 친계 |

친족 간의 혈통관계로 맺어진 연결을 말한다.

| 257 | zhí xì xuè qīn<br>**直系血亲**<br>직 계 혈 친 | 직계혈족 |

직접 혈통 연결이 있는 친족을 말한다. 본인을 출생케 한 친족과 본인으로부터 출생한 친족을 말한다. 전자는 직계존속으로서 부모·조부모·외조부모·증조부모·외증조부모를 말하고, 후자는 직계비속으로서 자녀·손자녀·외손자녀·증손자녀·외증손자녀 등이 있다.

| 258 | zhí xì yīn qīn<br>**直系姻亲**<br>직 계 인 친 | 직계인척 |

직계혈족의 배우자, 배우자의 직계혈족을 말한다. 예컨대 며느리·손자며느리·사위·손녀사위·시부모·처가부모 등이 있다.

| páng xì xuè qīn<br>**旁系血亲**<br>방 계 혈 친 | **방계혈족** |
|---|---|

간접 혈통 연결이 있는 친족을 말한다. 직계혈족 외에 본인과 동일 시조를 통하여 연결된 혈족을 말한다. 예컨대 형제자매·사촌형제자매·외사촌형제자매·백숙·고모·외숙부·이모 등이 있다.

| páng xì yīn qīn<br>**旁系姻亲**<br>방 계 인 친 | **방계인척** |
|---|---|

방계혈족의 배우자, 배우자의 방계혈족, 배우자의 방계혈족의 배우자를 말한다. 예컨대 백모·숙모·고모부·이모부, 형수, 남편의 백숙과 형제자매, 처의 백숙과 형제자매 등이 있다.

| zūn qīn shǔ<br>**尊亲属**<br>존 친 속 | **존속** |
|---|---|

항렬이 본인보다 높은 친족을 말한다. 예컨대 부모·조부모·외조부모·백·숙·이모·외숙부·고모 등이 있다.

| bēi qīn shǔ<br>**卑亲属**<br>비 친 속 | **비속** |
|---|---|

항렬이 본인보나 낮은 친족을 말한다. 예컨대 자녀·손자녀·외손자녀·조카·조카딸·외조카·외조카딸 등이 있다.

| 263 | hūn yīn<br>**婚姻**<br>혼 인 | 혼인 |

남녀 쌍방이 공동생활의 목적으로 배우자 간 권리의무의 발생을 내용으로 하는 양성간의 결합을 말한다.

| 264 | jié hūn<br>**结婚**<br>결 혼 | 혼인의 성립 |

혼인적령에 달한 성인이 법에 정한 조건과 절차에 따라 신고하여 법적으로 부부가 되는 것을 말한다.

| 265 | fǎ dìnghūnlíng<br>**法定婚龄**<br>법 정 혼 령 | 혼인적령 |

혼인법상 결혼 가능한 최저 연령을 말한다. 혼인관계를 맺고자 하는 쌍방은 모두 法定婚龄에 달해야만 합법적으로 결혼할 수 있으며 그러하지 아니할 경우 혼인은 무효로 된다. 남자는 만 22세 이상, 여자는 만 20세 이상이 되어야 결혼할 수 있다(民法典 제1047조).

| 266 | jié hūndēng jì<br>**结婚登记**<br>결 혼 등 기 | 혼인신고 |

결혼하고자 하는 당사자 쌍방이 직접 혼인등기기관에 혼인신청을 하고 필요한 절차를 밟는 것을 말한다. 혼인등기기관은 법 규정에 따라 혼인신청을 심사 후 혼인신청이 법 규정에 부합되면 정식으로 등기하고 '결혼증(结婚证)'을 발급해준다. '결혼증'을 취득하면 혼인관계가 성립된다(民法典 제1049조).

| wú xiàohūn yīn<br>**无效婚姻**<br>무 효 혼 인 | 혼인의 무효 |
|---|---|

267

혼인성립 요건의 결여로 법률효력이 없는 혼인을 말한다. 无效婚姻의 사유로는 ①<br>중혼, ② 결혼을 금하는 친족관계가 있는 경우(직계혈족 또는 3대 이내의 방계혈<br>족), ③ 법정 혼인연령에 도달하지 않은 경우가 있다(民法典 제1051조).

| kě chèxiāohūn yīn<br>**可撤销婚姻**<br>가 철 소 혼 인 | 혼인의 취소 |
|---|---|

268

당사자의 신청에 의해 취소할 수 있는 혼인을 말한다. 강박에 의한 혼인은 혼인신고<br>일로부터 1년 내에 혼인취소 청구를 해야 하고, 불법으로 인신자유를 제한 받은 당<br>사자의 경우 인신자유를 회복한 날부터 1년 내에 혼인취소 청구를 해야 한다. 일방<br>이 중대한 질병이 있으나 혼인신고 전에 사실대로 상대방에게 고지하지 않은 경우,<br>상대방은 해당 사실을 알았거나 알 수 있었던 날로부터 1년 내에 혼인취소 청구를<br>해야 한다. 혼인의 취소는 무효혼인의 효력과 마찬가지로 처음부터 무효가 되며 당<br>사자 사이에는 부부의 권리와 의무가 없다(民法典 제1052조).

| fú yǎng<br>**扶养**<br>부 양 | 부양 |
|---|---|

269

일반적으로 부부 상호 간의 부양의무를 말한다. 일방이 扶养의무를 이행하지 않을<br>경우 扶养이 필요한 상대방은 扶养비용을 청구할 수 있다. 여기에는 부가 처에 대한<br>扶养이 포함될 뿐만 아니라, 처가 자력 또는 생활력이 없는 부에 대한 扶养도 포함<br>된다. 부담능력이 있는 형(兄)·저(姐)는 부모가 사망하였거나 부모가 부양능력이 없<br>는 경우 미성년 제(弟)·매(妹)에 대하여 扶养의무가 있다. 형(兄)·저(姐)의 扶养으<br>로 성장한 제(弟)·매(妹)는 노동능력이 결핍하고 생활원천이 없는 형(兄)·저(姐)에<br>대하여 扶养의무가 있다(民法典 제1059조).

| | |
|---|---|
| 270 **抚养** <br> fǔ yǎng <br> 부양 | **부양** |

부모가 자식에 대하여 지니는 양육 의무를 말한다. 부모가 抚养<sup>fǔ yǎng</sup>의무를 이행하지 않을 경우 미성년자 또는 독립적으로 생활할 수 없는 자녀는 부모에게 抚养<sup>fǔ yǎng</sup>비를 청구할 권리가 있다. 독립적으로 생활할 수 없는 자녀는 고등학교 및 그 이하 학력의 교육을 받고 있는 자 또는 노동능력을 일부 또는 전부 상실 등의 원인으로 정상적인 생활을 유지할 수 없는 성년자녀를 말한다. 부모가 사망하였거나 抚养<sup>fǔ yǎng</sup>능력이 없는 경우에는 조부모·외조부모가 미성년 손자녀·외손자녀에 대하여 抚养<sup>fǔ yǎng</sup>의무를 진다(民法典 제1067조).

| | |
|---|---|
| 271 **赡养** <br> shànyǎng <br> 섬 양 | **부양** |

노동능력이 없거나 생활이 어려운 부모에 대한 자녀의 의무를 말한다. 자녀는 부모에 대하여 赡养<sup>shànyǎng</sup>의 의무가 있으며 이를 이행하지 않을 경우 부모는 자녀에게 赡养<sup>shànyǎng</sup>비를 청구할 권리가 있다. 부담능력이 있는 손자녀·외손자녀는 자녀가 사망했거나 자녀가 부담능력이 없는 조부모·외조부모에 대하여 赡养<sup>shànyǎng</sup>의무가 있다(民法典 제1067조).

| | |
|---|---|
| 272 **夫妻共同财产** <br> fū qī gòngtóng cái chǎn <br> 부 처 공 동 재 산 | **부부공유재산** |

혼인관계의 존속 기간 내에 일방 또는 쌍방이 취득한 부부의 공동소유의 재산을 말한다. 부부가 혼인관계의 존속 기간에 취득한 ① 임금·상여금·노동보수, ② 생산·경영·투자 수익, ③ 지식재산권 수익, ④ 상속 또는 증여로 취득한 재산(유서 또는 증여계약에 부 또는 처 일방에만 속한다고 확정한 경우는 제외), ⑤ 기타 공동소유에 속하는 재산은 夫妻共同财产<sup>fū qī gòngtóng cái chǎn</sup>이다(民法典 제1062조).

| fū qī gè rén cái chǎn<br>**夫妻个人财产**<br>부 처 개 인 재 산 | 특유자산 |
| --- | --- |

혼인관계의 존속 기간 내에 부부공유재산 외에 부 또는 처가 단독으로 소유권을 가지는 재산을 말한다. 夫妻个人财产에는 ① 일방의 혼인 전 재산, ② 일방이 신체적 손해로 취득한 의료비·장애인 생활보조 비용, ③ 유증 또는 증여계약 중에 부 또는 처 일방에 속한다고 명확히 확정한 재산, ④ 일방이 전속으로 사용하는 생활용품, ⑤ 기타 일방에 속하는 재산이 포함된다(民法典 제1063조).

| fū qī gòngtóngzhài wù<br>**夫妻共同债务**<br>부 처 공 동 채 무 | 부부공동채무 |
| --- | --- |

부부 쌍방이 공동으로 서명하거나 부부 일방이 사후에 추인하는 등 공동의사 표시로 부담하기로 한 채무 및 부부 일방이 혼인관계 존속기간 내에 개인의 명의로 가정의 일상생활의 필요성에 의하여 부담한 채무를 말한다. 夫妻共同债务는 부부공유재산을 기초로 하여 설정된 채무이다(民法典 제1064조).

| fū qī yuēdìng cái chǎn<br>**夫妻约定财产**<br>부 처 약 정 재 산 | 부부재산의 약정 |
| --- | --- |

혼인 전 재산 및 혼인관계의 존속기간에 취득한 재산에 대하여 특유재산으로 할지 공유재산으로 할지, 부분적 특유재산으로 할지 부분적 공유재산으로 할지에 관하여 약정한 것을 말한다. 재산에 대한 약정은 서면으로 해야 하며 약정이 없거나 약정이 불명확한 경우에는 법정재산제의 규정에 따른다. 부부가 혼인관계의 존속기간에 취득한 재산 및 혼인 전에 취득한 재산에 대한 약정은 쌍방에 대하여 모두 구속력이 있다. 부부가 혼인관계의 존속기간에 취득한 재산에 대하여 특유재산으로 약정한 경우에는 부 또는 처 일방의 대외적 채무에 대하여 제3자가 당해 약정을 알고 있다면 부 또는 처 일방이 소유한 재산으로 변제한다(民法典 제1065조).

| 276 | **遺弃**<br>yí qì<br>유 기 | 유기 |

부양의무가 있는 가족 구성원이 부양의무의 이행을 거절하는 행위를 말한다(民法典 제1042조).

| 277 | **自愿离婚**<br>zì yuàn lí hūn<br>자 원 이 혼 | 협의상 이혼 |

부부 쌍방이 법률규정에 따라 합의하여 혼인관계를 소멸하는 이혼방식이다. 自愿离婚의 경우 혼인 당사자 쌍방은 혼인등록기관에 이혼신청을 해야 한다. 혼인등록기관은 쌍방이 자발적이고 또한 자녀와 재산문제를 타당하게 처리했음을 확인한 후 이혼증(离婚证)을 발급해 준다. 自愿离婚은 재판상이혼과 같은 법적효력을 발생한다. 혼인관계는 이혼증을 취득한 날로부터 소멸되며, 이혼증은 이를 증명하는 증빙이다(民法典 제1076조).

| 278 | **诉讼离婚**<br>sù sòng lí hūn<br>소 송 이 혼 | 재판상 이혼 |

혼인 당사자 쌍방이 이혼합의를 이루지 못한 경우 법원에 소송을 제기하여 이혼하는 제도이다. 诉讼离婚에 대하여 법원은 조정절차를 선행해야 하며 조정이 이루어지지 않을 경우에는 이혼판결을 해야 한다. 诉讼离婚의 사유로는 ① 중혼 또는 배우자가 타인과 동거한 경우, ② 가정폭력을 행하거나 가정 구성원을 유기·학대한 경우, ③ 도박·마약흡입 등 악습이 있고 수차례의 교육에도 불구하고 시정하지 아니할 경우, ④ 감정불화로 2년 간 별거한 경우, ⑤ 기타 부부 감정이 파탄된 경우 등이 있다(民法典 제1079조).

| fù hūn<br>**复婚**<br>복 혼 | **재혼**<br>**재결합** | 279 |

이혼한 당사자 쌍방이 자발적으로 혼인관계를 회복하는 것을 말한다. 复婚을 하려면 당사자 쌍방은 혼인등록기관에 复婚등기를 해야 한다(民法典 제1083조).

| zài hūn<br>**再婚**<br>재 혼 | **재혼** | 280 |

이혼 또는 혼인의 무효, 취소되거나 배우자가 사망한 후 당사자가 제3자와 다시 혼인을 하는 것을 말한다.

| chónghūn<br>**重婚**<br>중 혼 | **중혼** | 281 |

배우자가 있는 자가 타인과 혼인하거나 타인이 배우자기 있음을 알고 있음에도 불구하고 그와 결혼하는 행위를 말한다. 重婚은 혼인의 무효 내지 재판상 이혼의 사유에 해당되며 형사처벌을 받게 되는 형사범죄에도 해당된다.

| tàn wàngquán<br>**探望权**<br>탐 망 권 | **면접교섭권** | 282 |

이혼 후 자녀를 직접 부양하지 않는 부모 중 일방이 자녀를 면접할 수 있는 권리를 말한다. 探望权을 행사할 경우 자녀를 직접 부양하는 부모는 협조의무가 있으며 探望权의 행사방식과 시간은 당사자들이 협상하여야 하며 협의를 이루지 못하는 경우 법원이 판결한다. 이러한 探望权의 행사가 자녀의 심신 건강에 불리하다고 판단

되는 경우 법원은 법에 따라 探望权<sup>tàn wàngquán</sup>을 중지할 수 있다. 중지의 사유가 소멸된 후에는 探望权<sup>tàn wàngquán</sup>을 회복해주어야 한다(民法典 제1086조).

| 283 | shōuyǎng<br>**收养**<br>수 양 | 입양 |

혈연관계가 아닌 일반인들 사이에서 법률적으로 친자관계(親子關係)를 맺는 행위를 말한다. 입양인의 조건으로는 ① 자녀가 없고, ② 양자를 부양하고 교육할 능력이 있어야 하며, ③ 의학적으로 양자를 입양할 수 없는 질병이 있어서는 아니되며, ④ 30세 이상이어야 한다. 이외에도 收养<sup>shōuyǎng</sup>인이 배우자가 없는 남성인 경우, 여아를 입양하려면 收养<sup>shōuyǎng</sup>인과 양녀의 나이 차이는 만 40세 이상이야 한다. 양자·양녀의 조건으로는 ⑤ 부모를 잃은 고아, ⑥ 생부모를 찾을 수 없는 버려진 아동, 또는 ⑦ 부모가 특수한 사정으로 인해 부양능력이 없는 경우이다(民法典 제1093조).

| 284 | bèi shōuyǎng rén<br>**被收养人**<br>피 수 양 인 | 피입양인<br>양자 |

입양에 의하여 입양인의 양자가 되는 자를 말하며, ① 14세미만의 미성년자이고, ② 부모를 잃은 고아 또는 생부모를 찾을 수 없는 버려진 아이와 아동, 또는 ③ 부모가 특수한 사정으로 인해 부양능력이 없는 자가 포함된다.

| 285 | sòngyǎng rén<br>**送养人**<br>송 양 인 | 송양인 |

피입양인을 입양기관에 입양하도록 보내는 사람을 말하며 고아의 후견인, 아동복리기구, 특수한 어려움이 있어 자녀를 부양할 수 없는 부모가 포함된다(民法典 제1094조).

| | 286 |
|---|---|
| shōuyǎng rén<br>**收养人**<br>수 양 인 | **입양인** |

입양 조건에 부합되어 양자를 입양하는 자를 말하며 ① 자녀가 없고, ② 양자를 부양하고 교육할 능력이 있어야 하며, ③ 의학적으로 양자를 입양할 수 없는 질병이 있어서는 아니되며, ④ 30세 이상이어야 한다. 이외에도 입양인이 배우자가 없는 남성인 경우, 여아를 입양하려면 입양인과 양녀의 나이 차이는 만 40세 이상이야 한다.

| | 287 |
|---|---|
| jì chéng<br>**继承**<br>계 승 | **상속** |

자연인이 사망 시 남겨둔 개인의 합법적인 재산에 대하여 사망자가 생전에 법정 범위 내에서 지정한 친족 또는 법정 친족이 법에 의하여 그 재산을 승계하는 것을 말한다.

| | 288 |
|---|---|
| yí zhǔ<br>**遗嘱**<br>유 촉 | **유언** |

자연인이 생전에 자신의 사후 재산의 처리에 대한 의사표시를 말한다.

| | 289 |
|---|---|
| fàng qì jì chéng<br>**放弃继承**<br>방 기 계 승 | **상속의 포기** |

상속인이 상속의 효력을 소멸하게 할 목적으로 하는 의사표시를 말한다. 상속이 개시된 후 상속인이 放弃继承한 경우 상속재산 처리전에 서면으로 放弃继承의 의사표시를 해야 하며, 의사표시가 없는 경우에는 상속을 수락한 것으로 본다(民法典 제1124조).

| 290 | sàng shī jì chéngquán<br>**丧失继承权**<br>상 실 계 승 권 | **상속인의 자격상실** |
| --- | --- | --- |

법정사유가 있는 경우 기존의 상속인이 상속권을 상실하는 것을 말한다. 이러한 사유에는 ① 피상속인을 고의로 살해한 경우, ② 상속재산을 탈취하기 위하여 기타 상속인을 살해한 경우, ③ 피상속인을 유기하거나 학대한 상황이 엄중한 경우, ④ 유서를 위조·왜곡하거나 인멸한 상황이 엄중한 경우, ⑤ 사기·강박의 수단으로 피상속인이 유서를 작성, 변경하거나 철회하지 못하게 하고 상황이 엄중한 경우가 포함된다(民法典 제1125조).

| 291 | fǎ dìng jì chéng<br>**法定继承**<br>법 정 계 승 | **법정상속** |
| --- | --- | --- |

상속인이 법에서 정한 상속순위에 의하여 상속 받는 것을 말한다. 유언이 없을 경우 피상속인의 상속재산은 ① 배우자·자녀·부모, ② 형제자매·조부모·외조부모의 순위에 따라 상속한다. 상속이 개시된 후 제1순위의 상속인이 상속하며 제2순위의 상속인은 상속받지 못한다. 제1순위 상속인이 없을 경우 제2순위의 상속인이 상속한다. 여기서 말하는 자녀는 친생자녀(婚生子女)·혼외자녀(非婚生子女)·양자녀(养子女)와 부양관계가 있는 계자녀(继子女)가 포함된다. 부모는 생부모(生父母)·양부모(养父母)와 부양관계가 있는 계부모(继父母)가 포함된다. 형제자매는 동부모(同父母)의 형제자매, 동부이모(同父异母) 또는 동모이부(同母异父)의 형제자매, 양형제자매(养兄弟姐妹), 부양관계가 있는 계형제자매(继兄弟姐妹) 등이 포함된다(民法典 제1127조).

| 292 | dài wèi jì chéng<br>**代位继承**<br>대 위 계 승 | **대습상속** |
| --- | --- | --- |

피상속인의 자녀가 피상속인보다 먼저 사망한 경우 피상속인 자녀의 직계비속이 그 상속분을 상속하는 것을 말한다(民法典 제1128조).

| | 293 |
|---|---|
| yí zhǔ jì chéng<br>**遗嘱继承**<br>유 촉 계 승 | 유언상속 |

상속이 개시된 후 상속인이 피상속인의 합법적이고 유효한 유언에 의하여 피상속인의 재산을 상속하는 것을 말한다(民法典 제1133조).

| | 294 |
|---|---|
| yí zèng<br>**遗赠**<br>유 증 | 유증 |

유언의 방식으로 자신이 사망한 후 재산의 일부 또는 전부를 국가·집체(集体) 및 상속인 이외의 자연인에게 증여하는 단독의사표시이다. 유언과 다른 점은 유언은 법정상속인의 범위 내에서 수익자를 정해야 하지만, 遗赠은 법정상속인의 범위 외에서 수익자를 정해져야 한다는 것이다.

| | 295 |
|---|---|
| yí zèng fú yǎng xié yì<br>**遗赠扶养协议**<br>유 증 부 양 협 의 | 유증부양협의 |

유증인과 부양인 간에 재산의 증여와 부양에 관하여 체결한 협의를 말한다. 즉 유증인이 유언의 형식으로 자신의 모든 재산을 사망 후 부양인에게 증여하고, 부양인은 유증인이 생활과 사후 장례를 지내는 내용의 협의를 말한다.

| | 296 |
|---|---|
| jūn fēn jì chéng<br>**均分继承**<br>균 분 계 승 | 균분상속 |

법정상속에 있어서 동일순위의 상속인 사이에서 상속분을 균등하게 분배하는 것을 말한다. 단 생활에 특별한 어려움이 있고 노동능력이 결여된 상속인에 대해서는 적당히 배려해주어야 한다. 피상속인이 주요 부양의무를 이행하였거나 피상속인과 공

동 생활한 상속인에 대해서는 많이 분배할 수 있다. 부양능력과 부양조건이 있는 상속인이 부양의무를 이행하지 않을 경우 분배하지 않거나 적게 분배할 수 있다. 이외에도 상속인 사이에는 합의로 均分继承(jūn fēn jì chéng)을 하지 않을 수도 있다(民法典 제1130조).

| 297 | bì liú fèn<br>**必留份**<br>필 류 분 | 유류분 |

유언에 따라 상속할 경우 노동능력이 부족하거나 생활 원천이 없는 상속자를 위하여 보류해두는 일정액을 말한다(民法典 제1159조).

| 298 | xiàndìng jì chéng<br>**限定继承**<br>한 정 계 승 | 상속의 한정승인 |

상속인이 상속재산으로 피상속인이 납부해야 할 세금과 채무를 변제할 의무가 있으나 이러한 변제는 상속받은 실제 재산에 한정되는 제도를 말한다. 단, 상속인이 자발적으로 초과분을 변제할 경우에는 그러하지 아니하다(民法典 제1161조).

| 299 | qīn quánxíng wéi<br>**侵权行为**<br>침 권 행 위 | 불법행위 |

행위자의 과실로 (또는 법률의 특별규정이 있는 경우 과실 불문) 인하여 법률에 규정한 의무를 위반하여 작위 또는 부작위의 방식으로 타인의 인신권리 또는 재산권리를 침해하여 손해배상 등 책임을 지게 되는 행위를 말한다.

| guò cuò zé rèn<br>**过错责任**<br>과 착 책 임 | 과실책임 |
|---|---|

일정한 결과가 발생할 것을 인지 또는 예견할 수 있었음에도 불구하고 통상 요구되는 정도의 주의를 기울이지 않고 인지 또는 예견하지 못하여 상대방에게 손해를 초래한 경우 부담하게 되는 책임이다. 过错责任은 불법행위의 기본적인 책임원칙이다.

| guò cuò tuī dìng zé rèn<br>**过错推定责任**<br>과 착 추 정 책 임 | 과실추정책임<br>특수불법행위책임 |
|---|---|

법률에 특별한 규정이 있는 경우에 손해사실 자체로부터 가해자에게 과실이 있다고 추정하고 타인에게 초래한 손해를 행위자가 배상책임을 지는 것을 말한다. 过错推定责任이 적용되는 경우로는 무능력자인 학생이 교육기관에서 손해를 본 경우의 학교책임, 의료기관 책임, 동물원 손해책임, 건축물/구축물 붕괴책임, 퇴적물건 손해책임, 공공도로 방해 책임, 임목손해 책임, 지면시공/지하시설 손해책임 등이 있다.

| wú guò cuò zé rèn<br>**无过错责任**<br>무 과 착 책 임 | 무과실책임 |
|---|---|

법률에 특별한 규정이 있는 경우에 이미 발생한 손해결과와 인과관계가 있는 행위자에 대하여 과실이 있는지 여부를 묻지 아니하고 불법행위의 손해배상책임을 지게 하는 것을 말한다. 无过错责任이 적용되는 경우로는 후견인책임, 위탁후견책임, 사용자책임, 개인노무제공으로 인한 책임, 제조물책임, 환경오염과 생태파괴책임, 고도위험책임, 사양동물 손해책임 등이 있다.

| 303 | qīn quán rén<br>**侵权人**<br>침 권 인 | **가해자** |

불법행위로 타인의 생명이나 신체, 재산, 명예 등에 해를 끼친 사람을 말한다. 侵权人<sup>qīn quán rén</sup>
은 불법행위로 인해 초래한 손해에 대하여 피해자에게 법에 따른 책임을 져야 한다.

| 304 | bèi qīn quán rén<br>**被侵权人**<br>피 침 권 인 | **피해자** |

가해자의 불법행위로 생명이나 신체, 재산, 명예 등에 피해를 입은 사람을 말한다.
가해자의 불법행위가 피해자의 인신, 재산 안전에 위해가 되는 경우 被侵权人<sup>bèi qīn quán rén</sup>은 가
해자에게 불법행위 정지, 방해 배제, 위험제거 등 불법행위 책임을 요구할 권리가
있다.

| 305 | shòu hài rén<br>**受害人**<br>수 해 인 | **피해자** |

被侵权人<sup>bèi qīn quán rén</sup>과 유사한 개념이지만 그보다 좀 더 넓은 의미로 이해할 수 있다. 즉 가해
자의 불법행위로 피해를 본 경우에는 被侵权人<sup>bèi qīn quán rén</sup> 또는 受害人<sup>shòu hài rén</sup>이라고 표현할 수 있으
니 가해자가 없거나 무장충돌, 전쟁, 불가항력 등으로 피해를 본 경우에는 被侵权人<sup>bèi qīn quán rén</sup>
이라고 표현하지 않고, 受害人<sup>shòu hài rén</sup>이라고 표현한다.

| 306 | chéng fá xìng péi cháng<br>**惩罚性赔偿**<br>징 벌 성 배 상 | **징벌적 손해배상** |

보복성 손해배상이라고도 하는데 민사재판에서 가해자의 행위가 악의적이고 반사
회적일 경우 실제 손해액보다 많은 손해배상을 부담하게 하는 것을 말한다. 예컨대

제품에 하자가 있음을 명백히 알고 있음에도 여전히 생산·판매하여 타인의 사망 또는 타인의 건강에 중대한 손해를 초래한 경우 피해자는 惩罚性赔偿(chéng fá xìng péi cháng)을 부담하게 된다(民法典 제1207조).

| | |
|---|---|
| **产品责任**<br>chǎn pǐn zé rèn<br>산 품 책 임 | **제조물책임** |

제품에 하자가 있어 타인에게 손해를 초래한 경우, 그 제품의 생산자가 부담하는 배상책임을 말한다. 피해자는 제품의 생산자에게 손해배상을 청구할 수도 있고, 제품의 판매자에게 손해배상을 청구할 수도 있다. 제품의 하자가 생산자로 인하여 발생한 경우 판매자는 배상한 후 생산자에게 구상할 수 있으며, 판매자의 과실로 제품에 하자가 발생한 경우 생산자는 배상한 후 판매자에게 구상할 수 있다.

| | |
|---|---|
| **召回**<br>zhào huí<br>소 회 | **수거**<br>리콜 |

제품이 시장에 유통된 후 그 하자로 인하여 타인의 신체, 재산상의 위해가 발생하거나 발생할 우려가 있는 결함이 발견된 경우, 해당 물품에 대하여 수리·교환·환급 등의 방법으로 피해를 예방하기 위한 제도를 말한다. 생산자·판매자는 제품 유통 후 하자를 발견한 경우 지체없이 판매정지, 주의경고, 召回(zhào huí) 등 구제조치를 취해야 하며, 구제조치를 취하지 아니하거나 구제조치가 미흡하여 손해가 확대될 경우, 확대된 손해에 대해서도 불법행위 책임을 져야 한다(民法典 제1206조).

| | |
|---|---|
| **准据法**<br>zhǔn jù fǎ<br>준 거 법 | **준거법** |

국제사법 법률관계에 있어서 각 당사자들의 권리의무책임을 정하는 기준법률을 말

하며 통상 법원지국 국제사법규칙에 따라 그 적용법률이 정해진다. 준거법은 충돌규범의 지정 인용으로 섭외민상사관계 당사자들의 구체적 권리의무를 확정하는 특정 실체법으로 충돌규범과 절차법은 제외된다.

| 310 | fǎn zhì<br>**反致**<br>반치 | **반정**<br>**반치** |
| --- | --- | --- |

섭외민사법률관계에서 그 적용법률을 확정함에 있어서, 법원지국 국제사법에 의해 타 외국법이 준거법으로 지정된 상황에서 해당 타국의 법에 따라 해당 법원지국법이 적용되어야 한다고 규정하고 있어 결론적으로 해당 법원지국법을 준거법으로 하여 적용하는 경우를 말한다. 중국은 섭외민사관계법률적용법(涉外民事关系法律适用法)에 따라 반치를 인정하지 아니한다(涉外民事关系法律适用法 제9조).

| 311 | zhuǎn zhì<br>**转致**<br>전 치 | **전치** |
| --- | --- | --- |

섭외민사법률관계에서 그 적용법률을 확정함에 있어서, 법원지국 국제사법에 의해 타 외국법이 준거법으로 지정된 상황에서 해당 타국의 법에 따라 기타 제3의 외국국가의 법이 적용되어야 한다고 규정하고 있어 결론적으로 제3의 외국법을 준거법으로 하여 적용하는 경우를 말한다. 중국은 섭외민사관계법률적용법(涉外民事关系法律适用法)에 따라 转致<sup>zhuǎn zhì</sup>를 인정하지 아니한다(涉外民事关系法律适用法 제9조).

# 제 4 장

# 형법

| xíng fǎ 刑法 형법 | 형법 |
|---|---|

범죄의 성립과 형벌을 규정하고 있는 법률을 말한다. 넓은 의미에서의 刑法은 범죄의 성립과 형벌에 관하여 규정하고 있는 모든 법규범의 총칭을 말하고, 좁은 의미에서의 刑法은 그러한 이름을 가진 법률을 말한다. 刑法은 1979년 7월 1일에 제정되었다가 1997년 3월 14일에 전면개정을 가졌다. 79년에 제정된 刑法을 "79년 刑法"이라 하고 97년 전면수정한 刑法을 "97년 刑法"이라고 한다. 현행 刑法은 "97년 刑法"를 토대로 여러 차례 수정한 내용으로 수정한 결과물이며 총칙과 각칙으로 구분되며 총 10개 장(章)으로 422개의 범죄를 규정하고 있다.

| xíng fǎ rèn wù 刑法任务 형법임무 | 형법의 임무 |
|---|---|

형법은 총칙 제2조에서 刑法任务를 규정하였는데, 임무에 관한 문구들을 분리하여 분석하면 각칙에서 규정한 범죄 유형과 매칭된다. 刑法任务는 모든 범죄행위와 투쟁을 통하여, ① 국가안전을 보위하고, 인민민주전제정권(人民民主专制政权)과 사회주의제도를 수호하며, ② 국유재산과 노동군중집체소유재산(劳动群众集体所有资产) 및 공민개인의 재산을 보호, 공민의 인신(人身)권리, 민주권리 및 기타 권리를 보호하고, ③ 사회질서와 경제질서를 수호함으로써, 사회주의 건설사업의 순조로운 전개를 보장한다(刑法 제2조).

| fàn zuì 犯罪 범 죄 | 범죄 |
|---|---|

형법의 임무에 따라 국가체제(국가주권·영토의 완전성과 안전, 인민민주전제정치와 사회주의), 사회질서와 경제질서, 재산과 권리를 침해한 행위는 犯罪에 해당한

다. 또한 기타 사회에 위해(危害)를 준 행위도 犯罪<sup>fàn zuì</sup>에 해당하지만 그 정상이 경미하고 위해가 적은 경우에는 犯罪<sup>fàn zuì</sup>가 아니다(刑法 제13조).

| 004 | fàn zuì gòuchéng<br>**犯罪构成**<br>범 죄 구 성 | **범죄구성요건** |

범죄구성요건에 해당하는 행위는 원칙적으로 위법성이 있으며, 책임조각사유가 없는 한 범죄가 성립한다. 범죄구성요건은, 범죄객관적 구성요건요소(犯罪客观方面)와 고의 또는 과실의 범죄주관적 구성요건요소(犯罪主观方面)의 2가지 요건으로 분류된다. 이를 2요건설(二要件说)이라고 한다. 그 외 범죄주체, 범죄객체, 범죄행위로 구분하는 3요건설(三要件说), 범죄주제, 범죄객체, 범죄객관적 구성요건요소, 범죄주관적 구성요건요소로 구분하는 4요건설(四要件说), 범죄주체, 범죄객체, 범죄행위, 범죄객관적 구성요건요소, 범죄주관적 구성요건요소로 구분하는 5요건설(五要件说)이 있다.

| 005 | fàn zuì kè tǐ<br>**犯罪客体**<br>범 죄 객 체 | **보호법익** |

중국에서는 범죄대상과 犯罪客体<sup>fàn zuì kè tǐ</sup>를 구별한다. 범죄대상은 범죄행위의 구체적 대상을 의미하고, 犯罪客体<sup>fàn zuì kè tǐ</sup>는 범죄구성요건이 보호하는 관념적 개념인 보호법익을 의미한다. 살인죄의 범죄대상은 타인이지만 그 범죄객체, 즉 보호법익은 타인의 생명이다.

| 006 | fàn zuì kè guānfāngmiàn<br>**犯罪客观方面**<br>범 죄 객 관 방 면 | **범죄객관적 구성요건 요소** |

범죄의 객관적인 구성요건들을 말하고, 구체적으로 ① 사회위해행위(社会危害行

为), ② 사회위해행위(社会危害行为)가 초래한 위해결과(危害结果), ③ 사회위해행위(社会危害行为)와 위해결과 간의 인과관계 등이 있다. 여기에서 "위해결과"란 범죄객체에 대한 침해, 즉 형법으로 보호해야 하는 법익에 대한 침해로 이어진 결과를 의미한다.

| shè huì wēi hài xíng wéi<br>**社会危害行为**<br>사 회 위 해 행 위 | **가벌적 위법성을 가진 행위** |
|---|---|

007

범죄구성요건 해당행위, 즉 형법상 가벌적 위법성을 가진 행위를 말한다. 죄형법정주의에 의해 형법에서 범죄행위라고 규정하지 않은 행위는 형법으로 처벌할 수 없다. 예컨대 한국은 단순한 일반적인 폭행행위를 형법 제260조에 규정하여 폭행행위를 형법 처벌대상으로 규정하고 있지만 중국의 형법에는 단순한 일반적인 폭행행위를 규정하지 않았고, 이를 형법이 아닌 치안관리처벌법(治安管理处罚法)에 규정하고 있기에 중국에서 폭행은 社会危害行为, 즉 범죄행위가 아니다(刑法 제3조).

| fàn zuì zhǔ tǐ<br>**犯罪主体**<br>범 죄 주 체 | **행위주체** |
|---|---|

008

사회위해행위(社会危害行为)를 행하여 형사책임을 져야 하는 범죄주체는 원칙적으로 자연인이다. 자연인의 경우 권리능력만 있으면 범죄주체가 될 수 있고 책임능력 유무는 묻지 않는다. 중국은 1997년 형법개정으로 형법 제2장 제4절(제30조, 제31조)에 단위범죄를 규정하였는데, 이에 따라 단위도 犯罪主体에 해당한다.

| fàn zuì zhǔ guānfāngmiàn<br>**犯罪主观方面**<br>범 죄 주 관 방 면 | **범죄주관적 구성요건요소** |
|---|---|

009

犯罪主观方面에는 범죄고의(犯罪故意), 범죄과실(犯罪过失), 범죄목적(犯罪目的)

과 범죄동기(犯罪动机) 등이 있다. 범죄고의와 범죄과실을 통합하여 "죄과(罪过)"
로 칭하기도 한다.

| 010 | fàn zuì gù yì<br>**犯罪故意**<br>범 죄 고 의 | **범죄의 고의** |
|---|---|---|

행위주체가 죄의 행위를 행할 때 그러한 행위가 사회를 해하는 것임을 명백히 알고
있음에도(明知) 그러한 결과의 발생을 희망(希望)하거나 방임(放任) 또는 감수하는
심리적 태도를 말한다. 결과의 발생을 희망한 경우를 직접고의(直接故意)라 하고,
결과의 발생을 방임 또는 감수한 경우를 간접고의(间接故意)라 한다(刑法 제14조).

| 011 | zhí jiē gù yì<br>**直接故意**<br>직 접 고 의 | **직접고의** |
|---|---|---|

행위주체가 죄의 행위를 행할 때의 심리적 태도로서 자신의 행위가 사회를 해하는
것임을 명백히 알고 있음에도 그러한 결과의 발생을 희망하는 주관적 상태를 말한
다. 다수의 범죄, 예컨대 강간, 절도 등은 直接故意가 아니면 범할 수 없다.

| 012 | jiān jiē gù yì<br>**间接故意**<br>간 접 고 의 | **간접고의** |
|---|---|---|

행위주체가 죄의 행위를 행할 때 그러한 행위가 사회를 해하는 것임을 명백히 알고
있음에도 불구하고 그러한 결과의 발생을 방임 또는 감수하는 심리적 태도를 말한
다. 다시 말하면 행위주체가 자신의 행위가 사회에 해를 주는 것에 대해 적극적으로
희망을 하지는 않았지만 그런 결과의 발생에 대해 제지하지 않고 방임하거나 감수
하는 의사를 표명한 정도의 고의형태를 말한다.

| fàn zuì guò shī<br>**犯罪过失**<br>범 죄 과 실 | **과실** | 013 |

자신의 행위가 사회를 해롭게 하는 결과를 초래할 것을 예견했어야 하는데(应当预见), 소홀하여(忽视大意) 예견을 못하였거나, 또는 이미 예견하였지만 피할 수 있다고 경솔하게 믿어서(轻信能够避免) 그러한 결과의 발생을 이르게 하여 범죄가 구성된 경우를 말한다. 형법은 고의범죄를 원칙적으로 처벌하고 있고 과실범죄는 법률의 규정이 있는 경우에만 처벌한다(刑法 제15조).

| zì rán rén fàn zuì zhǔ tǐ<br>**自然人犯罪主体**<br>자 연 인 범 죄 주 체 | **자연인이 범죄의<br>행위주체가 되는 경우** | 014 |

자연인의 경우 권리능력만 있으면 범죄주체가 될 수 있고 형사책임연령이나 책임능력 유무는 묻지 않는다. 또한 공무원 등 특정한 신분이 있는 사람만 범할 수 있는 진정신분범죄의 경우에도 비공무원인 자연인은 범죄능력은 있으나 당해 특정한 범죄의 구성요건 해당성이 없는 것이다.

| yì wài shì jiàn<br>**意外事件**<br>의 외 사 건 | **객관적 구성요건을 충족하나<br>범의가 없는 행위** | 015 |

행위주체의 행위가 비록 객관적으로는 해로운 결과를 초래하였지만, 행위주체가 그러한 결과의 발생을 알았거나 예견할 수 없었기 때문에(不能预见) 고의 또는 과실이 인정되지 않는 경우를 말한다. 意外事件인 경우, 범죄구성요건에서 범죄객관적 구성요건요소(犯罪客观方面)는 충족되었지만 범죄주관적 구성요건요소(犯罪主观方面)인 고의 또는 과실이 인정되지 않기 때문에 형사책임을 부담하지 않는다(刑法 제16조).

| 016 | bù kě kàng lì<br>**不可抗力**<br>불 가 항 력 | 불가항력 |

행위주체의 행위가 비록 객관적으로는 해로운 결과를 초래하였지만, 행위주체가 그러한 결과의 발생에 고의 또는 과실이 없고, 객관적 조건의 제한 때문에 그러한 결과의 발생을 배제하거나 제지할 능력이 없는 경우(不能抗拒)를 말한다(刑法제16조).

| 017 | qī dài kě néngxìng<br>**期待可能性**<br>기 대 가 능 성 | 기대가능성 |

행위 당시 행위주체가 불법행위를 하지 않고 적법행위를 할 것을 기대하는 것이 가능한지 여부를 말한다. 적법행위의 기대가능성이 있음에도 행위주체가 불법행위를 했을 때 비로서 이를 비난하고 그의 책임을 추궁할 수 있다.

| 018 | xíng shì zé rèn niánlíng<br>**刑事责任年龄**<br>형 사 책 임 연 령 | 형사책임연령 |

자신이 범한 죄에 대해 형사적 책임을 지도록 형법에서 규정한 나이를 말한다. 이 연령에 이르지 않은 개인은 절대적 책임무능력자로서 형사책임을 부담하지 않는다. 중국의 刑事责任年龄<sup>xíng shì zé rèn niánlíng</sup>이 기존에는 만 14세였으나 2020년 10월 27일부터 만 12세로 하향되어 ① 고의살인죄, ② 고의상해죄, ③ 타인의 사망을 초래한 범죄 또는 ④ 특별히 잔인한 수단으로 타인에게 중상을 입혀 엄중한 장애를 초래하고 그 정황이 악랄한 경우 최고인민검찰원의 비준을 받아 형사책임을 부담한다. 만 14세 이상 만 16에 미만의 자가 ① 고의살인, ② 고의상해 행위로 타인에게 중상해 또는 사망을 초래하였거나, ③ 강간, 강도, 마약판매, 방화, 폭발, 독극물투입 등의 죄를 범한 경우 형사 책임을 부담하고 만 16세 이상의 자는 완전한 형사책임능력이 있다. 만 18

세 미만의 자에 대해 형사 책임을 추궁하는 경우 종경처벌(从轻处罚) 하거나 감경처벌(减轻处罚)을 해야 한다. 만 75세 이상의 자가 범한 고의범죄에 대해서는 종경처벌(从轻处罚) 하거나 감경처벌(减轻处罚)을 할 수 있고 과실범죄에 대해서는 종경처벌(从轻处罚) 하거나 감경처벌(减轻处罚)을 해야 한다(刑法 제17조).

| xíng shì zé rèn néng lì<br>**刑事责任能力**<br>형 사 책 임 능 력 | **형사책임능력** |
|---|---|

행위자가 자신의 위해행위를 식별(辨认)하고 통제할 수 있는 능력(控制能力)을 말한다. 刑事责任能力을 갖추었는지 여부에 대한 평가는 주로 형법에서 규정한 사회위해행위(社会危害行为)를 행할 때 상대적으로 자유로운 의지를 보유하고 있는지를 중심으로 하고 있다.

| dān wèi fàn zuì<br>**单位犯罪**<br>단 위 범 죄 | **단위범죄** |
|---|---|

회사·기업, 사업단위, 기관, 단체 등 조합, 법인 등 자연인이 아닌 조직체(단위, 单位)가 범한 죄를 말한다. 단위가 행위의 주체가 되어 특정 자연인이 아닌 단위의 이익을 꾀하기 위하여 죄를 범한 경우 单位犯罪가 될 수 있다. 单位犯罪에 대해서는 양벌규정을 적용하여 ① 단위에게는 벌금형을, ② 그의 직접책임자 등 유책자(자연인)에게는 해당 범죄 행위에 대해 처해야 하는 형벌을 부과한다(刑法 제30조).

| zhèngdāngxíng wéi<br>**正当行为**<br>정 당 행 위 | **정당행위** |
|---|---|

행위주체가 객관적으로 사회를 해하는 행위를 하여 일정한 손해를 초래하여 형식적으로는 범죄가 구성이 되는 것처럼 보이지만 실질적으로는 해당 행위에 사회위

해성이 없어서 그 위법성을 묻기 어려운 행위들을 말한다. 여기에는 정당방위(正当防卫), 긴급피난(緊急避险), 자구행위(自救行为), 업무로 인한 행위, 법령에 의한 행위, 추정적 승낙 등이 있다.

| | |
|---|---|
| 022 zhèngdāngfáng wèi<br>**正当防卫**<br>정 당 방 위 | **정당방위** |

합법적 이익(국가와 공공의 이익, 본인 또는 타인의 인신, 재산과 기타 권리)을 보호하기 위하여 현재 진행중인 불법침해를 제지하는 과정에서 부득이하게 해당 불법행위자를 대상으로 행한 가해행위를 말한다. zhèngdāngfáng wèi 正当防卫인 경우 그 행위의 위법성이 조각되어 형사책임을 추궁하지 않는다(刑法 제20조).

| | |
|---|---|
| 023 fáng wèi guòdǎng<br>**防卫过当**<br>방 위 과 당 | **과잉방위** |

정당방위(正当防卫)를 하고자 하였으나 그 정도가 방어에 필요한 정도를 명확히 초과하여(明显超过) 중대한 침해를 초래한 경우를 말한다. fáng wèi guòdǎng 防卫过当에 대해서는 형사책임을 지지만, 형사처벌을 감경(减轻处罚)하거나 면제(免除处罚)해야 한다(刑法 제20조).

| | |
|---|---|
| 024 tè shū zhèngdāngfáng wèi<br>**特殊正当防卫**<br>특 수 정 당 방 위 | **특수정당방위** |

정당방위는 원칙적으로 그 방위에 필요한 정도를 명확히 초과(明显超过)할 수 없으나 특정범죄에 대하여 방위의 정도를 초과하더라도 그 위법성이 조각되는 경우를 말한다. 위에서 특정범죄란 흉악한 행위(行凶), 살인, 강도, 강간, 납치 등 인신안전을 위태롭게 하는 폭력범죄(严重危及人身安全的暴力性犯罪)를 말한다(刑法 제20조).

| jǐn jí bì xiǎn **紧急避险** 긴 급 피 험 | 긴급피난 |
|---|---|

025

국가와 공공의 이익, 본인 또는 타인의 인신, 재산과 기타 권리를 보호하기 위하여 부득이 행한 행위로 다른 사람에게 손해가 발생한 경우를 말한다. 紧急避险의 경우 위법성이 조각되어 형사책임을 지지 않는다. 정당방위의 경우 불법행위자에게 손해가 발생하여야 하는데, 紧急避险의 경우 그러한 제한이 없다. 다만 침해대응에 직무상 또는 업무상 책임이 있는 자가 자신의 권리보호를 위해 행한 행위는 紧急避险으로 인정하지 않는다. 또 紧急避险의 경우에도 과잉긴급피난(紧急避险过当)이 있다. 즉, 紧急避险이 필요한 정도를 초과하여 부당한 손해(不应有的损害)를 발생시킨 경우 형사책임을 져야 한다(刑法 제21조).

| zì jiù xíng wéi **自救行为** 자 구 행 위 | 자구행위 |
|---|---|

026

자조행위(自助行为), 자력구제(自力救济)라고 불리기도 하는데, 이는 공식적인 법률절차에 따라 국가공권력이 구제해주는 것을 기다릴 수 없는 상황에서 사력을 행사하여 권리의 회복, 보전을 구하는 것을 말한다.

| wánquán wú xíng shì zé rèn néng lì jīngshénbìng rén **完全无刑事责任能力精神病人** 완 전 무 형 사 책 임 능 력 정 신 병 인 | 형사책임 결격사유가 있는 정신적 장애인 |
|---|---|

027

정신적 장애인(精神病人) 중에서 자신의 행위를 변별할 수 없거나 통제할 수 없을 때 초래한 결과에 대해 형사책임을 지지 않는 자들을 말한다. 다만 범행 당시 정신적 장애상태에 처해 있어서 행위 변별이 아니 되고 자신을 통제할 수 없음이 의학적 감정으로 확인되어야 형사책임에서 자유로울 수 있다(刑法 제18조).

| 028 | wánquánxíng shì zé rèn néng lì jīngshénbìng rén<br>**完全刑事责任能力精神病人**<br>완전형사책임능력정신병인 | 형사책임 결격사유가 없는<br>정신적 장애인 |

정신적 장애인(精神病人)임에도 불구하고 자신이 범한 죄에 대한 형사책임을 부담해야 하는 자들을 말한다. 주로 간헐적으로 발병하는 정신장애인이 발병하지 않은 상황에서 죄를 범한 경우와, 중국의 의료체계에서는 정신장애라고 보지 않는 자가 죄를 범한 경우가 여기에 속한다(刑法 제18조).

| 029 | xiàn zhì xíng shì zé rèn néng lì jīngshénbìng rén<br>**限制刑事责任能力精神病人**<br>한제형사책임능력정신병인 | 형사책임을 한정적으로 지는<br>정신적 장애인 |

자신의 행위에 대한 변별능력 또는 통제능력을 완전히 상실하지 않은 정신적 장애인(精神病人)이 죄를 범하였다면 형사책임을 한정적으로 져야 하는 것을 말한다. 限制刑事责任能力精神病人에 대해서는 형사책임은 묻지만 종경처벌(从轻处罚)하거나 감경처벌(减轻处罚) 할 수 있다(刑法 제18조).

| 030 | zhǔxíng<br>**主刑**<br>주형 | 주형 |

범죄자에게 적용하는 주요 형벌 유형을 말한다. 한 죄명에 대해서는 하나의 主刑만 적용한다. 主刑에는 자유를 제한하는 자유형인 관제(管制), 구역(拘役), 유기징역 및 무기징역과 생명을 박탈하는 생명형인 사형과 사형집행유예(死刑缓期执行)가 있다(刑法 제33조).

| fù jiā xíng 附加刑 부 가 형 | 부가형 |
|---|---|

031

주형(主刑)의 보충적인 형벌로 여러 개를 부가적으로 적용할 수 있는 형벌을 말한다. 附加刑에는 벌금(罚金), 몰수재산(没收财产), 박탈정치권리(剥夺政治权利)와 구축출경(驱逐出境)가 있다. 여기서 재산몰수를 제외한 기타 부가형들은 단독 선고가 가능하다. 결과적으로 주형과 附加刑의 차이는 주형은 인신권리(자유와 생명)에 대한 형벌이고 부가형은 인신 외의 기타 권리에 대한 형벌이라고 할 수 있다(刑法 제32조).

| fēi xíng fá cuò shī 非刑罚措施 비 형 벌 조 치 | 형벌 외 형사제재 |
|---|---|

032

형벌은 아니지만 刑法에서 규정한 법원이 형사재판과 동시에 명할 수 있는 처벌조치를 말한다. 범죄의 정황이 형벌을 부과하지 않아도 되는 정도로 경미하다면 형사처벌을 면제할 수 있다. 다만 이때 재판으로 훈계(训诫), 공식 반성(具结悔过), 공식 사과(赔礼道歉), 손해배상을 명하거나 주관부서에게 행정처벌(처분)을 부과할 것을 명할 수 있다. 종업금지(从业禁止) 명령도 여기에 속한다. 상기 비형사처벌을 이행하지 않고 사안이 엄중한 경우 판결집행거부죄(拒不执行判决罪)로 처벌할 수 있다(刑法 제37조).

| cóng yè jìn zhǐ 从业禁止 종 업 금 지 | 취업 금지 |
|---|---|

033

직무의 편리를 이용하여 실행한 범죄, 또는 업무직책상 요구되는 특정 임무를 위반하는 죄를 범하여 형사처벌을 받게 되는 경우, 법원은 사안 엄중성과 재범방지의 필요성에 따라 재판으로 범죄자에게 형벌 집행 완료일, 또는 가석방 일자부터 관련 업종에 종사하는 것을 금지하는 명령을 말한다. 예컨대 교원이 학생을 성추행, 학대 등을 한 경우 그에게 미성년자 관련 업종 취업 금지를 판결로 명할 수 있다. 특정한 직업에 종사할 수 없도록 한다는 점에서 한국의 "취업제한" 보안처분과 유사한 면이 있다. 从业禁止(cóng yè jìn zhǐ)는 비형벌조치(非刑罚措施)에 속한다(刑法 제37조의1).

| 034 | 管制(guǎn zhì)<br>관 제 | 관제 |
| --- | --- | --- |

범죄자의 인신은 제한하지만 수감하지 않고 지역사회를 통한 교정을 하는 형사처벌을 말한다. 주형(主刑)에서 유일하게 수감을 요하지 않는 처벌이다. 한국의 보호관찰과 사회봉사명령을 결합한 조치라고 할 수 있다. 管制(guǎn zhì)를 선고받은 자는 수감되지 않고 정상적인 생활이 가능하고 지역사회 봉사에 참여하는 경우 기타 봉사 참여자와 같은 보수를 지급받을 수 있다. 管制(guǎn zhì)는 3개월에서 24개월 이하로 선고 가능하고 수죄병벌(数罪并罚) 시 최장 36개월을 선고할 수 있다(刑法 제38조).

| 035 | 拘役(jū yì)<br>구 역 | 구역 |
| --- | --- | --- |

범죄자의 인신자유를 단기적으로 박탈하고 강제노동에 종사하게 하는 형사처벌을 말한다. 수감을 요하는 주형(主刑)에서 가장 경한 형사 처벌로서 1개월에서 6개월 이하로 선고 가능하고 수죄병벌(数罪并罚) 시 최장 1년을 선고할 수 있다. 拘役(jū yì)에 처한 자는 수감 후 매월 1회 내지 2회 귀가 가능하고, 수감된 인근 지역에서 노동에 참여하여 일정한 보수를 받을 수 있다(刑法 제42조).

| yǒu qī tú xíng<br>**有期徒刑**<br>유 기 도 형 | 유기징역 |
| --- | --- |

범죄자의 인신자유를 6개월 이상 15년 이하로 박탈하는 형벌을 말한다. 다만 사형환기집행(死刑缓期执行)을 선고받았거나, 수죄병벌(数罪并罚)을 적용해야 하는 경우에는 최장 25년까지 가능하다. 有期徒刑을 선고받은 자가 노동능력이 있는 경우 반드시 무보수로 노동에 참여해야 하고 교육을 받아야 한다(刑法 제45조).

| wú qī tú xíng<br>**无期徒刑**<br>무 기 도 형 | 무기징역 |
| --- | --- |

범죄자의 인신자유를 무기한으로 박탈하는 형벌을 말한다. 유기징역과 마찬가지로 노동능력이 있다면 반드시 무보수로 노동에 참여하여 교육을 받아야 한다. 无期徒刑에 처하면 참정권 박탈형은 당연히 부가되고 유공자로 인정되는 등의 특수한 경우가 있어서 유기징역으로 전환된다 하더라도 최소 13년은 수감 집행되어야 한다(刑法 제46조).

| sǐ xíng<br>**死刑**<br>사 형 | 사형 |
| --- | --- |

범죄자의 생명을 박탈하는 형벌을 말한다. 이에는 사형즉각집행(死刑立即执行)과 이에는 사형즉각집행(死刑立即执行)과 사형환기집행(死刑缓期执行)이라는 두 가지 집행 방식이 있다. 사형즉각집행이란 사형을 선고받고 곧바로 집행되는 것을 말하며 한국에서의 사형과 같은 개념이다. 중급 이상 법원이 1심 법원으로서 사형을 선고할 수 있고 사형즉각집행은 최고인민법원의 비준을 받아야 하고, 사형환기집행(死刑缓期执行)은 고급 이상 법원의 비준을 받아야 한다. 死刑은 죄행이 극히 엄중한 범죄자에 한하여 적용하지만, 범죄 시 만 18세 미만의 미성년자와 형사재판 시

이미 임신한 부녀는 사형에 처할 수 없다. 이외에도 특별히 잔인한 수단으로 사망을 초래한 경우를 제외하고 재판 시 만 75세 이상인 노인 범죄자에 대해서도 死刑을 선고하지 않는다(刑法 제48조).

---

039

sǐ xínghuǎn qī zhí xíng   sǐ huǎn
**死刑缓期执行(死缓)**
사 형 환 기 집 행 ( 사 환 )

**사형집행유예**

---

범죄자가 범한 범죄에 대해 사형을 선고해야 하지만 사안의 엄중성과 범죄행위가 사회에 주는 영향성 등을 종합성으로 고려하여 사형즉각집행(死刑立即执行)을 하지 않아도 되는 경우에는 사형의 특수한 집행 방식으로 死刑缓期执行(死缓)을 선고한다. 死缓을 선고받은 자가 2년의 유예기간 내에 고의범죄가 없으면 무기징역으로 전환되고 그 기간에 중대입공(重大立功)이 있으면 25년 유기징역으로 전환된다. 사환감형제한(死缓限制减刑)과 종신감금(终审监禁)을 선고받은 경우를 제외하고 死缓에서 무기징역으로 전환한 후에도 유기징역으로 감형이 가능하나 최소 15년은 수감 집행 되어야 한다(刑法 제50조).

---

040

sǐ huǎnxiàn zhì jiǎnxíng
**死缓限制减刑**
사 환 한 제 감 형

**사형의 집행유예에 대한
감형제한결정**

---

법원은 누범인 자에 대해, 또는 고의살인죄, 강간죄, 강탈죄, 납치죄, 방화죄, 폭발죄, 위험물질투척죄를 범한 자에 대해, 또는 조직성을 갖춘 폭력범죄를 범한 자에 대해 사형환기집행(死刑缓期执行)을 선고할 때, 사안의 엄중성을 고려하여 감형제한도 함께 결정할 수 있는 것을 말한다. 死缓限制减刑 결정을 받은 자는 2년의 사형 유예기간이 지나 무기징역으로 전환되었거나, 중대입공(重大立功)이 있어서 25년의 유기징역으로 전환된 후 더 이상 감형될 수 없게 된다.

| zhōngshēnjiān jìn 终身监禁 종신감금 | 041 가석방이 금지된 무기징역 |
|---|---|

가석방이 금지된 무기징역을 말한다. 탐오죄(贪污罪), 수뢰죄(受贿罪)를 범하고 그 금액이 특별히 거대한 동시에 국가와 인민의 이익에 중대한 손해를 초래한 자는 사형에 처해야 하지만 사형즉각집행이 아닌 사형환기집행(死刑缓期执行)을 선고해야 하는 경우, 법원은 사안의 엄중성을 고려하여 이와 동시에 终身监禁을 결정할 수 있다. 해당 결정을 받은 자는 2년의 사형 유예기간이 지난 후 사망 때까지 수감된다 (刑法 제50조).

| fá jīn 罚金 벌금 | 042 벌금 |
|---|---|

범죄자에게 일정한 금액의 금전을 국가에 납부하도록 하는 형벌을 말한다. 한국은 벌금액수의 상한과 하한을 법으로 미리 규정하였으나 중국은 범죄의 구체적인 정황에 따라 벌금의 액수를 결정할 수 있다. 예컨대 형법 제140조의 생산(소수)위열산품죄 [生产(销售)伪劣产品罪]를 범한자에 대해서 불법판매액 50%이상 2배 이하의 벌금을 가할 수 있기에 상당한 규모의 벌금이 발생할 수 있다. 벌금은 분할 납부가 가능하고, 실제적으로 벌금 납부가 어려운 경우 지연납부 또는 감면할 수 있다(刑法 제53조).

| bō duózhèng zhì quán lì 剥夺政治权利 박탈정치권리 | 043 참정권 박탈 |
|---|---|

범죄자가 국가관리와 정치활동에 참여하는 것을 제한하는 형벌을 말한다. 구체적으로 선거권과 피선거권, 언론, 출판, 집회, 결사, 시위에 대한 자유권, 국가기관 직무 담당자격 및 국유단위 또는 공적 사회단체에서의 관리직 담당자격에 대한 박탈을 의미한다(刑法 제54조).

| | |
|---|---|
| 044 **mò shōu zī chǎn**<br>**没收资产**<br>몰 수 자 산 | **재산몰수** |

국가가 범죄자의 일부 또는 전부 재산을 강제적으로 징수하는 형벌을 말한다. 부가형(附加刑)중에서 유일하게 단독선고가 불가한 형벌이고 비교적 엄중한 범죄에 한하여 선고되는데, 주로 위해국가안전죄(危害国家安全罪), 파괴사회주의시장경제질서죄(破坏社会主义市场经济秩序罪), 침해재산죄(侵害财产罪), 탐오회뢰죄(贪污贿赂罪)에 적용된다. 범죄자의 전부재산을 몰수하는 경우 범죄자 및 그의 부양가족의 생활유지에 필요한 비용은 보류해야 하며 没收资产으로 인하여 정당한 채무이행에 방해를 주어서는 아니 된다(刑法 제59조).

| | |
|---|---|
| 045 **qū zhú chū jìng**<br>**驱逐出境**<br>구 축 출 경 | **강제퇴거** |

죄를 범한 외국인의 중국 국내에서의 거주권을 박탈하는 형벌이다. 驱逐出境은 단독 또는 부가적으로 선고 가능하며, 단독선고는 판결 확정 시 즉시 집행하고, 부가형(附加刑)으로 선고된 경우 주형(主刑)집행완료일에 집행한다(刑法 제35조).

| | |
|---|---|
| 046 **fǎ dìngliàngxíngqíng jié**<br>**法定量刑情节**<br>법 정 양 형 정 절 | **법률상 필수적으로<br>반영해야 하는 양형 조건** |

형법에서 명문으로 규정한 양형 정황을 말하는데, 여기에는 비교적 관대하게 처벌함을 뜻하는 종경처벌(从轻处罚), 비교적 엄중하게 처벌함을 뜻하는 종중처벌(从重处罚), 그리고 법정형의 수위를 한 단계 상승하는 가중처벌(加重处罚)과 감하하는 감경처벌(减轻处罚) 및 처벌을 면제하는 처벌면제(免除处罚) 등이 있다.

| zhuódìngliàngxíngqíng jié<br>**酌定量刑情节**<br>작 정 양 형 정 절 | 재량에 따라 참작할 수 있는<br>양형의 조건 |
|---|---|

법에서 명문으로 규정하지는 않았지만 실무에서 고려해야 하는 정황을 말하고 여기에는 범죄의 동기, 범죄의 수단, 범죄의 대상, 범죄자의 태도, 전과가 있는지 여부 등이 포함된다.

| cóngqīngchǔ fá<br>**从轻处罚**<br>종 경 처 벌 | 감경영역 선택 |
|---|---|

법정형 한도 내에서의 비교적 경하게 처벌하는 것을 말한다. 从轻处罚을 할 수 있는 정황은 형법에서 명시하고 있는데, 주로 예비범, 미수범, 중지범, 공동범죄 중의 종범, 방조범, 과잉방위, 과잉피난, 범죄후의 자수, 자백이 있는 경우 적용한다. 법정형 한도 내에서 경한 처벌을 한다는 점에서 한국의 대법원 양형위원회가 제정한 "양형기준 해설"에서의 '감경영역 선택'과 유사한 면이 있다(刑法 제62조).

| cóngzhòngchǔ fá<br>**从重处罚**<br>종 중 처 벌 | 가중영역 선택 |
|---|---|

종경처벌(从轻处罚)과 대응되는 개념으로 법정형 한도 내에서 비교적 중하게 처벌하는 것을 말한다. 종경처벌(从轻处罚)과 마찬가지로 从重处罚도 그 정황을 형법에 명시하고 있다. 예컨대 만 18세미만 미성년자를 교사하여 범죄를 하게 하거나 누범인 경우 从重处罚을 한다. 법정형 한도 내에서 중한 처벌을 한다는 점에서 한국의 대법원 양형위원회가 제정한 "양형기준 해설"에서의 '가중영역 선택'과 유사한 면이 있다(刑法 제62조).

**050**

jiǎnqīngchǔ fá
**减轻处罚**
감 경 처 벌

**법정형 이하로 처벌**

법정형을 한 단계 낮추는 양형 방식을 말한다. 형법에서 규정한 减轻处罚의 정황이
있다면 법정형 이하의 형벌을 선고하여야 한다. 예컨대 절도죄를 범한 경우 기본적
으로 3년 이하 유기징역[관제(管制)와 구역(拘役)포함]에 처하고 경위가 비교적 엄
중하다면 3년 이상 10년 이하 유기징역에 처하게 된다. 가령 한 범죄자의 행위가 비
교적 엄중한 경우에 속하여 그 행위 자체만 판단하면 5년 징역에 처해야 하는데, 이
때 종경처벌(从轻处罚)이란 3년 유기징역을 선고하는 것이고, 减轻处罚이란 3년 유
기징역보다 낮은 형, 예컨대 1년 유기징역을 선고하는 경우를 말한다(刑法 제63조).

**051**

zì shǒu
**自首**
자 수

**자수**

범죄자가 범죄 후 스스로 신고하여 사실대로 자신의 범행을 진술하는 것을 말한다.
이를 일반자수(一般自首)라고 하고, 이미 강제조치에 처해 있는 자가 사법기관이
아직 파악하지 않은 본인의 기타 범죄행위를 사실대로 진술하는 경우 특수자수(特
殊自首)라고 한다. 자수한 경우 종경처벌(从轻处罚) 또는 감경처벌(减轻处罚)이 가
능하고, 범죄가 비교적 경하다면 처벌면제도 가능하다(刑法 제67조).

**052**

tǎn bái
**坦白**
탄 백

**자백**

자수는 아니지만 자신의 범죄행위를 사실대로 진술한 경우를 말한다. 이에 대해서
는 종경처벌(从轻处罚)이 가능하다. 사실대로 진술함으로써 특별히 엄중한 결과의
발생을 예방한 경우 감경처벌(减轻处罚)을 할 수 있다(刑法 제67조).

| xíng fǎ de xiāo jí chéng rèn<br>**刑法的消极承认**<br>형법적소극승인 | 외국에서 집행된 형의 임의적 산입 |
|---|---|

죄를 지어 외국에서 형의 전부 또는 일부가 집행된 사람에 대해 비록 외국에서 심판을 받았지만 여전히 중국 형법에 따라 책임을 추궁할 수 있으나 이미 형벌을 집행한 경우에는 처벌을 면제하거나 감경하는 것을 말한다. 외국판결에 대한 소극적인 승인 태도를 취하고 있어서 이를 임의적 산입이라고 정리할 수 있다(刑法 제10조).

| shù zuì bìng fá<br>**数罪并罚**<br>수죄병벌 | 경합범과 처벌례<br>경합범의 처벌방법 |
|---|---|

1인이 서로 다른 종류의 수죄를 범한 경우의 처벌에 대한 병과제도를 말한다. 数罪并罚에는 흡수원칙(吸收原则), 병과원칙(并科原则), 가중제한원칙(限制加重原则)이 적용된다. 흡수 원칙이란 1인이 행한 여러 범죄 별로 양형을 결정하였는데 그중 사형이나 무기징역이 있는 경우 흡수원칙을 채택하여 사형이나 무기징역만 집행함을 말한다. 병과 원칙이란 수죄 중 부가형이 결정된 경우, 각 부가형은 구분하여 집행하여야 하고, 같은 유형의 부가형인 경우 병합하여 집행하는 것을 말한다. 가중제한원칙이란 각 범죄별로 유기징역, 구역(拘役), 관제(管制)가 결정된 경우, 선고하는 양형은 결정된 각 징역 중 가장 중하게 결정한 형벌보다는 높고 각 형벌의 합산보다는 낮아야 함을 뜻한다(刑法 제69조).

| lěi fàn<br>**累犯**<br>누범 | 누범 |
|---|---|

형사처벌을 받은 자가 형벌 집행을 완료하였거나 사면을 받은 후 일정 기간 내에 또 특정한 죄를 범한 것을 말하며 일반누범(一般累犯)과 특수누범(特殊累犯)으로 구분한다. 累犯으로 처리되면 종중처벌(从重处罚)해야 하고, 집행유예를 적용하지 못

하며 가석방도 할 수 없다. 아울러 아니라 법원이 사형환기집행(死刑缓期执行)을 선고할 때 감형제한(限制减刑)도 함께 선고할 수 있다(刑法 제74조)

| 056 | yì bān lěi fàn<br>一般累犯<br>일 반 누 범 | 일반누범 |

전형적인 누범형태를 지칭하는 용어로서, 유기징역이상의 형을 선고받은 범죄자가 형벌의 집행을 종료하거나 또는 사면된 후 5년 이내에 재차 유기징역에 처할 수 있는 범죄를 범한 경우를 말한다. 다만 一般累犯에서는 논하는 '범죄'란 만 18세 이상의 성인이 범한 고의범죄를 말한다(刑法 제65조).

| 057 | tè shū lěi fàn<br>特殊累犯<br>특 수 누 범 | 특별누범 |

국가안보 침해형 범죄, 테러조직 등 극단주의 조직 관련 범죄, 조직폭력단체 관련 범죄를 범한 범죄자가 형벌 집행완료 또는 사면된 후 재차 상기 유형 범죄 중의 하나를 범하였다면, 전 후 범죄 행위의 시간 간격 및 선고된 형벌의 유형과 관련 없이 이는 누범으로 처리하게 되고 이를 特殊累犯이라고 칭한다(刑法 제66조).

| 058 | lì gōng<br>立功<br>입 공 | 입공 |

범죄자가 검거된 후부터 판결 선고 전까지 타인의 범행을 폭로하여 조사한 결과 사실로 밝혀진 경우, 또는 중요한 단서를 제공하여 기타 사건의 수사 및 해결에 핵심적인 도움을 제공한 경우를 말한다. 범죄자의 이러한 폭로와 사건단서 제공으로 해결한 사건이 무기징역이상의 형벌에 처하여야 하는 중대사건에 해당하거나, 소속 성급 지역, 나아가 전국적으로 비교적 중대한 영향이 있다면 이는 중대한 공적에 해당하고 이때에는 감경처벌(减轻处罚) 또는 처벌면제가 가능하다(刑法 제68조).

| huǎnxíng 缓刑 환 형 | 집행유예 |
|---|---|

형법상 유예는 주로 형벌의 선고유예, 집행유예와 기소유예 이 세가지 제도가 있는데, 중국에서는 집행유예제도만 존재하고 이를 형(刑)의 집행을 늦춘다(缓)는 의미로 "缓刑"(huǎnxíng)이라고 부르고 있다. 缓刑(huǎnxíng)은 일반 缓刑(huǎnxíng)과 전시(战时) 缓刑(huǎnxíng)으로 구분된다. 누범과 범죄단체의 수괴(首要分子)에게는 缓刑(huǎnxíng)을 적용하여서는 아니 된다. 유기징역, 구역(拘役)에 처해야 되는 범죄자에 缓刑(huǎnxíng)을 적용하는 경우, 缓刑(huǎnxíng) 적용기간은 해당 범죄에 대해 결정되어야 했던 형벌의 형기보다는 높아야 하며 유기징역은 1년에서 5년 사이로, 구역(拘役)은 2개월에서 1년 사이에서 선고되어야 한다(刑法 제73조).

| jiǎnxíng 减刑 감 형 | 감형 |
|---|---|

## 060

형벌에 대한 감소를 말하고 "감형가능(可以减刑)"과 "응당 감형(应当减刑)"으로 구분하고 있다. 관제(管制), 구역(拘役), 유기징역 또는 무기징역을 선고받은 범죄자가 집행기간 중에 감독 또는 수감규칙을 잘 준수하고 교육과 교정을 받아들여 확연하게 참회하고 있음이 보이거나 입공(立功)이 있다면 减刑(jiǎnxíng)할 수 있다(刑法 제78조).

| jiǎ shì 假释 가 석 | 가석방 |
|---|---|

유기징역을 선고 받은 범죄자가 원판결 형기의 1/2이상을 집행하였거나, 무기징역을 선고 받은 범죄자가 13년 이상의 형집행을 받은 상황에서, 감독 또는 수감규칙을 잘 준수하였고 교육과 교정을 받아들여 확연하게 참회하고 있어서 더 이상 사회위해성이 없다고 판단되는 경우 특정 규범들을 준수하는 전제하에 그를 사전 석방하는 제도를 말한다. 적용 요건에 있어서 감형(减刑)보다는 "더 이상 사회위해성이 없

음(不至再危害社会)"이 요구된다. 국가정치, 국가안보, 외교 등 국가전략적 필요가 있는 등 특수 상황이 있는 경우, 최고인민법원의 심사비준을 받아 상술한 형기집행의 제한을 받지 않을 수 있다. 다만 누범 및 고의살인, 강간, 강도, 납치, 방화, 폭발, 위험물질 투척이나 조직폭력 단체 관련 범죄로 인하여 10년 이상 유기징역 또는 무기징역을 선고받은 범죄자는 가석방을 적용할 수 없다(刑法 제81조).

| 062 | zhuī sù shí xiào<br>追溯时效<br>추 소 시 효 | 소추시효 |
| --- | --- | --- |

형사소송절차로 책임을 추궁할 수 있는 시효를 말한다. 국가가 해당 사건을 인지한 것을 시점으로 하고 있기 때문에, ① 수사기관이 사건을 입안(立案)하였거나, ② 사법기관이 사건을 접수한 경우, 또는 ③ 국가기관이 형사사건으로 입안(立案) 해야 하는 사안을 피해자가 追溯时效 내에 고소를 하였지만 입안하지 않은 사건들은 追溯时效를 도과하지 않은 것으로 인정한다(刑法 제88조).

| 063 | shè miǎn<br>赦免<br>사 면 | 사면 |
| --- | --- | --- |

범죄에 대한 소추는 면하지 않고 형 집행의 전부 또는 일부만 면제하는 제도를 말한다. 赦免은 통상적으로 당중앙 또는 국무원에서 제안하고 전국인민대표대회 상무위원회가 결정하며, 국가주석이 赦免명령을 발표하고 최고인민법원에서 집행한다(刑法 제67조).

| 064 | lóng yǎ rén hé máng rén<br>聋哑人和盲人<br>농 아 인 화 맹 인 | 농아인과 시각장애인 |
| --- | --- | --- |

聋哑人은 청각과 언어 장애를 동시에 앓고 있는 장애인을 말하고, 盲人이란 양안

모두 시각적 기능을 상실한 장애인을 말한다. 聾啞人(lóng yǎ rén)이나 盲人(máng rén)이 죄를 범한 경우 종경처벌(从轻处罚)하거나 처벌을 면제할 수 있다(刑法 제19조).

| 醉酒 (zuì jiǔ)<br>주 취 | 만취 |
|---|---|

065

형법은 醉酒(zuì jiǔ)한 자가 죄를 범하였다면 반드시 형사책임을 져야 한다고 규정하였다. 실무는 醉酒(zuì jiǔ)를 정신적 장애로 인정되는 병리성주취(病理性醉酒)와 단순한 음주로 인하여 정신적으로 흥분되어 있고 정신상태가 흐릿한 생리성주취(生理性醉酒)로 구분하고 병리성주취는 형사책임 결격사유가 있는 정신적 장애인으로 간주하여 형사책임을 추궁하지 않는다(刑法 제18조).

| 民族自治地方刑法适用的变通 (mín zú zì zhì dì fāngxíng fǎ shì yòng de biàntōng)<br>민 족 자 치 지 방 형 법 적 용 적 변 통 | 민족자치지역의 형법 적용 |
|---|---|

066

민족자치지역이 형법을 그대로 적용하기 어려운 경우, 해당 지역 성급 인민대표대회가 현지 민족의 정치, 경제, 문화 특성 및 형법기본원칙들에 근거하여 변통 규정을 제정할 수 있는 것을 말한다. 다만 이는 전국인민대표대회 상무위원회 동의를 받아야 실행 가능하다(刑法 제90조).

| 国家工作人员 (guó jiā gōngzuò rén yuán)<br>국 가 공 작 인 원 | 공무 종사자 |
|---|---|

067

국가기관에서 공무에 종사하는 자를 말한다. 따라서 국가의 공무원시험을 통과한 공무원은 물론이고 국유회사·기업, 사업단위, 인민단체에서 공무에 종사하는 자와 국가기관, 국유회사·기업, 사업단위가 비국유의 회사·기업, 사업단위, 사회단체에 파견하여 공무에 종사하게 되는 자들이 국가의 공무를 대행 처리하거나 집행한다면 国家工作人员(guó jiā gōngzuò rén yuán)으로 본다(刑法 제93조).

| 068 | sī fǎ gōng zuò rén yuán<br>**司法工作人员**<br>사 법 공 작 인 원 | **사법공무원** |

형사법상 수사, 검찰, 재판, 감독과 관리의 직책을 담당하는 자를 말한다. 이는 소속 기관 또는 직업에 따른 분류가 아니라 실제 집행하고 있는 업무에 따른 분류이다. 따라서 인민검찰원에서 근무하는 검찰이지만 연구원 직을 맡고 있다면 司法工作人员이 아니다(刑法 제94조).

| 069 | zhòngshāng<br>**重伤**<br>중 상 | **중상해** |

다음 상황 중 하나에 해당하는 상해가 있는 경우를 말한다. ① 사람의 사지를 불구로 만들거나 용모(容貌)를 훼손한 경우, ② 사람의 청각, 시각 및 기타 기관의 기능을 상실하게 하는 경우, ③ 기타 인신 및 건강에 중대한 상해를 가하는 경우(刑法 제95조).

| 070 | wéi fǎn guó jiā guī dìng<br>**违反国家规定**<br>위 반 국 가 규 정 | **국가규정 위반** |

이는 전국인민대표대회 및 그 상무위원회가 제정한 법률과 결정, 국무원이 제정한 행정법규, 규정의 행정조치, 발표한 결정과 명령을 위반하는 것을 말한다. 따라서 지방정부가 제정한 행정결정, 명령 등에 대한 위반은 형법상의 국가규정에 속하지 않는다(刑法 제96조).

| shǒu yào fèn  zǐ<br>**首要分子**<br>수 요 분 자 | 수괴 |
|---|---|

범죄집단 또는 다수의 사람들을 모아 범하는 죄에 있어서 조직, 획책 및 지휘의 역할을 담당한 범죄자를 말한다(刑法 제97조).

| qián kē bào gào zhì  dù<br>**前科报告制度**<br>전 과 보 고 제 도 | 전과 신고 제도 |
|---|---|

법에 의해 형사처벌을 받은 경력이 있는 자는 입대하거나 취업할 때 자기가 해당 사실을 관련 법인(조직)에 알려야 하는 제도를 말한다. 다만 범죄 시 만 18세 미만이며 5년 이하 유기징역형 이하의 형벌에 처한자는 상기 보고의무를 부담하지 않는다(刑法 제100조).

| fàn zuì jì  lù fēng cún<br>**犯罪记录封存**<br>범 죄 기 록 봉 존 | 미성년자 전과 기록 열람금지 제도 |
|---|---|

범죄 시 만 18세 미만 미성년자이고 5년 이하 유기징역의 처벌을 받은 경우에 한하여 전과보고제도(前科报告制度)를 적용하지 않는 것을 말한다. 이런 경우 국가기관이 범죄사실조사, 사회안보유지 등의 특정한 이유에 한하여 미성년자의 전과 기록을 조회할 수 있고 조회결과에 대해서는 비밀유지의무를 부담해야 한다(刑法 제100조).

| wēi hài guó jiā  ān quán zuì<br>**危害国家安全罪**<br>위 해 국 가 안 전 죄 | 국가안전을 해하는 죄 |
|---|---|

형법 각칙 제1장의 제목이자 고의적으로 중국의 주권과 영토 완정(完整)과 안전을

해하고, 국가통일을 파괴하며 국가정권을 전복하는 등 국가안전을 해하는 죄명들의 총칭을 말한다. 危害国家安全罪 [wēi hài guó jiā ān quán zuì] 죄군(罪群)에 속하는 모든 죄명에 대해서는 재산몰수를 병과할 수 있다(刑法 제113조).

---

**075**

**背叛国家罪** [bèi pàn guó jiā zuì]
배 반 국 가 죄

### 국가배반죄

외국 또는 중국 국경 밖의 조직, 단체, 개인 등과 결탁하여 중국의 주권, 영토의 완전성과 안전에 위협을 가한 죄를 말한다. 본죄를 범한 경우 무기징역, 10년 이상 유기징역에 처하고 재산몰수를 병과할 수 있다(刑法 제102조).

---

**076**

**分裂国家罪** [fēn liè guó jiā zuì]
분 열 국 가 죄

### 국가분열죄

국가를 분열하고 국가의 통일을 파괴하는 활동을 조직, 획책, 실시하거나 이에 가담한 죄를 말한다. 본죄를 범한 경우 무기징역, 유기징역, 구역(拘役), 관제(管制) 또는 참정권 박탈형에 처하고 재산몰수를 병과할 수 있다. 중국 국경 외의 세력(조직, 법인 등)과 결탁하여 본죄를 범한 경우 종중처벌(从重处罚) 한다. 본죄를 범하고 국가와 인민에게 특별히 엄중한 침해를 주어 그 경위가 악랄하다면 사형에 처할 수 있다(刑法 제103조).

---

**077**

**煽动分裂国家罪** [shāndòng fēn liè guó jiā zuì]
선 동 분 열 국 가 죄

### 국가분열선동죄

국가분열을 선동한 죄를 말한다. 본죄를 범한 경우 5년 이하 유기징역, 구역(拘役), 관제(管制) 또는 참정권 박탈형에 처하고 재산몰수를 병과할 수 있다. 국경 외의 세력(조직, 법인 등)과 결탁하여 본죄를 범한 경우 종중처벌(从重处罚) 한다(刑法 제103조).

| wǔ zhuāngpànluàn bàoluàn zuì<br>**武装叛乱(暴乱)罪**<br>무 장 반 란 ( 폭 란 ) 죄 | 무장반란(폭동)죄 |
| --- | --- |

총기 등으로 무장하여 반란, 폭동 등을 일으키는 활동을 조직, 획책, 실시한 죄를 말한다. 본죄를 범한 경우 무기징역, 유기징역, 구역(拘役), 관제(管制) 또는 참정권 박탈형에 처하고 재산몰수를 병과할 수 있다. 국가기관공작인원(国家机关工作人员), 군인, 민병, 경찰 등을 책동, 협박, 유인, 매수하여 무장반란 또는 무장폭동을 일으킨 경우 종중처벌(从重处罚)한다. 국경 외의 세력(조직, 법인 등)과 결탁하여 본죄를 범한 경우 종중처벌(从重处罚) 한다. 본죄를 범하고 국가와 인민에게 특별히 엄중한 침해를 주어 그 경위가 악랄하다면 사형에 처할 수 있다(刑法 제104조).

| diān fù guó jiā zhèngquán zuì<br>**颠覆国家政权罪**<br>전 복 국 가 정 권 죄 | 정권 전복죄 |
| --- | --- |

국가의 정권과 사회주의제도의 전복을 목적으로 하는 활동을 조직, 획책, 실시한 죄를 말한다. 본죄를 범한 경우 무기징역, 유기징역, 구역(拘役), 관제(管制) 또는 참정권 박탈형에 처하고 재산몰수를 병과할 수 있다. 국경 외의 세력(조직, 법인 등)과 결탁하여 본죄를 범한 경우 종중처벌(从重处罚) 한다(刑法 제105조).

| shāndòngdiān fù guó jiā zhèngquán zuì<br>**煽动颠覆国家政权罪**<br>선 동 전 복 국 가 정 권 죄 | 정권 전복선동죄 |
| --- | --- |

날조, 비방 또는 기타 방법으로 국가의 정권과 사회주의제도의 전복을 선동한 죄를 말한다. 본죄를 범한 경우 유기징역, 구역(拘役), 관제(管制) 또는 참정권 박탈형에 처하고 재산몰수를 병과할 수 있다. 국경 외의 세력(조직, 법인 등)과 결탁하여 본죄를 범한 경우 종중처벌(从重处罚) 한다(刑法 제105조).

| 081 | zī zhù wēi hài guó jiā ān quán fàn zuì huó dòng zuì<br>**资助危害国家安全犯罪活动罪**<br>자 주 위 해 국 가 안 전 범 죄 활 동 죄 | **국가안전침해범죄활동자금지원죄** |

국경 내외의 기구, 조직, 개인이 국경 내의 조직 또는 개인에게 자금을 제공하여 배반국가죄(背板国家罪), 분열국가죄(分裂国家罪), 선동분열죄(煽动分裂国家罪), 무장반란(폭동)죄(武裝叛乱(暴乱)罪), 전복국가정권죄(颠覆国家政权罪), 선동전복국가정권죄(煽动颠覆国家政权罪)를 범하게 한 죄를 말한다. 본죄를 범한 경우 그 직접책임자를 유기징역, 구역(拘役), 관제(管制) 또는 참정권 박탈형에 처하고 재산몰수를 병과할 수 있다(刑法 제107조).

| 082 | tóu dí pànbiàn zuì<br>**投敌叛变罪**<br>투 적 반 변 죄 | **적전도주죄** |

적에 투항하여 반역한 죄를 말하고 본죄를 범한 경우 유기징역에 처한다. 정황이 엄중하거나 무장부대대원, 인민경찰, 민병을 데리고 본죄를 범한 경우 무기징역, 10년 이상 유기징역에 처한다. 본죄를 범하고 국가와 인민에게 특별히 엄중한 침해를 주어 그 경위가 악랄하다면 사형에 처할 수 있다(刑法 제108조).

| 083 | pàn táo zuì<br>**叛逃罪**<br>반 도 죄 | **반역죄** |

국각기관공작인원(国家机关工作人员)이 공무 집행 기간에 직무에서 이탈하여 국가를 배신하여 외국으로 도주 또는 외국에서 도주한 죄를 말한다. 본죄를 범한 경우 유기징역, 구역(拘役), 관제(管制) 또는 참정권 박탈형에 처하고 재산몰수를 병과할 수 있다. 국가기밀을 알고 있는 국가기관공작인원이 본죄를 범한 경우 종중처벌(从重处罚) 한다(刑法 제109조).

| jiàn dié zuì<br>**间谍罪**<br>간 첩 죄 | **간첩(방조)죄** |
|---|---|

간첩조직에 가담하였거나 간첩조직 및 그의 대리인의 임무를 수행하기로 하였거나, 또는 적에게 포격목표물을 가르쳐 준 죄를 말한다. 본죄를 범한 경우 무기징역, 유기징역에 처하고 재산몰수를 병과할 수 있다. 본죄를 범하고 국가와 인민에게 특별히 엄중한 침해를 주어 그 경위가 악랄하다면 사형에 처할 수 있다(刑法 제110조).

| wèi jìng wài qiè qǔ    cì tàn    shōu mǎi    fēi fǎ tí gòng<br>**为境外窃取(刺探·收买·非法提供)**<br>guó jiā mì mì qíng bào zuì<br>**国家秘密(情报)罪**<br>위경외절취(자탐 · 수매 · 비법제공)국가비밀(정보)죄 | **국가기밀절취(매수·불법제공)죄** |
|---|---|

경외의 기구, 조직, 개인에게 국가비밀 또는 정보를 절취(시탐·매수·제공)한 죄를 말한다. 본죄를 범한 경우 유기징역, 구역(拘役), 관제(管制) 또는 참정권 박탈형에 처하고 재산몰수를 병과할 수 있다. 본죄를 범하고 국가와 인민에게 특별히 엄중한 침해를 주어 그 경위가 악랄하다면 사형에 처할 수 있다(刑法 제111조).

| zī dí zuì<br>**资敌罪**<br>자 적 죄 | **군용시설(물건)제공이적죄** |
|---|---|

전쟁 중에 적에게 무기장비, 군용물자 등을 제공하여 이적행위를 한 죄를 말한다. 본죄를 범한 경우 무기징역, 유기징역에 처하고 재산몰수를 병과할 수 있다. 본죄를 범하고 국가와 인민에게 특별히 엄중한 침해를 주어 그 경위가 악랄하다면 사형에 처할 수 있다(刑法 제112조).

| 087 | wēi hài gōnggòng ān quán zuì<br>**危害公共安全罪**<br>위 해 공 공 안 전 죄 | **공공의 안전을 해하는 죄** |

형법 각칙 제2장의 제목이자 고의 또는 과실로 불특정다수의 생명, 건강, 또는 공공 혹인 개인의 재산 안전을 엄중히 침해한 죄명들의 총칭을 말한다. 여기에는 방화죄, 결수죄 등 죄명이 포함된다.

| 088 | fànghuǒ zuì<br>**放火罪**<br>방 화 죄 | **방화죄** |

방화로 공공안전을 위협한 죄를 말한다. 본죄를 범하고 엄중한 결과를 초래하지 않았 다면 3년 이상 10년 이하 유기징역에 처하고, 타인의 중상해, 사망 또는 재산에 중대한 손해를 초래하였다면 10년 이상 유기징역, 무기징역, 사형에 처한다(刑法 제114조).

| 089 | jué shuǐ zuì<br>**决水罪**<br>결 수 죄 | **일수죄** |

수해를 일으켜 공공의 안전을 위협한 죄를 말한다. 본죄를 범하고 엄중한 결과를 초 래하지 않았다면 3년 이상 10년 이하 유기징역에 처하고, 타인의 중상해, 사망 또는 재산에 중대한 손해를 초래하였다면 10년 이상 유기징역, 무기징역, 사형에 처한다 (刑法 제114조).

| 090 | bào zhà zuì<br>**爆炸罪**<br>폭 작 죄 | **폭발죄** |

폭발물로 폭발을 일으켜 공공의 안전을 위협한 죄를 말한다. 본죄를 범하고 엄중한

결과를 초래하지 않았다면 3년 이상 10년 이하 유기징역에 처하고, 타인의 중상해, 사망 또는 재산에 중대한 손해를 초래하였다면 10년 이상 유기징역, 무기징역, 사형에 처한다(刑法 제114조).

| tóu fàng wēi xiǎn wù zhì zuì **投放危险物质罪** 투 방 위 험 물 질 죄 | 위험물질투척죄 091 |
|---|---|

독물, 유해물, 방사성물질, 전염병병원체 등을 투척하여 공공안전을 위협한 죄를 말한다. 본죄를 범하고 엄중한 결과를 초래하지 않았다면 3년 이상 10년 이하 유기징역에 처하고 타인의 중상해, 사망 또는 재산에 중대한 손해를 초래한 경우 10년 이상 유기징역, 무기징역, 사형에 처한다(刑法 제114조).

| yǐ wēi xiǎn fāng fǎ wēi hài gōng gòng ān quán zuì **以危险方法危害公共安全罪** 이 위 험 방 법 위 해 공 공 안 전 죄 | 위험한 행위에 의한 공공안전 위해죄 092 |
|---|---|

방화, 일수, 폭발, 위험물질투척 외의 기타 행위로 공공안전을 위협한 죄를 말한다. 본죄를 범하고 엄중한 결과를 초래하지 않았다면 3년 이상 10년 이하 유기징역에 처하고 타인의 중상해, 사망 또는 재산에 중대한 손해를 초래한 경우 10년 이상 유기징역, 무기징역, 사형에 처한다(刑法 제114조).

| shī huǒ zuì **失火罪** 실 화 죄 | 과실방화죄 093 |
|---|---|

과실로 방화하여 타인의 중상해, 사망 또는 재산에 중대한 손해를 초래한 죄를 말한다. 본죄를 범한 경우 유기징역, 구역(拘役)에 처한다(刑法 제115조).

| 094 | guò shī jué shuǐ zuì<br>**过失决水罪**<br>과 실 결 수 죄 | **과실일수죄** |

과실로 수해를 일으켜 타인의 중상해, 사망 또는 재산에 중대한 손해를 초래한 죄를 말한다. 본죄를 범한 경우 유기징역, 구역(拘役)에 처한다(刑法 제115조).

| 095 | guò shī tóu fàng wēi xiǎn wù zhì zuì<br>**过失投放危险物质罪**<br>과 실 투 방 위 험 물 질 죄 | **위험물질 과실 투척죄** |

과실로 유독물, 유해물, 방사성물질, 전염병병원체 등을 투척하여 타인의 중상해, 사망 또는 재산에 중대한 손해를 초래한 죄를 말한다. 본죄를 범한 경우 유기징역, 구역(拘役)에 처한다(刑法 제115조).

| 096 | guò shī yǐ wēi xiǎn fāng fǎ wēi hài gōng gòng ān quán zuì<br>**过失以危险方法危害公共安全罪**<br>과 실 이 위 험 방 법 위 해 공 공 안 전 죄 | **과실에 의한 위험한 행위로<br>공공안전을 해한 죄** |

과실로 방화, 일수, 폭발, 위험물질투척 외에 기타 행위로 타인의 중상해, 사망 또는 재산에 중대한 손해를 초래한 죄를 말한다. 본죄를 범한 경우 유기징역, 구역(拘役)에 처한다(刑法 제115조).

| 097 | pò huài jiāo tōng gōng jù zuì<br>**破坏交通工具罪**<br>파 괴 교 통 공 구 죄 | **교통공구파괴죄** |

기차, 자동차, 전차, 선박 또는 항공기를 파괴하거나 기차, 자동차, 전차, 선박 또는 항공기를 전복 또는 훼손하기에 충분한 위험을 야기한 죄를 말한다. 본죄를 범하고 엄중한 결과를 초래하지 않았다면 3년 이상 10년 이하 유기징역에 처하고 엄중한 결과를 초래하였다면 10년 이상 유기징역, 무기징역, 사형에 처한다(刑法 제116조).

| guò shī sǔn huài jiāo tōng gōng jù zuì<br>**过失损坏交通工具罪**<br>과 실 손 괴 교 통 공 구 죄 | **교통공구 과실훼손죄** 098 |

과실로 기차, 자동차, 전차, 선박 또는 항공기를 훼손하였거나 기차, 자동차, 전차, 선박 또는 항공기를 전복 또는 훼손하기에 충분한 위험을 야기한 죄를 말한다. 본 죄를 범하고 엄중한 결과를 초래한 경우 3년 이상 7년 이하 유기징역에 처한다. 다만 정황이 비교적 경미한 경우 3년 이하 유기징역, 구역(拘役)에 처한다(刑法 제119조).

| pò huài jiāo tōng shè shī zuì<br>**破坏交通设施罪**<br>파 괴 교 통 시 설 죄 | **교통 인프라 시설 파괴죄** 099 |

궤도, 교량, 터널, 도로, 공항, 항로, 등대, 표지 등 교통시설, 교통 인프라 등을 파괴하거나 기타 파괴활동을 하여 기차, 자동차, 전차, 선박 또는 항공기를 전복하거나 훼손하기에 충분한 위험을 야기한 죄를 말한다. 본죄를 범하고 엄중한 결과를 초래하지 않은 경우 3년 이상 10년 이하 유기징역에 처하고 엄중한 결과를 초래하였다면 10년 이싱 유기징역, 무기징역, 사형에 치한다(刑法 제117조).

| guò shī sǔn huài jiāo tōng shè shī zuì<br>**过失损坏交通设施罪**<br>과 실 손 괴 교 통 시 설 죄 | **교통 인프라 시설 과실훼손죄** 100 |

과실로 궤도, 교량, 터널, 도로, 공항, 항로, 등대, 표지 등 교통시설, 교통 인프라 등을 훼손하거나 기타 훼손을 초래하는 행위를 하여 기차, 자동차, 전차, 선박 또는 항공기를 전복하였거나 훼손하기에 충분한 위험을 야기한 죄를 말한다. 본죄를 범하고 엄중한 결과를 초래한 경우 3년 이상 7년 이하 유기징역에 처한다. 다만 정황이 비교적 경미한 경우, 3년 이하 유기징역, 구역(拘役)에 처한다(刑法 제119조).

101
pò huàidiàn lì shè bèi zuì
**破坏电力设备罪**
파 괴 전 력 설 비 죄

**전력설비파괴죄**

전력을 제공하는 설비들을 파괴하여 공공 안전을 위협한 죄를 말한다. 본죄를 범하고 엄중한 결과를 초래하지 않은 경우 3년 이상 10년 이하 유기징역에 처하고, 엄중한 결과를 초래하였다면 10년 이상 유기징역, 무기징역, 사형에 처한다(刑法 제118조).

102
guò shī sǔn huàidiàn lì shè bèi zuì
**过失损坏电力设备罪**
과 실 손 괴 전 력 설 비 죄

**전력설비 과실훼손죄**

과실로 전력을 제공하는 설비들을 훼손하여 공공 안전을 위협한 죄를 말한다. 본죄를 범하고 엄중한 결과를 초래한 경우 3년 이상 7년 이하년 이하 유기징역에 처한다. 다만 정황이 비교적 경미하다고 할 수 있는 경우 3년 이하 유기징역, 구역(拘役)에 처한다(刑法 제119조).

103
pò huài yì rán yì bào shè bèi zuì
**破坏易燃易爆设备罪**
파 괴 이 연 이 폭 설 비 죄

**가연성 · 폭발성 설비 파괴죄**

가스를 제공하는 설비 등 가연성 또는 폭발성이 높은 설비들을 파괴하여 공공 안전을 위협한 죄를 말한다. 본죄를 범하고 엄중한 결과를 초래하지 않은 경우, 3년 이상 10년 이하 유기징역에 처하고, 엄중한 결과를 초래하였다면 10년 이상 유기징역, 무기징역, 사형에 처하며 과실로 범하였다면 유기징역, 구역(拘役)에 처한다(刑法 제118조).

| guò shī sǔn huài yì rán yì bào shè bèi zuì<br>**过失损坏易燃易爆设备罪**<br>과 실 손 괴 이 연 이 폭 설 비 죄 | **가연성·폭발성 설비 과실 훼손죄** |
|---|---|

과실로 가스를 제공하는 설비 등 가연성 또는 폭발성이 높은 설비들을 훼손하여 공공 안전을 위협한 죄를 말한다. 본죄를 범하고 엄중한 결과를 초래한 경우 3년 이상 7년 이하 유기징역에 처한다. 다만 정황이 비교적 경미하다고 할 수 있는 경우 3년 이하 유기징역, 구역(拘役)에 처한다(刑法 제119조).

| zǔ zhī lǐng dǎo cān jiā kǒng bù zǔ zhī zuì<br>**组织(领导·参加)恐怖组织罪**<br>조 직 ( 영 도 · 참 가 ) 공 포 조 직 죄 | **테러단체 구성죄** |
|---|---|

테러단체를 모집, 조직하였거나 이끈 죄를 말한다. 본죄를 범한 경우 무기징역, 유기징역(수괴는 10년 이상, 적극 가담자는 3년에서 10년, 기타 참가자는 3년 이하), 구역(拘役), 관제(管制) 또는 참정권 박탈형에 처한다. 수괴와 적극 가담자에 대해서는 벌금을 병과하고 기타 가담자는 벌금을 병과할 수 있다. 본죄를 범하면서 살인, 폭발, 납치 등의 범죄를 범한 경우 수죄병벌(数罪并罚) 한다(刑法 제120조).

| bāng zhù kǒng bù huó dòng zuì<br>**帮助恐怖活动罪**<br>방 조 공 포 활 동 죄 | **테러행위 방조죄** |
|---|---|

테러조직 또는 테러 행위를 범하는 개인에게 자금을 지원하였거나, 테러활동에 필요한 인원을 수송해 준 죄를 말한다. 본죄를 범한 경우 유기징역(통상 5년 이하, 엄중한 경우 5년 이상), 구역(拘役), 관제(管制) 또는 참정권 박탈형에 처하고 벌금 또는 재산몰수를 병과한다. 본죄는 양벌규정을 적용한다(刑法 제120조의 1).

| | |
|---|---|
| 107<br>zhǔn bèi shí shī kǒng bù huódòng zuì<br>**准备实施恐怖活动罪**<br>준 비 실 시 공 포 활 동 죄 | **테러행위 준비죄** |

테러범죄 실행을 준비하는 죄를 말하고 구체적으로 아래 경우 중에 하나에 해당하면 본죄로 논한다. ① 테러활동 실시를 위해 흉기, 위험물품 또는 기타 공구를 준비, ② 테러활동 교육을 조직하거나 그러한 교육에 적극 가담, ③ 테러활동 실시를 위해 경외 테러단체 또는 테러인원과 연락, ④ 테러활동 실시를 획책하거나 기타 준비를 하는 경우이다. 본죄를 범하였다면 유기징역(통상 5년 이하, 엄중한 경우 5년 이상), 구역(拘役), 관제(管制) 또는 참정권 박탈형에 처하고 벌금 또는 재산몰수를 병과한다(刑法 제120조의 2).

| | |
|---|---|
| 108<br>xuānyángkǒng bù zhǔ yì    jí duānzhǔ yì   zuì<br>**宣扬恐怖主义(极端主义)罪**<br>선 양 공 포 주 의 ( 극 단 주 의 ) 죄 | **테러주의 및 테러행위<br>실행을 선동한 죄** |

테러주의(극단주의)를 홍보하고 선전하는 도서, 음향물 등을 제작, 배포하는 방식으로, 또는 관련 정보를 발표, 강의하는 방식으로 테러주의(극단주의)를 선동한 죄를 말한다. 본죄를 범한 경우 유기징역(통상 5년 이하, 엄중한 경우 5년 이상), 구역(拘役), 관제(管制) 또는 참정권 박탈형에 처하고 벌금 또는 재산몰수를 병과한다(刑法 제120조의 3).

| | |
|---|---|
| 109<br>shāndòng shí shī kǒng bù huódòng zuì<br>**煽动实施恐怖活动罪**<br>선 동 실 시 공 포 활 동 죄 | **테러행위실행 선동죄** |

테러활동을 실행할 것을 선동한 죄를 말한다. 본죄를 범한 경우 유기징역(통상 5년 이하, 엄중한 경우 5년 이상), 구역(拘役), 관제(管制) 또는 참정권 박탈형에 처하고 벌금 또는 재산몰수를 병과한다(刑法 제120조의 3).

| lì yòng jí duān zhǔ yì pò huài fǎ lǜ shí shī zuì<br>**利用极端主义破坏法律实施罪**<br>이 용 극 단 주 의 파 괴 법 률 실 시 죄 | **극단주의를 활용하여<br>법제도를 파괴한 죄** 110 |

극단주의로 민중을 위협, 선동하여 국가가 법률로 구축한 혼인, 사법, 교육, 사회관리제도를 파괴한 죄를 말한다. 본죄를 범한 경우 유기징역(통상 3년 이하, 엄중한 경우 3년에서 7년, 특별히 엄중한 경우 7년 이상), 구역(拘役), 관제(管制) 또는 참정권 박탈형에 처하고 벌금 또는 재산몰수를 병과한다(刑法 제120조의 4).

| qiáng zhì chuān dài xuān yáng kǒng bù zhǔ yì jí duān zhǔ yì<br>**强制穿戴宣扬恐怖主义(极端主义)**<br>fú shì biāo zhì zuì<br>**服饰(标志)罪**<br>강제천대선양공포주의(극단주의)복식(표지)죄 | **테러주의(극단주의)를<br>선전하는 복장(표식) 등을<br>강제로 착용하게 한 죄** 111 |

타인에게 폭력, 위협 등을 가하여 공공장소에서 테러주의(극단주의)를 선전하고 홍보하는 복장(표식)을 착용하게 한 죄를 말한다. 본죄를 범한 경우, 3년 이하 유기징역, 구역(拘役), 관제(管制)에 처하고 벌금을 병과한다(刑法 제120조의 5).

| fēi fǎ chí yǒu xuān yáng kǒng bù zhǔ yì<br>**非法持有宣扬恐怖主义**<br>jí duān zhǔ yì wù pǐn zuì<br>**(极端主义)物品罪**<br>비법지유선양공포주의(극단주의)물품죄 | **테러주의(극단주의)<br>관련 물품 소지죄** 112 |

테러주의(극단주의)를 홍보하고 선전하는 도서, 음향물 등인 것을 분명히 알고 있음에도 이를 소지하고 그 정황이 엄중한 죄를 말한다. 본죄를 범한 경우 3년 이하 유기징역, 구역(拘役), 관제(管制)에 처하고 벌금을 병과 또는 단독 부과한다(刑法 제120조의 6).

| 113 | jié chí hángkōng qì zuì<br>**劫持航空器罪**<br>겁 지 항 공 기 죄 | **항공기 납치죄** |

폭력, 협박 또는 기타 방법으로 항공기를 납치한 죄를 말한다. 본죄를 범한 경우 10년 이상의 유기징역 또는 무기징역에 처하고 사람의 치상, 치사, 항공기 엄중 파괴 등의 정황이 있는 경우 사형에 처한다(刑法 제121조).

| 114 | jié chí chuán zhī qì chē zuì<br>**劫持船只(汽车)罪**<br>겁 지 선 척 ( 기 차 ) 죄 | **선박(자동차) 납치죄** |

폭력, 협박 또는 기타 방법으로 선박(자동차)을 납치한 죄를 말한다. 본죄를 범한 경우 5년 이상 유기징역, 무기징역에 처한다(刑法 제122조).

| 115 | bào lì wēi jí fēi xíng ān quán zuì<br>**暴力危及飞行安全罪**<br>폭 력 위 급 비 행 안 전 죄 | **폭력으로 비행안전을<br>위태롭게 하는 죄** |

비행 운항 중인 항공기 내에서 폭력을 행사하여 비행안전을 위태롭게 한 죄를 말한다. 본죄를 범하여 엄중한 결과를 초래하지 않은 경우 유기징역(통상 5년 이하, 엄중한 경우 5년 이상), 구역(拘役)에 처하고 엄중한 결과를 초래한 경우 5년 이상 유기징역에 처한다(刑法 제123조).

| 116 | pò huàiguǎng bō diàn shì shè shī gōngyòngdiàn xìn shè shī zuì<br>**破坏广播电视设施(公用电信设施)罪**<br>파 괴 광 파 전 시 시 실 ( 공 용 전 신 시 설 ) 죄 | **라디오텔레비(전기통신망)<br>시설을 파괴한 죄** |

라디오텔레비시설(전기통신망시설)을 파괴하여 공공의 안전을 위협한 죄를 말한다. 본죄를 범한 경우 유기징역에 처한다. 과실로 본죄를 범한 경우 유기징역(통상 3년에서 7년, 엄중한 경우 7년 이상), 구역(拘役)에 처한다(刑法 제124조).

| fēi fǎ zhì zào mǎi mài　yùn shū　yóu jì　chǔ cún<br>**非法制造(买卖 · 运输 · 邮寄 · 储存)**<br>qiāng zhī dàn yào　bào zhà wù　zuì<br>**枪支(弹药 · 爆炸物)罪**<br>비법제조(매매 · 운수 · 우기 · 저존)<br>총지(탄약 · 폭작물)죄 | **총기(탄약 · 폭발물)불법제조**<br>**(매매 · 운수 · 우편발송 · 소장)죄** |

총기(탄약·폭발물)를 불법 제조(매매·운송·소장)한 죄를 말한다. 본죄를 범한 경우, 유기징역(통상 3년에서 10년, 엄중한 경우 10년 이상), 무기징역, 사형에 처한다. 본죄는 양벌규정을 적용한다(刑法 제125조).

| fēi fǎ zhì zào mǎi mài　yùn shū　chǔ cún<br>**非法制造(买卖 · 运输 · 储存)**<br>wēi xiǎn wù zhì zuì<br>**危险物质罪**<br>비법제조(매매 · 운수 · 저존)위험물질죄 | **위험물질불법제조**<br>**(매매 · 운수 · 저장)죄** |

유독유해물, 방사성물, 전염병 병원체 등을 불법으로 제조(매매·운수·소장)하여 공공의 안전을 위협한 죄를 범한다. 본죄를 범한 경우 유기징역(통상 3년에서 10년, 엄중한 경우 10년 이상), 무기징역, 사형에 처한다. 본죄는 양벌규정을 적용한다(刑法 제125조).

| wéi guī zhì zào xiāoshòu qiāng zhī zuì<br>**违规制造(销售)枪支罪**<br>위 규 제 조 ( 소 수 ) 총 지 죄 | **총기규정위반제조(판매)죄** |

총기 제조자격 또는 판매자격이 있는 기업이 총기관리 관련 규정들을 위반한 죄를 말하고 구체적으로 아래 경우 중에 하나에 해당하면 죄가 성립된다. ① 불법판매를 목적으로 지정한 수량, 유형에 관한 규정을 위반하여 제조, 판매한 경우, ② 불법판매를 목적으로 총기 제조 시 제조번호를 넣지 않거나 중복번호 또는 허위번호를 넣은 경우, ③ 수출을 목적으로 제조한 총기를 국내에서 판매하는 등 불법판매를 한 경우이다. 본죄를 범한 기업에는 벌금에 처하고 직접책임자 등은 유기징역(통상 5년

이하, 엄중한 경우 5년에서 10년, 특별히 엄중한 경우 10년 이상), 무기징역에 처한다(刑法 제126조).

| 120 | dào qiè  qiǎng duó  qiāng zhī<br>**盗窃(抢夺)枪支**<br>dàn yào  bào zhà wù   wēi xiǎn wù zhì zuì<br>**(弹药 · 爆炸物 · 危险物质罪)**<br>도절(창탈)총지(탄약 · 폭작물 · 위험물질죄) | **총기(탄약 · 폭발물 · 위험물질)<br>절도(강탈)죄** |

총기(탄약·폭발물·위험물질)를 절도(강탈)하여 공공의 안전을 해한 죄를 말한다. 본죄를 범한 경우 3년 이상 10년 이하 유기징역에 처하고 그 정황이 엄중하거나 행위의 대상이 국가기관, 군인, 경찰, 민병의 총기(탄약·폭발물·위험물질)인 경우 10년 이상 유기징역, 무기징역 또는 사형에 처한다(刑法 제127조).

| 121 | qiǎng jié qiāng zhī  dàn yào  bào zhà wù   wēi xiǎn wù zhì  zuì<br>**抢劫枪支(弹药 · 爆炸物 · 危险物质)罪**<br>강겁총지(탄약 · 폭작물 · 위험물질)죄 | **총기(탄약 · 폭발물 · 위험물질)<br>강도죄** |

총기(탄약·폭발물·위험물질)를 폭행 또는 협박으로 강취하여 공공의 안전을 해한 죄를 말한다. 본죄를 범한 경우 10년 이상 유기징역, 무기징역, 사형에 처한다(刑法 제127조).

| 122 | fēi fǎ chí yǒu  sī cáng qiāng zhī  dàn yào zuì<br>**非法持有(私藏)枪支(弹药)罪**<br>비법지유(사장)총지(탄약)죄 | **총기(탄약) 등을 불법소지(소장) 죄** |

총기관리 규정을 위반하여 불법으로 총기(탄약)를 소지(소장)한 죄를 말한다. 본죄를 범한 경우 유기징역(통상 3년 이하, 엄중한 경우 3년에서 7년), 구역(拘役), 관제(管制)에 처한다(刑法 제128조).

| | |
|---|---|
| fēi fǎ chū zū  chū jiè  qiāng zhī zuì<br>**非法出租(出借)枪支罪**<br>비 법 출 조 ( 출 차 ) 총 지 죄 | **총기불법대여죄** |

법의 의해 총기를 소지할 수 있는 자가 총기를 타인에게 불법 대여하여 엄중한 결과를 초래한 죄를 말한다. 다만 공무수행을 위해 총기를 소지할 수 있는 자가 총기를 타인에게 불법 대여하였다면 엄중한 결과를 초래하지 않았다 하더라도 대여한 행위만 있으면 본죄로 논하여 처벌한다. 본죄를 범한 경우 유기징역(통상 3년 이하, 엄중한 경우 3년에서 7년), 구역(拘役), 관제(管制)에 처한다. 본죄는 양벌규정을 적용한다(刑法 제128조).

| | |
|---|---|
| diū shī qiāng zhī bú bào zuì<br>**丢失枪支不报罪**<br>주 실 총 지 불 보 죄 | **총기분실미신고죄** |

법에 의해 공무용으로 총기를 소지할 수 있는 자가 총기 분실 후 신고하지 않아 엄중한 결과를 초래한 죄를 말한다. 본죄를 범한 경우 3년 이하 유기징역, 구역(拘役)에 처한다(刑法 제129조).

| | |
|---|---|
| fēi fǎ xié dài qiāng zhī  dàn yào  guǎn zhì dāo jù<br>**非法携带枪支(弹药·管制刀具·**<br>wēi xiǎn wù pǐn  wēi jí gōnggòng ān quán zuì<br>**危险物品)危及公共安全罪**<br>비법휴대총지(탄약 · 관제도구 · 위험물품)<br>위급공공안전죄 | **총기(탄약 · 흉기 · 위험물품)에 의한<br>공공안전위협죄** |

총기(탄약·흉기·위험물품)를 소지하고 공공장소에 진입하거나 대중교통을 탑승하여 공공안전을 위협하고 그 정황이 엄중한 죄를 말한다. 본죄를 범한 경우 3년 이하 유기징역, 구역(拘役), 관제(管制)에 처한다(刑法 제130조).

| 126 | zhòng dà fēi xíng shì gù zuì<br>**重大飞行事故罪**<br>중 대 비 행 사 고 죄 | **중대비행사고죄** |

비행조종사 등 항공업무 관련자가 항공관련 규장과 제도를 위반하여 중대한 비행사고를 야기하고 그 정황이 엄중한 죄를 말한다. 본죄를 범한 경우 3년 이하 유기징역 도는 구역(拘役)에 처하고, 비행기 추락 또는 사람의 사망을 초래한 경우 3년에서 7년의 유기징역에 처한다(刑法 제131조).

| 127 | tiě lù yùnyíng ān quán shì gù zuì<br>**铁路运营安全事故罪**<br>철 로 운 영 안 전 사 고 죄 | **철도중대사고죄** |

철도 관련 업무 임직원이 관련 규장과 제도를 위반하여 철도 운영 안전사고를 야기하고 그 정황이 엄중한 죄를 말한다. 본죄를 범한 경우 3년에서 7년의 유기징역, 구역(拘役)에 처한다(刑法 제132조).

| 128 | jiāotōngzhào shì zuì<br>**交通肇事罪**<br>교 통 조 사 죄 | **교통사고죄** |

교통운수관리법규를 위반하여 중대한 사고를 발생시켜 타인의 중상해, 사망을 초래하였거나 타인의 재산에 엄중한 손해를 입힌 죄를 말한다. 본죄를 범한 경우 3년 이하 유기징역 또는 구역(拘役)에 처한다. 교통사고를 일으킨 후 도주하였거나 기타 악랄한 정황이 있다면 3년 이상 7년 이하 유기징역에 처하고 도주로 인하여 타인이 사망한 경우 7년 이상 유기징역에 처한다(刑法 제133조).

| wēi xiǎn jià shǐ zuì<br>**危险驾驶罪**<br>위 험 가 사 죄 | 위험운전죄 |
|---|---|

아래의 위험한 방식으로 운전을 하여 사회에 해를 준 죄를 말한다. ① 보복 운전하고 그 정황이 엄중한 경우, ② 만취 후 운전, ③ 학생 등원 운수업 또는 여객 운수업 종사자가 탑승인원 제한 또는 운전속도 제한을 엄중하게 초과한 경우, ④ 위험화학물품운수업 종사자가 위험화학물품들을 관련 안전관리규정을 위반한 상태에서 운송한 경우이다. 본죄에 대해서는 구역(拘役)에 처하고 벌금을 병과한다. 위 ③④의 경우에 차량 소유자, 관리자가 이에 직접적인 책임이 있다면 危险驾驶罪<sup>wēi xiǎn jià shǐ zuì</sup>에 해당한다(刑法 제133조의 1).

| fáng hài ān quán jià shǐ zuì<br>**妨害安全驾驶罪**<br>방 해 안 전 가 사 죄 | 대중교통 운전자 폭행죄 |
|---|---|

대중교통 운전자에게 폭력을 가하거나 운전조종장치를 강탈하여 교통공구의 정상 운행을 방해함으로써 공공안전에 해를 준 죄를 말한다. 본죄를 범한 경우 1년 이하 유기징역, 구역(拘役) 또는 관제(管制)에 처하고 벌금을 병과하거나 난독 부과한다. 유의할 것은 대중교통 운전자가 운행 중임에도 불구하고 운전석을 떠나 타인을 구타하거나 상호 구타하는 등 위험한 행위를 한 경우도 본죄에 해당한다(刑法 제133조의 2).

| zhòng dà zé rèn shì gù zuì<br>**重大责任事故罪**<br>중 대 책 임 사 고 죄 | 중대사고죄 |
|---|---|

생산, 제조 등 산업 운영 과정에서 안전관리 규정을 준수하지 않아 중대한 상해 또는 사망사고 등 엄중한 결과를 초래한 죄를 말한다. 본죄를 범한 경우 유기징역(통상 3년 이하, 엄중한 경우 3년 이상 7년 이하), 구역(拘役)에 처한다(刑法 제134조).

| 132 | qiáng lìng wéi zhāng màoxiǎn zuò yè zuì<br>**强令违章冒险作业罪**<br>강 령 위 장 모 험 작 업 죄 | 위험작업강요죄 |

타인에게 관련 규장제도를 위반하여 작업할 것을 강요하거나, 또는 안전에 있어서 중대한 리스크가 있음을 알면서도 이를 배제하지 않은 상황에서 작업을 조직하여 사망, 사고 등 엄중한 결과를 초래한 죄를 말한다. 본죄를 범한 경우 유기징역(통상 5년 이하, 특별히 엄중한 경우 5년 이상), 구역(拘役)에 처한다(刑法 제134조).

| 133 | wēi xiǎn zuò yè zuì<br>**危险作业罪**<br>위 험 작 업 죄 | 위험작업죄 |

생산 등의 작업을 하는 과정에서 안전관리 관련 규정을 위반하여 다음의 상황 중의 하나로 인하여 사망, 사고 등 엄중한 결과를 초래한 죄를 말한다. ① 생산안전 관련 CCTV, 경보, 방호, 구명구조 설비와 시설이 작동하지 못하도록 꺼 놓거나 파괴한 경우, 또는 관련 데이터들을 조작, 은닉, 소각한 경우, ② 안전 관련 중대한 리스크가 있어서 생산 또는 업무정지, 관련 설비, 시설, 장소 등의 사용정지의 명령, 또는 안전 위험 배제 명령을 받았음에도 이를 이행하지 않은 경우, ③ 안전생산 관련 허가를 받지 않은 상황에서 광산 채굴, 금속 제련, 건축시공, 위험물품의 생산, 경영, 저장 등 위험한 업무를 전개한 경우이다. 본죄를 범한 경우 1년 이하 유기징역, 구역(拘役), 관제(管制)에 처한다(刑法 제134조의1).

| 134 | zhòng dà láo dòng ān quán shì gù zuì<br>**重大劳动安全事故罪**<br>중 대 노 동 안 전 사 고 죄 | 중대산업재해죄 |

안전생산시설 혹은 안전생산여건이 국가규정에 부합되지 않아 중대한 상해, 사망의 사고 등 엄중한 결과를 초래한 죄를 말한다. 본죄를 범한 직접 책임자들을 3년 이하 유기징역, 구역(拘役)에 처한다. 정황이 매우 악랄한 경우 3년 이상 7년 이하 유기징역에 처한다(刑法 제135조).

| dà xíng qún zhòng xìng huó dòng zhòng dà ān quán shì gù zuì<br>**大型群众性活动重大安全事故罪**<br>대 형 군 중 성 활 동 중 대 안 전 사 고 죄 | **대규모 인원 집결행사 안전사고죄** |
|---|---|

대규모의 인원이 집결되어 하는 행사 활동(예컨대 공연, 집회 등)의 진행 과정에서 안전관리규정을 위반하여 중대한 상해, 사망의 사고 등 엄중한 결과를 초래한 죄를 말한다. 본죄를 범한 직접 책임자들을 3년 이하 유기징역, 구역(拘役)에 처하고 그 정황이 상당히 엄중한 경우 3년 이상 7년 이하 유기징역에 처한다(刑法 제135조의1).

| wēi xiǎn wù pǐn zhào shì zuì<br>**危险物品肇事罪**<br>위 험 물 품 조 사 죄 | **위험물품 관련 사고를 야기한 죄** |
|---|---|

폭발성, 인화성, 방사성, 독성, 부식성 물품의 관리규정을 위반하여 생산, 저장, 운송, 사용 중에 중대한 사고를 발생시켜 엄중한 결과를 초래한 죄를 말한다. 본죄를 범한 경우 3년 이하 유기징역, 구역(拘役)에 처하고 그 정황이 상당히 엄중한 경우 3년 이상 7년 이하 유기징역에 처한다(刑法 제136조).

| gōng chéng zhòng dà ān quán shì gù zuì<br>**工程重大安全事故罪**<br>공 정 중 대 안 전 사 고 죄 | **엔지니어링관련 안전사고죄** |
|---|---|

건설, 설계, 시공, 공정감리 업체가 국가규정을 위반하고 기준 미달의 품질로 공정을 마무리하여 중대한 안전사고를 초래한 죄를 말한다. 본죄를 범한 직접 책임자는 5년 이하 유기징역, 구역(拘役)에 벌금을 병과하고, 그 정황이 상당히 엄중한 경우 5년 이상 10년 이하 유기징역에 벌금을 병과한다(刑法 제137조).

**138** jiào yù shè shī zhòng dà ān quán shì gù zuì
**教育设施重大安全事故罪**
교 육 시 설 중 대 안 전 사 고 죄

**교육시설 안전사고죄**

학교건물, 교육, 교학시설에 위험이 있음을 알고 있으면서도 조치를 취하지 않거나 그러한 상황을 발견하였지만 제때에 보고를 하지 않아 중대한 상해, 사망 사고 등 엄중한 결과를 초래한 죄를 말한다. 본죄를 범한 직접 책임자들을 3년 이하 유기징역, 구역(拘役)에 처하고 그 정황이 상당히 엄중한 경우 3년 이상 7년 이하 유기징역에 처한다(刑法 제138조).

**139** xiāofáng zé rèn shì gù zuì
**消防责任事故罪**
소 방 책 임 사 고 죄

**소방 관련 책임 불이행 죄**

소방 관리 관련 법들을 위반하여 소방감독기관이 이에 대해 시정명령을 내렸음에도 해당 명령 집행을 거부하여 엄중한 결과를 초래한 죄를 말한다. 본죄를 범한 직접 책임자들을 3년 이하 유기징역, 구역(拘役)에 처하고 그 정황이 상당히 엄중한 경우 3년 이상 7년 이하 유기징역에 처한다(刑法 제139조).

**140** bú bào huǎngbào ān quán shì gù zuì
**不报(谎报)安全事故罪**
불 보 ( 황 보 ) 안 전 사 고 죄

**안전사고불신고(허위신고)죄**

안전사고 발생에 대해 신고의 책임이 있는 자가 이를 신고하지 않아(실제 상황을 사실대로 신고하지 않아) 구조와 사고 수습을 방해하여 그 정황이 엄중한 죄를 말한다. 본죄를 범한 경우 3년 이하 유기징역, 구역(拘役)에 처하고 그 정황이 상당히 엄중한 경우 3년 이상 7년 이하 유기징역에 처한다(刑法 제139조의 1).

**pò huài shè huì zhǔ yì shì chǎngjīng jì zhì xù zuì**
**破坏社会主义市场经济秩序罪**
파 괴 사 회 주 의 시 장 경 제 질 서 죄

### 경제질서파괴죄

141

형법 각칙 제3장의 제목이자 중국의 경제관리 질서 관련 법률·법규를 위반하여 시장질서를 교란, 파괴하여 국민경제의 건전한 발전을 해한 죄명들의 총칭이다. 형법 각칙 제3장은 총 8개 절(节)로 구성되었고, 매절마다 하나의 죄명 군(群)이다. 가짜 식약품 생산죄, 밀수죄, 주가조작죄 등 모두 여기에 속한다.

**shēngchǎn xiāoshòu wěi liè chǎn pǐn zuì**
**生产(销售)伪劣产品罪**
생 산 ( 소 수 ) 위 열 산 품 죄

### 가짜 · 불량제품 생산(판매)죄

142

형법 각칙 제3장 제1절(节)의 제목이자 단독 죄명이기도 하다. 제3장 제1절에는 본죄명 외에도 약품관리법 위반죄 등이 포함되며 본 절에 있는 모든 죄명은 양벌규정을 적용한다. 단독 죄명으로서의 生产(销售)伪劣产品罪는 생산자, 판매자가 상품에 잡물, 가짜를 혼합하여 가짜를 진짜인 것처럼, 나쁜 물건을 좋은 것처럼 사칭하거나 또는 기준 미달제품을 기준에 부합한 제품인 마냥 사칭하여 불법판매한 판매액이 5만 위안 이상 죄를 말한다. 불법 판매액의 증가에 따라 형량이 올라가고 본죄를 범한 경우 무기징역, 유기징역(불법판매액에 따라 2년 이하, 2년 이상 7년 이하, 7년 이상, 15년 구간으로 나눔), 구역(拘役)에 처하고 정황에 따라 벌금을 단독 부과 또는 병과하거나 재산몰수를 병과한다(刑法 제140조).

**shēngchǎn xiāoshòu jiǎ yào zuì**
**生产(销售)假药罪**
생 산 ( 소 수 ) 가 약 죄

### 가짜약품생산(판매)죄

143

가짜 약품들을 생산(판매)한 죄를 말한다. 소위 가짜약품이란 ① 국가약품규격에 부합되지 않는 약품, ② 약품으로 사칭한 비약품, ③ 변질한 약품, ④ 객관적으로 불가한 약효와 기능을 표기한 가짜 약품을 말한다. 본죄를 범한 경우 3년 이하 유기징역,

구역(拘役)에 처하고 벌금을 병과한다. 사람의 건강을 해하는 등 정황이 엄중하면 3
년 이상 10년 이하 유기징역에 처하고, 타인의 사망 등 특별히 엄중한 정황이 있는
경우 10년 이상 유기징역, 무기징역, 사형에 처하고 벌금 또는 재산몰수를 병과한
다. 약품사용처(예컨대 약국)의 인원이 가짜약품인 것을 알면서도 타인에게 제공한
경우 본죄로 논한다(刑法 제141조).

---

**144**

shēngchǎn xiāoshòu liè yào zuì
**生产(销售)劣药罪**
생 산 ( 소 수 ) 열 약 죄

**불량약품생산(판매)죄**

불량 약품들을 생산(판매)하여 타인의 인체 건강에 엄중한 해를 가한 죄를 말한다.
소위 불량약품이란 ① 약품성분이 국가기준에 미달한 약품, ② 품질보증기한을 표
기하지 않았거나 해당 기간을 도과한 약품, ③ 임의적으로 방부제 등을 추가한 약
품, ④ 오염된 약품 등을 말한다. 본죄를 범한 경우 3년 이상 10년 이하 유기징역에
처하고 벌금을 병과 하고, 그 결과가 특별히 엄중하다면 10년 이상 유기징역, 무기
징역에 벌금 또는 재산몰수를 병과 한다. 약품사용처(예컨대 약국)의 인원이 불량약
품인 것을 알면서도 타인에게 제공한 경우 본죄로 논한다(刑法 제142조).

---

**145**

fáng hài yào pǐn guǎn lǐ zuì
**妨害药品管理罪**
방 해 약 품 관 리 죄

**약품관리 관련법 위반죄**

약품 관리 관련 법들을 위반하여 아래 정황 중의 하나가 있어서 인체 건강을 엄중하
게 위협한 죄를 말한다. ① 국무원 약품감독관리부서가 사용금지라고 규정한 약품
들을 생산, 판매, ② 약품 관련 허가 없이 약품을 생한, 수입하였거나 그러한 약품임
을 알면서도 판매, ③ 약품 등록과정에서 허위 증명, 데이터, 자료, 샘플 제출 등 기
만행위를 행함, ④ 생산, 검증 기록을 날조한 경우이다. 본죄를 범한 경우 3년 이하
유기징역, 구역(拘役)에 벌금 단독 부과 또는 병과를 하고, 인체 건강에 준 위협이
상당히 엄중하는 등 심각한 정황이 있는 경우 3년 이상 7년 이하 유기징역에 벌금을
병과 한다(刑法 제142조의 1).

| shēngchǎn xiāoshòu bù fú hé ān quánbiāozhǔn de shí pǐn zuì<br>**生产(销售)不符合安全标准的食品罪**<br>생 산 ( 소 수 ) 불 부 합 안 전 표 준 적 식 품 죄 | **기준 미달 식품 생산(판매)죄** |
|---|---|

식품안전기준에 부합하지 않는 식품을 생산(판매)하여 엄중한 식중독 사고 또는 음식물이 원인이 된 기타의 엄중한 질환을 야기할 수 있는 상황을 조성하였거나 이미 인체 건강을 심히 해한 죄를 말한다. 본죄를 범한 경우 3년 이하 유기징역, 구역(拘役)에 처하고 벌금을 병과하고, 인체 건강을 심히 해한 등 정황이 심각한 경우 7년 이상 유기징역, 무기징역에 처하고 벌금 또는 재산몰수를 병과한다(刑法 제143조).

| shēngchǎn xiāoshòu yǒu dú yǒu hài shí pǐn zuì<br>**生产(销售)有毒(有害)食品罪**<br>생 산 ( 소 수 ) 유 독 ( 유 해 ) 식 품 죄 | **유독·유해식품생산(판매)죄** |
|---|---|

식품을 생산(판매)하면서 독이 있는(또는 신체에 해로운) 비식품 원료를 첨가하였거나, 그러한 식품임을 분명히 알면서도 판매한 죄를 말한다. 본죄를 범한 경우 5년 이하 유기징역에 처하고 벌금을 병과한다. 인체 건강을 심히 해하는 등 정황이 엄중한 경우 5년 이상 10년 이하 유기징역에 벌금을 병과하고, 사망 등 특별히 엄중한 정황을 초래하였다면 무기징역, 사형에 처하고 벌금 또는 재산몰수를 병과한다(刑法 제144조).

| shēngchǎn xiāoshòu bù fú hé biāozhǔn de yī yòng qì cái zuì<br>**生产(销售)不符合标准的医用器材罪**<br>생 산 ( 소 수 ) 불 부 합 표 준 적 의 용 기 재 죄 | **기준 미달 의료기계 생산(판매)죄** |
|---|---|

인체 건강을 보장하는 국가기준, 산업기준에 미달하는 의료기계, 의료용 재료를 생산하거나, 그러한 기계, 재료임을 분명히 알면서도 판매하여 인체 건강을 엄중히 해한 죄를 말한다. 본죄를 범한 경우 유기징역, 구역(拘役)에 처하고 벌금을 병과한다. 정황이 특별히 엄중하면 10년 이상 유기징역, 무기징역에 벌금 또는 재산몰수를 병과한다(刑法 제145조).

| 149 | shēngchǎn xiāoshòu bù fú hé ān quánbiāozhǔn de chǎn pǐn zuì<br>生产(销售)不符合安全标准的产品罪<br>생 산 ( 소 수 ) 불 부 합 안 전 표 준 적 산 품 죄 | 기준 미달 제품 생산(판매)죄 |

인체 건강을 보장하는 국가기준, 산업기준에 미달하는 전기기구, 압력용기, 폭발성 또는 인화성 물품 등을 생산하거나, 또는 위의 불법제품임을 명백히 알면서도 이를 판매하여 엄중한 결과를 초래한 죄를 말한다. 본죄를 범한 경우 5년 이하 유기징역에 판매액 50%~200%의 벌금을 병과하고, 정황이 특별히 엄중한 경우 5년 이상 유기징역에 판매액 50%~200%의 벌금을 병과한다(刑法 제146조).

| 150 | shēngchǎn xiāoshòu wěi liè nóng yào<br>生产(销售)伪劣农药<br>shòu yào huà féi zhǒng zǐ zuì<br>(兽药 · 化肥 · 种子)罪<br>생산(소수)위열농약(수약 · 화비 · 종자)죄 | 불량농약(수약 · 화학비료 · 종자)<br>생산(판매)죄 |

농약(수약, 동물용약품, 화학비료) 생산(판매) 제품 품질 관리 관련 법률과 법규를 위반하여 가짜 농약(수약, 동물용약품, 화학비료)을 생산하거나, 또는 가짜이거나 이미 효용을 상실한 것을 알면서도 판매하거나, 또는 품질 미달의 제품을 품질 기준을 달성한 제품이라고 기만하여 생산에 비교적 큰 손해를 초래한 죄를 말한다. 본죄를 범한 경우 무기징역, 유기징역(통상 3년 이하, 엄중한 경우 3년에서 10년, 특별히 엄중한 경우 10년 이상), 구역(拘役)에 처하고, 사안의 경중에 따라 벌금을 단독 또는 병과하거나 재산몰수를 병과한다(刑法 제147조).

| 151 | shēngchǎn xiāoshòu bù fú hé wèi shēng<br>生产(销售)不符合卫生<br>biāozhǔn de huàzhuāng pǐn zuì<br>标准的化妆品罪<br>생산(소수)불부합위생표준적화장품죄 | 위생기준 미달 화장품 생산(판매)죄 |

위생표준 미달의 화장품을 생산하거나 그러한 화장품이라는 것을 분명히 알면서도 판매하여 엄중한 결과를 초래한 죄를 말한다. 본죄를 범한 경우 유기징역(통상 5년

이하, 엄중한 경우 5년 이상), 구역(拘役)에 처하고 벌금을 단독 또는 병과한다(刑法 제148조).

| zǒu sī zuì **走私罪** 주 사 죄 | 밀수죄 |
|---|---|

형법 각칙 제3장 제2절의 제목이자 세관 감독을 피해 국가가 수입 또는 수출을 금지·제한하는 물품들을 반출 또는 반입하는 죄들의 총칭을 말한다. 본 절의 죄명들을 범한 자가 폭력, 위협의 방법으로 밀수범죄 단속에 저항하는 경우, 해당되는 밀수 범죄와 공무집행방해죄로 수죄병벌(数罪并罚) 한다(刑法 제157조).

| zǒu sī wǔ qì (dàn yào · hé cái liào · jiǎ bì) zuì **走私武器(弹药 · 核材料 · 假币)罪** 주 사 무 기 ( 탄 약 · 핵 재 료 · 가 폐 ) 죄 | 무기(탄약 · 핵재료 · 가짜화폐) 밀수죄 |
|---|---|

무기(탄약, 핵재료, 위조된 화폐 등)를 밀수한 죄를 말한다. 본죄를 범한 경우 유기징역(통상 7년 이상, 비교적 경한 경우 3년에서 7년), 무기징역에 벌금 또는 재산몰수를 병과한다. 본죄는 양벌규정을 적용한다. 무장하여 밀수를 엄호한 경우 종중처벌(从重处罚) 한다(刑法 제157조).

| zǒu sī wén wù (guì zhòng jīn shǔ · zhēn guì dòng wù · zhēn guì dòng wù zhì pǐn) zuì **走私文物(贵重金属 · 珍贵动物 · 珍贵动物制品)罪** 주사문물(귀중금속 · 진귀동물 · 진귀동물제품)죄 | 문물(귀금속 · 진귀동물 · 진귀동물제품)밀수죄 |
|---|---|

국가가 수출금지한 문화재(귀금속, 진귀동물, 진귀동물로 만든 제품)를 밀수한 죄를 말한다. 본죄를 범한 경우 무기징역, 유기징역에(비교적 경한 경우 5년 이하, 통상 5년에서 10년, 특별히 엄중한 경우 10년 이상) 벌금 또는 재산몰수를 병과한다. 본죄는 양벌규정을 적용한다(刑法 제151조).

| 155 | zǒu sī guó jiā jìn zhǐ jìn chū kǒu huò wù　wù pǐn　zuì<br>**走私国家禁止进出口货物(物品)罪**<br>주 사 국 가 금 지 진 출 구 화 물 ( 물 품 ) 죄 | 수출입 금지물품 밀수죄 |

희귀 식물 및 그러한 식물로 만든 제품 등 국가가 수출입을 금지하는 화물(물품) 등을 밀수한 죄를 말한다. 본죄를 범한 경우 엄중하지 않다면 5년 이하 유기징역, 구역(拘役)에 처하고 이에 벌금을 단독 부과 또는 병과한다. 본죄는 양벌규정을 적용한다(刑法 제151조).

| 156 | zǒu sī yín huì wù pǐn zuì<br>**走私淫秽物品罪**<br>주 사 음 예 물 품 죄 | 음란물 밀수죄 |

이익을 꾀하거나 또는 전파할 것을 목적으로 음란한 영화필름, 녹화테이프, 녹음테이프, 사진과 그림, 출판물 또는 기타 음란한 물품을 밀수한 죄를 말한다. 본죄를 범한 경우 무기징역, 유기징역(비교적 경한 경우 3년 이하, 통상 3년에서 10년, 특별히 엄중한 경우 10년 이상), 구역(拘役), 관제(管制)에 처하고 벌금 또는 재산몰수를 병과한다. 본죄는 양벌규정을 적용한다(刑法 제152조).

| 157 | yín huì wù pǐn<br>**淫秽物品**<br>음 예 물 품 | 음란물 |

성행위를 구체적으로 묘사하였거나 포르노를 노골적으로 선전하는 서적, 잡지, 영상, 비디오 또는 녹음 테이프, 이미지 및 기타 음란물품을 말한다. 인체생리, 의학지식에 관한 과학저서, 그리고 예술성 가치가 있는 문학, 예술작품 등은 음란물에 속하지 않으며, 음란물의 구체적 품목과 리스트 주관 행정부서에서 행정령으로 규정한다.

| zǒu sī fèi wù zuì<br>**走私废物罪**<br>주 사 폐 물 죄 | 폐기물 밀수죄 |
|---|---|

세관의 감독관리를 피하여 외국의 고체 폐기물, 액체 폐기물 및 기체 폐기물을 국내로 운송하여 들여온 죄를 말한다. 본죄를 범한 경우 유기징역(통상 5년 이하, 엄중한 경우 5년 이상)에 처하고 벌금을 단독 부과 또는 병과한다. 본죄는 양벌규정을 적용한다(刑法 제152조).

| zǒu sī pǔ tōnghuò wù wù pǐn zuì<br>**走私普通货物(物品)罪**<br>주 사 보 통 화 물 ( 물 품 ) 죄 | 보통물품밀수죄 |
|---|---|

국가가 수출금지 또는 수출제한을 하지 않은 물품들을 밀수하여 세금납부의무를 기피하고 그 탈세액이 비교적 큰 죄를 말한다. 밀수로 탈세한 금액이 크지 않은 경우에는 죄가 되지 않아 과태료 부과 등의 행정처벌만 가하지만, 만약 1년 내에 밀수로 2회의 행정처빌을 받았다면 본죄로 처리한다. 본죄를 범한 경우 무기징역, 유기징역(통상 3년 이하, 엄중한 경우 3년에서 10년, 특별히 엄중한 경우 10년 이상), 구역(拘役)에 처하고 벌금 또는 재산몰수를 병과한다. 본죄는 양벌규정을 적용한다(刑法 제153조).

| zǒu sī pǔ tōng wù pǐn zuì de tè shū xíng shì<br>**走私普通物品罪的特殊形式**<br>주 사 보 통 물 품 죄 적 특 수 형 태 | 보통물품밀수죄로 간주하는 죄 |
|---|---|

외국으로부터 원재료, 부품 등을 받아 가공, 조립 후 이를 다시 수출하는 소위 OEM 제조 등 관세 감면, 면제 또는 보상을 받은 제품들을 세관의 허락 없이, 또는 이에 대한 세금납부를 하지 않은 상황에서 중국 경내에서 판매하여 이익을 꾀한 행위를 말한다. 본 행위는 주사보통물품죄(走私普通物品罪)로 논하여 처벌하여, 무기징역, 유기징역(통상 3년 이하, 엄중한 경우 3년에서 10년, 특별히 엄중한 경우 10년 이상), 구역(拘役)에 처하고 벌금 또는 재산몰수를 병과한다(刑法 제154조).

| 161 | jiān jiē zǒu sī xíng wéi<br>**间接走私行为**<br>간 접 주 사 행 위 | **간접밀수행위** |

세관의 검사소(关口)를 거치지 않았지만 실제는 물품을 밀수하였기에 밀수죄로 간주해야 하는 범죄행위를 말하며 비관구밀수(非关口走私)라고 칭하기도 한다. 예컨대 국가가 수입을 금지한 물품을 밀수자로부터 직접 불법적으로 매수하고 그 액수가 비교적 큰 경우와 명확한 국경선이 인정되지 않는 바다, 하류 등에서 국가가 수출입을 금지한 물품들을 운수, 구매, 판매하고 그 액수가 비교적 큰 경우가 여기에 속한다(刑法 제155조).

| 162 | zǒu sī gòng fàn<br>**走私共犯**<br>주 사 공 범 | **밀수공범** |

밀수범과 짜고 들어 밀수범에게 대부금, 자금, 예금계좌, 영수증, 증명서 등을 제공하거나, 또는 밀수범에게 운수, 보관, 운송 또는 기타 편리를 제공한 경우 밀수범의 공범으로 논하여 처벌한다(刑法 제156조).

| 163 | fáng hài duì gōng sī qǐ yè de guǎn lǐ zhì xù zuì<br>**妨害对公司(企业)的管理秩序罪**<br>방 해 대 공 사 ( 기 업 ) 적 관 리 질 서 죄 | **회사·기업관리질서방해죄** |

형법 각칙 제3장 제3절의 제목이자 회사·기업의 관리질서를 엄중히 위반하는 죄들의 총칭을 말한다. 여기에는 등록자본금 허위 신고죄, 공무원이 아닌 자의 뇌물수수죄, 상장회사 임원의 배임죄 등이 포함한다.

| xū bào zhù cè zī běn zuì 虚报注册资本罪 허 보 주 책 자 본 죄 | 등록자본금허위신고죄 |
|---|---|

회사등기를 신청하면서 허위의 증명문서를 사용하거나 기타 기만의 수단으로 등록자본을 허위적으로 신고함으로써 회사등기 주관부서를 기만하여 회사등기를 취득하고 그 사안이 엄중한 죄를 말한다. 본죄를 범한 경우, 3년 이하의 유기징역, 구역(拘役)에 처하고 벌금(허위신고한 등록자본금액의 1% 이상 5% 이하)을 병과 또는 단독 부과한다. 현재 중국은 회사설립에 있어서 원칙적으로는 등록자본금 승인납부제를 실행하고 있어서, 본죄명은 법규정에 의해 등록자본금 실제납부제를 적용하는 일부 유형의 회사에 한하여 성립될 수 있다. 본죄는 양벌규정을 적용한다(刑法 제158조).

| xū jiǎ chū zī chōu táo chū zī zuì 虚假出资(抽逃出资)罪 허 가 출 자 ( 추 도 출 자 ) 죄 | 등록자본금허위출자죄 |
|---|---|

회사발기인, 주주가 회사법의 규정을 위반하여 화폐, 실물 또는 재산권 등을 실질적으로 이전하지 않고 허위적인 출자형태만 갖추었는데 그 금액이 거대하고 심각한 결과를 초래한 죄를 말한다. 본죄를 범한 경우 5년 이하의 유기징역, 구역(拘役)에 처하고 벌금(허위적으로 출자한 금액의 2%~10%)을 병과 또는 단독 부과한다. 본죄명은 법규정에 의해 등록자본금 실제납부제를 적용하는 일부 유형의 회사에 한하여 성립될 수 있다. 본죄는 양벌규정을 적용한다(刑法 제159조).

| chōu táo chū zī zuì 抽逃出资罪 추 도 출 자 죄 | 등록자본금 임의인출죄 |
|---|---|

회사발기인, 주주가 회사법의 규정을 위반하여 출자금을 임의적으로 인출하였는데 그 금액이 거대하고 심각한 결과를 초래한 죄를 말한다. 본죄를 범한 경우 5년 이하의 유기징역, 구역(拘役)에 처하고 벌금(임의적으로 인출한 출자금액의 2%~10%)

을 병과 또는 단독 부과한다. 본죄명은 법규정에 의해 등록자본금 실제납부제를 적용하는 일부 유형의 회사에 한하여 성립될 수 있다. 본죄는 양벌규정을 적용한다(刑法 제159조).

**167**
qī zhà fā xíng gǔ piào zhàiquàn zuì
**欺诈发行股票(债券)罪**
기 사 발 행 고 표 ( 채 권 ) 죄

**주식·채권 등의 사기발행죄**

주주모집설명서, 주식인수서, 회사·기업의 채권모집방법 중에 중요한 사실을 숨기거나 중대한 허위내용을 날조하여 주식 또는 채권을 발행한 죄를 말한다. 본죄를 범한 경우 유기징역(통상 5년 이하, 엄중한 경우 5년 이상), 구역(拘役)에 처하고 벌금을 병과 또는 단독 부과한다. 지배주주, 실제지배인 등이 상기 행위를 지시한 경우도 본죄로 처벌하고, 본죄는 양벌규정을 적용한다(刑法 제160조).

**168**
wéi guī bù pī lù zhòngyào xìn xī zuì
**违规(不)披露重要信息罪**
위 규 ( 불 ) 피 로 중 요 신 식 죄

**중요정보 불법(비)공개죄**

법에 의하여 정보공개의무가 있는 회사·기업이 허위 또는 중요 사실을 은닉한 재무회계보고서를 주주와 사회에 제공하였거나, 또는 법에 따라 공개를 해야 하는 중요 정보를 공개하지 않아 주주 또는 타인의 이익에 엄중한 손해를 준 죄를 말한다. 본죄를 범한 경우 유기징역(통상 5년 이하, 엄중한 경우 5년 이상 10년 이하), 구역(拘役)에 처하고 벌금을 병과 또는 단독 부과한다. 본죄는 양벌규정을 적용한다(刑法 제161조).

**169**
fáng hài qīngsuàn zuì
**妨害清算罪**
방 해 청 산 죄

**청산을 방해한 죄**

회사·기업이 청산할 때 재산을 은닉하고, 대차대조표 또는 재산명세서를 허위로 기재하거나 또는 채무를 청산하기 전에 회사·기업의 재산을 분배함으로써 채권자 또는 다른 사람의 이익에 엄중한 손해를 가한 죄를 말한다. 본죄를 범한 경우 직접책임자를 5년 이하 유기징역, 구역(拘役)에 처하고 벌금을 병과 또는 단독 부과한다(刑法 제162조).

| yǐn nì xiāo huǐ cái wù píngzhèng zuì<br>**隐匿(销毁)财务凭证罪**<br>은 닉 ( 소 훼 ) 재 무 빙 증 죄 | 회계재무증빙서류를<br>은닉(소각)한 죄 |
|---|---|

법에서 보존해야 한다고 규정한 회계 관련 증빙자료, 회계장부, 재무회계보고 등을 은닉하거나 고의로 폐기한 죄를 말한다. 본죄를 범한 경우 5년 이하 유기징역, 구역(拘役)에 처하고 벌금을 단독 부과 또는 병과한다. 본죄는 양벌규정을 적용한다(刑法 제162조).

| xū jiǎ pò chǎn zuì<br>**虚假破产罪**<br>허 가 파 산 죄 | 허위파산죄 |
|---|---|

실제로 파산 상태에 달하지 않은 기업이 회사·기업이 재산을 은닉하거나 허위로 채무부담 형태를 갖추는 등 방법으로 재산을 이전, 처분한 후 파산을 하여 채권자 등 제3자의 이익을 엄중히 침해한 죄를 말한다. 본죄를 범한 경우 직접책임자를 5년 이하 유기징역, 구역(拘役)에 처하고 벌금을 단독 부과 또는 병과한다(刑法 제162조).

| shòu huì<br>**受贿**<br>수 회 | 뇌물수수 |
|---|---|

직무상의 편리를 이용하여 ① 타인에게 재물을 요구하여 얻어내거나 타인의 재물을 불법적으로 수수하고, 타인의 이익을 도모한 경우, 또는 ② 국가규정을 위반하여 각종 명목의 수수료, 수속비를 수취하여 개인이 소유한 행위를 말한다. 공직을 수행하

는 자가 수뢰한 경우 "수회죄(受賄罪)"라 하고, 공직을 수행하지 않는 자가 수뢰한 경우 "비국가공작인원수회죄(非国家工作人员受贿罪)"라고 한다(刑法 제163조).

---

**173**

**非国家工作人员受贿罪**
fēi guó jiā gōng zuò rén yuán shòu huì zuì
비 국 가 공 작 인 원 수 회 죄

**비공직자가 뇌물을 수수한 죄**

---

국가공작인원(国家工作人员)이 아닌 자가 뇌물을 수수한 죄를 말한다. 본죄를 범한 경우 뇌물 수수 액수에 따라 무기징역, 유기징역(통상 3년 이하, 엄중한 경우 3년에서 10년, 특별히 엄중한 경우 10년 이상), 구역(拘役)에 처하고 벌금을 병과한다. 은행 등 금융기관에서 근무하는 업무인원의 뇌물 수수도 본죄로 논하여 처벌한다. 다만 국유 금융기관에서 근무하는 업무인원 또는 비국유 금융기관에 파견하여 공무에 종사하는 업무인원의 뇌물 수수는 수뢰죄(受賄罪)로 논하여 처벌한다(刑法 제163조).

---

**174**

**行贿**
xíng huì
행 회

**뇌물공여**

---

부정당한 이익을 도모하기 위하여 특정인원 또는 단위(单位)에게 재물을 증여하거나 각종 명목의 수수료, 수속비를 제공하는 행위를 말한다. 다만 부정당한 이익을 위해 국가공작인원(国家工作人员)이 아닌 자에게 각종 명목의 수수료, 수속비를 제공하는 행위는 형사처벌 대상이 아니다.

---

**175**

**对非国家工作人员受贿罪**
duì fēi guó jiā gōng zuò rén yuán shòu huì zuì
대 비 국 가 공 작 인 원 수 회 죄

**비공직자에게 뇌물을 공여한 죄**

---

부정당한 이익을 도모하기 위해 회사·기업 등 단위(单位)의 직원에게 상당히 큰 금액의 재물을 제공한 죄를 말한다. 본죄를 범한 경우 뇌물 증여 액수에 따라 유기징

역(통상 3년 이하, 엄중한 경우 3년에서 10년, 특별히 엄중한 경우 10년 이상), 구역 (拘役)에 처하고 벌금을 병과한다. 본죄는 양벌규정을 적용한다(刑法 제164조).

| duì wài guógōng zhí rén yuán guó jì gōnggòng zǔ zhī guānyuán<br>**对外国公职人员(国际公共组织官员)**<br>xíng huì zuì<br>**行贿罪**<br>대외국공직인원(국제공공조직관원)행회죄 | **외국인 공직자(국제조직 관원)에게<br>뇌물을 공여한 죄** |

부정당한 이익을 도모하기 위해 외국인 공직자, 국제조직관원에게 뇌물로 상당히 큰 금액의 재물을 제공한 죄를 말한다. 본죄를 범한 경우 뇌물 증여 액수에 따라 유 기징역(통상 3년 이하, 엄중한 경우 3년에서 10년), 구역(拘役)에 처하고 벌금을 병 과한다. 본죄는 양벌규정을 적용한다(刑法 제164조).

| fēi fǎ jīngyíngtóng lèi yíng yè zuì<br>**非法经营同类营业罪**<br>비 법 경 영 동 류 영 업 죄 | **국유기업 임원이 경업제한을<br>위반한 죄** |

국유회사·기업의 이사(董事), 경리(经理)가 직무상의 편리를 이용하여 자신이 재직 하고 있는 국유회사·기업과 같은 종류의 영업을 스스로 경영하거나 타인을 위해 경 영함으로써 불법적인 이익을 얻은 죄를 말한다. 본죄를 범한 경우, 사안의 엄중성에 따라 유기징역(통상 3년 이하, 엄중한 경우 3년에서 10년), 구역(拘役)에 처하고 벌 금을 단독 부과 또는 병과한다(刑法 제165조).

| wèi qīn yǒu fēi fǎ móu lì zuì<br>**为亲友非法牟利罪**<br>위 친 우 비 법 모 이 죄 | **친인척을 위한 불법이익도모죄** |

국유회사·기업, 사업단위에서 근무하는 인원이 직무상의 편리를 이용하여 다음의 행위 중 하나를 행하여 국가이익에 중대한 손해를 초래한 죄를 말한다. ① 소속 단

위가 영위하는 업무에서 이윤을 보는 업무의 경영을 친인척에게 위탁, ② 친인척이 경영, 관리하는 업체에게 시장가격보다 현저히 낮은 가격으로 본사 제품을 제공, ③ 친인척이 경영, 관리하는 업체로부터 불량제품을 구매하거나 시장가격보다 현저히 높은 가격으로 제품을 구매한 행위이다. 본죄를 범한 경우, 유기징역(통상 3년 이하, 엄중한 경우 3년에서 10년), 구역(拘役)에 처하고 벌금을 단독 부과 또는 병과한다 (刑法 제166조).

| 179 | qiāndìng lǚ xíng hé tong shī zhí bèi piàn zuì<br>**签订(履行)合同失职被骗罪**<br>첨 정 ( 이 행 ) 합 동 실 직 피 편 죄 | **직무태만으로 계약 체결(이행) 시<br>사기를 당한 죄** |
| --- | --- | --- |

국유회사·기업, 사업단위에서 관련 업무를 직접 담당하는 주요 책임자가 계약을 체결, 이행하는 과정에서 엄중한 책임소홀로 인하여 사기를 당해 국가이익에 중대한 손실을 입게 한 죄를 말한다. 본죄를 범한 경우 사안 엄중성에 따라 유기징역(통상 3년 이하, 엄중한 경우 3년에서 10년), 구역(拘役)에 처한다(刑法 제167조).

| 180 | guó yǒu gōng sī guó yǒu qǐ yè shì yè dān wèi<br>**国有公司(国有企业·事业单位)**<br>rén yuán shī zhí zuì làn yòng zhí quán zuì<br>**人员失职罪(滥用职权)罪**<br>국유공사(국유기업·사업단위)<br>인원실직죄(남용직권)죄 | **공기업 주요책임자의 직무태만죄** |
| --- | --- | --- |

국유회사·기업, 사업단위 인원이 엄중한 소홀 또는 직권남용을 하여 소속 국유회사·기업이 파산 되었거나 엄중한 손해를 보아 국가이익에 중대한 손실을 가한 죄를 말한다. 본죄를 범한 경우 사안의 엄중성에 따라 유기징역(통상 3년 이하, 엄중한 경우 3년에서 10년), 구역(拘役)에 처한다. 상기 인원이 사적인 목적을 위해 본죄를 범한 경우 종중처벌(从重处罚)한다(刑法 제168조).

| dī jià chū shòu guó yǒu zī chǎn zuì **低价出售国有资产罪** 저 가 출 수 국 유 자 산 죄 | 국유자산염가판매죄 181 |
|---|---|

국유회사·기업 또는 그 상급 주관부서의 직접책임자가 사적인 목적을 위해 국유지분을 염가로 판매하는 등 국유자산 염가 판매로 국가이익에 중대한 손실을 가한 죄를 말한다. 본죄를 범한 경우 유기징역(통상 3년 이하, 엄중한 경우 3년에서 10년), 구역(拘役)에 처한다(刑法 제169조).

| bèi xìn sǔn hài shàng shì gōng sī lì yì zuì **背信损害上市公司利益罪** 배 신 손 해 상 시 공 사 이 익 죄 | 상장회사 임원의 배임죄 182 |
|---|---|

상장회사의 임원(이사, 감사, 고급관리자)이 회사에 대한 충실의무를 위반하고, 직무상의 편리를 이용하여 기타 시장주체에게 제품을 무상제공, 또는 채무상환능력이 없는 시장주체에게 담보, 정당한 사유 없이 채권을 포기하거나 채무를 부담하는 등 상장회사 이익을 심각하게 침해한 죄를 말한다. 본죄를 범한 경우 유기징역(통상 3년 이하, 엄중한 경우 3년에서 10년), 구역(拘役)에 처하고 벌금을 단독 부과 또는 병과한다. 상장회사의 지배주주, 실제지배인 등이 상장회사임원이 상기 행위를 하도록 시시한 경우 본죄로 논하여 처벌한다. 본죄는 양벌규정을 적용한다(刑法 제169조의 1).

| pò huài jīn róng guǎn lǐ zhì xù zuì **破坏金融管理秩序罪** 파 괴 금 융 관 리 질 서 죄 | 금융질서파괴죄 183 |
|---|---|

형법 각칙 제3장 제4절의 제목이자 국가의 금융업과 금융시장 질서를 엄중히 위반하는 죄들의 총칭을 말한다. 여기에는 화폐위조죄, 내부정보거래죄, 자금세탁죄 등 죄명이 포함된다.

| 184 | wěi zào huò bì zuì<br>**伪造货币罪**<br>위 조 화 폐 죄 | **화폐위조죄** |

중국 또는 다른 국가 화폐의 도형, 형태, 색채, 문자, 면액 등을 불법적으로 모방하여 가짜 화폐를 위조한 죄를 말한다. 본죄를 범한 경우 3년 이상 10년 이하의 유기징역에 처하고 벌금을 병과한다. 아래의 경우 중의 하나에 속하면 10년 이상 유기징역 또는 무기징역에 처하고 벌금 또는 재산몰수를 병과한다. ① 화폐위조 단체의 수괴인 경우, ② 위조 화폐 금액이 특별히 거대한 경우, ③ 기타 특별한 정황이 있는 경우이다. 화폐를 위조하고 판매 또는 운송한 경우 종중처벌(从重处罚) 한다(刑法 제170~171조).

| 185 | chūshòu gòumǎi  yùnshū jiǎ bì zuì<br>**出售(购买·运输)假币罪**<br>출 수 ( 구 매 · 운 수 ) 가 폐 죄 | **위조화폐판매(구매·운송)죄** |

상당한 금액의 위조화폐를 판매, 구매하거나 위조화폐임을 알면서도 운송한 죄를 말한다. 본죄를 범한 경우 무기징역, 유기징역(통상 3년 이하, 엄중한 경우 3년에서 10년, 특별히 엄중한 경우 10년 이상), 구역(拘役)에 처하고 벌금 또는 재산몰수를 병과한다(刑法 제171조).

| 186 | jīn rónggōngzuò rén yuángòumǎi jiāohuàn jiǎ bì zuì<br>**金融工作人员购买(交换)假币罪**<br>금 융 공 작 인 원 구 매 ( 교 환 ) 가 폐 죄 | **금융기관인원 위조화폐<br>구매(교환)죄** |

은행 등 금융기관의 임직원이 위조화폐를 구매하였거나, 직무상 편리를 이용하여 진짜화폐로 위조화폐를 교환한 죄를 말한다. 본죄를 범한 경우 무기징역, 유기징역(통상 3년 이하, 엄중한 경우 3년에서 10년, 특별히 엄중한 경우 10년 이상), 구역(拘役)에 처하고 벌금 또는 재산몰수를 병과한다. 정황이 경한 경우 벌금을 단독 부과할 수 있다(刑法 제171조).

| chí yǒu shǐ yòng jiǎ bì zuì<br>**持有(使用)假币罪**<br>지유 ( 사용 ) 가 폐 죄 | **위조화폐소지·사용죄** |
|---|---|

위조화폐인 것을 분명히 알면서도 소지, 사용하고 그 금액이 상당히 큰 죄를 말한다. 본죄를 범한 경우 유기징역(통상 3년 이하, 엄중한 경우 3년에서 10년, 특별히 엄중한 경우 10년 이상), 구역(拘役)에 처하고 벌금 또는 재산몰수를 병과한다. 정황이 경한 경우 벌금 단독 부과도 가능하다(刑法 제172조).

| biàn zào huò bì zuì<br>**变造货币罪**<br>변 조 화 폐 죄 | **화폐변조죄** |
|---|---|

진짜 화폐를 자르거나, 수정하거나, 붙여 이어 놓는 등의 방법으로 비교적 큰 금액의 진짜 화폐 면액을 불법 증액한 죄를 말한다. 본죄를 범한 경우 유기징역, 구역(拘役)에 처하고 벌금을 단독 부과 또는 병과한다(刑法 제173조).

| shàn zì shè lì jīn róng jī gòu zuì<br>**擅自设立金融机构罪**<br>천 자 설 립 금 융 기 구 죄 | **금융기관 임의설립죄** |
|---|---|

국가기관의 비준 없이 금융기관을 설립하거나 금융기구 설립을 준비하는 조직을 구축한 죄를 말한다. 본죄를 범한 경우 유기징역(통상 3년 이하, 엄중한 경우 3년 이상 10년 이하), 구역(拘役)에 처하고 벌금을 단독 부과 또는 병과한다. 본죄는 양벌규정을 적용한다(刑法 제174조).

190

wěi zào biàn zào  zhuǎn ràng  jīn róng jī gòu jīng yíng
**伪造(变造·转让)金融机构经营**
xǔ kě zhèng  pī zhǔn wén jiàn zuì
**许可证(批准文件)罪**
위조(변조, 전양)금융기구경영허가증(비준문건)죄

**금융기관 영업 허가문서
위조(변조·양도)죄**

금융기관의 영업 전개를 허여하는 영업허가증 또는 관련 비준문서를 위조, 변조, 양도한 죄를 말한다. 본죄를 범한 경우 유기징역(통상 3년 이하, 엄중한 경우 3년 이상 10년 이하), 구역(拘役)에 처하고 벌금을 단독 부과 또는 병과한다. 본죄는 양벌규정을 적용한다(刑法 제174조).

191

gāo lì zhuǎn dài zuì
**高利转贷罪**
고 리 전 대 죄

**은행대출에 의한 불법사채죄**

금융기관으로부터 대출을 받고 그 돈을 타인에게 고금리 사채를 발급하는 방식으로 이익을 꾀하여 상당히 큰 금액의 불법소득을 취득한 죄를 말한다. 본죄를 범한 경우 유기징역(통상 3년 이하, 엄중한 경우 3년 이상 7년 이하), 구역(拘役)에 처하고 벌금을 단독 부과 또는 병과한다. 본죄는 양벌규정을 적용한다(刑法 제175조).

192

piàn qǔ dài kuǎn  piào jù chéng duì  jīn róng piào zhèng zuì
**骗取贷款(票据承兑·金融票证)罪**
편 취 대 관 ( 표 거 승 태 · 금 융 표 증 ) 죄

**대출(어음승인·금융증서) 사기죄**

기만의 방법으로 은행 등 금융기관으로부터 대출을 받았거나, 어음승인, 신용장 등의 변제를 받아 금융기관에 중대한 손실을 초래한 죄를 말한다. 본죄를 범한 경우 유기징역(통상 3년 이하, 엄중한 경우 3년 이상 7년 이하), 구역(拘役)에 처하고 벌금을 단독 부과 또는 병과한다. 본죄는 양벌규정을 적용한다(刑法 제175조).

**fēi fǎ xī shōugōngzhòng cún kuǎn zuì**
### 非法吸收公众存款罪
비 법 흡 수 공 중 존 관 죄

### 불특정다수에 대한 불법수신죄

불특정 다수인들의 돈을 직접 또는 간접적으로 불법 유치하여 금융질서를 교란한 죄를 말한다. 본죄를 범한 경우 유기징역(통상 3년 이하, 엄중한 경우 3년에서 10년, 특별히 엄중한 경우 10년 이상), 구역(拘役)에 처하고 벌금을 단독 부과 또는 병과한다. 본죄는 양벌규정을 적용한다. 본죄를 범한 자가 공소 제기 전에 피해자들에게 환불해 주는 등 실제적으로 피해를 감소한 경우 종경처벌(从轻处罚) 또는 감경처벌(减轻处罚) 할 수 있다(刑法 제176조).

**wěi zào biàn zào jīn róngpiàozhèng zuì**
### 伪造(变造)金融票证罪
위 조 ( 변 조 ) 금 융 표 증 죄

### 금융증서 위조죄

금융증표 관련 법률들을 위반하여 어음(汇票), 약속어음(本票), 수표(支票) 또는 수금의뢰서(委托收款凭证), 송금증서(汇款凭证), 예금증서(银行存单) 등 은행의 결산용 증빙문서를, 또는 신용장 및 부수의 증서, 문서 등을 또는 신용카드 등의 금융증표를 위조(변조)한 죄를 말한다. 본죄를 범한 경우 무기징역, 유기징역(통상 3년 이하, 엄중한 경우 3년에서 10년, 특별히 엄중한 경우 10년 이상), 구역(拘役)에 처하고 사안이 경하면 벌금 단독 부과를 하고 사안이 엄중하면 벌금 또는 재산몰수를 병과한다. 본죄는 양벌규정을 적용한다(刑法 제177조).

**fáng hài xìn yòng kǎ guǎn lǐ zuì**
### 妨害信用卡管理罪
방 해 신 용 잡 관 리 죄

### 신용카드 관리 질서 방해죄

신용카드 관리 관련 법률들을 위반한 다음의 행위 중의 하나를 범한 죄를 말한다. ① 위조한 신용카드인 것을 분명히 알고 있음에도 소지, 운송한 경우, 또는 위조한 신용카드임을 분명히 알고 있으면서 소지, 운송하고 그 수량이 비교적 큰 경우, ②

불법으로 타인의 신용카드를 소지하고 수량이 비교적 큰 경우, ③ 허위의 신분증명을 사용하여 신용카드를 발급받은 경우, ④ 위조한 신용카드, 또는 허위 신분증명서를 이용하여 발급받은 신용카드를 판매, 구매 또는 타인에게 제공한 경우이다. 본죄를 범한 경우 유기징역(통상 3년 이하, 엄중한 경우 3년에서 10년), 구역(拘役)에 처하고 벌금을 단독 부과 또는 병과한다(刑法 제177조의1).

---

**196**

qiè qǔ  shōu mǎi    fēi fǎ tí gòng  xìn yòng kǎ xìn xī zuì
**窃取(收买·非法提供)信用卡信息罪**
절취(수매·비법제공)신용잡신식죄

### 신용카드 관련 정보 침해죄

타인의 신용카드 관련 정보를 절취, 수매 또는 불법 제공한 죄를 말한다. 본죄를 범한 경우 유기징역(통상 3년 이하, 엄중한 경우 3년에서 10년), 구역(拘役)에 처하고 벌금을 단독 부과 또는 병과한다. 은행 업무 종사자가 본죄를 범한 경우 종중처벌(从重处罚) 한다(刑法 제177조의 1).

---

**197**

wěi zào  biàn zào  guó jiā yǒu jià zhèngquàn zuì
**伪造(变造)国家有价证券罪**
위조(변조)국가유가증권죄

### 국가유가증권위조(변조)죄

상당히 큰 금액의 국채 또는 기타 형식의 국가유가증권을 위조(변조)한 죄를 말한다. 본죄를 범한 경우 무기징역, 유기징역(통상 3년 이하, 엄중한 경우 3년에서 10년, 특별히 엄중한 경우 10년 이상), 구역(拘役)에 처하고 사안 엄중성에 따라 벌금 단독 부과 또는 벌금, 재산몰수를 병과 한다. 본죄는 양벌규정을 적용한다(刑法 제178조).

---

**198**

wěi zào biàn zào  gǔ piào gōng sī     qǐ yè zhàiquàn  zuì
**伪造(变造)股票(公司·企业债券)罪**
위조(변조)고표(공사·기업채권)죄

### 주식(기업·회사 채권) 위조(변조)죄

상당히 큰 금액의 주식 또는 기업, 회사의 채권 등을 위조(변조)한 죄를 말한다. 본죄를 범한 경우 유기징역(통상 3년 이하, 엄중한 경우 3년에서 10년), 구역(拘役)에 처하고 벌금을 단독 부과 또는 병과한다. 본죄는 양벌규정을 적용한다(刑法 제178조).

---

**shàn zì fā xíng gǔ piào gōng sī qǐ yè zhàiquàn zuì**
## 擅自发行股票(公司 · 企业债券)罪 ‖ 주식(회사 · 기업채권) 임의발행죄
천 자 발 행 고 표 ( 공 사 · 기 업 채 권 ) 죄

199

주관 당국의 허락 없이 주식 또는 회사·기업의 채권을 발행하는 등의 방식으로 불법 융자를 하고 그 금액이 비교적 크거나 기타 엄중한 결과를 초래한 죄를 말한다. 본죄를 범한 경우 5년 이하 유기징역, 구역(拘役)에 처하고 벌금을 단독 부과 또는 병과한다. 본죄는 양벌규정을 적용한다(刑法 제179조).

---

**nèi mù jiāo yì xiè lù nèi mù xìn xī zuì**
## 内幕交易(泄露内幕信息)罪 ‖ 내부정보를 이용한 주가조작죄
내 막 교 역 ( 설 로 내 막 신 식 ) 죄

200

증권, 선물거래 관련 내부정보를 알거나 불법으로 취득한 자가 증권·선물의 가격에 중대한 영향을 주는 정보가 공개되기 전에 ① 해당 증권·선물을 매입·매출하였거나, ② 이러한 정보를 타인에게 제공·누설, 또는 ③ 해당 증권·선물에 대한 거래를 타인에게 명시 또는 암시하여 이익을 취득하거나 손해를 면하는 등의 불법행위를 하여 증권 시장의 질서를 심각하게 교란한 죄를 말한다. 본죄를 범한 경우 유기징역 (통상 5년 이하, 엄중한 경우 5년에서 10년), 구역(拘役)에 처하고 벌금을 단독 부과 또는 병과한다. 본죄는 양벌규정을 적용한다(刑法 제180조).

---

**lì yòng wèi gōng kāi xìn xī jiāo yì zuì**
## 利用未公开信息交易罪 ‖ 미공개 정보를 이용하여 거래한 죄
이 용 미 공 개 신 식 교 역 죄

201

금융기관의 임직원 또는 관련 업무종사자가 직무상 편리로 알게 된 내부정보 외의 기타 미공개정보를 이용하여 증권·선물 거래를 하거나, 그러한 거래를 하도록 명시

또는 암시하고 그 정황이 엄중한 죄를 말한다. 본죄를 범한 경우 유기징역(통상 5년 이하, 엄중한 경우 5년에서 10년), 구역(拘役)에 처하고 벌금을 단독 부과 또는 병과한다 (刑法 제180조).

---

**202**
biān zào bìng chuán bō zhèngquàn qī huò
**编造并传播证券(期货)**
jiāo yì xū jiǎ xìn xī zuì
**交易虚假信息罪**
편조병전파증권(기화)교역허가신식죄

**증권(선물) 거래 관련 허위정보를 날조(전파)한 죄**

---

증권(선물) 거래 관련 허위정보를 날조 또는 전파하여 시장질서를 교란하고 엄중한 결과를 초래한 죄를 말한다. 본죄를 범한 경우 5년 이하 유기징역, 구역(拘役)에 처하고 벌금을 단독 부과 또는 병과한다. 본죄는 양벌규정을 적용한다(刑法 제181조).

---

**203**
yòu piàn tóu zī zhě mǎi mài zhèngquàn qī huò hé yuē zuì
**诱骗投资者买卖证券(期货)合约罪**
유 편 투 자 자 매 매 증 권 ( 기 회 ) 합 약 죄

**증권(선물)투자매매유인죄**

---

증권거래소, 선물거래소, 증권사 또는 선물중개사의 종업원, 증권 또는 선물협회 또는 관련 업무 주관부서의 업무인원이 허위정보, 위조, 변조한 거래기록 등으로 투자자가 증권·선물 매매 계약을 체결하도록 유인하여 엄중한 결과를 초래한 죄를 말한다. 본죄를 범한 경우 유기징역(통상 5년 이하, 엄중한 경우 5년에서 10년), 구역(拘役)에 처하고 벌금을 단독 부과 또는 병과한다. 본죄는 양벌규정을 적용한다(刑法 제181조).

---

**204**
cāo zòng zhèngquàn qī huò shì chǎng zuì
**操纵证券(期货)市场罪**
조 종 증 권 ( 기 화 ) 시 장 죄

**증권·선물시세 조종죄**

---

증권시장, 선물시장 등의 시세를 조종하는 다음의 행위 중 하나를 하여 증권 또는 선물의 가격과 거래량에 엄중한 영향을 준 죄를 말한다. ① 단독 또는 타인과 함께 자

금, 정보 또는 증권·선물 보유량의 우세를 이용하여 연속매매를 한 행위, ② 타인과 통모하여 사전에 약속한 시간, 가격, 방식으로 상호간의 증권·선물을 거래한 행위, ③ 자신이 지배하는 계좌 간의 상호거래를 하거나 자신을 거래대상으로 한 행위, ④ 거래달성을 목적으로 하지 않고 빈번하게 대량 매입 또는 매출을 예약, 철회하는 행위, ⑤ 허위 또는 미검증 정보로 투자자의 거래를 유치하는 행위, ⑥ 특정 증권·선물 종목에 대해 공개적으로 평가한 후 그 평가 취지와 다르게 거래를 하는 행위, ⑦ 증권·선물 시장을 조종하는 기타 행위이다. 본죄를 범한 경우 유기징역(통상 5년 이하, 엄중한 경우 5년에서 10년), 구역(拘役)에 처하고 벌금을 단독 부과 또는 병과한다. 본죄는 양벌규정을 적용한다(刑法 제182조).

| bèi xìn yùnyòngshòu tuō cái chǎn zuì<br>**背信运用受托财产罪**<br>배 신 운 용 수 탁 자 산 죄 | **금융기관의 수탁관리자산<br>임의유용죄** | 205 |

금융기관이 수탁의무를 위반하여 위탁을 받고 관리하는 고객의 자금, 재산 등을 임의로 활용하여 그 정황이 엄중한 죄를 말한다. 본죄를 범한 경우 유기징역(통상 3년 이하, 엄중한 경우 3년에서 10년), 구역(拘役)에 처하고 벌금을 병과한다. 본죄는 양벌규정을 적용한다(刑法 제185조의 1).

| wéi fǎ yùnyòng zī jīn zuì<br>**违法运用资金罪**<br>위 법 운 용 자 금 죄 | **사회복지금 불법 유용죄** | 206 |

사회보장기금 관리기구, 주택공적금 관리기구 등 대중 복지용 투자금 관리기관 등이 자금 운용 관련 국가규정을 위반한 경우, 그의 직접책임 담당자를 유기징역(통상 3년 이하, 엄중한 경우 3년에서 10년), 구역(拘役)에 처하고 벌금을 병과한다. 본죄는 양벌규정을 적용한다(刑法 제185조의1).

**207**

wéi fǎ fā fàng dài kuǎn zuì
违法发放贷款罪
위 법 발 방 대 관 죄

## 대출부실심사죄

금융기관 직원이 국가규정을 위반하여 대출을 발급하여 그 금액이 특별히 거대하거나 중대한 손해를 초래한 죄를 말한다. 본죄를 범한 경우 유기징역(통상 5년 이하, 엄중한 경우 5년 이상), 구역(拘役)에 처하고 벌금을 병과한다. 만약 금융기관 직원이 국가규정을 위반하고 소속 기구의 임직원 및 그들의 친족 또는 그들이 투자하였거나 임원직을 맡고 있는 회사 등에게 대출을 발급해 주는 경우 종중처벌(从重处罚)한다. 본죄는 양벌규정을 적용한다(刑法 제186조).

**208**

xī shōu kè hù zī jīn bù rù zhàng zuì
吸收客户资金不入账罪
흡 수 객 호 자 금 불 입 장 죄

## 고객자금불처리죄

금융기관 직원이 고객으로부터 자금을 전달받은 후 고객의 계좌에 입금하지 않았고 그 금액이 상당히 크거나 중대한 손실을 초래한 죄를 말한다. 본죄를 범한 경우 유기징역(통상 5년 이하, 엄중한 경우 5년 이상), 구역(拘役)에 처하고 벌금을 병과한다. 본죄는 양벌규정을 적용한다(刑法 제187조).

**209**

wéi guī chū jù jīn róngpiàozhèng zuì
违规出具金融票证罪
위 규 출 거 금 융 표 증 죄

## 금융증서위법발급죄

금융기관 직원이 규정을 위반하여 타인에게 신용장 또는 보증서, 수표, 예금증서, 자산증명 등을 발급하고 그 정황이 엄중한 죄를 말한다. 본죄를 범한 경우 유기징역(통상 5년 이하, 엄중한 경우 5년 이상), 구역(拘役)에 처한다. 본죄는 양벌규정을 적용한다(刑法 제188조).

## 对违法票据承兑(付款·保证)罪
duì wéi fǎ piào jù chéng duì   fù kuǎn   bǎozhèng zuì
대 위 법 표 거 승 태 ( 부 관 · 보 증 ) 죄

### 불법어음변제죄

210

금융기관 직원이 어음 증서 관련 업무 처리 과정에서 어음 증서 관련 법규들을 위반한 금융증서의 변제(지급, 보증, 제공)를 하여 중대한 손실을 초래한 죄를 말한다. 본죄를 범한 경우 무기징역, 유기징역(통상 5년 이하, 엄중한 경우 5년 이상), 구역(拘役)에 처한다. 본죄는 양벌규정을 적용한다(刑法 제189조).

## 骗购外汇罪
piàngòu wài huì zuì
편 구 외 회 죄

### 사기로 외환을 구매한 죄

211

위조, 변조된 세관 신고서, 수출입증명, 외환관리부서가 심사비준한 관련 증표를 사용하거나, 세관 신고서, 수출입증명, 외환관리부서가 심사비준한 관련 증표를 중복 사용하는 등 기만 행위로 상당히 큰 금액의 외환을 구매한 죄를 말한다. 본죄를 범한 경우 무기징역, 유기징역(통상 5년 이하, 엄중한 경우 5년 이상), 구역(拘役)에 처하고 벌금 또는 재산몰수를 병과한다. 본죄를 범하고자 상기 세관 신고서 등의 문서를 위조, 변조한 경우 종중처벌(从重处罚)한다. 본죄를 범하는 행위임을 분명히 알면서도 행위인에게 인민폐 자금을 제공한 자는 공범으로 처한다. 본죄는 양벌규정을 적용한다(刑法 제190조).

## 逃汇罪
táo huì zuì
도 회 죄

### 외환 국외예치죄

212

회사·기업 또는 기타 단위가 국가규정을 위반하여 임의로 상당한 금액의 외환을 국외에 예치하거나 또는 국내의 외환을 국외로 불법적으로 이전한 죄를 말한다. 본죄를 범한 경우 유기징역(통상 5년 이하, 엄중한 경우 5년 이상), 구역(拘役)에 처한다. 본죄는 양벌규정을 적용한다(刑法 제190조).

213

**洗钱罪**
xǐ qián zuì
세 전 죄

**자금세탁죄**

마약 관련, 조직폭력 단체 관련, 테러 관련, 밀수 관련, 공직자의 횡령과 뇌물수수 관련, 금융관리질서 관련, 금융사기 관련 범죄로 취득한 소득 및 그로 인하여 생긴 수익을 은닉하기 위해 다음의 행위 중의 하나를 하여 범한 죄를 말한다. ① 계좌 제공, ② 범죄 관련 자금들을 현금, 금융증서, 유가증권으로 전환, ③ 계좌이체 또는 기타 지급방식으로 자금을 이전, ④ 국경 밖으로 자산을 이전, ⑤ 범죄 소득 또는 수익 은닉을 위한 기타 행위이다. 본죄를 범한 경우 유기징역(통상 5년 이하, 엄중한 경우 5년에서 10년), 구역(拘役)에 처하고 벌금을 단독 부과 또는 병과한다. 본죄는 양벌규정을 적용한다(刑法 제191조).

214

**金融诈骗罪**
jīn róng zhà piàn zuì
금 융 사 편 죄

**금융사기죄**

형법 각칙 제3장 제5절의 제목이자 불법점유를 목적으로 사실을 허구하거나 진실을 은닉하는 방식으로 금융기관의 신임을 편취하여 금융관리질서를 파괴하는 죄들의 총칭을 말한다. 여기에는 대출사기 관련 범죄, 금융 결산용 증빙서류 관련 범죄, 신용카드 사기 관련 범죄 등의 죄명들이 있다.

215

**集资诈骗罪**
jí zī zhà piàn zuì
집 자 사 편 죄

**불특정 다수의 적금사기죄**

불법점유를 위해 기만의 방식으로 상당한 금액의 대중들의 적금을 유치한 죄를 말한다. 본죄를 범한 경우 무기징역, 유기징역(통상 3년에서 7년, 엄중한 경우 7년 이상)에 처하고 벌금 또는 재산몰수를 병과한다. 본죄는 양벌규정을 적용한다(刑法 제192조).

| dài kuǎn zhà piàn zuì
**贷款诈骗罪**
대 관 사 편 죄 | 대출사기죄 |

불법점유를 목적으로 대출사유, 대출계약서 등을 날조하거나 이중 담보, 허위 증명서 제공 등의 수법으로 은행 등 금융기관으로부터 상당히 큰 금액의 대출금을 편취한 죄를 말한다. 본죄를 범한 경우 무기징역, 유기징역(통상 5년 이하, 엄중한 경우 5년에서 10년, 특별히 엄중한 경우 10년 이상), 구역(拘役)에 처하고 벌금 또는 재산 몰수를 병과한다(刑法 제193조).

| piào jù zhà piàn zuì
**票据诈骗罪**
표 거 사 편 죄 | 금융증표 사기죄 |

불법점유를 목적으로 가짜 금융증표를 사기의 도구로 사용하는 다음의 행위 중 하나를 하여 상당한 금액을 편취한 죄를 말한다. ① 위조, 변조한 어음(汇票), 약속어음(本票), 수표(支票)임을 분명히 알면서도 사용, ② 이미 폐기된 어음, 약속어음, 수표임을 알면서도 사용, ③ 타인으로 사칭하여 어음, 약속어음, 수표(支票)를 사용, ④ 공수표 또는 기타 발급불가한 수표로 재물을 편취, ⑤ 어음, 약속어음 발급인이 보증할 수 없는 어음, 약속어음을 발급하였거나 발급 시 허위기재를 하여 재물을 편취하는 행위이다. 본죄를 범한 경우 무기징역, 유기징역(통상 5년 이하, 엄중한 경우 5년에서 10년, 특별히 엄중한 경우 10년 이상), 구역(拘役)에 처하고 벌금 또는 재산 몰수를 병과한다. 본죄는 양벌규정을 적용한다(刑法 제194조).

| jīn róngpíngzhèng zhà piàn zuì
**金融凭证诈骗罪**
금 융 빙 증 사 편 죄 | 금융 결산용 증빙문서 사기죄 |

사기의 목적으로 위조, 변조한 수금의뢰서(委托收款凭证), 송금증서(汇款凭证), 예금증서(银行存单) 등 은행의 결산용 증빙문서를 사용하여 상당한 금액을 편취한 죄를 말한다. 본죄를 범한 경우 무기징역, 유기징역(통상 5년 이하, 엄중한 경우 5년에서 10년, 특별히 엄중한 경우 10년 이상), 구역(拘役)에 처하고 벌금 또는 재산몰수를 병과한다. 본죄는 양벌규정을 적용한다(刑法 제194조).

| 219 | xìn yòngzhèng zhà piàn zuì<br>信用证诈骗罪<br>신 용 증 사 편 죄 | 신용장 사기죄 |
|---|---|---|

사기의 목적으로 위조, 변조 또는 폐기된 신용장과 신용장에 첨부된 청구서, 관련문서 등을 사용하여 상당한 금액을 편취하였거나 이들을 활용하여 기타 상당한 금액의 가치가 있는 신용장을 편취한 죄를 말한다. 본죄를 범한 경우 무기징역, 유기징역(통상 5년 이하, 엄중한 경우 5년에서 10년, 특별히 엄중한 경우 10년 이상), 구역(拘役)에 처하고 벌금 또는 재산몰수를 병과한다. 본죄는 양벌규정을 적용한다(刑法 제195조).

| 220 | xìn yòng kǎ zhà piàn zuì<br>信用卡诈骗罪<br>신 용 잡 사 편 죄 | 신용카드 사기죄 |
|---|---|---|

다음의 행위 중의 하나로 신용카드 관련 사기를 하여 상당히 큰 금액을 편취한 죄를 말한다. ① 위조된 신용카드를 사용하거나 가짜 신분 증명 관련 문서로 신용카드를 발급받음, ② 폐기된 신용카드를 사용, ③ 타인을 사칭하여 신용카드를 사용, ④ 불법적인 점유를 목적으로 신용 한도를 초과하여 또는 상환 기간을 도과하여 신용카드를 사용하고 상환 독촉을 받았음에도 미상환하는 행위이다. 본죄를 범한 경우 무기징역, 유기징역(통상 5년 이하, 엄중한 경우 5년에서 10년, 특별히 엄중한 경우 10년 이상), 구역(拘役)에 처하고 벌금 또는 재산몰수를 병과한다. 훔친 신용카드로 상기행위 중의 하나를 행하였다면 절도죄(盜竊罪)로 논하여 처벌한다(刑法 제196조).

| yǒu jià zhèngquàn zhà piàn zuì<br>**有价证券诈骗罪**<br>유 가 증 권 사 기 죄 | 국가유가증권 사기죄 |
| --- | --- |

위조·변조한 국가채권 등 국가가 발행한 유가증권을 사용하여 상당히 큰 금액을 편취 한 죄를 말한다. 본죄를 범한 경우 무기징역, 유기징역(통상 5년 이하, 엄중한 경우 5년에서 10년, 특별히 엄중한 경우 10년 이상), 구역(拘役)에 처하고 벌금 또는 재산몰수를 병과한다(刑法 제197조).

| bǎoxiǎn zhà piàn zuì<br>**保险诈骗罪**<br>보 험 사 편 죄 | 보험사기죄 |
| --- | --- |

다음의 행위 중의 하나로 보험사기를 하여 상당히 큰 금액을 편취한 죄를 말한다. ① 보험가입자가 고의로 보험 대상물을 허위로 만들어 내어 보험금을 편취, ② 보험가입자, 피보험자 또는 수익자가 발생한 보험사고의 원인을 거짓으로 고하거나 손해 정도를 과상하여 보험금을 편취, ③ 보험가입자, 피보험자 또는 수익자가 발생하지 않은 보험사고를 날조하여 보험금을 편취, ④ 보험가입자, 피보험자가 고의로 재산손해가 발생한 보험사고를 초래하여 보험금을 편취, ⑤ 보험가입자, 수익자가 고의적으로 피보험인의 사망, 상해, 장애, 질병 등을 초래하여 보험금을 편취하는 행위이다. 위 ①의 행위에 대해서는 양벌규정을 적용한다. 위 ③과 ④의 행위가 본죄 외에 기타 다른 범죄에도 해당하는 경우 수죄병벌(数罪并罚) 한다. 보험사고감정인, 증명인, 재산평가인원이 고의적으로 허위문서를 제공하여 타인의 보험사기에 편의를 제공하였다면 본죄의 공범으로 처한다. 본죄를 범한 경우 유기징역(통상 5년 이하, 엄중한 경우 5년에서 10년, 특별히 엄중한 경우 10년 이상), 구역(拘役)에 처하고 벌금 또는 재산몰수를 병과한다(刑法 제198조).

| 223 | wēi hài shuìshōuzhēngguǎn zuì<br>**危害税收征管罪**<br>위 해 세 수 징 관 죄 | **세수 관리질서 침해죄** |

형법 각칙 제3장 제6절의 제목이자 국가의 세수징수 관련 행정규정을 위반한 정도
가 엄중하여 국가의 세수관리제도를 침해하였기에 형법으로 규제해야 하는 죄들의
총칭을 말한다. 여기에는 탈세범죄, 세금계산서 허위발급죄 등 죄명들이 포함된다.

| 224 | táo shuì zuì<br>**逃税罪**<br>탈 세 죄 | **탈세죄** |

납세자, 또는 납세대행자가 기만, 은닉 등의 수단으로 세금납부 신고를 허위로 하거
나 신고하지 않아 비교적 큰 금액의 탈세를 한 죄를 말한다. 본죄를 범한 경우 무기
징역, 유기징역(통상 3년 이하, 엄중한 경우 3년에서 7년), 구역(拘役)에 처하고 사안
이 경하면 벌금을 병과할 수 있고 중하다면 벌금을 병과해야 한다. 다만 탈세금액과
연체이자를 모두 납부하고 이에 따른 행정처분을 받았다면 형사책임 추궁 면제가
가능하다. 그럼에도 5년 내에 탈세로 2회 이상의 행정처벌을 받은 경우는 여전히 형
사책임 추궁대상이다. 본죄는 양벌규정을 적용한다(刑法 제201조).

| 225 | kàngshuì zuì<br>**抗税罪**<br>항 세 죄 | **조세징수저항죄** |

폭력, 위협의 방법으로 납세를 거부하고 납세하지 않은 죄를 말한다. 본죄를 범한
경우 유기징역(통상 3년 이하, 엄중한 경우 3년에서 7년), 구역(拘役)에 처하고 벌금
을 병과한다(刑法 제202조).

| táo bì zhuī jiǎo qiàn shuì zuì<br>**逃避追缴欠税罪**<br>도 피 추 교 결 세 죄 | 세수추징도피죄 |
|---|---|

납세자가 납세금을 완납하지 않고, 재산을 이전하거나 은닉하는 수단으로 세무기관으로 하여금 체납세액을 추징할 수 없도록 한 죄를 말한다. 본죄를 범한 경우 유기징역(통상 3년 이하, 엄중한 경우 3년에서 7년), 구역(拘役)에 처하고 벌금 단독 부과 또는 병과한다. 본죄는 양벌규정을 적용한다(刑法 제203조).

| piàn qǔ chū kǒu tuì shuì zuì<br>**骗取出口退税罪**<br>편 취 출 구 퇴 세 죄 | 관세환급금 편취죄 |
|---|---|

수출을 허위 신고하거나 기타 기만의 수단으로 국가로부터 비교적 큰 금액의 수출세금환급금을 편취한 죄를 말한다. 본죄를 범한 경우 사안의 엄중성에 따라 무기징역, 유기징역(통상 5년 이하, 엄중한 경우 5년에서 10년, 특별히 엄중한 경우 10년 이상), 구역(拘役)에 처하고 벌금 또는 재산몰수를 병과한다. 세금납부 후에 상기의 행위를 한 경우, 편취한 세금이 납부한 세금부분을 초과하지 않은 부분은 탈세죄(逃税罪)에 해당하고, 초과한 부분은 본죄에 해당된다. 본죄는 양벌규정을 적용한다(刑法 제204조).

| xū kāi zēng zhí shuì zhuān yòng fā piào yòng yú piàn qǔ chū kǒu<br>**虚开增值税专用发票(用于骗取出口**<br>tuì shuì    dǐ kòu shuì kuǎn fā piào zuì<br>**退税·抵扣税款发票)罪**<br>허개증치세전용발표<br>(용우편취출구퇴세 · 저구세관발표)죄 | 세금상쇄용영수증 허위발급죄 |
|---|---|

증치세 전용 영수증(관세환급과 세금 상쇄 기능이 있는 납세증빙문서,세금 계산서 등의 서류)을 허위로 발급한 죄를 말한다. 본죄를 범한 경우 유기징역(통상 3년 이하, 엄중한 경우 3년에서 10년, 특별히 엄중한 경우 10년 이상), 구역(拘役)에 처하

고 벌금 또는 재산몰수를 병과한다. 본죄는 양벌규정을 적용한다. 본죄에서 소위 허위발급(虛开)란 자신 또는 타인에게 발급해 주는 경우는 물론이고 허위발급 가능한 제3자를 소개해 주는 행위도 포함한다(刑法 제205조).

---

**229**

xū kāi fā piào zuì
**虚开发票罪**
허 개 발 표 죄

**일반 영수증 허위발급죄**

---

증치세전용영수증, 관세환급, 세금 상쇄 기능이 있는 납세를 증빙하는 문서 또는 영수증 외의 일반 영수증을 허위로 발급하고 그 정황이 엄중한 죄를 말한다. 본죄를 범한 경우 유기징역(통상 2년 이하, 엄중한 경우 2년에서 7년), 구역(拘役), 관제(管制)에 처하고 벌금을 병과한다. 본죄는 양벌규정을 적용한다(刑法 제205조의 1).

---

**230**

wěi zào chū shòu wěi zào de zēng zhí shuì zhuān yòng fā piào zuì
**伪造(出售伪造的)增值税专用发票罪**
위 조 ( 출 수 위 조 적 ) 증 치 세 전 용 발 표 죄

**증치세 전용 영수증 위조죄(위조한 증치세 전용 영수증 판매죄)**

---

증치세 전용 영수증을 위조(위조한 증치세 전용 영수증을 판매)한 죄를 말한다. 본죄를 범한 경우 무기징역, 유기징역(통상 3년 이하, 엄중한 경우 3년에서 10년, 특별히 엄중한 경우 10년 이상), 구역(拘役), 관제(管制)에 처하고 벌금 또는 재산몰수를 병과한다. 본죄는 양벌규정을 적용한다(刑法 제206조).

---

**231**

fēi fā chū shòu zēng zhí shuì zhuān yòng fā piào zuì
**非法出售增值税专用发票罪**
비 법 출 수 증 치 세 전 용 발 표 죄

**증치세 전용영수증 불법판매죄**

---

증치세 전용 영수증을 불법적으로 판매한 죄를 말한다. 본죄를 범한 경우 무기징역, 유기징역(통상 3년 이하, 엄중한 경우 3년에서 10년, 특별히 엄중한 경우 10년 이상), 구역(拘役), 관제(管制)에 처하고 벌금 또는 재산몰수를 병과한다. 본죄는 양벌규정을 적용한다(刑法 제207조).

fēi fǎ gòu mǎi zēng zhí shuì zhuān yòng fā piào zuì
**非法购买增值税专用发票罪**
gòu mǎi wěi zào de zēng zhí shuì zhuān yòng fā piào zuì
**(购买伪造的增值税专用发票罪)**
불법구매증치세전용발표죄
(구매위조적증치세전용발표죄)

**증치세전용영수증불법구매죄**
**(위조증치세전용영수증구매죄)**

증치세 전용 영수증을 불법으로 구매(위조한 증치세 전용 영수증을 구매)한 죄를 말한다. 본죄를 범한 경우 5년 이하 유기징역, 구역(拘役)에 처하고 벌금을 단독 부과 또는 병과한다. 본죄는 양벌규정을 적용한다(刑法 제208조).

fēi fǎ zhì zào yòng yú piàn qǔ chū kǒu tuì shuì
**非法制造用于骗取出口退税**
dǐ kòu shuì kuǎn fā piào zuì
**(抵扣税款)发票罪**
비법제조용우편취출구퇴세(저구세관)발표죄

**세금환급(세금공제)**
**영수증 불법제조죄**

수출세금환급을 편취할 수 있는 영수증(세금 상쇄용 영수증)을 위조, 임의 제조하거나, 그렇게 위조, 임의 제조한 상기 영수증들을 판매한 죄를 말한다. 본죄를 범한 경우 유기징역(통상 3년 이하, 엄중한 경우 3년에서 7년, 특별히 엄중한 경우 7년 이상), 구역(拘役), 관제(管制)에 처하고 벌금 또는 재산몰수를 병과한다. 본죄는 양벌규정을 적용한다(刑法 제209조).

fēi fǎ zhì zào fā piào zuì
**非法制造发票罪**
chū shòu fēi fǎ zhì zào de fā piào zuì
**(出售非法制造的发票罪)**
비법제조발표죄(출수비법제조적발표죄)

**영수증불법제조죄**
**(불법제조영수증판매죄)**

증치세 전용 영수증, 수출세금환급을 편취할 수 있는 영수증, 세금상쇄용 영수증 외의 기타 일반 영수증들을 위조, 임의 제조하거나 그렇게 위조, 임의 제조한 영수증들을 판매한 죄를 말한다. 본죄를 범한 경우 유기징역(통상 2년 이하, 엄중한 경우 2년에서 7년), 구역(拘役), 관제(管制)에 처하고 벌금을 병과한다. 본죄는 양벌규정을 적용한다(刑法 제209조).

| 235 | fēi fǎ chūshòuyòng yú piàn qǔ chū kǒu tuì shuì<br>**非法出售用于骗取出口退税**<br>dǐ kòushuìkuǎn fā piào zuì<br>**(抵扣税款)发票罪**<br>비법출수용우편취출구퇴세(저구세관)발표죄 | **수출세금환급을 편취할 수 있는 영수 증(세금상쇄용 영수증)불법판매죄** |

수출세금환급을 편취할 수 있는 영수증, 세금상쇄용 영수증들을 불법으로 판매한 죄를 말한다. 본죄를 범한 경우 유기징역(통상 3년 이하, 엄중한 경우 3년에서 7년, 특별히 엄중한 경우 7년 이상), 구역(拘役), 관제(管制)에 처하고 벌금 또는 재산몰수를 병과한다. 본죄는 양벌규정을 적용한다(刑法 제209조).

| 236 | fēi fǎ chūshòu fā piào zuì<br>**非法出售发票罪**<br>비 법 출 수 발 표 죄 | **영수증불법판매죄** |

증치세 전용 영수증, 수출세금환급을 편취할 수 있는 영수증, 세금상쇄용 영수증 외의 기타 일반 영수증들을 불법 판매한 죄를 말한다. 본죄를 범한 경우 유기징역(통상 2년 이하, 엄중한 경우 2년에서 7년), 구역(拘役), 관제(管制)에 처하고 벌금을 병과한다. 본죄는 양벌규정을 적용한다(刑法 제209조).

| 237 | chí yǒu wěi zào de fā piào zuì<br>**持有伪造的发票罪**<br>지 유 위 조 적 발 표 죄 | **위조영수증소지죄** |

위조한 영수증인 것을 명백히 알고 있으면서도 대량으로 소지한 죄를 말한다. 본죄를 범한 경우 유기징역(통상 2년 이하, 엄중한 경우 2년에서 7년), 구역(拘役), 관제(管制)에 처하고 벌금을 병과한다. 본죄는 양벌규정을 적용한다(刑法 제210조의 1).

| shuìshōuzhēng jiǎo yōu xiān yuán zé 税收征缴优先原则 세 수 징 교 우 선 원 칙 | 세수징수우선원칙 |
| --- | --- |

위해세수징관죄(危害税收征管罪) 군(群)에 속하는 죄를 범하여 벌금 또는 재산몰수에 처하게 된 경우 벌금 또는 재산몰수 형을 집행하기 전에 체납 또는 편취한 세금을 우선 추징하는 것을 말한다(刑法 제212조).

| qīn fàn zhī shí chǎn quán zuì 侵犯知识产权罪 침 범 지 식 산 권 죄 | 지식재산권침해죄 |
| --- | --- |

형법 각칙 제3장 제7절의 제목이자 국가의 세수징수 관련 행정규정을 위반한 정도가 엄중하여 국가의 세수관리제도를 침해하였기에 형법으로 규제해야 하는 죄들의 총칭을 말한다. 이에는 등록상표 불법사용, 특허 불법사용, 영업비밀 침해 범죄 등의 죄명들이 있다. 모든 지식재산권침해죄에는 양벌규정을 적용한다(刑法 제220조).

| jiǎ mào zhù cè shāng biāo zuì 假冒注册商标罪 가 모 주 책 상 표 죄 | 등록상표 불법사용죄 |
| --- | --- |

등록상표 소유자의 허가를 받지 아니하고, 같은 종류의 상품에 그 등록상표와 같은 상표를 사용한 죄를 말한다. 본죄를 범한 경우 사안의 엄중성에 따라 유기징역(통상 3년 이하, 엄중한 경우 3년에서 10년)에 처하고 벌금을 단독 부과 또는 병과한다. 본죄는 양벌규정을 적용한다(刑法 제213조).

| xiāo shòu jiǎ mào zhù cè shāng biāo de shāng pǐn zuì 销售假冒注册商标的商品罪 소 수 가 모 주 책 상 표 적 상 품 죄 | 등록상표를 도용한 제품을 판매한 죄 |
| --- | --- |

등록상표인 것처럼 꾸민 허위 상표를 부착한 제품임을 분명히 알고 있으면서도 이

를 판매하여 상당히 큰 금액의 불법소득을 얻었거나 기타 엄중한 정황이 있는 죄를 말한다. 본죄를 범한 경우 유기징역(통상 3년 이하, 엄중한 경우 3년에서 10년)에 처하고 벌금을 단독 부과 또는 병과한다. 본죄는 양벌규정을 적용한다(刑法 제214조).

| 242 | fēi fǎ zhì zào xiāoshòu zhù cè shāngbiāobiāo zhì zuì<br>**非法制造(销售)注册商标标识罪**<br>비 법 제 조 ( 소 수 ) 주 책 상 표 표 식 죄 | **등록상표표지 불법제조·판매죄** |

타인의 등록상표 표지를 위조하거나 임의로 제조(판매)한 죄를 말한다. 본죄를 범한 경우 사안 엄중성에 따라 유기징역(통상 3년 이하, 엄중한 경우 3년에서 10년)에 처하고 벌금을 단독 부과 또는 병과한다. 본죄는 양벌규정을 적용한다(刑法 제215조).

| 243 | jiǎ màozhuān lì zuì<br>**假冒专利罪**<br>가 모 전 리 죄 | **특허불법사용죄** |

타인의 특허를 모방하여 사용하여 타인의 특허권리를 침해하여 그 정황이 엄중한 죄를 말한다. 본죄를 범한 경우 사안 엄중성에 따라 3년 이하 유기징역, 구역(拘役)에 처하고 벌금을 단독 부과 또는 병과한다. 본죄는 양벌규정을 적용한다(刑法 제216조).

| 244 | qīn fàn zhù zuò quán zuì<br>**侵犯著作权罪**<br>침 범 저 작 권 죄 | **저작권침해죄** |

이익취득을 목적으로 다음의 행위 중 하나로 타인의 저작권 또는 저작권 관련 권리를 침해하여 비교적 큰 금액의 불법소득을 취득하였거나 기타 엄중한 정황이 있는 죄를 말한다. ① 저작권자의 허가 없이 문자 작품, 음악, 미술, 영상시청물, 프로그램 등 저작물들을 복제발행, ② 타인에게 독점출판권이 있는 도서를 출판, ③ 음반·영

상 등 저작물 제작자의 연출을 정보통신망을 통해 대중들에게 전파, ④ 연출자의 허가 없이 연출자의 연출을 기록한 음반·영상을 발행하고 정보통신망을 통해 관련 제품들을 공개, ⑤ 타인의 서명을 가짜로 모방한 미술작품을 제작·판매, ⑥ 저작권 등 관련 권리인의 허락 없이 그 권리인이 저작권 등 관련 권리를 보호하기 위해 설정한 기술적 조치들을 고의로 기피하거나 파괴하는 행위이다. 본죄를 범한 경우 유기징역(통상 3년 이하, 엄중한 경우 3년에서 10년)에 처하고 벌금을 단독 부과 또는 병과한다. 본죄는 양벌규정을 적용한다(刑法 제217조).

| xiāoshòu qīn quán fù zhì pǐn zuì<br>**销售侵权复制品罪**<br>소 수 침 권 복 제 품 죄 | **저작권침해제품 판매죄** |
|---|---|

245

이익취득을 목적으로 저작권 침해범죄에 해당하는 물품이라는 것을 알면서도 판매하여 거대한 금액의 불법소득을 취득하였거나 기타 엄중한 정황이 있는 죄를 말한다. 본죄를 범한 경우 5년 이하 유기징역에 처하고 벌금을 단독 부과 또는 병과한다. 본죄는 양벌규정을 적용한다(刑法 제218조).

| qīn fàn shāng yè mì mì zuì<br>**侵犯商业秘密罪**<br>침 범 상 업 비 밀 죄 | **영업비밀침해죄** |
|---|---|

246

영업비밀 보호 관련 법률 또는 규정을 위반하고 다음의 행위 중의 하나의 부당한 수단으로 타인의 영업비밀을 침해하고 그 정황이 엄중한 죄를 말한다. ① 절취, 뇌물 공여, 공갈, 전산시스템 침입 등 부당한 수단으로 영업비밀을 취득, ② 위 방법으로 취득한 영업비밀을 공표, 사용하거나 타인에게 사용 허락, ③ 비밀유지의무 등을 위반하고 자신이 알게 된 영업비밀을 공표, 사용 또는 타인에게 사용을 허락하는 행위이다. 본죄를 범한 경우 유기징역(통상 3년 이하, 엄중한 경우 3년에서 10년)에 처하고 벌금을 단독 부과 또는 병과한다. 아울러, 위의 행위가 있음을 분명히 알면서도 해당 영업비밀을 타인에게 공개, 제공하거나 타인이 사용하도록 허용한 경우도 본죄로 논한다. 본죄는 양벌규정을 적용한다(刑法 제219조).

| 247 | wéi jìng wài qiè qǔ　cì tàn　shōumǎi　fēi fǎ tí gòng<br>**为境外窃取(刺探 · 收买 · 非法提供)**<br>shāng yè mì mì zuì<br>**商业秘密罪**<br>위경외절취(자탐 · 수매 · 비법제공)상업비밀죄 | **외국세력을 위한 영업비밀 절취<br>(사찰 · 매수 · 불법제공)죄** |

외국 기구, 조직, 인원을 위해 영업비밀을 절취, 매수, 사찰 등 불법제공한 죄를 말한다. 본죄를 범한 경우 유기징역(통상 5년 이하, 엄중한 경우 5년 이상)에 처하고 벌금을 단독 부과 또는 병과한다. 본죄는 양벌규정을 적용한다(刑法 제219조의1).

| 248 | rǎo luàn shì chǎng zhì xù zuì<br>**扰乱市场秩序罪**<br>요 란 시 장 질 서 죄 | **시장질서교란죄** |

형법 각칙 제3장 제8절의 제목이자 국가의 시장감독관리 관련 법률과 규정들을 위반하여 영업자격 없이 영업을 하거나 강제거래 등 부정경쟁을 하여 시장의 정상적이고 공정한 질서를 교란하는 죄들의 총칭을 말한다. 이에는 허위광고범죄, 불법경영죄 등의 죄명들이 포함된다. 본 절에 포함한 모든 죄명들은 양벌규정을 적용한다.

| 249 | sǔn hài shāng yè xìn yù　shēng yù　zuì<br>**损害商业信誉(声誉)罪**<br>손 해 상 업 신 예 ( 성 예 ) 죄 | **상업상 명예훼손죄** |

허위사실을 날조 및 퍼뜨려 타인의 상업신용, 상품 평판에 손해를 입혀, 타인에게 중대한 손실을 초래하거나 기타 사안이 엄중한 죄를 범한다. 본죄를 범한 경우 2년 이하 유기징역, 구역(拘役)에 처하고 벌금을 단독 부과 또는 병과한다. 본죄는 양벌규정을 적용한다(刑法 제221조).

| xū jiǎ guǎng gào zuì<br>**虚假广告罪**<br>허 가 광 고 죄 | **허위광고죄** | 250 |
|---|---|---|

광고주, 광고경영자, 광고시행자가 국가규정을 위반하여 상품 또는 용역에 대한 광고를 이용하여 허위적인 홍보를 하였고 그 정황이 엄중한 죄를 말한다. 본죄를 범한 경우 2년 이하 유기징역, 구역(拘役)에 처하고 벌금을 단독 부과 또는 병과한다. 본죄는 양벌규정을 적용한다(刑法 제222조).

| chuàn tōng tóu biāo zuì<br>**串通投标罪**<br>천 통 투 표 죄 | **입찰담합죄** | 251 |
|---|---|---|

입찰자 상호 간에 통모하여 입찰가격을 제출하여 입찰공고자 또는 기타 입찰자의 이익을 침해하고 그 사안이 엄중한 죄를 말한다. 본죄를 범한 경우 3년 이하 유기징역, 구역(拘役)에 처하고 벌금을 단독 부과 또는 병과한다. 입찰자와 발주자가 담합하여 국가, 집체, 공민의 적법한 이익에 손해를 가한 것도 본죄로 논한다. 본죄는 양벌규정을 적용한다(刑法 제223조).

| hé tong zhà piàn zuì<br>**合同诈骗罪**<br>합 동 사 편 죄 | **계약을 이용한 사기죄** | 252 |
|---|---|---|

타인자산에 대한 불법점유를 목적으로 계약서 체결, 계약 이행 등을 사기의 수단으로 활용하여 상당히 큰 금액을 편취한 죄를 말한다. 본죄를 범한 경우 무기징역, 유기징역(통상 3년 이하, 엄중한 경우 3년에서 10년, 특별히 엄중한 경우 10년 이상), 구역(拘役)에 처하고, 사안이 경하면 벌금을 단독 부과하고, 엄중하면 벌금 또는 재산몰수를 병과한다. 계약주체 사칭, 조작된 재산증빙문서 사용, 사기목적 달성을 위한 계약의 일부 이행, 납품 받은 후의 도주 등 행위는 본죄에 구성될 수 있다. 본죄는 양벌규정을 적용한다(刑法 제224조).

## 253

### zǔ zhī lǐng dǎo chuánxiāohuódòng zuì
### 组织(领导)传销活动罪
### 조 직 ( 영 도 ) 전 소 활 동 죄

### 불법다단계수괴죄

수수료지급, 상품 또는 용역 구매로 참가자 자격을 부여하고 참가자를 일정 순위에 따라 등급을 달리한 후 참가자로 하여금 계속하여 다른 참가자를 모집하도록 유인 또는 강요하는 방식으로 재물을 편취하고 시장경제질서를 교란한 죄를 말한다. 본 죄를 범한 경우 이러한 활동을 조직하거나 인솔한 수괴자는 유기징역(통상 5년 이 하, 엄중한 경우 5년 이상), 구역(拘役)에 처하고 벌금을 병과한다. 본죄는 양벌규정 을 적용한다(刑法 제224조의 1).

## 254

### fēi fǎ jīngyíng zuì
### 非法经营罪
### 비 법 경 영 죄

### 불법경영죄

법과 정책에서 규정한 인허가를 취득하지 않고 상품 또는 서비스를 제공하거나 인 허가 비준서류를 판매하여 시장질서를 엄중히 교란한 경우 본죄로 논한다. 예컨대 중국에서 담배는 특정 국유기업만이 제조할 수 있어서, 그러한 업체 외에 담배를 제 조하고 판매하면 본죄에 해당될 수 있다. 본죄를 범한 경우 유기징역(통상 5년 이하, 엄중한 경우 5년 이상), 구역(拘役)에 처하고 정황이 경하면 벌금을 단독 부과하고 정황이 엄중하면 벌금 또는 재산몰수를 병과한다. 본죄는 양벌규정을 적용한다(刑 法 제225조).

## 255

### qiǎng pò jiāo yì zuì
### 强迫交易罪
### 강 박 교 역 죄

### 거래강요죄

폭력 또는 위협으로 다음의 행위 중 하나를 행하여 입찰 등 특정의 경제활동에 개입 하거나 퇴출할 것을 강요하고 그 정황이 엄중한 죄를 말한다. ① 상품 판매 또는 구 매를 강요, ② 강제로 타인에게 서비스를 제공, ③ 입찰 또는 경매에 참여할 것을 강요, ④ 회사·기업의 지분, 채권 등 자산의 양도 또는 인수를 강요, ⑤ 특정 경제 활동에 참여하거나 퇴출할 것을 강요하는 행위이다. 본죄를 범한 경우 유기징역(통상 3년 이하, 엄중한 경우 3년에서 7년), 구역(拘役)에 처하고 벌금을 단독 부과 또는 병과한다. 본죄는 양벌규정을 적용한다(刑法 제226조).

| wěi zào yǒu jià piàozhèng zuì **伪造有价票证罪** 위 조 유 가 표 증 죄 | 유가증권 위조죄 | 256 |
| --- | --- | --- |

기차, 자동차, 선박 등의 승차권, 우표 및 기타 형식의 금전적 가치가 있는 증빙서류를 위조하거나 위조된 것을 암거래하여 상당한 금액의 불법소득을 취득한 죄를 말한다. 본죄를 범한 경우 유기징역(통상 2년 이하, 엄중한 경우 2년에서 7년), 구역(拘役)에 처하고 벌금을 단독 부과 또는 병과한다. 본죄는 양벌규정을 적용한다(刑法 제227조).

| dǎo mài chē piào chuánpiào zuì **倒卖车票(船票)罪** 도 매 차 표 ( 선 표 ) 죄 | 대중교통승차권 암거래죄 | 257 |
| --- | --- | --- |

기차, 자동차, 선박 등의 승차권을 암거래하고 그 사안이 엄중한 죄를 말한다. 본죄를 범한 경우 3년 이하 유기징역, 구역(拘役), 관제(管制)에 처하고 벌금을 단독 부과 또는 병과한다. 본죄는 정상 발급한 승차권을 암거래하여 범하게 된다는 점에서 승차권을 위조하였거나 위조한 승차권을 판매하게 되어 범하는 위조유가표증죄(伪造有价票证罪)와 구별된다. 본죄는 양벌규정을 적용한다(刑法 제227조).

| fēi fǎ zhuǎnràng dǎo mài tǔ dì shǐ yòngquán zuì **非法转让(倒卖)土地使用权罪** 비 법 전 양 ( 도 매 ) 토 지 사 용 권 죄 | 토지사용권불법양도(암거래)죄 | 258 |
| --- | --- | --- |

이익 취득을 목적으로 토지관리법규를 위반하여 토지사용권을 불법적으로 양도하

거나 암거래하여 그 정황이 엄중한 죄를 말한다. 본죄를 범한 경우 유기징역(통상 3년 이하, 엄중한 경우 3년에서 7년), 구역(拘役)에 처하고 벌금을 단독 부과 또는 병과한다. 본죄는 양벌규정을 적용한다(刑法 제228조).

---

**259**

tí gòng xū jiǎ zhèngmíngwénjiàn zuì
**提供虚假证明文件罪**
제 공 허 가 증 명 문 건 죄

**허위문서제출죄**

---

자산평가, 검수평가, 회계감사와 심사, 안전평가, 환경평가, 법률서비스 등을 담당하는 자가 업무에 관하여 허위 문서를 제출하여 그 정황이 엄중한 죄를 말한다. 본죄를 범한 경우 유기징역(통상 5년 이하, 엄중한 경우 5년에서 10년), 구역(拘役)에 처하고 벌금을 병과한다. 예컨대 공정검수완료를 위해 공정 검수를 의뢰받은 검수업체 담당자가 공정에 하자가 없다는 검수보고서를 제출하였다면 본죄에 해당한다. 본죄는 양벌규정을 적용한다(刑法 제229조).

---

**260**

chū jù zhèngmíngwénjiàn zhòng dà shī shí zuì
**出具证明文件重大失实罪**
출 거 증 명 문 건 중 대 실 실 죄

**증명문서발급중대과실죄**

---

자산평가, 자산검사, 검증, 회계, 회계심사, 법률용역 등 업무를 수행하는 조직의 담당자가 무책임하여 해당 조직이 발급한 증명문서에 기재한 내용이 사실과 부합하지 않아 엄중한 결과를 초래한 죄를 말한다. 본죄를 범한 경우 3년 이하 유기징역, 구역(拘役)에 처하고 벌금을 단독 부과 또는 병과한다. 본죄는 양벌규정을 적용한다(刑法 제229조).

---

**261**

táo bì shāng jiǎn zuì
**逃避商检罪**
도 피 상 검 죄

**상품검사도피죄**

---

수출입 상품은 관련 검사를 통과하고 허가를 받아야 판매, 사용할 수 있는데 그러한

검사를 도피하여 임의로 판매, 사용하고 그 정황이 엄중한 죄를 말한다. 본죄를 범한 경우 3년 이하 유기징역, 구역(拘役)에 처하고 벌금을 단독 부과 또는 병과한다. 본죄는 양벌규정을 적용한다(刑法 제230조).

| qīn fàn gōngmín rén shēnquán lì   mín zhǔquán lì   zuì<br>**侵犯公民人身权利(民主权利)罪**<br>침 범 공 민 인 신 권 리 ( 민 주 권 리 ) 죄 | **공민의 인신권리(민주권리) 침해죄** | 262 |

형법 각칙 제4장의 제목이자 고의 또는 과실로 타인의 인신 또는 인신과 관련되는 권리를 침해하거나 고의로 공민이 합법적으로 향유하는 민주적 권리를 방해하거나 박탈하는 죄의 총칭을 말한다. 이에는 고의살인죄, 고의상해죄, 강간죄, 납치죄 등의 죄명들이 포함된다.

| gù yì shā rén zuì<br>**故意杀人罪**<br>고 의 살 인 죄 | **고의살인죄** | 263 |

고의로 타인의 생명을 박탈한 죄를 말한다. 본죄를 범한 경우 사형, 무기징역, 3년에서 10년의 유기징역에 처한다(刑法 제232조).

| guò shī zhì rén sǐ wáng zuì<br>**过失致人死亡罪**<br>과 실 치 인 사 망 죄 | **과실치사죄** | 264 |

과실로 타인의 사망을 초래한 죄를 말한다. 본죄를 범한 경우 유기징역(통상 3년에서 7년, 비교적 경미한 경우 3년 이하)에 처한다(刑法 제233조).

265
gù yì shāng hài zuì
**故意伤害罪**
고 의 상 해 죄

**고의상해죄**

타인의 신체 건강을 고의적으로 해하여 상해를 초래한 죄를 말한다. 본죄를 범한 경우 3년 이하 유기징역, 구역(拘役) 또는 관제(管制)에 처하고, 중상해를 초래하였다면 3년 이상 10년 이하 유기징역에 처한다. 다만 상해치사, 또는 특별히 잔인한 수단으로 타인의 중상해를 초래하여 피해자가 중증장애인이 되었다면 10년 이상 유기징역, 무기징역 사형에 처한다(刑法 제234조).

266
zǔ zhī chū mài rén tǐ qì guān zuì
**组织出卖人体器官罪**
조 직 출 매 인 체 기 관 죄

**인체기관판매조직죄**

사람의 장기 판매를 조직한 죄를 말한다. 본죄를 범한 경우 유기징역에 처하고 벌금 또는 재산몰수를 병과한다. 타인의 인체장기를 ① 당사자의 동의 없이 적출, ② 기만하여 적출, ③ 동의여부와 관계없이 만 18세 미만 미성년자의 장기를 적출한 경우 그 정황에 따라 고의살인죄(故意杀人罪) 또는 고의상해죄로(故意伤害罪) 논하여 처벌한다. 아울러 타인의 생전 동의 또는 근친족의 허락없이 고인의 시체에서 인체장기를 제거한 경우, 시체절도죄, 시체모욕죄 등으로 논하여 처벌한다(刑法 제234조의 1).

267
guò shī zhì rén zhòngshāng zuì
**过失致人重伤罪**
과 실 치 인 중 상 죄

**과실치상죄**

과실로 타인의 신체에 중상해를 입힌 죄를 말한다. 본죄를 범한 경우 3년 이하 유기징역, 구역(拘役)에 처한다(刑法 제235조).

| qiáng jiān zuì<br>**强奸罪**<br>강 간 죄 | 강간죄 |
|---|---|

폭력, 협박 또는 기타수단으로 부녀를 강간한 죄를 말한다. 본죄를 범한 경우 3년 이상 10년 이하의 유기징역에 처한다. 만 14세 미만의 여아를 간음한 것은 强奸罪로 논하고 종중처벌(从重处罚)한다. 아울러, 부녀강간 또는 만 14세 미만 여아 간음에서 다음의 정황 중의 하나가 있다면 10년 이상 유기징역, 무기징역, 사형에 처한다. ① 범죄 행위가 악랄한 경우, ② 다수의 피해자가 있는 경우, ③ 공공장소에서 공연히 죄를 범한 경우, ④ 2인 이상이 함께 죄를 범한 경우, ⑤ 만 10세 미만의 여아를 간음한 경우, ⑥ 만 14세 미만의 여아를 간음하고 상해한 경우, ⑦ 피해자의 중상해, 사망 또는 기타 엄중한 결과를 초래한 경우이다(刑法 제236조).

| fù zé zhào hù zé rèn rén yuánxìng qīn zuì<br>**负责照护责任人员性侵罪**<br>부 책 조 호 책 임 인 원 성 침 죄 | 후견자의 미성년 성추행죄 |
|---|---|

만 14세 이상 만 16세 이하의 여성 미성년자에 대해 감독, 보호, 입양, 교육, 의료 등의 책임이 있는 자가 해당 여성 미성년자와 싱관계를 한 죄를 말한다. 본죄를 범한 경우 유기징역(통상 3년 이하, 엄중한 경우 3년에서 10년)에 처한다(刑法 제236조의 1).

| qiáng zhì wěi xiè wǔ rǔ zuì<br>**强制猥亵(侮辱)罪**<br>강 제 외 설 ( 모 욕 ) 죄 | 강제추행죄 |
|---|---|

폭력, 협박 또는 기타 강제적인 방법으로 부녀를 향해 외설적인 행위를 하거나 부녀를 모욕한 죄를 말한다. 본죄를 범한 경우 5년 이하의 유기징역, 구역(拘役)에 처한다. 다만 여러 명이 함께, 또는 공공장소에서 그러한 행위를 하는 등 정황이 악랄한 경우 5년 이상 유기징역에 처할 수 있다(刑法 제237조).

| 271 | wěi xiè ér tóng zuì<br>**猥亵儿童罪**<br>외 설 아 동 죄 | 미성년자강제추행 |

만 14세 미만의 아동을 성추행한 죄를 말한다. 본죄를 범한 경우 5년 이하 유기징역에 처한다. 다만 다음의 정황이 있는 경우 5년 이상 유기징역에 처한다. ① 여러 명의 아동 또는 아동을 여러 번 성추행한 경우, ② 여러 명이 함께, 또는 공공장소에서 아동을 외설하고 그 정황이 악랄한 경우, ③ 아동의 상해 또는 기타 엄중한 결과를 초래한 경우, ④ 외설의 수단이 매우 악랄하거나 기타 악랄한 정황이 있는 경우이다(刑法 제237조).

| 272 | fēi fǎ jū jìn zuì<br>**非法拘禁罪**<br>비 법 구 금 죄 | 감금죄 |

타인을 불법 구금하거나 기타 수단으로 타인의 자유를 불법적으로 박탈한 죄를 말한다. 본죄를 범한 경우 3년 이하 유기징역, 구역(拘役), 관제(管制) 또는 참정권 박탈형에 처한다. 그 과정에서 구타, 모욕의 행위가 있는 경우 종중처벌(从重处罚)한다. 그 과정에서 타인의 중상해를 초래하였다면 3년 이상 10년 이하 유기징역에 처하고, 사망을 초래하였다면 10년 이상 유기징역에 처한다. 국가공무원이 본죄를 범한 경우 종중처벌(从重处罚) 한다(刑法 제238조).

| 273 | bǎng jià zuì<br>**绑架罪**<br>방 가 죄 | 납치 공갈죄 |

재물을 갈취할 목적으로 타인을 납치하거나 또는 납치하여 인질로 삼은 죄를 말한다. 본죄를 범한 경우 5년 이상 유기징역에서부터 무기징역에 벌금 또는 재산몰수를 병과할 수 있다. 그 과정에서 타인을 살해하였거나 고의적으로 피해자를 상해하여 중상해 또는 사망을 초래한 경우 사형에 처하고 재산몰수를 병과할 수 있다(刑法 제239조).

| guǎimài<br>**拐卖**<br>괴 매 | 유인하여 매매 |

판매를 목적으로 유인하는 것을 말하고 여기에는 유인, 납치, 재판매를 위한 구매, 판매, 수송, 중개 등 유괴부터 판매가 이루어 질때까지 필요한 모든 행위유형들이 포함된다. 따라서 위 행위 중에 하나만 행하여도 拐卖에 해당하여 拐卖를 범죄 요건으로 하는 죄명을 범하게 된다(刑法 제240조).

| guǎimài fù nǚ  ér tóng zuì<br>**拐卖妇女(儿童)罪**<br>괴 매 부 녀 ( 아 동 ) 죄 | 부녀(아동)유인하여 인신매매한 죄 |

부녀(아동)를 괴매(拐卖)한 죄를 말한다. 본죄를 범한 경우 5년 이상 10년 이하의 유기징역에 벌금을 병과한다. 다만 다음의 정황이 있는 경우 최고 사형에 처하고 재산 몰수 병과가 가능하다. ① 부녀(아동) 괴매(拐卖) 범죄집단의 수괴인 경우, ② 괴매(拐卖)한 부녀(아동)의 수가 3명 이상인 경우, ③ 괴매(拐卖) 당한 부녀를 간음한 경우, ④ 괴매(拐卖) 당한 부녀를 매음하도록 유인 또는 강요하거나 타인에게 판매하여 강제 매음을 한 경우, ⑤ 판매를 목적으로 피해자를 폭행, 협박, 마취하는 등의 방법으로 부녀(아동)를 납치한 경우, ⑥ 영유아를 훔친 경우, ⑦ 범죄 행위 과정에서 괴매(拐卖) 당한 부녀(아동) 또는 그들의 친족들의 중상해, 사망 등 엄중한 결과를 초래한 경우, ⑧ 피해자들을 외국에 판매한 경우이다(刑法 제240조).

| shōumǎi bèi guǎimài de fù nǚ  ér tóng zuì<br>**收买被拐卖的妇女(儿童)罪**<br>수 매 피 괴 매 적 부 녀 ( 아 동 ) 죄 | 피유괴 부녀(아동) 매수죄 |

괴매(拐卖) 당한 부녀(아동)라는 것을 알면서도 그러한 부녀(아동)를 매수한 죄를 말한다. 본죄를 범한 경우 3년 이하 유기징역, 구역(拘役) 또는 관제(管制)에 처한다. 본 범죄는 매수를 하여 성립되기에, 매수 후 강간, 불법구금, 고의상해, 모욕 등

을 하였다면 이는 본 범죄의 연장선이 아니라 새로운 죄를 범하여 "수죄병벌(数罪 并罚)"의 원칙을 적용한다. 다만 본죄를 범한 후 피해자를 학대하지 않았고 피해자 구조에 방해를 주지 않은 경우 종경처벌(从轻处罚) 가능하다. 반면 폭력, 협박 등의 방식으로 국가기관이 피해자를 구조하는 것에 방해를 주는 경우 종중처벌(从重处罚) 처벌한다(刑法 제241조).

### 277
**wū gàoxiàn hài zuì**
**诬告陷害罪**
무 고 함 해 죄

## 무고죄

타인으로 하여금 형사추궁을 받게 할 의도로 사실을 날조하여 타인을 무고한 죄를 말한다. 본죄를 범한 경우 유기징역(통상 3년 이하, 엄중한 경우 3년에서 10년), 구역 (拘役), 관제(管制)에 처한다. 다만 무고의 고의 없이 착오로 고소를 하였거나 신고 를 한 경우에는 본죄에 해당하지 않는다(刑法 제243조).

### 278
**qiǎng pò láo dòng zuì**
**强迫劳动罪**
강 박 노 동 죄

## 노동강요죄

폭력, 위협 또는 인신자유를 제한하는 방식으로 타인의 노동을 강요하거나, 또는 강 제노동범죄임을 알면서도 그에게 노동자들을 모집, 수송한 죄를 말한다. 본죄를 범 한 경우 유기징역(통상 3년 이하, 엄중한 경우 3년에서 10년)에 처하고 벌금을 병과 한다. 본죄는 양벌규정을 적용한다(刑法 제244조).

### 279
**gù yòngtónggōngcóng shì wēi zhòng láo dòng zuì**
**雇用童工从事危重劳动罪**
고 용 동 공 종 사 위 중 노 동 죄

## 아동근로자 위중노동 종사죄

만 16세미만 미성년자를 고용하여 강도 높은 육체노동과 고공 작업, 굴하 작업 또는 폭발, 연소, 독해물 등의 위험작업에 종사하게 하고 그 정황이 엄중한 죄를 말한다.

본죄를 범한 경우 유기징역(통상 3년 이하, 엄중한 경우 3년에서 7년), 구역(拘役)에 처하고 벌금을 병과한다(刑法 제244조의1).

| fēi fǎ sōu chá zuì<br>**非法搜查罪**<br>비 법 수 색 죄 | **주거·신체 불법수색죄** |
|---|---|

수사권이 없는 자가 임의로 타인의 신체 또는 주거를 수사한 죄를 말한다. 본죄를 범한 경우 3년 이하 유기징역, 구역(拘役)에 처하고, 사법공작인원이 직권을 남용하여 본죄를 범한 경우 종중처벌(从重处罚) 한다(刑法 제245조).

| fēi fǎ qīn rù zhù zhái zuì<br>**非法侵入住宅罪**<br>비 법 침 입 주 택 죄 | **주거침입죄** |
|---|---|

타인의 주거에 주인의 동의 없이 강제적으로 침입하였거나, 주인이 퇴출을 요구하였지만 이를 거절하여 타인의 정상적인 생활과 거주 안전을 침해한 죄를 말한다. 본죄를 범한 경우 3년 이하 유기징역, 구역(拘役)에 처하고, 사법공작인원이 직권을 남용하여 본죄를 범한 경우 종중처벌(从重处罚) 한다(刑法 제245조).

| wǔ rǔ fēi bàng zuì<br>**侮辱(诽谤)罪**<br>모 욕 ( 비 방 ) 죄 | **모욕죄** |
|---|---|

폭력 또는 기타 방법으로 타인을 공연히 모욕하거나 사실을 날조하여 타인을 비방하고 그 정황이 엄중한 죄를 말한다. 본죄를 범한 경우 3년 이하의 유기징역, 구역(拘役), 관제(管制) 또는 참정권 박탈형에 처한다. 본죄는 사회질서 및 국가이익에 중대한 위협을 가한 경우를 제외하고 고소가 있어야 형사사건으로 처리한다(刑法 제246조).

| | |
|---|---|
| **283**<br>xíng xùn bī gòng zuì<br>**刑讯逼供罪**<br>형 훈 핍 공 죄 | **자백강요죄** |

사법공작인원(司法工作人员)이 범죄피의자 또는 피고인에 대해 고문에 의한 자백을 강요한 죄를 말한다. 본죄를 범한 경우 3년 이하의 유기징역, 구역(拘役)에 처한다. 사람의 치상 또는 치사를 초래한 경우, 고의상해죄, 고의살인죄로 인정하고 종중처벌(从重处罚) 한다(刑法 제247조).

| | |
|---|---|
| **284**<br>bào lì qǔ zhèng zuì<br>**暴力取证罪**<br>폭 력 취 증 죄 | **증인진술강요죄** |

사법공작인원(司法工作人员)이 폭력으로 증인에 대해 진술을 강요한 죄를 말한다. 본죄를 범한 경우 3년 이하의 유기징역, 구역(拘役)에 처한다. 사람의 치상 또는 치사를 초래한 경우, 고의상해죄, 고의살인죄로 인정하고 종중처벌(从重处罚) 한다(刑法 제247조).

| | |
|---|---|
| **285**<br>nuè dài bèi jiān guǎn rén zuì<br>**虐待被监管人罪**<br>학 대 피 감 관 인 죄 | **교정공무원 학대죄** |

감옥, 구류소(拘留所), 간수소(看守所) 등 감시관리기구의 감시관리자가 감시관리를 받는 자에 대해 구타 또는 체벌, 학대를 하였거나 타인을 사주하여 상기 행위를 범한 죄를 말한다. 본죄를 범한 경우 유기징역(통상 3년 이하, 엄중한 경우 3년에서 10년), 구역(拘役)에 처한다. 타인의 치상 또는 치사를 초래한 경우 고의상해죄, 고의살인죄로 인정하고 종중처벌(从重处罚) 한다(刑法 제248조).

| shāndòng mín zú chóuhèn (mín zú qí shì) zuì<br>**煽动民族仇恨(民族歧视)罪**<br>선 동 민 족 구 현 ( 민 족 기 시 ) 죄 | 민족원한(차별) 선동죄 |
|---|---|

민족의 원한(차별)을 선동한 죄를 말한다. 본죄를 범한 경우 유기징역(통상 3년 이하, 엄중한 경우 3년에서 10년), 구역(拘役), 관제(管制) 또는 참정권 박탈형에 처한다(刑法 제249조).

| chū bǎn qí shì (wǔ rǔ) shǎo shù mín zú zuò pǐn zuì<br>**出版歧视(侮辱)少数民族作品罪**<br>출 판 기 시 ( 모 욕 ) 소 수 민 족 작 품 죄 | 소수민족차별(모욕)작품출판죄 |
|---|---|

출판물 중에 소수민족을 차별(모욕)하는 내용을 기재하고 그 행위가 악랄하거나 엄중한 결과를 초래한 죄를 말한다. 본죄를 범한 경우 직접책임자를 3년 이하 유기징역, 구역(拘役) 또는 관제(管制)에 처한다(刑法 제250조).

| fēi fǎ bō duó gōng mín zōng jiào xìn yǎng zì yóu<br>**非法剥夺公民宗教信仰自由**<br>qīn fàn shǎo shù mín zú fēng sú xí guàn zuì<br>**(侵犯少数民族风俗习惯)罪**<br>비법박탈공민종교신앙자유<br>(침범소수민족풍속습관)죄 | 종교신앙(소수민족풍속)자유침해죄 |
|---|---|

국가공작인원(国家工作人员)이 공민의 종교 신앙의 자유(소수민족의 풍속)를 불법으로 박탈, 침해하고 그 정황이 엄중한 죄를 말한다. 본죄를 범한 경우 2년 이하의 유기징역, 구역(拘役)에 처한다(刑法 제251조).

| qīn fàn tōng xìn zì yóu zuì<br>**侵犯通信自由罪**<br>침 범 통 신 자 유 죄 | 우편물개봉죄 |
|---|---|

타인의 우편물을 은닉, 파기 또는 불법으로 개봉하여 공민의 통신 자유를 침해하고

그 사안이 엄중한 죄를 말한다. 본죄를 범한 경우 1년 이하의 유기징역, 구역(拘役)에 처한다(刑法 제252조).

290

**sī zì chāi huǐ yóu jiàn diàn bào zuì**
**私自拆毁邮件(电报)罪**
사 자 탁 훼 우 건 ( 전 보 ) 죄

## 우정국 직원의 우편물개봉죄

우정공작인원이 임의로 우편물, 전보를 개봉하거나 또는 은닉, 파기한 죄를 말한다. 본죄를 범한 경우 2년 이하의 유기징역, 구역(拘役)에 처한다(刑法 제253조).

291

**qīn fàn gōng mín gè rén xìn xī zuì**
**侵犯公民个人信息罪**
침 범 공 민 개 인 신 식 죄

## 개인정보침해죄

절도 또는 기타 불법적인 방법으로 타인의 개인정보를 취득하거나, 국가규정을 위반하여 타인의 개인정보를 제공·판매한 죄를 말한다. 본죄를 범한 경우 7년 이하 유기징역, 구역(拘役)에 처하고 벌금을 단독 부과 또는 병과한다. 직무수행 과정에서 취득한 개인정보를 타인에게 제공 또는 판매한 경우 종중처벌(从重处罚) 한다. 본죄는 양벌규정을 적용한다(刑法 제253조의 1).

292

**bào fù xiàn hài zuì**
**报复陷害罪**
보 복 함 해 죄

## 공무원의 보복죄

국가공작인원(国家工作人员)이 직권을 남용하여 공적 업무처리로 위장하였지만 실제적으로는 사사로운 개인 목적 실현을 위해 고소인, 신고인, 비판자, 고발인을 보복, 모함한 죄를 말한다. 본죄를 범한 경우 7년 이하 유기징역, 구역(拘役)에 처한다(刑法 제254조).

| dǎ jī bào fù kuài jì (tǒng jì) rén yuán zuì<br>**打击报复会计(统计)人员罪**<br>타 격 보 복 회 계 ( 통 계 ) 인 원 죄 | 회계(통계)업무 직원에 대한 보복죄 |
|---|---|

법에 따라 자신의 직책을 이행하거나 회계법, 통계법 위반행위를 제지하는 회계, 통계담당자에게 회사·기업, 사업단위, 기관, 단체의 지도자(임원)가 보복을 가하고 그 정황이 악랄한 죄를 말한다. 본죄를 범한 경우 3년 이하 유기징역, 구역(拘役)에 처한다(刑法 제255조).

| pò huàixuǎn jǔ zuì<br>**破坏选举罪**<br>파 괴 선 거 죄 | 선거파괴죄 |
|---|---|

각급 인민대표대회와 국가기관의 지도자의 선거에서 폭력, 위협, 사기, 뇌물제공, 선거서류 위조, 선거 투표 결과 허위보고 등의 수단으로 선거를 해하거나, 유권자 또는 후보자가 선거권 또는 피선거권을 자유로이 행사하는 것에 방해를 하고 그 사안이 엄중한 죄를 말한다. 본죄를 범한 경우 3년 이하의 유기징역, 구역(拘役) 또는 참정권 박탈형에 처한다(刑法 제256조).

| bào lì gān shè hūn yīn zì yóu zuì<br>**暴力干涉婚姻自由罪**<br>폭 력 간 섭 혼 인 자 유 죄 | 혼인자유폭력간섭죄 |
|---|---|

폭력으로 타인의 혼인 자유를 간섭한 죄를 말한다. 본죄를 범한 경우 2년 이하의 유기징역, 구역(拘役)에 처하고, 피해자의 사망을 초래하였다면 2년 이상 7년 이하 유기징역에 처한다. 피해자의 사망을 초래한 경우를 제외하고는 피해자가 고소하여야 형사사건으로 처리한다(刑法 제257조).

| 296 | chónghūnzuì<br>**重婚罪**<br>중 혼 죄 | 중혼죄 |

배우자가 있으면서도 타인과 결혼하였거나, 또는 타인이 배우자가 있는 것을 알면
서도 그와 결혼한 죄를 말한다. 본죄를 범한 경우 2년 이하의 유기징역, 구역(拘役)
에 처한다(刑法 제258조).

| 297 | pò huài jūn hūn zuì<br>**破坏军婚罪**<br>파 괴 군 혼 죄 | 군인혼인 파괴죄 |

현역 군인의 배우자임을 명확히 알면서도 그와 동거 또는 결혼한 죄를 말한다. 본죄
를 범한 경우 3년 이하의 유기징역, 구역(拘役)에 처한다. 직무상 지위, 상호 종속의
관계 등을 이용하여 협박의 수단으로써 현역 군인의 처를 간음한 경우 강간죄로 논
하여 처벌한다(刑法 제259조).

| 298 | nuè dài zuì<br>**虐待罪**<br>학 대 죄 | 학대죄 |

동거하고 있는 가정구성원을 상대로 상시적으로 폭행, 굶주림, 감금, 과도한 노동 강
요, 질병 치료 거부, 자유 제한, 인격 모독 등의 방법으로 학대를 하거나 고통을 주고
그 정황이 악랄한 죄를 말한다. 본죄를 범한 경우 2년 이하의 유기징역, 구역(拘役)
또는 관제(管制)에 처한다. 그 과정에서 피해자의 중상해, 사망을 초래한 경우 2년
이상 7년 이하의 유기징역에 처한다. 피해자가 협박·공갈 등을 받아서 고소의 능력
이 없는 경우는 제외하고, 피해자의 중상해, 사망을 초래하지 않았다면 고소해야 형
사사건으로 처리한다(刑法 제260조).

| | |
|---|---|
| <sub>299</sub> nuè dài bèi jiān hù rén  bèi kān hù rén  zuì<br>**虐待被监护人(被看护人)罪**<br>학 대 피 감 호 인 ( 피 간 호 인 ) 죄 | **후견인 학대죄** |

미성년자, 노인, 환자, 장애인 등에 대해 감독, 보호, 간호 등의 후견 직책이 있는 자가 피후견자를 학대하여 그 정황이 악랄한 죄를 말한다. 본죄를 범한 경우 3년 이하 유기징역, 구역(拘役)에 처한다. 본죄는 양벌규정을 적용한다(刑法 제260조의 1).

| | |
|---|---|
| <sub>300</sub> yí qì zuì<br>**遗弃罪**<br>유 기 죄 | **유기죄** |

연로자, 연소자, 환자 또는 기타 독립적 생활능력이 없는 자의 부양의무자가 부양의무의 이행을 거부하여 그 정황이 악랄한 죄를 말한다. 본죄를 범한 경우 5년 이하의 유기징역, 구역(拘役) 또는 관제(管制)에 처한다(刑法 제261조).

| | |
|---|---|
| <sub>301</sub> guǎipiàn ér tóng zuì<br>**拐骗儿童罪**<br>괴 편 아 동 죄 | **아동유괴죄** |

만 14세 미만의 미성년자를 유괴하여 그들이 가정 또는 후견인의 보호로부터 벗어나게 한 죄를 말한다. 본죄를 범한 경우 5년 이하의 유기징역, 구역(拘役)에 처한다(刑法 제262조).

| | |
|---|---|
| <sub>302</sub> zǔ zhī cán jí rén  ér tóng  qǐ tǎo zuì<br>**组织残疾人(儿童)乞讨罪**<br>조 직 잔 질 인 ( 아 동 ) 걸 토 죄 | **장애인(아동)을 이용한 집단구걸죄** |

폭력, 협박의 수단으로 장애인이나 만 14세 미만의 미성년자를 조직하여 구걸행위를 하게 한 죄를 말한다. 본죄를 범한 경우 사안 엄중성에 따라 유기징역(통상 3년

이하, 엄중한 경우 3년에서 7년), 구역(拘役)에 처하고 벌금을 병과한다(刑法 제262조의1).

---

| 303 zǔ zhī wèi chéngnián rén jìn xíng wéi fǎn **组织未成年人进行违反** zhì ān guǎn lǐ huódòng zuì **治安管理活动罪** 조직미성년인진행위반치안관리활동죄 | **미성년자를 동원하여 치안법을 위반한 죄** |

미성년자를 조직하여 절도, 사기, 강탈, 공갈사취 등 사회 치안 관리를 위반하는 행동을 하게 한 죄를 말한다. 본죄를 범한 경우 사안 엄중성에 따라 유기징역(통상 3년 이하, 엄중한 경우 3년에서 7년), 구역(拘役)에 처하고 벌금을 병과한다(刑法 제262조의2).

---

| 304 qīn fàn cái chǎn zuì **侵犯财产罪** 침 범 재 산 죄 | **재산침해죄** |

형법 각칙 제5장의 제목이자 불법점유를 목적으로 고의적으로 공공 또는 타인의 재물을 점유, 사용, 파괴하는 죄명들의 총칭을 말한다. 이에는 주로 재산소유권 또는 사용권을 침해하는 범죄(절도죄, 강도죄), 재산을 파괴하는 범죄(손괴죄), 지급·반환을 거부하는 범죄(횡령죄) 등의 죄명들이 포함된다.

---

| 305 qiǎng jié zuì **抢劫罪** 창 겁 죄 | **강도죄** |

불법점유를 목적으로 폭력으로, 또는 현장에서 폭력을 가하겠다고 위협하는 등 피해자가 저항할 수 없거나 저항하지 못하도록 하는 방법으로 피해자로부터 재산을 강탈한 죄를 말한다. 본죄를 범한 경우 3년 이상 10년 이하의 유기징역에 벌금을 병과한다. 다음의 가중처벌의 경우 중에 하나가 있으면 사형, 무기징역, 10년 이상 유

기징역에 벌금 또는 재산몰수를 병과한다. ① 주거 침입하여 강취, ② 대중교통 차량 또는 기계에서의 강취, ③ 은행 등 금융기관 강취, ④ 상습적으로 강도를 하였거나 거대 금액을 강취, ⑤ 강도상해·치상, 강도살인·치사, ⑥ 군인·경찰 등을 사칭한 강취, ⑦ 총기소지 강취, ⑧ 군용물품 또는 재난구조물품을 강취하는 경우이다. 절도죄, 사기죄, 강탈죄를 범한 후 장물을 은닉하거나 체포에 저항하기 위하여, 또는 범죄의 증거를 인멸하기 위하여 현장에서 폭력을 사용하거나 폭력으로 위협을 행사하였다면 본죄로 논하여 처벌한다(刑法 제263조).

| dào qiè zuì<br>**盜窃罪**<br>도 절 죄 | 절도죄 | 306 |

불법점유를 목적으로 비교적 큰 금액의 타인 재물을 절취하였거나, 또는 흉기를 소지하여 절취하였거나, 또는 여러 차례 절취하였거나, 또는 소매치기를 한 죄를 말한다. 본죄를 범한 경우 무기징역, 유기징역(통상 3년 이하, 엄중한 경우 3년에서 10년, 특별히 엄중한 경우 10년 이상), 구역(拘役), 관제(管制)에 처하고 벌금을 단독 부과 또는 경과하거나 재산몰수를 병과한다. 이외, 영리를 목적으로 타인의 통신망에 몰래 접속, 타인의 전기 통신 코드를 복제 또는 절취, 복제를 당한 전기통신설비·시설임을 명확히 알면서도 사용한 경우에도 본죄로 처벌한다. 증치세 전용 영수증 또는 세금환급을 편취할 수 있는 영수증, 세금상쇄용 영수증 등을 절도한 경우도 본죄로 처벌한다(刑法 제264조).

| zhà piàn zuì<br>**诈骗罪**<br>사 편 죄 | 사기죄 | 307 |

불법점유를 목적으로 거짓 사실을 구상하거나 진실을 은닉하는 등의 방법으로 비교적 큰 금액의 타인 재물을 편취한 죄를 말한다. 본죄를 범한 경우 무기징역, 유기징역(통상 3년 이하, 엄중한 경우 3년에서 10년, 특별히 엄중한 경우 10년 이상), 구역

(拘役), 관제(管制)에 처하고 벌금을 단독 부과 또는 경과하거나 재산몰수를 병과한다. 기만의 수단으로 증치세 전용 영수증 또는 세금환급을 편취할 수 있는 영수증, 세금상쇄용 영수증 등을 편취한 경우 본죄로 처벌한다(刑法 제266조).

| 308 | qiǎngduó zuì<br>**抢夺罪**<br>창 탈 죄 | 강탈죄 |
| --- | --- | --- |

피해자가 부주의하는 틈을 타서 공연히 피해자의 재물을 피해자로부터 탈취한 죄를 말한다. 본죄를 범한 경우 무기징역, 유기징역(통상 3년 이하, 엄중한 경우 3년에서 10년, 특별히 엄중한 경우 10년 이상), 구역(拘役), 관제(管制)에 처하고 벌금을 단독 부과 또는 병과하거나 재산몰수를 병과한다. 전형적인 행위로 오토바이를 타고 보행자 옆을 지나가면서 보행자가 손에 들고 있던 물품을 가로채고 도주하는 것을 예시로 들 수 있다. 피해자가 인식하지 못한 상황에서 타인의 재산권을 침해했다는 점에서 절도죄와 유사하고 강도죄와 구분되지만, 범행을 숨기지 않고 일정한 물리적 위력 행사가 있다는 점에서는 강도죄와 유사하고 절도죄와 구분된다 (刑法 제267조).

| 309 | jù zhònghōngqiǎng zuì<br>**聚众哄抢罪**<br>취 중 홍 창 죄 | 집단약탈죄 |
| --- | --- | --- |

불법점유를 목적으로 여러 사람들이 모여서 타인의 재물을 약탈하여 그 금액이 크거나 기타 엄중한 결과를 초래한 죄를 말한다. 본죄를 범한 경우 수괴와 적극 참가자를 유기징역(통상 3년 이하, 엄중한 경우 3년에서 10년), 구역(拘役), 관제(管制)에 처하고 벌금을 병과한다(刑法 제268조).

| qīn zhàn zuì
**侵占罪**
침 점 죄 | 횡령죄 |

보관하는 타인의 재물을 불법으로 차지하여 자기의 것으로 하거나, 타인의 유실물 또는 매설물을 불법으로 점유하고 그 액수가 비교적 크고, 반환을 거부한 죄를 말한다. 본죄를 범한 경우 유기징역(통상 2년 이하, 엄중한 경우 2년에서 5년), 구역(拘役)에 처하고 벌금을 병과한다. 본죄는 고소하여야 형사사건으로 처리한다(刑法 제270조).

| zhí wù qīn zhàn zuì
**职务侵占罪**
직 무 침 점 죄 | 공무원이 아닌 자의 업무상 횡령죄 |

회사·기업 또는 기타 단위의 직원이 직무상의 편리를 이용하여 소속단위의 재물을 불법으로 차지하여 자기의 것으로 하고 그 액수가 큰 죄를 말한다. 본죄를 범한 경우 무기징역, 유기징역(통상 3년 이하, 엄중한 경우 3년에서 10년, 특별히 엄중한 경우 10년 이상), 구역(拘役)에 처하고 벌금을 병과한다. 보험회사의 직원이 직무상 편리를 이용하여 위장 사고로 보험금을 편취한 경우도 본죄로 처벌하지만, 국유기업, 국유회사 또는 기타 국유단위의 직원이거나 이에 파견된 자가 본죄에서 논하는 행위를 하였다면 탐오죄(贪污罪)로 처벌한다(刑法 제271조).

| nuóyòng zī jīn zuì
**挪用资金罪**
나 용 자 금 죄 | 법인자금 유용죄 |

본죄는 회사·기업 또는 기타 단위의 직원이 직무상의 편리를 이용하여 해당 단위의 상당한 자금을 유용(자체 사용 또는 타인에게 빌려준 경우 모두 포함)하고 그 기간이 3개월 이상을 초과한 죄를 말한다. 본죄를 범한 경우 유기징역(통상 3년 이하, 엄중한 경우 3년에서 7년, 특별히 엄중한 경우 7년 이상), 구역(拘役)에 처한다. 단, 기소 전에 유용한 자금을 반납한 경우 종경처벌(从轻处罚) 또는 감경처벌(减轻处罚)이 가능하고 경우에 따라 형사처벌 면제도 가능하다. 본죄는 점유가 아닌 잠시 유용을 목적으로 하고 있다는 점에서 직무침점죄(职务侵占罪)와 구별된다. 다만 유용금액이 비교적 크거나, 그 금액으로 영리활동을 하였거나 또는 불법활동(예컨대 도박) 등을 하였다면 유용 기간이 3개월 미만이더라도 죄는 성립된다. 아울러 금융기관의 직원이 직무상 편리를 이용하여 금융기구 또는 고객의 자금을 유용한 경우도 본죄로 논하여 처벌한다(刑法 제272조).

---

**313**

nuóyòng tè dìngkuǎn wù zuì
**挪用特定款物罪**
나 용 특 정 관 물 죄

**재난구제물품 횡령죄**

---

재난 구제에 사용할 물품이나 자금을 유용하고 사안이 엄중하여 국가와 인민에게 중대한 손해를 초래한 죄를 말한다. 본죄를 범한 직접책임자는 유기징역(통상 3년 이하, 엄중한 경우 3년에서 7년), 구역(拘役)에 처한다. 본죄는 유용한 물품의 금액 또는 유용기간과 관련 없이 재난 구제에 사용할 물품들을 유용하여 국가 또는 인민에게 손해를 초래하면 바로 성립된다(刑法 제273조).

---

**314**

qiāozhà lè suǒ zuì
**敲诈勒索罪**
고 사 륵 색 죄

**공갈갈취죄**

---

타인의 재물을 불법으로 점유하고자 하는 목적으로 위협, 협박하여 상당한 금액의 재물을 점유하였거나. 또는 이러한 행위를 여러 번 한 죄를 말한다. 본죄를 범한 경우 유기징역(통상 3년 이하, 엄중한 경우 3년에서 10년, 특별히 엄중한 경우 10년 이상), 구역(拘役), 관제(管制)에 처하고 벌금을 단독 부과 또는 병과한다(刑法 제274조).

| gù yì huǐ huài cái wù zuì<br>**故意毁坏财物罪**<br>고 의 훼 괴 재 물 죄 | 재물손괴죄 |
|---|---|

재물을 손괴하여 손괴한 재물의 액수가 크거나 사안이 엄중한 죄를 말한다. 본죄를 범한 경우 유기징역(통상 3년 이하, 엄중한 경우 3년에서 7년), 구역(拘役)에 처하고 벌금을 병과한다(刑法 제275조).

| pò huàishēngchǎnjīngyíng zuì<br>**破坏生产经营罪**<br>파 괴 생 산 경 영 죄 | 생산설비손괴죄 |
|---|---|

분풀이 등 사적 목적으로 생산경영에 사용되는 기계설비를 파괴하거나 또는 농업 생산에 사용되는 가축 등을 해치는 등의 행위로 정상적인 생산 경영을 해한 죄를 말한다. 본죄를 범한 경우 유기징역(통상 3년 이하, 엄중한 경우 3년에서 7년), 구역(拘役), 관제(管制)에 처한다(刑法 제276조).

| jù bù zhī fù láo dòngbàochóu zuì<br>**拒不支付劳动报酬罪**<br>거 부 지 불 노 동 보 수 죄 | 근로보수체납죄 |
|---|---|

근로자에게 보수를 지급할 능력이 있는 상황에서 재산이전, 도주, 은닉 등의 방식으로 근로자에게 보수를 지급하지 않았고, 정부 유관부서에서 근로자 보수 지급을 명하였음에도 이행하지 않은 죄를 말한다. 본죄를 범한 경우 유기징역(통상 3년 이하, 엄중한 경우 3년에서 7년), 구역(拘役)에 처하고 벌금을 단독 부과 또는 병과한다. 다만 근로자의 사망 등의 엄중한 결과를 초래하지 않았고 공소 제기 전에 근로 보수를 지급하고 관련 배상책임도 부담한 경우 형사처벌을 감경 또는 면제할 수 있다. 본죄는 양벌규정을 적용한다(刑法 제276조의1).

| | |
|---|---|
| 318 fáng hài shè huì guǎn lǐ zhì xù zuì<br>**妨害社会管理秩序罪**<br>방 해 사 회 관 리 질 서 죄 | **사회관리질서를 방해한 죄** |

형법 각칙 제6장의 제목이자 국가기관의 사회관리행위를 방해하여 사회질서를 심각하게 파괴하는 죄명들의 총칭을 말한다. 이에는 공무방해죄, 도박죄, 탈옥죄 등의 죄명들이 포함된다.

| | |
|---|---|
| 319 rǎo luàngōnggòng zhì xù zuì<br>**扰乱公共秩序罪**<br>요 란 공 공 질 서 죄 | **공공질서 교란죄** |

형법 각칙 제6장 제1절의 제목이자 공공질서를 파괴하는 죄명들의 총칭을 말다. 공공질서에는 주로 사회관리질서, 생산질서, 업무질서, 교통질서 등이 포함되어, 해당 범주에는 업무방해죄, 문서위조죄, 통신망 및 컴퓨터정보시스템에 불법 침입하거나 관련 질서를 교란 또는 파괴에 관한 죄명들이 포함된다.

| | |
|---|---|
| 320 fáng hài gōng wù zuì<br>**妨害公务罪**<br>방 해 공 무 죄 | **공무집행방해죄** |

폭력, 위협의 방법으로 국가공작인원(国家工作人员) 또는 전국 및 지방 각급 인민대표대회 대표의 직무수행을 방해한 죄를 말한다. 본죄를 범한 경우 3년 이하의 유기징역, 구역(拘役), 관제(管制) 또는 벌금에 처한다. 자연재해와 돌발사건에서 폭력, 위협의 방법으로 적십자회 직원들의 업무수행을 방해하거나, 또는 폭력이거나 위협적인 방법은 사용하지 않았지만 국가기관·공안기관의 국가안전 직무수행을 고의적으로 방해하였다면 본죄로 논하여 처벌한다(刑法 제277조).

| xí jǐng zuì<br>襲警罪<br>습 경 죄 | 경찰폭행죄 |
| --- | --- |

321

직무 수행중인 인민경찰에게 폭력을 가한 죄를 말한다. 본죄를 범한 경우 3년 이하 유기징역, 구역(拘役) 또는 관제(管制)에 처하고, 총기 또는 칼을 사용하거나 자동차로 들이받는 등의 폭력을 가하여 인민경찰의 인신안전을 엄중하게 위협하였다면 3년 이상 7년 이하 유기징역에 처한다(刑法 제277조).

| shāndòngbào lì kàngjù fǎ lǜ shí shī zuì<br>煽动暴力抗拒法律实施罪<br>선 동 폭 력 항 거 법 률 실 시 죄 | 폭력으로 법의 집행을<br>저항하도록 선동한 죄 |
| --- | --- |

322

국가 법률, 행정법규의 실시를 폭력으로 저항하도록 선동한 죄를 말한다. 본죄를 범한 경우 3년 이하 유기징역, 구역(拘役), 관제(管制) 또는 참정권 박탈형에 처하고 엄중한 결과를 초래한 경우 3년에서 7년의 유기징역에 처한다(刑法 제278조).

| zhāo yáo zhuàngpiàn zuì<br>招摇撞骗罪<br>초 요 당 편 죄 | 공무원 사칭죄 |
| --- | --- |

323

국가공작인원(国家工作人员)이라고 사칭하면서 이익을 편취하여 국가기관의 위신과 명예를 해하고 공민의 적법한 권리를 침해한 죄를 말한다. 본죄를 범한 경우 유기징역(통상 3년 이하, 엄중한 경우 3년에서 10년), 구역(拘役), 관제(管制) 또는 참정권 박탈형에 처한다. 인민경찰을 사칭하는 경우 종중처벌(从重处罚) 한다(刑法 제279조).

| 324 | wěi zào biàn zào  mǎi mài  dào qiè  qiǎng duó  huǐ miè 伪造(变造·买卖·盗窃·抢夺·毁灭) guó jiā jī guān gōng wén zhèng jiàn yìn zhāng zuì 国家机关公文(证件·印章)罪 위조(변조·매매·도절·창탈·훼멸) 국가기관공문(증건·인장)죄 | 국가기관공문서(증서·인장) 위조 (변조·매매·절도·강탈·훼손)죄 |

국가기관의 각종 공문서(증서, 인감)를 위조(변조, 절도, 강탈, 훼손)한 죄를 말한다. 본죄를 범한 경우 3년 이하 유기징역, 구역(拘役), 관제(管制) 또는 참정권 박탈형에 처하고 벌금을 병과한다. 엄중한 결과를 초래한 경우 3년에서 7년의 유기징역에 처한다(刑法 제280조).

| 325 | wěi zào gōng sī    qǐ yè    shì yè dān wèi 伪造公司(企业·事业单位· rén mín tuán tǐ    yìn zhāng zuì 人民团体)印章罪 위조공사(기업·사업단위·인민단체)인장죄 | 비국가기관 법인 인감 위조죄 |

회사(기업, 사업단위, 인민단체) 등 국가기관이 아닌 법인의 인감을 위조한 죄를 말한다. 본죄를 범한 경우 3년 이하 유기징역, 구역(拘役), 관제(管制) 또는 참정권 박탈형에 처하고 벌금을 병과한다(刑法 제280조).

| 326 | wěi zào biàn zào    mǎi mài shēn fèn zhèng jiàn zuì 伪造(变造·买卖)身份证件罪 위조(변조·매매)신분증건죄 | 신분증명 관련 문서 위조죄 |

신분증, 여권, 사회복지증, 운전면허증 등 법에서 규정한 신분을 증명할 수 있는 증서들을 위조, 변조, 매매한 죄를 말한다. 본죄를 범한 경우 3년 이하 유기징역, 구역(拘役), 관제(管制) 또는 참정권 박탈형에 처하고 벌금을 병과한다. 엄중한 경우 3년에서 7년의 유기징역에 벌금을 병과한다. 크게 보면 신분증서(身份证件)도 국가가 발급한 공문서에 속하는데 중국은 공문서위조죄로 논하지 않고 단독 조항으로 규정하고 있다(刑法 제280조).

| dàoyòngshēn fèn zhèngjiàn zuì<br>**盗用身份证件罪**<br>도 용 신 분 증 건 죄 | 신분증서 도용죄 |
|---|---|

국가규정에 따라 신분증서를 제출해야 하는 상황에서 도용한 타인의 주민신분증, 여권, 사회복지카드, 운전면허등 등을 제출하고 그 정황이 엄중한 죄를 말한다. 본 죄를 범한 경우 구역(拘役), 관제(管制)에 처하고 벌금을 단독 부과 또는 병과한다(刑法 제280조의1).

| shǐ yòng xū jiǎ shēn fèn zhèngjiàn zuì<br>**使用虚假身份证件罪**<br>사 용 허 가 신 분 증 건 죄 | 허위신분증서 사용죄 |
|---|---|

국가규정에 따라 신분증서를 제출해야 하는 상황에서 허위의 주민신분증, 여권, 사회복지카드, 운전면허 등을 제출하고 그 정황이 엄중한 죄를 말한다. 본죄를 범한 경우 구역(拘役), 관제(管制)에 처하고 벌금을 단독 부과 또는 병과한다(刑法 제280조의1).

| dàoyòngshēn fèn zuì<br>**盗用身份罪**<br>도 용 신 분 죄 | 입학 또는 자격취득에<br>명의를 도용한 죄 |
|---|---|

타인의 신분을 도용하거나 타인으로 사칭하여 대학교 입학자격, 공무원 자격, 취직 자격 등을 획득한 죄를 말한다. 본죄를 범한 경우 3년 이하 유기징역, 구역(拘役), 관제(管制)에 처하고 벌금을 병과한다. 타인을 조직, 교사하여 상기 행위를 한 경우 종중처벌(从重处罚) 한다(刑法 제280조의2).

| fēi fǎ shēngchǎn mǎi mài jǐngyòngzhuāng bèi zuì<br>**非法生产(买卖)警用装备罪**<br>비 법 생 산 ( 매 매 ) 경 용 장 비 죄 | 경찰장비 불법생산(판매)죄 |
|---|---|

인민경찰의 제복, 차량번호, 경찰전용마크, 표식, 장비 등을 허가 없이 매매, 생산하

고 그 정황이 엄중한 죄를 말한다. 본죄를 범한 경우 3년 이하 유기징역, 구역(拘役), 관제(管制)에 처하고 벌금을 단독 부과 또는 병과한다. 본죄는 양벌규정을 적용한다(刑法 제281조).

---

331

fēi fǎ huò qǔ guó jiā mì mì zuì
**非法获取国家秘密罪**
비 법 획 취 국 가 비 밀 죄

**국가비밀불법탐지죄**

---

절취, 정탐, 매수의 방법에 의해 불법적으로 국가비밀을 취득한 죄를 말한다. 본죄를 범한 경우 유기징역(통상 3년 이하, 엄중한 경우 3년에서 7년), 구역(拘役), 관제(管制), 참정권 박탈형에 처한다(刑法 제282조).

---

332

fēi fǎ chí yǒu guó jiā jī mì xiāngguān wù pǐn zuì
**非法持有国家机密相关物品罪**
비 법 지 유 국 가 기 밀 상 관 물 품 죄

**국가비밀 관련 물품 불법 소지죄**

---

국가의 극비, 기밀에 속하는 문서, 자료 또는 기타 물품을 불법으로 소지하였거나, 또는 소지하고 있는 기밀에 대한 출처, 용도 등에 대한 설명을 거부한 죄를 말한다. 본죄를 범한 경우 3년 이하 유기징역, 구역(拘役), 관제(管制)에 처한다(刑法 제282조).

---

333

fēi fǎ shēngchǎn xiāoshòu zhuānyòng jiān dié qì cái
**非法生产(销售)专用间谍器材**
qiè tīng qiè zhàozhuānyòng qì cái zuì
**(窃听 · 窃照专用器材)罪**
비법생산(소수)전용간첩기재
(절청 · 절조전용기재)죄

**간첩용 장비(도청 · 도촬용) 장비**
**불법 생산(판매)한 죄**

---

간첩 활동에 사용하는 장비, 또는 도청, 도촬 전용 장비들을 허가 없이 생산, 판매한 죄를 말한다. 본죄를 범한 경우 유기징역(통상 3년 이하, 엄중한 경우 3년에서 7년), 구역(拘役), 관제(管制)에 처하고 벌금을 단독 부과 또는 병과한다. 본죄는 양벌규정을 적용한다(刑法 제283조).

| fēi fǎ shǐ yòng qiè tīng qiè zhào zhuānyòng qì cái zuì<br>**非法使用窃听(窃照)专用器材罪**<br>비법사용절청(절조)전용기재죄 | 도청 · 도촬장비 불법사용죄 | 334 |

도청, 도촬 전용 장비를 불법적으로 사용하고 그 사안이 엄중한 죄를 말한다. 본죄를 범한 경우 2년 이하 유기징역, 구역(拘役) 또는 관제(管制)에 처한다(刑法 제284조).

| zǔ zhī kǎo shì zuò bì zuì<br>**组织考试作弊罪**<br>조직고시작폐죄 | 국가시험 부정행위죄 | 335 |

법률에서 국가시험(예컨대 국가공무원 시험)으로 규정한 시험 응시 과정에서 부정행위를 조직하였거나 부정행위 조직의 불법활동에 장비를 제공하는 등의 조력을 준 죄를 말한다. 본죄를 범한 경우 유기징역(통상 3년 이하, 엄중한 경우 3년에서 7년), 구역(拘役)에 처하고 벌금을 병과한다(刑法 제284조의1).

| fēi fǎ chūshòu tí gòng shì tí dá àn zuì<br>**非法出售(提供)试题(答案)罪**<br>비법출수(제공)시제(답안)죄 | 국가시험 문제(답안)를<br>불법으로 판매(제공)한 죄 | 336 |

법률에서 국가시험(예컨대 국가공무원 시험)으로 규정한 시험의 문제 또는 답안을 타인에게 판매 또는 제공한 경우, 유기징역(통상 3년 이하, 엄중한 경우 3년에서 7년), 구역(拘役)에 처하고 벌금을 병과한다(刑法 제284조의1).

| dài tì kǎo shì zuì<br>**代替考试罪**<br>대체고시죄 | 국가시험대필죄 | 337 |

타인을 대신하여, 또는 타인이 자신을 대신하여 법률에서 국가시험(예컨대 국가공무원 시험)으로 규정한 시험에 참가하도록 한 죄를 말한다. 본죄를 범한 경우 구역(拘役) 또는 관제(管制)에 처하고 벌금을 병과 또는 단독 부과한다(刑法 제284조의1).

338
fēi fǎ qīn rù jì suàn jī xìn xī xì tǒng zuì
**非法侵入计算机信息系统罪**
비법침입계산기신식계통죄

**국가 컴퓨터정보시스템 불법침입죄**

국가규정을 위반하여 국가정무, 국가방위, 첨단과학기술 등 영역에 속하는 컴퓨터 정보시스템에 침입하고 그 정황이 엄중한 죄를 말한다. 본죄를 범한 경우 3년 이하 유기징역, 구역(拘役)에 처한다. 본죄는 양벌규정을 적용한다(刑法 제285조).

339
fēi fǎ huò qǔ jì suàn jī xìn xī xì tǒng shù jù zuì
**非法获取计算机信息系统数据罪**
비법획취계산기신식계통수거죄

**컴퓨터정보시스템 데이터
불법취득죄**

국가규정을 위반하여 국가정무, 국가방위, 첨단과학기술 등 영역에 속하지 않는 컴퓨터정보시스템에 침입하여 해당 시스템이 처리, 저장, 전송 중인 데이터를 불법으로 취득한 죄를 말한다. 본죄를 범한 경우 유기징역(통상 3년 이하, 엄중한 경우 3년에서 7년), 구역(拘役)에 처하고 벌금을 단독 부과 또는 병과한다. 본죄는 양벌규정을 적용한다(刑法 제285조).

340
fēi fǎ kòng zhì jì suàn jī xìn xī xì tǒng zuì
**非法控制计算机信息系统罪**
비법공제계산기신식계통죄

**컴퓨터정보시스템 불법통제죄**

국가규정을 위반하여 국가정무, 국가방위, 첨단과학기술 등 영역에 속하지 않는 컴퓨터정보시스템에 침입하여 해당 시스템을 불법으로 통제하여 그 상황이 엄중한 죄를 말한다. 본죄를 범한 경우 유기징역(통상 3년 이하, 엄중한 경우 3년에서 7년), 구역(拘役)에 처하고 벌금을 단독 부과 또는 병과한다. 본죄는 양벌규정을 적용한다(刑法 제285조).

## 破坏计算机信息系统罪
pò huài jì suàn jī xìn xī xì tǒng zuì
파 괴 계 산 기 신 식 계 통 죄

### 컴퓨터정보시스템 파괴죄
341

다음의 행위 중 하나를 하여 컴퓨터 정보시스템을 파괴하고 그 사안이 엄중한 죄를 말한다. ① 컴퓨터 정보 시스템에 대해 국가규정을 위반하여 시스템의 기능을 삭제, 수정, 증가, 교란하여 해당 시스템이 정상적으로 작동할 수 없게 한 경우, ② 컴퓨터 정보시스템이 저장, 처리 또는 전송 중인 데이터와 프로그램에 대해 국가규정을 위반한 삭제, 수정, 증가 등을 한 경우, ③ 컴퓨터 바이러스 등 파괴성 프로그램을 제작·전파하여 컴퓨터 시스템의 정상적 운영에 영향을 준 경우이다. 본죄를 범한 경우 유기징역(통상 5년 이하, 엄중한 경우 5년 이상), 구역(拘役)에 처한다. 본죄는 양벌규정을 적용한다(刑法 제286조).

## 拒不履行信息网络安全管理义务罪
jù bù lǚ xíng xìn xī wǎng luò ān quánguǎn lǐ yì wù zuì
거 부 이 행 신 식 망 락 안 전 관 리 의 무 죄

### 통신망 안전의무이행 거부죄
342

통신망 서비스 제공자가 법률과 행정법규에서 요구하는 통신망 안전관리 의무를 이행하지 않아 감독관리 당국으로부터 시정 명령을 받았음에도 관련 의무를 이행하지 않아서 다음의 상황 중의 하나를 초래한 죄를 말한다. ① 불법정보가 대량으로 전파된 경우, ② 사용자 정보가 유출되어 엄중한 결과를 초래한 경우, ③ 형사사건의 증거가 훼손되고 그 사안이 엄중한 경우이다. 본죄를 범한 경우 3년 이하 유기징역, 구역(拘役), 관제(管制)에 처하고 벌금을 단독 부과 또는 병과한다. 본죄는 양벌규정을 적용한다(刑法 제286조의1).

## 非法利用信息网络罪
fēi fǎ lì yòng xìn xī wǎng luò zuì
비 법 이 용 신 식 망 락 죄

### 정보통신망불법이용죄
343

정보통신망을 이용하여 다음의 행위 중의 하나를 하고 그 사안이 엄중한 죄를 말한다. ① 사기범죄의 실행, 범죄방법 전수, 총기·마약·음란물 등 불법물품들의 판매와 유통을 위해 인터넷 사이트 또는 통신그룹(예컨대 챗팅방 등)을 개설한 경우, ② 총기·마약·음란물 등 불법물품 관련 정보 및 범죄 관련 정보를 유포하는 경우, ③ 사기 등 불법 범죄활동을 위해 정보를 발표한 경우이다. 본죄를 범한 경우 3년 이하 유기징역, 구역(拘役)에 처하고 벌금을 단독 부과 또는 병과한다. 본죄는 양벌규정을 적용한다(刑法 제287조의1).

| 344 | bāng zhù xìn xī wǎng luò fàn zuì huó dòng zuì<br>**帮助信息网络犯罪活动罪**<br>방 조 신 식 망 락 범 죄 활 동 죄 | **전기금융통신사기(보이스피싱)<br>방조죄** |
|---|---|---|

타인이 정보통신망을 이용하여 범죄행위를 하는 것을 알고 있음에도 불구하고 그에게 사이트 접속, 정보통신서버 제공, 데이터 저장소 제공, 통신전송 기술 제공, 또는 이를 홍보하거나 대금 결산·지불 등의 도움을 제공하여 사안이 엄중한 죄를 말한다. 본죄를 범한 경우 3년 이하 유기징역, 구역(拘役)에 벌금을 병과하거나 단독 부과한다. 본죄는 양벌규정을 적용한다(刑法 제287조의2).

| 345 | rǎo luàn wú xiàn diàn tōng xùn guǎn lǐ zhì xù zuì<br>**扰乱无线电通讯管理秩序罪**<br>요 란 무 선 전 통 신 관 리 질 서 죄 | **무선정보통신 관리질서교란죄** |
|---|---|---|

국가규정을 위반하고 임의로 무선통신발송기계를 설치하거나 무선통신 전파자원을 임의 사용하여 무선통신질서를 교란하고 그 사안이 엄중한 죄를 말한다. 본죄를 범한 경우 유기징역(통상 3년 이하, 엄중한 경우 3년에서 7년), 구역(拘役), 관제(管制)에 처하고 벌금을 단독 부과 또는 병과한다. 본죄는 양벌규정을 적용한다(刑法 제288조).

| jù zhòng dǎ zá qiǎng<br>**聚众打砸抢**<br>취 중 타 잡 창 | 집단 폭행 · 파괴 · 약탈 행위 |
|---|---|

여러 사람들이 모여서 집단적인 폭행, 파괴, 약탈 행위를 하고 타인의 치상, 치사를 초래한 죄를 말한다. 본죄를 범한 경우 그 결과에 따라 처벌하는데, 치상 결과를 초래하였다면 고의상해죄로, 치사 결과를 초래하였다면 고의살인죄로 논하여 처벌한다. 재물을 훼손 또는 약탈하였다면 반환을 명하고 그 수괴에 대해서는 강도죄로 논하여 처벌한다(刑法 제289조).

| jù zhòng rǎo luàn shè huì zhì xù zuì<br>**聚众扰乱社会秩序罪**<br>취 중 요 란 사 회 질 서 죄 | 집단난동죄 |
|---|---|

여러 사람들을 집결하여 생산, 경영, 교육, 과학연구, 의료행위를 방해하여 정상적인 업무진행이 불가하도록 하여 엄중한 손해를 초래한 죄를 말한다. 본죄를 범한 경우 그 수괴는 3년 이상 7년 이하 유기징역에 처하고, 기타 적극참여인원은 3년 이하 유기징역, 구역(拘役), 관제(管制) 또는 참정권 박탈형에 처한다. 사회가 통상적으로 수용하는 수위를 넘어서는 집회, 파업을 하여 정상적인 사회질서를 심하게 교란하여도 본죄로 논하여 처벌할 수 있다(刑法 제290조).

| jù zhòngchōng jī guó jiā jī guān zuì<br>**聚众冲击国家机关罪**<br>취 중 충 격 국 가 기 관 죄 | 국가기관을 대상으로 한 집단난동죄 |
|---|---|

여러 사람들을 집결하여 국가기관에 강제로 침입하여 국가기관이 정상적으로 운영할 수 없게 되는 등 엄중한 손해를 초래한 죄를 말한다. 해당 범죄를 조직, 계획, 지휘한 수괴는 5년 이상 10년 이하 유기징역에 처하고, 기타 적극적 참여인원은 5년 이하 유기징역, 구역(拘役), 관제(管制), 참정권 박탈형에 처한다(刑法 제290조).

**349**

rǎo luàn guó jiā jī guān gōng zuò zhì xù zuì
**扰乱国家机关工作秩序罪**
요 란 국 가 기 관 공 작 질 서 죄

**국가업무질서교란죄**

국가기관의 업무질서를 여러 번 교란하여 행정처벌을 받았음에도 이를 시정하지 않아 엄중한 결과를 초래한 죄를 말한다. 본죄를 범한 경우 3년 이하 유기징역, 구역(拘役) 또는 관제(管制)에 처한다(刑法 제290조).

**350**

zǔ zhī zī zhù fēi fǎ jù jí zuì
**组织(资助)非法聚集罪**
조 직 ( 자 조 ) 비 법 취 집 죄

**불법집회조직(지원)죄**

사회질서를 엄중히 교란하는 불법집회를 여러 번 조직하였거나 지원한 죄를 말한다. 본죄를 범한 경우 3년 이하 유기징역, 구역(拘役) 또는 관제(管制)에 처한다(刑法 제290조).

**351**

jù zhòng rǎo luàn gōng gòng chǎng suǒ zhì xù jiāo tōng zhì xù zuì
**聚众扰乱公共场所秩序(交通秩序)罪**
취 중 요 란 공 공 장 소 질 서 ( 교 통 질 서 ) 죄

**공공질서(대중교통질서)
집단 교란죄**

여러 사람들을 집결하여 정거장, 기차역, 부두, 공항, 쇼핑몰, 공원, 영화관, 전시장, 체육관 등 공공장소의 질서를 교란하거나, 또는 집결하여 교통정체를 초래하거나 교통질서를 파괴하고, 사회안전관리 업무를 담당하는 국가공작인원(国家工作人员)이 법에 근거하여 업무를 수행하는 것을 방해하고 그에 저항하여 사안이 엄중한 경우, 그 수괴는 5년 이하 유기징역, 구역(拘役), 관제(管制)에 처한다(刑法 제291조).

**352**

tóu fàng xū jiǎ wēi xiǎn wù zhì zuì
**投放虚假危险物质罪**
투 방 허 가 위 험 물 질 죄

**허위 위험물 투척죄**

가짜 폭발성, 독성, 방사성, 전염병 병원체성 물질 등을 투척하는 방식으로 사회질

서를 엄중히 교란한 죄를 말한다. 본죄를 범한 경우 유기징역(통상 5년 이하, 엄중한 경우 5년 이상), 구역(拘役), 관제(管制)에 처한다(刑法 제291조의1).

| biān zào xū jiǎ kǒng bù xìn xī zuì<br>**编造虚假恐怖信息罪**<br>편 조 허 가 공 포 신 식 죄 | **가짜테러정보날조죄** 353 |
|---|---|

폭파·생화학·방사성 위협 등에 관한 테러정보를 날조하여 사회질서를 엄중히 교란한 죄를 말한다. 본죄를 범한 경우 유기징역(통상 3년 이하, 엄중한 경우 3년에서 7년), 구역(拘役), 관제(管制)에 처한다(刑法 제291조의1).

| gù yì chuán bō xū jiǎ kǒng bù xìn xī zuì<br>**故意传播虚假恐怖信息罪**<br>고 의 전 파 허 가 공 포 신 식 죄 | **가짜테러정보 고의전파죄** 354 |
|---|---|

폭파·생화학·방사성 위협 등에 관한 테러정보가 날조된 것임을 분명히 알면서도 고의적으로 이들을 전파하여 사회질서를 엄중히 교란한 죄를 말한다. 본죄를 범한 경우 유기징역(통상 3년 이하, 엄중한 경우 3년에서 7년), 구역(拘役), 관제(管制)에 처한다(刑法 제291조의1).

| biān zào xū jiǎ xìn xī zuì<br>**编造虚假信息罪**<br>편 조 허 가 신 식 죄 | **가짜정보날조죄** 355 |
|---|---|

전염병, 재난, 경찰출동 등에 관한 가짜정보를 날조하여 사회질서를 엄중히 교란한 죄를 말한다. 본죄를 범한 경우 유기징역(통상 3년 이하, 엄중한 경우 3년에서 7년), 구역(拘役), 관제(管制)에 처한다(刑法 제291조의1).

356

gù yì chuán bō xū jiǎ xìn xī zuì
## 故意传播虚假信息罪
고 의 전 파 허 가 신 식 죄

### 가짜정보날조(고의전파)죄

전염병, 재난, 경찰출동 등에 관한 가짜정보가 날조된 정보임을 알면서도 고의적으로 정보통신망 또는 기타 매체에서 전파하여 사회질서를 엄중히 교란한 죄를 말한다. 본죄를 범한 경우 유기징역(통상 3년 이하, 엄중한 경우 3년에서 7년), 구역(拘役), 관제(管制)에 처한다(刑法 제291조의1).

357

gāokōngpāo wù zuì
## 高空抛物罪
고 공 포 물 죄

### 고공물건투척죄

건축물 등 지세가 높은 곳으로부터 물건을 투척하고 그 정황이 엄중한 죄를 말한다. 본죄를 범한 경우 1년 이하 유기징역, 구역(拘役) 또는 관제(管制)에 처하고 벌금을 병과 또는 단독 부과한다(刑法 제291조의 2).

358

jù zhòngdòu ōu zuì
## 聚众斗殴罪
취 중 투 구 죄

### 집단구타죄

여러 사람이 모여서 상호 구타를 한 죄를 말한다. 본죄를 범한 수괴와 적극 참여자는 3년 이하 유기징역, 구역(拘役) 또는 관제(管制)에 처한다. 다만 ① 그 회수가 여러 번인 경우, ② 인원수가 비교적 많아 사회에 상당히 나쁜 영향을 초래한 경우, ③ 공공장소거나 주요 교통도로에서 죄를 범하여 사회질서를 엄중히 교란한 경우, ④ 또는 흉기를 소지한 경우에는 그 수괴와 적극 참여자에 대해 3년 이상 10년 이하 유기징역에 처한다. 그 과정에서 상해, 살인이 발생한 경우 고의상해죄, 고의살인죄로 논하여 처벌한다(刑法 제292조).

| xún xìn zī shì zuì<br>**寻衅滋事罪**<br>심 흔 자 사 죄 | **소란과 난동의 죄** |

이유 없이 시비를 걸고 폭력을 행사할 것처럼 위협하거나 싸움을 유발하는 다음의
행위 중 하나를 하여 사회질서를 파괴한 죄를 말한다. ① 타인을 멋대로 구타, 쫓아
가거나, 타인이 가는 길을 막거나 또는 욕설을 하는 등의 행위를 행한 경우, ② 타인
의 재물을 강제로 가져가거나 임의로 훼손, 점용하는 행위를 한 경우, ③ 공공장소
에서 소란을 일으켜 공공질서에 중대한 혼란을 초래한 경우이다. 본죄를 범한 경우
5년 이하 유기징역, 구역(拘役), 관제(管制)에 처한다. 다만, 타인을 집결하여 위의
행위들을 여러 번 범하여 사회질서를 엄중히 파괴하였다면 5년 이상 10년 이하 유
기징역에 처하고 벌금을 병과할 수 있다(刑法 제293조).

| cuī shōu fēi fǎ zhài wù zuì<br>**催收非法债务罪**<br>최 수 비 법 채 무 죄 | **사채불법추심죄** |

고금리대출 등 위법한 방식에 의해 발생한 채무를 폭행, 위협, 인신자유제한, 주거
침입, 공갈, 스토킹, 난동을 피우는 등의 방식으로 추심하고 그 정황이 엄중한 죄를
말한다. 본죄를 범한 경우 3년 이하 유기징역, 구역(拘役) 또는 관제(管制)에 처하고
벌금을 병과 또는 단독 부과한다(刑法 제293조의1).

| hēi shè huì xìng zhì zǔ zhī<br>**黑社会性质组织**<br>흑 사 회 성 질 조 직 | **조직폭력배** |

고정적인 일정한 규모의 인원수를 지니고 폭력, 위협, 협박의 수단으로 불법적으로
이익을 취득하거나 불법활동에 종사하여 경제이익을 취득하는 범죄단체를 말한다.
아래의 특성이 있으면 黑社会性质组织에 속한다. ① 인원수가 비교적 많은 고정적
인 단체가 형성되었고 조직자, 지휘자, 핵심간부를 지니고 있음, ② 불법적인 활동

을 통하여 경제이익을 취득하고 어느 정도의 재력을 확보하고 있음, ③ 폭력, 위협 등 불법행위로 타인을 괴롭히고 군중들을 압박함, ④ 일련의 불법행위를 행사함으로, 또는 국가공작인원(国家工作人员)의 비호를 받아 특정 지역 또는 산업에서 중대한 부정적 영향력을 행사하여 사회생활질서와 경제에 엄중한 부정영향을 주는 경우이다(刑法 제294조).

---

**362**

zǔ zhī lǐngdǎo · cān jiā hēi shè huì xìng zhì zǔ zhī zuì
**组织(领导·参加)黑社会性质组织罪**
조직(영도·참가)흑사회성질조직죄

**조직폭력배조직(지휘·가담)죄**

조직폭력배를 조직(지휘, 가담)한 죄를 말한다. 본죄를 범한 경우 7년 이상 유기징역에 재산몰수를 병과할 수 있다. 적극 참여자에 대해서는 3년 이상 7년 이하 유기징역에서 벌금 또는 재산몰수를 병과할 수 있다. 기타 참여자에 대해서는 3년 이하 유기징역, 구역(拘役), 관제(管制) 또는 참정권 박탈형에 벌금을 병과할 수 있다. 본죄와 기타 범죄를 동시에 범한 경우 수죄병벌(数罪并罚) 한다(刑法 제294조).

---

**363**

rù jìng fā zhǎn hēi shè huì zǔ zhī zuì
**入境发展黑社会组织罪**
입경발전흑사회조직죄

**외국 조직폭력배 도입죄**

중국 본토 외에(홍콩, 마카오, 대만 등 지역 포함) 본부를 두고 있는 조직폭력배가 중국 본토에 진입하여 조직원을 모집, 섭외하거나 조직구조를 개편한 죄를 말한다. 본죄를 범한 경우 3년 이상 10년 이하 유기징역에 처한다. 본죄와 기타 범죄를 동시에 범한 경우 수죄병벌(数罪并罚) 한다(刑法 제294조).

---

**364**

bāo bì zòngróng hēi shè huì xìng zhì zǔ zhī zuì
**包庇(纵容)黑社会性质组织罪**
보피(종용)흑사회성질조직죄

**조직폭력배 비호죄**

국가공작인원(国家工作人员)이 직무상 편리를 이용하여 조직폭력배를 비호하거나

방임한 죄를 말한다. 본죄를 범한 경우 5년 이하의 유기징역에 처하고 그 사안이 엄
중한 경우 5년 이상 유기징역에 처한다. 본죄와 기타 범죄를 동시에 범한 경우 수죄
병벌(数罪并罚) 한다(刑法 제294조).

| chuánshòu fàn zuì fāng fǎ zuì<br>**传授犯罪方法罪**<br>전 수 범 죄 방 법 죄 | **범죄방법전수죄** |
|---|---|

구두, 문자, 행위제시 등의 방법으로 범죄의 구체적 방법(예컨대 경찰 수사를 피하
는 방법 등)을 타인에게 전파, 전수하고 그 정황이 엄중한 죄를 말한다. 본죄를 범한
경우 무기징역, 유기징역(통상 5년 이하, 엄중한 경우 5년 이상), 구역(拘役), 관제(管
制)에 처한다(刑法 제295조).

| fēi fǎ jí huì yóuxíng    shì wēi zuì<br>**非法集会(游行 · 示威)罪**<br>비 법 집 회 ( 유 행 · 시 위 ) 죄 | **불법집회죄** |
|---|---|

허가 없이 집회(데모, 시위)를 하였거나, 또는 허가한 시간·장소·노선을 준수하지
않은 집회(데모, 시위)를 하여 당국으로부터 철거 명령을 받았지만 이를 이행하지
않아 사회질서를 엄중히 파괴한 죄를 말한다. 본죄를 범한 경우 책임자를 5년 이하
유기징역, 구역(拘役), 관제(管制) 또는 참정권 박탈형에 처한다(刑法 제296조).

| fēi fǎ xié dài wǔ qì  guǎn zhì dāo jù     bào zhà wù<br>**非法携带武器(管制刀具 · 爆炸物)**<br>cān jiā jí huì yóuxíng    shì wēi zuì<br>**参加集会(游行 · 示威)罪**<br>비법휴대무기(관제도구 · 폭작물)<br>참가집회(유행 · 시위)죄 | **집회에 위험물품을 소지한 죄** |
|---|---|

무기(칼, 폭파물) 등 위험물품을 소지하고 집회(데모, 시위)에 참석한 죄를 말한다.
본죄를 범한 경우 3년 이하 유기징역, 구역(拘役), 관제(管制) 또는 참정권 박탈형에
처한다(刑法 제297조).

368

**破坏集会(游行·示威)罪**
pò huài jí huì yóuxíng  shì wēi  zuì
파 괴 집 회 ( 유 행 · 시 위 ) 죄

## 집회파괴죄

소란을 피우거나 강제침입 등의 불법적인 방식으로 적법하게 진행하고 있는 집회
(데모, 시위)를 파괴하여 공공질서의 혼란을 초래한 죄를 말한다. 본죄를 범한 경우
5년 이하 유기징역, 구역(拘役), 관제(管制) 또는 참정권 박탈형에 처한다(刑法 제
298조).

369

**侮辱国旗(国徽)罪**
wǔ rǔ guó qí  guó huī  zuì
모 욕 국 기 ( 국 휘 ) 죄

## 국기(국장)모욕죄

공개적인 장소에서 중화인민공화국 국기(국장)를 소각, 훼손, 도색 및 더럽히거나 짓
밟는 등의 방식으로 국기(국장)를 모욕한 죄를 말한다. 본죄를 범한 경우 3년 이하
유기징역, 구역(拘役), 관제(管制)형 또는 참정권 박탈형에 처한다(刑法 제299조).

370

**侮辱国歌罪**
wǔ rǔ guó gē zuì
모 욕 국 가 죄

## 국가모욕죄

공개적인 장소에서 중화인민공화국 국가인 의용군진행곡을 노래할 때 조롱, 비난,
왜곡 등을 목적으로 가사, 음률 등을 고의적으로 변경하여 그 사안이 엄중한 죄를
말한다. 본죄를 범한 경우 3년 이하 유기징역, 구역(拘役), 관제(管制) 또는 참정권
박탈형에 처한다(刑法 제299조).

371

**侮辱诽谤英雄烈士罪**
wǔ rǔ fěi bàngyīngxióng liè shì zuì
모 욕 비 방 영 웅 열 사 죄

## 영웅열사 등의 모욕비방죄

나라의 영웅과 열사를 모욕, 비방하여 그들의 명예, 영예를 침해하는 등 사회 공공

이익을 해하여 그 사안이 엄중한 죄를 말한다. 본죄를 범한 경우 3년 이하 유기징역, 구역(拘役), 관제(管制) 또는 참정권 박탈형에 처한다(刑法 제299조의1).

| zǔ zhī  lì yòng  huì dàomén  xié jiào zǔ zhī<br>**组织(利用)会道门(邪教组织)**<br>pò huài fǎ  lǜ shí shī zuì<br>**破坏法律实施罪**<br>조직(이용)회도문(사교조직)파괴법률실시죄 | **미신단체(불법종교단체)에 의한<br>법률질서파괴죄** |
|---|---|

미신단체(불법종교단체)를 조직(이용)하여 국가법률·법규의 실행과 집행을 파괴한 죄를 말한다. 본죄를 범한 경우 무기징역, 유기징역(통상 3년에서 7년, 엄중한 경우 7년 이상, 비교적 경미한 경우 3년 이하), 구역(拘役), 관제(管制) 또는 참정권 박탈형에 처하고 벌금을 단독 부과하거나 벌금 또는 재산몰수를 병과한다. 그 과정에서 타인의 상해, 사망을 초래하였다면 고의상해죄나 고의살인죄로는 논하지 않지만 종중처벌(从重处罚)을 하며, 가령 그 과정에서 부녀 간음, 재물사기 등의 죄를 범한 경우에는 수죄병벌(数罪并罚) 한다(刑法 제300조).

| lì yòng mí xìn pò huài fǎ  lǜ shí shī zuì<br>**利用迷信破坏法律实施罪**<br>이 용 미 신 파 괴 법 률 실 시 죄 | **미신에 의한 법률질서파괴죄** |
|---|---|

미신을 이용하여 국가법률·법규의 실행과 집행을 파괴한 죄를 말한다. 본죄를 범한 경우 무기징역, 유기징역(통상 3년에서 7년, 엄중한 경우 7년 이상, 비교적 경한 경우 3년 이하), 구역(拘役), 관제(管制) 또는 참정권 박탈형에 처하고 벌금을 단독 부과하거나 벌금 또는 재산몰수를 병과한다. 그 과정에서 타인의 상해, 사망을 초래하였다면 고의상해죄나 고의살인죄로는 논하지 않지만 종중처벌(从重处罚)을 하며, 가령 그 과정에서 부녀 간음, 재물사기 등의 죄를 범한 경우에는 수죄병벌(数罪并罚) 한다(刑法 제300조).

| | |
|---|---|
| 374 jù zhòng yín luàn zuì<br>**聚众淫乱罪**<br>취 중 음 란 죄 | **집단음란죄** |

여러 사람(3인 이상)을 조직하여 집단 음란 행위(예컨대 성교 행위, 성추행 행위 등)를 한 죄를 말한다. 본죄를 범한 수괴 또는 여러 번 참여한 자에 대해서는 5년 이하 유기징역, 구역(拘役) 또는 관제(管制)에 처한다. 만 18세 미만 미성년자를 유인하여 본죄를 범한 경우 종중처벌(从重处罚) 한다(刑法 제301조).

| | |
|---|---|
| 375 dào qiè wǔ rǔ gù yì huǐ huài<br>**盗窃(侮辱·故意毁坏)**<br>shī tǐ shī gǔ gǔ huī zuì<br>**尸体(尸骨·骨灰)罪**<br>도절(모욕·고의훼괴)시체(시골·골회)죄 | **시체 절도(모욕·훼손)죄** |

시체(시골, 골회)를 절도(모욕, 고의파손)한 죄를 말한다. 본죄를 범한 경우 3년 이하 유기징역, 구역(拘役), 관제(管制)에 처한다. 시체 등에 오물을 뿌리거나 낙서를 하는 등의 행위가 여기서 말하는 "모욕"에 해당할 수 있다(刑法 제302조).

| | |
|---|---|
| 376 dǔ bó zuì<br>**赌博罪**<br>도 박 죄 | **도박죄** |

이익을 꾀하기 위해 여러 명의 사람을 집결하여 도박 행위를 하거나, 또는 도박을 업으로 하는 죄를 말한다. 본죄를 범한 경우 3년 이하 유기징역, 구역(拘役), 관제(管制)에 처하고 벌금을 병과한다(刑法 제303조).

| | |
|---|---|
| 377 kāi shè dǔ chǎng zuì<br>**开设赌场罪**<br>개 설 도 장 죄 | **도박장개설죄** |

도박장을 개설한 죄를 말한다. 본죄를 범한 경우 유기징역(통상 5년 이하, 엄중한 경

우 5년에서 10년), 구역(拘役), 관제(管制)에 처하고 벌금을 병과한다. 온라인 도박 사이트를 개설하거나 온라인 도박 사이트의 매니저 등 도박 사이트 운영에서 주요 역할을 한 자도 본죄로 논하여 처벌한다(刑法 제303조).

---

zǔ zhī cān yù guó jìng wài dǔ bó zuì
**组织参与国(境)外赌博罪**
조 직 참 여 국 ( 경 ) 외 도 박 죄

**해외 원정 도박 조직죄**

378

중국 국민을 조직하여 해외에서 원정 도박을 하게 하고 그 금액이 거대하거나 사안이 엄중한 죄를 말한다. 본죄를 범한 경우 유기징역(통상 5년 이하, 엄중한 경우 5년에서 10년), 구역(拘役), 관제(管制)에 처하고 벌금을 병과한다(刑法 제303조).

---

gù yì yán wù tóu dì yóu jiàn zuì
**故意延误投递邮件罪**
고 의 연 오 투 체 우 건 죄

**우편물 고의지연전달죄**

379

우정업무에 종사하는 우정공작인원(邮政工作人员)이 상당히 무책임하여 우편물의 발송과 전달을 고의적으로 지연하여 공공재산과 국가·인민의 이익에 중대한 손해를 초래한 죄를 말한다. 본죄를 범한 경우 2년 이하 유기징역, 구역(拘役)에 처한다(刑法 제304조).

---

fáng hài sī fǎ zuì
**妨害司法罪**
방 해 사 법 죄

**사법방해죄**

380

형법 각칙 제6장 제2절의 제목이자 사법질서를 파괴하는 죄명들의 총칭을 말한다. 여기에는 위증죄, 증거인멸죄, 허위소송, 법정질서 교란죄 등의 죄명들이 포함된다.

| 381 | wěi zhèng zuì<br>**伪证罪**<br>위 증 죄 | **위증죄** |

수사, 심판 등 형사소송 과정에서 증인·감정인·속기사·통역인이 사건과 중요한 관계에 있는 사안에 있어서 고의로 허위적인 증명 또는 감정을 제출, 허위적인 기록 작성, 사실 관계를 왜곡한 통역 등을 하여 타인을 모해하거나 죄를 은닉하고자 한 죄를 말한다. 본죄를 범한 경우 유기징역(통상 3년 이하, 엄중한 경우 3년에서 7년), 구역(拘役)에 처한다(刑法 제305조).

| 382 | biàn hù rén   sù sòng dài lǐ rén<br>**辩护人(诉讼代理人)**<br>huǐ miè wěi zào zhèng jù zuì<br>**毁灭(伪造)证据罪**<br>변호인(소송대리인)훼멸(위조)증거죄 | **변호인의 증거 위조(훼손)죄** |

형사사건의 변호인(소송대리인)이 다음의 행위 중 하나에 해당하는 증거 훼손(위조)의 범행을 한 죄를 말한다. ① 직접 증거를 훼손, 위조, ② 타인이 증거를 훼손, 위조하는 것에 도움 제공, ③ 증인이 허위증언을 제공하도록 위협, 유인, ④ 증인이 객관적인 증언을 제공하는 것을 방해하는 행위이다. 본죄를 범한 경우 유기징역(통상 3년 이하, 엄중한 경우 3년에서 7년), 구역(拘役)에 처한다(刑法 제306조).

| 383 | fáng hài zuò zhèng zuì<br>**妨害作证罪**<br>방 해 작 증 죄 | **증인 증언 방해죄** |

폭력, 위협, 뇌물공여 등의 방식으로 증인이 객관적인 증언을 하는 것을 방해하거나, 타인이 위증을 하도록 지시한 죄를 말한다. 본죄를 범한 경우 유기징역(통상 3년 이하, 엄중한 경우 3년에서 7년), 구역(拘役)에 처한다. 사법공작인원(司法工作人员)이 본죄를 범한 경우 종중처벌(从重处罚) 한다(刑法 제307조).

| bāng zhù huǐ miè wěi zào zhèng jù zuì<br>**帮助毁灭(伪造)证据罪**<br>방 조 훼 멸 ( 위 조 ) 증 거 죄 | **증거훼손(위조)방조죄** |
|---|---|

형사사건 당사자를 도와 증거를 훼손하거나 허위증거를 만들어 내는 등의 행위를 하고 그 사안이 엄중한 죄를 말한다. 본죄를 범한 경우 3년 이하 유기징역, 구역(拘役)에 처한다. 사법공작인원(司法工作人员)이 본죄를 범한 경우 종중처벌(从重处罚) 한다(刑法 제307조).

| xū jiǎ sù sòng zuì<br>**虚假诉讼罪**<br>허 가 소 송 죄 | **소송사기죄** |
|---|---|

관련 증거를 위조하거나 허위 진술을 하는 방식으로 존재하지 않았던 민사법률관계 또는 민사분쟁을 날조하여 법원에 민사소송을 제기하여 사법질서를 방해하거나 타인의 적법한 권리를 엄중히 침해한 죄를 말하다. 본죄를 범한 경우 유기징역(통상 3년 이하, 엄중한 경우 3년에서 7년), 구역(拘役), 관제(管制)에 처하고 벌금을 병과한다. 본죄는 양벌규정을 적용한다. 예컨대 이혼하기 전에 재산분할을 피하기 위해 제3자와의 채무관계를 날조하여 법원에 민사소송을 제기함으로써 실제적으로 법원을 빌려 재산분할을 도피하는 행위가 여기에 속한다. 사법공작인원(司法工作人员)이 직무의 편리를 이용하여 본죄를 범한 경우 종중처벌(从重处罚) 한다(刑法 제307조의1).

| dǎ jī bào fù zhèng rén zuì<br>**打击报复证人罪**<br>타 격 보 복 증 인 죄 | **증인보복죄** |
|---|---|

사법기관에 사건 상황을 알려주고 증언을 제공한 증인을 보복한 죄를 말한다. 본죄를 범한 경우 유기징역(통상 3년 이하, 엄중한 경우 3년에서 7년), 구역(拘役)에 처한다. 소위 '보복'이란 급여 삭감, 상여금 지급 거절 등 여러 가지의 방법을 포함한다(刑法 제308조).

387

xiè  lù  bù yīnggōng kāi  de  àn jiàn xìn  xī  zuì
**泄露不应公开的案件信息罪**
설 로 불 응 공 개 적 안 건 신 식 죄

**사건기밀 누설죄**

사법공작인원(司法工作人員), 변호인, 소송대리인 또는 기타 소송참여자가 비공개 심리 중인 사안에서 공개하면 아니되는 정보를 공개하여 그 정황이 엄중하거나, 또는 소송참여자가 아닌 제3자가 이러한 정보를 공개 또는 보도하여 그 사안이 엄중한 죄를 말한다. 본죄를 범한 경우 3년 이하 유기징역, 구역(拘役), 또는 관제(管制)에 처하고 벌금을 단독 부과 또는 병과한다. 만약 상기 죄를 범하는 과정에서 국가기밀을 누설하였다면 형법 제398조의 국가비밀 고의누설죄 또는 국가비밀 과실누설죄로 처벌한다(刑法 제308조).

388

pī  lù  bào dào  bù yīnggōng kāi  de  àn jiàn xìn  xī  zuì
**披露(报道)不应公开的案件信息罪**
피 로 ( 보 도 ) 불 응 공 개 적 안 건 신 식 죄

**사건기밀 공개(보도)죄**

비공개심리 중인 사안에서 공개하면 아니되는 정보를 공개하거나 보도하여 그 사안이 엄중한 죄를 말한다. 본죄를 범한 경우 3년 이하 유기징역, 구역(拘役), 관제(管制)에 처하고 벌금을 단독 부과 또는 병과한다. 본죄는 양벌규정을 적용한다(刑法 제308조).

389

rǎo luàn  fǎ  tíng zhì  xù  zuì
**扰乱法庭秩序罪**
요 란 법 정 질 서 죄

**법정질서교란죄**

심판 과정에서 다음의 행위 중 하나를 하여 심판장의 질서를 엄중히 교란한 죄를 말한다. ① 여러 사람(3인 이상)들을 집결하여 소란을 피우거나 심판장에 난입, ② 사법공작인원(司法工作人員) 또는 소송참여자를 구타, ③ 사법공작인원(司法工作人員) 또는 소송참여자를 모욕, 비방, 위협하여 법관이 시정을 요구하였지만 시정을 거부, ④ 심판장에 있는 시설·장비·소송문서·증거 등을 파괴, 강탈한 행위이다. 본

죄를 범한 경우 3년 이하 유기징역, 구역(拘役), 관제(管制)에 처하고 벌금을 병과한다(刑法 제309조).

| 390 |
|---|
| wō cáng bāo bì  zuì<br>**窝藏(包庇)罪**<br>와 장 ( 포 비 ) 죄 | **범죄 은닉·비호죄** |

범죄자임을 알면서도 그에게 거처, 재물 등을 제공하는 등 및 그 밖의 방식으로 그의 도주를 도와주었거나, 허위 증명 제공 등으로 그를 비호한 죄를 말한다. 본죄를 범한 경우 유기징역(통상 3년 이하, 엄중한 경우 3년에서 10년), 구역(拘役), 관제(管制)에 처한다(刑法 제310조).

| 391 |
|---|
| jù jué tí gòngjiān dié  kǒng bù zhǔ yì    jí duānzhǔ yì<br>**拒绝提供间谍(恐怖主义·极端主义)**<br>fàn zuì zhèng jù zuì<br>**犯罪证据罪**<br>거절제공간첩(공포주의·극단주의)범죄증거죄 | **간첩(테러·극단주의)죄 관련<br>증거 제공 거부죄** |

타인이 간첩행위, 테러행위 또는 극단주의적 범죄 행위가 있는 것을 알면서도 사법기관의 관련 증거 요구를 거절하고 관련 증거를 제공하지 않아 그 사안이 엄중한 죄를 말한다. 본죄를 범한 경우 3년 이하 유기징역, 구역(拘役), 관제(管制)에 처한다(刑法 제311조).

| 392 |
|---|
| yǎn shì  yǐn mán  fàn zuì suǒ dé<br>**掩饰(隐瞒)犯罪所得**<br>fàn zuì suǒ dé shōu yì  zuì<br>**(犯罪所得收益)罪**<br>은식(은만)범죄소득(범죄소득수익)죄 | **범죄소득은닉죄** |

범죄로 인한 소득이거나 그러한 소득으로 인한 이익임을 알면서도 이를 은닉·이전·구매 또는 판매대행 등을 한 죄를 말한다. 본죄를 범한 경우 유기징역(통상 3년

이하, 엄중한 경우 3년에서 7년), 구역(拘役), 관제(管制)에 처하고 벌금을 단독 부과 또는 병과한다. 본죄는 양벌규정을 적용한다(刑法 제312조).

393
**拒不执行判决(裁定)罪**
jù bù zhí xíng pàn jué cái dìng zuì
거 불 집 행 판 결 ( 재 정 ) 죄

**재판집행거부죄**

법원이 내린 판결, 재판, 재정(지급명령, 법원 공증 채권서 등) 등을 집행할 능력이 있음에서도 집행을 거부하여 그 사안이 엄중한 죄를 말한다. 본죄를 범한 경우 유기 징역(통상 3년 이하, 엄중한 경우 3년에서 7년), 구역(拘役)에 처하고 벌금을 단독 부과 또는 병과한다. 본죄는 양벌규정을 적용한다(刑法 제313조).

394
**非法处置扣押(冻结)财产罪**
fēi fǎ chǔ zhì kòu yā dòng jié cái chǎn zuì
비 법 처 치 구 압 ( 동 결 ) 재 산 죄

**압수(동결)재산 불법처분죄**

사법기관이 법에 의해 차압, 압수, 동결한 재산을 임의로 은닉, 이전, 판매, 훼손하여 그 사안이 엄중한 죄를 말한다. 본죄를 범한 경우 3년 이하 유기징역, 구역(拘役) 또는 벌금에 처한다(刑法 제314조).

395
**破坏监管秩序罪**
pò huài jiān guǎn zhì xù zuì
파 괴 감 관 질 서 죄

**수감관리질서파괴죄**

수감 중인 범죄자가 다음의 행위 중 하나인 수감시설 관리질서 파괴 행위를 하고 그 사안이 엄중한 죄를 말한다. ① 수감시설 감독관리원을 구타, ② 기타 수감자들을 조직하여 수감시설을 파괴, ③ 여러 명을 소집하여 정상적인 수감관리질서를 교란, ④ 기타 수감자를 구타·체벌하거나 그렇게 하도록 지시한 경우이다. 본죄를 범한 경우 3년 이하 유기징역에 처한다(刑法 제315조).

| tuō táo zuì<br>**脱逃罪**<br>탈 도 죄 | **탈옥죄** |
|---|---|

수감 중인 범죄자, 피고인 또는 피의자가 수감시설에서 탈주한 죄를 말한다. 본죄를 범한 경우 5년 이하 유기징역, 구역(拘役)에 처한다(刑法 제316조).

| jié duó bèi yā jiè rén yuán zuì<br>**劫夺被押解人员罪**<br>겁 탈 피 압 해 인 원 죄 | **압송 중 수감자 탈취죄** |
|---|---|

압송 중인 범죄자, 피고인 또는 피의자를 탈취한 죄를 말한다. 본죄를 범한 경우 3년 이상 7년 이하 유기징역에 처하고 사안이 엄중한 경우 7년 이상 유기징역에 처한다 (刑法 제316조).

| zǔ zhī yuè yù zuì<br>**组织越狱罪**<br>조 직 월 옥 죄 | **탈옥조직죄** |
|---|---|

수감 중인 자들을 계획적으로 조직하여 수감시설에서 탈주한 죄를 말한다. 본죄를 범한 수괴 또는 적극 참여자에 대해서는 5년 이상 유기징역에 처하고 기타 참여자 에 대해서는 5년 이하 유기징역, 구역(拘役)에 처한다(刑法 제317조).

| bào dòng yuè yù zuì<br>**暴动越狱罪**<br>폭 동 월 옥 죄 | **폭동에 의한 탈옥죄** |
|---|---|

수감 중인 자가 폭동을 일으켜 수감시설을 파괴하고 수감감독인원들을 폭행, 상해 또는 살해하는 수단으로 수감시설에서 탈주한 죄를 말한다. 본죄를 범한 수괴 또는 적극 참여자에 대해서는 10년 이상 유기징역, 무기징역 사형에 처하고 기타 참여자 에 대해서는 3년 이상 10년 이하 유기징역에 처한다(刑法 제317조).

| | |
|---|---|
| 400 | |
| jù zhòng chí xiè jié yù zuì<br>**聚众持械劫狱罪**<br>취 중 지 계 겁 옥 죄 | **감옥습격죄** |

수감시설 밖에 있는 자가 특정 수감인원 구출을 목적으로 총, 칼, 폭발물 등 무기들을 휴대한 여러 사람들을 집결하여 수감시설을 파괴하고 수감감독인원들을 폭행, 상해 또는 살해한 죄를 말한다. 본죄를 범한 수괴 또는 적극 참여자에 대해서는 10년 이상 유기징역, 무기징역 사형에 처하고 기타 참여자에 대해서는 3년 이상 10년 이하 유기징역에 처한다(刑法 제317조).

| | |
|---|---|
| 401 | |
| fáng hài guó biān jìngguǎn lǐ zuì<br>**妨害国(边)境管理罪**<br>방 해 국 ( 변 ) 경 관 리 죄 | **변방관리방해죄** |

형법 각칙 제6장 제3절의 제목이자 국가의 국경(변경)의 관리질서를 파괴하는 죄명들의 총칭을 말한다. 여기에는 국경불법이탈을 조직하는 범죄, 출국 허가증서 편취죄, 출입국증서 위조죄 등의 죄명들이 포함된다.

| | |
|---|---|
| 402 | |
| zǔ zhī tā rén tōu yuè guó biān jìng zuì<br>**组织他人偷越国(边)境罪**<br>조 직 타 인 투 월 국 ( 변 ) 경 죄 | **국경불법이탈조직죄** |

타인이 국경(변경)을 불법적으로 이탈하는 것을 조직, 계획, 선동 등을 한 죄를 말한다. 본죄를 범한 경우 2년 이상 5년 이하 유기징역에 처하고 벌금을 병과한다. 예컨대 중국에서 사람들을 모집하여 정상적인 비자 발급을 받지 않고 다른 나라에 밀입국하도록 하는 행위가 여기에 속한다. 다만 다음의 경우 중 하나가 있다면 최고 무기징역에 벌금형 또는 재산몰수형을 병과할 수 있다. ① 이러한 범죄행위를 여러 번 한 경우, ② 많은 인원들의 불법 이탈을 조직한 경우 ③ 그 과정에서 불법이탈 대상자의 중상해, 사망 등을 초래한 경우, ④ 이러한 범죄행위로 거대한 불법소득을 취한 경우, ⑤ 사안이 특별히 엄중한 기타 정황이 있는 경우이다(刑法 제318조).

| piàn qǔ chū jìng zhèng jiàn zuì<br>**骗取出境证件罪**<br>편 취 출 경 증 건 죄 | **출국증서편취죄** |

용역 수출, 상거래 등 허구한 명목으로 정부 당국을 기만하여 여권 등의 출입국증서를 발급받고 이들을 타인의 국경 불법 이탈 범죄에 사용한 죄를 말한다. 본죄를 범한 경우 유기징역(통상 3년 이하, 엄중한 경우 3년에서 10년)에 벌금을 병과한다. 본죄는 양벌규정을 적용한다(刑法 제319조).

| tí gòng wěi zào biàn zào de chū rù jìng zhèng jiàn zuì<br>**提供伪造(变造)的出入境证件罪**<br>제 공 위 조 ( 변 조 ) 적 출 입 경 증 건 죄 | **위조(변조) 출입국증서제공죄** |

타인에게 위조(변조)한 여권, 비자 등 출입국증서를 제공한 죄를 말한다. 본죄를 범한 경우 5년 이하 유기징역에 벌금을 병과할 수 있고, 사안이 엄중한 경우 5년 이상 유기징역에 벌금을 병과할 수 있다(刑法 제320조).

| chū shòu chū rù jìng zhèng jiàn zuì<br>**出售出入境证件罪**<br>출 수 출 입 경 증 건 죄 | **출입국증서판매죄** |

여권, 비자 등 출입국증서를 타인에게 판매한 죄를 말한다. 본죄를 범한 경우 5년 이하 유기징역에 벌금을 병과할 수 있고, 사안이 엄중한 경우 5년 이상 유기징역에서 벌금을 병과할 수 있다(刑法 제320조).

| yùn sòng tā rén tōu yuè guó biān jìng zuì<br>**运送他人偷越国(边)境罪**<br>운 송 타 인 투 월 국 ( 변 ) 경 죄 | **국경불법이탈자 운송죄** |

국(변)경을 불법으로 이탈하는 자들을 운송한 죄를 말한다. 본죄를 범한 경우 관제(管制), 구역(拘役), 또는 5년 이하 유기징역에 벌금을 병과한다. 다만 다음의 경우

중의 하나가 있다면 5년 이상 10년 이하 유기징역에 벌금을 병과한다. ① 여러 번 운송하거나 운송 인원수가 많은 경우, ② 운송에 사용한 선박, 차량 등 교통수단이 필요한 안전장치 등을 구비하지 않은 경우, ③ 이러한 범죄 행위로 거액의 불법소득을 취득한 경우, ④ 사안이 특별히 엄중한 기타 정황이 있는 경우. 아울러 그 과정에서 피운송인원의 중상, 사망을 초래하였거나 폭력, 위협의 방식으로 검사에 저항하였다면 7년 이상 유기징역에 벌금을 병과한다. 나아가, 그 과정에서 피운송인원을 강간, 괴매(拐卖), 상해, 살해하였거나, 검사인원을 상해, 살해한 경우 수죄병벌(数罪并罚) 한다(刑法 제321조).

| 407 | tōu yuè guó biān jìng zuì<br>**偷越国(边)境罪**<br>투 월 국 ( 변 ) 경 죄 | **국경불법이탈죄** |

국가의 국(변)경 관리 법규를 위반하여 국(변)경을 몰래 넘어 그 사안이 엄중한 죄를 말한다. 본죄를 범한 경우 1년 이하 유기징역, 구역(拘役) 또는 관제(管制)에 처하고 벌금을 병과할 수 있다. 테러범죄 가담을 위해 국경을 불법이탈한 경우 1년 이상 3년 이하 유기징역에 처하고 벌금을 병과할 수 있다(刑法 제322조).

| 408 | pò huài jiè bēi jiè zhuāng zuì<br>**破坏界碑(界桩)罪**<br>파 괴 계 비 ( 계 장 ) 죄 | **국경 경계물파괴죄** |

국가 간의 경계선을 표시하는 계비 또는 경계선을 제시하는 말뚝을 파괴한 죄를 말한다. 본죄를 범한 경우 3년 이하 유기징역, 구역(拘役)에 처한다. 본죄는 행위범이어서 파괴된 결과를 요구하지 않는다(刑法 제323조).

| 409 | pò huàiyǒng jiǔ xìng cè liángbiāo zhì zuì<br>**破坏永久性测量标志罪**<br>파 괴 영 구 성 측 량 표 지 죄 | **국가 측정용 표지 파괴죄** |

국가가 지리적인 위치, 천문 관측용 지검, 항로, 수로 등을 명확히 하기 위해 설정한

표지를 파괴한 죄를 말한다. 본죄를 범한 경우 3년 이하 유기징역, 구역(拘役)에 처한다. 본죄는 파괴의 결과를 요하지 않고 파괴를 하는 행위만 있어도 성립된다(刑法 제323조).

| fáng hài wén wù guǎn lǐ zuì<br>**妨害文物管理罪**<br>방 해 문 물 관 리 죄 | 문화재관리방해죄 |
| --- | --- |

410

형법 각칙 제6장 제4절의 제목이자 국가가 문화재에 대한 관리질서를 파괴하는 죄명들의 총칭을 말한다. 여기에는 문화재 고의파괴, 진귀 문화재 외국에 임의적으로 판매, 문화유적지 불법 도굴 등의 죄명들이 포함된다.

| gù yì sǔn huǐ wén wù zuì<br>**故意损毁文物罪**<br>고 의 손 훼 문 물 죄 | 문화재 고의훼손죄 |
| --- | --- |

411

국가의 보호를 받는 진귀 물품, 또는 국가급, 성급(省級) 문화재로 지정된 물품 등 문화재를 고의적으로 파괴한 죄를 말한다. 본죄를 범한 경우 유기징역(통상 3년 이하, 엄중한 경우 3년에서 10년), 구역(拘役)에 처하고 벌금을 단독 부과 또는 병과한다(刑法 제324조).

| guò shī sǔn huǐ wén wù zuì<br>**过失损毁文物罪**<br>과 실 손 훼 문 물 죄 | 문화재 과실훼손죄 |
| --- | --- |

412

국가의 보호를 받는 진귀 물품, 또는 국가급, 성급(省級) 문화재로 지정된 물품 등 문화재를 과실로 훼손하여 그 사안이 엄중한 죄를 말한다. 본죄를 범한 경우 3년 이하 유기징역, 구역(拘役)에 처할 수 있다(刑法 제324조).

**413**

gù yì sǔn huǐ míngshèng gǔ jì zuì
**故意损毁名胜古迹罪**
고 의 손 훼 명 승 고 적 죄

**문화유적지고의훼손죄**

국가가 보호하는 문화유적지를 고의적으로 파괴하여 그 사안이 엄중한 죄를 말한다. 본죄를 범한 경우 5년 이하 유기징역, 구역(拘役)에 처하고 벌금을 병과 또는 단독 부과할 수 있다(刑法 제324조).

**414**

fēi fǎ xiàng wài guó rén chū shòu zèngsòng zhēn guì wén wù zuì
**非法向外国人出售(赠送)珍贵文物罪**
비 법 향 외 국 인 출 수 ( 증 송 ) 진 귀 문 물 죄

**진귀문화재외국유출죄**

문화재 보호 관련 규정을 위반하여, 자신이 소장하고 있는 수출금지 문화재를 임의로 외국인에게 판매하였거나 증여한 죄를 말한다. 본죄를 범한 경우 5년 이하 유기징역, 구역(拘役)에 처하고 벌금을 병과한다. 본죄는 양벌규정을 적용한다(刑法 제325조).

**415**

dǎo mài wén wù zuì
**倒卖文物罪**
도 매 문 물 죄

**문화재암거래죄**

이익을 꾀하기 위해 국가에서 거래를 금지하는 문화재를 암거래하여 사안이 엄중한 죄를 말한다. 본죄를 범한 경우 유기징역(통상 5년 이하, 엄중한 경우 5년에서 10년), 구역(拘役)에 처하고 벌금을 병과한다. 본죄는 양벌규정을 적용한다(刑法 제326조).

**416**

fēi fǎ chū shòu sī zèng wén wù zàng pǐn zuì
**非法出售(私赠)文物藏品罪**
비 법 출 수 ( 사 증 ) 문 물 장 품 죄

**문화재임의처분죄**

국립박물관, 국립도서관 등의 국유 조직 또는 법인이 문화재 관련 규정들을 위반하

여 자신이 보관하고 있는 문화재를 국유조직 또는 법인이 아닌 자에게 임의로 판매
하거나 증여한 죄를 말하다. 본죄를 범한 경우 책임자는 3년 이하 유기징역, 구역
(拘役)에 처한다. 본죄는 양벌규정을 적용한다(刑法 제327조).

**dào jué gǔ wénhuà yí zhǐ gǔ mù zàng zuì**
**盗掘古文化遗址(古墓葬)罪**
도굴고문화유지(고모장)죄 / **문화유적지(고분)도굴죄** [417]

역사·예술·과학적 가치가 있는 문화유적지(고분)을 도굴한 죄를 말한다. 본죄를 범
한 경우 유기징역(통상 3년 이하, 엄중한 경우 3년에서 10년), 구역(拘役), 관제(管
制)에 처하고 벌금을 병과한다. 다만 다음의 경우 중 하나가 있다면 10년 이상 유기
징역, 무기징역에 처하고 벌금 또는 재산몰수를 병과한다. ① 국가급, 성급 보호대
상으로 지정된 문화유적지거나 고분을 도굴한 경우, ② 본죄를 업으로 하는 범죄 단
체의 수괴인 경우, ③ 본죄의 행위를 여러 번 한 경우, ④ 범죄 행위 때문에 문화유적
지 또는 고분이 엄중히 파괴된 경우이다(刑法 제328조).

**dào jué gǔ rén lèi huà shí gǔ jǐ zhuīdòng wù huà shí zuì**
**盗掘古人类化石(古脊椎动物化石)罪**
도굴고인류화석(고척추동물화석)죄 / **고인류(고유척동물) 화석 도굴죄** [418]

국가의 문화재 관련 규정을 위반하여 국가가 보호하고 과학적 가치가 있는 고인류
화석(유척동물화석) 등을 도굴한 죄를 말한다. 본죄를 범한 경우 유기징역(통상 3년
이하, 엄중한 경우 3년에서 10년), 구역(拘役), 관제(管制)에 처하고 벌금을 병과한
다. 다만 다음의 경우 중 하나가 있다면 10년 이상 유기징역, 무기징역에 처하고 벌
금 또는 재산몰수를 병과한다. ① 국가급, 성급 보호대상으로 지정된 고인류 또는
고유척동물 화석을 도굴한 경우, ② 본죄를 업으로 하는 범죄 단체의 수괴인 경우,
③ 본죄의 행위를 여러 번 한 경우, ④ 범죄 행위 때문에 고인류, 고유척동물 화석이
엄중히 파괴된 경우이다(刑法 제328조).

### 419

qiǎng duó qiè qǔ guó yǒu dàng àn zuì
**抢夺(窃取)国有档案罪**
창 탈 ( 절 취 ) 국 유 당 안 죄

## 국가기록물 불법탈취죄

국가기관 또는 이에 준하는 조직들이 정치, 경제, 사회, 군사, 과학기술 등의 활동에 종사하면서 형성된 보존 가치가 있는 문서, 이미지, 음성 또는 영상 파일 등 기록의 가치가 있는 기록물 등 국가소유기록물(国有档案)을 불법으로 탈취한 죄를 말한다. 본죄를 범한 경우 5년 이하 유기징역, 구역(拘役)에 처한다(刑法 제329조).

### 420

shàn zì chū mài zhuǎn ràng guó yǒu dàng àn zuì
**擅自出卖(转让)国有档案罪**
선 자 출 매 ( 전 양 ) 국 유 당 안 죄

## 국가기록물 임의 양도죄

국가기관 또는 이에 준하는 조직들이 정치, 경제, 사회, 군사, 과학기술 등의 활동에 종사하면서 형성된 보존 가치가 있는 문서, 이미지, 음성 또는 영상 파일 등 기록의 가치가 있는 기록물 등 국가소유기록물(国有档案)을 임의로 판매 또는 양도하고 그 사안이 엄중한 죄를 말한다. 본죄를 범한 경우 3년 이하 유기징역, 구역(拘役)에 처한다(刑法 제329조).

### 421

wēi hài gōng gòng wèi shēng zuì
**危害公共卫生罪**
위 해 공 공 위 생 죄

## 공공위생위해죄

형법 각칙 제6장 제5절의 제목이자 국가가 질병과 공공위생안전에 대한 관리질서를 파괴하는 죄명들의 총칭을 말한다. 여기에는 전염병 관리업무 방해죄, 전염병전파행위죄, 무면허 의료행위죄 등의 죄명들이 포함된다.

## fáng hài chuán rǎn bìngfáng zhì zuì
**妨害传染病防治罪**
방 해 전 염 병 방 치 죄

### 전염병예방업무 방해죄

전염병예방치료 관련 법의 규정을 위반하는 다음의 행위 중 하나로 흑사병과 같은 갑류 전염병(甲类传染病)으로 분류된 전염병의 감염, 또는 갑류 전염병으로 간주하여 관리·예방하는 전염병의 전파를 초래하였거나 그러한 리스크를 조성한 죄를 말한다. ① 급수업체가 국가규정의 위생표준에 부적합한 음용수를 제공, ② 병원체에 오염된 오수·오물·분뇨 등에 대해 규정에 따른 소독처리를 하지 않음, ③ 전염병 감염자, 병원체 휴대자 또는 그러한 혐의가 있는 자들이 그러한 전염병 전파를 쉽게 초래하는 업무에 투입되도록 허락하거나 방치, ④ 전염병 병원체에 오염되었거나 오염되었을 가능성이 있는 물품을 판매·운송할 시 규정에 따른 소독처리를 하지 않음, ⑤ 현급 이상 정부, 질병예방당국의 예방조치의 집행을 거부 등이 있다. 본죄를 범한 경우 유기징역(통상 3년 이하, 엄중한 경우 3년에서 7년), 구역(拘役)에 처한다. 본죄는 양벌규정을 적용한다(刑法 제330조).

## chuán rǎn bìng jūn zhǒng dú zhǒng kuò sàn zuì
**传染病菌种(毒种)扩散罪**
전 염 병 균 종 ( 독 종 ) 확 산 죄

### 전염병확산죄

전염병의 세균(병원체)의 실험, 보관, 휴대 운송 등의 업무에 종사하는 자가 국무원 위생업무 부서의 관련 규정을 위반하여 전염병의 세균, 바이러스의 확산을 초래하였고 그 결과가 엄중한 죄를 말한다. 본죄를 범한 경우 유기징역(통상 3년 이하, 엄중한 경우 3년에서 7년), 구역(拘役)에 처한다(刑法 제331조).

## fáng hài guó jìng wèi shēngjiān yì zuì
**妨害国境卫生检疫罪**
방 해 국 경 위 생 검 역 죄

### 출입국전염병검역방해죄

출입국 시 출입국 인원, 휴대물, 관련 교통설비, 우편물 등에 대해 전염병 검역을 하는데 이러한 검역을 도피하는 등의 행위를 하여 전염병 전파의 결과를 초래하였거나 그러한 리스크를 조성한 죄를 말한다. 본죄를 범한 경우 3년 이하 유기징역, 구역(拘役)에 처하고 벌금을 단독 부과 또는 병과한다. 본죄는 양벌규정을 적용한다(刑法 제332조).

---

425

fēi fǎ zǔ zhī mài xuè zuì
**非法组织卖血罪**
비 법 조 직 매 혈 죄

**매혈조직죄**

---

국가의 혈액 제품 관리 관련 법규정을 위반하고 보건복지 행정부서의 허가를 받지 않은 상황에서 사람들을 조직하여 매혈을 한 죄를 말한다. 본죄를 범한 경우 5년 이하 유기징역에 벌금형을 병과한다. 그 과정에서 타인의 상해를 초래하면 고의상해죄로 논하여 처벌한다(刑法 제332조).

---

426

qiǎng pò mài xuè zuì
**强迫卖血罪**
강 박 매 혈 죄

**매혈강요죄**

---

폭력, 위협의 방법으로 타인의 혈액판매를 강요한 죄를 말한다. 본죄를 범한 경우 5년 이상 10년 이하 유기징역에 벌금형을 병과한다. 그 과정에서 타인의 상해를 초래하면 고의상해죄로 논하여 처벌한다(刑法 제332조).

---

427

fēi fǎ cǎi jí gōngyìng xuè yè xuè yè zhì pǐn zuì
**非法采集(供应)血液(血液制品)罪**
비 법 채 집 ( 공 응 ) 혈 액 ( 혈 액 제 품 ) 죄

**혈액(제품)불법수집(제공)죄**

---

혈액(혈액제품)의 수집(공급) 등을 할 수 있는 자격을 보유하고 있지 않는 자가 혈액을 수집(공급)하거나 또는 국가 기준에 부합되지 않는 인체 건강을 해할 수 있는 혈액제품을 제작(공급)하는 죄를 말한다. 본죄를 범한 경우 5년 이하 유기징역, 구역(拘役)에 처하고 벌금을 병과한다. 상기 행위로 타인의 건강을 엄중히 침해하였다

면 5년 이상 10년 이하 유기징역에 벌금을 병과하고, 상당히 엄중한 침해를 초래하였다면 10년 이상 유기징역, 무기징역에 처하고 벌금 또는 재산몰수를 병과한다(刑法 제334조).

| căi jí gōngyìng xuè yè xuè yè zhì pǐn shì gù zuì<br>**采集(供应)血液(血液制品)事故罪**<br>채 집 ( 공 응 ) 혈 액 ( 혈 액 제 품 ) 사 고 죄 | **혈액(제품) 수집(제공)사고죄** |
| --- | --- |

정부 당국으로부터 혈액(혈액제품)의 수집(공급) 등의 허가를 받은 자가 국가가 규정한 방식, 절차에 따르지 않아서 타인의 신체 건강을 침해한 결과를 초래한 죄를 말한다. 본죄를 범한 경우 해당 업체에게는 벌금을 부과하고 업체의 주요 책임자는 5년 이하 유기징역, 구역(拘役)에 처한다(刑法 제334조).

| fēi fǎ cǎi jí rén lèi yí chuán zī yuán zuì<br>**非法采集人类遗传资源罪**<br>비 법 채 집 인 류 유 전 자 원 죄 | **인류유전자불법채집죄** |
| --- | --- |

국가규정을 위반하여 중국의 인류 유전자 자원을 불법적으로 채집하여 대중의 건강 또는 사회 공적 이익을 위협하여 그 정황이 엄중한 죄를 말한다. 본죄를 범한 경우 유기징역(통상 3년 이하, 엄중한 경우 3년에서 7년), 구역(拘役), 관제(管制)에 처하고 벌금을 병과한다(刑法 제334조의 1).

| zǒu sī rén lèi yí chuán zī yuán cái liào zuì<br>**走私人类遗传资源材料罪**<br>주 사 인 류 유 전 자 원 재 료 죄 | **인류유전자밀수죄** |
| --- | --- |

국가규정을 위반하여 불법적으로 채집한 중국의 인류 유전자 자원과 자료를 운송·배송·휴대 등 방법으로 역외로 이전하여 대중의 건강 또는 사회 공적 이익을 위협하고 그 정황이 엄중한 죄를 말한다. 본죄를 범한 경우 유기징역(통상 3년 이하, 엄중한 경우 3년에서 7년), 구역(拘役), 관제(管制)에 처하고 벌금을 병과한다(刑法 제334조의 1).

| yī liáo shì gù zuì<br>**医疗事故罪**<br>의 료 사 고 죄 | **의료사고죄** |

의료 업무 종사자가 의료 행위를 하는 과정에서 엄중한 책임 소홀로 인하여 환자를 사망하게 하였거나 환자의 신체건강을 엄중히 침해한 죄를 말한다. 본죄를 범한 경우 3년 이하의 유기징역, 구역(拘役)에 처한다(刑法 제335조).

| fēi fǎ xíng yī zuì<br>**非法行医罪**<br>비 법 행 의 죄 | **무면허 의료행위** |

의사개업자격증을 취득하지 않은 자가 불법으로 의료행위를 하고 그 사안이 엄중한 죄를 말한다. 본죄를 범한 경우 3년 이하 유기징역, 구역(拘役), 관제(管制)형에 벌금형을 병과 또는 단독 부과할 수 있다. 환자의 신체건강에 엄중한 손상을 초래하였다면 3년 이상 10년 이하 유기징역에 벌금형을 병과하고, 환자의 사망을 초래하였다면 10년 이상 유기징역에 벌금형을 병과한다(刑法 제336조).

| fēi fǎ jìn xíng jié yù shǒu shù zuì<br>**非法进行节育手术罪**<br>비 법 진 행 절 육 수 술 죄 | **피임수술불법시술죄** |

의사개업자격증을 취득하지 않은 자가 타인에게 피임시술, 산아제한 시술을 하거나, 또는 환자에게 상기 시술을 한다고 하였지만 실제로는 다른 시술을 하여 그 사안이 엄중한 죄를 말한다. 본죄를 범한 경우 3년 이하 유기징역, 구역(拘役), 관제(管制)에 처하고 벌금을 단독 부과 또는 병과한다. 타인의 건강을 엄중히 침해한 경우 3년 이상 10년 이하 유기징역에 벌금을 병과하고, 타인의 사망을 초래한 경우 10년 이상 유기징역에 벌금을 병과한다(刑法 제336조).

**fēi fǎ zhí rù jī yīn biān jí　kè lóng pēi tāi zuì**
## 非法植入基因编辑(克隆)胚胎罪
비 법 식 입 기 인 편 집 ( 극 룡 ) 배 태 죄

## 유전자 편집물 불법이식죄

434

유전자 편집을 하였거나 생물복제(클론)를 한 인류의 배태를 인체 또는 동물체내에 이식하였거나, 유전자 편집 또는 생물복제를 한 동물의 배태를 인체 내에 이식하여 사안이 엄중한 죄를 말한다. 본죄를 범한 경우 유기징역(통상 3년 이하, 엄중한 경우 3년에서 7년), 구역(拘役)에 처하고 벌금형을 병과한다(刑法 제336조의1).

**fáng hài dòng zhí wù fáng yì　jiǎn yì　zuì**
## 妨害动植物防疫(检疫)罪
방 해 동 식 물 방 역 ( 검 역 ) 죄

## 동식물 방역(검역)방해죄

435

동식물 방역, 검역 관련 국가 규정들을 위반하여 중대한 동식물 역병 전파를 야기하였거나 그러한 리스크를 초래한 죄를 말한다. 본죄를 범한 경우 3년 이하 유기징역, 구역(拘役)에 처하고 벌금을 단독 부과 또는 병과한다. 본죄는 양벌규정을 적용한다(刑法 제337조).

**pò huàihuánjìng zī yuánbǎo hù zuì**
## 破坏环境资源保护罪
파 괴 환 경 자 원 보 호 죄

## 환경자원보호파괴죄

436

형법 각칙 제6장 제6절의 제목이자 국가가 환경과 생태자원에 대한 보호 및 관리질서를 파괴하는 죄명들의 총칭을 말한다. 여기에는 환경오염죄, 광물불법채굴죄, 진귀야생동물 밀렵·살해죄, 삼림도벌죄 등의 죄명들이 포함된다. 모든 환경자원보호파괴죄에는 양벌규정을 적용한다(刑法 제346조).

| 437 | wū rǎn huán jìng zuì<br>污染环境罪<br>오 염 환 경 죄 | 환경오염죄 |

주로 방사성 폐기물, 전염병 병원체 등을 함유한 폐기물, 유독성 물질 등 유해물질들을 국가규정을 위반하여 배출, 방출 또는 처분하여 환경을 엄중하게 오염시킨 죄를 말한다. 본죄를 범한 경우 유기징역(통상 3년 이하, 엄중한 경우 3년에서 7년), 구역(拘役)에 처하고 벌금을 단독 부과 또는 병과한다. 다만 다음의 행위 중 하나가 있는 경우 7년 이상 유기징역에 벌금을 병과한다. ① 국가가 지정한 음용수물자원보호구, 자연보호핵심지역, 강물, 호수 등 국가가 지정한 환경중점보호지역에서 본죄를 범하고 그 경위가 엄중한 경우, ② 국가가 확정한 중요 강하, 호수에서 본죄를 범한 경우, ③ 농지의 기본기능 상실을 초래한 경우, ④ 수인의 중상해, 중대한 질병 또는 사람의 장애 혹은 사망을 초래한 경우이다. 본죄는 양벌규정을 적용한다(刑法 제338조).

| 438 | fēi fǎ chǔ zhì jìn kǒu de gù tǐ fèi wù zuì<br>非法处置进口的固体废物罪<br>비 법 처 치 진 구 적 고 체 폐 물 죄 | 수입 고체폐기물 불법처리죄 |

외국으로부터 수입한 고체폐기물을 국가 규정을 위반하여 배출, 적치, 처분한 죄를 말한다. 본죄를범한 경우 5년 이하 유기징역, 구역(拘役)에 처하고 벌금을 병과한다. 다만 중대한 환경오염사고를 초래하였거나, 재물 또는 사람의 신체건강을 엄중히 해한 등의 정황이 있다면 사안 엄중성에 따라 최저 5년 최고 10년 이상의 유기징역에 처하고 벌금을 병과한다. 본죄는 양벌규정을 적용한다(刑法 제339조).

| 439 | shàn zì jìn kǒu gù tǐ fèi wù zuì<br>擅自进口固体废物罪<br>선 자 진 구 고 체 폐 물 죄 | 고체폐기물불법수입죄 |

원자재 사용목적으로 국무원 주관부서의 허가 없이 외국으로부터 고체폐기물을 임의로 수입하여 중대한 환경오염사고를 초래하였거나, 재물 또는 사람의 신체건강을

엄중히 해한 죄를 말한다. 본죄를 범한 경우 유기징역(통상 5년 이하, 엄중한 경우 5년에서 10년), 구역(拘役)에 처하고 벌금을 병과한다. 본죄는 양벌규정을 적용한다 (刑法 제339조).

| | |
|---|---|
| fēi fǎ bǔ lāo shuǐchǎn pǐn zuì<br>**非法捕捞水产品罪**<br>비 법 포 로 수 산 품 죄 | **불법어업죄** |

수자원보호 관련 법규를 위반하여 어업금지구역에서, 또는 어업금지기간에, 또는 사용 금지된 도구, 방법을 사용하여 수산물을 포획, 채취하고 사안이 엄중한 죄를 말한다. 본죄를 범한 경우 3년 이하 유기징역, 구역(拘役) 또는 관제(管制)에 처하고 벌금을 병과한다. 본죄는 양벌규정을 적용한다(刑法 제340조).

| | |
|---|---|
| fēi fǎ liè bǔ shā hài<br>**非法猎捕(杀害)**<br>guó jiā zhòngdiǎnbǎo hù yě shēngdòng wù zuì<br>**国家重点保护野生动物罪**<br>비법렵포(살해)국가중점보호야생동물죄 | **국가중점보호야생동물**<br>**밀렵(살해)죄** |

국가가 중점적으로 보호하는 진귀야생동물, 멸종위기야생동물을 밀렵(살해)한 죄를 말한다. 본죄를 범한 경우 유기징역(통상 5년 이하, 엄중한 경우 5년에서 10년, 특별히 엄중한 경우 10년 이상), 구역(拘役)에 처하고 벌금 또는 재산몰수를 병과한다. 본죄는 양벌규정을 적용한다(刑法 제341조).

| | |
|---|---|
| fēi fǎ mǎi mài yùn shū guó jiā zhòngdiǎnbǎo hù yě shēngdòng<br>**非法买卖(运输)国家重点保护野生动**<br>wù zhì pǐn zuì<br>**物(制品)罪**<br>비법매매(운수)국가중점보호야생동물(제품)죄 | **국가중점보호야생동물동물**<br>**(제품)불법매매(운송)죄** |

국가가 중점적으로 보호하는 진귀야생동물, 멸종위기야생동물(제품)들을 매매(운송)한 죄를 말한다. 본죄를 범한 경우 유기징역(통상 5년 이하, 엄중한 경우 5년에서

10년, 특별히 엄중한 경우 10년 이상), 구역(拘役)에 처하고 벌금 또는 재산몰수를 병과한다. 본죄는 양벌규정을 적용한다(刑法 제341조).

| 443 | fēi fǎ shòu liè zuì<br>**非法狩猎罪**<br>비 법 수 렵 죄 | **불법사냥죄** |

사냥 관련 법규 등을 위반하여 사냥금지구역에서, 또는 사냥금지기간에, 또는 사용 금지된 도구, 방법으로 사냥을 하여 야생동물자원을 파괴하고 그 사안이 엄중한 죄를 말한다. 본죄를 범한 경우 3년 이하 유기징역, 구역(拘役), 관제(管制)에 처하고 벌금을 단독 부과할 수 있다. 야생동물보호 관련 규정을 위반하여 식용을 목적으로 자연적으로 번식하여 성장한 야생동물(국가중점보호 야생동물은 제외)을 밀렵·매매·운송하고 그 사안이 엄중한 경우 본죄로 논하여 처벌한다. 본죄는 양벌규정을 적용한다(刑法 제341조).

| 444 | fēi fǎ zhànyòngnóngyòng dì zuì<br>**非法占用农用地罪**<br>비 법 점 용 농 용 지 죄 | **농지불법점유죄** |

토지관리 관련 법률 등을 위반하여 농경지, 임지 등 농업용지를 불법 점유, 사용하거나, 농업용지의 용도를 임의로 변경하여 대량의 농지가 훼손된 죄를 말한다. 본죄를 범한 경우 5년 이하 유기징역, 구역(拘役)에 처하고 벌금을 병과 또는 단독 부과한다. 본죄는 양벌규정을 적용한다(刑法 제342조).

| 445 | fēi fǎ kāi fā guó jiā zì rán bǎo hù qū zuì<br>**非法开发国家自然保护区罪**<br>비 법 개 발 국 가 자 연 보 호 구 죄 | **국가자연보호지역 불법개발죄** |

자연보호지 관련 법규를 위반하여, 국가공원, 국가자연보호구에서 농지를 개간하거나 건축물 구축 등의 개발활동을 하여 엄중한 결과를 초래하는 등 사안이 엄중한 죄

를 말한다. 본죄를 범한 경우 5년 이하 유기징역, 구역(拘役)에 처하고 벌금을 병과 또는 단독 부과한다. 본죄는 양벌규정을 적용한다(刑法 제342조의1).

| fēi fǎ cǎi kuàng zuì<br>**非法采矿罪**<br>비 법 채 광 죄 | 광물불법채굴죄 | 446 |

광산물자원법의 관련 규정을 위반하여 광물채굴허가를 받지 않은 상황에서 임의로 광물을 채굴, 국가가 광구로 계획하고 있는 지역에 침입, 국민경제에 중요한 가치가 있는 광구와 타인의 광구에서 광물을 채굴, 또는 국가가 보호성 조치를 취하고 있는 특정 광물을 채굴하여 그 사안이 엄중한 죄를 말한다. 본죄를 범한 경우 유기징역 (통상 3년 이하, 엄중한 경우 3년에서 7년), 구역(拘役), 관제(管制)에 처하고 벌금을 단독 부과 또는 병과한다. 본죄는 양벌규정을 적용한다(刑法 제343조).

| pò huàixìng cǎi kuàng zuì<br>**破坏性采矿罪**<br>파 괴 성 채 광 죄 | 광물과다채굴죄 | 447 |

국가의 광산 자원 관련 규정을 위반하는 방식으로 광물을 채굴하여 광물 자원이 엄중이 파괴된 죄를 말한다. 본죄를 범한 경우 5년 이하 유기징역, 구역(拘役)에 처하고 벌금을 병과한다. 본죄는 양벌규정을 적용한다(刑法 제343조).

| fēi fǎ cǎi fá (huǐhuài) guó jiā<br>**非法采伐(毁坏)国家**<br>zhòngdiǎn bǎo hù zhí wù zhì pǐn zuì<br>**重点保护植物制品罪**<br>비법채벌(훼괴)국가중점보호식물제품죄 | 국가중점보호식물<br>불법벌채(파괴)죄 | 448 |

국가의 규정을 위반하여, 국가가 중점적으로 보호하는 진귀 식물들을 벌채, 파괴한 죄를 말한다. 본죄를 범한 경우 유기징역(통상 3년 이하, 엄중한 경우 3년에서 7년),

구역(拘役), 관제(管制)에 처하고 벌금을 병과한다. 본죄는 양벌규정을 적용한다(刑法 제344조).

| | |
|---|---|
| **449**<br>fēi fǎ yùn shū  jiā gōng   mǎi mài guó jiā zhòngdiǎnbǎo hù<br>**非法运输(加工・买卖)国家重点保护**<br>zhí wù zhì pǐn zuì<br>**植物制品罪**<br>비법운수(가공・매매)국가중점보호식물제품죄 | **국가중점보호식물불법<br>운송(가공・매매)죄** |

국가의 규정을 위반하여, 국가가 중점적으로 보호하는 진귀 식물 및 관련 제품들을 불법으로 운송(가공, 매매)한 죄를 말한다. 본죄를 범한 경우 유기징역(통상 3년 이하, 엄중한 경우 3년에서 7년), 구역(拘役), 관제(管制)에 처하고 벌금을 병과한다. 본죄는 양벌규정을 적용한다(刑法 제344조).

| | |
|---|---|
| **450**<br>fēi fǎ yǐn jìn wài lái rù qīn wù zhǒng zuì<br>**非法引进外来入侵物种罪**<br>비 법 인 진 외 래 입 침 물 종 죄 | **침입외래종밀입죄** |

국가의 규정을 위반하여 불법으로 그 생물종이 원래 서식지가 아닌 지역으로 인간의 활동에 의해 이입되어서 그 지역의 생태계나 생물 다양성을 위협하는 침입 외래종을 도입, 방출 또는 유기하여 그 사안이 엄중한 죄를 말한다. 본죄를 범한 경우 3년 이하 유기징역, 구역(拘役)에 처하고 벌금을 병과 또는 단독 부과한다. 본죄는 양벌규정을 적용한다(刑法 제344조의1).

| | |
|---|---|
| **451**<br>dào fá lín mù zuì<br>**盗伐林木罪**<br>도 벌 임 목 죄 | **도벌죄** |

삼림 관련 규정들을 위반하여 비밀리에 임의로 비교적 큰 규모의 벌목을 한 죄를 말하다. 본죄를 범한 경우 유기징역(통상 3년 이하, 엄중한 경우 3년에서 7년, 특별히

엄중한 경우 7년 이상), 구역(拘役), 관제(管制)에 처하고 벌금을 병과한다. 국가급 자연보호구 내의 임목을 도벌한 경우 종중처벌(从重处罚) 한다. 본죄는 양벌규정을 적용한다(刑法 제345조).

| làn fá lín mù zuì 滥伐林木罪 남 벌 임 목 죄 | 남벌죄 |
|---|---|

삼림 관련 규정들을 위반하여 대량의 남벌을 한 죄를 말한다. 본죄를 범한 경우 유기징역(통상 3년 이하, 엄중한 경우 3년에서 7년), 구역(拘役), 관제(管制)에 처하고 벌금을 병과한다. 국가급 자연보호구 내의 임목을 남벌한 경우 종중처벌(从重处罚) 한다. 본죄는 양벌규정을 적용한다(刑法 제345조).

| fēi fǎ shōugòu (yùnshū) dào fá (làn fá) lín mù zuì 非法收购(运输)盗伐(滥伐)林木罪 비 법 수 구 ( 운 수 ) 도 벌 ( 남 벌 ) 임 목 죄 | 도벌(남벌)임목불법구매(운송)죄 |
|---|---|

도벌, 남벌한 임목임을 명백히 알면서도 구매, 운송하고 그 사안이 엄중한 죄를 말한다. 본죄를 범한 경우 유기징역(통상 3년 이하, 엄중한 경우 3년에서 7년), 구역(拘役), 관제(管制)에 처하고 벌금을 단독 부과 또는 병과한다. 본죄는 양벌규정을 적용한다(刑法 제345조).

| dú pǐn 毒品 독 품 | 마약 |
|---|---|

아편, 해로인, 아메티핀(메스암페타민), 모르핀, 대마초, 코카인 및 국가에서 규제하는 기타 중독성 약물과 정신약물을 말한다. 毒品 관련 범죄에 대한 양형은 毒品의 수량만 고려하지 순도는 고려하지 않는다(刑法 제357조).

| 455 | zǒu sī fàn mài yùn shū zhì zào dú pǐn zuì<br>**走私(贩卖·运输·制造)毒品罪**<br>주사(판매·운수·제조)독품죄 | 마약밀수(판매·운송·제조)죄 |

형법 각칙 제6장 제7절의 제목이고 마약 관련 죄명들의 총칭을 말하며 단독 죄명이기도 하다. 본 7절에 속하는 죄명들 중의 하나를 범한 후, 기타 본 7절에 속하는 범죄를 범하였다면 종중처벌(从重处罚) 한다. 마약을 밀수(판매, 운송, 제조)한 자에 대해서는 마약의 수량과 관련 없이 형사 처벌을 한다. 다만 범죄 단체 수괴인지 여부, 폭력적인 저항이 있는지 여부, 국제적인 범죄 조직에 가담하였는지 여부, 관련 마약의 유형과 수량 등의 사안 엄중성에 따라 사형, 무기징역, 유기징역, 구역(拘役), 관제(管制)에 처하고 벌금을 병과한다. 미성년자를 이용 또는 교사하여 본죄를 범하거나 미성년자에게 마약을 판매한 경우 종중처벌(从重处罚) 한다. 본죄는 양벌규정을 적용한다(刑法 제347조).

| 456 | fēi fǎ chí yǒu dú pǐn zuì<br>**非法持有毒品罪**<br>비법지유독품죄 | 마약불법소지죄 |

200그램 이상의 아편, 10그램 이상의 헤로인이나 필로폰 또는 많은 수량의 기타 마약을 불법 소지한 죄를 말한다. 본죄를 범한 경우 유기징역(통상 3년 이하, 엄중한 경우 3년에서 7년), 구역(拘役), 관제(管制)에 처하고 벌금을 병과한다(刑法 제348조).

| 457 | bāo bì dú pǐn fàn zuì fèn zǐ zuì<br>**包庇毒品犯罪分子罪**<br>포비독품범죄분자죄 | 마약범 비호죄 |

마약 밀수, 판매, 운송, 제조의 범죄자의 형사 처벌 도피를 위해 사법기관에 범죄 관련 자료를 허위로 제출하고자 범죄자를 도와 증거를 인멸하는 등의 범죄 비호 행위를 한 죄를 말한다. 본죄를 범한 경우 유기징역(통상 3년 이하, 엄중한 경우 3년에서

10년), 구역(拘役), 관제(管制)에 처한다. 마약 단속 업무 관련자 또는 국가공작인원(国家工作人员)이 상기 행위를 한 경우 종중처벌(从重处罚) 한다(刑法 제349조).

| wō cáng zhuǎn yí    yǐn mán  dú pǐn  dú zāng  zuì | 458 |
|---|---|
| **窝藏(转移·隐瞒)毒品(毒赃)罪** | **마약(마약 장물)은닉죄** |
| 와 장 ( 전 이 · 은 만 ) 독 품 ( 독 장 ) 죄 | |

마약 또는 마약 관련 범죄로 획득한 소득임을 분명히 알면서도 마약범을 도와 이를 은닉, 이전 등의 행위를 하여 마약 검거를 방해한 죄를 말한다. 본죄를 범한 경우 유기징역(통상 3년 이하, 엄중한 경우 3년에서 10년), 구역(拘役), 관제(管制)에 처한다(刑法 제349조).

| fēi fǎ shēngchǎn mǎi mài   yùn shū   zǒu sī | 459 |
|---|---|
| **非法生产(买卖·运输·走私)** | **마약제조품불법생산** |
| zhì dú wù pǐn zhì zuì | **(매매·운송·밀수)죄** |
| **制毒物品制罪** | |
| 비법생산(매매 · 운수 · 주사)제독물품죄 | |

국가규정을 위반하여 무수초산, 에칠에테르, 클로로포름 등 마약 제조에 쓰이는 재료 또는 첨가제를 불법으로 운송, 휴대하여 출입국하였거나, 중국 국내에서 상기 물품들을 매매한 죄를 말한다. 본죄를 범한 경우 유기징역(통상 3년 이하, 엄중한 경우 3년에서 7년, 특별히 엄중한 경우 7년 이상), 구역(拘役), 관제(管制)에 처하고 벌금 또는 재산몰수를 병과한다. 본죄는 양벌규정을 적용한다(刑法 제350조).

| fēi fǎ zhòng zhí dú pǐn yuán zhí wù zuì | 460 |
|---|---|
| **非法种植毒品原植物罪** | **마약원자재식물불법재배죄** |
| 비 법 종 식 독 품 원 식 물 죄 | |

불법으로 앵속, 대마 등 마약원료로 사용되는 식물을 재배하면 강제제거 하는데 이러한 강제제거에 저항하거나 재배 수량이 많은 등 사안이 엄중한 죄를 말한다. 본죄를 범한 경우 유기징역(통상 5년 이하, 엄중한 경우 5년 이상), 구역(拘役), 관제(管

制)에 처하고 벌금 또는 재산몰수를 병과한다. 재배 후 수확 전에 자진하여 앵속 등 마약원료 식물을 제거하였다면 형사 처벌을 면할 수 있다(刑法 제351조).

| 461 | fēi fǎ mǎi mài yùn shū  xié dài  chí yǒu<br>**非法买卖(运输·携带·持有)**<br>dú pǐn yuán zhí wù zhǒng zǐ  yòu miáo zuì<br>**毒品原植物种子(幼苗)罪**<br>비법매매(운수·휴대·지유)<br>독품원식물종자(유묘)죄 | **마약원료식물(종자·묘목)<br>불법매매(운송·휴대·소지)죄** |
|---|---|---|

번식 가능한 앵속 등 마약원료가 되는 식물의 종자(묘목)을 불법 매매(운송, 휴대, 소지)하여 그 수량이 비교적 많은 죄를 말한다. 본죄를 범한 경우 3년 이하의 유기징역, 구역(拘役), 관제(管制)에 처하고 벌금을 병과 또는 단독 부과한다(刑法 제352조).

| 462 | yǐn yòu jiào suō  qī piàn tā rén xī dú zuì<br>**引诱(教唆·欺骗)他人吸毒罪**<br>인유(교사·기편)타인흡독죄 | **마약투척유인죄** |
|---|---|---|

유인(교사, 기만)의 방식으로 타인이 마약을 투여하도록 하게 한 죄를 말한다. 본죄를 범한 경우 유기징역(통상 3년 이하, 엄중한 경우 3년에서 7년), 구역(拘役), 관제(管制)에 처하고 벌금을 병과한다. 미성년자를 상대로 상기 범죄를 한 경우 종중처벌(从重处罚) 한다(刑法 제353조).

| 463 | qiǎng pò tā rén xī dú zuì<br>**强迫他人吸毒罪**<br>강박타인흡독죄 | **마약투척강요죄** |
|---|---|---|

타인을 강요하여 마약을 투여하도록 한 죄를 말한다. 본죄를 범한 경우 3년 이상 10년 이하 유기징역에 처하고 벌금을 병과한다. 미성년자를 상대로 상기 범죄를 한 경우 종중처벌(从重处罚) 한다(刑法 제353조).

| róng liú tā rén xī dú zuì<br>**容留他人吸毒罪**<br>용 류 타 인 흡 독 죄 | **마약투척수용죄** |
|---|---|

타인에게 장소를 제공하여 마약 투여를 수용한 죄를 말한다. 본죄를 범한 경우 3 년 이하의 유기징역, 구역(拘役), 관제(管制)에 처하고 벌금을 병과한다(刑法 제354조).

| fēi fǎ tí gòng má zuì yào pǐn jīngshényào pǐn zuì<br>**非法提供麻醉药品(精神药品)罪**<br>비 법 제 공 마 취 약 품 ( 정 신 약 품 ) 죄 | **마취약품(정신약품)불법제공죄** |
|---|---|

국가가 관리 통제하는 마취약품(향정신성 의약품)의 생산, 운송, 관리, 사용 업무에 종사하는 자가 국가규정을 위반하여 마약투여자에게 상기 약품들을 제공한 죄를 말한다. 본죄를 범한 경우 유기징역(통상 3년 이하, 엄중한 경우 3년에서 7년), 구역(拘役)에 처하고 벌금을 병과한다. 마약 밀수·판매범에게 상기 약품들을 제공하였거나, 이익 취득을 위하여 마약 중독자에게 상기 약품들을 제공한 경우 마약 밀수죄, 마약 판매죄 등으로 처벌한다. 본죄는 양벌규정을 적용한다(刑法 제355조).

| fáng hài xīng fèn jì guǎn lǐ zuì<br>**妨害兴奋剂管理罪**<br>방 해 흥 분 제 관 리 죄 | **도핑관리방해죄** |
|---|---|

운동선수를 유인, 교사, 기만하여 도핑을 복용하고 국내외 중대한 체육 대회에 참가하도록 하거나, 운동선수가 이러한 대회에 참가하는 것을 명백히 알면서도 그에게 도핑을 제공한 죄를 말한다. 본죄를 범한 경우 3년 이하 유기징역, 구역(拘役)에 처하고 벌금을 병과한다. 국내외 중대한 체육 대회에서 운동선수가 도핑을 복용하도록 조직, 강요한 경우 종중처벌(从重处罚) 한다(刑法 제355조의1).

467

**组织(强迫·引诱·容留·介绍)卖淫罪**
zǔ zhī qiǎng pò yǐn yòu róng liú jiè shào mài yín zuì
조직(강박 · 인유 · 용유 · 개소)매음죄

**성매매 조직
(강요 · 유인 · 수용 · 알선)죄**

형법 각칙 제6장 제8절의 제목이자 성매매 관련 죄명들의 총칭을 말한다. 여기에는 성매매 집단을 소집하거나, 타인을 성매매 하도록 강요, 유인, 알선하는 등의 범죄 행위들이 포함된다.

468

**组织卖淫罪**
zǔ zhī mài yín zuì
조 직 매 음 죄

**성매매 조직죄**

인원 모집, 고용 등의 수단으로 3인 이상의 성매매 종사자를 조직하거나 통제 관리한 죄를 말한다. 본죄를 범한 경우 무기징역, 유기징역(통상 5년에서 10년, 엄중한 경우 10년 이상)에 처하고 벌금 또는 재산몰수형을 병과한다. 미성년자에 대해 상기행위를 한 경우 종중처벌(从重处罚) 한다. 상기 행위 과정에서 타인의 살해, 상해, 강간, 납치 등의 범죄를 범한 경우 수죄병벌(数罪并罚) 한다. 숙박업, 음식점업, 문화 엔터테이먼트업, 택시업 등의 주요책임자가 자사의 시설을 이용하여 본죄를 범한 경우 종중처벌(从重处罚) 한다(刑法 제358조).

469

**强迫卖淫罪**
qiǎng pò mài yín zuì
강 박 매 음 죄

**성매매 강요죄**

폭력, 위협 등 강제성 수단으로 타인을 강요하여 성매매를 하게 한 죄를 말한다. 본죄를 범한 경우 무기징역, 유기징역(통상 5년에서 10년, 엄중한 경우 10년 이상)에 처하고 벌금 또는 재산몰수형을 병과한다. 미성년자에 대해 상기 행위를 한 경우 종중처벌(从重处罚) 한다. 상기 행위 과정에서 타인의 살해, 상해, 강간, 납치 등의 범죄를 범한 경우 수죄병벌(数罪并罚) 한다. 숙박업, 음식점업, 문화오락업, 택시업 등의 주요책임자가 자사의 시설을 이용하여 본죄를 범한 경우 종중처벌(从重处罚) 한다(刑法 제358조).

| xié zhù zǔ zhī mài yín zuì<br>**协助组织卖淫罪**<br>협 조 조 직 매 음 죄 | 성매매 조력죄 |
| --- | --- |

성매매를 조직하는 자를 위해 성매매 인원을 모집, 성매매를 위한 인원 운반, 안보 관리, 장부 관리 등의 조력을 제공한 죄를 말한다. 본죄를 범한 경우 유기징역(통상 5년 이하, 엄중한 경우 5년에서 10년), 구역(拘役), 관제(管制)에 처하고 벌금을 병 과한다. 숙박업, 음식점업, 문화 엔터테인먼트업, 택시업 등의 주요책임자가 자사의 시설을 이용하여 본죄를 범한 경우 종중처벌(从重处罚) 한다(刑法 제358조).

| yǐn yòu róng liú  jiè shào mài yín zuì<br>**引诱(容留 · 介绍)卖淫罪**<br>인유 ( 융유 · 개 소 ) 매 음 죄 | 성매매 유인(수용 · 알선)죄 |
| --- | --- |

타인이 성매매를 하도록 유인(수용, 알선)한 죄를 말한다. 본죄를 범한 경우 유기징 역(통상 5년 이하, 엄중한 경우 5년 이상), 구역(拘役), 관제(管制)에 처하고 벌금을 병과한다. 숙박업, 음식점업, 문화 엔터테이먼트업, 택시업 등의 주요책임자가 자사 의 시설을 이용하여 본죄를 범한 경우 종중처벌(从重处罚) 한다(刑法 제359조).

| yǐn yòu yòu nǚ mài yín zuì<br>**引诱幼女卖淫罪**<br>인 유 유 녀 매 음 죄 | 여아 성매매 유인죄 |
| --- | --- |

만 14세 미만의 여성 미성년자를 유인하여 성매매를 하게 한 죄를 말한다. 본죄를 범한 경우 5년 이상 유기징역에 처하고 벌금을 병과한다. 숙박업, 음식점업, 문화 엔 터테인먼트업, 택시업 등의 주요책임자가 자사의 시설을 이용하여 본죄를 범한 경 우 종중처벌(从重处罚) 한다(刑法 제359조).

| 473 | chuán bō xìngbìng zuì<br>**传播性病罪**<br>전 파 성 병 죄 | **성병 전염죄** |

자신에게 매독, 임질병 등 엄중한 성병이 있음을 알면서도 매춘, 성매매를 한 죄를 말한다. 본죄를 범한 경우 5년 이하 유기징역, 구역(拘役) 또는 관제(管制)에 처하고 벌금을 병과한다(刑法 제360조).

| 474 | zhì zuò  fàn mài  chuán bō  yín huì wù pǐn zuì<br>**制作(贩卖 · 传播)淫秽物品罪**<br>제 작( 판 매 · 전 파 )음 예 물 품 죄 | **음란물제작(판매 · 전파)죄** |

형법 각칙 제6장 제9절의 제목이자 음란물 관련 죄명들의 총칭을 말한다. 여기에는 음란물을 제작, 복제, 판매, 전파하는 행위, 음란공연 조직행위 등의 범죄행위들이 포함된다. 모든 制作·贩卖·传播淫秽物品罪에는 양벌규정을 적용한다(刑法 제466조).

| 475 | zhì zuò  fù zhì  chū bǎn  fàn mài  chuán bō<br>**制作(复制 · 出版 · 贩卖 · 传播)**<br>yín huì wù pǐn móu lì zuì<br>**淫秽物品牟利罪**<br>제작(복제 · 출판 · 판매 · 전파)음예물품모리죄 | **이익취득을 위한 음란물 유통죄** |

이익을 꾀할 목적으로 음란물품을 제작(복제, 출판, 판매, 전파)한 죄를 말한다. 본죄를 범한 경우 무기징역, 유기징역(통상 3년 이하, 엄중한 경우 3년에서 10년, 특별히 엄중한 경우 10년 이상), 구역(拘役), 관제(管制)에 처하고 벌금 또는 재산몰수를 병과한다. 본죄는 양벌규정을 적용한다(刑法 제363조).

| wèi tā rén tí gòng shū hào chū bǎn yín huì shū kān zuì<br>**为他人提供书号出版淫秽书刊罪**<br>위 타 인 제 공 서 호 출 판 음 예 서 간 죄 | 음예물 출간죄 | 476 |

음란서적 출간을 위해 출판 허가번호를 제공하여 음란서적 등이 서류, 잡지 등으로 유통하게 한 죄를 말한다. 본죄를 범한 경우 3년 이하 유기징역, 구역(拘役), 관제(管制)에 처한다. 본죄는 양벌규정을 적용한다(刑法 제363조).

| chuán bō yín huì wù pǐn zuì<br>**传播淫秽物品罪**<br>전 파 음 예 물 품 죄 | 음란물전파죄 | 477 |

음란한 출판물, 영화, 소리와 영상, 이미지 또는 기타 음란물을 전파하여 그 사안이 엄중한 죄를 말한다. 본죄를 범한 경우 2년 이하의 유기징역, 구역(拘役), 관제(管制)에 처한다. 만 18세 미만 미성년자를 대상으로 상기 행위를 한 경우 종중처벌(从重处罚) 한다. 본죄는 양벌규정을 적용한다(刑法 제364조).

| zǔ zhī bō fàng yín huì yīn xiàng zhì pǐn zuì<br>**组织播放淫秽音像制品罪**<br>조 직 파 방 음 예 음 향 제 품 죄 | 음란물 방영을 조직한 죄 | 478 |

음란 영화, 영상물 등 음향제품의 방영을 조직한 죄를 말한다. 본죄를 범한 경우 유기징역(통상 3년 이하, 엄중한 경우 3년에서 10년), 구역(拘役), 관제(管制)에 처하고 벌금을 병과한다. 음란물을 제작, 복제하여 상기 행위를 한 경우 종중처벌(从重处罚) 한다. 본죄는 양벌규정을 적용한다(刑法 제364조).

| 479 | zǔ zhī yín huì biǎoyǎn zuì<br>**组织淫秽表演罪**<br>조 직 음 예 표 연 죄 | **음란연출조직죄** |

음란 연출을 조직한 죄를 말한다. 본죄를 범한 경우 유기징역(통상 3년 이하, 엄중한 경우 3년에서 10년), 구역(拘役), 관제(管制)에 처하고 벌금을 병과한다. 본죄는 양벌규정을 적용한다(刑法 제365조).

| 480 | wēi hài guófáng lì yì zuì<br>**危害国防利益罪**<br>위 해 국 방 이 익 죄 | **국가방위이익위협죄** |

형법 각칙 제7장의 제목이자 고의 또는 과실로 국가의 방위관련 법률 등을 위반한 행위를 하거나 방위관련 의무를 이행하지 않아 국가방위에 해를 주는 죄들의 총칭을 말한다. 여기에는 군사행동방해죄, 군사금지지역집단침입죄 등 죄명들이 포함된다.

| 481 | tān wū huì lù zuì<br>**贪污贿赂罪**<br>탐 오 회 뢰 죄 | **공직자의 부정부패범죄** |

형법 각칙 제8장의 제목이자 국가공작인원(国家工作人员)이 직무상의 편리를 이용하여 공공재산을 횡령, 타인의 뇌물공여를 수수 또는 강요하는 등 죄들의 총칭을 말한다. 여기에는 공직자의 횡령죄, 뇌물수수죄, 배임죄 등의 죄명이 포함된다.

| 482 | tān wū zuì<br>**贪污罪**<br>탐 오 죄 | **공직자 횡령죄** |

국가공작인원(国家工作人员), 또는 국가기관, 국유법인, 인민단체 등의 위탁에 의해 국유재산을 경영, 관리하는 자가 직무상의 편리를 이용하여 횡령, 절취, 편취 또는 기타 수단으로 공공재물을 불법 점유한 죄를 말한다. 본죄를 범한 경우 사형, 무

기징역, 유기징역(통상 3년 이하, 엄중한 경우 3년에서 10년, 특별히 엄중한 경우 10년 이상), 구역(拘役)에 처하고 벌금 또는 재산몰수를 병과한다. 이외, 국가공작인원(国家工作人员)이 외교, 내방 등 외부 활동 과정에서 받은 선물을 규정에 따라 국가에 반납하지 않았고 그 금액이 비교적 큰 경우에도 본죄로 논하여 처벌한다. 본죄를 범하고 진실을 자백하고 적극적으로 장물을 반환하여 손해 발생을 감소한 경우 종경처벌(从轻处罚)을 하거나 형벌을 감면할 수 있다(刑法 제382조).

| nuóyònggōngkuǎn zuì<br>**挪用公款罪**<br>나 용 공 관 죄 | 공공자금 유용죄 [483] |
|---|---|

국가공작인원(国家工作人员)이 직무상의 편리를 이용하여 공금을 사적 용도에 유용하여 불법 활동에 사용, 또는 비교적 큰 액수의 공금을 유용하여 이익을 취득하는 영리적 경영활동에 종사, 또는 비교적 큰 액수의 공금을 유용하여 상기 행위는 하지 않았지만 3개월이 지나서도 해당 금액들을 반환하지 않은 죄를 말한다. 본죄를 범한 경우 무기징역, 유기징역(통상 5년 이하, 엄중한 경우 5년 이상, 특별히 엄중한 경우 10년 이상), 구역(拘役)에 처한다. 재난구제, 취약계층 지원 등에 사용되는 금액을 유용한 경우 종중처벌(从重处罚) 한다. 아울러 다음의 경우도 본죄로 논한다. ① 국유 금융기관의 직원 또는 비국유 금융기관에 파견하여 공무를 수행하는 자가 직무의 편리를 이용하여 금융기구 또는 고객의 자금 대상으로 본죄의 행위를 한 경우, ② 국유기업, 국유회사 또는 기타 국유법인에서 공무에 종사하는 자가, 또는 상기 국유조직에서 비국유기업 등 비국유조직에 파견한 자가 직무의 편리를 이용하여 본죄의 행위를 한 경우이다(刑法 제384조).

| shòu huì zuì<br>**受贿罪**<br>수 회 죄 | 공직자 수뢰죄 [484] |
|---|---|

국가공작인원(国家工作人员)이 직무상의 편리를 이용하여 타인에게 재물의 제공을 요구하거나 또는 불법적으로 타인의 재물을 받아 타인을 위해 이익을 도모해 준

죄를 말한다. 본죄를 범한 경우 사형, 무기징역, 유기징역(통상 5년 이하, 엄중한 경우 5년 이상, 특별히 엄중한 경우 10년 이상), 구역(拘役)에 처하고 벌금 또는 재산몰수를 병과한다. 특히 타인에게 재물 제공을 요구하였다면 종중처벌(从重处罚) 한다. 국가공작인원(国家工作人员)이 경제거래를 하는 과정에서 국가규정을 위반하여 각종 명목의 수수료, 수속비 등을 받아 개인 소유로 한 행위는 수뢰죄로 논하여 처벌한다(刑法 제385조).

| 485 | dān wèi shòu huì zuì<br>**单位受贿罪**<br>단 위 수 회 죄 | **공공업무 수행 법인의 수뢰죄** |

국가기관, 국유회사·기업, 사업단위, 인민단체가 타인에게 재물의 제공을 요구해 받거나 불법적으로 타인의 재물을 받아 타인을 위해 이익을 도모하여 그 사안이 엄중하거나, 또는 경제거래 과정에서 공식 장부에는 기재하지 않고 은밀하게 각종 명목의 수수료, 수속비 등을 받거나, 또는 근거 없는 수수료 또는 중개수수료를 받은 죄를 말한다. 본죄를 범한 단위에 대해서는 벌금을, 그 직접책임자에 대해서는 5년 이하 유기징역, 구역(拘役)에 처한다(刑法 제387조).

| 486 | wò xuánshòu huì zuì<br>**斡旋受贿罪**<br>알 선 수 회 죄 | **공직자 수뢰 후 청탁죄** |

국가공작인원(国家工作人员)이 자신의 직무 또는 지위로 인하여 형성된 편리를 이용하여 기타 국가공작인원(国家工作人员)의 직무상 행위를 통해 청탁자를 위하여 부정당한 이익을 도모하여 주고, 청탁인에게 재물의 제공을 요구하거나 또는 청탁인의 재물을 수수한 죄를 말한다. 본죄를 범한 경우 공직자 수뢰죄로 논하여 처벌하여 무기징역, 유기징역, 구역(拘役)에 처하고 벌금 또는 재산몰수를 병과한다(刑法 제388조).

| li yòngyǐngxiǎng lì shòu huì zuì<br>**利用影响力受贿罪**<br>이 용 영 향 력 수 회 죄 | 공직자 친인척 수뢰죄 |

국가공작인원(国家工作人员)(이직자 포함)의 친족 또는 그와 밀접한 관계가 있는 기타 인원이 해당 국가공작인원(国家工作人员)의 업무적 행위를 통하여, 또는 해당 국가공작인원(国家工作人员)의 직무 혹은 지위로 인하여 형성된 편리를 이용하여 기타 국가공작인원(国家工作人员)의 직무상 행위를 통해 청탁자를 위하여 부정당한 이익을 도모하여 주고, 청탁인에게 재물의 제공을 요구하거나 또는 청탁인의 재물을 수수하고 그 금액이 비교적 크거나 사안이 엄중한 죄를 말한다. 본죄를 범한 경우 유기징역, 구역(拘役)에 처하고 벌금 또는 재산몰수를 병과한다. 본죄의 규제 대상은 국가공작인원(国家工作人员)의 근친과 지인들이다(刑法 제388조의1).

| jiè shào huì lù zuì<br>**介绍贿赂罪**<br>소 개 회 뢰 죄 | 공직자 뇌물공여 소개죄 |

청탁요구가 있는 자와 국가공작인원(国家工作人员)이 서로 알게 하고 청탁과 뇌물수수 등을 편히 할 수 있도록 주선한 죄를 말한다. 본죄를 범한 경우 3년 이하 유기징역, 구역(拘役)에 처하고 벌금을 병과한다(刑法 제392조).

| xíng huì zuì<br>**行贿罪**<br>행 회 죄 | 뇌물공여죄 |

부당한 이익을 꾀하기 위해 국가공작인원(国家工作人员)에게 재물을 주거나, 경제 거래에서 국가규정을 위반하고 국가공작인원(国家工作人员)에게 각종 명목의 수수료, 수속비를 제공한 죄를 말한다. 본죄를 범한 경우 무기징역, 유기징역(통상 5년 이하, 엄중한 경우 5년에서 10년, 특별히 엄중한 경우 10년 이상), 구역(拘役)에 처하고 벌금 또는 재산몰수를 병과한다. 다만 강요에 의해 재물을 제공하고 부당한 이익도 얻지 못하였다면 죄가 성립되지 않는다(刑法 제389조).

| 490 | dān wèi xíng huì zuì<br>**单位行贿罪**<br>단 위 행 뢰 죄 | **법인의 뇌물공여죄** |

조직, 기관, 법인 등 단위(单位)가 부당한 이익을 꾀하기 위해 뇌물 증여를 하거나, 국가규정을 위반하여 국가공작인원(国家工作人员)에게 각종 명목의 수수료, 수속비를 준 죄를 말한다. 본죄를 범한 경우 단위에 대해서는 벌금을 부과하고, 그 직접책임자에 대해서는 5년 이하 유기징역, 구역(拘役)에 처하고 벌금을 병과한다. 다만 직접책임자가 이로서 취득한 불법소득을 개인소유로 하였다면 이는 행회죄(行贿罪)로 논하여 처벌한다(刑法 제393조).

| 491 | duì yǒu yǐngxiǎng lì de rén xíng huì zuì<br>**对有影响力的人行贿罪**<br>대 유 영 향 력 적 인 행 회 죄 | **공직자 지인 대상 뇌물공여죄** |

부당한 이익을 꾀하기 위해 국가공작인원(国家工作人员)(이직, 퇴직자 포함)의 친족 또는 그와 밀접한 관계가 있는 기타 인원에게 뇌물을 증여한 죄를 말한다. 본죄를 범한 경우 유기징역(통상 3년 이하, 엄중한 경우 3년에서 7년, 특별히 엄중한 경우 7년에서 10년), 구역(拘役)에 처하고 벌금을 병과한다. 본죄는 양벌규정을 적용한다 (刑法 제390조의1).

| 492 | duì dān wèi xíng huì zuì<br>**对单位行贿罪**<br>대 단 위 행 회 죄 | **공공업무 수행 법인 대상 뇌물공여죄** |

부당한 이익을 꾀하기 위해 국가기관, 국유회사·기업, 사업단위, 인민단체에게 재물을 제공하거나, 또는 경제거래 과정에서 국가규정을 위반하여 각종 명목의 수수료, 수속비 등을 제공한 죄를 말한다. 본죄를 범한 경우 3년 이하 유기징역, 구역(拘役)에 처하고 벌금형을 병과한다. 본죄는 양벌규정을 적용한다(刑法 제391조).

| jù é cái chǎn lái yuán bù míng zuì<br>**巨额财产来源不明罪**<br>거 액 재 산 내 원 불 명 죄 | 공직자 재산출처 불분명죄 |
|---|---|

국가공작인원(国家工作人员)의 재산, 지출이 합법적인 수입을 현저하게 초과하여 지출 대비 수입 간의 차액이 상당히 크고 해당 국가공작인원(国家工作人员)이 그 재산 내원의 차액에 대해 해명을 할 수 없다면 차액 부분을 불법소득으로 논하게 되는 죄를 말한다. 본죄를 범한 경우 유기징역(통상 5년 이하, 엄중한 경우 5년 이상 10년 이하), 구역(拘役)에 처하고 해당 차액은 추징한다(刑法 제395조).

| yǐn mán jìng wài cún kuǎn zuì<br>**隐瞒境外存款罪**<br>은 만 경 외 존 관 죄 | 공직자 외국자산 미신고죄 |
|---|---|

국가공작인원(国家工作人员)이 중국 대륙 밖의 기타 지역에 적금을 두는 경우 국가규정에 의해 신고를 해야 하는데 그러지 아니한 죄를 말한다. 본죄를 범한 경우 2년 이하 유기징역, 구역(拘役)에 처하며, 사안이 비교적 경미하면 소속 단위 또는 상급 기관에서 행정처분을 할 수 있다(刑法 제395조 제2항).

| sī fēn guó yǒu zī chǎn zuì<br>**私分国有资产罪**<br>사 분 국 유 자 산 죄 | 국유자산 임의 배분죄 |
|---|---|

국가기관, 국유회사·기업, 사업단위, 인민단체가 국가규정을 위반하여 단위의 명의로 국유자산을 개인에게 임의적으로 배분하여 그 금액이 비교적 큰 죄를 말한다. 본죄를 범한 경우 직접책임자에게 유기징역(통상 3년 이하, 엄중한 경우 3년에서 7년), 구역(拘役)에 처하고 벌금을 병과한다. 사법기관, 행정 집법기관이 국가규정을 위반하고 상기 행위를 하는 것도 본죄에 해당한다(刑法 제396조).

| 496 | dú zhí zuì<br>**渎职罪**<br>독 직 죄 | **직권부정사용죄** |

형법 각칙 제9장의 제목이자 국가공작인원(国家工作人员)이 직무를 수행하거나 직권을 행사하는 과정에서 직권을 남용하거나 직무를 유기하는 등의 공직자로서의 의무 위반으로 공공재산 및 국가와 인민의 이익에 중대한 손해를 초래하는 죄들의 총칭을 말한다. 공무원의 직무위배, 직권남용 등의 죄명이 여기에 포함된다.

| 497 | làn yòng zhí quán zuì<br>**滥用职权罪**<br>남 용 직 권 죄 | **직권남용죄** |

국가공작인원(国家工作人员)이 자신한테 주어진 직권을 초월하여 법과 규정에 어긋나는 결정을 하거나 권한이 없는 사안을 결정 또는 처리하여 공공재산, 국가와 인민의 이익에 중대한 손해를 가한 죄를 말한다. 본죄를 범한 경우 유기징역(통상 3년 이하, 엄중한 경우 3년에서 7년), 구역(拘役)에 처한다. 국가공작인원(国家工作人员)이 사리사욕을 채우고자 상기 행위를 한 경우 유기징역(통상 5년 이하, 엄중한 경우 5년에서 10년)에 처할 수 있다(刑法 제397조).

| 498 | wán hū zhí shǒu zuì<br>**玩忽职守罪**<br>완 홀 직 수 죄 | **직무유기죄** |

국가공작인원(国家工作人员)이 자신의 업무를 상당히 소홀히 하거나 이행해야 하는 직책을 이행하지 않아 공공재산, 국가와 인민의 이익에 중대한 손해를 가한 죄를 말하다. 본죄를 범한 경우 유기징역(통상 3년 이하, 엄중한 경우 3년에서 7년), 구역(拘役)에 처한다. 국가공작인원(国家工作人员)이 사리사욕을 채우고자 상기 행위를 한 경우 유기징역(통상 5년 이하, 엄중한 경우 5년에서 10년)에 처할 수 있다(刑法 제397조).

| gù yì xiè lù guó jiā mì mì zuì<br>**故意泄露国家秘密罪**<br>고 의 설 로 국 가 비 밀 죄 | 국가비밀고의누설죄 |

국가공작인원(国家工作人员)이 국가비밀과 관련된 규정들을 위반하여 고의로 국가기밀을 누설하여 그 사안이 비교적 엄중한 죄를 말한다. 본죄를 범한 경우 유기징역(통상 3년 이하, 엄중한 경우 3년에서 7년), 구역(拘役)에 처한다. 국가공작인원(国家工作人员)이 아닌 자가 상기 행위를 하였다면 사안을 참작하여 처벌한다(刑法 제398조).

| guò shī xiè lù guó jiā mì mì zuì<br>**过失泄露国家秘密罪**<br>과 실 설 로 국 가 비 밀 죄 | 국가비밀과실누설죄 |

국가공작인원(国家工作人员)이 국가비밀과 관련된 규정들을 위반하여 과실로 국가기밀을 누설하여 그 사안이 비교적 엄중한 죄를 말한다. 본죄를 범한 경우 유기징역(통상 3년 이하, 엄중한 경우 3년에서 7년), 구역(拘役)에 처한다. 국가공작인원(国家工作人员)이 아닌 자가 상기 행위를 하였다면 사안을 참작하여 처벌한다(刑法 제398조).

| xùn sī wǎng fǎ zuì<br>**徇私枉法罪**<br>순 사 왕 법 죄 | 사법왜곡죄 |

사법공작인원이 사리사욕을 위해, 또는 개인감정 때문에 사안에 대해 명확히 알고 있음에도 불구하고 무죄인 자를 소추되게 하거나, 또는 죄가 있음을 알면서도 그를 비호하여 소추되지 않게 하거나, 또는 형사재판 과정에서 고의적으로 사실과 법률에 위배하여 법을 어기고 재판한 죄를 말한다. 본죄를 범한 경우 유기징역(통상 5년 이하, 엄중한 경우 5년에서 10년, 특별히 엄중한 경우 10년 이상), 구역(拘役)에 처한다(刑法 제399조).

502

mín shì xíngzhèng wǎng fǎ cái pàn zuì
**民事(行政)枉法裁判罪**
민 사 ( 행 정 ) 왕 법 재 판 죄

**민사(행정)재판에서의 법왜곡죄**

민사 또는 행정 재판 과정에서 고의적으로 사실과 법률을 위반하여 법을 왜곡하여
적용하는 재판을 하여 사안이 엄중한 죄를 말한다. 본죄를 범한 경우 유기징역(통상
5년 이하, 엄중한 경우 5년에서 10년), 구역(拘役)에 처한다(刑法 제399조).

503

zhí xíng pàn jué cái dìng shī zhí zuì
**执行判决(裁定)失职罪**
집 행 판 결 ( 재 정 ) 실 직 죄

**재판집행에서의 직무유기죄**

판결(재정) 등 재판을 집행하는 과정에서 엄중한 책임소홀로 법에 따른 소송보전조
치를 취하지 아니하거나, 또는 법에서 규정한 집행 직책을 이행하지 않거나 또는 위
법적으로 소송보전조치, 강제집행조치를 취하여 당사자 등 소송 관련자의 이익에
중대한 손실을 입게 한 죄를 말한다. 본죄를 범한 경우 유기징역(통상 5년 이하, 엄
중한 경우 5년에서 10년), 구역(拘役)에 처한다(刑法 제399조).

504

zhí xíng pàn jué cái dìng làn yòng zhí quán zuì
**执行判决(裁定)滥用职权罪**
집 행 판 결 ( 재 정 ) 남 용 직 권 죄

**재판집행에서의 직권남용죄**

판결(재정) 등 재판을 집행하는 과정에서 자신의 직권을 남용하여 법에 따른 소송보
전조치를 취하지 아니하거나, 또는 법에서 규정한 집행 직책을 이행하지 않거나 또
는 위법적으로 소송보전조치, 강제집행조치를 취하여 당사자 등 소송 관련자의 이
익에 중대한 손실을 입게 한 죄를 말한다. 본죄를 범한 경우 유기징역(통상 5년 이
하, 엄중한 경우 5년에서 10년), 구역(拘役)에 처한다(刑法 제399조).

| wǎng fǎ zhòng cái zuì<br>**枉法仲裁罪**<br>왕 법 중 재 죄 | 법왜곡중재죄 |

505

중재 직책을 담당하는 자가 중재 과정에서 고의적으로 사실과 법률을 위배하여 법을 왜곡하는 판정을 내리고 그 사안이 엄중한 죄를 말한다. 본죄를 범한 경우 유기징역(통상 3년 이하, 엄중한 경우 3년에서 7년), 구역(拘役)에 처한다(刑法 제399조의1).

| sī fàng zài yā rén yuán zuì<br>**私放在押人员罪**<br>사 방 재 압 인 원 죄 | 수감자석방죄 |

506

사법공작인원이 직권을 이용하여 수감되어 있는 피의자, 피고인 또는 범죄자를 임의로 석방한 죄를 말한다. 본죄를 범한 경우 유기징역(통상 5년 이하, 엄중한 경우 5년에서 10년, 특별히 엄중한 경우 10년 이상), 구역(拘役)에 처한다(刑法 제400조).

| shī zhí zhì shǐ zài yā rén yuán tuō táo zuì<br>**失职致使在押人员脱逃罪**<br>실 직 치 사 재 압 인 원 탈 도 죄 | 직무유기로 인한 수감자도주방조죄 |

507

사법공작인원의 엄중한 소홀 때문에 수감되어 있던 피의자, 피고인 또는 범죄자가 도주하여 엄중한 결과를 초래한 죄를 말한다. 본죄를 범한 경우 유기징역(통상 3년 이하, 엄중한 경우 3년에서 10년), 구역(拘役)에 처한다(刑法 제400조).

| xùn sī wǔ bì jiǎn xíng jiǎ shì zàn yǔ jiān wài zhí xíng zuì<br>**徇私舞弊减刑(假释·暂予监外执行)罪**<br>순 사 무 폐 감 형 ( 가 석 · 잠 여 감 외 집 행 ) 죄 | 감형 등의 부정결정죄 |

508

사법공작인원이 사리를 도모하여 감형, 가석방, 잠여감외집행(暂予监外执行) 조건을 만족하지 않는 범죄자가 감형, 가석방, 잠여감외집행(暂予监外执行) 되도록 하게 한 죄를 말한다. 본죄를 범한 경우 유기징역(통상 3년 이하, 엄중한 경우 3년에서 7년), 구역(拘役)에 처한다(刑法 제401조).

---

**509**
xùn sī wǔ bì bù yí jiāoxíng shì àn jiàn zuì
**徇私舞弊不移交刑事案件罪**
순 사 무 폐 불 이 교 형 사 안 건 죄

**형사절차 부정집행죄**

---

사법기관에 이송하여 형사사건으로 처리해야 하는 사안에 대해, 경찰 등 법 집행을 담당하는 행정직무 담당자가 사적 이익, 사적인 감정 등을 위해 관련 사실을 은닉하거나 자료를 위조하는 등 방식으로 해당 사건을 형사절차 진입 전에 마무리하고자 하고 그 사안이 엄중한 죄를 말한다. 본죄를 범한 경우 유기징역(통상 3년 이하, 엄중한 경우 3년에서 7년), 구역(拘役)에 처한다(刑法 제402조).

---

**510**
làn yòngguǎn lǐ gōng sī zhèngquàn zhí quán zuì
**濫用管理公司(证券)职权罪**
남 용 관 리 공 사 ( 증 권 ) 직 권 죄

**회사(증권) 관련 관리직책 남용죄**

---

회사 또는 증권과 관련된 업무를 담당하는 국가공작인원(国家工作人员)이 사리를 도모하여 직권을 남용하여 국가가 규정한 조건을 만족하지 않는 회사의 설립, 등록, 주식·채권의 발행, 상장 등을 허가하여 공공재산, 국가와 인민의 이익에 중대한 손해를 초래한 죄를 말한다. 본죄를 범한 경우 5년 이하 유기징역, 구역(拘役)에 처한다(刑法 제403조).

---

**511**
xùn sī wǔ bì bù zhēng shǎozhēng shuìkuǎn zuì
**徇私舞弊不征(少征)税款罪**
순 사 무 폐 불 징 ( 소 징 ) 세 관 죄

**부정세수죄**

---

세무기관 근무자가 사리를 도모하여 징수해야 하는 세금을 징수하지 않았거나 적게 징수하여 국가 세수에 중대한 손해를 초래한 죄를 말한다. 본죄를 범한 경우 유기징역(통상 5년 이하, 엄중한 경우 5년 이상), 구역(拘役)에 처한다(刑法 제404조).

**xùn sī wǔ bì fā shòu fā piào**
**徇私舞弊发售发票**
**dǐ kòu shuì kuǎn    chū kǒu tuì shuì   zuì**
**(抵扣税款 · 出口退税)罪**
순사무폐발수발표(저구세관 · 출구퇴세)죄

**세금계산업무 부정집행죄**

512

세무기관 근무자가 사리를 도모하여 법과 규정을 위반한 방식으로 세금계산서 발급, 세금 공제, 수출 후의 세금 환급 등 업무를 처리하여 국가 이익에 중대한 손해를 초래한 죄를 말한다. 본죄를 범한 경우 유기징역(통상 5년 이하, 엄중한 경우 5년 이상), 구역(拘役)에 처한다(刑法 제405조).

**wéi fǎ   tí gòng chū kǒu tuì shuì zhèng zuì**
**违法提供出口退税证罪**
위 법 제 공 출 구 퇴 세 증 죄

**수출 세금환급증명 불법제공죄**

513

세무기관 근무자가 아닌 국가공작인원(国家工作人员)(예컨대 세관 공무원 등)이 사리를 도모하여 수출 물품 세관신고서, 수출 수금 인증서 등 수출 관련 세금 환급에 필요한 증명서 등을 불법으로 제공하여 국가 이익에 중대한 손해를 초래한 죄를 말한다. 본죄를 범한 경우 유기징역(통상 5년 이하, 엄중한 경우 5년 이상), 구역(拘役)에 처한다(刑法 제405조).

**guó jiā   jī guān gōng zuò rén yuán qiāndìng    lǚ xíng**
**国家机关工作人员签订(履行)**
**hé tong shī zhí bèi piàn zuì**
**合同失职被骗罪**
국가기관공작인원첨정(이행)합동실직피편죄

**공직자의 계약상 배임죄**

514

국가공작인원(国家工作人员)이 계약을 체결, 이행하는 과정에서 엄중한 소홀로 인하여, 또는 기만을 당하여 국가이익에 중대한 손해를 초래한 죄를 말한다. 본죄를 범한 경우 유기징역(통상 3년 이하, 엄중한 경우 3년에서 7년), 구역(拘役)에 처한다(刑法 제406조).

**515**

wéi fǎ fā fàng lín mù cǎi fá xǔ kě zhèng zuì
**违法发放林木采伐许可证罪**
위 법 발 방 임 목 채 벌 허 가 증 죄

## 벌목허가증 부정발급죄

임업 업무를 주관하는 정부 부서의 근무자가 벌목 가능 연식 규정 등을 위반함에도 불구하고 사리를 도모하여 벌목 허가증을 발급하거나, 또는 국가 관련 규정을 위반하여 벌목 허가증을 무분별하게 발급하여 삼림을 심각하게 파괴한 죄를 말한다. 본죄를 범한 경우 3년 이하의 유기징역, 구역(拘役)에 처한다(刑法 제407조).

**516**

huán jìng jiān guǎn shī zhí zuì
**环境监管失职罪**
환 경 감 관 실 직 죄

## 환경 감독관리자의 직무유기죄

환경에 대한 보호 감독 직책이 있는 국가공작인원(国家工作人员)의 엄중한 소홀로 인하여 중대한 환경오염사고를 초래하고 재산에 엄중한 피해를 주거나 사망 또는 부상자가 발생하게 한 죄를 말한다. 본죄를 범한 경우 3년 이하 유기징역, 구역(拘役)에 처한다(刑法 제408조).

**517**

shí pǐn jiān guǎn dú zhí zuì
**食品监管渎职罪**
식 품 감 관 독 직 죄

## 식품 감독관리자의 직무유기·직권남용죄

식품약품안전관리 직책이 있는 국가공작인원(国家工作人员)이 직권을 남용하거나 직무를 소홀히 하는 다음의 행위 중 하나가 있는 죄를 말한다. ① 식약품 안전 사고를 거짓으로 보고하거나 보고하지 않음, ② 식약품 안전에 위반한 사실을 발견하고 검사를 하지 않음, ③ 식약품심사 과정에서 조건미달 신청에 허가를 함, ④ 형사사건으로 이송해야 하는데 그러하지 않음, ⑤ 기타 직권남용 또는 직무유기의 행위이다. 본죄를 범한 경우 유기징역(통상 5년 이하, 엄중한 경우 5년에서 10년), 구역(拘役)에 처한다. 사리를 도모하여 본죄를 범한 경우 종중처벌(从重处罚) 한다(刑法 제408조의1).

| chuán rǎn bìngfáng zhì shī zhí zuì<br>**传染病防治失职罪**<br>전 염 병 방 치 실 직 죄 | 전염병 관련 직무유기죄 |

전염병 예방과 통제 관련 업무를 담당하는 행정부서 공작인원이 엄중한 책임 소홀로 인하여 전염병의 유행을 초래하여 사안이 엄중한 죄를 말한다. 본죄를 범한 경우 3년 이하 유기징역, 구역(拘役)에 처한다(刑法 제409조).

| fēi fǎ pī zhǔnzhēngshōu zhēngyòng zhànyòng tǔ dì zuì<br>**非法批准征收(征用 · 占用)土地罪**<br>비 법 비 준 징 수 ( 징 용 · 점 용 ) 토 지 죄 | 토지사용부정승인죄 |

국가공작인원(国家工作人员)이 사리를 도모하여 토지 관리 법규를 위반하고 권력을 남용하여 불법적으로 토지 징수, 사용, 점유를 승인하여 그 정황이 엄중한 죄를 말한다. 본죄를 범한 경우 3년 이하 유기징역, 구역(拘役)에 처하고 국가 또는 집체 이익에 중대한 손해를 초래한 경우 3년 이상 7년 이하 유기징역에 처한다(刑法 제410조).

| fēi fǎ dī jià chūràngquóyǒu tǔ dì shǐ yòngquán zuì<br>**非法低价出让国有土地使用权罪**<br>비 법 저 가 출 양 국 유 토 지 사 용 권 죄 | 국유토지저가양도죄 |

국가공작인원(国家工作人员)이 사리를 도모하여 토지 관리 법규를 위반하고 권력을 남용하여 국유토지 사용권을 저렴하게 매각하여 그 정황이 엄중한 죄를 말한다. 본죄를 범한 경우 3년 이하 유기징역, 구역(拘役)에 처하고 국가 또는 집체 이익에 중대한 손해를 초래한 경우 3년 이상 7년 이하 유기징역에 처한다(刑法 제410조).

| 521 | fàng zòng zǒu sī zuì<br>**放纵走私罪**<br>방 종 주 사 죄 | 밀수방임죄 |

관세 업무 담당 정부 부서에서 근무하는 자가 사리사욕 때문에 밀수행위를 방임하여 그 정황이 엄중한 죄를 말한다. 본죄를 범한 경우 5년 이하 유기징역, 구역(拘役)에 처하고, 그 정황이 특별히 엄중한 경우 5년 이상 유기징역에 처한다(刑法 제411조).

| 522 | shāng jiǎn xùn sī wǔ bì zuì<br>**商检徇私舞弊罪**<br>상 검 순 사 무 폐 죄 | 상품부정검증죄 |

상품 검증 업무 담당 정부 부서에서 근무하는 자가 사리를 도모하여 상품 검증 결과를 위조한 죄를 말한다. 본죄를 범한 경우 5년 이하 유기징역, 구역(拘役)에 처하고, 그 정황이 엄중한 경우 5년 이상 10년 이하 유기징역에 처한다(刑法 제412조).

| 523 | shāng jiǎn shī zhí zuì<br>**商检失职罪**<br>상 검 실 직 죄 | 상품검증직무유기죄 |

상품 검증 업무 담당 정부 부서에서 근무하는 자가 중대한 업무 소홀로 인하여 검증해야 할 물품을 검증하지 않거나, 검증 지연 또는 검증 오류로 인하여 국가 이익에 엄중한 손해를 초래한 경우, 3년 이하 유기징역, 구역(拘役)에 처한다(刑法 제412조).

| 524 | dòng zhí wù jiǎn yì xùn sī wǔ bì zuì<br>**动植物检疫徇私舞弊罪**<br>동 식 물 검 역 순 사 무 폐 죄 | 동식물부정검역죄 |

동식물 검역 기관에서 근무하는 검역담당자가 사리를 도모하여 동식물 검역 결과를

위조한 죄를 말한다. 본죄를 범한 경우 5년 이하 유기징역, 구역(拘役)에 처하고, 그 정황이 엄중한 경우, 5년 이상 10년 이하 유기징역에 처한다(刑法 제413조).

| dòng zhí wù jiǎn yì shī zhí zuì
**动植物检疫失职罪**
동 식 물 검 역 실 직 죄 | 동식물검역직무유기죄 |
|---|---|

동식물 검역 기관에서 근무하는 검역담당자가 중대한 업무 소홀로 인하여 검역해야 할 동식물을 검역하지 않거나, 검역 지연 또는 검역 오류로 인하여 국가 이익에 엄중한 손해를 초래한 죄를 말한다. 본죄를 범한 경우 3년 이하 유기징역, 구역(拘役)에 처한다(刑法 제412조).

| fàngzòng zhì shòu wěi liè shàng pǐn fàn zuì xíng wéi zuì
**放纵制售伪劣商品犯罪行为罪**
방 종 제 수 위 열 상 품 범 죄 행 위 죄 | 불량제품제조 · 판매에 대한 방임죄 |
|---|---|

위조품·모조품 등 불량제품의 생산, 판매 등에 대한 단속 책임이 있는 국가공작인원(国家工作人员)이 사리를 도모하여 법에서 규정한 단속 등 법률책임추궁 직책을 이행하지 않고 그 정황이 엄중한 죄를 말한다. 본죄를 범한 경우 5년 이하 유기징역, 구역(拘役)에 처한다(刑法 제413조).

| bàn lǐ tōu yuè guó biān jìng rén yuán chū rù jìng zhèng jiàn zuì
**办理偷越国(边)境人员出入境证件罪**
판 리 투 월 국 ( 변 ) 경 인 원 출 입 경 증 건 죄 | 밀출국자 출입국증서 발급죄 |
|---|---|

여권·비자 등 출입국 관련 증서 발급 업무를 담당하는 국가공작인원(国家工作人员)이 불법으로 국(변)경을 넘으려는 사실을 알면서도 관련 출입국 증명서를 발급한 죄를 말한다. 본죄를 범한 경우 3년 이하 유기징역, 구역(拘役)에 처하고 정황이 엄중한 경우 3년 이상 7년 이하 유기징역에 처한다(刑法 제414조).

**528** fàngxíng tōu yuè guó (biān) jìng rén yuán zuì
**放行偷越国(边)境人员罪**
방 행 투 월 국 ( 변 ) 경 인 원 죄

**밀출국 허용죄**

여권·비자 등 출입국 관련 증서 발급 업무를 담당하는 국가공작인원(国家工作人员)이 불법으로 국(변)경을 넘으려는 사실을 알면서도 그대로 넘어가도록 허락한 죄를 말한다. 본죄를 범한 경우 3년 이하 유기징역, 구역(拘役)에 처하고 정황이 엄중한 경우 3년 이상 7년 이하 유기징역에 처한다(刑法 제414조).

**529** bù jiě jiù bèi guǎi mài (bǎng jià) fù nǚ (ér tóng) zuì
**不解救被拐卖(绑架)妇女(儿童)罪**
불 해 구 피 괴 매 ( 방 가 ) 부 녀 ( 아 동 ) 죄

**피납치(유괴)부녀(아동) 불구조죄**

납치 또는 유괴된 부녀, 아동을 구조할 직책이 있는 국가공작인원(国家工作人员)이 납치, 유괴된 여성, 아동 및 가족의 구조 요청을 받거나 타인의 신고를 받았음에도 불구하고 구조하지 않아 엄중한 결과를 초래한 죄를 말한다. 본죄를 범한 경우 5년 이하 유기징역, 구역(拘役)에 처한다(刑法 제415조).

**530** zǔ ài jiě jiù bèi guǎi mài bǎng jià fù nǚ ér tóng zuì
**阻碍解救被拐卖(绑架)妇女(儿童)罪**
조 애 해 구 피 괴 매 ( 방 가 ) 부 녀 ( 아 동 ) 죄

**피납치(유괴)부녀(아동)
구조 방해죄**

납치 또는 유괴된 부녀, 아동을 구조할 직책이 있는 국가공무원이 직권을 이용하여 납치 또는 유괴된 부녀, 아동에 대한 구조를 방해한 죄를 말한다. 본죄를 범한 경우 2년 이상 7년 이하 유기징역에 처하고 경위가 비교적 경미한 경우 2년 이하 유기징역, 구역(拘役)에 처한다(刑法 제415조).

| bāng zhù fàn zuì fèn zǐ táo bì chǔ fá zuì<br>**帮助犯罪分子逃避处罚罪**<br>방 조 범 죄 분 자 도 피 처 벌 죄 | 처벌도피방조죄 | 531 |

범죄 활동에 대해 단속, 금지 등의 직책이 있는 국가공작인원(国家工作人员)이 범죄자에게 정보를 알려주거나 편의를 제공하여 범죄자의 처벌 도피에 도움을 준 죄를 말한다. 본죄를 범한 경우 3년 이하 유기징역, 구역(拘役)에 처하고, 그 정황이 엄중한 경우 3년 이상 7년 이하 유기징역에 처한다(刑法 제416조).

| zhāo shōu gōng wù yuán xué shēng xùn sī wǔ bì zuì<br>**招收公务员(学生)徇私舞弊罪**<br>초 수 공 무 원 ( 학 생 ) 순 사 무 폐 죄 | 공무원(학생)부정채용죄 | 532 |

공무원 채용, 학생 모집 등 업무 수행 과정에서 국가공작인원(国家工作人员)이 사리사욕을 채우고 그 정황이 엄중한 죄를 말한다. 본죄를 범한 경우 3년 이하 유기징역, 구역(拘役)에 처한다(刑法 제418조).

| shī zhí zào chéng zhēn guì wén wù sǔn huǐ liú shī zuì<br>**失职造成珍贵文物损毁(流失)罪**<br>실 직 조 성 진 귀 문 물 손 훼 ( 유 실 ) 죄 | 직무유기로 인한<br>문화재손괴(유실)죄 | 533 |

국가공작인원(国家工作人员)이 직무를 엄중히 소홀히 하여 진귀 문화재가 파손 되었거나 유실되어 그 정황이 엄중한 죄를 말한다. 본죄를 범한 경우 3년 이하 유기징역, 구역(拘役)에 처한다(刑法 제419조).

| jūn rén wéi fǎn dú zhí zuì<br>**军人违反渎职罪**<br>군 인 직 책 위 반 죄 | 군인 직책위반죄 | 534 |

형법 각칙 제10장의 제목이다. 이는 군인이 군인의 직책을 위반하여 국가의 군사적 이익에 해를 주는 죄들의 총칭을 말한다. 이에는 전시 항명죄, 투항죄, 군사업무집행방해죄, 군인반역죄 등 죄명들이 있다.

# 제 5 장

# 상법

| jī gòu dān wèi<br>**机构单位**<br>기 구 단 위 | 단체<br>기관 | 001 |

각종 유형의 근무처를 포괄적으로 통칭하는 용어를 말한다. 중국 국가통계국의 통계기준상 机构单位(jī gòu dān wèi)는 비금융기업(非金融企业), 금융기구(金融机构), 정부단위(政府单位) 또는 정부기구(政府机构), 거주민단위(住户单位)와 국외단위(国外单位) 등으로 나뉜다.

| gōng sī<br>**公司**<br>공 사 | 회사 | 002 |

영리법인의 일종으로서 독립된 법인재산권을 소유하고 그 재산으로 자기 채무에 대해 책임을 부담하는 영리조직을 말한다. 公司(gōng sī)의 종류에는 유한회사와 주식회사만 포함된다(公司法 제2조).

| yǒu xiàn zé rèn gōng sī<br>**有限责任公司**<br>유 한 책 임 공 사 | 유한회사 | 003 |

소유권과 경영권이 분리되는 운영방식을 취하는 영리법인조직으로서, 50인 이하의 사원이 공동으로 출자하여 설립 및 운영되는 회사를 말한다. 사원은 그가 납입을 확약한 출자액 한도 내에서 회사에 대해 유한책임을 부담하며 회사는 그 재산으로 채무에 대해 책임을 부담하게 된다. 有限责任公司(yǒu xiàn zé rèn gōng sī)에는, 일반 有限责任公司(yǒu xiàn zé rèn gōng sī)(2인 및 그 이상의 사원을 보유하는 기업법인), 1인 有限责任公司(yǒu xiàn zé rèn gōng sī), 국유독자공사(国有独资公司)가 포함된다. 원칙상 有限责任公司(yǒu xiàn zé rèn gōng sī)의 지분을 대외로 양수도하는 등의 경우 기타 사원의 동의를 구해야 하는 등 주식회사에 비해 인적 회사의 특징이 있다.

| yì rén yǒuxiàn zé rèn gōng sī<br>**一人有限责任公司**<br>일 인 유 한 책 임 공 사 | **유한회사(1인 사원)** |

1인의 자연인 또는 하나의 법인을 그 사원으로 하는 기업법인으로서, 지배구조가 기타 유형의 일반 유한회사보다 간소화되어 있고 사원이 최고권력기관으로서의 법정 직권을 행사하는 형태의 유한회사를 말한다. 1인의 자연인은 一人有限责任公司를 단 하나만 설립할 수 있고 해당 一人有限责任公司는 새로운 一人有限责任公司를 설립할 수 없다. 또한 一人有限责任公司의 사원이 회사의 재산과 그 자기의 재산이 서로 독립되어 있음을 증명할 수 없는 경우에는 해당 사원이 회사의 채무에 대해 연대책임을 부담하게 된다(公司法 제63조).

| guóyǒu dú zī gōng sī<br>**国有独资公司**<br>국 유 독 자 공 사 | **국유독자회사**<br>**정부가 100% 출자한 공기업** |

국가가 단독으로 출자하고, 국무원 또는 지방정부가 출자자의 직책의 이행을 동급 국유자산감독관리기구에 위임한 유한회사를 말한다. 일반 유한회사의 최고권력기관은 사원총회이고, 경영진은 이사회이며 감독기관은 감사회이지만, 国有独资公司는 사원총회를 설치하지 않고 대신 국유자산감독관리기구가 그 직권을 행사하되 이사회에 수권하여 사원총회의 일부 직권을 행사하게 할 수 있다. 단 회사의 합병·분할·해산·자본금의 증감·사채의 발행 관련 사항은 국유자산감독관리기구가 결정하며 그중 중요한 国有独资公司의 합병·해산·파산신청은 국유자산감독관리기구가 심사한 후 동급 정부가 최종 비준한다(公司法 제57조).

| guó jiā chū zī qǐ yè<br>**国家出资企业**<br>국 가 출 자 기 업 | **국가출자기업**<br>**정부가 출자한 공기업** |

국가가 출자한 국유독자기업[회사(公司)의 형태가 아님], 국유독자회사(国有独资

公司), 국유자본이 통제하는 국유자본지배회사(国有资本控股公司), 국유자본이 지분·주식으로 참여하는 국유자본참여회사(国有资本参股公司)를 말한다. 이러한 기업들은 국무원과 지방정부들이 전부 또는 일부 출자자의 직책을 이행하고, 정부와 기업의 분리, 소유권과 경영권의 분리, 기업의 자주경영원칙에 따라 운영되는 기업들이다. 국무원이 국가를 대표하여 출자자 직책을 이행하는 기업은 중앙기업, 지방정부가 국가를 대표하여 출자자 직책을 이행하는 기업은 기타 국유기업으로 분류된다(企业国有资产法 제5조).

| gǔ fèn yǒuxiàngōng sī<br>**股份有限公司**<br>고 분 유 한 공 사 | 주식회사 | 007 |
|---|---|---|

일종의 기업법인으로서, 2인 이상 200인 이하의 발기인에 의해 설립되어 운영이 되고, 등록자본이 균일한 가액의 주식으로 구성되며, 주주는 그가 납입을 확약한 주식을 한도로 회사에 대해 유한책임을 부담한다. 股份有限公司의 설립방식에는 발기설립과 모집설립이 있다. 주식의 발행에 있어서, 동일 종류의 주식은 동등한 권리를 가지며, 동일 회차에 발행하는 동일 종류의 주식은 그 발행조건과 가격이 동일하여야 하며 주식인수자는 인수하는 주식에 대해 동일한 가액을 지급한다(公司法 제126조).

| shàng shì gōng sī<br>**上市公司**<br>상 시 공 사 | 상장회사 | 008 |
|---|---|---|

주식회사의 일종으로서 그 발행된 주권이 증권거래소에 상장되어 불특정 다수인에 의해 공개적으로 거래되는 형태의 기업조직을 말한다. 통상 공시, 지배구조 등에 있어서 기타 일반 주식회사보다 더 엄격한 법정요건에 부합되어야 하고 관련 법정 의무를 이행하여야 하는 특징이 있다(公司法 제120조).

## 009 wài guógōng sī 外国公司 외 국 공 사 — 외국회사

외국법에 따라 중국 경외에 주된 사무소 또는 법정 주소를 등록하고 설립된 회사를 말한다(公司法 제191조). 그 권리능력 및 행위능력은 원칙적으로 그 등기지 법률에 따라 판단하지만, 外国公司가 중국에서 영업실체를 설치하여 영위하고자 하는 경우 중국법에 따라 관련 법정 요건을 충족하여 법정 등기를 마쳐야 하고 중국 내에서의 그 행위는 법에서 특별한 규정이 있는 경우를 제외하고는 중국법의 규제를 받게된다.

## 010 nèi zī qǐ yè 内资企业 내 자 기 업 — 내자기업

중국 국적의 중국 경내(홍콩, 마카오, 대만 제외함. 이하 동일함) 자연인 또는 중국 경내 조직에 의해 중국 경내에서 설립된 기업을 말하며, 그 출자자는 국가, 집체, 기타 조직, 자연인 등이 될 수 있다. 그 출자자 또는 설립인이 해당 기업에 대한 책임의 범위가 출자액 기준으로 유한책임을 부담하는 것인지 무한책임을 부담하는 것인지에 따라 기업법인과 비법인기업으로 나눈다. 통상 内资企业은 유한회사, 주식회사, 사영기업(私营企业)과 기타 기업방식을 취할 수 있다.

## 011 wài shāng tóu zī qǐ yè 外商投资企业 외 상 투 자 기 업 — 외국인투자기업

외국인, 외국기업 또는 기타 외국조직이 전액 출자하거나 중국 경내의 중국파트너와 공동으로 출자하여 중국 경내에서 설립등기를 마치고 운영되는 영리목적의 기업을 말한다(外商投资法 제2조).

| wài shāng tóu zī zhǔn rù fù miàn qīng dān<br>**外商投资准入负面清单**<br>외 상 투 자 준 입 부 면 청 단 | **외국인투자제외업종**<br>**외국인투자제한업종** |
| --- | --- |

외국인의 대 중국 투자에 대한 기본원칙 중 하나이다. 외국인은 대 중국 투자를 함에 있어서 법률상 특별히 금지 또는 제한되는 산업 또는 업종의 경우를 제외하고는 원칙상 투자할 수 있으나, 국가가 특별히 지정한 특정산업 또는 특정 영역에 대해서는 외국인의 투자를 금지하거나 제한하는 제도를 실행한다. 이 리스트는 그러한 제도의 실행을 위해 제정된 외국인 투자금지 또는 투자제한 리스트이다. 이러한 투자 금지 또는 투자제한 관련 리스트는 국무원이 공포하거나 비준하여 대외로 공시된다.

| gǎng ào tái shāng tóu zī qǐ yè<br>**港澳台商投资企业**<br>항 오 대 상 투 자 기 업 | **홍콩 · 마카오 · 대만 투자기업** |
| --- | --- |

홍콩·마카오·대만의 투자자들이 전액 출자하거나 또는 중국 경내의 파트너와 공동으로 출자하여 중국 경내에서 설립 및 운영하는 기업을 말한다. 홍콩·마카오·대만 투자자들의 대 중국 경내에 대한 투자는 기타 일반적인 외국투자자들과는 구분되어 관리되며, 주로 홍콩과 중국 경내 사이, 마카오와 중국 경내 사이에서 체결된 경제무역관계를 긴밀히 하는 데 관한 안배, 그리고 해협양안(海峽兩岸) 사이에서 체결된 경제합작 기본합의 등 규정에 따라 관리된다.

| jìng wài tóu zī<br>**境外投资**<br>경 외 투 자 | **해외투자** |
| --- | --- |

중국 경내 소재의 기업이 직접 또는 그가 통제하는 경외 기업을 통해 자산·권익의 투입 또는 융자·담보의 제공 등 방식으로 경외 재산의 소유권·통제권·경영관리권 및 기타 관련 권익을 취득하는 투자활동을 말한다. 중국 현행 법규정상 중국 경내의 기업이 境外投资를 진행하고자 하는 경우에는 해당 투자항목이 중국 정부가 정한

민감류 항목, 민감국가와 지역, 민감업종에 포함될 시에는 관련 정부기관으로부터 사전에 해당 투자행위에 대한 비준을, 그 이외의 경우에는 해당 투자행위에 대한 신고 및 등록 등 절차를 완성하여야 한다(企业境外投资管理办法 제2조).

| 015 | zǐ gōng sī<br>**子公司**<br>자 공 사 | **자회사** |
|---|---|---|

타 기업법인에 의해 그 전부의 주권 또는 주권통제권이 보유되고 행사되거나 기업 간 계약 등 안배를 통해 해당 타 기업법인의 실질적인 통제를 받게 되지만 법률상 독립적인 상호, 조직 및 재산을 보유하고 독립적으로 대외활동을 하는 기업법인을 말한다.

| 016 | mǔ gōng sī<br>**母公司**<br>모 공 사 | **모회사** |
|---|---|---|

타 기업법인의 전부의 주권 또는 주권통제권을 보유하고 행사하거나 기업간 계약 등 안배를 통해 타 기업법인에 대해 실질적으로 통제권을 행사하는 기업법인을 말한다. 단, 법률상 母公司와 자회사는 서로 독립된 법인격을 가지는 기업법인으로서 양자간 거래는 이러한 특수관계가 없는 제3자 간의 거래와 마찬가지로 공정·투명·합리적이어야 하며 이를 위반하는 경우 납세조정, 모회사의 권력남용 및 그에 따른 법률책임의 추궁 등 법적 리스크가 발생할 수 있다.

| 017 | fēn gōng sī<br>**分公司**<br>분 공 사 | **지사**<br>**지점** |
|---|---|---|

기업법인이 그 운영관리상의 수요로 인해 타 지역에 그 전부 또는 일부 경영범위상의 영위활동을 진행하기 위해 기업법인의 조직으로부터 나뉘어 설치된 조직으로써

分公司는 법에 따라 등록되고 영업허가증을 취득함으로써 대외적으로 경제활동에 종사할 수 있다. 分公司는 통상 그를 설치한 기업법인과 다른 소재지에 등록되어 운영되지만 상호·조직·경영범위·자산 등은 그를 설치한 기업법인과 동일성 또는 부속성을 유지하며 그 자체는 법인격이 없으므로 그의 운영으로 인해 발생한 채권채무 등에 관해서는 종국적으로 그를 설치한 기업법인이 부담하게 된다.

| fēn zhī jī gòu<br>**分支机构**<br>분 지 기 구 | 지사<br>지점<br>연락사무소 |
|---|---|

기업법인의 일부 기능을 수행하거나 일부 경영범위를 운영하는, 그 자체로는 법인격이 없는 부속조직을 말한다. 이에는 법정 등록을 통해 일정한 경영행위가 법적으로 허용이 되는 분공사(分公司)와 법률상 영위활동자격이 없는 연락처, 사무소, 대표처 등이 포함된다. 단, 일부 특별법규정에 따라 특정 영역에 있어서 외국법인의 주 중국 대표처는 일정한 영위활동자격이 인정이 되며 이에는 예컨대 외국법률사무소의 주 중국 대표처 등이 있다.

| qǐ yè míngchēng<br>**企业名称**<br>기 업 명 칭 | 상호 |
|---|---|

정식으로 등록된 기업의 명칭이다. 기업은 단 하나의 명칭만 사용 및 보유할 수 있다. 기업의 명칭은 원칙상 법정 등기기관의 관할구역 내에서 이미 등록된 동일 업종 타 기업의 명칭과 동일하거나 유사하여서는 아니 된다. 기업명칭은 통상 기업 소재지의 성 또는 도시 + 상호 + 업종 또는 경영특징 + 조직방식 등 요소로 구성된다. 중국법상 企业名称은 반드시 중문으로 작성 및 등록되어야 한다.

| 020 | zhāngchéng<br>**章程**<br>장 정 | 정관 |

기업법인 설립 시 해당 기업법인의 각 설립자들 사이에서 합의하여 체결하게 되는, 기업법인의 사업목적·존속기간·회사 내부조직의 직권 및 의무 등을 규정하는 사내 관리제도를 말한다. 이는 기업법인 및 그 주주 또는 사원, 해당 기업법인의 경영진, 감독관리기구 및 고급관리인원에 대해 구속력을 가진다. 章程(zhāngchéng)은 제정된 후 법정 등 기기관에 등기되며 개정 시에도 그 변경등기를 해야 한다. 章程(zhāngchéng)의 규정을 위반하여 형성된 기업법인의 최고권력기관 또는 경영진의 결의는 법에 의해 취소될 수 있다.

| 021 | gǔ dōng<br>**股东**<br>고 동 | 사원<br>주주 |

유한회사 또는 주식회사에 출자하거나 그 출자권 또는 지분권 등을 양수하여 해당 회사에 대해 그 소유자로서의 의결권·열람권·이익배당권 등 법정 권리를 보유 및 행사하는 자를 말한다. 股东(gǔ dōng)은 원칙상 그가 유한회사 또는 주식회사에 대해 보유 중인 출자비율, 주식수 등에 따라 법정 권리를 행사한다(다만, 유한회사의 경우 정관 또는 사원 간 합의에 따라 그 출자비율에 구속받지 않는 권리행사를 할 수 있음).

| 022 | kòng gǔ gǔ dōng<br>**控股股东**<br>공 고 고 동 | 지배주주 |

控股股东(kòng gǔ gǔ dōng)은 ① 그 출자액이 유한회사의 자본총액의 50%이상을 차지하거나 그 보유한 주식이 주식회사의 자본총액의 50%이상을 차지하는 사원 또는 주주를 말하거나, ② 그 출자액 또는 그 보유한 주식이 50%미만이지만 그 출자액 또는 보유 중인 주식으로 향유하는 의결권이 이미 사원총회 또는 주주총회의 결의 형성에 대해 중대한 영향을 미칠 수 있는 사원 또는 주주를 말한다. 따라서 控股股东(kòng gǔ gǔ dōng)은 사실상 그

가 출자하거나 지분·주식을 보유 중인 유한회사 또는 주식회사에 대해 실질적인 지
배권·통제권을 행사할 수 있는 사원 또는 주주를 말한다(公司法 제216조).

| shí jì kòng zhì rén<br>**实际控制人**<br>실 제 공 제 인 | **실제지배자** |
|---|---|

유한회사 또는 주식회사의 사원 또는 주주는 아니지만, 즉 직접적인 출자행위를 하
였거나 주식 보유 중인 자는 아니지만 기타 투자관계, 계약 또는 기타 안배를 통해
실질적으로 그 유한회사 또는 주식회사의 행위를 지배할 수 있는 자를 말한다(公司
法 제216조).

| fā qǐ rén<br>**发起人**<br>발 기 인 | **발기인** |
|---|---|

유한회사 또는 주식회사의 설립행위자로서 회사 설립을 위해 정관을 체결하고, 회
사의 출자 또는 주식을 인수 확약하며 회사의 설립직책을 이행하고 회사설립행위에
대해 상응한 책임을 부담하는 사를 말힌디. 이에는 자연인, 기업법위 등 조직이 포
함될 수 있다.

| gǔ quán<br>**股权**<br>고 권 | **주주권<br>사원권** |
|---|---|

유한회사 또는 주식회사에 대한 출자 또는 주식의 인수 등 행위를 한 자가 그 대가
로 해당 회사의 사원 내지 주주 자격을 보유하게 되고 그러한 자격으로 인해 회사에
대해 가지게 되는 종합적인 권리의무를 말한다. 이에는 출자의 의무·의결권·열람
권·이익배당청구권·우선매수권 등이 포함된다.

| 026 | gǔ fèn<br>**股份**<br>고 분 | 주식 |

주식회사의 자본을 구성하는 가장 기본적인 단위를 말한다. 하나의 股份(gǔ fèn)은 불가분하고 동일한 가격을 가지며 동일 종류의 매 股份(gǔ fèn)마다 동일한 권리를 가진다. 주주는 그가 회사에 대해 소유하고 있는 股份(gǔ fèn)의 내용과 그 수에 따라 회사에 대해 그 권리 의무를 가지게 된다.

| 027 | gǔ piào<br>**股票**<br>고 표 | 주권 |

股票(gǔ piào)는 주식회사가 자본 조달을 위해 그 출자자에게 발행하는 주식소유증빙이자 수익 배당의 근거로 되는 일종의 유가증권이다. 주권은 기 발생한 주주로서의 지위를 유가증권화한 것으로 주주의 회사에 대해 소유하는 종합적 권리의 표징이며, 그 종류에는 기명股票(gǔ piào)와 무기명股票(gǔ piào) 등이 있다. 股票(gǔ piào) 발행 시 액면가액 및 그 이상의 가액으로 발행할 수 있으나 액면가액보다 낮은 가격으로는 발행할 수 없다.

| 028 | zhù cè zī běn<br>**注册资本**<br>주 책 자 본 | 등록자본<br>자본금 |

회사의 법정 등기기관에 등기한, 유한회사 또는 주식회사의 자본금을 구성하는 총 자본액이며 통상 회사 설립 시에 반드시 출자의 실제완납을 그 필수요건으로 하는 것은 아니다. 유한회사의 注册资本(zhù cè zī běn)은, 회사등기기관에 등기된 전체 사원이 출자를 확약한 출자액이고, 주식회사인 경우 ① 발기설립의 경우에는 그 注册资本(zhù cè zī běn)은 회사 등기기관에 등기한 전체 발기인이 인수확약한 총 자본금이며, ② 모집설립의 경우에는 그 注册资本(zhù cè zī běn)은 회사 등기기관에 등기된 실제 납입 자본총액을 말한다. 일단 법

에 의해 등기된 注册资本<sup>zhù cè zī běn</sup>은 사원 내지 주주들이 정관의 규정 등에 따라 반드시 적시에 출자를 납입해야 하며 이를 위반할 경우 관련 법률책임을 부담하게 된다.

| | | |
|---|---|---|
| **认缴出资**<br>rèn jiǎo chū zī<br>인 교 출 자 | 인수자본 | 029 |

출자자가 회사의 설립 또는 증자 등의 경우에, 출자를 구체적으로 확약하여 회사에 대해 출자의무를 확정적으로 부담하게 되는 경우를 말한다. 출자자가 회사에 대해 출자를 확약한 경우에는 정관에서 정한 출자의 방식과 출자기한에 따라 적시에 충분하게 출자를 완료하여야 하며 이를 위반 시 출자자에게는 회사에 대한 계속 출자의무, 회사의 채권자에 대한 책임부담, 회사의 기타 사원 내지 주주에 대한 위약책임이 추궁될 수 있을 뿐만 아니라 경우에 따라 기타 민사, 행정, 형사상의 법률책임도 추궁될 수 있다.

| | | |
|---|---|---|
| **实缴出资**<br>shí jiǎo chū zī<br>실 교 출 자 | 납입자본 | 030 |

회사의 사원 내지 주주가 실제로 회사에 대해 납입을 완료한 출자액을 말하며, 통상 유한회사의 경우 전체 사원 사이에 별도의 약정이 없는 한, 사원들은 각자의 회사에 대한 实缴出资<sup>shí jiǎo chū zī</sup>에 기한 출자비율에 따라 각자가 회사증자에 대해 우선매수권 및 이익배당권을 행사하게 되고, 주식회사의 경우 정관에 별도의 규정이 없는 한 주주들은 각자가 회사에 대한 주식비율에 따라 세후 이윤을 배분한다(公司法 제166조).

| | | |
|---|---|---|
| **出资比例**<br>chū zī bǐ lì<br>출 자 비 례 | 출자비율 | 031 |

사원이 유한회사에 대한 출자액이 해당 회사의 등록자본에서 차지하는 비율을 말

한다. 중국법상 회사 설립 시 반드시 자본금의 실제납입완료를 그 전제로 하는 특별
한 규정이 있는 회사를 제외하고는 다른 유형의 회사 설립 시에는 사원 또는 주주는
우선 출자인수에 대한 확약만 하고 회사 설립 후에 자본금을 납입할 수 있으므로 사
실상 출자비율은 그 실제출자여부에 따라 실제납입비율과 납입확약비율로 나뉜다.
일반적으로 사원들은 유한회사에 대한 출자비율에 따라 의결권을 행사하고(정관에
별도의 규정이 있는 경우는 제외함), 그 실제납입비율에 따라 회사 증자에 대한 우
선매수권·이익배당권을 행사하게 된다.

| 032 | zhì lǐ jié gòu<br>**治理结构**<br>치 리 결 구 | **지배구조** |
|---|---|---|

소유권과 경영권 분리원칙을 적용하는 기업제도하에서, 기업법인의 운영 및 관리와
관련하여 그 소유자인 사원 내지 주주와 경영을 전담하는 경영진, 그리고 경영진의
운영관리를 감독하는 감독기구 등 여러 기구 사이의 권력배분 및 균형 등을 통한 일
종의 효과적인 회사운영구조를 말한다. 治理结构는 통상 사원총회 또는 주주총회,
경영진인 집행이사 또는 이사회, 감독기구인 감사 또는 감사회 사이의 직권 배분과
직권행사기준을 그 주된 내용으로 하여 설정하게 된다.

| 033 | gǔ dōng huì<br>**股东会**<br>고 동 회 | **사원총회** |
|---|---|---|

股东会는 유한회사의 전체 사원으로 구성된 회사의 최고권력기구를 말하며, 주로
정기 또는 임시 회의를 통해 회사의 가장 중요한 사항(예컨대 회사의 경영 및 투자
방향, 회사의 예산 및 이익배분에 관한 사항, 임원들의 선·해임, 회사의 존속에 관한
사항, 정관의 수정 등을 포함함)들을 의결하게 된다. 股东会에서 특별결의사항(회
사 정관의 수정·자본금의 증감·회사의 합병·분할 또는 회사형태의 변경)에 관해
의결하는 경우에는 2/3 이상의 의결권을 대표하는 사원의 동의로 결의된다.

| gǔ dōng dà huì<br>**股东大会**<br>고 동 대 회 | 주주총회 |

股东大会는 주식회사의 전체 주주로 구성되는 회사의 최고권력기구를 말하며, 주로 정기 또는 임시 회의를 통해 회사의 가장 중요한 사항들을 의결하게 된다. 股东大会는 원칙상 이사회에서 소집하고 이사장이 주최하며, 회의 소집통지[단독 또는 합계로 법정 비율 이상의 회사 주식을 보유한 주주에 의해 적법하게 제기되고 이사회에 의해 통지되는 임시 의안도 포함]에서 열거하지 않은 사항에 대해 결의할 수 없다. 원칙상 股东大会는 회의에 출석한 주주들이 보유한 의결권을 기준으로 하여 일반결의사항에 관해서는 과반수로, 특별결의사항에 관해서는 2/3 이상으로 통과된다(公司法 제103조).

| dǒng shì<br>**董事**<br>동 사 | 이사 |

유한회사 및 주식회사에서 董事는 주로 사원총회 또는 주주총회에서 선·해임되는 董事와 직원대표대회 등에서 선·해임되는 董事[국유독지공사(国有独资公司), 2개 이상의 국유기업 또는 2개 이상의 기타 국유투자주체가 투자하여 설립한 유한회사 등 특수한 상황 외에는 그 회사의 董事 중 직원대표가 있을 것을 강제하지 아니함]로 구성되며 董事는 회사의 경영진에 속한다. 또한 통상 董事는 자연인으로 구성되고 회사와의 관계는 노동관계가 아닌 위임관계이다. 董事는 회사에 대해 충실의무 및 근면의무를 다해야 한다.

| zhí xíngdǒng shì<br>**执行董事**<br>집 행 동 사 | 집행이사 |

유한회사에 있어서 그 사원의 수가 비교적 적거나 회사의 규모가 비교적 작은 경우,

이사회를 설치하지 않고 1명의 执行董事<sup>zhí xíngdǒng shì</sup>를 설치하여 그로 하여금 경영진으로서의 직책을 수행하게 하는 것을 말한다. 따라서 执行董事<sup>zhí xíngdǒng shì</sup>는 회의체가 아닌 단독 의결 형태로 그 직권을 행사하게 된다.

| 037 | dǒng shì huì<br>**董事会**<br>동 사 회 | 이사회 |
|---|---|---|

유한회사 또는 주식회사에서 전체 이사들로 구성된 회의체 조직을 말한다. 董事会<sup>dǒng shì huì</sup>가 설치된 회사의 경우, 경영진으로서의 결정은 각 이사들이 董事会<sup>dǒng shì huì</sup> 회의에 참석하여 의결권을 행사하여 다수결의의 형태로 이루어지게 된다. 각 이사에게는 각 하나의 의결권이 주어진다.

| 038 | dǒng shì zhǎng<br>**董事长**<br>동 사 장 | 이사장 |
|---|---|---|

이사회를 설치한 회사에서 해당 이사회의 장을 말하며 통상 특별한 경우 외에는 [예컨대 국유독자공사(国有独资公司)의 董事长<sup>dǒng shì zhǎng</sup>은 국유자산감독관리기구에서 이사회 구성원 중 직접 董事长<sup>dǒng shì zhǎng</sup>을 지정함] 이사회에서 과반수의 이사에 의해 선·해임된다. 다만 유한회사의 경우에는 그 정관에 董事长<sup>dǒng shì zhǎng</sup>의 선·해임방식에 대해 위 내용과 다른 별도의 규정을 정할 수 있다. 董事长<sup>dǒng shì zhǎng</sup>은 사원총회 또는 주주총회를 사회하고 이사회를 소집 및 주최한다.

| 039 | dú lì dǒng shì<br>**独立董事**<br>독 립 동 사 | 사외이사 |
|---|---|---|

상장회사에 있어서 주식을 다수 보유하고 있는 주주들의 회사운영에 대한 독단과 전횡을 막기 위해 보다 투명하고 공정한 회사 운영을 위해 설정된 특유의 직책제도

를 말한다. 통상 회사의 주주와 독립된, 회사에 대해 기타 내부직책을 수행하지 아니하는 외부인이 独立董事(dú lì dǒng shì)로 선임되어 이사회에 참석하고 독자적인 판단하에 그 의결사항에 대해 의결한다.

유한회사 또는 주식회사에서 사원총회 또는 주주총회, 직원대회 또는 직원대표대회 등으로부터 선임되어 경영진의 회사운영을 감독하는 임원을 말하며, 회사와의 관계는 위임관계이다. 따라서 경영권을 행사하는 자는 监事(jiān shì)의 직을 겸할 수 없다. 监事(jiān shì)는 통상 회사의 재무상태를 검사하고 경영진의 회사직무수행행위를 감독하며 경영진의 행위가 회사의 이익에 손해를 주거나 위법행위를 한 경영진에 대해 회사를 대표하여 소송을 제기할 수 있다.

회사의 감사들로 구성된 회의체를 말한다. 监事会(jiān shì huì)를 설치한 경우에는 각 감사들은 监事会(jiān shì huì)를 통해 의결권을 행사하여 다수결의로 그 의견을 형성하며, 적어도 3인 및 그 이상의 감사로 구성되어야 하고 그중 1/3 이상은 회사의 직원대표로 구성되어야 한다. 사원의 수가 비교적 적거나 규모가 비교적 작은 유한회사의 경우에는 1~2명의 감사를 설치하는 것으로 监事会(jiān shì huì)의 설치의무를 면하고 각 감사들이 그 직책을 수행하게 된다.

总经理(zǒngjīng lǐ)는 회사의 이사회에 의해 선임·해임되고 그에 대해 책임을 지며, 회사에 의

해 고용되어 경영진의 결의사항을 구체적으로 실행하는 경영총괄기관을 말한다. 회사의 정관 규정에 의해 总经理<sup>zǒngjīng lǐ</sup>가 법정대표인을 겸하게 되는 경우 대외적으로 회사 대표권을 보유 및 행사한다. 总经理<sup>zǒngjīng lǐ</sup>는 주로 회사의 생산경영관리, 이사회 결의의 집행, 회사 내부관리기구설치방안에 대한 작성, 회사의 기본관리제도에 대한 작성, 구체적인 사내규정의 제정, 재무책임자 및 기타 회사 운영관리인원의 임용 결정 등 직권을 행사하며 이사회 회의에 참석한다. 总经理<sup>zǒngjīng lǐ</sup>는 반드시 이사의 자격을 가진 자 중에서 선임되는 것은 아니며 이사가 아닌 제3자도 总经理<sup>zǒngjīng lǐ</sup>로 선임될 수 있다 .

| 073 gāo jí guǎn lǐ rén yuán **高级管理人员** 고 급 관 리 인 원 | 고급관리인원 |
|---|---|

관련법상 회사의 총경리(总经理), 부총경리(副总经理), 재무책임자, 상장회사의 이사회비서와 회사 정관에서 정한 기타 인원들을 말하며 주로 회사의 운영관리에 있어서 관리권한이 부여되고 주된 관리요직에 있는 자가 이에 해당되며 일반 직원은 제외된다. 통상 충실의무, 근면의무, 회사에 대한 관리상의 손해배상책임 등등은 임원과 高级管理人员<sup>gāo jí guǎn lǐ rén yuán</sup>에 주로 적용된다(公司法 제216조).

| 074 fǎ dìng dài biǎo rén **法定代表人** 법 정 대 표 인 | 대표집행임원 대표이사 |
|---|---|

대외적으로 기업법인의 명의로 기업법인을 대표하여 민사행위를 행하는 책임자를 말한다. 法定代表人<sup>fǎ dìng dài biǎo rén</sup>이 법인의 명의로 행한 행위에 대해 그 법적 효과는 해당 법인이 부담하게 되고 법인의 정관 또는 법인의 권력기구가 法定代表人<sup>fǎ dìng dài biǎo rén</sup>의 대표권에 대한 제한은 내부제한으로 선의의 제3자에게 대항할 수 없게 된다. 法定代表人<sup>fǎ dìng dài biǎo rén</sup>의 법인 대표행위로 인해 법인이 민사책임을 부담한 경우 법률 또는 정관의 규정에 따라 과실이 있는 法定代表人<sup>fǎ dìng dài biǎo rén</sup>에 대해 구상할 수 있다. 통상 法定代表人<sup>fǎ dìng dài biǎo rén</sup>은 회사 정관의 규정에 따라 이사장, 집행이사 또는 총경리(总经理) 중에서 정해진다.

기업이 과거의 거래 등을 통해 형성된, 기업이 소유하거나 통제하고 기업에게 경제
적 이익을 가져다 줄 수 있는(직·간접적으로 기업에 현금과 현금등가물의 유입을
초래하는) 자원(資源)을 말한다. 资产은 반드시 자산부채표(资产负债表)에 기입되
어야 하며, 资产에는 기업의 부채와 소유자권익(所有者权益)이 포함된다.

기업이 과거에 이미 이루어진 거래 등으로 인해 이미 형성된, 기업으로부터 경제
이익의 대외 유출을 초래하게 하는, 기업이 부담하게 되는 현시적 의무, 즉 기업
이 현실적으로 이미 부담하고 있는 의무만을 말하며, 이러한 负债에는 통상 기업의
대·내외 채무를 모두 포함하게 된다.

기업법인의 총 자산에서 총 부채를 공제한 후의 잔여가치를 말하며 자산부채표(资
产负债表)에서 所有者权益은 통상 실납자본·자본공적·잉여공적(盈余公积)[이에
는 법정공적금(法定公积金)과 임의공적금(任意公积金)을 포함함]·미분배이윤 등
으로 구성된다.

| 048 | zī chǎn fù zhàibiǎo<br>**资产负债表**<br>자 산 부 채 표 | 대차대조표 |

기업의 특정일 기준 재무상황을 반영하는 회계보고서를 말한다. 기업의 资产负债<br>表를 통해 해당 기업의 재무자산상황을 대체적으로 알아볼 수 있는데 통상 상장회<br>사 등 기업공개가 법적으로 요구되는 기업 이외의 기타 일반 기업들은 그 资产负债<br>表를 공시할 법정 의무가 없다.

| 049 | wú jì míng gǔ piào<br>**无记名股票**<br>무 기 명 고 표 | 무기명주권 |

주주의 명칭이 주권에 기재되지 않는 방식으로 발행되는 주권을 말한다. 회사는 특<br>정된 경우 이외에는 주주에 대해 无记名股票를 발행할 수 있다. 无记名股票와 기명<br>주권은 동일 회차 동일 종류로 발행이 된 경우 그 주주권의 내용에는 실질적인 차이<br>가 없으며 단지 주권 기재상의 차이점 및 양수도 시 절차상의 일부 차이점이 존재<br>한다.

| 050 | jì míng gǔ piào<br>**记名股票**<br>기 명 고 표 | 기명주권 |

주권증권과 주식회사의 주주명부(股东名册)에 주주의 성명 또는 명칭을 기재하여<br>발행하는 주권을 말한다. 회사는 그 필요에 따라 무기명 또는 기명의 방식으로 주식<br>을 발행할 수 있으나 회사가 발기인, 법인주주에 대해 발행하는 주식은 반드시 记名<br>股票이어야 하고 해당 발기인, 법인의 명칭 또는 성명을 기입해야 한다.

| pǔ tōng gǔ<br>**普通股**<br>보 통 고 | **보통주** |
|---|---|

## 051

회사가 발행하는 가장 광범위하고 보편적인 형태의 주식으로, 의결권 행사, 이익배당, 재산의 분배 등 주주권의 행사에 대해 특별한 제한이 설정되어 있지 아니한 기본형태의 주식을 말한다. 해당 普通股를 소유한 주주는 그가 보유하고 있는 주식수에 따라 동등하게 주식회사에 대해 주주권리를 행사하고 동등하게 이익배분에 참여할 수 있다.

| yōuxiān gǔ<br>**优先股**<br>우 선 고 | **우선주** |
|---|---|

주식회사가 발행하는 주식 종류의 일종으로 보통주에 대응되는 개념이며, 주로 이윤배분 및 잔여재산배분에 있어서 보통주를 보유한 주주에 우선하여 배당을 받을 수 있는 특별한 우선 권리가 부여된 주식을 말한다.

| gōng sī zhàiquàn<br>**公司债券**<br>공 사 채 권 | **사채** |
|---|---|

## 053

회사가 자금 조달을 위해 법정 절차에 따라 다수인을 향해 발행하는 채무변제 내용을 포함한 일종의 유가증권을 말한다. 발행회사는 그 약정된 내용에 따라 향후 일정한 기간 내에 약정한 이율 및 상환조건에 따라 원리금을 상환해야 한다. 유한회사 또는 주식회사는 법정 사채발행요건에 충족 시 公司债券을 발행할 수 있다. 公司债券은 공개발행 또는 비공개발행의 방식을 취할 수 있다. 단 公司债券을 공개발행하여 자금을 조달한 경우 해당 자금은 어떠한 경우에도 결손보완과 비생산성 지출에 사용되어서는 아니 된다.

| 054 | kě zhuǎnhuàngōng sī zhàiquàn<br>**可转换公司债券**<br>가 전 환 공 사 채 권 | 전환사채 |

사채의 일종으로, 회사가 법에 따라 발행하고 일정한 기간 내에 사전에 미리 약정한 조건에 따라 이를 해당 회사의 주권으로 전환할 수 있는 성격을 가진 특별한 유형의 사채를 말한다. 사채권자가 그 선택에 따라 해당 사채 발행 시 약정된 전환가격, 전환청구권기간, 전환절차 및 기타 전환요건으로 사채의 원리금에 상당하는 금액의 범위 내에서 전환행사가격에 따라 회사의 주식으로 전환 받음으로써 기존 회사의 채권자로부터 회사의 주주로 자격 전환이 될 수 있는 사채이다.

| 055 | yōuxiān rèn gǔ quán<br>**优先认股权**<br>우 선 인 고 권 | 신주인수권 |

통상 회사의 사원 내지 주주가 그 출자비율 또는 소유주식수에 따라 우선적으로 해당 회사 증자 시 상응한 증자분에 대한 출자 또는 신주 배정을 받을 수 있는 권리를 말한다. 다만, 중국 회사법상, 유한회사가 증자 시, 전체 사원에 의한 별도의 약정이 있는 경우 외에, 사원에게는 그 실납출자비율에 따라 우선적으로 증자분에 대해 출자를 인수할 수 있는 권리를 부여하고 있으나 주식회사의 경우에는 기존 주주의 신주인수권에 대해 특별한 명문규정은 존재하지 아니하고 단지 신주발행 시 주주총회에서 그 신주 종류 및 수량, 발행가격, 기존 주주에 대해 발행하는 신주 종류 및 수량 등을 결의하도록 규정하고 있다(公司法 제34조).

| 056 | biǎo jué<br>**表决**<br>표 결 | 의결 |

유한회사 또는 주식회사의 사원 내지 주주 또는 이사 또는 감사가 사원총회, 주주총회, 이사회 또는 감사회에서 회사의 주요 의결사항에 관해 자기의 찬반 의견을 표하

고 다수결의원칙에 따라 결의되는 일련의 절차를 말한다.

| jué yì 决议 결 의 | 결의 |
|---|---|

유한회사 또는 주식회사의 사원 내지 주주 또는 이사 또는 감사가 사원총회, 주주총회, 이사회 또는 감사회에서 회사의 주요 의결사항에 관해 자기의 찬반 의견을 표하고 최종 다수원칙에 따라 확정되는 결정 또는 내용을 말한다.

| lěi jī tóu piào 累积投票 누 적 투 표 | 집중투표 |
|---|---|

주식회사의 주주총회에서 회사의 이사, 감사를 선임 시 회사 정관의 규정 또는 주주총회의 결의에 따라 실행할 수 있는 특수한 투표제도로서 구체적으로 주주총회에서 이사 또는 감사를 선임할 시 매 1주에 선임되어야 할 이사 또는 감사의 인원수와 동일한 의결권을 부여하여 주주가 그가 원하는 후보에 그가 보유한 의결권을 집중 사용하여 투표할 수 있도록 하는 제도이다. 이는 대주주 이외의 중·소주주들의 이익을 보호하기 위해 도입된 제도이다(公司法 제105조).

| yì piào fǒu jué quán 一票否决权 일 표 부 결 권 | 비토권 거부권 |
|---|---|

의결권을 가진 이사 또는 사원 내지 주주가 회사 정관 등 규정에 의해 사전에 정한 특정 또는 중대한 사항에 대해 의결권을 행사할 때, 특정인 1인이 동의하지 않을 시 위 특정 또는 중대한 사항에 대한 의결내용이 곧 부결되는 결과를 초래하는 부결권을 말한다.

| | |
|---|---|
| **060** zēng zī<br>**增资**<br>증 자 | **증자** |

사원총회 또는 주주총회의 결의를 통해 기존 사원 내지 주주가 회사에 대해 추가로 출자하거나 제3자가 회사에 출자하는 데 동의하여 결과적으로 회사의 등록자본금이 증액되는 경우를 말한다. 회사의 증자사항은 중국법상 법정 특별결의사항에 해당되며, 유한회사의 경우 이에 대한 결의는 2/3 이상 의결권을 대표하는 사원의 찬성으로 결의되고, 주식회사의 경우 회의에 출석한 주주가 보유한 의결권의 2/3 이상의 찬성으로 결의된다.

| | |
|---|---|
| **061** jiǎn zī<br>**减资**<br>감 자 | **감자** |

사원총회 또는 주주총회의 결의를 통해 그리고 관련 법규정에 따른 채권자에 대한 통지, 채무변제, 담보제공 등 일련의 법정 절차를 거쳐 회사의 등록자본금을 감소시킴으로써 회사의 규모 축소를 초래하는 경우를 말한다. 회사의 감자사항은 중국법상 법정 특별결의사항에 해당되며, 유한회사의 경우 이에 대한 결의는 2/3 이상 의결권을 대표하는 사원의 찬성으로 결의되고, 주식회사의 경우 회의에 출석한 주주가 보유한 의결권의 2/3 이상의 수의 찬성으로 결의된다(公司法 제177조).

| | |
|---|---|
| **062** hé bìng<br>**合并**<br>합 병 | **합병** |

서로 독립적인 법인격을 가지고 존속 및 운영하여 온 2개 이상의 회사들이 일련의 통합절차를 거쳐 하나의 법인격을 가진 법률주체로 되는 경우를 말한다. 회사의 합병사항은 중국법상 법정 특별결의사항에 해당되며, 유한회사의 경우 이에 대한 결의는 2/3 이상 의결권을 대표하는 사원의 찬성으로 결의되고, 주식회사의 경우 회의에 출

석한 주주가 보유한 의결권의 2/3 이상의 수의 찬성으로 결의된다(公司法 제172조).

| xī shōu hé bìng<br>**吸收合并**<br>흡 수 합 병 | 흡수합병 |
|---|---|

회사의 합병에 있어서 합병에 참여하는 기타 회사들이 하나의 기존 회사로 통합이 되어 하나의 회사만 존속하게 되고 통합이 되는 회사는 해산을 거쳐 존속회사에 일괄 흡수되는 방식을 말한다(公司法 제172조).

| xīn shè hé bìng<br>**新设合并**<br>신 설 합 병 | 신설합병 |
|---|---|

2개 이상의 회사의 합병에 있어서 기존의 회사들이 통합이 되어 하나의 새로운 회사로 신설되고 기존 회사들은 해산을 거쳐 그 법인격이 소멸되는 합병의 방식을 말한다(公司法 제172조).

| fēn lì<br>**分立**<br>분 립 | 분할 |
|---|---|

하나의 독립적인 법인격을 가지고 있는 회사가 어떠한 목적 하에 그 조직·재산·인력·사업 등이 둘 이상의 회사로 분리되어 각자 서로 독립된 법인격을 가진 회사로 나누어지는 경우를 말한다. 분할 전 회사의 채무에 대해, 분할 전에 채권자와 채무 상환에 대해 별도의 서면합의를 이루지 아니하는 한, 이는 분할한 후의 회사들이 연대책임을 부담하게 된다. 회사의 분할사항은 중국법상 법정 특별결의사항에 해당되며, 유한회사의 경우 이에 대한 결의는 2/3 이상 의결권을 대표하는 사원의 찬성으로 결의되고, 주식회사의 경우 회의에 출석한 주주가 보유한 의결권의 2/3 이상의 수의 찬성으로 결의된다(公司法 제176조).

| 066 gōng jī jīn<br>**公积金**<br>공 적 금 | **준비금** |

회사의 지속적인 운영을 위해 주주가 회사에 투입한 자본금 이외에 여러 루트를 통해 형성된 회사의 수익 중 법에 따라 일부 또는 전부를 주주에게 배분하지 않고 자산으로 보유하는 자금을 말한다. 이 부분 금액은 통상 회사의 결손 보완, 생산경영 확대, 회사자본의 증가 등으로 이용된다(公司法 제168조).

| 067 fǎ dìnggōng jī jīn<br>**法定公积金**<br>법 정 공 적 금 | **법정준비금** |

회사의 경영손실에 대한 보완 또는 발전준비금 목적으로 회사의 전연도 세후이윤을 배분하기 전에 일정한 법정 비율에 따라 공제하여 회사가 보유하는 준비금을 말한다. 法定公积金의 누적액이 회사 등록자본금의 50%이상인 경우에 더 이상 적립하지 않아도 된다(公司法 제166조).

| 068 rèn yì gōng jī jīn<br>**任意公积金**<br>임 의 공 적 금 | **임의준비금** |

법정공적금 이외에 사원총회 또는 주주총회의 결정에 따라 회사의 전연도 세후 이윤에서 별도로 일정비율을 공제하여 회사의 준비자금으로 보유하는 경우를 말한다. 任意公积金의 적립 및 그 비율은 전적으로 회사의 의사자치결정에 따라 정해지고 실행된다(公司法 제166조).

| zī běngōng jī jīn<br>**资本公积金**<br>자 본 공 적 금 | **자본준비금** |
|---|---|

회사의 일반적인 생산경영활동이 아닌 기타 원인[예컨대 주식의 액면가 초과 발행분 등, 주주에 의한 출자 초과분, 자산수증이익(증여을 받아 발생한 이익), 회사 법정 재산의 가치재평가에 따른 가치증가 등]에 의해 발생한 수익으로 법에 의해 적립되어야 하는 준비금을 말한다. 资本公积金(zī běngōng jī jīn)에 대한 권리는 회사의 주주에게 귀속된다. 资本公积金(zī běngōng jī jīn)은 실납자본, 잉여공적(盈余公积)[이에는 법정공적금(法定公积金)과 임의공적금(任意公积金)을 포함함], 미분배이윤 등과 함께 소유자권익을 구성한다(公司法 제168조).

| qīngsuàn<br>**清算**<br>청 산 | **청산** |
|---|---|

회사가 자의 또는 타의에 의하여 운영이 종료된 이후 회사의 모든 채권·채무 및 자산을 정리하는 절차를 말하며 그 절차의 개시 및 진행 내용에 따라 해산청산과 파산청산으로 나눌 수 있다(民法典 제68조).

| qīngsuàn zǔ<br>**清算组**<br>청 산 조 | **청산인** |
|---|---|

회사가 해산된 경우, 회사는 채권·채무 및 자산의 정리 등 해산청산절차를 거쳐 최종 그 법인격이 소멸되게 되며, 이 경우 법정 절차에 따라 전적으로 회사의 청산작업을 도맡아 진행하게 되는 조직을 말한다. 통상 유한회사의 清算组(qīngsuàn zǔ)는 그 사원으로 구성되고 주식회사의 清算组(qīngsuàn zǔ)는 그 이사 또는 주주총회에서 정한 인원으로 구성된다(公司法 제183조).

| 072 | qīngsuàn bào gào<br>**清算报告**<br>청 산 보 고 | 청산보고 |

회사의 청산조(清算组)가 해산청산절차를 종료하고 그 채권·채무, 자산처분내용을 정리하여 작성한 후 회사의 권력기관인 사원총회 또는 주주총회 또는 법원에 보고하여 그 확인을 받아 회사등기기관에 제출하여 회사등기를 말소하는 데 사용되는 주요서류를 말한다(公司法 제188조).

| 073 | jiě sàn<br>**解散**<br>해 산 | 해산 |

원칙상 회사가 그 본래의 목적인 영업을 더이상 수행하지 않고 회사경영이 종료되는 법정 상황을 말한다. 통상 그 해산사유에는 회사 정관에서 정한 영업기한이 도래하거나 회사정관에서 정한 기타 해산사유가 발생하거나, 사원총회 또는 주주총회에서 해산을 결의하거나, 회사가 합병 또는 분할되어 해산이 필요하거나 법에 따라 회사의 영업허가증이 취소되거나 관련 법정기관에 의해 폐쇄명령 또는 취소되거나 의견교착상태로 말미암아 법원에 의해 解散명령을 받은 경우가 포함된다(公司法 제180조).

| 074 | guān lián guān xì<br>**关联关系**<br>관 련 관 계 | 특수관계 |

회사의 지배주주, 실질통제인, 이사, 감사, 고급관리인원과 그(들)가 직·간접 통제하는 기업간의 관계 및 회사이익의 이전을 초래할 수 있는 기타 관계를 말한다. 단 국가가 지분·주식 통제하는 기업 간에는 단지 그들이 모두 국가의 통제를 받는다고 하여 곧 关联关系(관련관계)를 형성하는 것은 아니다(公司法 제216조).

| duì dǔ xié yì<br>**对赌协议**<br>대 도 협 의 | **평가조정 메커니즘합의** |
|---|---|

## 075

투자자와 융자측이 주권성 융자계약을 체결할 때 거래 쌍방 간에 대상회사의 미래 발전에 대한 불확실성, 정보비대칭 및 대리비용 등을 해결하기 위해 설계된 주주권 환매, 금전보상 등을 포함하여 미래 대상회사의 가치에 대해 평가·조정하는 내용을 담은 계약을 말한다.

| chóngzhěng<br>**重整**<br>중 정 | **회생** |
|---|---|

파산에 직면한 기업에 대해 그로 하여금 곤경에서 벗어나 그 경영능력과 채무변제 능력을 회복하도록 하기 위한 기회를 부여하는 제도를 말한다. 이 절차는 기업의 파산을 막을 수 있는 중요한 제도로, ① 파산절차 개시 이전에는, 파산에 직면한 해당 기업(채무자) 또는 그 채권자가 직접 법원에 重整을 신청할 수 있고, ② 채권자에 의한 파산신청이 법원에 의해 정식으로 수리된 경우에는, 파산선고 이전까지 파산에 직면한 해당 기업(채무자) 또는 그에 대한 출자액이 그 등록자본의 10%이상을 차지하는 출자자가 법원에 重整을 신청할 수 있다. 重整절차는 법원의 재정을 거쳐 확정이 되고 重整계획 등이 채권자회의에 의해 통과되어 실행된다. 重整기간 내에 채무자가 신청하여 법원의 비준을 받은 경우 채무자는 관리인의 감독하에 스스로 회사 운영을 함으로써 기업의 정상화를 도모할 수 있고, 채무자의 출자자들은 이 기간에 투자수익배분을 요구할 수 없으며 채무자의 이사, 감사, 고급관리인원들은 법원의 동의가 없는 한 그의 채무자에 대해 보유 중인 지분 등을 제3자에게 양도할 수 없다 (企业破产法 제70조).

| 077 | **破产**<br>pò chǎn<br>파 산 | **파산** |

기업법인(채무자)이 만기채무 즉 변제기에 있는 채무를 변제할 수 없고 또한 그 자산으로 전부의 채무를 변제하기에 충분하지 않거나 현저하게 변제능력을 결여하는 경우 채권자 또는 채무자의 신청에 의하여 법원을 통해 관련 법정 절차를 거쳐 채무자의 자산을 처분하여 채무를 정리하는 절차를 말한다(企业破产法 제2조).

| 078 | **管理人**<br>guǎn lǐ rén<br>관 리 인 | **관리인**<br>**파산관재인** |

법원이 정식으로 기업법인(채무자)에 대한 파산신청을 수리한 후 파산절차에서 채무자의 채무를 확인 및 정리하고, 자산처분 및 배분 등 업무를 진행하며 대외로 채무자를 대표하여 파산정리 관련 민사행위를 하게 되는 자 혹은 회생절차에서 채무자의 재산관리와 사무영위를 하는 자(법원의 동의가 있는 경우 회생절차에서의 채무자에 의한 스스로의 재산관리와 사무영위에 대해 감독하는 자)를 말하며, 管理人<sup>guǎn lǐ rén</sup>은 법원에 의해 지정된다(企业破产法 제13조).

| 079 | **债务人财产**<br>zhài wù rén cái chǎn<br>채 무 인 재 산 | **채무자재산** |

채무자에 대해 파산신청 수리 시 채무자에게 속하는 모든 재산 및 파산신청 수리 후부터 파산절차 종결 전까지 채무자가 취득하는 재산을 말하며 이는 채무자의 채권자들에 대한 모든 채무를 일정한 비율에 따라 변제하는데 사용되는 재산이다. 또한, 부인권의 행사 등으로 인해 채무자에게 복원되는 재산도 债务人财产<sup>zhài wù rén cái chǎn</sup>을 구성한다. 채무자가 법원에 의해 파산선고된 이후에는 파산재산(破产财产)이라고 한다(企业破产法 제30조).

| zhàiquánshēnbào<br>**债权申报**<br>채 권 신 보 | **채권신고** |
| --- | --- |

## 080

기업법인 채무자에 대한 파산신청이 법원에 의해 수리된 후, 채권자들이 추후 채무자의 파산재산으로부터 배분을 받기 위해 그가 채무자에 대해 보유하고 있는 채권을 일정한 지정 기한 내에 채무자의 관리인에게 신고하는 일련의 절차를 말한다. 이러한 절차를 거쳐 그 신고된 채권자 및 채권액수 등에 대해 순차적으로 관리인의 심사, 채권자회의에 의한 심사 및 확인, 법원의 재정에 의한 최종 확인을 거치게 되면 곧 채무자의 자산으로 배분 받을 수 있는 권리를 가지게 된다.

| zhàiquán rén huì yì<br>**债权人会议**<br>채 권 인 회 의 | **채권자집회** |
| --- | --- |

기업법인 채무자에 대한 파산신청이 법원에 의해 수리된 후 채권신고를 거쳐 그 보유 채권이 관리인에 의해 확인되어 채권목록에 등재된 채권자들로 구성된 회의체를 말한다. 이러한 채권자들은 회의를 통해 채권을 심사하고, 관리인의 경질 및 그 보수와 비용을 심사하며, 관리인을 감독하고, 채권자위원회 구성원을 선임과 경질하며, 채무자의 영업의 지속여부를 결정하며, 회생계획을 통과하거나 화해(和解)계약을 통과하며, 채무자재산에 대한 관리방안을 통과하고 파산재산에 대한 매각방안을 통과하며 파산재산의 분배방안을 통과하는 등 채무자 파산 등과 관련된 주요사항에 대해 의결하고 결정을 내리게 된다.

| pò chǎn fèi yòng<br>**破产费用**<br>파 산 비 용 | **파산절차비용** |
| --- | --- |

## 082

법원이 채무자에 대한 파산신청을 수리한 후 발생하는 관련 비용을 말한다. 破产费用에는 파산사건의 소송비용, 채무자재산에 대한 관리·매각·분배비용, 관리인의

직무수행비용, 보수 및 임용 인원에 관한 비용 등이 포함된다(企業破产法 제41조).

| 083 | gōng yì zhài wù<br>**公益债务**<br>공 익 채 무 | **공익채무** |

법원이 채무자에 대한 파산신청을 수리한 후 발생한 특정 채무를 말한다. 公益债务 <sup>gōng yì zhài wù</sup> 에는 ① 관리인 또는 채무자가 상대방에게 쌍방 간 미이행 계약의 이행을 청구함으로 인해 발생한 채무, ② 채무자재산이 사무관리를 받음으로 인해 발생한 채무, ③ 채무자가 부당이득으로 발생한 채무, ④ 채무자의 계속 영업을 위해 지급해야 할 노동보수와 사회보험비용 및 이로 인해 발생한 기타 채무, ⑤ 관리인 또는 관련 인원의 직무수행으로 인해 타인에게 손해를 입힌 경우의 해당 채무, ⑥ 채무자재산이 타인에게 손해를 초래하여 발생한 채무가 포함된다(企業破产法 제42조).

| 084 | zhàiquán rén wěi yuán huì<br>**债权人委员会**<br>채 권 인 위 원 회 | **채권자위원회**<br>**감사위원** |

법원이 채무자에 대한 파산신청을 수리한 후 채권자회의 결의의 실행을 감독하기 위해 채권자회의에 의해 설정되는 조직으로서 통상 채권자회의에서 선임한 채권자 대표와 1인의 채무자 직원대표 또는 노조대표로 구성되는 위원회를 말한다. 债权人 <sup>zhàiquán rén</sup> 委员会 <sup>wěi yuán huì</sup>는 주로 채무자재산에 대한 관리와 처분에 대한 감독, 파산재산 분배에 대한 감독, 채권자회의 소집 제안, 채권자회의에서 위임한 기타 직권 등을 그 직무의 내용으로 한다(企業破产法 제67조).

| 085 | pò chǎn hé jiě<br>**破产和解**<br>파 산 화 해 | **화의** |

기업법인 채무자가 파산을 막기 위해 활용가능한 제도 중 하나를 말하며, 이는 채

무자에 의한 화해신청이 법원에 의해 재정의 방식으로 확정되고 채무자가 제시한 화해합의의 내용이 채권자회의의 결의 및 법원의 인정을 받게 되면, 화해절차가 종료되고 관리인은 채무자에게 재산과 영업사무를 인계하며, 그 후 채무자가 화해합의에 따라 화해채권자에게 채권을 변제함으로써 변제책임에서 벗어나게 된다. 화해신청은 채무자가 직접 법원에 신청하거나 법원이 파산신청을 수리한 후에 채무자에 대한 파산선고가 이루어지기 전까지 법원에 신청할 수 있다(企業破产法 제95조).

| pò chǎnxuāngào<br>**破产宣告**<br>파 산 선 고 | **파산선고** |
|---|---|

기업법인 채무자에 대한 파산신청이 법원에 의해 수리되고 그 파산절차 중에 채권자와 어떠한 회생 또는 파산화해(破产和解)계약을 체결하지 못하고 파산요건에 부합되는 상황에서 법원이 채무자의 파산을 선고하는 것을 말한다. 공식적으로 채무자는 파산자가 되고, 채무자재산은 파산재단으로 되며 채무자에 대한 채권은 파산채권으로 된다. 법원이 채무자에 대해 破产宣告 후 본격적으로 파산재단에 대해 매각처분을 하여 각 채권자에 대한 배분이 이루어 지고 파산자는 최종 종료된다.

| pò chǎn rén<br>**破产人**<br>파 산 인 | **파산자** |
|---|---|

기업법인 채무자에 대한 파산신청이 법원에 의해 수리되고 최종 파산선고가 내려지게 되면 그 시점부터 채무자는 破产人으로 불리게 되며, 관리인에 의해 그에 대해 파산절차를 진행하게 된다(企業破产法 제107조).

| 088 | pò chǎn cái chǎn<br>**破产财产**<br>파 산 재 산 | **파산재단** |

기업법인 채무자에 대한 파산신청이 법원에 의해 수리되고 최종 파산선고가 내려지게 되면 그 시점부터 채무자의 재산은 破产财产(pò chǎn cái chǎn)으로 불리게 된다. 즉 채무자가 파산선고 당시에 가진 총 재산을 말한다(企业破产法 제107조).

| 089 | pò chǎnzhàiquán<br>**破产债权**<br>파 산 채 권 | **파산채권** |

기업법인 채무자에 대한 파산신청이 법원에 의해 수리되고 최종 파산선고가 내려지게 되면 그 시점부터 법원이 파산신청 수리 시 채권자가 채무자에 대하여 보유하고 있는 채권을 말한다(企业破产法 제107조).

| 090 | bié chú quán<br>**别除权**<br>별 제 권 | **별제권** |

기업법인 채무자에 대한 파산신청이 법원에 의해 수리되고 최종 파산선고가 내려지게 되더라도 채무자의 특정 재산에 대해 담보권을 갖고 있는 담보권자는 해당 재산에 한해 파산절차로부터 별제되어 파산절차 밖에서 해당 특정 재산에 대해 타 파산채권자들에 우선하여 변제 받을 수 있는 권리를 말한다(企业破产法 제109조).

| 091 | pò chǎn chèxiāoquán<br>**破产撤销权**<br>파 산 철 소 권 | **부인권** |

법원이 채무자에 대한 파산신청을 수리하기 전 일정한 기한 내에 발생한 채무자의

특정한 사해행위 또는 편파행위 등에 대해 관리인이 소송을 통해 이러한 행위를 취소하고 채무자의 재산을 복원할 수 있는 권리를 말한다. 破产撤销权 <sup>pò chǎn chè xiāoquán</sup> 은 원칙상 관리인이 행사하지만 특정한 경우(채무자가 무상으로 그 재산을 양도하거나 현저하게 불합리한 가격으로 거래하거나 채권을 포기하는 행위) 관리인이 그 권리의 행사를 태만하면 채권자가 채권자취소권 소송을 통해 채무자 재산복원을 할 수 있다. 관리인이 破产撤销权 <sup>pò chǎn chè xiāoquán</sup> 을 행사할 수 있는 경우는 다음과 같다. ① 법원에 의한 파산신청 수리 전 1년 내에 채무자재산과 관련하여 무상양도, 현저히 불합리한 가격에 의한 거래, 기존 재산담보가 없는 채무에 대한 재산담보의 제공, 만기 전 채무에 대한 조기 변제, 채권포기 등 행위가 존재하는 경우, ② 법원에 의한 파산신청 수리 전 6개월 내에 채무자가 법정 파산요건에 부합되었음에도 여전히 개별채권자에 대해 변제를 행한 경우(단, 개별변제로 인해 채무자재산이 수익을 본 경우는 제외). 그 외, 다음의 채무자재산에 관한 행위는 무효이며 관리인에 의해 채무자재산 복원이 이루어질 수 있다. ① 채무를 도피하기 위해 재산을 은닉, 이전하는 행위, ② 채무를 허구하거나 진실하지 않은 채무를 인정하는 행위이다(企业破产法 제31조).

| 取回权 <sup>qǔ huí quán</sup><br>취 회 권 | 환취권 |
|---|---|

채무자에 대한 파산신청이 법원에 의해 수리된 후 채무자가 점유하고 있는 재산 중 채무자의 재산이 아닌 타인의 재산에 관해, 해당 타인(권리자)이 관리인을 통해 그의 재산을 환취할 수 있는 권리를 말한다. 통상 권리자는 取回权 <sup>qǔ huí quán</sup> 을 행사함에 있어서 파산재산의 환가방안 또는 화해협의(和解协议), 회생 초안이 채권자회의에 회부되어 의결되기 전에 관리인을 향해 권리주장을 해야 하며 위 기한을 초과하여 권리 주장 시 권리의 지연행사로 인해 증가된 관련 비용을 직접 부담해야 한다(企业破产法 제38조).

| 093 | diàoxiāo<br>**吊销**<br>조 소 | **취소** |
|---|---|---|

일종의 행정처벌로, 행정기관이 관련 법규정을 위반하여 기업을 운영하는 시장주체에 대해 그 영업허가증을 취소하는 결정을 말한다. 吊销의 법적 효과로 해당 시장주체는 적법한 경영자격을 상실하게 되므로 그 후속절차로 청산절차를 밟아 법인격이 소멸된다.

| 094 | zhùxiāo<br>**注销**<br>주 소 | **말소** |
|---|---|---|

기업이 어떠한 이유로 인해 스스로 그 운영을 종료하거나 (예컨대 해산청산) 기타 이해관계자에 의해 그 운영이 강제로 종료되어 (예컨대 파산청산) 더이상 법인격을 유지할 수 없는 경우 행정기관에서 마지막 절차로 그 등기사항을 종료하는 행위를 말한다. 따라서 注销는 행정허가도 아니고 행정처벌도 아닌 일종의 행정사실행위이다.

| 095 | gè rén dú zī qǐ yè<br>**个人独资企业**<br>개 인 독 자 기 업 | **1인기업** |
|---|---|---|

중국 경내에서 자연인 1인에 의해 투자되어 설립되고 재산도 사업자 개인의 소유이며 사업자가 그 개인재산으로 기업의 채무에 대해 무한책임을 부담하는 경영실체를 말한다. 个人独资企业을 설립하려면 그 자체의 명칭, 사업자가 신고한 출자액 및 출자방식, 고정적인 생산경영장소와 필요한 생산경영조건, 필요한 종업원, 경영범위 등이 필요하고 회계장부를 설치하여야 한다. 个人独资企业은 기업소득세를 납부하지 아니한다(个人独资企业法 제2조).

| hé huǒ qǐ yè<br>**合伙企业**<br>합 화 기 업 | 합명회사<br>합자회사 | 096 |
|---|---|---|

자연인, 법인 또는 기타 조직들이 투자주체로 되어 공동으로 설립한 기업으로서 그
투자주체인 사원 전원이 合伙企业<sup>hé huǒ qǐ yè</sup>의 채무에 대해 무한연대책임을 부담하는 보통합
화기업(普通合伙企业)과 인수 확약한 출자액을 한도로 유한책임을 부담하는 유한
합화인(有限合伙人)과 무한연대책임을 부담하는 보통합화인(普通合伙人)으로 설
립된 유한합화기업(有限合伙企业)로 나뉘어 진다. 合伙企业<sup>hé huǒ qǐ yè</sup>은 기업소득세를 납부
하지 아니하며, 合伙企业<sup>hé huǒ qǐ yè</sup>의 생산경영소득과 기타 소득은 관련 법규정에 따라 합화
인(合伙人)이 각자 소득세를 납부한다. 또한 合伙企业<sup>hé huǒ qǐ yè</sup>는 중국법상 법인 또는 회사
에 해당되지 아니한다(合伙企业法 제2조).

| hé huǒ rén<br>**合伙人**<br>합 화 인 | 사원 | 097 |
|---|---|---|

합화기업(合伙企业)을 설립·운영하는 출자자이자 기업재산에 대해 일정한 지분을
가진 권리자를 말한다. 合伙人<sup>hé huǒ rén</sup>은 자연인, 법인, 기타 조직 등으로 구성된다. 合伙人<sup>hé huǒ rén</sup>
은 그 합화기업(合伙企业)의 채무에 대해 유한책임 또는 무한책임을 부담하는지 여
부에 따라 보통합화인(普通合伙人)과 유한합화인(有限合伙人)으로 나뉘며 유한합
화인(有限合伙人)은 유한합화기업(有限合伙企业)의 합화사무(合伙事务)를 집행할
권한이 없으며 대외로 유한합화기업(有限合伙企业)을 대표할 수 없다.

| pǔ tōng hé huǒ rén<br>**普通合伙人**<br>보 통 합 화 인 | 무한책임사원 | 098 |
|---|---|---|

기타 합화인(合伙人)들과 공동으로 출자하여 합화기업(合伙企业)을 설립하고 그
기업의 합화사무(合伙事务)를 운영할 권리 및 해당 기업의 대표권을 가질 수 있으

며 또한 그 기업의 채무에 대해 2차적으로 무한연대책임을 부담하는 출자자를 말한다. 普通合伙人(pǔ tōng hé huǒ rén)은 현금, 실물 이외에 노무로도 출자가 가능하나, 기업과 경쟁이 되는 업무를 스스로 운영하거나 타인과 합작하여 경영할 수 없다(合伙企业法 제16조).

| 099 | 有限合伙人 yǒuxiàn hé huǒ rén 유 한 합 화 인 | 유한책임사원 |
|---|---|---|

보통합화인(普通合伙人)과 공동으로 출자하여 유한합화기업(有限合伙企业)을 설립하되 그 기업의 합화사무(合伙事务)에 대한 집행권이 없고(즉 관련 운영권 없음) 단지 법률에서 허용한 극히 제한된 운영 관련 일부 행위만 할 수 있을 뿐인, 주로 분배에 참여하고 그 기업의 채무에 대해 그가 인수를 확약한 출자액을 한도로 유한책임을 부담하는 출자자를 말한다. 有限合伙人(yǒuxiàn hé huǒ rén)은 노무로 출자가 불가하나 사원 간 계약에 별도의 약정이 없는 한 그 합화기업(合伙企业)과 경쟁이 되는 업무를 스스로 운영하거나 타인과 합작하여 경영할 수 있다(合伙企业法 제64조).

| 100 | 普通合伙企业 pǔ tōng hé huǒ qǐ yè 보 통 합 화 기 업 | 합명회사 |
|---|---|---|

보통합화인(普通合伙人)들에 의해서만 출자 및 설립되고 대외적으로 그 기업의 명의로 업무를 영위하고 관련 권리의무를 가지는 기업을 말한다. 모든 합화인(合伙人)들은 해당 기업의 채무에 대해 2차적 무한연대책임[普通合伙企业(pǔ tōng hé huǒ qǐ yè)의 채무에 대해서는 우선적으로 그 기업의 재산으로 변제하며 그럼에도 변제하기에 충분하지 못한 경우 비로소 합화인(合伙人)들이 무한연대책임을 부담하게 되는 방식]을 부담하게 된다.

| yǒuxiàn hé huǒ qǐ yè<br>**有限合伙企业**<br>유 한 합 화 기 업 | **합자회사** |

통상 2인 이상 50인 이하의 보통합화인(普通合伙人)과 유한합화인(有限合伙人)들에 의해 출자 및 설립되고, 그중 보통합화인(普通合伙人)은 기업의 채무에 대해 무한연대책임을 부담하는 한편 유한합화인(有限合伙人)은 그가 인수를 확약한 출자액을 한도로 기업의 채무에 대해 책임을 부담하는 형태의 기업을 말한다. 이러한 형태의 기업에 있어서 보통합화인(普通合伙人)만이 합화사무(合伙事务)를 집행할 수 있고 대외적으로 기업을 대표할 수 있다. 유한합화기업의 출자자에는 적어도 1인의 보통합화인(普通合伙人)이 있어야 한다.

| hé huǒ xié yì<br>**合伙协议**<br>합 화 협 의 | **사원간 계약** |

합화기업(合伙企业)의 모든 합화인(合伙人) 사이에서 만장일치로 체결되는 계약으로 주로 합화기업(合伙企业)의 명칭, 주소, 경영범위, 합화인(合伙人)들의 기본정보, 출자방식, 출자액 및 출자기한, 이윤배분, 결손분담, 기업의 운영 등 관련 내용으로 구성된다. 合伙协议(hé huǒ xié yì)는 전체 합화인(合伙人)에 의해 서명날인된 후 곧 효력을 발생하며 합화인(合伙人)들은 이에 따라 권리를 향유하고 의무를 이행해야 하고 이를 위반 시 위약책임을 부담할 수 있다(合伙企业法 제4조).

| rù huǒ<br>**入伙**<br>입 화 | **사원의 가입**<br>**입사** |

합화기업(合伙企业)이 설립된 이후에 출자자 자격을 새로이 원시적으로 취득하는 것을 말한다. 보통합화인(普通合伙人)의 입사는, 합화협의(合伙协议)에 별도의 약정이 없는 한 전체 합화인(合伙人)의 동의를 거쳐야 하고 또한 합화협의(合伙协议)

에 별도의 약정이 없는 한 신입 보통합화인(普通合伙人)은 기존 보통합화인(普通合伙人)과 동등한 권리와 책임을 가지며, 신입 보통합화인(普通合伙人)은 기업의 보통합화인(普通合伙人)으로 되기 전에 이미 형성된 기업의 채무에 대해서도 무한연대책임을 부담한다. 유한합화인(有限合伙人)의 입사는, 그 가입조건, 절차 및 관련 책임을 합화협의(合伙协议)에 정해야 하고 새로 입사한 유한합화인(有限合伙人)이 입사하기 전의 유한합화기업(有限合伙企业)의 채무에 대해서는 그가 인수확약한 출자액을 한도로 책임을 부담하게 된다(合伙企业法 제77조).

| | |
|---|---|
| 104 tuì huǒ<br>**退伙**<br>퇴 화 | **사원의 퇴사** |

합화기업(合伙企业) 설립 후 존속 중에 일부 합화인(合伙人)이 기업에서 탈퇴 즉 그 합화인자격(合伙人资格)을 상실하는 것을 말한다. 그 退伙(tuì huǒ)원인에 따라 주로 임의퇴화(任意退伙), 당연퇴화(当然退伙), 강제퇴화(强制退伙)로 나뉜다. 보통합화인(普通合伙人)의 경우, 그의 退伙(tuì huǒ) 전의 원인에 기해 발생한 기업의 채무에 대해 무한연대책임을 부담하게 된다. 한편 유한합화인(有限合伙人)의 경우, 退伙(tuì huǒ) 후, 그의 退伙(tuì huǒ) 전의 원인에 기해 발생한 유한화합기업(有限合伙企业)의 채무에 대해 그가 退伙(tuì huǒ) 시 유한화합기업(有限合伙企业)으로부터 받은 재산으로 책임을 부담한다(合伙企业法 제81조).

| | |
|---|---|
| 105 chú míng<br>**除名**<br>제 명 | **제명** |

합화기업(合伙企业)의 합화인(合伙人)이 그 기업에 대한 출자의무를 이행하지 않거나 고의 또는 중대과실로 인해 그 기업에 손해를 초래하였거나 사무집행 시 부정행위가 있었거나 기타 합화인협의(合伙人协议)에서 정한 사유가 발생하는 등의 경우 기타 합화인(合伙人)들이 해당 합화인(合伙人)의 의사에 반하여 그 합화인(合伙

人)자격을 박탈하여 축출하는 것을 말한다. 이 경우 자격박탈통지가 도달한 날에 곧
除名효력이 발생하여 해당 합화인(合伙人)은 해당 기업에서 탈퇴하게 된다(合伙企
業法 제49조).

| tè shū de pǔ tōng hé huǒ qǐ yè 特殊的普通合伙企业 특수적보통합화기업 | 106 특수한 합명기업 |
| --- | --- |

일종의 특수한 보통합화기업(普通合伙企业)으로, 합화인(合伙人)들 중 1인 또는 수
인이 직무수행 중에 고의 또는 중대한 과실로 인해 기업에 채무가 발생한 경우 이러
한 과실이 있는 합화인(合伙人)들만 그 채무에 대해 무한책임 또는 무한연대책임을
부담하고 기타 합화인(合伙人)들은 각자 기업에 대한 재산지분을 한도로 책임을 부
담하게 되는 특징을 가진 기업을 말한다. 다만, 이러한 기업의 경우 합화인(合伙人)
들의 직무수행과정에서의 위와 같은 고의 또는 중대한 과실이 아닌 기타 사유로 인
해 기업에 발생한 채무 및 합화기업(合伙企业)의 기타 채무에 대해서는 전체 합화
인(合伙人)들이 무한연대책임을 부담하게 된다. 통상 전문지식과 진문기능으로 고
객에게 유상서비스를 제공하는 전문서비스기구 등이 이러한 特殊的普通合伙企业
의 형태로 기업을 설립 및 운영할 수 있다(合伙企业法 제55조).

| piào jù 票据 표거 | 107 어음·수표 |
| --- | --- |

일정한 채권채무관계에 기반하고 일정한 액수에 대한 화폐청구권을 대표하는 유통
가능한 유가증권의 일종으로, 이는 법에서 정하는 양식에 따라 발행 및 유통이 되는
회표(汇票), 본표(本票), 지표(支票)를 말한다(票据法 제2조).

| 108 | huì piào<br>**汇票**<br>회 표 | **환어음** |

발행인이 발행한, 지급인에게 일람 시 또는 지정일에 조건 없이 일정한 금액을 지급받을 자 또는 소지인에게 지급할 것을 의뢰하는 내용의 어음을 말하며 중국법상 은행회표(银行汇票)와 상업회표(商业汇票)로 나뉜다(票据法 제19조).

| 109 | yín háng huì piào<br>**银行汇票**<br>은 행 회 표 | **은행환어음** |

발행인이 입금자의 의뢰에 따라 입금자 또는 입금자가 지정한 자를 지급받을 자로 하여 환어음을 발행하고, 타지의 지급은행에게 지급받을 자에 대해 해당 환어음상의 금액을 지급할 것을 의뢰하는 방식의 환어음을 말하며 은행회표(银行汇票)에 있어서 발행인과 지급인은 모두 은행(발행은행과 지급은행)이 된다.

| 110 | shāng yè huì piào<br>**商业汇票**<br>상 업 회 표 | **상업환어음** |

일반 기업체가 발행하고 은행 또는 비 금융업체가 인수인으로서 인수하여 만기일에 지급받을 자 또는 소지인에게 관련 금액을 지급하는 환어음을 말한다. 이 경우 인수인이 은행이면 은행승태회표(银行承兑汇票)이고 인수인이 비 금융업체인 경우 상업승태회표(商业承兑汇票)라 한다.

| 111 | nián dān<br>**粘单**<br>점 단 | **보충지<br>보전** |

어음증빙 자체가 배서인의 기재수요를 충족시킬 수 없는 경우, 즉 어음증빙에 더이

상 배서할 수 있는 공간이 부족한 경우, 어음증빙에 부착하여 계속 배서할 수 있도록 공간을 제공하는 목적의 전용지이다.

| | |
|---|---|
| chéng duì<br>**承兑**<br>승 태 | **어음 인수** |

환어음지급인이 환어음만기일에 환어음금액을 지급할 것임을 승낙하는 어음행위로 일종의 특유의 환어음제도를 말한다. 환어음지급인이 환어음에 대해 *承兑*한 후에는 지급인이 환어음 주채무자로 확정된다. 발행인은 환어음을 발행함에 있어서 해당 환어음이 *承兑* 및 지급될 것임을 보증할 책임이 있고 해당 환어음이 *承兑* 또는 지급이 거절된 경우 소지인에 대해 상응한 책임을 부담해야 한다(票据法 제26조).

| | |
|---|---|
| tí shì chéng duì<br>**提示承兑**<br>제 시 승 태 | **어음 인수 제시** |

소지인이 지급인에게 환어음을 보여주면서 지급인이 지급을 확약할 것을 요구하는 행위를 말한다. 환어음에 대한 지급확약에 있어서, 일람출급 환어음의 경우에는 *提示承兑*를 할 필요가 없지만 기타 환어음의 경우에는 *提示承兑*를 해야 한다(票据法 제39조).

| | |
|---|---|
| dìng rì fù kuǎn<br>**定日付款**<br>정 일 부 관 | **확정일출급** |

발행인이 환어음의 출표에 있어서 직접 환어음에 구체적인 지급만기일을 명백하게 기재한 환어음을 말한다. 이 경우 소지인은 법정 기한 내에 승태인(承兑人)에게 지급을 받기 위한 제시를 해야 한다(票据法 제53조).

| 115 | chūpiàohòudìng qī fù kuǎn<br>**出票后定期付款**<br>출 표 후 정 기 부 관 | **발행일자 후 정기출급** |

발행인이 그가 발행하는 환어음상에 그 출표일자를 기준으로 특정된 지급기간을 기재하는 경우로, 해당 기간이 도과되는 마지막 날이 곧 지급일 즉 환어음의 만기일이 되는 환어음을 말한다. 이 경우 소지인은 법정 기한 내에 승태인(承兌人)에게 지급을 받기 위한 제시를 해야 한다(票据法 제53조).

| 116 | jiànpiàohòudìng qī fù kuǎn<br>**见票后定期付款**<br>견 표 후 정 기 부 관 | **일람 후 정기출급** |

소지인이 지급인에게 승태(承兌) 제시 후 지급인이 승태(承兌)함과 동시에 환어음상에 지급기간을 명백히 기재하고, 그 지급기간은 해당 기재일부터 기산되어 전술한 지급기간이 도과되는 마지막 날이 곧 지급일 즉 환어음의 만기일이 되는 환어음을 말한다. 이 경우 소지인은 법정 기한 내에 승태인(承兌人)에게 지급을 받기 위한 제시를 해야 한다(票据法 제53조).

| 117 | jiànpiào jí fù<br>**见票即付**<br>견 표 즉 부 | **일람출급** |

어음 발행 후 어음소지인이 법정 지급제시기한 내에 지급인에게 제시 시 지급인이 이를 일람 후 즉시 지급해야 하는 환어음을 말한다. 이 경우 지급인에 대해 그 환어음에 대한 일람일이 곧 지급일로 된다.

| zhuī suǒ quán<br>**追索权**<br>추 색 권 | 상환청구권 |
|---|---|

① 환어음이 만기에 지급거절이 되는 경우, 또는 ② 환어음 만기일 전이라도 (i) 환어음에 대한 인수가 거절된 경우, (ii) 승태인(承兑人) 또는 지급인이 사망 또는 도닉(逃匿)한 경우, (iii) 승태인(承兑人) 또는 지급인이 법에 따라 파산선고되거나 위법행위로 인해 업무활동의 종료를 명령 받은 경우에 있어서, 어음소지자가 배서인, 발행인 및 환어음의 기타 채무자에 대해 ① 지급거절된 환어음금액, ② 환어음금액에 대해 만기일 또는 지급제시일부터 변제완료일까지 중국인민은행에서 정한 이율에 따라 산정한 이자, ③ 거절증서 및 통지서 발행 관련 비용 등을 연대하여 지급할 것을 청구할 수 있는 권리를 말한다(票据法 제61조).

| běn piào<br>**本票**<br>본 표 | 약속어음 |
|---|---|

발행인이 발행한, 발행인이 향후 일람 시 조건 없이 확정된 금액을 지급인 또는 소지인에게 지급할 것을 승낙한 어음을 말한다. 중국 표거법(票据法)상 本票란 은행 běn piào 本票를 말한다(票据法 제73조).

| zhī piào<br>**支票**<br>지 표 | 수표 |
|---|---|

발행인이 발행하고, 관련 업무를 취급하는 은행 또는 기타 금융기구에 대해 일람 시 조건 없이 확정된 금액을 지급받을 자 또는 소지인에게 지급해 줄 것을 의뢰하는 방식의 유가증권의 일종이다(票据法 제81조).

| 121 | xiàn jīn zhī piào<br>**现金支票**<br>현 금 지 표 | **현금수표** |
|---|---|---|

수표 중 전적으로 현금인출목적으로만 제작이 된 수표를 말하며 이러한 목적으로 제작이 된 수표는 오로지 현금인출만 가능하며 이체는 불가하다(票据法 제83조).

| 122 | zhuǎnzhàng zhī piào<br>**转账支票**<br>전 장 지 표 | **이체수표** |
|---|---|---|

수표 중 전적으로 이체의 목적으로 제작된 수표를 말하며 이러한 목적으로 제작이 된 수표는 오로지 이체만 가능할 뿐 현금인출이 불가하다(票据法 제83조).

| 123 | chū piào rén<br>**出票人**<br>출 표 인 | **발행인** |
|---|---|---|

어음·수표의 제작 및 발행자로서 법정 조건에 따라 어음·수표에 날인하고 어음·수표에 기재된 사항에 따라 어음·수표책임을 부담하게 되는 당사자를 말한다.

| 124 | chí piào rén<br>**持票人**<br>지 표 인 | **소지인** |
|---|---|---|

어음·수표관계에서 통상 어음·수표 등을 직접 소지하고 지급인에 대해 어음·수표상의 화폐청구권을 행사할 수 있는 당사자를 말한다.

| | |
|---|---|
| fù kuǎn rén<br>**付款人**<br>부 관 인 | **지급인** |

어음·수표관계에서 통상 어음·수표상의 금액을 어음·수표에서 정한 지급일에 소지인에게 지급해야 하는 의무를 부담하는 자를 말한다.

| | |
|---|---|
| shī piào rén<br>**失票人**<br>실 표 인 | **어음·수표 분실자** |

어음·수표 등을 분실한 자를 말한다. 失票人은 적시에 어음·수표의 지급인에게 분실신고와 지급정지를 통지할 수 있으며(단, 지급인이 기재되지 않은 경우 또는 지급인 및 그 대리지급인을 확정할 수 없는 경우는 제외함), 분실신고 통지 후 3일 내 또는 어음·수표를 분실한 후 법원에 공시최고절차를 신청하거나 소송을 제기하는 것을 통해 그 권리를 보호받을 수 있다(票据法 제15조).

| | |
|---|---|
| piào jù zé rèn<br>**票据责任**<br>표 거 책 임 | **어음·수표책임** |

어음·수표의 채무자가 어음·수표의 소지인에게 어음·수표상의 금액을 지급해야 할 의무를 말하며, 통상 발행인, 기타 어음·수표채무자들이 해당 의무를 부담하게 된다(票据法 제4조).

| | |
|---|---|
| piào jù quán lì<br>**票据权利**<br>표 거 권 리 | **어음·수표권리** |

어음·수표의 소지인이 어음·수표의 채무자에게 어음·수표상의 금액의 지급을 청

구할 수 있는 권리를 말하며 이에는 지급청구권과 상환청구권이 포함된다(票据法 제4조).

| 129 | bèi shū<br>**背书**<br>배 서 | **배서** |
|---|---|---|

어음·수표의 소지인이 그 어음·수표를 타인에게 양도 시 어음·수표의 뒷면이나 보충지에 이와 관련된 사항을 적고 날인하는 방식으로 그 권리를 양도하는 행위를 말한다(票据法 제27조).

| 130 | piào jù shí xiào<br>**票据时效**<br>표 거 시 효 | **어음·수표 시효** |
|---|---|---|

어음·수표의 소지인이 정해진 법정 기한 내에 어음·수표상의 권리를 행사하지 않으면 곧 해당 권리 자체를 상실하게 되는 제도를 말하며 크게 어음·수표의 소지인의 지급청구권에 대한 소멸시효와 어음·수표의 소지인이 그 전자에 대한 상환청구권에 대한 소멸시효로 나누어 규정되어 있다(票据法 제17조).

| 131 | rén mín yín háng<br>**人民银行**<br>인 민 은 행 | **인민은행** |
|---|---|---|

국가가 전액 출자한 중앙은행으로서 주로 화폐정책의 제정과 집행, 금융 리스크의 방지와 해소, 금융안정에 대한 수호 등 법정 직책을 수행하는 은행을 말한다. 人民银行은 북경에 본부가 있고 각 지방에 지점 등을 설치하여 그 전국 내 지점 등에 대해 통일적으로 영도하고 관리한다(人民银行法 제2조).

| shāng yè yín háng<br>**商业银行**<br>상 업 은 행 | 상업은행 |
|---|---|

132

공중(公众)으로부터 예금을 받고 대출을 실행하거나 결산하는 등 은행업을 영위하는 영리성 기업법인으로서 자주경영하고 그의 법인재산으로 독립적으로 대외로 민사책임을 부담하는 은행조직을 말한다(商业银行法 제2조).

| zhèng cè xìng yín háng<br>**政策性银行**<br>정 책 성 은 행 | 국책은행 |
|---|---|

133

정부의 정책을 실현하기 위해 정부에 의해 설립된, 특정 영역에서의 금융업무만을 진행하는 비영리성 은행을 말하며 중국농업발전은행, 중국수출입은행(中国进出口银行) 등이 있다.

| shāng yè bǎoxiǎn<br>**商业保险**<br>상 업 보 험 | 영리보험 |
|---|---|

134

잠재적인 경제적 위험에 처해 있는 자들이 장래 발생할 수 있는 사고 또는 질병으로 인한 재산상의 손실로 인한 금전적 부담을 해소하고자 사전에 일정 금액을 상업적 보험회사에 내고 추후 현실적으로 사고를 당했거나 질병에 걸렸을 때 상업적 보험회사로부터 약정에 따라 일정한 재산적 급여를 받는 제도를 말한다. 따라서 정부가 주도하는 사회보험 등은 제외된다.

| tóu bǎo rén<br>**投保人**<br>투 보 인 | 보험계약자 |
|---|---|

135

영리보험에 있어서, 상업적 보험회사와 보험계약을 체결하고 계약의 약정에 따라 보험료를 지급할 의무를 가진 자를 말한다(保险法 제10조).

| 136 | bǎoxiǎn rén<br>保险人<br>보 험 인 | 보험자 |
| --- | --- | --- |

영리보험에 있어서, 보험계약자와 보험계약을 체결하고 계약의 약정에 따라 관련 사유 발생 시 피보험자 또는 보험수익자에 대해 배상 또는 보험금 급부책임을 부담하는 보험회사를 말한다(保险法 제10조).

| 137 | bèi bǎoxiǎn rén<br>被保险人<br>피 보 험 인 | 피보험자 |
| --- | --- | --- |

영리보험에 있어서, 보험관계에서 그 재산 또는 인신이 보험계약의 보장을 받고 약정된 사유가 발생 시 보험자에 대해 보험금청구권을 가지는 자를 말하며 보험계약자도 被保险人이 될 수 있다(保险法 제12조).

| 138 | shòu yì rén<br>受益人<br>수 익 인 | 보험수익자 |
| --- | --- | --- |

영리보험에 있어서, 인보험계약관계에서 피보험자 또는 보험계약자가 특별히 지정한, 보험자에 대해 보험금청구권을 가지는 자를 말한다. 보험계약자, 피보험자도 受益人이 될 수 있다(保险法 제18조).

| 139 | bǎoxiǎn hé tong<br>保险合同<br>보 험 합 동 | 보험계약 |
| --- | --- | --- |

영리보험에 있어서 보험계약자와 보험회사가 보험을 실현시키기 위하여 체결하는,

보험권리의무관계를 약정한 계약을 말한다. 保险合同에 따라 보험계약자가 보험료 지급의무를 부담하고 보험회사가 계약상 정해진 사유가 발생하였을 시 그 손해액을 전보하거나 특정액을 지급하는 보험책임을 부담하게 된다(保险法 제10조).

| rén shēn bǎo xiǎn **人身保险** 인 신 보 험 | 인보험 |
| --- | --- |

영리보험에 있어서, 보험관계에서 사람의 수명과 신체를 그 보험대상으로 하여 보험사고 발생 시 보험계약에서 정한 일정 금액을 급여할 목적으로 설정되는 보험을 말한다. 人身保险에는 인수보험(人寿保险), 건강보험(健康保险), 의외상해보험(意外伤害保险) 등이 포함된다(保险法 제12조).

| cái chǎn bǎo xiǎn **财产保险** 재 산 보 험 | 손해보험 |
| --- | --- |

영리보험에 있어서, 보험관계에서 재산 및 그 관련 이익을 그 보험대상으로 하여 피보험자의 재산상 손해를 보상할 목적으로 설정되는 보험을 말한다. 财产保险에는 책임보험, 재산손실보험, 보증보험, 신용보험 등이 포함된다(保险法 제12조).

| qiáng zhì bǎo xiǎn **强制保险** 강 제 보 험 | 강제보험 |
| --- | --- |

법정 보험이라고도 하며 국가가 법에 의해 일정한 범위 내의 적용주체에 대해 그 의사에 무관하게 그 보험가입이 강제되는 보험을 말한다. 强制保险에는 자동차교통사고책임강제보험, 백신책임강제보험 등이 있다.

| 143 | yuánbǎoxiǎn<br>**原保险**<br>원 보 험 | **원보험** |
| --- | --- | --- |

영리보험에 있어서, 보험자가 보험계약자로부터 보험을 인수한 후 추후 중대한 재난 또는 사고의 발생으로 인한 거액의 배상 리스크 등을 피하기 위해 그가 피보험자에 대해 부담하는 보험책임리스크의 일부를 제3의 보험자에게 인수하도록 할 수 있는데, 이때 보험자가 보험계약자로부터 인수한 보험을 말한다.

| 144 | zài bǎoxiǎn<br>**再保险**<br>재 보 험 | **재보험** |
| --- | --- | --- |

영리보험에 있어서, 보험자가 보험계약자로부터 보험을 인수한 후 추후 중대한 재난 또는 사고의 발생으로 인한 거액의 배상리스크 등을 피하기 위해 그가 피보험자에 대해 부담하는 보험책임리스크(배상리스크)의 일부를 제3의 보험자에게 인수하도록 할 수 있는데 이때 위 제3의 보험자에게 인수시킨 보험을 말한다.

| 145 | chóng fù bǎoxiǎn<br>**重复保险**<br>중 복 보 험 | **중복보험** |
| --- | --- | --- |

영리보험에 있어서, 보험계약자가 동일한 보험의 목적, 동일한 보험이익, 동일한 보험사고를 대비하기 위해 2개 이상의 보험회사와 보험계약을 체결하여 보험금액의 총액이 보험가치를 초과하는 보험을 말한다. 重复保险<sup>chóng fù bǎoxiǎn</sup> 시에도 각 보험자가 배상하는 보험금의 총 액수는 보험가치를 초과할 수 없으며 별도의 약정이 없는 한 각 보험자는 그 보험금액이 보험금액 총액에서 차지하는 비율에 따라 보험금 배상책임을 부담하게 된다(保险法 제56조).

| bǎoxiǎn lì yì<br>**保险利益**<br>보 험 이 익 | 피보험이익 |

영리보험에 있어서, 보험계약자 또는 피보험자가 보험의 목적에 대해 가지는 법률에 의해 인정되는 이익을 말한다. 인보험의 보험계약자는 보험계약의 체결 시에 피보험자에 대해 保险利益을 가지고 있어야 하고 재산보험의 피보험자는 보험사고 발생 시 보험의 목적에 대해 保险利益을 가지고 있어야 한다(保险法 제12조).

| bǎoxiǎndān<br>**保险单**<br>보 험 단 | 보험증권 |

영리보험에 있어서, 보험계약자가 요청한 보험요구에 대해 보험회사가 동의하여 보험계약이 정식으로 성립된 후 보험회사가 보험계약자에게 교부하는 증서를 말한다. 保险单에는 쌍방이 약정한 보험 관련 구체적인 내용(예컨대 보험종목, 보험금액, 보험기간, 보험료, 권리의무 등)이 기재된다(保险法 제13조).

| bǎoxiǎnbiāo dì<br>**保险标的**<br>보 험 표 적 | 보험의 목적 |

영리보험에 있어서, 보험의 대상, 보험으로 보장되는 대상으로서 보험사고의 발생 객체가 되는 재산 또는 자연인을 말한다. 保险标的은 보험이익 등을 확정하는 중요한 근거로 되며, 인보험에서 수명과 신체가 保险标的이 되고 재산보험에서는 재산 및 그 관련 이익이 保险标的으로 된다.

| 149 | bǎoxiǎn zé rèn<br>**保险责任**<br>보 험 책 임 | **보험책임** |

영리보험에 있어서, 보험계약에 따른 예정 보험사고의 발생으로 인한 재산상의 손해, 피보험자의 인신상의 피해(예컨대 사망·장애·질병 등) 또는 보험계약에서 정한 특정 연령, 특정 기한 도래 시 보험자가 부담하기로 약정한 배상지급책임 또는 보험금 급부책임을 말한다.

| 150 | bǎoxiǎn qī jiān<br>**保险期间**<br>보 험 기 간 | **보험기간** |

영리보험에 있어서, 보험계약의 효력발생시점부터 종료시점까지의 기간 즉 보험계약의 유효기간을 말한다. 통상 保险期间과 보험책임기간(보험자의 책임이 개시되어서부터 종료될 때까지의 기간)은 동일하나 보험계약 당사자들은 또한 보험계약에 保险期间과 별도로 보험책임의 개시시점을 정할 수도 있다. 保险期间에 보험계약자가 약정에 따라 보험료를 지급하게 되면 보험자는 계약상의 보험책임을 부담하게 된다.

| 151 | bǎoxiǎn fèi<br>**保险费**<br>보 험 비 | **보험료** |

영리보험에 있어서, 보험자가 그 보험책임을 부담하기 위한 전제조건이자 그에 대한 대가를 말한다. 保险费는 통상 보험계약자가 보험계약에 따라 적시에 보험회사에게 지급되어야 하며 구체적인 금액기준은 보험금액, 보험요율 등에 따라 구체적으로 산정된다.

| băoxiăn jīn é<br>保险金额<br>보 험 금 액 | 보험금액 | 152 |

영리보험에 있어서, 보험계약자와 보험자가 약정한, 향후 보험사고 발생 시 보험자가 부담해야 할 배상 또는 급부해야 할 금액의 최고상한액을 말한다. 실제로 보험사고가 발생하는 경우 보험자가 피보험자 또는 수익자에게 배상 또는 급부해야 할 보험금의 구체적인 액수에 대한 산정방식 등은 보험계약에 의해 정해지게 된다.

| băoxiăn lǐ péi<br>保险理赔<br>보 험 리 배 | 보험금지급 | 153 |

영리보험에서 보험사고가 발생된 후 보험자가 피보험자 또는 보험수익자의 청구 및 보험계약의 약정에 따라 보험의 목적이 입은 손해상황에 대해 조사하고 상응한 보험금을 지급하는 절차를 말하며 통상 배상 또는 급부의 방식으로 이루어진다.

| hăi shàng băoxiăn<br>海上保险<br>해 상 보 험 | 해상보험 | 154 |

해상사업 관련 사고로 인한 손해를 보상할 것을 목적으로 하는 영리보험으로, 피보험자가 보험계약에 따라 보험료를 지급하고 보험자가 약정에 따라 피보험자가 보험사고로 인해 발생한 보험의 목적의 손실과 발생한 책임에 대해 배상책임을 부담하는 형태의 보험이며 海上保险은 우선적으로 해상법을 적용하고 그에 규정이 없는 경우에 보험법을 적용한다(海商法 제216조).

| | |
|---|---|
| 155 zhōng wài hé zī bǎoxiǎngōng sī<br>**中外合资保险公司**<br>중 외 합 자 보 험 공 사 | **중외합자보험회사** |

중국의 관련 법률, 행정법규의 규정에 따라 외국보험회사가 중국의 회사, 기업과 공동으로 합자하여 중국 경내에서 설립 및 영위하는 보험회사를 말한다.

| | |
|---|---|
| 156 wài zī dú zī bǎoxiǎngōng sī<br>**外资独资保险公司**<br>외 자 독 자 보 험 공 사 | **외자보험회사** |

외국보험회사가 중국의 관련 법률, 행정법규의 규정에 따라 비준을 거쳐 중국 경내에서 단독으로 투자하여 설립 및 영위하는 외국자본의 보험회사를 말한다.

| | |
|---|---|
| 157 wài guó bǎoxiǎngōng sī fēn gōng sī<br>**外国保险公司分公司**<br>외 국 보 험 공 사 분 공 사 | **외국보험회사의 국내지점** |

외국보험회사가 중국의 관련 법률, 행정법규의 규정에 따라 비준을 거쳐 중국 경내에서 설립 및 영위하는 외국보험회사의 분공사(分公司)를 말한다.

| | |
|---|---|
| 158 zhèngquàn<br>**证券**<br>증 권 | **증권** |

일종의 경제적 가치를 보유하고 일정한 권리를 기재 및 대표하는 증빙으로, 통상 그 소지인이 그 증빙에 기재한 내용에 따른 상응한 권익을 갖고 있음을 증명하는 증빙을 말한다. 넓은 의미에서의 증권은 유가증권(화폐증권·재물증권·투자증권)과 증거증권(보험증서 등)을 포함하나 중국 증권법에서 정하는 증권이라 함은 통상 위 여러 종류의 증권 중 투자증권 즉 자본증권만을 말하며 이에는 주식, 사채와 증권투자기금분액(证券投资基金份额) 등이 포함된다.

| zī běnzhèngquàn **资本证券** 자 본 증 권 | **자본증권** |
|---|---|

자금조달을 목적으로 하는 유가증권의 일종으로 증권상 기재 및 대표되는 권리에 따라 자본성 수익을 취득할 수 있는 일종의 투자수단이 되는 증권을 말한다.

| zhèngquàn shì chǎng **证券市场** 증 권 시 장 | **증권시장** |
|---|---|

일정한 거래시설들로 구성된, 자본증권의 발행 또는 거래의 공간으로써, 증권발행인이 그 증권을 발행하여 자금을 조달하거나 증권투자자들이 그 소지한 증권을 양도하여 투자금을 회수하는데 사용되는 시장을 말한다. 证券市场<sup>zhèngquàn shì chǎng</sup>에는 증권발행시장과 증권거래시장이 포함되며 전자는 또한 1급시장(一级市场) 또는 초급시장(初级市场)이라 하고, 후자는 2급시장(二级市场) 또는 차급시장(次级市场)이라고도 한다.

| zhèngquàn fā xíng **证券发行** 증 권 발 행 | **증권발행** |
|---|---|

증권발행인이 그 사업을 위한 자금을 조달하기 위해 법정 조건 및 절차에 따라 투자자들로부터 일정한 조건으로 자금을 조달하고 그 대가로 중국 증권법상의 증권을 교부하는 행위를 말한다. 证券发行<sup>zhèngquàn fā xíng</sup>에는 주로 공개발행 방식인 공모발행과 비공개 발행 방식인 사모발행 방식이 있다.

| gōng kāi fā xíng **公开发行** 공 개 발 행 | **공개발행** |
|---|---|

증권발행인이 증권을 발행함에 있어서 원칙상 그 발행대상이 ① 불특정대상이거나

② 누적하여 200인을 초과하는 대규모의 특정다수인이거나 또는 ③ 법률, 행정법규에서 정한 기타 발행행위의 경우의 증권발행방식을 말한다. 公开发行(gōng kāi fā xíng)의 경우에는 반드시 증권감독관리위원회 또는 국무원이 수권한 부문에 등록하여야만 발행이 가능하다(证券法 제9조).

| 163 | fēi gōng kāi fā xíng<br>**非公开发行**<br>비 공 개 발 행 | **비공개발행** |
|---|---|---|

증권발행인이 증권을 발행함에 있어서 단지 특정대상을 상대로만 그 증권을 발행하는 경우를 말한다. 非公开发行(fēi gōng kāi fā xíng)된 증권은 증권거래소, 국무원이 비준한 기타 전국성 증권거래장소, 국무원의 규정에 따라 설립한 지역성 주권시장에서 양도거래될 수 있다. 또한 증권을 非公开发行(fēi gōng kāi fā xíng) 시에는 광고, 공개적인 권유 또는 변형된 공개방식을 취해서는 아니된다(证券法 제9조).

| 164 | shǒu cì gōng kāi fā xíng xīn gǔ<br>**首次公开发行新股**<br>수 차 공 개 발 행 신 고 | **기업공개**<br>**IPO** |
|---|---|---|

회사가 최초로 기업을 공개하여 공중의 일반 투자자들에게 처음으로 신규 주식을 발행하는 절차를 말한다. 최초로 신규 주식을 공개발행하려면 일련의 법정 요건에 부합되어야 하고 증권감독관리위원회가 정한 조건을 충족하여야 한다.

| 165 | cún tuō rén<br>**存托人**<br>존 탁 인 | **예탁기관** |
|---|---|---|

해외증권의 중국 경내에서의 발행 및 유통을 실현하기 위해 경외기초증권발행인(境外基础证券发行人)과 계약을 체결하여 경외기초증권(境外基础证券)을 확보한 후 중국 경내에서 경외기초증권권익(境外基础证券权益)을 대표하는 예탁증서의 발행과 말소, 수익배당 등 업무를 수행하는 중국 경내 법인을 말한다.

| | 166 |
|---|---|
| cún tuō píngzhèng<br>**存托凭证**<br>존 탁 빙 증 | 예탁증서 |

중국 증권법상 해외증권을 기초로 하여 중국 경내에서 발행 및 유통되는, 해외기초 증권권익을 대표하는 투자증권(예컨대 주식 대체 증서)을 말하며, 이는 존탁인(存 托人)이 중국 경내에서 발행하게 된다. 이 경우 存托凭证의 해외기초증권발행인은 存托凭证의 발행에 참여하여 법에 따라 증권을 공개발행한 회사, 상장회사의 의무를 이행하고 상응한 법률책임을 부담하게 된다[存托凭证发行与交易管理办法(试行) 제2조].

| | 167 |
|---|---|
| zhèngquànchéngxiāo<br>**证券承销**<br>증 권 승 소 | 증권의 청약사무대행 또는 인수 |

증권취급자격을 보유하고 있는 증권회사 등이 증권발행인과의 증권취급계약에 따라 정해진 기간 내에 증권발행인이 발행한 증권을 투자자들에게 판매하고 약정에 따라 일정한 보수 또는 커미션을 수취하는 거래행위를 말한다. 证券承销는 모집주선과 총액인수·잔액인수로 분류된다.

| | 168 |
|---|---|
| zhèngquàn dài xiāo<br>**证券代销**<br>증 권 대 소 | 증권의 모집주선 |

증권발행인이 증권취급자격이 있는 증권회사 등에 그가 발행하는 증권을 대리판매해줄 것을 위임하는 약정을 체결하고 증권회사가 약정한 기한 내에 증권발행인이 발행한 증권을 대리판매하고 약정된 기한이 도래되어 판매되지 않은 증권이 남아있는 경우 이를 증권발행인에게 반환하고 증권회사는 이에 대해 책임을 부담하지 아니하는 증권대리판매방식을 말한다.

| 169 | zhèngquàn bāo xiāo<br>证券包销<br>증 권 포 소 | 증권의 총액인수/잔액인수 |

증권회사가 증권발행인이 발행하는 증권에 대한 판매책임을 부담하는 증권판매방식을 말한다. 证券包销는 크게 ① 총액인수, 즉 증권회사가 증권발행인의 증권에 대해 합의된 가격에 따라 전부의 증권을 인수하고 이를 다시 공중에게 전매하는 방식과 ② 잔액인수, 즉 증권회사가 증권발행인과의 약정된 기간 내에 수수료 또는 커미션을 받고 증권을 대리판매한 후 기한만료 후에도 여전히 판매되지 못한 증권이 잔존하는 경우 증권회사가 이를 약정된 가격에 따라 잔량 전부를 인수하는 방식으로 나뉜다.

| 170 | nèi mù jiāo yì<br>内幕交易<br>내 막 교 역 | 내부자거래 |

회사의 내부정보를 이용하여 증권거래활동을 하는 것을 말하며 주로 내막을 아는 내부자들이 행하는 회사 증권의 매매행위, 부당하게 내부정보를 입수한 자들이 행하는 회사 증권의 매매행위, 위 자들이 타인에 대해 행하는 증권 매매 권유 행위 등이 이에 해당될 수 있다.

| 171 | zhèngquàn jiāo yì chǎng suǒ<br>证券交易场所<br>증 권 교 역 장 소 | 증권거래소 |

증권거래소, 국무원이 비준한 기타 전국성 증권거래장소 등 증권의 집중거래에 장소와 시설을 제공하고 증권거래를 조직 및 감독하며 자율관리하며 법에 의해 등기되고 법인자격을 가진 조직을 말하며, 중국의 상해증권거래소, 심천증권거래소 등이 이에 포함된다.

<table>
<tr><td>zhèngquànshàng shì<br>**证券上市**<br>증 권 상 시</td><td>**증권의 상장**</td><td>172</td></tr>
</table>

법에 따라 공개발행되는 증권이 일련의 법정 절차를 거쳐 증권거래소에 매매대상으로 지정이 되어 공개적으로 거래되는 것을 말한다. 따라서 证券上市는 증권발행과 증권거래를 이어주는 중요한 역할을 하는 것이다.

<table>
<tr><td>lín shí tíng shì<br>**临时停市**<br>임 시 정 시</td><td>**증권시장의 매매거래중단**<br>**증권거래소의 영업중단**</td><td>173</td></tr>
</table>

증권거래소 내의 모든 상장된 증권에 대해 일시적으로 모두 거래를 정지하는 조치를 말한다. 통상 불가항력, 의외사건, 중대한 기술상의 장애, 중대한 인위적 착오 등 돌발성 사건으로 증권거래의 정상적인 진행에 영향을 주거나 또는 증권거래소의 증권거래모니터링에서 중대한 이상 파동 등 엄중하게 증권시장의 안정성에 영향을 미치는 상황이 발생하는 경우, 증권거래의 정상적인 질서와 시장의 공평성을 수호하기 위해 증권거래소에서 그 업무규칙에 따라 임시적으로 증권거래소에서 상장되어 거래되고 있는 모든 증권에 대해 전부 거래정지하도록 하는 조치를 취할 수 있다(证券法 제111조).

<table>
<tr><td>tíng pái<br>**停牌**<br>정 패</td><td>**개별종목의 매매거래정지**</td><td>174</td></tr>
</table>

특정 종류의 상장 증권에 대해 임시적으로 거래를 정지하도록 하는 조치를 말한다. 통상 상장회사의 신청 또는 증권거래소의 직권에 의해 취해지는 증권의 停牌의 경우와 법정 사유(불가항력, 의외사건, 중대한 기술상의 장애, 중대한 인위적 착오 등 돌발성 사건으로 증권거래의 정상적인 진행에 영향을 주거나 증권거래소의 증권거래모니터링에서 중대한 이상 파동의 감지)의 발생으로 증권거래소에 의해 취해지

는 기술성 *停牌*(tíng pái), 강제 *停牌*(tíng pái) 등이 있다(证券法 제111조).

| 175 | fù pái<br>**复牌**<br>복 패 | **거래재개** |

매매거래정지 조치가 되었던 증권에 대해 지정기간 내에 매매거래정지 사유가 해소되었거나 치유되어 증권거래소에 의해 그 증권이 다시 정상적으로 거래 재개되는 것을 말한다.

| 176 | tuì shì<br>**退市**<br>퇴 시 | **상장폐지** |

상장회사가 더이상 증권의 상장거래 조건에 부합되지 아니하여 자발적 또는 수동적으로 증권거래소에서 관련 법규정 및 그 업무규칙에 따라 해당 증권의 상장거래를 종료하는 절차를 말하며 이 경우 증권거래소는 적시에 상장거래종료 공고를 하고 증권감독관리기구에 등록하게 된다. 이 절차를 거치게 되면 상장회사는 비상장회사로 된다.

| 177 | xìn tuō<br>**信托**<br>신 탁 | **신탁** |

위탁자가 수탁자에 대한 신뢰를 바탕으로 위탁자의 재산을 수탁자에게 위탁하고 수탁자가 위탁자의 의사에 따라 자기의 명의로 수익자의 이익 또는 특정된 목적을 위해 위탁자의 재산을 관리 또는 처분하는 법률관계와 관련된 제도를 말한다. *信托*(xìn tuō)제도는 은행업, 보험업, 증권업 등과 함께 현대금융의 중요한 부분을 구성하고 있다(信托法 제2조).

| gōng yì xìn tuō<br>**公益信托**<br>공 익 신 탁 | 공익신탁 |
|---|---|

공공이익의 목적을 위해 설립된 신탁을 말한다. 公益信托의 설립과 그 수탁자에 대한 확정은 공익사업관리기구의 비준을 취득하여야 한다. 공공이익의 목적이라 함은 예컨대 빈곤구제, 재난민구조, 장애자부조, 교육, 과학기술, 문화, 예술, 체육사업의 발전, 의료위생사업의 발전, 환경보호사업의 발전 및 생태환경의 수호 등등이 포함된다(信托法 제60조).

| xìn tuō cái chǎn<br>**信托财产**<br>신 탁 재 산 | 신탁재산 |
|---|---|

수탁자가 신탁에 대한 승낙으로 인해 위탁자로부터 받은 신탁관리대상 재산을 말한다. 信托财产은 반드시 위탁자가 적법하게 소유하는 재산이어야 한다. 그 외에 수탁자가 信托财产에 대한 관리 운영, 처분 또는 기타 상황으로 인해 취득한 재산도 信托财产에 귀속된다. 법률, 행정법규에서 유통이 금지된 재산은 信托财产이 될 수 없고 또한 위탁자의 기타 신탁을 설립하지 아니한 재산과 信托财产은 구별되어 관리되어야 한다(信托法 제7조).

| xìn tuō shè lì<br>**信托设立**<br>신 탁 설 립 | 신탁설립 |
|---|---|

수탁자와 위탁자 사이에서 적법한 신탁목적에 기해 확정된 신탁재산에 대해 신탁을 설립하는 것을 말한다. 信托设立은 반드시 서면방식으로 진행하여야 하고 그중 신탁계약의 방식으로 信托设立하는 경우에는 신탁계약 체결 시 신탁이 성립되고, 기타의 경우 신탁은 수탁자가 신탁을 승낙 시 신탁이 성립된다(信托法 제6조).

| 181 | qī huòjiāo yì<br>**期货交易**<br>기 화 교 역 | 선물거래 |

전문적인 장소에서 선물계약 또는 표준화된 옵션계약을 거래대상으로 하여 진행하는 거래활동을 말한다. 期货交易은 법에 의해 설립된 선물거래소 또는 중국 국무원 기화감독관리기구(国务院期货监督管理机构)가 법에 따라 그 期货交易의 조직 및 진행을 비준한 기타 期货交易장소에서 공개된 집중거래방식 또는 국무원기화감독 관리구가 비준한 기타 방식으로 진행되어야 하며 장외거래는 허용되지 아니한다 (期货和衍生品法 제3조).

| 182 | qī huò hé yuē<br>**期货合约**<br>기 화 합 약 | 선물계약 |

선물거래소에서 통일적으로 제정한, 장래 특정된 시간과 장소에서 일정 수량의 대상물의 인도를 약정한 표준화된 계약을 말한다. 期货合约에는 상품 期货合约(농산품, 공업품, 에너지, 기타 상품 및 관련 지수상품을 대상으로 함)과 금융 期货合约 (유가증권·이율·환율 등 금융상품 및 그 관련 지수상품을 대상으로 함) 및 기타 종류의 期货合约이 포함된다(期货和衍生品法 제3조).

| 183 | qī quán hé yuē<br>**期权合约**<br>기 권 합 약 | 옵션계약 |

매수인이 장래 어느 시간에 특정가격으로 약정된 목적물[선물계약 포함]을 매입 또는 매출할 수 있음을 약정한 표준화 또는 비표준화 계약을 말한다. 거래자가 표준화 期权合约 거래를 진행하는 경우 매도인은 보증금을 납입하고 매수인은 권리금(즉 매수인이 지급하는, 표준화 期权合约을 매수하는 데 사용되는 자금)을 지급해야 한다(期货和衍生品法 제22조).

| yǎn shēng pǐn jiāo yì<br>**衍生品交易**<br>연 생 품 교 역 | **파생상품거래** |
|---|---|

선물거래 이외의, 호환합약(互換合约)(장래 특정 시간 내에 서로 특정대상물을 교환하기로 약정하는 금융계약), 원기합약(远期合约)(선물계약 외의, 장래 특정 시간과 장소에서 일정량의 대상물을 인도하기로 약정한 금융계약)과 비표준화 옵션계약 및 그 조합을 거래대상으로 하는 거래활동을 말한다. 이 유형의 거래는 합의거래 또는 국무원이 정한 기타 거래방식으로 진행될 수 있다(期货和衍生品法 제3조).

| tào qī bǎo zhí<br>**套期保值**<br>투 기 보 치 | **헤지거래** |
|---|---|

거래자가 그 자산, 부채 등의 가치변화로 인한 리스크를 통제 또는 관리하기 위해 이러한 자산, 부채 등과 기본적으로 부합되는 선물거래와 파생상품거래를 행하는 활동을 말한다. 이 경우 거래자는 통상 선물시장 등에서 현물가치와 동등하나 거래 방향이 상반대되는 선물계약 또는 파생상품계약을 매매하는 것으로 현물가격의 변동으로부터 오는 리스크를 회피한다(期货和衍生品法 제4조).

| qī huò jiāo yì chǎng suǒ<br>**期货交易场所**<br>기 화 교 역 장 소 | **선물거래소** |
|---|---|

그 조직의 명칭에 "상품교역소(商品交易所)" 또는 "기화교역소(期货交易所)" 등 표시를 하고 그 조직의 설립, 변경과 해산은 관련 법정 요건에 부합되어야 하고 국무원기화감독관리기구의 비준을 받아 운영해야 하며 공개된 집중거래 방식 또는 국무원기화감독관리기구가 비준한 기타 방식에 의한 선물거래를 위한 법정 선물거래장소를 말한다.

| 187 qī huò jiāo yì suǒ<br>**期货交易所**<br>기 화 교 역 소 | **선물거래소** |

국무원의 기화감독관리기구의 비준을 받아 설립되고 영리를 목적으로 하지 않고 자율관리하며 그 책임자는 중국 국무원 기화감독관리기구로부터 임면되고 그 회원은 중국 경내에 등기 등록된 기업법인 또는 기타 경제조직으로 구성된다. 이 장소에서 선물거래를 진행할 수 있는 자는 원칙상 그 회원이어야 하나, 관련 법정조건에 부합되는 경외기구(해외기구)도 期货交易所에서 특정 품종에 대한 선물거래를 진행할 수 있다.

| 188 qī huò gōng sī<br>**期货公司**<br>기 화 공 사 | **선물회사** |

법정 회사등기기관에서의 등기절차를 마치고, 중국 국무원선물감독관리기구의 비준을 받은 선물경영업무에 종사하는 금융기구를 말한다. 期货公司가 선물 관련 업무에 종사하기 위해서는 그 취급하고자 하는 상품기화(商品期货), 금융기화(金融期货) 등 업무종류에 따라 허가증을 취득하여야 한다.

| 189 zhèng quàn tóu zī jī jīn<br>**证券投资基金**<br>증 권 투 자 기 금 | **펀드<br>집합투자기구** |

투자 및 자금조달의 중요한 방식 중 하나로, 특정 목적의 실현을 위해 특정된 또는 불특정된 투자자를 향해 자금을 모집하고 모집된 자금은 전문운영자들을 통해 관리하고 그 용도 범위 내에서의 투자실행 및 분산투자 등 방식을 통해 자본시장에 투자하고 이러한 자금의 실행으로 창출된 수익을 투자자에게 배분하는 일종의 이익의 공동 향유, 리스크의 공동 부담, 자금의 집중, 전문관리, 투자실행, 리스크 분산의 복수의 특징을 가지는 집합투자방식을 말한다.

| jī jīn guǎn lǐ rén<br>**基金管理人**<br>기 금 관 리 인 | 펀드매니저<br>집합투자업자 |
|---|---|

## 190

법에 의해 설립된 펀드관리 관련 회사 또는 합화기업(合伙企业)이 담당하며, 주로 펀드를 발행하여 증권투자금을 모집하고 법률, 행정법규의 규정과 기금합동(基金合同)의 약정에 따라 펀드소지인의 이익을 위해 자산조합방식을 취하여 그 기금재산(基金财产)에 대해 관리하고 운영하는 전문성 기구를 말한다(证券投资基金法 제12조).

| jī jīn tuō guǎn rén<br>**基金托管人**<br>기 금 탁 관 인 | 신탁업자 |
|---|---|

펀드의 운영에 있어서 "펀드 운영관리와 보관의 분리"원칙에 따라 집합투자업자의 운영관리에 대해 감독과 그 기금재산(基金财产)의 보관업무를 수행하는, 투자자의 공동 수탁인으로 활동하는 상업은행 또는 기타 금융기구를 말한다. 基金托管人의 주요업무는 기금재산의 위탁관리(재산보관, 청산인도취급, 자산의 순가치 재심사, 투자감독, 기금소지인대회 소집 등)이다. 상업은행이 基金托管人을 담당하는 경우 중국 국무원증권감독관리기구가 은행보험감독관리기구와 함께 비준하고 기타 금융기구가 基金托管人을 담당하는 경우 중국 국무원증권감독관리기구가 비준한다. 基金托管人은 집합투자기구와 동일기구가 되어서는 아니되고 상호 출자 또는 주식을 상호 보유할 수 없다(证券投资基金法 제32조).

| jī jīn fèn é chí yǒu rén<br>**基金份额持有人**<br>기 금 분 액 지 유 인 | 펀드 투자자 |
|---|---|

## 192

기금합동(基金合同)과 모집설명서 등 관련 서류에 따라 펀드에 투자한 자연인과 법인 등을 말한다. 基金份额持有人은 펀드 관련하여 의결권, 수익분배권 등 권리를

보유하고 행사하며 펀드매니저와 신탁업자는 이들에 의해 권리가 위임되고 이들의 이익을 위해 펀드를 운영관리하게 되고 수익창출 시 이들에게 최종 수익을 배분하게 된다.

| 193 | fēng bì shì jī jīn<br>**封闭式基金**<br>봉 폐 식 기 금 | **환매금지형펀드**<br>**폐쇄형 펀드** |

이는 투자자에게 그 보유한 기금(基金)에 대한 환매권을 인정하지 않는 경우로, 그 비준된 기금총액이 기금합동(基金合同) 기한 내에 고정불변하고 일정한 기한 내에 기금소지인은 기금의 환매를 신청할 수 없게 되는 기금을 말한다. 다시말해 이 경우 기금 발행 후 투자자는 증권시장에서 매매거래는 할 수 있으나 직접 그 기금의 환매를 요구할 수는 없다(证券投资基金法 제45조).

| 194 | kāi fàng shì jī jīn<br>**开放式基金**<br>개 방 식 기 금 | **개방형 펀드** |

투자자에게 그 보유한 기금(基金)에 대한 환매권을 인정해 주는 조건이 설정된 기금으로써, 즉 그 기금총액이 고정되지 아니하고 투자자는 기금합동(基金合同)에서 정한 시간과 장소에서 직접 기금의 환매를 요구할 수 있는 기금을 말한다(证券投资基金法 제45조).

# 제 6 장

# 지식재산권법

| shāngbiāo<br>**商标**<br>상 표 | 상표 | 001 |

상품 또는 서비스의 제공처를 식별 및 구분하기 위해 설정된 표식으로 주로 문자, 도형, 자모(字母), 숫자, 3D표식, 색채조합, 음성 등으로 구성되는 표지를 말한다. 商<sup>shāng</sup>标는 보통상표(普通商标), 주책상표(注册商标), 치명상표(驰名商标) 등으로 나누어진다. 商标에는 통상 자타상품의 식별, 출처표시, 품질보증, 광고, 재산가치, 경쟁 등 다양한 기능이 있다(商标法 제8조).

| pǔ tōngshāngbiāo<br>**普通商标**<br>보 통 상 표 | 일반상표<br>미등록상표 | 002 |

법률주체가 그 필요에 의해 그의 상품 또는 서비스를 기타 경쟁자의 것과 식별 및 구별하기 위해 만든 상표로 법정 국가기관에 특별히 등록하지 아니하고 상업적으로 사용하는 상표를 말한다. 普通商标는 통상 그 전용성(독점배타적인 권리)이 법에 의해 인정 내지 보호받지 못한다.

| zhù cè shāngbiāo<br>**注册商标**<br>주 책 상 표 | 등록상표 | 003 |

법률주체가 그 필요에 의해 만든 다른 상표에 비해 현저한 특징이 있고 쉽게 식별할 수 있는 상표를 법정 국가기관의 심사를 거쳐 법정 국가기관에 등록함으로써 대외에 공개하고 이로써 법에 의해 해당 상표의 전용권(독점배타적 권리)을 보호받아 시장경제에서 유리한 경쟁도구로 사용할 수 있는 특별한 상표를 말한다(商标法 제3조).

| 004 | chí míngshāngbiāo<br>**驰名商标**<br>치 명 상 표 | **주지·저명상표** |

상표의 등록여부와는 무관하게 중국 국내의 관련 대중에 의해 널리 알려져 있고 비교적 높은 명성을 가진 경쟁력이 있는 상표를 말한다. 驰名商标는 설령 관련 법정 국가기관에 등록하지 않았어도 상당한 수위의 법적 보호를 받게 되는 특별한 상표이다(商标法 제13조).

| 005 | jí tǐ shāngbiāo<br>**集体商标**<br>집 체 상 표 | **단체표장** |

단체, 협회 또는 기타 조직의 명의로 상표등록이 되고 해당 조직의 소속 단체원이 상업활동 중에 사용하도록 하여 이러한 상표사용자가 해당 조직의 소속 단체원 자격을 갖고 있음을 표명하는 표식을 말한다. 이 상표는 상표권자의 감독하에 있는 그 소속 단체원 이외의 자에게는 사용을 허락할 수 없다(商标法 제3조).

| 006 | zhèngmíngshāngbiāo<br>**证明商标**<br>증 명 상 표 | **증명표장** |

특정 상품 또는 서비스에 대해 그 원산지, 제조방법, 품질, 원료 또는 그 밖의 특성을 증명하고 관리하는 감독능력이 있는 조직에 의해 통제되는 상표로, 해당 조직이 타인의 상품 또는 서비스에 대해 그것이 원산지, 원료, 제조방법, 품질 또는 기타 특정 품질을 충족한다는 것을 증명하는 데 사용되는 표장을 말한다. 한편, 이 상표를 등록한 자는 그 자신이 제공하는 제품 또는 서비스에 대해서는 해당 证明商标를 사용할 수 없다(商标法 제3조).

| shāng pǐn shāngbiāo<br>**商品商标**<br>상 품 상 표 | 상품상표<br>상표 |
|---|---|

사업자의 상품에 사용되어 해당 상품의 출처를 표명하여 제3자로 하여금 해당 상품과 그 경쟁업체의 상품을 식별하고 구분하도록 하는 역할을 하는 상표를 말한다.

| fú wù shāngbiāo<br>**服务商标**<br>복 무 상 표 | 서비스상표<br>상표 |
|---|---|

사업자의 서비스에 사용되어 해당 서비스의 출처를 표명하여 제3자로 하여금 해당 서비스와 그 경쟁업체의 서비스를 식별하고 구분하도록 하는 역할을 하는 상표를 말한다.

| shāngbiāo dài lǐ jī gòu<br>**商标代理机构**<br>상 표 대 리 기 구 | 대리인<br>상표관리인 |
|---|---|

상표에 관한 절차를 밟는 자를 대행하여 상표의 등록 출원·변경·연장·말소 등 업무를 처리해주는 기구를 말하며 외국인 또는 외국기업이 중국에서 상표등록출원을 하거나 기타 상표업무를 진행하고자 하는 경우에는 반드시 법에 따라 설립된 商标<br>代理机构를 통해 관련 사무를 진행해야 한다(商标法 제18조).

| zài xiānquán lì<br>**在先权利**<br>재 선 권 리 | 선권리 |
|---|---|

상표등록출원인이 상표등록을 출원하기 전에 이미 타인이 그 상표와 관련하여 또는 그 상표의 모양, 형태 등에 대해 상표권이 아닌 기타 유형의 적법한 권리[예컨대

저작권·외관설계(外观设计)·상호 등]를 보유하고 있는 경우 이러한 타인의 권리를
在先权利라고 말한다. 관련 법규정에 따라 그 어떠한 상표등록출원도 타인의 이러
한 在先权利와 충돌해서는 아니 되고, 이를 위반하여 상표등록출원을 하는 경우 상
표등록거절결정이 내려질 수 있고, 설령 상표등록이 이루어졌다 하더라도 추후 상
표등록무효선고절차가 이루어질 수 있다(商标法 제32조).

| 011 | shāngbiāo yì  yì shēnqǐng<br>**商标异议申请**<br>상 표 이 의 신 청 | **상표등록 이의신청** |
| --- | --- | --- |

상표등록출원이 법정 국가기관의 초보적인 심사를 받아 출원공고된 후 그 공고일로
부터 3개월 내에, 선권리인 또는 이해관계자가 위 출원공고된 상표등록출원에 대해
해당 상표가 법정 등록요건을 미비한다고 판단하거나 기타 임의의 제3자가 해당 상
표등록출원에 있어서 그 상표등록이 불가한 법정 사유가 존재한다고 판단하는 경우
법정 국가기관에 이러한 내용을 주장하며 해당 상표를 등록하지 않을 것을 요구하
는 신청을 말한다(商标法 제33조).

| 012 | shāngbiāo shǐ yòng xǔ  kě<br>**商标使用许可**<br>상 표 사 용 허 가 | **상표사용허락** |
| --- | --- | --- |

상표의 소유권 이전이 없이 상표권자가 상표사용자에게 상표사용을 허락하고 상표
사용자는 그에 상응하는 상표사용료를 지급하는 거래형태를 말한다. 사용허락의 방
식에 따라 독점사용허가·배타사용허가·보통사용허가 등 방식이 있다. 商标使用许
可 시 상표권자는 商标使用许可 거래를 법정 국가기관에 신고하여 등록하고 해당
국가기관에서 공고하게 되며 商标使用许可 거래를 위와 같이 등록하지 아니하면
선의의 제3자에게 대항할 수 없다. 商标使用许可를 받은 자는 해당 등록상표를 부
착 또는 사용한 상품의 품질을 보증하여야 한다(商标法 제43조).

| zhù cè shāngbiāozhuǎnràng<br>**注册商标转让**<br>주 책 상 표 전 양 | 상표권의 이전<br>상표권의 양도 |
| --- | --- |

상표권자가 그 보유한 등록상표의 소유권을 양수인에게 유상 또는 무상으로 이전하여 사실상 상표의 소유권자가 변경되는 거래방식을 말한다. 이 경우 양수인은 해당 등록상표를 부착 또는 사용한 상품의 품질을 보증해야 한다. 등록상표의 양도인과 양수인은 양도계약을 체결하여 법정 국가기관에 공동으로 상표이전을 신청하여야 하며 이에 대한 비준이 이루어지게 되면 해당 법정 국가기관에서 상표이전을 공고하게 되며 양수인은 그 공고일부터 해당 상표의 상표전용권을 가지게 된다(商标法 제42조).

| zhù cè shāngbiāo wú xiàoxuāngào<br>**注册商标无效宣告**<br>주 책 상 표 무 효 선 고 | 상표등록의 무효심결 |
| --- | --- |

등록상표가 무효로 선고되는 것을 말하며 다음의 경우를 포함한다. ① 등록상표가 그 사용을 목적으로 하지 않은 악의 등록된 상표이거나, 그 등록상표에 상표로 사용할 수 없거나 상표로 등록될 수 없는 표장을 포함하는 등 관련 법규정 위반사유가 있거나 사기 또는 기타 부당한 수단으로 상표등록을 취득하였을 시, 직접 관련 법정 국가기관에 의해 등록상표의 효력이 무효 선고되거나 또는 기타 개인 또는 조직의 청구에 의해 관련 법정 국가기관이 해당 등록상표의 무효를 선고하는 경우, ② 기 등록된 상표에 선행상표(선출원상표, 선등록상표, 선사용상표, 신의성실원칙 위반)와의 관계 관련 법정 부등록사유, 타인의 선권리 손해 등 관련 법규정 위반사유가 있을 시, 상표등록일부터 5년 내에 선권리인 또는 이해관계인의 청구에 의해 관련 법정 국가기관이 등록상표무효선고를 내리는 경우(단, 악의 등록의 경우, 주지·저명상표의 소유자는 위 기간의 제한이 없이 무효선고를 청구할 수 있음).

015

zhù cè shāngbiāozhuānyòngquán
**注册商标专用权**
주 책 상 표 전 용 권

**등록상표 독점사용권**

상표권자가 법에 따라 법정 국가기관에 그 상표를 등록함으로써 중국 경내에서 지정상품에 관하여 해당 상표를 독점적·배타적으로 사용할 수 있는 권리를 말하며 이러한 권리는 법에 의해 강력한 보호를 받게 된다. 즉 상표권자만이 지정상품에 관해 해당 등록상표를 사용할 수 있고 기타 제3자는 해당 권리자의 동의 또는 허락이 없이 해당 등록상표를 지정상품에 사용할 수 없게 된다.

016

zhuān lì quán
**专利权**
전 리 권

**특허권**
**실용신안권**
**디자인권**

일종의 산업재산권으로써, 발명창조인 또는 그 권리양수인이 특정 발명창조에 대해 일정한 법정 절차에 따라 관련 국가기관의 심사를 거쳐 그 권리설정등록을 마치게 되면 일정한 법정기간 내에 법에 따라 그러한 발명창조에 대해 갖게 되는 독점·배타적인 권리를 말한다.

017

fā míngchuàng zào
**发明创造**
발 명 창 조

**발명창조**

발명, 실용신안과 디자인을 말하며, 이러한 发明创造가 특허권을 부여 받으려면 일정한 법정 요건에 부합되어야 하고 국무원 전리행정부문(国务院专利行政部门)의 심사와 비준을 거쳐야만 한다(专利法 제2조).

| fā míng<br>**发明**<br>발 명 | **발명** |
|---|---|

제품, 방법 또는 그 개진에 대해 고안된 새로운 기술방안을 말한다. 发明이 특허권을 부여 받으려면 반드시 참신성, 창조성과 실용성을 구비하여야 하고 국무원 전리행정부문의 심사와 비준을 거쳐야만 한다. 发明은 실용신안과 새로운 기술방안 즉 기술적 사상의 창작이라는 면에서 동일하지만 发明은 실용신안에 비해 더 진보적이고 더 창조적일 것을 요구하고 있다(专利法 제2조).

| shí yòng xīn xíng<br>**实用新型**<br>실 용 신 형 | **실용신안** |
|---|---|

제품의 형태, 구조 또는 그 결합에 대해 고안된 실용성이 있는 새로운 기술방안을 말한다. 实用新型이 특허권을 부여 받으려면 반드시 참신성, 창조성과 실용성을 구비하여야 하고 국무원 전리행정부문의 심사와 비준을 거쳐야만 한다(专利法 제2조).

| wài guān shè jì<br>**外观设计**<br>외 관 설 계 | **디자인** |
|---|---|

제품의 전체 또는 일부에 대한 형태, 도안 또는 그들의 결합 및 색채와 모양, 도안 등을 결합하여 이루어 낸 것으로 시각적 미감을 형성하고 또한 산업응용에 적합한 새로운 설계를 말한다. 外观设计가 특허권을 부여 받으려면 현존하는 기타 설계와 현저하게 구분되어야 하고 새로워야 하며 타인의 선권리와 충돌하지 말아야 하는 요건에 부합되어야 하며 또한 국무원 전리행정부문의 심사와 비준을 거쳐야만 한다(专利法 제2조).

| 021 | zhù zuò quán　bǎn quán<br>**著作权/版权**<br>저 작 권 / 판 권 | 저작권 |

문학, 예술과 과학작품을 창작한 작자(作者)가 그의 작품에 대해 보유하는 재산상의 권리와 정신상의 권리를 말하며 이러한 권리는 법률에 의해 부여되며 독점·배타적인 권리이다. 통상 내국인(중국인)의 경우 그 창작 작품의 발표여부에 무관하게 작품이 완성되는 시점에서 이 권리가 부여된다. 저작권은 저작인신권(著作人身权)과 저작재산권으로 나뉜다(著作权法 제2조).

| 022 | zuò pǐn<br>**作品**<br>작 품 | 저작물 |

문학, 예술과 과학영역에서 독창성이 있고 또한 일정한 형식으로 표현되는 지력성과(智力成果)로, 이에는 문자作品, 구술作品, 음악, 연극, 무용 등 예술作品, 미술作品, 건축作品, 촬영作品, 시청作品, 공정설계도, 제품설계도, 지도 등 도형作品과 모형作品, 컴퓨터 소프트웨어 등이 포함된다(著作权法 제3조).

| 023 | zuò zhě<br>**作者**<br>작 자 | 저작자 |

저작물을 창작한 자를 말하며 이에는 자연인, 법인 및 비법인조직이 포함된다. 저작물에 대해 저작권을 행사할 수 있는 저작권자에는 이러한 作者뿐만 아니라 기타 법에 따라 저작권을 보유하는 자연인, 법인 또는 비법인조직도 포함된다(著作权法 제9조).

| fā biǎoquán<br>**发表权**<br>발 표 권 | 공표권 | 024 |
|---|---|---|

저작인신권 중의 하나의 권리로, 저작자가 그 창작한 작품을 공중에 대해 공개할 지 여부를 결정할 수 있는 권리를 말한다. 发表权은 권리자가 1회성으로 사용하면 소진되는 권리이다(著作权法 제10조).

| shǔ míngquán<br>**署名权**<br>서 명 권 | 성명표시권 | 025 |
|---|---|---|

저작인신권 중의 하나의 권리로, 저작자의 신분을 표명하고 저작자가 그 창작한 저작물 위에 서명할 수 있는 권리를 말한다(著作权法 제10조).

| xiū gǎi quán<br>**修改权**<br>수 개 권 | 수정권 | 026 |
|---|---|---|

저작인신권 중의 하나의 권리로, 저작물에 대해 직접 수정하거나 타인에게 이러한 저작물에 대한 수정을 수권하여 행사할 수 있는 권리이다(著作权法 제10조).

| bǎo hù zuò pǐn wánzhěngquán<br>**保护作品完整权**<br>보 호 작 품 완 정 권 | 동일성 유지권 | 027 |
|---|---|---|

저작인신권 중의 하나의 권리로, 창작된 저작물이 타인에 의해 왜곡되거나 곡해되지 아니하도록 보호할 수 있는 권리이다(著作权法 제10조).

| 028 | fù zhì quán<br>复制权<br>복 제 권 | 복제권 |
|---|---|---|

저작재산권 중의 하나의 권리로, 저작물에 대해 인쇄·복사·녹음·녹화·복제·디지털화 등 방식으로 저작물을 1부 또는 여러 부 제작할 수 있는 권리를 말하며 법에 따라 양도 및 사용허가가 가능하다(著作权法 제10조).

| 029 | fā xíngquán<br>发行权<br>발 행 권 | 배포권 |
|---|---|---|

공중에게 유상 판매 또는 무상 증여의 방식으로 저작물의 원본 또는 복제본을 제공할 수 있는 권리를 말하며 이는 저작재산권 중의 하나의 권리로 법에 따라 양도하거나 타인에 허락하여 권리를 행사하는 것이 가능하다(著作权法 제10조).

| 030 | chū zū quán<br>出租权<br>출 조 권 | 대여권 |
|---|---|---|

저작재산권 중의 하나의 권리로, 타인이 유상으로 임시적으로 저작자의 시청저작물, 컴퓨터소프트웨어의 원본 또는 복사본을 사용할 수 있도록 하는 권리를 말한다. 이 권리는 시청저작물과 컴퓨터 소프트웨어에 대해서만 해당되는 권리이다. 이 권리는 법에 따라 양도하거나 타인에 허락하여 권리를 행사하는 것이 가능하다(著作权法 제10조).

| 031 | zhǎn lǎn quán<br>展览权<br>전 람 권 | 전시권 |
|---|---|---|

저작재산권 중의 하나의 권리로, 미술저작물, 촬영저작물 원본 또는 복사본을 공중

이 자유롭게 관람할 수 있는 상태로 공개적으로 진열할 수 있는 권리를 말한다. 이 권리는 법에 따라 양도하거나 타인에 허락하여 권리를 행사하는 것이 가능하다(著作权法 제10조).

저작재산권 중의 하나의 권리로, 특정된 공간 내에서 일반 공중을 향해 공개적으로 저작물을 연출하거나 기타 각종 수단을 통해 공개적으로 저작물의 연출을 전파할 수 있는 권리를 말한다. 이 권리는 현장표연(现场表演)과 기계표연(机械表演)의 방식을 포함하며, 공중은 위 전파행위가 발생하는 공간 내 근거리에서 저작물을 감상할 수 있게 된다. 이 권리는 법에 따라 양도하거나 타인에 허락하여 권리를 행사하는 것이 가능하다(著作权法 제10조).

저작재산권 중의 하나로, 방영기기, 슬라이드 영사기기 등 기술설비를 이용하여 공개적으로 미술저작물·촬영저작물·시청저작물 등을 재현하는 권리를 말한다. 이 권리는 법에 따라 양도하거나 타인에 허락하여 권리를 행사하는 것이 가능하다(著作权法 제10조).

유선 또는 무선의 방식으로 공중에게 공개적으로 저작물을 전파 또는 중계 방송하거나 확음기 또는 기타 부호·음성·도형을 전송하는 유사기기를 통해 공중에게 저

작물을 방송하는 권리를 말하며 저작재산권 중의 하나에 해당된다. 단 신식망락전
파권(信息网络传播权)은 제외한다. 이 권리는 법에 따라 양도하거나 타인에 허락하
여 권리를 행사하는 것이 가능하다(著作权法 제10조).

| 035 | xìn xī wǎng luò chuán bō quán<br>信息网络传播权<br>신 식 망 락 전 파 권 | 공중송신권 중의 전송권 |

공중의 구성원이 각자 개별적으로 선택한 시간과 장소에서 접근하여 이용할 수 있
도록 유선 또는 무선의 방식으로 공중에게 저작물을 송신하는 권리를 말한다. 이 권
리는 법에 따라 양도하거나 타인에 허락하여 권리행사하는 것이 가능하다(著作权
法 제10조).

| 036 | shè zhì quán<br>摄制权<br>섭 제 권 | 영상제작권 |

시청저작물을 촬영제작하는 방법으로 저작물을 저장 장치에 고정하는 권리를 말하
며 저작재산권 중의 하나이다. 이 권리는 법에 따라 양도하거나 타인에 허락하여 권
리를 행사하는 것이 가능하다(著作权法 제10조).

| 037 | gǎi biānquán<br>改编权<br>개 편 권 | 2차적저작물작성권 중의<br>편곡 · 변형 · 각색권 |

저작물을 변경하여 독창성이 있는 새로운 저작물로 창작하는 권리를 말하며 저작재
산권 중 하나의 권리이다. 이 권리는 법에 따라 양도하거나 타인에 허락하여 권리를
행사하는 것이 가능하다(著作权法 제10조).

| fān yì quán<br>**翻译权**<br>번 역 권 | 번역권 |
| --- | --- |

저작물을 기존의 원작 언어로부터 다른 종류의 언어로 전환하여 작성하는 권리를 말한다. 이 권리는 법에 의해 양도하거나 타인에 허락하여 권리를 행사하는 것이 가능하다(著作权法 제10조).

| huì biānquán<br>**汇编权**<br>회 편 권 | 편집권 |
| --- | --- |

저작물 또는 저작물의 일부에 대해 선택 또는 편집하는 과정을 거쳐 새로운 저작물로 취합하는 권리를 말하며 저작재산권 중의 하나의 권리에 해당된다. 이 권리는 법에 의해 양도하거나 타인에 허락하여 권리를 행사하는 것이 가능하다(著作权法 제10조).

| zhù zuò quán xǔ kě shǐ yòng<br>**著作权许可使用**<br>저 작 권 허 가 사 용 | 저작권이용허락 |
| --- | --- |

저작재산권자가 원칙상 그 보유 저작물에 대한 재산권을 유지하는 전제하에서 타인에게 그 저작물의 이용을 허락하는 거래방식을 말한다(著作权法 제26조).

| zhù zuò quánzhuǎnràng hé tong<br>**著作权转让合同**<br>저 작 권 전 양 계 약 | 저작권양도계약 |
| --- | --- |

저작물에 대한 저작재산권 중의 일부 또는 다수의 권리를 타인에게 양도함으로 인해 해당 권리의 주체가 기존의 저작재산권자에서 그 권리양수인으로 변경이 되는 거래방식을 말한다(著作权法 제27조).

# 제 7 장

# 민사소송법

| mín shì sù sòng fǎ<br>**民事诉讼法**<br>민 사 소 송 법 | 민사소송법 |
|---|---|

001

국가가 제정 혹은 인가한 민사소송활동을 규율하는 법률규범들을 말한다. 협의의
民事诉讼法이란 '民事诉讼法'의 명의로 제정된 법률만을 말하고, 광의의 의미에서
는 민사소송제도 전체를 규율하는 법규의 총체를 뜻한다. 중국 民事诉讼法은 1991
년 4월 9일 제7기 전국인민대표대회 제4차 회의에서 통과되었고 그 후 5차례 수정
을 거쳤다. 民事诉讼法에는 민사소송절차·보전절차·집행절차 등이 함께 규정되어
있다. 民事诉讼法은 법원이 민사사건을 심판하는 준칙이고, 기타 소송참여인이 민
사활동을 진행하는 준칙이다.

| mín shì jiū fēn<br>**民事纠纷**<br>민 사 규 분 | 민사분쟁 |
|---|---|

평등한 주체 간에 민사권리에 대하여 발생한 사회분쟁을 말한다. 이것은 분쟁 주체
간의 이익의 대립으로 나타나며 민사충돌 또는 민사쟁의라고도 한다. 民事纠纷은
소송과 비송의 두가지 방식으로 해결할 수 있는데, 전자는 민사소송 즉 국가 공권력
을 통하여 해결하는 방식이고 후자는 화해, 조정, 중재 등 소송 외 분쟁해결절차를
통해 자력으로 혹은 사회기관의 개입을 통하여 해결하는 방식이다.

| mín shì sù sòng<br>**民事诉讼**<br>민 사 소 송 | 민사소송 |
|---|---|

법원이 쌍방 당사자와 기타 소송 참여인의 참여 하에 민사사건을 심리 및 집행하는
과정에서 진행하는 소송활동을 말한다. 民事诉讼은 법원이 국가를 대표하여 심판
권을 행사하므로 공권력의 특성이 있고, 엄격한 법정 절차와 방식을 준수해야 하기
때문에 절차성이 있으며, 국가 강제력을 통하여 최종적으로 분쟁을 해결하기 때문
에 강제성과 종국성의 특징도 있다.

| 004 | sù<br>诉<br>소 | 소 |
|---|---|---|

당사자가 민사소송법의 규정에 따라 법원에 자신의 권리주장이 법률적으로 올바른 것인지 여부에 대하여 심판을 구하는 행위를 말한다. 诉는 민사소송의 법률관계를 발생시키는 기능이 있고, 민사심판활동의 기초와 전제가 된다. 诉는 당사자, 소송물, 诉의 이유로 구성된다. 诉의 유형에는 이행의 诉, 확인의 诉, 형성의 诉 등이 있다.

| 005 | sù quán<br>诉权<br>소 권 | 소권 |
|---|---|---|

당사자가 법원에 자신의 민사권익에 대하여 사법보호를 해줄 것을 청구하는 권리이다. 诉权은 실체권리에 의해 결정되는 것은 아니므로 실체권리의 존재를 기초로 하지 않는다. 누구나 자신의 민사권익이 타인으로부터 침해를 받거나 또는 타인과의 분쟁이 발생하면 법원에 사법보호를 요구할 수 있으며 실체상의 권리가 없다 할지라도 법원은 소송절차를 거쳐 판결을 내려야 한다. 诉权은 민사소송절차를 발생시키는 권리이다.

| 006 | fǎ lǜ shì shí<br>法律事实<br>법 률 사 실 | 법률사실 |
|---|---|---|

법률관계의 발생, 변경과 소멸을 초래하는 사실을 말하며 소송사건과 소송행위를 포함한다. 소송사건은 사람의 의지와 상관없이 민사소송 법률관계의 발생, 변경 혹은 소멸을 일으킬 수 있는 객관상황을 말한다. 예컨대 이혼사건에서 당사자 일방의 돌연사망으로 인하여 혼인관계가 자연적으로 종료된 경우 소송절차를 계속 진행시킬 의미가 없기 때문에 민사소송 법률관계가 소멸하는 결과가 발생한다. 소송행위

는 민사법률관계의 주체가 목적을 가지고 이를 실행함으로써 실행한 민사소송법률
관계의 효력을 발생시키는 행위를 말한다.

| mín shì àn jiàn àn yóu<br>**民事案件案由**<br>민 사 안 건 안 유 | 민사사건의 분류 | 007 |

민법이론을 기초로 민사사건의 법률관계를 분류해 놓은 것을 말한다. 民事案件案
由<sup>mín shì àn jiàn àn yóu</sup>는 민사사건 명칭의 중요한 구성부분이며, 임의로 정할 수 있는 것이 아니라 최고
인민법원이 제정한 "민사안건안유규정(民事案件案由規定)"에 근거하여 정한다. 위
규정은 民事案件案由<sup>mín shì àn jiàn àn yóu</sup>를 4개 등급으로 나누는데 1등급은 인격권분쟁, 혼인가정상속
분쟁, 물권분쟁, 계약·준계약분쟁, 지식재산권과 경쟁분쟁, 노동쟁의·인사쟁의 분
쟁, 해사해상분쟁, 회사·증권·보험·어음 등과 관련한 분쟁, 불법행위책임 분쟁, 비
송절차 사건, 특별소송절차 사건 등 11개로 크게 대별한다. 1등급 民事案件案由<sup>mín shì àn jiàn àn yóu</sup>항
목하에 54개의 民事案件案由<sup>mín shì àn jiàn àn yóu</sup>를 두어 제2등급으로 하고, 그 아래에 473개의 民事案<sup>mín shì àn</sup>
件案由<sup>jiàn àn yóu</sup>를 두어 제3등급으로 한다. 제3등급의 民事案件案由<sup>mín shì àn jiàn àn yóu</sup>는 실무상 가장 많이 사
용된다. 제3등급 아래에 민사관계의 복잡성에 근거하여 약간의 제4등급의 民事案<sup>mín shì àn</sup>
件案由<sup>jiàn àn yóu</sup>를 두고 있다. 예컨대 1등급은 물권분쟁이고, 2등급은 소유권 분쟁이며, 3등
급은 건축물 구분소유권 분쟁이며, 4등급은 주차장 분쟁인 것이다. 민사사건 명칭
을 정할 때 4등급이 있으면 4등급으로 정하고, 4등급이 없다면 3등급으로 정하며,
3등급이 없다면 2등급으로 정한다. 2등급에서도 정할 수 있는 民事案件案由<sup>mín shì àn jiàn àn yóu</sup>가 없다
면 최상위 등급인 1등급의 民事案件案由<sup>mín shì àn jiàn àn yóu</sup>로 정한다. 중국 재판문서사이트(中国裁判
文书网)에서 民事案件案由<sup>mín shì àn jiàn àn yóu</sup>를 입력하면 관련 사건을 검색하 수 있다.

| tóngděngyuán zé<br>**同等原則**<br>동 등 원 칙 | 동등의 원칙 | 008 |

소송에서 국적에 상관없이 당사자들에게 동등한 소송의 권리와 의무를 부여하는 것

을 말한다. 외국인, 무국적자, 외국기업과 조직은 법원에서 제소, 응소함에 있어서 중국 공민, 법인 및 기타 조직과 동등한 소송의 권리와 의무를 가진다(民事诉讼法 제5조).

| 009 | duì děngyuán zé<br>**对等原则**<br>대 등 원 칙 | **대등의 원칙** |

외국법원이 중국의 공민, 법인과 기타 조직의 민사소송 권리에 대하여 제한을 가하면, 중국법원도 당해 국가의 공민, 기업과 조직의 민사소송권에 대하여 대등하게 적용하는 원칙을 말한다(民事诉讼法 제5조).

| 010 | dú lì shěnpànyuán zé<br>**独立审判原则**<br>독 립 심 판 원 칙 | **재판독립의 원칙** |

민사사건의 재판권은 법원이 법률규정에 근거하여 독립적으로 행사하며, 행정기관·사회단체 및 개인의 간섭을 받지 않는 것을 말한다(民事诉讼法 제6조).

| 011 | sù sòngquán lì píngděngyuán zé<br>**诉讼权利平等原则**<br>소 송 권 리 평 등 원 칙 | **당사자 평등의 원칙**<br>**무기평등의 원칙** |

당사자들이 민사소송 중 평등한 권리를 향유하고 평등한 소송지위를 가지는 것을 말한다. 법원은 민사사건을 심리할 때 당사자들에게 평등하게 법률을 적용해야 하고, 당사자자들이 평등하게 공격·방어를 행사할 수 있도록 보장해야 한다(民事诉讼法 제8조).

| fǎ yuàntiáo jiě yuán zé<br>**法院调解原则**<br>법 원 조 해 원 칙 | **법원조정의 원칙** |
|---|---|

법원은 민사사건을 심리할 때 자원(自願)과 합법의 원칙에 근거하여 조정을 진행하는 것을 말한다. 단, 조정이 성사되지 않으면 법원은 판결을 지체해서는 아니 된다. 법원의 조정을 거쳐 쌍방 당사자가 조정서에 서명하면 바로 법적 효력이 발생한다. 法院调解原则가 분쟁을 해결하는 하나의 중요한 방식이긴 하지만, 모든 소송사건이 반드시 법원의 조정을 거쳐야 하는 것은 아니다. 특히 당사자가 법원의 조정을 명백히 거절하거나 특별절차·독촉절차·공시최고절차를 적용하는 사건, 혼인 등 신분관계를 확인하는 사건은 조정으로 해결할 수 있는 성격의 사건이 아니기 때문에 법원의 조정을 진행해서는 아니 된다(民事诉讼法 제9조).

| shǐ yòngběn mín zú yǔ yánwén zì yuán zé<br>**使用本民族语言文字原则**<br>사 용 본 민 족 언 어 문 자 원 칙 | **자기민족 언어 사용의 원칙** |
|---|---|

중국은 56개 민족이 공존하는 다양성이 큰 나라이므로 민사소송법뿐만 아니라 행정소송법과 형사소송법에도 모든 각 민족은 자기 민족의 언어와 문자로 소송을 진행할 권리를 부여하는 것을 말한다. 소수민족이 집거(集聚)하거나 여러 민족이 공동으로 거주하는 지역의 법원은 현지에서 통용되는 언어, 문자로 심리를 진행하고 법률문서를 발행해야 한다. 또한 법원은 현지 통용언어와 문자를 알지 못하는 소송참여인에게 통번역을 제공해야 한다(民事诉讼法 제11조).

| biàn lùn yuán zé<br>**辩论原则**<br>변 론 원 칙 | **변론주의**<br>**변론의 원칙** |
|---|---|

당사자들이 자신에게 유리한 소송결과를 얻을 목적으로 사건의 사실과 적용법률에 대하여 각자의 주장과 의견을 진술하여, 상호 간에 공격과 방어 방법을 실시하는 민

사소송의 원칙을 말한다. 辩论原则은 특별절차 외 1심절차, 2심절차 및 재심절차를 포함한 민사소송의 모든 절차에서 보장되어야 한다(民事诉讼法 제12조).

| 015 | chéng shí xìn yòngyuán zé<br>**诚实信用原则**<br>성 실 신 용 원 칙 | **신의성실의 원칙** |
|---|---|---|

민사소송에서 법원, 당사자 및 기타 소송참여인은 반드시 공정·성실·선의로 소송 권리를 행사하고 소송의무를 이행하여야 하는 원칙을 말한다. 중국은 2012년 민사 소송법을 개정할 때 诚实信用原则을 기본원칙으로 추가하였다. 해당 원칙은 민사 소송 중에서 당사자 간 및 당사자와 기타 소송주체 간의 이익균형을 유지하고 실질 적 정의를 실현하는 중요한 보장이다(民事诉讼法 제13조).

| 016 | chǔ fèn yuán zé<br>**处分原则**<br>처 분 원 칙 | **처분권 주의** |
|---|---|---|

민사소송에서 당사자는 법률이 규정한 범위 내에서 자기가 소송의 개시, 재판의 대상 및 범위, 그리고 소송의 종결에 대하여 자유롭게 처분할 수 있는 원칙을 말한다. 민사분쟁이 발생한 후 소송으로 그 분쟁을 해결할지, 소송물의 범위를 어떻게 특정할지, 소송을 취하할지, 원심판결에 대하여 상소할지 등에 대하여 당사자가 처분권을 가지고 이에 대하여 자유롭게 결정할 수 있다. 处分原则은 민사 법률관계에서의 사적자치 원칙이 민사소송에서 발현된 것으로 볼 수 있다(民事诉讼法 제13조).

| 017 | zhī chí qǐ sù yuán zé<br>**支持起诉原则**<br>지 지 기 소 원 칙 | **제소 지원 원칙** |
|---|---|---|

기관, 사회단체, 기업사업단위(企业事业单位)는 국가, 집체(集体) 혹은 개인의 민사 권익을 침해한 행위에 대하여 손해를 입은 단위(单位) 혹은 개인을 지원하여 법원

에 제소할 수 있는 원칙을 말한다. 이러한 방식으로 법원에 제소할 수 있는 주체로 자연인은 될 수 없고, 반드시 기관만 가능하며 소송의 원고는 여전히 손해를 입은 피해자이다. 이러한 기관에는 소비자협회, 공회(工会), 환경보호기관, 여성협회, 미성년자와 노인보호에 책임이 있는 기관, 검찰원 등이 있다. 이 원칙은 손해를 입은 피해자가 신체적, 환경적, 경제적인 어려움으로 인하여 제소하지 못하거나 제소하기 불편한 상황에 처한 경우에 제소를 지원하는 기관에서 증거수집, 법정변론, 경제적 지원 등을 제공해주는 것을 말한다(民事诉讼法 제15조).

| jiǎn chá jiān dū yuán zé<br>**检察监督原则**<br>검 찰 감 독 원 칙 | 검찰감독원칙 |
| --- | --- |

검찰원에게 법원의 민사소송 재판활동과 민사집행활동의 합법성에 대하여 법률적으로 감독할 권리가 있는 원칙을 말한다. 檢察監督原則의 취지는 민사소송절차가 자아 수정능력이 결여되고, 자아복구 능력 또는 자정능력이 결여된 경우 검찰원이 사법환경을 바로잡고, 사법공정성을 수호하기 위하여 감독 역할을 하는 것이다. 검찰원은 확정판결에 재심 사유가 있거나 조정서가 국가이익, 사회공공이익에 손해를 미치는 것을 발견한 경우 법원에 해당 사건에 대하여 항소의 방식으로 재심을 제기하거나, 법원에 법원 스스로 재심절차를 개시하도록 검찰 건의를 제기할 수 있다(民事诉讼法 제14조).

| hé yì zhì<br>**合议制**<br>합 의 제 | 합의제 |
| --- | --- |

合议制는 3인 이상의 법관으로 합의부를 구성하여 법원을 대표하여 심판권을 행사하고, 사건에 대하여 심리한 후 판결을 내리는 제도를 말한다. 合议制는 법원이 사건을 심리하는 기본적인 방식이며, 간이절차에서 단독제를 실시하는 외에, 모두 합의제로 심리해야 한다(民事诉讼法 제40조).

| 020 | hé yì tíng<br>**合议庭**<br>합 의 정 | **합의부** |

법원이 사건을 심리할 때 구성하여야 하는 재판정의 기본적인 조직형식을 말한다. 合议庭(hé yì tíng)은 3명 이상의 홀수 법관으로 구성된다. 1심 合议庭(hé yì tíng)에는 법관 외 배심원도 그 구성원으로서 법관과 동등한 권리와 의무를 가진다. 2심 合议庭(hé yì tíng)에는 배심원이 구성원으로 될 수 없다. 상소심 법원에서 파기환송된 사건 또는 재심 사건의 원심법원은 별도로 合议庭(hé yì tíng)을 구성해야 한다.

| 021 | dú rèn zhì<br>**独任制**<br>독 임 제 | **단독제** |

합의제에 대응하는 제도이며, 1명의 법관이 단독으로 사건에 대하여 재판하는 제도를 말한다. 간이절차를 적용하는 민사사건, 특별절차를 적용하는 민사사건 중 선거인자격 사건, 그리고 중대하고, 어려운 비송사건 이외의 기타 사건은 법관 1인이 재판을 진행한다(民事诉讼法 제40조).

| 022 | gōng kāi shěn pàn zhì dù<br>**公开审判制度**<br>공 개 심 판 제 도 | **공개심리주의** |

법원이 민사사건의 심리 과정과 판결결과를 일반인에게 공개하는 것을 말한다. 법원은 개정 3일 전에 당사자의 성명·명칭, 사건이유, 개정 시간과 장소를 공고하고, 일반인이 심리과정을 방청할 수 있도록 해야 하며, 신문기자·언론매체가 심리과정을 녹화, 촬영, 중계 방송하여 사건심리의 상황을 사회에 공개할 수 있도록 해야 한다. 판결문의 선고는 공개해야 하며, 판결결과만 공개하는 것이 아니라 판결이유도 공개해야 한다. 다만, 국가기밀 내지 개인 사생활과 관련된 사건은 공개 심리하지 않으며, 영업비밀과 관련된 사건은 당사자의 신청에 의하여 법원에서 공개심리 여부를 결정한다(民事诉讼法 제10조).

| liǎngshěnzhōngshěn zhì dù<br>**两审终审制度**<br>2 심 종 심 제 도 | **2심 종심제도** |
| --- | --- |

중국의 법원은 기층법원·중급법원·고급법원·최고법원 등 4개 등급으로 나누어지는데 특별절차를 적용하는 사건 이외의 일반적인 민사사건은 그중 2개 등급의 법원의 심리로 종결되는 제도를 말한다. 3심 종심제를 시행하고 있는 많은 국가와 달리 중국의 민사사건엔 2심 종심제를 선택한 이유는 중국이 땅이 넓고, 3심제도를 시행하게 되면 소송에 들어가는 비용이 지나치게 많을 수 있기 때문이다. 二审终审制度(èr shěnzhōngshěn zhì dù)에 따르면 기층법원이 1심법원인 사건은 2심법원에서 종결되고, 중급법원이 1심법원인 사건은 고급법원에서 종결되기 때문에 소수의 중대 사건 외 대다수 사건은 최고법원에서 재판을 받을 수 있는 기회가 없다.

| guǎn xiá<br>**管辖**<br>관 할 | **관할** |
| --- | --- |

재판권을 행사하는 법원 내부에서 상하급 법원 사이 및 같은 심급법원 사이에 제1심 민사사건을 수리하는 업무분담과 권한을 말한다. 관할은 당사자가 소송을 진행하기에 편리하고 법원이 재판권을 행사하기에도 편리한 원칙, 공정재판의 원칙, 각급 법원의 업무부담의 균형원칙, 국가주권 보호원칙 등에 따라 각 법원 사이의 재판권 행사 범위를 정한다.

| jí bié guǎn xiá<br>**级别管辖**<br>급 별 관 할 | **심급관할** |
| --- | --- |

중국의 법원은 기층법원·중급법원·고급법원 및 최고법원 4개 급별로 나누어져 있는데 서로 다른 심급별 법원 간에 제1심 민사사건의 관할에 대한 분배 제도를 말한다. 민사사건은 원칙적으로 기층법원에서 심리하며 법률에 별도의 규정이 있는 경

우에는 그러하지 아니하다. 중급법원은 중대한 섭외사건, 본 관할구역내의 중대한 사건 및 최고법원에서 중급법원이 관할하도록 확정한 사건의 제1심 관할법원이 된다. 고급법원은 관할구역 내에서 중대한 영향이 있는 제1심 민사사건을 관할한다. 최고법원은 전국에서 중대한 영향이 있는 사건과 본 법원이 심리해야 한다고 인정하는 사건에 대하여 제1심 관할법원이 된다(民事诉讼法 제18조).

| 026 | dì yù guǎn xiá<br>地域管辖<br>지 역 관 할 | 토지관할 |

소재지를 달리 하는 같은 심급 법원 사이에 제1심 민사사건의 관할을 분배하는 것을 말하며 토지관할이라고도 한다. 일반 地域管辖은 보통관할이라고도 하는데 피고 주소지 혹은 거소지(居所地) 법원이 관할하는 것이 원칙이고, 중국 내에 거주하지 않는 자를 피고로 제기한 신분관계 소송, 행방불명이거나 실종선고를 받은 자를 피고로 제기한 신분관계 소송, 강제 교육조치를 받은 자를 피고로 제기한 소송, 감금된 자를 피고로 제기한 소송 등에서는 원고 주소지 혹은 거소지 법원이 예외적으로 관할한다. 특수 地域管辖은 특별관할이라고도 하는데 당사자 주소지, 소송물, 소송목적물 및 법률사실의 발생지가 기준이 되는 관할이다. 예컨대 계약분쟁으로 인한 소송에서 계약이행지 법원이 관할법원이 되고, 불법행위로 인한 소송에서 불법행위지 법원이 관할법원이 되며, 교통사고로 인한 소송에서 사고발생지 법원이 관할법원이 되는 등이다(民事诉讼法 제23조).

| 027 | zhuān shǔ guǎn xiá<br>专属管辖<br>전 속 관 할 | 전속관할 |

특정 사건에 대하여 특정법원만이 관할권이 있는 경우를 말한다. 专属管辖은 강제성과 배타성이 있으며 법률에 专属管辖이라고 규정한 사건에 대하여 토지관할과 합의관할은 적용되지 않으며 외국법원도 관할권이 없다. 专属管辖에 속하는 사건

으로는 주로 다음과 같은 3가지 경우가 있다. ① 부동산 분쟁으로 인한 소송은 부동산 소재지의 법원이 관할하고, ② 항구작업 중에 발생한 분쟁으로 인한 소송은 항구 소재지 법원이 관할하며, ③ 유산 상속분쟁으로 인한 소송은 피상속인 사망 시 주소지 혹은 주요 유산 소재지 법원이 관할한다(民事诉讼法 제34조).

| xié yì guǎn xiá 协议管辖 협의관할 | 합의관할 028 |
|---|---|

당사자 쌍방이 법정요건을 충족시키는 조건하에 분쟁 발생 전 혹은 발생 후 서면협의 방식으로 관할법원을 약정하는 것을 말하며 합의관할이라고도 한다. 계약 혹은 기타 재산권과 관련한 분쟁 당사자는 서면협의 방식으로 피고 주소지·계약이행지·계약체결지·원고 주소지·소송목적물 소재지 등 분쟁과 실질적인 관련성이 있는 법원을 관할법원으로 선택할 수 있다. 단, 급별관할(级别管辖)과 전속관할의 규정을 위반하여서는 아니 된다. 协议管辖에 의하여 2개 이상의 분쟁과 실질적인 관련성이 있는 법원을 선택한 경우, 원고는 그중 하나의 법원에 소송을 제기할 수 있다(民事诉讼法 제35조).

| yìng sù guǎn xiá 应诉管辖 응소관할 | 변론관할 응소관할 029 |
|---|---|

원고가 제소하여 법원에서 사건을 수리한 후 피고가 관할권에 대하여 이의를 제기하지 않고 응소함으로써 수소법원이 사건에 대하여 관할권을 갖게 되는 관할제도를 말하며 묵시적 합의관할 혹은 묵인관할(默认管辖)이라고도 한다. 그러나 급별관할(级别管辖)과 전속관할의 규정을 위반한 경우는 제외한다(民事诉讼法 130조).

| 030 | xuǎn zé guǎn xiá<br>**选择管辖**<br>선 택 관 할 | **선택관할** |

2개 이상의 법원에 동일한 사건에 대하여 모두 관할권이 있는 경우, 당사자는 그중의 한 개 법원을 선택하여 제소할 수 있는 것을 말한다. 예컨대 원고가 관할권이 있는 법원에 모두 제소한 경우 가장 먼저 입안(立案)한 법원이 관할권을 갖게 된다(民事诉讼法 36조).

| 031 | yí sòngguǎn xiá<br>**移送管辖**<br>이 송 관 할 | **소송의 이송** |

법원이 사건을 수리한 후 당해 법원에 관할권이 없음을 발견하면 법에 따라 사건을 관할권이 있는 법원으로 이송하는 것을 말한다. 移送管辖은 동급법원 사이에서 발생할 수도 있고 상·하급 법원 사이에서 발생할 수도 있다. 관할항정의 원칙에 따라 관할권이 있는 법원이 사건을 수리한 후 행정구역의 변경, 당사자 주소지의 변경 등을 이유로 이송해서는 아니 되며, 2개 이상의 법원에 모두 관할권이 있는 경우 먼저 입안(立案)한 법원에 관할권이 생기므로 이때 사건을 이송해서는 아니 되며, 이송을 받은 법원에 관할권이 없다고 인정하는 경우 재차 이송해서는 아니 되고 상급법원에 보고하여 지정관할(指定管辖)로 해결해야 한다(民事诉讼法 제37조).

| 032 | zhǐ dìngguǎn xiá<br>**指定管辖**<br>지 정 관 할 | **지정관할** |

상급법원이 법에 따라 당해 법원의 관할 구역 내의 하급법원에 사건을 심리하도록 지정하는 것을 말한다. 指定管辖을 신청한 경우 하급심 법원은 심리를 중지해야 한다. 指定管辖은 관할권이 있는 법원이 특수한 원인으로 관할권을 행사할 수 없는 경우, 법원 사이에 관할권에 다툼이 있고 합의로 해결되지 않은 경우, 이송관할에

의하여 사건을 이송 받은 법원에 이송사건이 당해 법원의 관할에 속하지 않는다고 간주할 경우에 발생한다(民事诉讼法 제38조).

| guǎn xiá quánzhuǎn yí **管辖权转移** 관 할 권 전 이 | 소송의 이송 |
|---|---|

상급법원의 결정에 의해 사건의 관할권을 관할권이 없는 다른 법원에 이전하는 것을 말한다. 상급법원은 하급법원에 관할권이 있는 제1심 사건을 직접 심리할 수 있고, 자신의 관할권 내에 있는 제1심 사건을 하급법원이 심리하도록 할 필요가 있는 경우 상급법원에 보고하여 비준을 받아야 한다. 하급법원은 자신의 관할권 내의 사건을 상급법원이 심리할 필요가 있다고 간주할 경우 상급법원에 심리를 신청할 수 있다(民事诉讼法 제39조).

| guǎn xiá héngdìng **管辖恒定** 관 할 항 정 | 관할의 항정 |
|---|---|

수소법원이 법에 따른 관할권이 있는 경우, 향후 사정변경이 있다고 하여도 그 관할권에 영향을 미치지 않는 것을 말하며 관할고정이라고도 한다. 관할권은 당사자의 주소지·경상거주지(经常居住地) 변경, 행정구역 변경의 영향을 받지 않는다. 피고가 반소를 제기한 후 원고가 본소를 철회한 경우 본소법원의 반소 관할권이 영향을 받지 않으며, 당사자가 소송 중에서 청구취지를 확장하여도 일반적으로 관할권은 영향을 받지 않는다.

| guǎn xiá quán yì yì **管辖权异议** 관 할 권 이 의 | 관할권 이의 |
|---|---|

법원이 사건을 수리한 후 피고가 법정 기간 내에 수소법원에 관할권이 없음을 주장

하는 것을 말한다. 管辖权异议<sup>guǎn xiá quán yì yì</sup>는 답변서 제출 기간에 제출해야 하며, 법원은 심사 후 이의가 성립하면 사건을 관할권이 있는 법원으로 이송하고, 이의가 성립되지 않으면 管辖权异议<sup>guǎn xiá quán yì yì</sup>를 각하한다. 管辖权异议<sup>guǎn xiá quán yì yì</sup>는 1심 절차에서만 제기할 수 있으며 2심 절차에서는 제기할 수 없다(民事诉讼法 제130조).

| 036 | huí bì<br>回避<br>회 피 | 회피<br>기피<br>제척 |
|---|---|---|

민사소송 중에서 법관 및 기타 관련 인원이 법률에 규정한 특정 사유가 있는 경우 사건의 심리에서 배제되는 제도를 말한다. 법정 回避<sup>huí bì</sup> 사유가 있는 경우 법관이 스스로 回避<sup>huí bì</sup>하거나, 당사자 및 그 소송대리인이 법관에게 回避<sup>huí bì</sup>해야 할 사항이 있다고 판단할 경우 법원에 回避<sup>huí bì</sup>를 신청하거나, 법관이 回避<sup>huí bì</sup>해야 할 사항이 있으나 스스로 回避<sup>huí bì</sup>하지 않을 경우 법원장 혹은 심판위원회(审判委员会)의 결정으로 심리에서 배제하는 제도를 말한다(民事诉讼法 제47조).

| 037 | shěn pàn yuán<br>审判员<br>심 판 원 | 합의부원<br>배석판사<br>법관 |
|---|---|---|

심판부의 구성원으로 심판에 임하는 자를 审判员<sup>shěn pàn yuán</sup>이라고 한다. 다만, 법관은 법원 원장, 부원장, 심판위원회 위원, 정장(庭长), 부정장(副庭长)과 审判员<sup>shěn pàn yuán</sup>으로 구분되므로 审判员<sup>shěn pàn yuán</sup>은 특별한 직책이 없는 법관을 말한다고 볼 수 있다.

| 038 | shěn pàn zhǎng<br>审判长<br>심 판 장 | 재판장 |
|---|---|---|

합의부를 구성할 경우 법관 중 1인이 审判长<sup>shěn pàn zhǎng</sup>을 담당하게 된다. 审判长<sup>shěn pàn zhǎng</sup>은 법원 원장 혹은 정장(庭长)이 지정하고, 법원 원장 혹은 정장이 심판에 참가할 경우 원장 혹은

정장이 직접 審判长을 담당한다. 개정 심리 시 審判长이 당사자를 확인하고, 사건이
유·심판인원·서기원 명단을 공개하며 당사자에게 소송 관련 권리의무를 고지하고
당사자에게 회피 신청을 할지 여부를 확인한다(民事诉讼法 140조).

**陪审员** 배심원 — 배심원

일반 국민이 심판활동에 참가하여 법률에 특별한 규정이 없는 한 법관과 동일한 권
한을 향유하는 것을 말한다. 제1심 사건에 다음 상황이 있는 경우 배심원과 법관이
합의부를 구성한다. ① 단체이익, 공공이익에 관련될 경우, ② 대중으로부터 광범한
주목을 받거나 사회적 영향이 비교적 클 경우, ③ 사건상황이 복잡하거나 기타 상황
으로 인하여 배심원이 심판활동에 참가할 필요가 있는 경우이다. 또한, 다음 상황이
있는 경우 배심원 4명과 법관 3명 총 7명으로 합의부를 구성한다. ① 민사소송법에
근거하여 공익소송을 제기한 사건, ② 토지징용(征用) 철거이주, 생태환경보호, 식
품약품안전과 관련되고 사회적 영향이 중대한 사건, ③ 기타 사회적 영향이 중대한
사건이다(陪审员法 제15조).

**书记员** 서 기 원 — 법원사무관

심판활동을 보조하는 자를 말하며 법관의 지도하에 ① 개정 전 준비를 위한 사무적
업무를 처리하고, ② 개정 시 소송참여인의 참가상황을 검사하고, 법정 질서를 설명
하며, ③ 사건 심리 중에 기록업무를 담당하고, ④ 사건 자료를 정리, 제본, 보관하
며, ⑤ 법관이 맡긴 기타 사무적 업무를 수행한다. 또한 书记员은 판결서, 조정서 등
서류에 서명해야 한다.

| 041 | jiàn dìng rén<br>**鉴定人**<br>감 정 인 | **감정인** |

특별한 학식과 경험을 가진 자연인으로 그 전문지식을 이용하여 전문성을 요하는 문제에 대하여 감별과 판단을 하는 사람을 말한다. 당사자는 법원에 감정신청을 할 수 있고, 쌍방 당사자가 협의로 자격이 있는 鉴定人을 정하며 협의가 이뤄지지 아니할 경우 법원에서 지정한다. 당사자가 감정을 신청하지 아니하였으나 법원이 전문적인 문제에 대하여 감정이 필요하다고 생각하는 경우에도 자격이 있는 鉴定人에게 위탁하여 감정을 진행해야 한다. 鉴定人은 서면으로 감정의견을 제출해야 하며, 당사자가 감정의견에 이의가 있거나 법원에서 鉴定人이 출석할 필요가 있다고 판단할 경우 鉴定人은 출석하여 증언을 제공해야 한다(民事诉讼法 제81조).

| 042 | kān yàn rén<br>**勘验人**<br>검 험 인 | **검증인** |

소송절차에서 분쟁사실과 관련된 현장, 물품 등에 대하여 검사, 촬영, 측량을 하는 자를 말한다. 勘验人은 위 행위로 밝힌 상황과 결과를 기록으로 작성하고 勘验人, 당사자와 참가 요청을 받은 자가 서명 혹은 날인해야 한다. 물적증거 혹은 현장을 검증할 때 勘验人은 반드시 법원의 증서를 제시하고 현지 기층조직 혹은 당사자가 근무하는 업체에서 사람을 파견하여 참가하도록 해야 한다. 당사자 혹은 당사자의 성인 가족은 현장에 있어야 하며 거절할 경우 검증의 진행에 영향을 미치지 않는다(民事诉讼法 제83조).

| 043 | sù sòng hé jiě<br>**诉讼和解**<br>소 송 화 해 | **소송상 화해** |

민사소송 절차에서 당사자 쌍방이 상호 합의에 기하여 분쟁해결에 대한 화해를 이

루고 법원에 소송절차의 종료를 요구하는 제도를 말한다. 诉讼和解<sup>sù sòng hé jiě</sup> 절차에서 당사자가 법관에게 합의를 이룬 내용을 변론조서 혹은 조정서에 기록할 것을 요구한 경우 诉讼和解<sup>sù sòng hé jiě</sup>의 성격은 법원조정으로 변경된다. 诉讼和解<sup>sù sòng hé jiě</sup>는 특별절차, 공시최고절차, 독촉절차 등 사건에는 적용되지 않으며, 친자관계·입양관계·혼인관계 등 신분관계에 관련된 사건에도 诉讼和解<sup>sù sòng hé jiě</sup>를 적용하지 않는다.

| sù sòngqǐng qiú<br>**诉讼请求**<br>소 송 청 구 | 청구취지 | 044 |
|---|---|---|

소장에 법원에 대하여 청구하고자 하는 목적을 기재하는 것을 말하며 소의 결론 부분에 해당한다. 诉讼请求<sup>sù sòngqǐng qiú</sup>에 대해서는 원고가 바라는 바를 판결주문에 적게 되며 이를 간단명료하게 표현해야 한다. 诉讼请求<sup>sù sòngqǐng qiú</sup>는 소송물의 동일성을 가리는 중요한 표준이 되며 관할권의 확정, 소송비용의 부담 등에 있어서도 중요한 기준이 된다.

| sù sòngbiāo dì<br>**诉讼标的**<br>소 송 표 적 | 소송물 | 045 |
|---|---|---|

민사소송에서 있어서 심판의 대상이 되는 기본단위, 즉 소송의 객체를 말하는데 일반적으로 원고가 피고에 대한 권리주장 혹은 청구를 뜻하는 말이다. 诉讼标的<sup>sù sòngbiāo dì</sup>은 기판력의 객관적 범위와 일치하게 된다.

| fǎn sù<br>**反诉**<br>반 소 | 반소 | 046 |
|---|---|---|

소송계속 중에 피고가 해당 소송절차에서 원고에 대하여 제기하는 소를 말한다. 피고가 反诉<sup>fǎn sù</sup>를 제기하면 본소의 원고는 反诉<sup>fǎn sù</sup>피고가 되고, 본소의 피고는 反诉<sup>fǎn sù</sup>원고가 된다. 피고가 反诉<sup>fǎn sù</sup>를 제기하면 법원은 본소와 반소를 병합하여 심리할 수 있다.

| 047 | fǎn bó<br>**反驳**<br>반 박 | **항변** |

피고가 원고의 소송청구를 배척하기 위하여 소송법상 또는 실체법상의 규정에 근거하여 자신의 권리를 적극적으로 방어하는 것을 말한다.

| 048 | gòngtóng sù sòng<br>**共同诉讼**<br>공 동 소 송 | **공동소송** |

당사자 일방 또는 쌍방이 2인 이상이고 소송물이 동일 종류일 경우 법원이 당사자의 동의를 얻어 병합심리하는 것을 말한다. 共同诉讼의 일방 당사자가 소송물에 대하여 공동의 권리의무가 있는 경우 그중 1인의 소송행위는 다른 공동소송인의 동의를 거쳐 그 공동소송인에게도 효력이 발생한다. 소송물에 대하여 공동의 권리의무가 없는 경우, 그중 1인의 소송행위는 다른 공동소송인에게 효력이 발생하지 않는다(民事诉讼法 제55조).

| 049 | pǔ tōnggòngtóng sù sòng<br>**普通共同诉讼**<br>보 통 공 동 소 송 | **통상공동소송** |

분리하여 심리할 수 있는 소송이며 소송절차의 효율성 등을 감안하여 병합심리하는 공동소송을 말한다. 각 공동소송인의 소송행위는 독립적이기 때문에 자신에게만 효력이 발생하며 다른 공동소송인에게는 효력을 미치지 않는다.

| 050 | bì yàogòngtóng sù sòng<br>**必要共同诉讼**<br>필 요 공 동 소 송 | **필수적 공동소송** |

법원이 반드시 병합심리하여 소송물에 대하여 합일확정이 요구되는 공동소송을 말

한다. 必要共同诉讼은 전체 공동소송인이 반드시 함께 공동원고 또는 공동피고가
되어야 하는 고유必要共同诉讼과 일단 공동소송이 된 경우에는 합일확정이 필요한
유사必要共同诉讼이 있다.

| dài biǎo rén sù sòng<br>**代表人诉讼**<br>대 표 인 소 송 | 선정당사자 |
|---|---|

공동의 이해관계가 있는 다수인이 소송을 할 경우에 소송 진행의 편의를 위하여 당
사자 중에서 대표인을 선정하여 선정된 대표인이 당해 소송을 진행하는 절차를 말
한다. 代表人诉讼은 '당사자 수가 확정된 代表人诉讼'과 '당사자 수가 확정되지 않
은 代表人诉讼'이 있다. 전자의 경우에는 당사자들이 대표인을 선출하여 소송을 진
행하는 것이고, 후자의 경우에는 법원이 사건내용과 소송청구에 대한 공고를 하여
권리자가 일정한 기간 내에 법원에 등기를 한 후 등기한 권리자가 대표인을 선출하
여 소송을 진행하는 것이다(民事诉讼法 제57조).

| gōng yì sù sòng<br>**公益诉讼**<br>공 익 소 송 | 공익소송 |
|---|---|

환경오염, 다수의 소비자의 합법적 권익에 손해를 초래하는 등 국가와 사회의 공공
이익에 손해를 초래한 위법행위에 대하여 법률이 규정한 국가기관 혹은 조직이 소
송을 제기하는 제도를 말한다. 환경공익소송에서는 해양환경감독관리기능을 수행
하는 국가기관과 일정한 요건을 갖춘 환경보호단체 및 검찰원이 원고 자격이 있다.
소비공익소송에서는 소비자협회 및 검찰원이 원고 자격이 있다. 公益诉讼에서의
원고는 모두 불법행위와 직접적인 이해관계가 없는 자이다(民事诉讼法 제58조).

| 053 | dāng shì rén<br>**当事人**<br>당 사 인 | 당사자 |

민사권리의무에 분쟁이 발생하여 자신의 명의로 소송을 진행하고 법원에 심판권을 행사할 것을 요구하는 자 및 그 상대방을 말한다. 제1심 절차에서는 원고와 피고라 칭하고, 제2심 절차에서는 상소인과 피상소인이라 칭하며, 집행절차에서는 집행신청인과 피집행인이라 부른다. 자연인, 법인, 기타 조직은 当事人<sup>dāng shì rén</sup>이 될 수 있고, 当事人<sup>dāng shì rén</sup>이 확정되어야 관할, 회피, 소송비용 등을 확정할 수 있다.

| 054 | dì sān rén<br>**第三人**<br>제 삼 인 | 제3자 |

당사자 쌍방의 소송물에 대하여 독립청구권이 있다고 인정하여 제소하는 방식으로 소송에 참가하거나, 독립청구권이 없으나 사건의 처리결과와 법률상의 이해관계가 있어 타인이 진행 중인 소송에 참가하는 자를 말한다. 第三人<sup>dì sān rén</sup>이 본인의 귀책사유가 아닌 이유로 소송에 참가하지 못하였으나 법률효력이 발생한 판결, 재정, 조정서의 일부분 혹은 전부 내용에 착오가 있고 자신의 민사권익을 침해함을 증명할 수 있는 증거가 있는 경우, 손해를 입은 것을 알거나 알 수 있는 날부터 6개월 내에 판결, 재정(裁定), 조정서를 작성한 법원에 소송을 제기할 수 있다(民事诉讼法 제59조).

| 055 | yǒu dú lì qǐng qiú quán dì sān rén<br>**有独立请求权第三人**<br>유 독 립 청 구 권 제 삼 인 | 독립당사자 |

당사자 쌍방의 소송물에 대하여 독립청구권이 있다고 간주하는 제3자를 말한다. 有独立请求权第三人<sup>yǒu dú lì qǐng qiú quán dì sān rén</sup>은 타인 간의 소송의 진행 중에 다툼의 대상인 소송물에 대하여 소를 제기하는 방법으로 소송에 참가하며 원고에 해당하는 지위를 지닌다(民事诉讼法 제59조).

| wú dú lì qǐng qiú quán dì sān rén<br>**无独立请求权第三人**<br>무 독 립 청 구 권 제 삼 인 | 보조참가 | 056 |

당사자 쌍방의 소송물에 대하여 독립된 청구권은 없지만 사건의 처리결과와 법률상 이해관계가 있는 경우 소송참가를 신청하거나 법원의 통지로 소송에 참가하는 자를 말한다. 无独立请求权第三人은 원고측에서 소송에 참가하거나 피고측에서 소송에 참가하거나 모두 당사자와 완전히 같은 소송지위가 있는 것은 아니다. 법원의 판결에 의하여 민사책임을 부담하는 无独立请求权第三人은 당사자의 소송권리의무가 있다(民事诉讼法 제59조).

| sù sòng dài lǐ rén<br>**诉讼代理人**<br>소 송 대 리 인 | 소송대리인 | 057 |

소송을 대리할 권한에 의하여 당사자에 갈음하여 소송을 진행하는 자를 말하는데 법정 诉讼代理人과 위탁 诉讼代理人이 포함된다. 전자는 법률의 규정에 따라 소송행위능력자를 대리하여 민사소송절차를 진행하는 자를 말하고, 후자는 당사자·법정대리인·소송대표자의 위임을 받고 민사소송절차를 진행하는 자를 말한다. 일반적인 의미에서의 诉讼代理人은 후자를 말하며 변호사 외에 일정한 요건을 갖춘 일빈인도 가능하며, 1인 내지 2인의 诉讼代理人을 위탁할 수 있다(民事诉讼法 제61조).

| shòuquán wěi tuō shū<br>**授权委托书**<br>수 권 위 탁 서 | 위임장 | 058 |

타인에게 위탁하여 소송을 진행하기 위하여 위탁사항과 권한을 기재한 후 위탁인이 서명 혹은 날인한 문서를 말한다. 소송대리인이 소송청구의 승인·포기·변경, 화해, 반소의 제기, 상소 등을 대리하기 위하여 반드시 위탁인의 특별수권이 있어야 한다(民事诉讼法 제62조).

| | |
|---|---|
| **059** dāng shì rén chén shù<br>**当事人陈述**<br>당 사 인 진 술 | **당사자 진술** |

당사자가 사건에 대하여 직접 법정에서 진술하는 것을 말한다. 원고 진술 시 제소의 청구취지와 이유를 간략히 설명하거나 또는 소장을 읽어도 된다. 피고 진술 시 원고가 제기한 청구취지와 이유에 대하여 인정 혹은 부인하는 답변을 해야 하며, 독립당사자는 자신의 청구취지와 이유를 진술해야 하고, 보조참가자는 원고 혹은 피고의 진술에 대한 자신의 의견을 제기해야 한다. 当事人陈述중에 자인(自认)한 사실에 대해서는 조서에 기록해야 하며, 사실관계를 인정하는 근거가 된다.

| | |
|---|---|
| **060** jǔ zhèng zé rèn<br>**举证责任**<br>거 증 책 임 | **증명책임** |

재판의 기초가 되는 사실 관계가 소송 중에 불명확한 상태에 놓여 있다면 사실주장을 제기한 당사자가 불리한 결과를 부담해야 하는 것을 말한다. 따라서 불이익 판단을 받을 우려가 있는 당사자는 그 불이익의 방지를 위하여 자기에게 유리한 사실을 증명할 수 있는 증거를 제출하기 위한 노력을 다해야 한다.

| | |
|---|---|
| **061** jǔ zhèng zé rèn dào zhì<br>**举证责任倒置**<br>거 증 책 임 도 치 | **증명책임의 전환** |

증명책임 분배 일반원칙의 예외로 사실주장을 제기한 당사자가 아닌 상대방에게 증명책임을 지우는 것을 말한다. 예컨대 환경오염 사건에서 원고가 이를 증명하기는 어려운 반면 피고는 증거 확보가 용이하고, 제품품질책임 분쟁에서 제조자는 증명능력이 우월하고 증거 확보가 쉬운 반면 일반 소비자는 증명능력이 상대적으로 약하고, 증거를 확보하기도 쉽지 않다. 이와 같은 경우에 법적으로 권리를 주장하는 자가 아닌 상대방이 증명책임을 부담하게 된다.

| zhèngmíngbiāozhǔn<br>证明标准<br>증 명 표 준 | 증명도 |
|---|---|

당사자가 제출한 사실주장과 증거에 근거하여 법관의 심증에 확신이 설 수 있는 정도 혹은 최저한도를 말한다. 证明标准은 법관이 사실판단에서의 자유재량권을 남용하는 것을 제한하기 위한 것이다. 证明标准이 해결하고자 하는 문제는 법관이 당사자가 제공한 증거에 대해 자유 평가를 한 후, 어느 시점에 사실인정을 할 것인지, 어느 시점에 당사자의 증명책임을 면제할 지를 결정하는 것이다.

| zhì zhèng<br>质证<br>질 증 | 대질 |
|---|---|

당사자, 소송대리인 및 제3자가 법관의 주최 하에 증거의 진실성·합법성·관련성 및 증명력의 여부 등에 대하여 질문, 분별, 반박, 확인 등을 진행하는 절차를 말한다. 质证의 대상에는 당사자, 제3자가 제출한 증거와 법원이 직권으로 수집한 증거가 포함된다. 일반적으로 ① 원고가 증거를 제시하고 피고, 제3자와 원고가 质证하고, ② 피고가 증거를 제시하고 원고, 제3자와 피고가 质证을 진행을 하며, ③ 제3자가 증거를 제시하고, 원고, 피고와 제3자가 质证을 진행하는 순서로 진행된다. 주요 증거에 대하여 质证을 거치지 않으면 재심사유에 해당된다.

| chū tíng zuò zhèng<br>出庭作证<br>출 정 작 증 | 증인출석 |
|---|---|

사건 상황을 아는 기관 혹은 개인이 법원의 통지를 받고 법원에 증인으로 출석하여 증언하는 것을 말한다. ① 건강원인으로 출석할 수 없거나, ② 거리가 멀고 교통이 불편하여 출석할 수 없거나, ③ 자연재해 등 불가항력으로 인하여 출석할 수 없는 경우에는 서면증언, 영상전송기술 등 방식으로 증언할 수 있다(民事诉讼法 제75조).

| zhèng jù bǎoquán<br>**证据保全**<br>증 거 보 전 | 증거보전 |

증거가 멸실되거나 향후 취득하기 힘든 상황에 대처하기 위하여 법원이 당사자 혹은 이해관계인의 신청에 의하여 혹은 직권에 의하여 증거에 대하여 일정한 조치를 취하여 증거를 확보하는 제도를 말한다. 证据保全<sup>zhèng jù bǎoquán</sup>이 타인에 손해를 초래할 우려가 있는 경우 법원은 신청인에게 상응한 담보를 제공할 것을 요구해야 한다(民事诉讼法 제84조).

| qī jiān<br>**期间**<br>기 간 | 기간 |

법원, 당사자와 기타 소송참가인이 소송행위를 함에 있어서 법에 의해 준수해야 하는 기한을 말한다. 期间<sup>qī jiān</sup>은 법정기간과 법원이 지정한 지정기간을 포함한다. 법정기간은 특별한 예외상황이 없는 한 임의로 변경이 불가한 상소기간, 관할권 이의기간, 재심 기간 등의 期间<sup>qī jiān</sup>을 말한다. 지정기간은 법원이 사건의 구체상황과 사건 처리의 수요에 근거하여 당사자 및 기타 소송참여인이 특정된 소송행위를 완료할 것을 지정한 期间<sup>qī jiān</sup>이며 증명의 기간(举证的期间), 판결서에 확정한 의무 이행기간, 소장 보정기간 등을 말한다. 期间<sup>qī jiān</sup>은 시, 일, 월, 년으로 계산되며 期间<sup>qī jiān</sup>이 개시되는 시와 일은 期间<sup>qī jiān</sup>의 계산에 포함되지 않는다. 期间<sup>qī jiān</sup>이 만료되는 마지막 날이 공휴일인 경우 휴일 이후 첫 번째 날이 期间<sup>qī jiān</sup>이 만료되는 날이다(民事诉讼法 제85조).

| qī rì<br>**期日**<br>기 일 | 기일 |

당사자 및 기타 소송참여인이 법원이 지정에 따라 일정한 소송행위를 진행하는 시간을 말한다. 期日<sup>qī rì</sup>에는 변론준비절차기일, 조정기일, 변론기일, 판결선고기일 등이

있다. 당사자가 정당한 사유로 期日을 지키지 못한 경우 법원은 期日을 다시 지정해
야 한다.

법원이 법정절차와 방식에 따라 당사자 혹은 기타 소송참여인에게 소송에 관한 서
류를 교부하는 행위를 말한다. 送达을 받은 자가 송달증명원(送达回证)에 서명한
날짜가 送达날짜이다. 응소통지서와 소장부본이 送达되면 피고의 답변기간과 관할
권 이의제기 기간이 기산되며, 소환장을 送达 받은 후 원고가 정당한 사유가 없이
법정에 출석하지 않으면 법원은 소취하로 처리할 수 있고, 피고가 법정에 출석하지
않으면 결석판결을 내릴 수 있다(民事诉讼法 제87조).

법원이 일정한 격식에 따라 제정한 서류가 송달되었음을 증명하는 문서를 말한다.
송달문서에는 반드시 送达回证이 있어야 하며, 送达回证에는 송달을 받은 자가 날
짜를 기입하고, 서명 혹은 날인해야 한다(民事诉讼法 제87조).

법원이 전문인원을 파견하여 소송문서를 송달을 받을 자에게 직접 교부하는 방식을
말한다. 송달을 받을 자가 자연인인 경우 본인 부재 시 공동거주하는 성년 가족에게
교부하여 서명을 받고, 송달을 받을 자가 법인 혹인 기타 조직인 경우 법인의 법정
대표인, 기타 조직의 주요책임자 혹은 해당 법인·조직의 서류 수령을 책임지는 자

가 수령하고 서명한다. 송달을 받을 자가 법원에 대리인을 지정한 경우 대리인이 수령하고 서명한다(民事诉讼法 제88조).

| 071 diàn zǐ sòng dá<br>**电子送达**<br>전 자 송 달 | 교부송달 |
|---|---|

팩스, 이메일, 이동통신 등 송달 받을 자의 수령여부를 알 수 있는 방식의 송달을 말한다. 이러한 방식은 송달을 받을 자의 동의를 얻어야 하며 법원의 시스템에서 발송이 성공한 날짜를 송달 날짜로 한다. 다만, 이러한 송달방식은 판결서, 재정서(裁定书), 조정서의 송달에는 적용하지 않는다(民事诉讼法 제90조).

| 072 liú zhì sòng dá<br>**留置送达**<br>유 치 송 달 | 교부송달 |
|---|---|

송달 받을 자 혹은 그의 공동거주 성년 가족이 소송서류의 수령을 거절할 경우 송달인은 기층조직 혹은 송달 받을 자의 업체 대표의 입회 하에 상황을 설명하고 송달증명원(送达回证)에 수령 거절 사유와 날짜를 기입하고 송달인, 입회인(见证人)이 서명 혹은 날인한 후 소송서류를 송달을 받을 자의 주소에 두는 방식을 말한다. 혹은, 소송서류를 송달을 받을 자의 주소에 두고, 사진을 찍거나 녹화 등 방식으로 과정을 기록하는 방식을 말한다(民事诉讼法 제89조).

| 073 wěi tuō sòng dá<br>**委托送达**<br>위 탁 송 달 | 촉탁송달 |
|---|---|

수소법원의 관할구역에 거주하지 않는 송달 받을 자에게 송달하기에 어려움이 있는 경우 송달 받을 자의 주소지 법원에 위탁하여 송달하는 방식을 말한다. 기타 법원에 송달을 위탁하는 경우 위탁법원은 위탁서를 제시하고 송달이 필요한 소송서류와 송

달증명원(送达回证)을 첨부해야 하며, 송달 받을 자가 송달증명원에 서명한 날짜를 송달일로 한다. 중국 경내에 거주하지 않는 당사자에게 문서를 송달할 경우 해당 국가의 대사관·영사관에 대리 송달을 위탁하거나 국가 간 체결한 사법협정에 근거하여 해당 국가 법원에 송달을 위탁할 수 있다.

| yóu jì sòng dá<br>**邮寄送达**<br>우 기 송 달 | 우편송달 | 074 |
|---|---|---|

법원이 우체국을 통하여 등기우편의 방식으로 송달을 받을 자에게 소송서류를 송달하는 방식을 말한다. 邮寄送达방식에는 송달증명원(送达回证)가 첨부되어야 하며, 송달시간은 등기우편의 접수증(回执)에 명기된 날짜를 기준으로 한다.

| zhuǎn jiāo sòng dá<br>**转交送达**<br>전 교 송 달 | 군관계인에게 할 송달<br>구속된 사람 등에게 할 송달 | 075 |
|---|---|---|

송달 받을 자가 군인이거나 피감인인 경우 소속부대 관련기관 혹은 수감기관을 통하여 송달하는 방식을 말한다. 송달 받을 자가 송달증명원(送达回证)에 서명한 날짜가 송달일이다.

| gōng gào sòng dá<br>**公告送达**<br>공 고 송 달 | 공시송달 | 076 |
|---|---|---|

송달 받을 자가 행방불명이거나 기타 송달 방식으로 송달이 불가한 경우 신문 혹은 법원게시판에 공시하는 등 방식으로 송달하는 것을 말한다. 公告送达은 공시를 낸 날로부터 60일이 경과하면 송달이 된 것으로 간주한다(民事诉讼法 제95조).

| 077 | jǐ fù zhī sù<br>**给付之诉**<br>급 부 지 소 | 이행의 소 |

급부청구권의 확정과 피고에 대하여 급부명령을 할 것을 청구하는 소를 말한다. 원고가 주장하는 급부에는 금전의 급부, 물건의 급부, 행위의 급부 등이 포함된다. 급부청구권의 확정을 받은 당사자는 피고가 판결의 내용을 이행하지 않을 경우에 법원에 피고의 재산에 대한 강제집행을 신청하는 방법으로 자신의 권리를 실현할 수 있다.

| 078 | què rèn zhī sù<br>**确认之诉**<br>확 인 지 소 | 확인의 소 |

권리 또는 법률관계의 존부확정을 청구하는 소를 말한다. 确认之诉에서 법원은 당사자 간에 어떤 종류의 민사법률관계가 존재한다는 것만 확인하면 되고, 일정한 의무를 이행할 것을 판결할 필요는 없다. 소유권확인 등을 청구하는 적극적 确认之诉와, 채무부존재 확인 등을 청구하는 소극적 确认之诉가 있다.

| 079 | biàngēng zhī sù<br>**变更之诉**<br>변 경 지 소 | 형성의 소 |

법률관계의 변경을 청구하는 소를 말한다. 즉 소제기 당시까지 존재하지 아니하였던 새로운 법률관계를 발생시키거나 기존의 법률관계를 변경·소멸시키는 내용의 청구를 구하는 소이다. 원고가 승소한 경우 강제집행할 필요가 없이 법률관계가 자동적으로 변동한다.

| shì shí hé lǐ yóu<br>**事实和理由**<br>사 실 화 이 유 | 청구의 원인 |
|---|---|

소장에 청구취지와 같은 결론에 도달할 수 있도록 뒷받침해주는 사실관계와 실체법상의 권리를 설명하는 것을 말한다. 청구취지는 원고가 어떠한 내용의 판결을 구하는지, 어떠한 권리·의무관계에 관하여 판결을 구하는지에 대한 설명이라면, 事实和理由는 청구의 취지에 기재한 판결을 구하기 위한 구체적인 원인과 근거이다.

| bǎoquán<br>**保全**<br>보 전 | 보전 |
|---|---|

당사자 일방의 행위 혹은 기타 원인으로 판결을 집행하기 어렵거나 당사자에게 기타 손해를 초래할 수 있는 사건에 대하여 법원에서 당사자의 신청 혹은 직권에 의하여 피신청인의 재산, 계쟁목적물에 대하여 강제조치를 취하거나 피신청인에게 일정한 행위를 하도록 명하거나 또는 일정한 행위를 하지 못하도록 명하는 제도를 말한다. 법원은 보전조치를 취함에 있어 신청인에게 담보를 제공할 것을 명할 수 있으며, 신청인이 담보를 제공하지 아니할 경우 보전신청을 각하한다(民事诉讼法 제103조).

| sù qián bǎoquán<br>**诉前保全**<br>소 전 보 전 | 제소전 보전 |
|---|---|

이해관계자가 상황이 긴박하여 즉시 보전신청을 하지 아니하면 회복할 수 없는 손해를 입을 가능성이 있는 경우, 제소 전 혹은 중재 신청 전에 피보전재산 소재지, 피신청인주소지 혹은 사건에 대하여 관할권이 있는 법원에 보전조치를 신청하는 것을 말한다. 诉前保全 신청인은 담보를 제공해야 하며, 담보를 제공하지 아니할 경우 신청을 각하한다. 법원은 신청을 접수한 후 반드시 48시간 내에 재정(裁定)을 내려야

하며, 보전조치 재정이 내려진 후 즉시 집행을 개시해야 한다. 법원에서 보전조치를 취한 후 30일 내에 신청인이 제소하지 않거나 중재를 신청하지 아니하면 법원은 보전을 해제한다(民事诉讼法 제104조).

| 083 | *cái chǎn bǎo quán*<br>**财产保全**<br>재 산 보 전 | 재산보전 |
|---|---|---|

법원이 민사판결의 집행 혹은 신청인에게 손해가 발생하는 것을 방지하기 위하여 소송 수리 후 혹은 제소 전에 당사자의 신청 혹은 직권에 근거하여 피신청인의 재산에 대하여 봉인(查封), 차압(扣押), 동결 등 강제조치를 취하는 것을 말한다.

| 084 | *xíng wéi bǎo quán*<br>**行为保全**<br>행 위 보 전 | 행위보전 |
|---|---|---|

당사자와 이해관계인을 임시로 구제하거나 법원판결 또는 중재판정의 집행을 보장하기 위하여 법원이 재판 종결 전에 일정한 명령 또는 금지령으로 피신청인에게 일정한 작위 또는 부작위를 명하는 것을 말한다. 行为保全은 일반적으로 불법행위소송에서 사용되는데 불법행위자의 행위로 인한 손해가 발생하는 것을 방지하거나 추가 손해가 발생하지 않도록 방지하기 위함이다.

| 085 | *chá fēng*<br>**查封**<br>차 봉 | 봉인 |
|---|---|---|

법원이 봉인 종이를 사용하여 재산보전 또는 집행의 목적으로 피신청인 또는 피집행인의 재산을 현장에서 봉인하여 보관하며, 해당 재산을 이전하거나 처분하는 것을 금지하는 보전·집행 조치를 말한다. 가장 전형적인 것으로 부동산에 대한 보전·집행 조치로 查封이 사용된다. 법원이 查封조치를 취할 시 피신청인·피집행인

이 자연인일 경우 당사자 혹은 그의 성년 가족이 현장에 입회할 것을 통지하고, 피신청인·피집행인이 법인 혹은 기타 조직일 경우 그 법정대표인 혹은 주요 책임자가 현장에 입회할 것을 통지해야 한다. 단, 통지를 받은 자가 입회를 거절하여도 查封 조치를 취하는 데 영향을 미치지 아니한다(民事诉讼法 제252조).

kòu yǎ
**扣押**
구 압

**차압**

086

법원이 재산보전 또는 집행의 목적으로 피신청인 또는 피집행인의 재산을 일정한 장소로 옮겨서 보관하여 피신청인 또는 피집행인의 사용 및 처분을 금지하는 것을 말한다. 가장 전형적인 것으로 차량, 고가의 물품 등에 대한 보전·집행 조치로 扣押가 사용된다. 법원이 扣押조치를 취할 시 피신청인·피집행인이 공민일 경우 당사자 혹은 그의 성년 가족이 현장에 입회할 것을 통지하고, 피신청인·피집행인이 법인 혹은 기타 조직일 경우 그 법정대표인 혹은 주요 책임자가 현장에 입회할 것을 통지해야 한다. 단, 통지를 받은 자가 입회를 거절하여도 扣押조치를 취하는 데 영향을 미치지 아니한다(民事诉讼法 제252조).

dòng jié
**冻结**
동 결

**동결**

087

법원이 재산보전 또는 집행의 목적으로 피신청인 또는 피집행인의 은행계좌, 지분, 채권 등에 대하여 피신청인 또는 피집행인이 처분하지 못하도록 하는 조치이다. 冻结의 대상은 일반적으로 금융기관, 법인등기기관 내지 제3자의 협조가 필요하며, 冻结 협조통지문을 받은 자는 피신청인 또는 피집행인이 해당 재산을 처분하지 못하도록 협조할 의무가 있다.

| | |
|---|---|
| 088<br>xiān yǔ zhí xíng<br>**先予执行**<br>선 여 집 행 | **선집행** |

법원이 사건 수리 후 종심판결 확정 전에 일정 범위 내의 이행판결에 대하여 원고의 생활상의 어려움 혹은 정상적인 생산활동을 보장하기 위하여 피고에게 우선 원고에게 일정 액수의 금원 혹은 특정물을 지급하도록 재결하고 즉시 집행하는 제도를 말한다. 先予执行을 적용할 수 있는 경우로는 ① 존속부양비·비속부양비·무휼금(抚恤金)·의료비용의 청구, ② 노동보수 청구, ③ 상황이 긴급하여 先予执行이 필요한 경우 등이다(民事诉讼法 제109조).

| | |
|---|---|
| 089<br>jū chuán<br>**拘传**<br>구 전 | **구인** |

법정에 반드시 출석해야 하는 피고가 두번의 소환장으로 소환해도 정당한 이유가 없이 출석하지 않는 경우 강제로 출석하도록 조치하는 것을 말한다. 법원장의 비준 하에 拘传 소환장을 발부하며 직접 당사자에게 송달해야 한다.

| | |
|---|---|
| 090<br>chuánpiào<br>**传票**<br>전 표 | **소환장** |

법원이 피소환인에게 지정한 시간, 지정한 장소에 출석하여 소송절차에 참가하거나 기타 소송행위를 진행할 것을 요구하는 서면 자료를 말한다. 원고가 传票를 받고 출석하지 않으면 소취하로 처리될 수 있다.

| chuánhuàn<br>**传唤**<br>전 환 | 소환 | 091 |

법원이 소환장을 발부하여 피소환인이 지정한 시간에 지정한 장소에 출석할 것을 요구하는 행위를 말한다. 소환장을 받고 정당한 이유 없이 출석하지 않을 때에는 법원은 구인을 명할 수 있다.

| sù sòng cān jiā rén<br>**诉讼参加人**<br>소 송 참 가 인 | 소송참가인 | 092 |

당사자와 소송대리인을 말한다. 당사자는 원고·피고·공동소송인·제3자와 소송대표자를 포함하고, 소송대리인은 법정소송대리인과 위탁소송대리인을 포함한다.

| sù sòng cān yǔ rén<br>**诉讼参与人**<br>소 송 참 여 인 | 소송참여인 | 093 |

소송참가인인 당사자와 소송대리인 외, 증인, 감정인, 검증인(勘验人)과 번역인을 포함한다. 사건의 심리를 위하여 증인에게 증언을 요구하고, 감정인에게 감정결과를 제공할 것을 요구하며, 검증인에게 검증조서를 제공할 것을 요구하고, 번역인에게 번역을 제공할 것을 요구할 수 있다.

| fù yì<br>**复议**<br>복 의 | 재심사 | 094 |

민사소송에 당사자가 본안심리 법원 혹은 상급 법원에 일정한 사안에 대하여 재심사를 요청하는 것을 말한다. 본안심리 법원일 경우 신청인은 법원의 회피결정에 불

복할 시 1번의 复议를 신청할 수 있으며, 复议 기간에 회피 신청을 받은 자는 본안 업무에 계속 참여한다. 법원은 复议 신청에 대하여 3일내에 결정하고 신청인에게 통지해야 한다. 후자의 경우 신청인은 과태료, 구류 등 결정서에 대하여 불복할 시 상급법원에 复议를 신청할 수 있으나 复议기간에 집행을 정지하지는 아니한다.

| | |
|---|---|
| **095** sù sòng fèi yòng<br>**诉讼费用**<br>소 송 비 용 | **소송비용** |

당사자가 민사소송 중에 법원에 납부하는 비용을 말한다. 제소·상소 시 납부하는 사건수리비, 재산보전·지급명령 신청 시 납부하는 신청비용과 증인·감정인·번역인 등으로 인하여 발생하는 기타 소송비용 등이 있다. 당사자가 소송비용을 납부하기 어려울 경우 법원에 연기 납부 혹은 감면을 신청할 수 있다(民事诉讼法 제121조).

| | |
|---|---|
| **096** qǐ sù<br>**起诉**<br>기 소 | **제소** |

자연인·법인 또는 기타 조직이 자신의 민사권익이 침해 받았거나 타인과 분쟁 발생 시 자신의 명의로 법원에 소를 제기하여 민사권리를 보호해줄 것을 청구하는 행위를 말한다. 起诉하려면 명확한 피고가 있어야 하고, 구체적인 소송청구와 사실·이유가 있어야 하며, 민사소송의 심리 범위에 속하고 수소법원에 관할권이 있어야 한다(民事诉讼法 제122조).

| | |
|---|---|
| **097** qǐ sù zhuàng<br>**起诉状**<br>기 소 장 | **소장** |

제소의 방식에는 서면 혹은 구두로 진행하는 2가지 방식이 있는데 원칙상 서면으로 제소해야 하며 이때 제출하는 자료를 말한다. 起诉状에는 원고와 피고의 기본상황,

소송청구, 사실관계와 이유, 증거와 증거출처, 증인 성명과 주소 등이 포함되어야 한다(民事诉讼法 제124조).

원고가 제소한 후 법원이 소송 요건에 부합된다고 인정할 경우 사건을 심리하기로 결정하는 행위를 말한다. 원고의 제소만으로 자동적으로 소송절차가 개시되지 않고, 법원이 受理한 후에야 소송절차가 개시된다. 법원 입안정(立案庭)에서 원고의 소장이 소송 요건에 부합될 시 7일 내 受理하고, 제소 조건에 부합되지 않을 시 7일 내에 수리거부(不予受理) 재정(裁定)을 내린다(民事诉讼法 제126조).

법원에서 원고의 소장에 대하여 심사한 후 조건에 부합되면 立案하여 소송절차에 들어가게 되는 것을 말한다. 다시 말하여 소장이 受理되면, 그 결과를 立案이라고 하는 것이다.

법원의 입안정(立案庭)에서 원고의 소장이 제소조건에 부합되지 않을 경우 7일 내에 수리를 거부하는 재정을 내리는 것을 말한다. 당사자는 이에 불복할 경우 상소할 수 있다(民事诉讼法 제126조).

| 101 | dá biànzhuàng 答辩状 답 변 장 | 답변서 |

피고가 법원이 송달한 원고의 소장을 송달 받은 후 자기의 주장을 작성하여 법원에 제출하는 문서를 말한다. 법원은 입안(立案)일로부터 5일 내에 소장 부본을 피고에게 발송해야 하고, 피고는 소장을 송달 받은 날로부터 15일 내에 答辩状<sup>dá biànzhuàng</sup>을 제출해야 한다. 答辩状<sup>dá biànzhuàng</sup>에는 피고의 기본적인 인적상황과 원고의 주장에 대한 반박내용이 포함되어야 한다. 법원은 答辩状<sup>dá biànzhuàng</sup>을 받은 날부터 5일 내에 答辩状<sup>dá biànzhuàng</sup> 부본을 원고에서 발송해야 하며 피고가 答辩状<sup>dá biànzhuàng</sup>을 제출하지 아니하여도 법원의 심리에 영향을 미치지 않는다(民事诉讼法 제128조).

| 102 | xún huí shěn lǐ 巡回审理 순 회 심 리 | 순회심리 |

법원이 민사사건을 심리함에 있어서 수요에 따라서 순회 심리 방식으로 정기 혹은 비정기로 사건 발생지 혹은 당사자 주소지 등 당사자들의 소송참여가 편리한 현장에서 사건을 심리하는 것을 말한다(民事诉讼法 138조).

| 103 | quē xí pàn jué 缺席判决 결 석 판 결 | 결석판결 |

당사자가 이유 없이 법정 출석을 거부하거나 법원의 허가를 받지 않고 중도에 퇴정한 경우 법원이 해당 당사자의 참여없이 재판을 진행하고 판결을 하는 것을 말한다(民事诉讼法 제147조).

| chè sù<br>**撤诉**<br>철 소 | 소취하 |
|---|---|

## 104

법원이 사건을 수리한 후 판결을 내리기 전에 소를 취하하는 것을 말한다. 撤诉는 원고가 주동적으로 신청할 수도 있고, 원고가 소환장을 받고 출석하지 않거나 법원의 허가 없이 중도에 퇴정할 경우 법원이 撤诉로 처리하는 두 가지 경우가 있다. 후자의 경우에 피고가 반소를 제기하면 결석판결을 내릴 수 있다(民事诉讼法 제148조).

| tí shěn<br>**提审**<br>제 심 | 상급법원 심리 |
|---|---|

상급법원은 하급법원이 심리한 사건에 대하여 착오가 있다고 인정할 시 상급법원이 스스로 심리하는 제도를 말한다. 최고인민법원은 각급 인민법원의 이미 효력이 발생한 판결, 재정(裁定), 조정서에 착오가 있음을 발견했거나 상급인민법원은 하급인민법원이 효력을 발생한 판결, 재정, 조정서에 대하여 착오가 있음을 발견한 경우 提审할 수 있다(民事诉讼法 제205조).

| yán qī shěn lǐ<br>**延期审理**<br>연 기 심 리 | 심리연장 |
|---|---|

## 106

법원이 변론기일을 확정한 후 혹은 개정 심리 과정에서 일정한 사유가 발생하여 예정대로 심리를 진행할 수 없는 경우 심리를 연장하는 제도를 말한다. 연기되는 기간은 심리 기간에 포함되지 않는다. 延期审理 사유로는 ① 반드시 법정에 출석해야 하는 당사자와 기타 소송참여인이 정당한 이유없이 출석하지 않은 경우, ② 당사자가 임시로 회피 신청을 제기한 경우, ③ 새로운 증인에게 통지하여 출석하고, 새로운 증거를 조사·확보하고, 감정, 검증(勘验)을 다시 해야 하거나, 보충조사가 필요한 등 경우이다.

| 107 | fǎ tíng bǐ lù<br>**法庭笔录**<br>법 정 필 록 | **법정조서** |

서기원이 당사자와 기타 소송 참여인이 법정상에서의 활동 전부를 기록한 문서를 말한다. 法庭笔录는 사건과 관련된 사실과 근거를 기록하므로 진실성과 명확성이 확보되어야 한다. 法庭笔录는 법정에서 읽거나 당사자와 기타 소송참여인이 법정에서 혹은 5일내 열람하도록 고지해야 한다. 당사자와 기타 소송참여인은 자신의 진술기록에 누락이 있거나 차이가 있다고 인정하면 보정을 신청할 수 있으며 보정하지 아니할 경우 신청사실을 기록해야 한다. 法庭笔录는 심판원과 서기원이 서명하고 당사자와 기타 소송참여인도 서명 또는 날인해야 한다. 당사자와 기타 소송참여인이 서명 혹은 날인을 거부할 경우 해당 상황을 기록하여 문서에 첨부해야 한다.

| 108 | shěn lǐ qī xiàn<br>**审理期限**<br>심 리 기 한 | **심리기간** |

법률에 규정된 바에 따라 법원이 사건을 종결하는 제한된 시간을 말한다. 审理期限을 두는 목적은 소송을 일부러 지연시키는 것을 방지하고, 법원이 지체 없이 민사사건에 대하여 판결을 선고함으로써 당사자의 소송 부담을 줄이고 당사자의 권리를 보호하기 위한 것이다. 보통절차로 심리하는 사건은 입안(立案)일로부터 6개월 내에 심리를 종결해야 하고 특수한 상황으로 연장이 필요한 경우 법원장의 비준으로 6개월 연장이 가능하며 더 연장이 필요할 경우 상1급 법원장의 비준으로 3개월 연장이 가능하다. 2심 사건은 2심 입안일부터 3개월 내에 심리를 종결해야 하며, 특별한 상황으로 연장이 필요한 경우 법원장의 비준으로 연장한다. 단 섭외사건의 심리는 위 심리기간의 제한을 받지 않는다(民事诉讼法 제152조).

| sù sòngzhōng zhǐ<br>**诉讼中止**<br>소 송 중 지 | 소송중단<br>소송중지 |
|---|---|

소송의 진행을 계속하기 어려운 법정사유가 발생하여 법원이 재정(裁定)으로 소송을 중지하는 것을 말한다. 诉讼中止<sup></sup>의 법정사유로는 ① 일방당사자가 사망하고 상속인의 소송참가 여부를 기다려야 할 경우, ② 일방당사자가 소송행위능력을 상실하고 법정대리인이 확정되지 않은 경우, ③ 일방당사자로서의 법인 또는 기타 조직이 종료되었으나 권리의무 승계인이 확정되지 않은 경우, ④ 일방당사자가 불가항력으로 소송에 참가할 수 없는 경우, ⑤ 본안이 다른 사건의 심리결과를 근거로 해야 할 경우, 당해 사건의 심리가 종결되지 않은 경우, ⑥ 기타 소송절차를 중지하여야 하는 경우 등이 있으며 해당 사유가 소멸된 후에는 소송절차를 다시 회복해야 한다(民事诉讼法 제153조).

| sù sòngzhōng jié<br>**诉讼终结**<br>소 송 종 결 | 소송종결 |
|---|---|

소송이 정상적인 절차를 마치고 법원의 판결로 종결되는 것이 아니라 법정사유로 인하여 청구취지에 대한 판결을 내리기 전에 종결되는 것을 말한다. 诉讼终结의 법정사유로는 ① 원고 사망 후 상속인이 없거나 상속인이 소송권리를 포기한 경우, ② 피고 사망 후 유산이 없고 의무를 부담할 사람도 없는 경우, ③ 이혼사건의 일방당사자가 사망한 경우, ④ 부양비 및 입양관계 취소사건의 일방당사자가 사망한 경우이다(民事诉讼法 제154조).

| cái pàn<br>**裁判**<br>재 판 | 재판 |
|---|---|

법원이 실체문제와 절차문제에 대한 결론적인 판단을 말한다. 광의의 재판에는 민

사판결·재정(裁定)·결정과 각종 명령(지급명령·집행명령) 등이 포함되며 협의의 재판에는 민사판결·재정·결정이 포함된다.

| 112 | pàn jué<br>判决<br>판 결 | 판결 |

법원이 변론종결 후 사건의 사실과 법리에 근거하여 당사자 간의 실체문제에 대하여 내린 구속력이 있는 결론적인 판단을 말한다. 判决은 그 내용에 따라 확인판결·이행판결·형성판결로 나눌 수 있고, 성질에 따라 소송사건의 判决과 비송사건의 判决로 나눌 수 있으며, 소송청구에 대한 판결 범위에 따라 전부판결과 일부판결로 나누고, 당사자가 법정에 출석하였는지 여부에 따라 대석판결과 결석판결로 나눌 수 있다. 또한 효력이 발생했는지 여부에 따라 효력을 발생한 判决과 효력을 발생하지 않은 判决로 나눌 수 있고, 判决을 내린 시간에 따라 원판결과 보충판결로 나눌 수 있다.

| 113 | cái dìng<br>裁定<br>재 정 | 결정 |

법원이 민사사건을 심리함에 있어서 각종 절차적인 사항에 대하여 구속력이 있는 결론적인 판단을 하는 것을 말한다. 裁定의 사항으로는 ① 불여수리(不予受理), ② 관할권 이의, ③ 소각하, ④ 재산보전과 선여집행(先于执行), ⑤ 소취하의 허가 또는 불허가, ⑥ 소송중지 혹은 종결, ⑦ 집행중지 또는 종결, ⑧ 중재재결(裁决)의 집행거부, ⑨ 공증기관이 강제집행효력을 부여한 채권문서의 집행거부, ⑩ 판결서 오류의 보정, ⑪ 기타 裁定으로 해결해야 할 사항이다. 그중 ① 내지 ③의 裁定에 대해서는 상소할 수 있다. 상소할 수 있는 裁定은 송달 받은 날로부터 10일 내에 상소하지 않으면 확정되며, 기타 상소할 수 없는 裁定은 송달되면 즉시 확정된다.

| jué dìng<br>**决定**<br>결 정 | 결정<br>명령 | 114 |
| --- | --- | --- |

법원이 민사소송절차의 원활한 진행을 보장하기 위하여 소송과정에서 발생한 장애 혹은 정상적인 소송활동을 방해하는 특수한 사항을 처리하기 위한 판단을 말한다. 决定<sub>jué dìng</sub>이 적용되는 사항에는 ① 회피신청, ② 소송기간 연장신청, ③ 강제조치 채택, ④ 민사소송을 방해하는 행위의 배제, ⑤ 소송비용의 감면·유예 신청, ⑥ 기타 법원이 决定으로 처리할 사항 등이 포함된다. 决定은 내린 즉시 확정되며 상소할 수 없으며 决定을 내린 재판부에 복의(复议)를 신청할 수 있으나 복의(复议) 기간에 집행을 정지하지 않는다.

| xiānxíng pàn jué<br>**先行判决**<br>선 행 판 결 | 일부판결 | 115 |
| --- | --- | --- |

법원에서 사실관계를 명확히 심리한 부분에 대하여 일부 청구에 대하여 먼저 판결을 내리는 것을 말하며 일부판결이라고도 한다(民事诉讼法 제156조).

| jiǎn yì chéng xù<br>**简易程序**<br>간 이 정 서 | 간이절차 | 116 |
| --- | --- | --- |

기층인민법원 및 그 파출법정이 사실관계와 권리의무관계가 명확하며 분쟁이 크지 않은 민사사건에 대하여 심리하는 간단한 민사사건 및 간단한 민사사건은 아니지만 당사자들이 해당 절차를 선택한 경우에 적용되는 일반소송절차보다 편리하고 이용하기 쉬운 절차를 말한다. 简易程序<sub>jiǎn yì chéng xù</sub>에서 원고는 구두로 제소할 수 있고, 당사자 쌍방이 동시에 법원에 분쟁해결을 청구할 경우 즉시 심리하거나 기일을 정하여 심리할 수도 있다. 简易程序는 법관 1인이 단독으로 심리하고 법원은 간편한 방법으로 수시로 당사자를 소환할 수 있으며 사건을 수리한 후 3개월 내에 선고해야 한다(民事诉讼法 제160조).

| 117 | shàng sù<br>**上诉**<br>상 소 | 상소 / 항소<br>항고 / 재항고 |
|---|---|---|

당사자가 제1심 법원의 판결, 재정(裁定)에 불복하여 상급법원에 그 판결의 취소 또는 변경을 구하는 신청을 말한다. 중국은 2심종심제를 실시하기 때문에 한 번의 上诉 기회만 있으며 판결서를 송달 받은 날로부터 15일 내에, 재정서(裁定书)는 송달 받은 날로부터 10일 내에 상1급 법원에 上诉해야 한다. 섭외사건의 경우 판결서나 재정서를 송달 받은 날로부터 30일 내에 上诉해야 한다(民事诉讼法 제171조).

| 118 | kàng sù<br>**抗诉**<br>항 소 | 항소 |
|---|---|---|

검찰기관이 법원이 내린 판결·재정(裁定) 및 조정서에 법정 재심사유가 있다고 확신할 경우 관할권이 있는 법원에 재심을 촉구하는 방식이다. 중국 민사소송에서 검찰원은 민사소송에 대하여 법률적으로 감독할 권리가 있는데 그 권리를 행사하는 방식이다. 抗诉는 서면으로 제기해야 하며 抗诉를 접수한 법원은 법적 재심사유에 부합되는 경우 30일 내에 재심 재정(裁定)을 내려야 한다.

| 119 | bó huí qǐ sù<br>**驳回起诉**<br>박 회 기 소 | 각하 |
|---|---|---|

법원이 절차법의 규정에 근거하여 이미 입안(立案)한 사건에 대하여 심리 과정에서 원고가 민사소송법에 규정한 소송요건과 법원의 입안 조건에 부합되지 않음을 발견한 경우 원고의 제소를 각하하는 행위를 말한다. 예컨대 주체 부적격, 피고 불명확, 구체적인 소송청구·사실과 이유가 없거나, 민사소송 심리 수리 범위에 속하지 않는 등 경우이다.

| bó huí sù sòngqǐng qiú 驳回诉讼请求 박 회 소 송 청 구 | 청구기각 |
|---|---|

원고가 청구한 내용에 사실근거가 없거나 법률근거가 없다고 하여 본안판결에서 원고의 청구를 인용하지 않는 것을 말한다. 驳回诉讼请求는 법원이 사건 수리 후 변론을 거쳐 법률사실을 정확히 심리한 후 당사자의 실체권리에 대한 판단이며, 1심판결의 驳回诉讼请求에 대해서는 상소할 수 있으며 2심판결의 驳回诉讼请求에 대해서는 재심을 신청할 수 있다.

| wéi chí yuánpàn 维持原判 유 지 원 판 | 원심유지 |
|---|---|

2심법원이 1심법원의 판결, 재정(裁定)에 불복하여 상고한 사건에 대하여 심리를 거쳐 원심 판결, 재정(裁定)이 사실관계 인정이 정확하고 법률적용이 정확하다고 인정한 경우 상소를 각하고 원심판결, 재정(裁定)을 유지하는 것을 말한다. 원심판결, 재정(裁定)에 인정한 사실 혹은 적용한 법률에 하자가 있으나 판결결과가 정확한 경우 2심법원은 판결, 재정(裁定)에서 하자를 시정한 후 维持原判으로 처리할 수 있다(民事诉讼法 제177조).

| fā huí chóngshěn 发回重审 발 회 중 심 | 파기환송 |
|---|---|

원심판결에 인정한 기본사실이 명확하지 않거나, 원심판결에서 당사자를 누락하거나 법적 절차를 위반하여 결석판결을 하는 등 엄중한 법정 절차 위반사항이 있는 경우 원심판결을 취소하고 원심법원에 재심리를 하도록 하는 것을 말한다. 发回重审은 원심절차를 모두 무효화하고 다시 심리하는 것을 의미한다. 원심법원이 发回重审한 사건에 대하여 판결한 후 당사자가 상소한 경우 2심 법원은 재차 发回重审해서는 아니 된다(民事诉讼法 제177조).

| 123 | gǎi pàn<br>**改判**<br>개 판 | **파기자판** |
|---|---|---|

원 판결, 원 재정(裁定)에 인정한 사실에 착오가 있거나 법률 적용에 착오가 있는 경우 2심법원이 직접 판결하는 것을 말한다. 원판결의 기본사실 인정이 불명확한 경우에는 파기환송할 수도 있으나 사실을 정확히 조사한 후 改判(gǎi pàn)할 수도 있다. 당사자의 상소청구 내용에 따라 원판결을 전부 改判(gǎi pàn)할 수도 있고, 원 판결의 일부를 改判(gǎi pàn)할 수도 있다(民事诉讼法 제177조).

| 124 | tè bié chéng xù<br>**特别程序**<br>특 별 정 서 | **특별절차** |
|---|---|---|

특수한 유형의 민사사건을 심리할 때 적용하는 보통절차·간이절차와 다른 특별한 심판절차를 말한다. 特别程序(tè bié chéng xù)를 적용하는 사건에는 선거인자격사건, 실종선고사건, 사망선고사건, 행위능력자와 제한능력자 인정사건, 무주(无主)재산 인정사건, 조정협의 확인사건과 담보물권 실현 사건을 포함한다. 特别程序(tè bié chéng xù)는 원칙상 단독제로 심리하고, 입안(立案)일 혹은 공고기간 만료일 로부터 30일 내에 1심종심으로 종결한다.

| 125 | shěn pàn jiān dū chéng xù<br>**审判监督程序**<br>심 판 감 독 정 서 | **재심절차**<br>**심판감독절차** |
|---|---|---|

심판기관·검찰기관 및 당사자가 이미 효력을 발생한 법원의 판결과 재정(裁定)에 확실히 착오가 있다고 인정하여 재심을 개시하거나 재심을 신청하는 절차를 말한다. 각급 법원의 법원장은 효력이 발생한 판결·재정에 대하여 확실한 착오가 있어 재심이 필요하다고 간주할 경우, 심판위원회에 회부하여 토론·결정하도록 한다. 최고인민법원은 지방 각급 법원에 효력이 발생한 판결·재정에 확실한 착오가 있음을

발견할 경우, 상급법원은 하급법원에 효력이 발생한 판결·재정에 확실한 착오가 있음을 발견할 경우, 직접 재심하거나 하급 법원에 재심을 명한다. 당사자는 이미 효력을 발생한 판결·재정에 대하여 착오가 있다고 인정할 경우, 원심법원 혹은 상1급 법원에 재심을 신청할 수 있다. 최고인민검찰원은 각 급 법원에 효력이 발생한 판결·재정(에 대하여, 상급 검찰원은 하급 법원에 효력이 발생한 판결·재정에 대하여 법에 규정한 사항이 있을 경우에 審判監督程序에 따라 항소를 제기할 수 있다(民事诉讼法 제205조).

법률효력이 발생한 판결·재정(裁定)에 법정 사유가 있는 경우 심판감독절차(审判监督程序)에 따라 해당 판결·재정에 대하여 다시 심리하는 것을 말한다. 再审사유로는 ① 원 판결·재정을 뒤짚기에 충분한 새로운 증거가 있는 경우, ② 원 판결·재정이 인정한 기본사실을 증명할 증거가 부족한 경우, ③ 원 판결·재정이 인정한 사실의 주요증거가 위조된 경우, ④ 원 판결·재정이 인정한 사실의 주요증거가 대질을 거치지 않은 경우, ⑤ 당사자가 객관적인 원인으로 사건의 심리에 필요한 주요 증거를 스스로 수집할 수 없어 서면으로 법원에 조사 수집을 신청하였으나, 법원이 조사 수집하지 않은 경우, ⑥ 원 판결·재정의 법률적용에 명확한 착오가 있는 경우, ⑦ 재판부의 구성이 위법 또는 법에 의해 회피해야 할 심판원이 회피하지 아니한 경우, ⑧ 소송행위 무능력자의 법정대리인이 소송을 대리하지 않았거나 소송에 참가해야 할 당사자가 본인 또는 소송대리인의 귀책사유가 아닌 이유로 소송에 참가하지 않은 경우, ⑨ 법률 규정을 위반하여 당사자의 변론권을 박탈한 경우, ⑩ 소환장에 의한 소환 절차 없이 결석판결을 한 경우, ⑪ 원 판결·재정이 소송청구를 누락하였거나 초과한 경우, ⑫ 원 판결·원 재정의 근거가 된 법률 문서가 취소 혹은 변경된 경우, ⑬ 법관이 당해 사건을 심리할 때 탐오·수뢰(贪污受贿)하고 사익을 챙기며 부정한 행위를 저지르고(徇私舞弊) 위법재판(枉法裁判)한 행위가 있는 경우가 포함된다(民事诉讼法 제207조).

| 127 jiǎn chá jiàn yì<br>**检察建议**<br>검 찰 건 의 | **검찰건의** |

검찰원이 일부 민사 진정(申诉) 사건에 대하여 항소(抗诉)의 방식으로 재심절차를 촉구하는 것이 아니라 법원에 재심에 대한 제안을 제출하여 법원이 스스로 직권에 의하여 재심절차를 개시하도록 하는 것을 말한다. 이러한 제안에 의하여 결과적으로 검찰원의 외부감독에 의해 재심절차가 개시되는 것이 아니라 법원 내부감독에 의해 재심절차가 개시된다.

| 128 dū cù chéng xù<br>**督促程序**<br>독 촉 정 서 | **독촉절차** |

금전 그 밖의 대체물 또는 유가증권의 일정 수량의 지급을 목적으로 하는 채권자의 청구에 대하여 법원이 채무자에게 그 지급을 명하는 소송절차를 말한다. 督促程序를 이용하는 목적은 채권채무 분쟁이 명확하고 당사자 간에 분쟁이 존재하지 않는 사건에 대하여 신속하고 효율적으로 분쟁을 해결하기 위해서이다. 채무자가 법정 기간 내에 이의를 제기하지 않고 의무를 이행하지도 않을 경우 督促程序에 따른 지급령은 강제적 효력을 발생하게 된다.

| 129 zhī fù lìng<br>**支付令**<br>지 부 령 | **지급명령** |

변론을 거치지 않고 채권자의 청구에 이유가 있다고 인정되면 법원이 채무자에 대해서 일정한 급부를 명하는 재판을 말한다. 支付令의 발급요건으로는 ① 채권자와 채무자가 기타 채무분쟁이 없어야 하고, ② 支付令이 채무자에게 송달될 수 있어야 한다. 채권채무관계가 명확하고 합법적일 경우 법원은 15일 내에 채무자에게 支付令을 발송해야 한다. 채무자는 支付令을 송달 받은 날부터 15일 내에 채무를 변제하

거나 법원에 서면으로 이의를 제기해야 하며 그러지 아니할 경우 채권자는 법원에 집행신청을 할 수 있다(民事诉讼法 제221조).

| gōng shì cuī gào chéng xù<br>**公示催告程序**<br>공 시 최 고 정 서 | 공시최고절차 |
| --- | --- |

법원이 당사자의 신청에 근거하여 신청된 어음(票据)을 공시의 방식으로 불특정 이해관계인에게 지정 기간 내에 권리를 신고할 것을 최고하고 누구도 권리를 신고하지 아니한 때에는 제권판결을 하여 어음의 실권을 선고하는 절차를 말한다. 법원은 신청을 수리한 동시에 지급인에게 지급정지를 통지한다. 公示催告기간은 법원이 경우에 따라 결정하지만 60일보다 적어서는 아니 된다(民事诉讼法 제225조).

| chú quán pàn jué<br>**除权判决**<br>제 권 판 결 | 제권판결 |
| --- | --- |

공시최고 기간에 권리를 신고하는 자가 없거나 신고가 있어도 각하된 경우 법원이 신청인의 신청에 근거하여 어음의 무효를 선고하는 절차를 말한다. 除权判决은 공고하고 지급인에게 통지해야 한다. 除权判决은 공고일로부터 효력을 발생하며 당사자는 상소하거나 재심을 신청할 수 없다. 除权判决이 선고된 날로부터 신청인은 지급인에게 지급청구할 권리가 있다(民事诉讼法 제229조).

| mín shì zhí xíng<br>**民事执行**<br>민 사 집 행 | 민사집행 |
| --- | --- |

국가의 집행기관이 채권자의 집행권원에 표시된 사법상의 청구권을 국가의 강제력으로 실현시키는 것을 말하며 민사 강제집행이라고도 한다. 법률효력이 발생한 민사 판결, 재정(裁定) 및 형사 판결, 재정 중의 재산 부분에 대하여 제1심 법원 혹은

제1심 법원과 동급인 피집행 재산 소재지 법원이 집행한다(民事诉讼法 231조).

| 133 | zhí xínggēn jù **执行根据** 집 행 근 거 | 집행권원 |
| --- | --- | --- |

법정기관 혹은 기구가 법에 의해 작성한 강제집행의 기초가 되는 효력을 발생한 법률 문서를 말하며 집행명의라고도 한다. 执行根据(zhí xínggēn jù)의 종류에는 주로 법원의 재판문서, 중재재결(裁决)과 중재 조정서, 공증채권문서 등이 있다. 그중 법원의 재판문서에는 민사 판결서, 형사 판결서와 재정서 중의 재산부분, 보전 재정서, 선여집행(先予执行) 재정서, 외국판결 혹은 외국 중재기관의 중재판정서의 승인과 집행에 관한 재정서, 조정협의에 대한 사법확인 재정서, 담보물권 실현 사건 재정서, 민사조정서와 형사부대 민사조정서, 지급명령, 민사소송 방해 행위에 대한 처벌 결정서 등이 있다.

| 134 | zhí xíngguǎn xiá **执行管辖** 집 행 관 할 | 집행법원 |
| --- | --- | --- |

부동한 급별의 법원사이 및 동일한 급별의 법원사이에 민사집행사건을 수리하고 민사집행행위를 실시하는 권한과 업무분장을 말한다. 법률효력이 발생한 민사판결, 재정(裁定) 및 형사판결, 재정 중 재산부분은 제1심 법원 또는 제1심 법원과 동급의 피집행 재산소재지 법원이 집행한다. 법률에 법원이 집행하도록 규정한 기타 법률문서는 피집행인 주소지 또는 피집행재산 소재지 법원이 집행한다(民事诉讼法 제231조).

| 135 | zhí xíng yì yì **执行异议** 집 행 이 의 | 집행이의 |
| --- | --- | --- |

당사자, 이해관계인이 집행행위에 대하여 불복하거나 집행 목적물에 대하여 권리를

주장하면서 위법 집행행위의 시정을 요구하거나 집행 목적물에 대한 집행 정지를 요구하는 것을 말한다. 당사자, 이해관계인이 서면이의를 제기한 경우, 법원은 서면 이의를 받는 날로부터 15일 내에 심사하고 이유가 성립할 시 재정(裁定)으로 집행을 취소하거나 개정하며, 이유가 성립하지 않을 시 각하한다. 당사자, 이해관계인은 법원의 재정에 불복할 시 재정을 송달 받은 날로부터 10일 내에 상1급 법원에 복의(复议)를 신청할 수 있다(民事诉讼法 제232조).

| àn wài rén yì yì<br>**案外人异议**<br>안 외 인 이 의 | 제3자이의 |
|---|---|

집행과정에서 제3자가 집행 목적물에 대하여 전부 혹은 일부 권리를 주장하면서 법원에 서면으로 강제집행의 배제를 목적으로 이의를 제기하는 것을 말한다. 법원은 서면이의를 접수한 날로부터 15일 내에 심사하고 이유가 성립할 시 당해 목적물에 대한 집행정지 재정(裁定)을 내리고, 이유가 성립하지 않을 시 재정으로 각하한다. 제3자, 당사자가 재정에 불복하고 원 판결, 원 재정에 착오가 있다고 인정할 시 심판 감독절차(审判监督程序)로 처리하고 원 판결, 원 재정과 무관할 시 재정서 송달일로부터 15일 내에 제소할 수 있다(民事诉讼法 제234조).

| zhí xíng hé jiě<br>**执行和解**<br>집 행 화 해 | 집행화해 |
|---|---|

집행절차에서 집행근거 내용의 이행에 대하여 서로 협의하여 화해를 달성하고 집행절차를 종료하는 것을 말한다. 집행 중 당사자들이 자발적으로 화해를 한 경우 집행관은 협의내용을 조서에 기재해야 하며 쌍방 당사자는 서명 혹은 날인해야 한다. 집행신청인이 사기, 협박으로 인하여 피집행인과 执行和解를 달성하였거나, 일방당사자가 화해협의를 이행하지 않을 경우 법원은 상대방 당사자의 신청에 따라 원래의 법적효력이 발생한 법률문서의 집행을 회복할 수 있다(民事诉讼法 제237조).

| 138 | zhí xíng dān bǎo<br>**执行担保**<br>집 행 담 보 | 집행담보 |

집행과정에서 피집행인이 법원에 담보를 제공하고 집행신청인의 동의를 득하면 법원에서 집행을 잠시 유예하는 것을 말한다. 피집행인이 기간을 도과하여 여전히 이행하지 않을 경우 법원은 피집행인이 담보로 제공한 재산 혹은 담보인의 재산을 집행할 수 있다(民事诉讼法 제238조).

| 139 | zhí xíng huí zhuǎn<br>**执行回转**<br>집 행 회 전 | 집행회복 |

집행과정 혹은 집행 종결 후 집행근거가 되었던 법률문서가 법에 의해 취소 혹은 변경되어 집행기관이 당사자의 신청 혹은 직권에 의하여 집행조치를 취하여 재산을 취득한 당사자로 하여금 강제로 재산을 반환하도록 하는 집행제도를 말한다. 执行回转 zhí xíng huí zhuǎn 시 집행된 목적물이 특정물일 경우 당사자에게 반환을 강제하고 원물의 반환이 불가하면 환가 후 배상해야 한다(民事诉讼法 제240조).

| 140 | xié zhù zhí xíngtōng zhī shū<br>**协助执行通知书**<br>협 조 집 행 통 지 서 | 협조집행통지서 |

판결, 재정(裁定), 조정서에 규정한 의무를 이행하지 않은 피집행인에게 법원이 집행조치를 취하면서 관련자한테 협조집행 통지를 하는 문서를 말한다. 协助执行通知书 xié zhù zhí xíngtōng zhī shū 를 받고 협조하지 아니할 경우 과징금을 부과 받을 수 있다.

봉인(查封), 차압(扣押)된 재산에 대하여 피집행인이 기간을 도과하여 이행하지 않을 경우, 법원에서 공개경쟁의 방식으로 최고가 매수인에게 재산을 매각하여 얻은 대금으로 집행신청인에게 배당하는 것을 말한다. 拍卖는 가격평가, 拍卖 보류가 확정, 拍卖 공고와 통지, 拍卖 진행, 拍卖 목적물의 소유권이전 등 절차를 거쳐야 한다.

봉인(查封), 차압(扣押)된 재산에 대하여 피집행인이 기간을 도과하여 이행하지 않을 경우, 강제경매(拍卖)가 적합하지 않거나 당사자들이 강제경매하지 않기로 동의한 경우 법원은 관련기관에 위탁하여 임의매각하거나 스스로 임의매각하여 얻은 대금으로 집행신청인에게 배당하는 것을 말한다. 금은제품 등 공개거래되는 시장가격이 있거나, 쉽게 부식되는 계절성 식품 등은 变卖로 집행할 수 있다.

특수한 환가절차로 재산을 제3자에게 매도하는 것이 아니라 직접 평가한 후 집행신청인에게 해당 재산을 교부하여 채무를 변제하는 것을 말한다. 以物抵债는 집행신청인의 동의가 있는 전제하에서 경매(拍卖), 자조매각(变卖)을 거치지 않고 기타 채권자와 사회의 공공이익에 손해를 초래하지 않을 경우 가능한 집행방법이다(民事诉讼法 제254조).

| 144 | zhǐ dìng jiāo fù<br>**指定交付**<br>지 정 교 부 | 지정교부 |

법률문서에 지정한 재물 혹은 증빙의 교부를 말한다. 指定交付(zhǐ dìng jiāo fù)는 집행관이 쌍방 당사자를 소환하여 당사자의 입회하에 교부하거나 집행관이 전달하고 전달받을 자가 서명으로 접수할 수 있다. 개인이 해당 재물 혹은 증빙을 갖고 있을 경우 법원은 교부할 것을 통지하고, 교부를 거부할 시 강제집행한다(民事诉讼法 제256조).

| 145 | qiáng zhì qiān chū<br>**强制迁出**<br>강 제 천 출 | 강제철거 |

법원장의 명의로 지정한 기간에 강제적으로 부동산 혹은 토지에서 철거할 것을 명하는 것을 말한다. 피집행인이 기간을 도과하여 이행하지 않을 경우 집행관이 강제로 집행한다. 强制迁出(qiáng zhì qiān chū)로 반출된 재물은 법원이 지정한 장소로 운송하여 피집행인에게 교부한다. 피집행인이 접수 거절로 인하여 초래한 손실은 피집행인이 부담한다(民事诉讼法 제257조).

| 146 | xíng wéi de zhí xíng<br>**行为的执行**<br>행 위 적 집 행 | 행위의 집행 |

법원 집행관이 일정한 강제수단을 이용하여 피집행인에게 법률문서에서 지정한 행위를 완성할 것을 강제하는 것을 말한다. 집행대상 행위에는 작위와 부작위 모두 포함된다. 법원은 피집행인에게 집행통지서를 보내어 지정된 기간 내에 의무를 이행할 것을 요구하고, 피집행인이 이행하지 아니할 경우 강제집행하거나 관련 기관에 위탁하거나 타인에 위탁하여 집행하며 비용은 피집행인이 부담한다(民事诉讼法 제259조).

| jì xù zhí xíng<br>**继续执行**<br>계 속 집 행 | 계속집행 | 147 |

법원이 필요한 집행조치를 취한 후에도 피집행인이 여전히 채무를 상환할 수 없는 경우 피집행인은 계속하여 의무를 이행해야 하는 것을 말한다. 채권자는 피집행인이 기타 재산이 있음을 발견한 경우 수시로 법원에 강제집행을 청구할 수 있다(民事诉讼法 제261조).

| zhōng zhǐ zhí xíng<br>**中止执行**<br>중 지 집 행 | 집행중지 | 148 |

집행절차 개시 후 법정사유가 발생한 집행기관이 집행절차를 중지하는 것을 말한다. <sup>zhōng zhǐ zhí xíng</sup>中止执行의 사유로는 ① 신청인이 집행 연기에 동의한 경우, ② 제3자가 집행목적물에 대하여 이유가 있는 이의를 제기한 경우, ③ 일방 당사자가 사망하여 상속인의 권리·의무를 승계를 대기해야 하는 경우, ④ 일방 당사자인 법인 혹은 기관이 종료되었으나 권리·의무 승계자가 확정되지 아니한 경우 등이다. <sup>zhōng zhǐ zhí xíng</sup>中止执行사유가 소멸되면 집행을 회복한다(民事诉讼法 제263조).

| zhōng jié zhí xíng<br>**终结执行**<br>종 결 집 행 | 집행종결 | 149 |

집행과정에서 특수한 사유가 발생하여 효력을 발생한 법률문서에서 확정한 내용이 전부 실현되지 않은 상황에서 집행기관이 집행절차를 종결하는 재정(裁定)을 내리는 것을 말한다. <sup>zhōng jié zhí xíng</sup>终结执行의 사유로는 ① 신청인이 신청을 취소한 경우, ② 집행근거인 법률문서가 취소된 경우, ③ 피집행인 개인이 사망하고 집행 가능한 유산이 없고 의무를 부담할 자가 없는 경우, ④ 부양비 청구 사건에서 권리자가 사망한 경우, ⑤ 피집행인 개인의 생활이 어려워 차관을 반환할 능력이 없고, 수입원도 없으며 노동능력을 상실한 경우 등이 있다(民事诉讼法 제264조).

| | |
|---|---|
| 150   zhòng cái<br>**仲裁**<br>중 재 | **중재** |

분쟁 당사자의 자발적인 합의에 근거하여 분쟁에 관한 판단을 법원이 아닌 중재기
관에 구하여 판정을 받고 그 판단에 복종하여 분쟁을 해결하는 것을 말한다. 중재는
소송에 비하여 비밀성이 보장되고, 중재인을 선택할 수 있으며 한번의 재판으로 종
결되어 신속성이 보장된다. 이러한 특성으로 인하여 상업계약에 많이 이용되며, 특
히 국제거래에서 법원에 의한 분쟁해결보다는 중재에 의한 분쟁해결을 선택하는 경
우가 많다.

| | |
|---|---|
| 151   zhòng cái fàn wéi<br>**仲裁范围**<br>중 재 범 위 | **중재범위** |

당사자들 간에 중재로 해결할 수 있는 분쟁의 범위를 말한다. 중재가 가능한 분쟁으
로는 평등한 자연인, 법인과 기타 조직 간에 발생한 계약 분쟁과 기타 재산권 분쟁
이다. 반면, 혼인·입양·부양·후견·상속 등 분쟁과 같이 행정기관이 법에 의해 처리
하는 행정 분쟁은 중재가 불가하다(仲裁法 제3조).

| | |
|---|---|
| 152   zhòng cái xié yì<br>**仲裁协议**<br>중 재 협 의 | **중재합의** |

분쟁 당사자 간에 이미 분쟁이 발생하였거나 발생 가능성이 있는 중재사항에 대하
여 자발적으로 중재로 해결하기로 이룬 합의를 말한다. 仲裁协议는 계약 중에 중재
조항으로 체결할 수도 있고, 별도의 仲裁协议를 체결할 수도 있으며, 분쟁 발생 전
후 모두 체결하는 것이 가능하다. 仲裁协议는 중재기관이 중재를 수리하는 전제조
건이며, 仲裁协议에는 중재지, 중재기관 및 적용할 준거법 등을 명확하게 명시하여
중재절차 진행 시 다툼의 소지를 방지할 필요가 있다(仲裁法 제4조).

| zhòng cái wěi yuán huì<br>**仲裁委员会**<br>중 재 위 원 회 | **중재위원회** 153 |

상설 중재기관을 말한다. 일반적으로 직할시·성·자치구 정부 소재지에 설립하며 수요에 근거하여 기타 규모가 큰 도시에 설립할 수 있다. 중국의 仲裁委员会는 정부 <sup>zhòng cái wěi yuán huì</sup>가 관련 부서를 조직하여 상회와 함께 설립하며 성·자치구·직할시의 사법행정기관에 등기해야 한다. 仲裁委员会는 주임 1인, 부주임 2인~4인 및 위원 7인 내지 11인으로 구성되며, 구성원 중 법률, 경제무역 전문가는 3분의 2보다 적어서는 아니 된다(仲裁法 제10조).

| yì cái zhōng jú<br>**一裁终局**<br>일 재 종 국 | **단심제** 154 |

중재기관이 중재사건에 대하여 판정한 후 바로 효력이 발생하며 당사자는 동일 사건에 대하여 다시 중재를 신청하거나 법원에 제소하지 못하는 제도를 말한다. 예외적으로 중재판정이 법정 절차에 따라 법원에 의해 취소되거나 집행거부가 된 경우 분쟁 당사자들은 새로 체결한 중재합의에 의해 중재를 신청하거나 중재합의를 체결하지 못한 경우 법원에 제소할 수 있다. 一裁终局 제도를 실시하기 때문에 중재는 소송에 비하여 짧은 시간 내에 효율적으로 분쟁을 해결할 수 있는 특성을 지니게 된다(仲裁法 제9조).

| zhòng cái shēnqǐng shū<br>**仲裁申请书**<br>중 재 신 청 서 | **중재신청서** 155 |

중재기관에 분쟁을 해결해 줄 것을 요청하기 위하여 작성 및 제출하는 서류이다. 仲裁申请书에는 당사자들의 기본 인적 사항, 중재청구와 사실, 이유, 증거와 증인 등에 대한 내용이 포함되어야 한다. 중재기관은 仲裁申请书를 받은 날부터 5일 내에

수리조건에 부합된다고 인정할 경우 이를 수리하고 당사자에게 통지해야 하며, 수리조건에 부합되지 않는다고 인정할 경우 서면으로 당사자에게 수리거부(不予受理)를 통지하고 이유를 설명해야 한다(仲裁法 제23조).

| 156 | zhòng cái tíng<br>**仲裁庭**<br>중 재 정 | **중재판정부** |
|---|---|---|

중재절차를 진행하고 중재판정을 내리는 1명 또는 3명의 중재인으로 구성되는 중재인단을 말한다. 仲裁庭이 3명으로 구성될 경우 수석 중재인을 선임해야 한다. 당사자들이 3명의 중재인으로 仲裁庭을 구성할 것을 약정한 경우 각자 1명의 중재인을 선임하거나 각각 중재위원회에 위탁하여 1명의 중재인을 지정하며, 3번째 중재인은 당사자들이 공동으로 선임하거나 중재위원회 주임(主任)에게 공동으로 위탁하여 지정하도록 한다. 3번째 중재인은 수석중재인이다. 당사자들이 1명의 중재인으로 仲裁庭을 구성할 것을 약정한 경우 당사자들이 공동으로 선임하거나 중재위원회 주임에게 공동으로 위탁하여 지정한다(仲裁法 제30조).

| 157 | zhòng cái cái jué<br>**仲裁裁決**<br>중 재 재 결 | **중재판정** |
|---|---|---|

중재기구가 심리한 분쟁 사건에 대하여 내린 판정을 말한다. 仲裁裁決은 분쟁 당사자들 사이에서 법원의 확정판결과 동일한 효력을 지닌다. 仲裁裁決에 불복하여도 재판처럼 상소할 수 없으며, 당사자에게 최종적인 판단으로써 법적 구속력을 가진다. 仲裁裁決은 다수 중재인의 의견에 따라야 하며 소수 중재인의 별개 의견은 조서에 기록할 수 있다. 중재판정부가 다수의견을 형성할 수 없는 경우 수석 중재인의 의견에 따른다(仲裁法 제53조).

| chè xiāo zhòng cái cái jué<br>**撤销仲裁裁决**<br>철 소 중 재 재 결 | **중재판정 취소** | 158 |

중재판정에 법에 정한 취소 사유가 있는 경우 법원이 당사자의 신청에 따라 중재판정을 취소하는 것을 말한다. 이러한 사유에는 ① 중재합의가 없거나, ② 중재판정의 사항이 중재협의 범위에 속하지 않거나 중재위원회가 중재할 권리가 없는 경우, ③ 중재판정부의 구성 내지 중재 절차가 법정절차를 위반한 경우, ④ 중재판정에 근거한 증거가 위조인 경우, ⑤ 상대방 당사자가 공정한 중재판정에 영향을 줄 만한 증거를 은닉한 경우, ⑥ 중재인이 사건을 중재할 시 뇌물을 받거나 사익을 챙기거나 하는 등 법에 위반되어 판정한 경우이다(仲裁法 제58조).

| shè wài zhòng cái<br>**涉外仲裁**<br>섭 외 중 재 | **섭외중재** | 159 |

섭외중재기관이 분쟁 당사자 간의 중재합의에 근거하여 섭외경제 분쟁, 해사 분쟁 등에 대하여 중재하는 것을 말한다. 섭외 요소에는 당사자 중 일방 혹은 쌍방이 모두 외국인이거나 외국에 거주하거나, 분쟁 목적물이 외국에 있거나 법률관계 발생, 변경 혹은 소멸의 법률사실이 외국에서 일어나는 것을 포함한다. 중국의 섭외중재기관에는 중국국제경제무역중재위원회와 중국해사중재위원회가 있으며 그 외에 일부 섭외중재 기능이 있는 일부 중재기관을 포함한다.

| rén mín tiáo jiě<br>**人民调解**<br>인 민 조 해 | **인민조해**<br>**민간조정** | 160 |

인민조정위원회(人民调解委员会)가 소통, 설득 등의 방법으로 당사자와 평등한 협상으로 조정협의를 달성하여 민간 분쟁을 해결하는 활동을 말한다. 人民调解은 별도로 비용을 받지 않으며, 지방 사법기관의 지도를 받는다. 人民调解는 소송 외 조

정형식으로 법률로 인정되는 분쟁해결방식이며, 중국 사회주의 법제건설의 창조적인 제도로 볼 수 있다(人民调解法 제2조).

| 161 | rén mín tiáo jiě wěi yuán huì<br>**人民调解委员会**<br>인 민 조 해 위 원 회 | **인민조해위원회**<br>**민간조정위원회** |
|---|---|---|

촌민위원회(村民委员会)와 거민위원회(居民委员会) 산하에 설치된 민간 분쟁을 해결하는 민간조직이다. 人民调解委员会는 기층 정부와 법원의 지도하에 업무를 진행하며 기업과 사업단위에서도 수요가 있는 경우 人民调解委员会를 설립한다. 人民调解委员会는 위원 3명~9명으로 구성되며 주임 1명을 두고 필요 시 부주임 몇 명을 둘 수 있다. 人民调解委员会는 여성 구성원이 있어야 하며 다민족 거주 지역에는 소수민족 구성원이 포함되어야 한다(人民调解法 제7조).

| 162 | tiáo jiě xié yì<br>**调解协议**<br>조 해 협 의 | **조해협의**<br>**조정협의** |
|---|---|---|

인민조정위원회의 조정 하에 당사자들의 분쟁해결에 관하여 달성한 서면 또는 구두 협의를 말한다. 调解协议는 판결과 같은 구속력이 있는 것은 아니고 계약적 효력이 있는 문서이다. 서면 调解协议에는 당사자의 기본적인 인적 사항, 분쟁의 주요 사실·분쟁사항 및 각 당사자의 책임, 당사자 간에 합의한 내용·이행방법·이행기간 등이 포함되어야 하며, 구두 调解协议 방식으로 합의를 달성하는 경우 기록으로 관련 내용을 남겨야 한다(人民调解法 제28조).

| 163 | sī fǎ què rèn<br>**司法确认**<br>사 법 확 인 | **사법확인** |
|---|---|---|

조해협의(调解协议)를 달성한 후 당사자들이 필요가 있다고 인정할 경우 협의가 효

력을 발생한 날부터 30일 내에 공동으로 법원에 신청하여 조해협의 법률효력에 대하여 확인을 받는 제도이다. 법원에 법에 의해 조해협의의 효력을 확인한 경우 일방당사자가 이행을 거부하거나 일부만 이행한 경우 상대방은 법원에 강제집행을 신청할 수 있다. 반면, 법원에서 조해협의가 무효라고 확인한 경우 당사자는 인민조해의 방법으로 기존 조해협의를 변경하거나 새로운 조해협의를 체결할 수도 있고, 직접 법원에 해당 분쟁에 대하여 제소할 수 있다(人民调解法 제33조).

# 제 8 장

# 형사소송법

| xíng shì sù sòng fǎ<br>**刑事诉讼法**<br>형 사 소 송 법 | 형사소송법 |
|---|---|

광의의 刑事诉讼法<sup>xíng shì sù sòng fǎ</sup>이란 실체법인 형법을 적용, 실현하기 위한 형사절차를 규정하는 법률체계라고 할 수 있고, 협의의 刑事诉讼法<sup>xíng shì sù sòng fǎ</sup>은 그러한 이름을 가진 법을 말한다. 중국의 刑事诉讼法<sup>xíng shì sù sòng fǎ</sup>은 1979년 7월 1일에 제정되었고, 2018년 10월 26일에 제3차 개정을 하였다. 현행법은 총 5편(編) 308조로 구성되었다. 제1편에서는 기본원칙, 관할, 송달 등 기본적 개념과 원칙들을 규정하고, 제2편은 수사절차, 제3편은 공판절차, 제4편은 집행절차, 제5편은 특별절차를 규정하였다. 특별절차에는 미성년자 보호, 당사자가 화해한 공소사건의 소송절차, 결석공판절차, 불법소득 징수절차, 정신질환자의 강제의료절차 등이 포함된다.

| xíng shì sù sòng<br>**刑事诉讼**<br>형 사 소 송 | 형사소송 |
|---|---|

국가전담기관이 당사자 및 기타 소송참여인의 참가 하에 법률이 규정한 절차에 의해 범죄를 추궁하여 기소하고 그에 해당하는 형사책임을 묻는 과정을 말한다. 刑事<sup>xíng shì</sup>诉讼<sup>sù sòng</sup>은 다음의 특징이 있다. ① 국가의 사법활동에 속한다. ② 국가의 전담기관이 국가의 형벌권을 행사하는 활동이다. ③ 엄격히 법률이 규정한 절차에 따라 진행하는 활동이다. ④ 당사자 및 기타 소송참여인의 참가를 요한다.

| xíng shì sù sòng jiē duàn<br>**刑事诉讼阶段**<br>형 사 소 송 계 단 | 형사소송의 단계 |
|---|---|

기본적으로 입안(立案), 수사, 기소, 제1심, 제2심 그리고 집행 단계를 말한다. 이외 사형복핵절차(死刑复核程序)와 심판감독절차(审判监督程序)라는 두 개의 특수단계가 있다.

| | |
|---|---|
| **004** zuì gāo rén mín fǎ yuàn<br>**最高人民法院**<br>최 고 인 민 법 원 | **최고인민법원** |

최고급의 사법기관으로서 最高人民法院은 전국적으로 중대한 형사사건에 대한 1심 관할법원이고, 사형에 대한 심사비준권(核准)을 갖고 있다. 또 사법심판업무에서의 제반 법률적 문제에 대한 해석권을 갖고 있으며 지도성 안례(指導性案例)를 발표할 수 있다.

| | |
|---|---|
| **005** zhǐ dǎoxìng àn lì<br>**指导性案例**<br>지 도 성 안 례 | **지도성안례** |

법원이 구체적인 사건에 대해 재판을 한 결과물을 말한다. 指导性案例란 최고인민법원이 각 재판사례 중에서 유사사건에 대한 재판을 지도하는 역할을 할 수 있는 것을 선별하는 절차를 거쳐서 발표한 사례를 말한다. 指导性案例에 대해서는 각급 법원들이 유사 사건을 심판할 때 반드시 참조해야 한다(안례지도규정 제7조).

| | |
|---|---|
| **006** rén mín jiǎn chá yuàn<br>**人民检察院**<br>인 민 검 찰 원 | **인민검찰원** |

검찰 사무를 전담하는 기관을 말하며 구속영장발부권, 형사사건에 대한 공소권, 일부사건에 대한 직접수사권을 갖고 있다. 한국의 검찰청은 중앙행정기관의 하나에 속하는 준사법기관이지만 중국의 검찰기관은 법원과 동등한 지위에 있는 독립적인 사법기관이다. 또 중국에서 검찰사무란 법률감독기능을 지칭하기에, 人民检察院은 법원 판결에 대한 재심신청권, 특정 사안에 대한 공익소송기소권도 보유하고 있다. 人民检察院은 '최고인민검찰원(最高人民检察院)'과 '지방각급인민검찰원(地方各级人民检察院)', '전문인민검찰원(专门人民检察院)'으로 구성되어 있고, 상하조직 통일체이고 상급이 하급 업무를 지휘하기에 지방 각급 人民检察院에 대해서는 고급 또는 중급으로 구분하여 칭하지는 않는다(刑事诉讼法 제3조).

| zuì gāo rén mín jiǎn chá yuàn<br>**最高人民检察院**<br>최 고 인 민 검 찰 원 | **최고인민검찰원** 007 |
|---|---|

最高人民检察院<sub>zuì gāo rén mín jiǎn chá yuàn</sub> 은 전국 검찰기관의 검찰관업무를 지휘하고, 최고인민법원의 사형심사비준권에 대해 감독권을 행사하고, 검찰관업무에서 발생하거나 직면한 제반 법률적 문제에 대한 해석권을 갖고 있으며 지도성안례(指导性案例)를 발표할 수 있다(刑事诉讼法 제3조).

| gōng ān jī guān<br>**公安机关**<br>공 안 기 관 | **공안기관** 008 |
|---|---|

국무원 산하 행정부서이고, 형사사건에 대한 수사·형사구류·체포의 집행·예비심문(预审)을 담당하는 기관을 말한다. 규모와 지역 등급에 따라 공안부(公安部), 공안청(公安厅), 공안처(公安处), 공안국(公安局), 공안분국(公安分局) 등으로 구분한다. 공안기관도 검찰기관처럼 상하조직통일체이고 상급이 하급 업무를 지휘한다. 중국의 공안부는 경찰 업무 외에도 소방, 출입국관리 등의 업무를 포함한 중앙행정기관으로서, 공안부의 1인자는 한국의 장관급이다.

| guó jiā ān quán jī guān<br>**国家安全机关**<br>국 가 안 전 기 관 | **국가안전기관** 009 |
|---|---|

간첩대응 주요기관이고 국가정보업무 전담기관으로서, 국가안전과 관련된 정보를 수집하고, 국가안전을 침해하는 형사사건에서는 공안기관과 동등한 직책을 수행하여, 수사, 형사구류(刑事拘留), 체포(逮捕)의 집행, 예심(预审)을 담당한다. 규모와 지역 등급에 따라 국가안전부, 국가안전청, 국가안전국 등으로 구분한다(刑事诉讼法 제4조).

| zhēn chá<br>**侦查**<br>정 찰 | **수사** |

형사소송 과정 중에 수사기관(侦查机关)이 사실을 밝히고 범죄 관련 증거를 수집하여 범죄의 유무를 확인하고 형사책임을 추궁하기 위하여 자료를 보전하는 활동을 말한다(刑事诉讼法 제115조).

| guó jiā ān quán<br>**国家安全**<br>국 가 안 전 | **국가안전** |

국가정권, 주권, 국가통일의 완정함을 의미하고, 국민의 복지, 경제사회의 지속가능한 발전과 국가의 기타 중대한 이익이 상대적으로 위험하지 않고 위협을 받지 않는 상태에 처해 있음을 말하며 그러한 안정상태를 유지하는 능력을 말한다(国家安全法 제2조).

| zhēn chá jī guān<br>**侦查机关**<br>정 찰 기 관 | **수사기관** |

형사사건 중 수사를 책임지는 기관을 말한다. 형사법상의 수사를 할 수 있는 기관은 공안기관, 국가안전기관(国家安全机关) 그리고 검찰기관이 있고, 그중 국가안전기관(国家安全机关)과 검찰기관은 특정 사건에 대한 직접적인 수사권을 보유하고 있기에, 그러한 사안들을 제외한 대다수의 형사사건은 공안기관이 수사한다. 때문에 侦查机关이라고 하면 통상적으로는 공안기관을 말하는 것이다.

| chuánhuàn<br>**传唤**<br>전 환 | 소환 |

수사기관이 수감할 필요가 없는 범죄혐의자 또는 기타 형사소송 참여인에 대해 소환통지를 발송하여 일정한 일시에 일정한 장소에 출석할 것을 명할 수 있는 것을 말한다. 장소는 피소환인의 소재지 내의 장소로 해야 하고 최대 24시간 지속 가능하다. 传唤에 응하지 않은 자에 대해서는 구전(拘传) 조치를 취할 수 있고, 연속 传唤하는 방식으로 피소환인에 대한 실제적인 구금을 하여서는 아니 된다(刑事诉讼法 제119조).

| jū chuán<br>**拘传**<br>구 전 | 강제소환 |

공안기관, 인민검찰원, 인민법원이 구금되지 않은 범죄혐의자, 피고인을 강제로 출석시키고 단기간의 인신 자유를 제한하여 신문을 하는 제도를 말한다. 피구전인에 대해서는 최대 24시간의 拘传조치를 취할 수 있으며, 연속 拘传하는 방식으로 상대방에 대한 실제적인 구금을 하여서는 아니 된다(刑事诉讼法 제66조).

| xíng shì jū liú<br>**刑事拘留**<br>형 사 구 류 | 체포 |

범죄혐의자를 일시적으로 유치하여 그의 인신 자유를 제한하는 강제조치를 말한다. 이는 현행범 또는 충분한 범죄혐의가 있는 범죄혐의자가 증거를 인멸하거나 도주, 자살의 우려가 있을 때, 또는 상습범이거나 단체범인 가능성이 있을 때 적용 가능하다. 한국에서 "구류(拘留)"는 형의 종류의 하나이며, 신체의 자유를 제한하는 자유형 중에서 비교적 가벼운 형벌이기에, 刑事拘留는 한국에서 '체포(逮捕)'의 개념과 가장 유사한 것으로 보인다. 한국에서의 체포는 '현행범인체포', '체포영장에 의

한 체포', '긴급체포'로 나누어 볼 수 있는데 刑事拘留(xíng shì jū liú)는 그중의 현행범인체포와 긴급체포를 모두 포함한 개념이라고 볼 수 있다(刑事诉讼法 제82조).

| | |
|---|---|
| 016 逮捕(dài bǔ) 체 포 | 구속 |

범죄사실의 존재를 증명하는 증거가 있고 해당 범죄행위에 대해 징역 이상의 형벌을 부과할 수 있고 체포필요성(逮捕必要性) 이 인정되어 인민검찰원 또는 인민법원의 결정에 의해 공안기관이 해당 범죄혐의자의 인신 자유를 통상 2개월, 최장 7개월까지 제한할 수 있는 강제조치를 말한다. 형사구류(刑事拘留)는 공안기관 내에 설치한 구류소(拘留所)에서 집행하지만 逮捕(dài bǔ)는 수감시설인 간수소(看守所)에서 집행한다. 따라서 ① 범죄혐의자의 신체 자유를 비교적 장기간 제한한다는 점, ② 수사기관이 기타 사법기관의 허가를 받아야 집행할 수 있다는 점, ③ 강제조치의 집행을 수사기관이 아닌 제3의 장소에서 해야 된다는 점에서 逮捕(dài bǔ)는 비록 직역하면 '체포'이지만 실질적으로는 한국의 구속(구인과 구금)과 가장 유사하다(刑事诉讼法 제80조).

| | |
|---|---|
| 017 逮捕必要性(dài bǔ bì yàoxìng) 체 포 필 요 성 | 구속필요성 |

유기징역 이상의 형벌에 처할 수 있는 범죄사실의 존재가 입증이 된 상황에서 다음의 경우 중의 하나에 해당되어 체포(逮捕) 조치를 취할 수 있는 요건을 충족하는 상황을 말한다. ① 새로운 범죄를 범할 가능성이 있는 경우, ② 국가 또는 사회 안전을 위협하고 사회질서 파괴에 현실적인 위험성이 있는 경우, ③ 증거인멸·증거조작 등의 가능성이 있는 경우, ④ 피해자·신고인·고소인 등에 대해 보복행위를 할 가능성이 있는 경우, ⑤ 자살 또는 도주 우려가 있는 경우, ⑥ 10년 이상의 유기징역에 처할 수 있는 범죄사실의 존재가 입증이 되었고 해당 사건의 범죄혐의자가 고의범죄

전과가 있는 경우, ⑦ 취보후심(取保候審), 거주감시(監視居住) 조치 중의 범죄혐의자가 관련 규정을 엄중히 위반한 경우이다(刑事诉讼法 제81조).

| yí sòng qǐ sù 移送起诉 이 송 기 소 | 송치결정 | 018 |
|---|---|---|

공안기관이 수사종결한 사건, 또는 감찰기관이 조사종결한 사건에 대해, 공안기관 또는 감찰기관이 공소를 제기하여 범죄혐의자의 형사적 책임을 추궁할 필요가 있다고 여기는 경우, 해당 사건은 기소를 해야 한다는 의견을 담은 기소의견서를 작성하여 사건 파일과 범죄혐의자를 함께 검찰기관에 이송하는 절차를 말한다(刑事诉讼法 제172조).

| chèxiāo àn jiàn 撤销案件 사 건 철 회 | 불송치결정 | 019 |
|---|---|---|

공안기관이 사안을 형사사건으로 입건하고 수사를 하였음에도 불구하고 발견된 범죄사실이 없거나 불추궁형사책임안건(不追究刑事责任案件)에 해당하여 형사책임 추궁을 면제해야 한다고 판단할 때 내리는 수사종결조치를 말한다(刑事诉讼法 제163조)

| pī bǔ 批捕 비 포 | 구속의 비준 | 020 |
|---|---|---|

공안기관 등 수사기관이 사건에 대한 수사를 완료한 후 검찰기관에 구속(중국법 용어로는 逮捕) 청구하여 검찰기관이 구속(중국법 용어로는 逮捕)을 비준한 절차를 말한다.

| 021 | qǔ bǎo hòushěn<br>**取保候审**<br>취 보 후 심 | 보석 |
|---|---|---|

국가기관(공안·검찰기관·법원)이 범죄혐의자·피고인에게 보증인을 세우거나 또는 보증금을 납부하도록 명령함으로써 取保候审<sup>qǔ bǎo hòushěn</sup> 기간 동안 수사와 심판을 회피하지 못하도록 하고, 언제라도 소환하면 나오도록 보증하는 강제조치의 하나를 말한다. 그 형태는 한국의 보석제도와 유사하지만, 한국의 보석은 구속이 되어 있는 상태에서 그 구속의 집행을 정지시키는 제도인 반면 取保候审<sup>qǔ bǎo hòushěn</sup>은 단지 체포필요성(逮捕必要性)이 없는 범죄혐의자를 대상으로 하는 체포(逮捕) 보다 약한 인신제한 강제조치이다. 따라서 한국의 보석은 구속에 대한 결정권이 있는 법원이 결정하지만, 取保候审<sup>qǔ bǎo hòushěn</sup>는 인민검찰원·인민법원 등의 사법기관은 물론이고 수사기관인 공안기관도 결정할 수 있다. 각 국가기관(공안·검찰기관·법원) 별로 최장 12개월의 取保候审<sup>qǔ bǎo hòushěn</sup>을 결정할 수 있다(刑事诉讼法 제67조).

| 022 | jiān shì jū zhù<br>**监视居住**<br>감 시 거 주 | 주거제한 |
|---|---|---|

국가기관(공안·검찰기관·법원)이 범죄혐의자 또는 피고인에게 일정한 기간 내에 지정된 지역에서만 거주하고 생활할 수 있도록 인신자유를 제한하는 강제조치를 말한다. 국가기관이 소환하면 바로 출석해야 한다는 점에서 취보후심(取保候审)과 유사하나 생활과 이동의 범위가 제한되었기에 취보후심(取保候审) 보다 강한 조치이다. 각 국가기관(공안·검찰기관·법원) 별로 최장 6개월의 监视居住<sup>jiān shì jū zhù</sup>을 결정할 수 있다(刑事诉讼法 제67조).

**预审**
yù shěn
예 심

**예비심사**

023

수사기관이 사건을 수사하고 검찰기관에 이송기소(移送起诉) 하기 전에, 현재 수집·조사한 증거의 진실성·적법성·관련성 및 증명효력에 대해 예비적인 심사를 하여 이송기소(移送起诉)를 하여야 하는지 여부를 검토하는 절차를 말한다(刑事诉讼法 제116조).

**扣押**
kòu yā
구 압

**압수**

024

수사과정에서 발견된 범죄혐의자의 유죄 또는 무죄를 증명할 수 있는 물품, 문서 등을 압수하는 증거 보전을 위한 조치를 말한다(刑事诉讼法 제141조).

**查封**
chá fēng
사 봉

**압수물의 봉인**

025

수사과정에서 발견된 범죄혐의자의 유죄 또는 무죄를 증명할 수 있는 물품, 문서 등을 차압한 후 봉인 종이를 붙이는 방식으로 하는 증거 보전 조치를 말한다. 봉인 종이를 임의로 제거하면 행정과 친안관리질서 위반으로 과태료 또는 행정구류 처벌을 받을 수 있다.

**拘留所**
jū liú suǒ
구 류 소

**유치장**

026

공안기관, 국가안전기관으로부터 행정구류(行政拘留)처벌을 받았거나 법원으로부

터 구류결정을 받은 자를 단기간 유치하는 장소를 말한다. 통상적으로는 경찰서 내
부에 설치되어 있다. <sup>jū liú suǒ</sup> 拘留所는 각급 지방정부가 수요에 따라 설치·운영하고 구체적
관리는 공안기관이 한다(拘留所条例 제2조).

형사구류(刑事拘留), 체포(逮捕), 1년 이하 단기 유기징역을 선고받은 범죄인 또는
수감기간이 1년 미만 남은 범죄인 등을 수용하는 수감시설을 말한다. <sup>kānshǒusuǒ</sup> 看守所도 구
류소(拘留所)와 마찬가지로 각급 지방정부가 수요에 따라 설치·운영하고 구체적
관리는 공안기관이 한다(刑事诉讼法 제85조).

독립적인 형사소송 단계로서, ① 공안기관 및 각 사법 기관이 고소, 고발, 제보, 자수
및 자소인 고소 등의 자료를 각각의 업무 관할 범위에 따라 검토한 후, ② 범죄 사실
이 발생했으며 형사 책임을 추궁해야 한다고 판단하여, ③ 이를 형사사건으로 확정
하여 형사 수사 또는 형사 심판을 해야 한다는 결정을 내리는 과정을 말한다. <sup>lì àn</sup> 立案
결정은 형사소송절차가 시작되었음을 의미한다(刑事诉讼法 제109조).

| <sup>029</sup> | dú rèn tíng<br>**独任庭**<br>독 임 정 | 단독판사 |

심판원 1명이 단독으로 형사사건을 심사하는 형태를 말하고, 기층인민법원이 간이
절차(简易程序), 속재절차(速裁程序)로 형사사건을 심사할 때 독임정 형태를 취할
수 있다(刑事诉讼法 제183조).

| | |
|---|---|
| hé yì tíng<br>**合议庭**<br>합 의 정 | 합의부 |

법관자격이 있는 심판원(审判员) 또는 인민배심원(人民陪审员) 여러 명이 함께 사건을 심사하는 인민법원의 가장 전형적인 조직형태를 말한다. 독임정(独任庭)을 적용하는 사건 외에서는 전부 合议庭(hé yì tíng) 형태로 사건을 심사해야 한다. 합의부는 홀수로 구성되어야 하고 결정은 다수결의 원칙에 따르지만 소수자 의견도 심사기록에 기재해야 한다(刑事诉讼法 제183조).

| | |
|---|---|
| shěn pàn wěi yuán huì<br>**审判委员会**<br>심 판 위 원 회 | 심판위원회 |

법원 내부의 최고의사결정 조직이다. 합의정(合议庭)이 중대하고 어렵거나 복잡한 사안을 심사하면서 처리하기 어렵다고 여기는 경우 审判委员会(shěn pàn wěi yuán huì)에 제청할 수 있다. 审判委员会(shěn pàn wěi yuán huì)는 이에 대해 논의를 진행한 후 결정을 해야 하고 审判委员会(shěn pàn wěi yuán huì)가 내린 결정에 합의정(合议庭)은 반드시 수용해야 한다. 审判委员会(shěn pàn wěi yuán huì)는 법원 원장, 부원장, 일부 경력이 많은 법관이 홀수로 구성되어야 한다(人民法院组织法제36조).

| | |
|---|---|
| rén mín péi shěnyuán<br>**人民陪审员**<br>인 민 배 심 원 | 인민배심원 |

법관이 아닌 일반 인민(국민)이 심판인원의 일원이 되어 법관과 함께 합의정(合议庭)을 형성하여 사건을 심판하는 것을 말한다. 중국은 2018년 4월에 『배심원법(陪审员法)』을 제정하여 배심원의 선출조건, 절차, 임기, 배심범위 등을 규정하였는데, 이에 근거하여 1심 형사사건의 피고는 人民陪审员(rén mín péi shěnyuán)이 참여한 합의정(合议庭) 구성을 요구할 수 있다. 총 3인의 심판위원으로 구성된 합의정(合议庭)에서 人民陪审员(rén mín péi shěnyuán)은 법관과 동등한 권리를 보유하여 사실관계에 대한 인정은 물론이고 법률의 적용

에 대해서도 의결권을 갖고 있다. 人民陪审员<sup>rén mín péi shěnyuán</sup>은 재판에 대한 결정권 외에 양형에 대한 결정권도 보유하고 있다. 다만 총 7인의 심판위원으로 구성된 합의정(合议庭)에서 人民陪审员<sup>rén mín péi shěnyuán</sup>은 단지 사실관계의 인정에 대해 의결권을 행사한다(刑事诉讼法 제183조).

| 033 | fǎ lǜ jiān dū jī guān<br>**法律监督机关**<br>법 률 감 독 기 관 | **법률감독기관** |
|---|---|---|

헌법에서 규정한 法律监督机关<sup>fǎ lǜ jiān dū jī guān</sup>은 검찰기관을 말한다. 중국 헌법 제3장 제7절은 제목 자체가 '인민법원과 인민검찰원'으로 되어 있다. 즉 중국에서 인민검찰원이란 인민법원과 마찬가지로 헌법상 사법기관이다. 때문에 중국의 검찰기관은 민사·형사·행정 사건의 구분이 없이 법원이 내린 모든 재판에 대해 재심청구권을 보유하고 있다(宪法 제134조).

| 034 | jiǎn chá wěi yuán huì<br>**检察委员会**<br>검 찰 위 원 회 | **검찰위원회** |
|---|---|---|

인민법원의 심판위원회(审判委员会)와 유사한 조직으로서 검찰위원회는 검찰장(检察长), 부검찰장 및 장기간의 검찰업무 처리 경험을 보유하고 있는 검찰관으로, 인원수는 홀수로 구성되며 다수결 원칙에 따라 주로 ① 검찰기관의 전반적 업무에 대한 총체적 평가, ② 중대 복잡 의문점이 많은 사건에 대한 심사와 토론, ③ 검찰업무와 관련되는 기타 중요한 사안의 심사와 토론을 담당하는 위원회를 말한다(检察组织法 제30조).

| dú rèn jiǎn chá guān<br>**独任检察官**<br>독 임 검 찰 관 | 독임검찰관 | 035 |
|---|---|---|

처리하는 사건의 정황에 따라 1명의 검찰관이 단독으로 사건을 처리할 시, 단독으로 사건을 책임진다는 뜻에서 해당 검찰관을 独任检察官이라고 칭한다(检察组织法 제28조).

| zhǔ bàn jiǎn chá guān<br>**主办检察官**<br>주 판 검 찰 관 | 주임검사 | 036 |
|---|---|---|

처리하는 사건의 정황에 따라 2명 이상의 검찰관들이 팀을 구성하여 팀별로 사건을 처리할 수 있는데 그 팀의 주요책임자를 말한다(检察组织法 제28조).

| jiǎn chá fǔ zhù rén yuán<br>**检察辅助人员**<br>검 찰 보 조 인 원 | 검찰보조인원 | 037 |
|---|---|---|

검찰관의 지휘를 받고 사건자료를 심사하고 법률문서 초안을 작성하는 등 검찰업무의 보조역할을 하는 자를 말한다. 检察辅助人员이 검찰관의 조건을 갖춘 경우 검찰관 선발절차에 의해 검찰관으로 임명될 수 있다(检察组织法 제43조).

| jiǎn chá zhǎng<br>**检察长**<br>검 찰 장 | 검사장 | 038 |
|---|---|---|

검찰원 내 모든 검찰관의 총지휘자를 말한다. 검찰원 내의 행정사무를 포함한 모든 업무는 检察长의 지휘에 따라 진행한다. 중대한 사안 처리는 检察长이 결정하고 检察长은 일부 업무의 처리를 위탁서에 의해 기타 검찰관에게 위탁할 수 있다(检察组织法 제29조).

| 039 | fǎ jǐng<br>**法警**<br>법 경 | **법경** |

국가사법기관인 법원과 검찰원에 소속되는 경찰을 말한다. 法警<sup></sup>을 직역하면 "법경"이어서 '사법경찰'로 풀이할 수 있겠지만, 한국에서 사법경찰이란 검사 이외의 수사기관을 의미하기에 法警<sup></sup>과 한국의 '사법경찰'은 서로 다른 개념이다(人民警察法 제2조).

| 040 | qiáng zhì jiè dú suǒ<br>**强制戒毒所**<br>강 제 계 독 소 | **마약중독 강제치료소** |

공안기관이 행정 강제조치를 통하여 마약 중독자들을 모아 놓고 마약과의 접촉을 차단하는 동시에 심리치료, 신체건강재활, 윤리교육 등을 동시에 진행함으로써 마약 중독자를 강제로 치료하는 장소를 말한다. 현재 중국에는 약 700여 개의 强制戒毒所<sup></sup>가 있고 매년 30~40만 명의 마약중독자를 수용하고 있다.

| 041 | kòng gào<br>**控告**<br>공 고 | **고소** |

피해자 등 고소권을 가진 사람이 국가기관에 범죄사실을 신고하고 범죄처벌을 요구하는 것을 말한다.

| 042 | jǔ bào<br>**举报**<br>거 보 | **고발** |

고소권이 없는 제3자가 국가기관에 범죄사실을 신고하고 범죄처벌을 요구하는 것을 말한다.

| bào àn<br>**报案**<br>보 안 | 신고 |
|---|---|

고소권자, 제3자 등을 불문하고 누구든지 국가기관에 범죄사실이 신고하는 것을 말한다.

| jì shù zhēn chá<br>**技术侦查**<br>기 술 정 찰 | 기술수사 |
|---|---|

통신도청, 위치추적, 비밀리 촬영 등 기술수단을 활용한 수사조치를 말한다. 주로 지명통보 되었거나 일부 특수 범죄 사건에 한하여 사용할 수 있다. 검찰기관은 직권을 이용하여 공민의 인신권리를 엄중하게 침해한 사건에 한하여 엄격한 비준절차를 거친 후 기술조치를 취할 수 있지만 집행은 공안기관, 국가안전기관(国家安全机关) 등이 집행한다(刑事诉讼法 제150조).

| tōng jī<br>**通缉**<br>통 집 | 지명통보 |
|---|---|

도주중인 범죄혐의자를 대상으로 채택하는 수사조치를 말한다. 공안기관은 자신의 관할구역 내의 범죄혐의자에 대해서는 직접 通缉할 수 있지만, 관할지를 넘어 通缉하고자 하는 경우에는 상급기관에 보고하여 그 상급기관이 通缉명령을 내려야 한다(刑事诉讼法 제155조).

| fàn zuì xián yí rén<br>**犯罪嫌疑人**<br>범 죄 혐 의 인 | 범죄혐의자 |
|---|---|

범죄를 범한 혐의가 있어서 고소, 고발, 신고의 대상이 된 사람을 말한다. 犯罪嫌疑

人이 기소가 되면 피고인이 된다. 무죄추정의 원칙에 따라 犯罪嫌疑人은 범죄자가
아니다.

047
xùnwèn
讯问
신 문

범죄혐의자 신문

범죄혐의자를 상대로 질문을 하고 기록하는 수사방식을 말한다. 讯问은 2명 이상의
수사인원이 함께 진행해야 한다. 범죄혐의자에 대한 讯问은 간수소(看守所)에서 하
는 것이 원칙이다. 讯问하기 전에 범죄혐의자에게 모든 소송권리를 고지해야 하고,
사실대로 진술했을 때 경하게 처벌할 수 있는 가능성과 인죄인벌(认罪认罚) 제도에
대한 설명을 해야 한다 (刑事诉讼法 제120조).

048
xúnwèn
询问
순 문

참고인 조사

수사를 진행하면서 사실 정황과 증거자료 학보를 위해 증인, 피해자 등 범죄혐의자
가 아닌 상대로 질문을 하고 기록하는 수사방식을 말한다. 询问은 사건 현장, 피询
问자의 자택, 사무실 등 장소에서도 가능하다. 询问은 개별적으로 진행해야 하고 2
명 이상의 수사인원이 함께 진행해야 한다(刑事诉讼法 제124조).

049
sù sòng cān yǔ rén
诉讼参与人
소 송 참 여 인

소송참가인

형사소송 과정에서 일정한 소송권리를 향유하고 일정한 소송의무를 부담하는 국가
공작인원(国家工作人员) 외의 주체들을 말한다. 诉讼参与人은 크게 당사인(当事
人)와 기타소송참여인(其他诉讼参与人)으로 구분된다(刑事诉讼法 제108조).

| dāng shì rén<br>**当事人**<br>당 사 인 | 당사자 |
|---|---|

사건 종결 결과와 직접적인 이해관계각 있는 소송참가인으로서 구체적으로 피해인, 자소인(自诉人), 범죄혐의자, 피고인, 부대민사소송(附带民事诉讼)의 원고와 피고를 말한다(刑事诉讼法 제108조).

| biàn hù rén<br>**辩护人**<br>변 호 인 | 변호인 |
|---|---|

범죄혐의자, 피고인의 위탁 또는 사법기관의 지정으로 위 인원들의 적법한 권리와 변호의 권리(변론권) 행사를 도와주는 자를 말한다. 위 인원들은 아래의 인원들 중에서 택하여 1명에서 2명의 변호인을 위임할 수 있다. ① 변호사, ② 인민단체, 또는 범죄혐의자, 피고인이 소속되어 있는 단위가 추천한 자, ③ 범죄혐의자, 피고인의 후견인 또는 지인. 다만 ① 현재 형벌 집행을 받고 있거나 수검되어 있는 자, ② 공직 자격 박탈 처분을 받은 자, ③ 변호사 또는 공증원 자격 박탈 처분을 받은 자가 범죄혐의자, 피고인의 후견인 또는 근친속(近亲属)이 아니라면 소송대리인으로 임명되어서는 아ㅣ 된다(刑事诉讼法 제33조).

| fǎ dìng dài lǐ rén<br>**法定代理人**<br>법 정 대 리 인 | 법정대리인 |
|---|---|

수권행위가 아닌 법률의 규정에 의해 그 대리권이 주어진 형사소송 대리인을 말한다. 한국에서는 주로 친권자 또는 후견인을 지칭하지만, 중국에서는 그 범위가 조금 더 광범위하여, 피대리인의 부모, 양부모, 후견인과 피대리인에 대해 보호책임이 있는 기관(예컨대 공무원이 제한능력자가 된 경우 그가 소속되어 있는 국가기관), 단체(예컨대 소속되어 있는 주민위원회)의 대표도 포함된다(刑事诉讼法 제108조).

| 053 | sù sòng dài lǐ rén<br>**诉讼代理人**<br>소 송 대 리 인 | 소송대리인 |
|---|---|---|

공소사건의 피해자 및 그의 법정대리인 및 그의 근친속(近亲属)이, 혹은 자소(自诉) 사건의 자소인 및 그의 법정대리인, 혹은 부대민사소송(附带民事诉讼)의 당사인 및 그의 법정대리인이 형사소송 또는 부대민사소송(附带民事诉讼)에 참여하도록 위탁한 자를 말한다. 소송대리인이 될 수 있는 자격은 변호인이 되는 자격과 같다. 즉, ① 변호사, ② 인민단체, 또는 범죄혐의자, 피고인이 소속되어 있는 단위가 추천한 자, ③ 범죄혐의자, 피고인의 후견인 또는 지인이 소송대리인이 될 수 있다. 다만 ① 현재 형벌 집행을 받고 있거나 수감되어 있는 자, ② 공직 자격 박탈 처분을 받은 자, ③ 변호사 또는 공증원 자격 박탈 처분을 받은 자가 범죄혐의자, 피고인의 후견인 또는 근친속(近亲属)이 아니라면 소송대리인으로 임명되어서는 아니 된다(刑事诉讼法 제108조).

| 054 | jìn qīn shǔ<br>**近亲属**<br>근 친 속 | 근친 |
|---|---|---|

형사법상 近亲属(jìn qīn shǔ)의 범위는 비교적 협소하여 배우자, 부모, 자녀 그리고 친형제자매에 한한다(刑事诉讼法 제108조).

| 055 | bù zhuī jiū xíng shì zé rèn de àn jiàn<br>**不追究刑事责任的案件**<br>불 추 궁 형 사 책 임 적 안 건 | 소추요건 조각 사건 |
|---|---|---|

형사책임을 묻지 않는 다음의 경우 중의 하나에 해당하는 경우들을 말한다. ① 사안이 현저히 경미하고 위해가 크지 않아 범죄로 인정되지 않는 경우, ② 범죄에 대한 소추시효가 이미 도과한 경우, ③ 특별사면에 의하여 형벌이 면제된 경우, ④ 형법에서 고소가 있어야 만이 형사처리를 하는 범죄에 대해 고소가 없거나 고소를 철회한 경

우, ⑤ 범죄혐의자, 피고인이 사망한 경우, ⑥ 형사책임을 면제해야 하는 기타 경우이다. 상기 경우에 해당함에도 이미 형사책임을 추궁하고 있다면 사안을 철회하거나 불기소를 하거나, 심사를 종결하거나 또는 무죄를 선고해야 한다(刑事诉讼法 제16조).

| 自诉 자소 zì sù | 자소 | 056 |
|---|---|---|

국가기관인 검찰기관이 소를 제기하는 공소와 대응되는 개념으로서 피해자, 피해자가 사망하였거나 행위능력이 상실된 경우에는 피해자의 법정대리인 또는 근친속(近亲属)이 법원에 형사 기소를 제기하는 절차를 말한다. 自诉사건에서 원고를 자소인(自诉人)이라 하고 피고인의 유죄에 관한 입증책임은 자소인이 부담한다. 自诉가 가능한 사건 유형은 크게 다음 세 가지이다. ① 고소가 있어야 처리하는 친고죄 사건들, ② 검찰기관이 공소를 제기하지 않았지만 피해자가 명확한 범죄증거를 제기하는 경미형사사건(轻微刑事案件), ③ 피해자가 피고인이 피해자의 인신과 재산 권리를 침해하였음을 증명하는 증거가 있음에도 불구하고 공안기관 또는 검찰기관이 형사책임을 추궁하지 않는다고 결정한 사건이다(刑事诉讼法 제114조).

| 告诉才处理 고소재처리 gào sù cái chǔ lǐ | 친고죄 | 057 |
|---|---|---|

피해자가 고소하여야 처리하는 형사사건을 말한다. 告诉才处理의 사안은 자소(自诉)사건에 속한다. 본래는 공소가 허용되지 않는 전속적 자소사건이지만, 다음의 경우가 있다면 공소절차로 전환될 수 있다. ① 국가이익과 사회질서를 엄중히 해하지 않은 모욕·비방사건, ② 폭력으로 혼인자유를 간섭하였지만 피해자의 사망을 초래하지 않은 사건, ③ 가정구성원을 학대한 사건 중에서 피해자가 고소의 능력이 있고 강제 제압, 공갈 등 고소불능의 상황에 처해 있지 않는 경우, ④ 타인을 위해 보관하고 있는 물품 또는 타인의 유실물에 대한 침점(侵占)한 사건 등이 있다(刑法 제246조).

| 058 | qīng wēi xíng shì àn jiàn<br>**轻微刑事案件**<br>경 미 형 사 사 건 | 경미 형사사건 |
|---|---|---|

사안이 비교적 경미하여 3년 이하 유기징역, 구역(拘役), 관제(管制) 등 비교적 경한 형사처벌에 처할 수 있는 사건을 말한다. 구체적으로 ① 고의상해죄를 범하였지만 타인의 중상해, 사망 등을 초래하지 않은 경우, ② 주거침입죄를 범한 경우, ③ 통신자유침해죄를 범한 경우, ④ 중혼죄(重婚罪)를 범한 경우, ⑤ 유기죄를 범한 경우, ⑥ 허위·불량제품 생산·판매 관련 사건에서 사회질서와 국가이익을 엄중히 해하지 않은 경우, ⑦ 지식재산권침해 관련 사건에서 사회질서와 국가이익을 엄중히 해하지 않은 경우, ⑧ 공민의 인신권리·민주권리 침해죄, 또는 재산침해죄 관련 사건에서 3년 이하 유기징역보다 낮은 형에 처할 수 있는 사건 등이 있다.

| 059 | shěn chá qǐ sù<br>**审查起诉**<br>심 사 기 소 | 기소여부심사 |
|---|---|---|

검찰기관이 자체적으로 수사한 사건, 기타 수사기관이 수사종결하여 이송기소(移送起诉)하였거나 감찰위원회(监察委员会)가 조사종결하여 이송기소(移送起诉)한 사안을 전면적으로 심사한 후 기소 또는 불기소 등의 결정을 내리는 소송활동을 말한다. 구체적으로 사안의 실제 내용과 수사 또는 조사 과정에서 법을 위반하는 절차적 문제가 있는지 여부를 심사하고, 범죄혐의자 신문(讯问), 피해자측 의견 청취, 기타 증거 조사·사실조회 등을 진행한다(刑事诉讼法 제169조).

| 060 | bǔ chōng zhēn chá<br>**补充侦查**<br>보 충 정 찰 | 보완수사 |
|---|---|---|

수사기관이 이송한 증거가 부족하거나 정확한 사실관계를 밝혀내기 위해 기존의 증거에 대한 보완이거나 추가적인 증거 확보가 필요한 경우, 인민검찰원은 스스로 보

완수사를 하거나 수사기관에게 2회에 한하는 보완 수사를 요구하는 것을 말한다(刑事诉讼法 제170조).

| fǎ dìng bù qǐ sù   jué duì bù qǐ sù<br>**法定不起诉(绝对不起诉)**<br>법 정 불 기 소 ( 절 대 불 기 소 ) | **법정불기소** 061 |
|---|---|

범죄사실이 없는 사안에 대해, 또는 형사소송법에서 형사책임을 추궁하지 않는다고 명백히 규정한 소유요건조각사건(不追究刑事责任的案件)에 대해 내리는 불기소 결정을 말한다(刑事诉讼法 제177조).

| zhuódìng bù qǐ sù   xiāng duì bù qǐ sù<br>**酌定不起诉(相对不起诉)**<br>참 작 불 기 소 ( 상 대 불 기 소 ) | **기소유예** 062 |
|---|---|

범죄가 존재하고 공소권 행사도 가능하지만 범죄의 정황이 경미하여 형벌로 처벌하지 않거나 형사처벌을 면제해도 무방할 때 내리는 불기소 결정을 말한다(刑事诉讼法 제177조).

| zhèng jù bù zú bù qǐ sù<br>**证据不足不起诉**<br>증 거 부 족 불 기 소 | **증거불충분불기소** 063 |
|---|---|

인민검찰원이 기소여부심사를 진행하면서 2회의 보완수사를 하였지만 여전히 기소로서의 증거가 충분하지 못하다고 판단하는 경우에 내리는 불기소 결정을 말한다(刑事诉讼法 제175조).

| 064 | tè shū bù qǐ sù<br>**特殊不起诉**<br>특 수 불 기 소 | **특수불기소** |

범죄혐의자가 범한 행위에 대해 자진하여 사실대로 진술하고 중대한 공적(입공)을 이루었거나 관련 사건이 국가의 중대한 이익과 관련된 경우, 최고인민검찰원의 비준을 받으면 공안기관이 사건을 파기하거나 인민검찰원이 불기소 결정을 내릴 수 있는데 이러한 불기소 결정을 特殊不起诉라고 말한다(刑事诉讼法 제182조).

| 065 | zàn yǔ jiān wài zhí xíng<br>**暂予监外执行**<br>잠 여 감 외 집 행 | **교정시설 밖에서의 형 집행** |

일시적으로 병원, 복지원 등 형집행시설이 아닌 장소에서 형을 집행하는 것을 말한다. 구체적으로 다음의 경우가 있다. ① 무기징역, 유기징역 또는 구역(拘役)에 처해 있는 자가 중병, 임신, 영유아에 대한 수유를 해야 하는 경우, ② 유기징역 혹은 구역(拘役)에 처해 있는 자가 심신장애로 인하여 스스로 생활할 수 없는 등 수감 장소에서 형을 집행하는 것이 적절하지 않으며 수감 장소 밖에서 형을 집행하여도 사회에 침해를 주지 않을 경우이다(刑事诉讼法 제265조).

| 066 | fù yì<br>**复议**<br>복 의 | **이의신청** |

형사소송 당사자 또는 소송참여인(수사기관 등 국가기관 포함)이 특정 형사소송 절차에 있어서 결정권이 있는 국가기관의 결정에 대해 이의신청을 하는 것을 말한다. 예컨대 기피결정에 대해 불복하는 경우 당사자 및 그의 법정대리인은 법원에 复议를 제기하고, 공안기관이 수사한 사건에 대해 검찰기관이 불기소 결정을 한 경우 공안기관은 해당 검찰기관에 复议를 제기할 수 있다(刑事诉讼法 제92조).

| fù hé **复核** 복 핵 | 재심사 |
|---|---|

상급 국가기관이 하급 국가기관의 결정에 대해 재차 심사를 하여 그 정당성을 재검토하는 것을 말한다. 예컨대 공안기관이 검찰기관의 불기소 결정에 제출한 복의(复议)가 받아들여지지 않은 경우, 해당 이의신청을 기각한 검찰기관의 상급 검찰기관에 复核를 제출할 수 있다(刑事诉讼法 제92조).

| rèn zuì rèn fá **认罪认罚** 인 죄 인 벌 | 플리바겐 |
|---|---|

범죄혐의자, 피고인이 사실대로 자신의 범죄행위를 진술하고, 고발한 범죄사실을 승인하며 처벌의 수락에 응할 경우, 관대한 처리를 받을 것을 기대할 수 있는 제도를 말한다. 여기서 '인죄(认罪)'란 수사기관이거나 검찰기관이 추궁하는 범죄에 대한 승인을 말하고, '인벌(认罚)'이란 기소 단계에서 검찰기관이 제기한 '양형건의(量刑建议)'에 동의하고, 심판단계에서는 상소 없이 1심 법원의 판결에 따름을 공식적으로 약속하고 이를 문서화하는 것을 말한다. 认罪认罚제도를 적용한 사건은 심판단계에서 최장 15일 내에 판결을 완료하는 소위 속재절차(速裁程序)' 적용이 가능하다(刑事诉讼法 제15조).

| rèn zuì rèn fá jù jié shū **认罪认罚具结书** 인 죄 인 벌 구 결 서 | 플리바겐제도 적용 동의서 |
|---|---|

범죄혐의자가 인죄인벌(认罪认罚) 절차 적용에 동의하여 검찰기관의 양형건의(量刑建议)에 동의함을 서명한 서류를 말한다. 서명할 때 반드시 본인의 변호인 또는 수감시설에서 주재하고 있는 당직 변호사가 동반해야 한다. 认罪认罚具结书에는 범죄혐의자의 신상정보, 인죄인벌(认罪认罚)의 과정, 범죄 사실, 죄명과 적용하는

법률, 검찰기관의 형면제 또는 감형에 관한 의견, 향후 사건 심사절차와 유의할 필요가 있는 기타 의견 등을 기재해야 한다(刑事诉讼法 제173조).

| 070 | liàngxíngjiàn yì<br>**量刑建议**<br>양 형 건 의 | **검찰의 양형 의견** |
| --- | --- | --- |

검찰기관이 법원에 특정 범죄혐의자에게 적용해야 하는 형사처벌과 양형을 제안하는 것을 말한다. 인민법원은 다음의 경우 중 하나가 아니라면 통상적으로 검찰기관의 量刑建议을 수용해야 한다. ① 범죄가 아니거나 형사책임을 추궁하지 말아야 하는 경우, ② 피고인이 자신의 자유로운 의사결정에 의해 인죄인벌(认罪认罚)을 한 것이 아닌 경우, ③ 피고인이 범죄 사실에 대해 인정하지 않는 경우, ④ 검찰기관이 공소로 제기한 죄명과 법원이 심사하여 인정하고자 하는 죄명이 일치하지 않는 경우, ⑤ 기타 공정한 심판에 영향을 줄 수 있다고 판단하는 경우이다(刑事诉讼法 제201조).

| 071 | xíng shì shěnpàn<br>**刑事审判**<br>형 사 심 판 | **형사심판** |
| --- | --- | --- |

원고와 피고 및 기타 소송당사자들이 법이 규정한 권한과 절차에 따라 형사사건에 관하여 소송주장을 제기하여 전개한 소송활동을 말한다. 이는 구체적으로 '심리(审理)'와 '재판(裁判)'을 말하는데, 심리란 사건 관련 사실에 대한 증거제출, 조사, 변론의 과정을 말하고 재판은 그러한 심리에 의해 사건의 실체와 절차문제에 대해 공정한 결정을 내리는 과정을 말한다. '심리'는 '재판'의 전제이고 '재판'은 '심리'의 목적이자 결과이다.

| xíng shì shěn pàn chéng xù<br>**刑事审判程序**<br>형 사 심 판 정 서 | 형사심판절차 |
|---|---|

<sup>072</sup>

xíng shì shěn pàn chéng xù
刑事审判程序는 ① 재판 대상에 따라 공소사건의 재판절차, 자소(自诉)사건의 재판
절차와 부대민사소송(附带民事诉讼)의 재판절차로 구분하거나, ② 소송진행 과정
에 따라 1심절차, 2심절차, 심판감독절차 및 집행절차로 구분할 수 있다. 아울러 1심
절차는 또 심판절차의 간소화 정도에 따라 일반절차, 간이절차(简易程序)와 속재철
자(速裁程序)로 구분할 수 있다.

| gōng kāi shěn pàn yuán zé<br>**公开审判原则**<br>공 개 심 판 원 칙 | 공개재판주의 |
|---|---|

<sup>073</sup>

형사 재판은 공개적으로 진행해야 하는 원칙을 말하고 구체적으로 심리의 공개와
선고의 공개가 있다. 1심 형사사건에서 ① 국가기밀 관련 사건, ② 개인 사생활 관련
사건, ③ 미성년자의 범죄사건, ④ 영업비밀 관련 사건(당사자가 비공개를 신청한
경우)은 비공개로 하고 이외의 사건은 전부 공개하여 심리해야 한다. 심리의 공개여
부와 관계없이, 재판의 선고는 전부 공개한다(刑事诉讼法 제188조).

| tíng qián huì yì<br>**庭前会议**<br>정 전 회 의 | 공판준비회의 |
|---|---|

<sup>074</sup>

형사재판은 재판 개정 전의 변론준비단계와 법정 개시 후 법정에서의 변론단계로
tíng qián huì yì
나눌 수 있는데, 庭前会议란 "법정(法庭)을 개시하기 전(前)에 진행하는 회의(会
tíng qián huì yì
议)"를 말하여 공판준비절차에 해당한다. 庭前会议는 법원이 결정으로 개시하고,
양측 당사자를 모두 소집하여 양측이 증거에 대한 의견을 어느 정도 조율하는 데 목
tíng qián huì yì
적을 두고 있다. 양측 당사자가 庭前会议에서 사건사실과 증거에 대해 일치한 의견
을 달성하였다면, 합의된 부분에 대해 정당한 이유 없이 번복해서는 아니 된다. 다

음의 경우 庭前会议를 진행할 것을 결정할 수 있다. ① 증거자료가 비교적 많고 사건이 비교적 엄중한 경우, ② 원고와 피고측이 사실과 양측 증거에 비교적 많은 이의가 있는 경우, ③ 사회적 영향력이 중대한 사안인 경우이다.

| 075 | jiǎn yì chéng xù<br>**简易程序**<br>간 이 정 서 | **간이공판절차** |

통상적인 형사재판보다 사건 심리 절차를 간소화한 것을 말한다. 简易程序를 적용하면, 법관은 ① 기층법원이 관할하는 사건 중에서, ② 사실이 명확하고 증거가 충분하며, ③ 피고인이 자신의 범죄행위를 승인하고, ④ 피고인이 간의절차로 사건을 심사하는데 이의가 없는 사건에 대해 송달절차, 피해자 신문(讯问), 증인 순문(询问), 법정 변론절차 등을 모두 간소하게 진행할 수 있고, 형사재판기한도 3년 유기징역 이하의 형사처벌을 가할 가능성이 있는 사안이라면 20일로, 그보다 중한 형사처벌에 처할 수 있는 사안이라면 1개월로 단축할 수 있다(刑事诉讼法 제219조).

| 076 | sù cái chéng xù<br>**速裁程序**<br>속 재 정 서 | **간이공판절차** |

범죄혐의자가 인죄인벌(认罪认罚)한 사안에 한하여 적용하는 간소화한 사건 심리 절차를 말한다. 범죄혐의자가 인죄인벌(认罪认罚)한 사안이 범죄 사실이 명백하고 증거가 확실하면서도 충분하며 정황상 3년이하 유기징역에 처할 가능성이 있다면 검찰기관은 공소를 제기하는 동시에 법원에 速裁程序 적용을 건의할 수 있다. 법원이 速裁程序 적용을 결정한 경우, 송달, 재판 과정에서의 조사, 변론절차 등을 생략할 수 있고 재판 심리를 통상 10일, 최장 15일 내에 완료하여 즉시 판결을 선고해야 한다(刑事诉讼法 제222조).

| shàng sù<br>**上诉**<br>상 소 | **상소** |
|---|---|

형사소송참여인 중 국가기관이 아닌 사(私) 주체 당사자, 즉 피고인, 자소인 및 그들의 법정대리인 등이 확정되지 않은 1심 판결 또는 재정에 불복하여 기한 내에 상급법원에 2심을 요구하는 소송행위를 말한다. 한국의 3심 종심(终审)제도와 달리 중국은 2심 종심제도이다. 따라서 한국에서 상소(上诉)란 하급심의 판결에 대한 불복으로 상급심에 다시 재판을 청구하는 것을 말하고, 그중 1심에 불복하여 2심 재판을 청구하는 것이 항소(抗诉)이고, 2심에 불복하여 대법원에 3심을 청구하는 것이 상고(上告)이다. 이에 비해 중국에서는 상고에 해당하는 용어가 없고 上诉와 항소(抗诉)의 용어는 있지만 한국에서의 용어와 의미가 다르다(刑事诉讼法 제227조).

| kàng sù<br>**抗诉**<br>항 소 | **검찰의 항소** |
|---|---|

재판에 대해 검찰기관이 불복을 제기하는 것을 말한다. 抗诉는 '2심항소(二审抗诉)'와 '재심항소(再审抗诉)'로 구분되고, 2심항소(二审抗诉)는 형사소송절차에만 있고, 재심항소(再审抗诉)는 민사, 행정, 형사를 막론하고 검찰기관이 재심청구권을 행사하는 절차이다(刑事诉讼法 제228조).

| èr shěnkàng sù<br>**二审抗诉**<br>2 심 항 소 | **검찰의 2심 청구** |
|---|---|

검찰기관이 확정되지 않은 1심 형사 판결 또는 재정에 명백한 착오가 있다고 여기는 경우 상급 법원에 2심을 청구하는 소송행위를 말한다(刑事诉讼法 제228조).

| 080 | zài shěnkàng sù<br>**再审抗诉**<br>재 심 항 소 | **검찰의 재심청구** |

이미 확정된 법원 판결 또는 재정에 대해, 해당 법원의 상급 검찰기관 또는 최고검찰원이 재심절차를 작동하여 자신과 동급인 법원에 확정판정에 대한 재심사를 청구하는 재심소송행위를 말한다. 심판감독항소(审判监督抗诉)라고 불리우기도 한다.

| 081 | shàng sù bù jiā xíng<br>**上诉不加刑**<br>상 소 불 가 형 | **불이익변경금지원칙** |

1심 심판에서 피고인만 상소(上诉)를 제기하고 검찰기관이 항소(抗诉)를 제기하지 않은 경우, 2심 인민법원은 2심 절차에서 어떠한 이유로도 피고인의 형벌을 가중해서는 아니 된다는 원칙을 말한다(刑事诉讼法 제226조).

| 082 | shěnpànjiān dū chéng xù  zài shěnchéng xù<br>**审判监督程序(再审程序)**<br>심 판 감 독 절 차 ( 재 심 절 차 ) | **심판감독철차** |

인민법원과 검찰기관이 이미 효력이 발생한 확정 판결 또는 재정에 사실확인이거나 법률 적용에 현저한 착오가 있음을 발견하여 해당 사건에 대한 재심을 제청하여 진행하는 것을 말한다. 구체적으로 다음의 경우를 말한다. ① 기존 판결이나 재정이 인정한 사실에 현저한 잘못이 있어 죄와 형벌에 대한 결정에 영향을 줄 수 있음을 입증하는 새로운 증거가 발견된 경우, ② 유죄 인정과 양형결정의 근거가 된 증거가 확실하지 않고 충분하지 않으며 법에 따라 배제해야 하는 경우, 또는 사건사실을 입증하는 주요 증거 간에 모순이 있는 경우, ③ 기존 판결, 재정이 법률을 잘못 적용한 경우, ④ 법에서 규정한 소송절차를 위반하여 심판의 공정성에 영향을 줄 수 있는 경우, ⑤ 심판인원(审判人员)이 해당 사건을 심리할 때 뇌물 수수, 사리사욕에 의한 부정행위, 법을 왜곡한 재판행위가 있는 경우이다(刑事诉讼法 제253조).

| fù dài mín shì sù sòng<br>**附带民事诉讼**<br>부 대 민 사 소 송 | 부대민사소송 |
|---|---|

형사소송에서 피고인의 형사책임을 추궁함과 동시에 피해자의 참여 하에 범죄행위
가 초래한 물질적 손해의 배상문제를 부대하여 해결하는 소송활동을 말한다. 범죄
행위에 따른 손해를 형사소송과 일괄해서 재판을 받도록 함으로서 피해자의 신속한
회복을 추구하는 면에서 한국의 배상명령 제도와 유사하다만 적용범위와 제기 가능
주체의 범위가 附带民事诉讼가 배상명령 제도보다 넓다. 附带民事诉讼의 본질은
민사소송이기에, 형법, 형사소송법 및 형사법 관련 사법해석에서 이미 규정한 사항
외에는 민사소송법의 규정들을 적용한다(刑事诉讼法 제101조).

| shǔ dì guǎn xiá quán<br>**属地管辖权**<br>속 지 관 할 권 | 속지관할권 |
|---|---|

중국의 영역 내에서 발생한 범죄행위는 법률에서 별도로 규정하지 않은 이상 형법 적
용 대상임을 말한다. "영역"이란 중화인민공화국의 영토, 영공, 영해를 뜻하는 외에 중
화인민공화국의 선박 또는 항공기도 포함한다. 다음으로 "발생"이란 범죄행위 혹인 범
죄의 결과 중의 하나가 중국 영역 내에서 발생한 것을 말한다(刑事诉讼法 제6조).

| shǔ rén guǎn xiá quán<br>**属人管辖权**<br>속 인 관 할 권 | 속인관할권 |
|---|---|

중국 공민이 중국 영역이 아닌 곳에서 범한 범죄에 대한 중국 형법의 관할권을 말한
다. 범죄자의 범죄 행위가 중국 형법의 규정에 따라 3년 이하의 징역에 처할 수 있는
경우 형법에 따라 형사책임을 추궁하지 않을 수 있지만, 국가공작인원(国家工作人
员) 또는 군인이 형법에서 규정한 범죄를 범한 경우 중국의 형법을 적용한다(刑事
诉讼法 제7조).

| 086 | bǎo hù guǎn xiá quán<br>**保护管辖权**<br>보 호 관 할 권 | 보호관할권과 국민에 대한 국외범 |

행위 발생지 법률에 따라 해당 행위를 형사법으로 처벌하지 않는 경우를 제외하고, 외국인이 외국에서 범한 범죄이지만 중국 또는 중국 공민을 대상으로 형법 규정상 최저 3년 이상 유기징역에 처할 수 있는 경우 형법을 적용하는 것을 말한다(刑事诉讼法 제8조).

| 087 | pǔ biànguǎn xiá quán<br>**普遍管辖权**<br>보 편 관 할 권 | 보편관할권과 국민에 대한 국외범 |

중국이 체결 또는 참여한 국제조약에서 규정한 범죄를 범한 경우, 중국이 약정한 국제조약 이행 범위 내에서 중국 형법을 적용하는 것을 말한다(刑事诉讼法 제9조) .

| 088 | tè bié chéng xù<br>**特别程序**<br>특 별 정 서 | 특수절차 |

형사소송법 제5편의 제목으로서 일반적인 형사소송절차와 구분되는 특수한 형사소송절차를 말한다. 여기에는 제1장 미성년자 형사소송절차, 제2장 당사자와의 협의를 달성한 공소사건 형사소송절차, 제3장 결석재판절차, 제4장 범죄혐의자·피고인 도주·사망 사건 불법소득 몰수절차, 제5장 형사책임을 부담하지 않는 자의 강제의료절차가 포함된다.

| wèi chéng nián rén xíng shì àn jiàn 未成年人刑事案件 sù sòng chéng xù fāng zhēn hé yuán zé 诉讼程序方针和原则 미성년인형사안건소송정서방침화원칙 | 미성년자 형사사건 처리 방침과 원칙 |
| --- | --- |

미성년자가 연루되는 형사사건을 처리할 때 국가기관과 국가공작인원(国家工作人员)이 지켜야 할 교육(教育)·감화(感化)·만구(挽救)의 방침과 "교육이 주이고 처벌은 부수(教育为主, 惩罚为辅)"의 원칙을 말한다. 여기서 감화란 사회복귀를 목적으로 하여 자기개발, 사회적 지원 등을 통해 긍정적인 변화를 이끌어내는 것을 의미하고, 만구란 미성년자가 처해 있는 어려운 상황으로부터 구제하거나 긍정적인 방향으로 돌아가게 하는 지원을 하는 것을 의미한다(刑事诉讼法 제277조).

| fēn àn chú lǐ zhì dù 分案处理制度 분 안 처 리 제 도 | 분리처리제도 |
| --- | --- |

범죄혐의자 등에 대해 형사구류(刑事拘留), 체포, 구속 등의 수사조치를 취할 때 미성년자와 성인은 한 공간에 있지 않도록 분리하여 조치를 취하는 것을 말한다(刑事诉讼法 제280조).

| shè huì diào chá zhì dù 社会调查制度 사 회 조 사 제 도 | 사회조사제도 |
| --- | --- |

미성년자 범죄혐의자(피고인) 형사사건을 처리할 때 해당 미성년자의 성장 이력, 가정환경, 후견자의 능력과 상황, 교육상황, 성격 형성 과정 등에 대해 철저한 조사를 하고 필요에 따라 물리적과 심리적 치료를 제공하는 것을 말한다(刑事诉讼法 제279조).

## 092
### qián kē bào gào zhì dù
### 前科报告制度
전 과 보 고 제 도

## 전과 신고 제도

법에 의해 형사처벌을 받은 경력이 있는 자는 군대에 입대하거나 취업할 때 스스로 범죄 전과가 있음을 소속 군대 또는 법인(조직)에 신고해야 하는 제도를 말한다(刑法 제100조).

## 093
### fàn zuì jì lù fēng cún
### 犯罪记录封存
범 죄 기 록 봉 존

## 범죄기록열람금지

범죄 시 만 18세 미만 미성년자이고 5년 이하 유기징역의 처벌을 받은 경우에 한하여 전과보고제도(前科报告制度)를 적용하지 않는 것을 말한다. 이런 경우 국가기관이 범죄사실조사, 사회안보유지 등의 특정한 이유에 한하여 미성년자의 전과기록을 조회할 수 있고 조회결과에 대해서는 비밀유지의무를 부담해야 한다(刑法 제100조).

## 094
### dāng shì rén hé jiě de gōng sù àn jiàn
### 当事人和解的公诉案件
당 사 인 화 해 적 공 소 사 건

## 당사자화해 공소사건

가해자와 피해자 간에 화해를 하고 배상, 사과 등에 관한 협의를 보아 피해자가 가해자를 양해하였다면 검찰기관에서 불기소 결정을 하거나 법원에서 경하게 처벌하는 것을 말한다. 적용 가능한 사건 유형은 다음과 같다. ① 사적인 다툼으로 발생한 형법 각칙 제4장의 침범공민인신권리(민주권리)죄[侵犯公民人身权利(民主权利)罪] 또는 제5장의 침범재산죄(侵犯财产罪)를 범하여 3년 이하 유기징역에 처할 가능성이 있는 사안, ② 7년 유기징역 이하의 형벌에 처할 수 있는 과실범[다만 형법 각칙 제9장 독직죄(渎职罪)에 속하는 과실범은 제외]이다(刑事诉讼法 제288조).

| quē xí shěnpàn 缺席审判 결 석 심 판 | 피고인 결석심판 |
| --- | --- |

피고인이 도주 중이거나, 엄중한 질병을 앓고 있어서 출석이 불가능한 상황에서 법원이 사건을 심사하고 법에 의해 피고인의 형사책임을 추궁하는 재판절차를 말한다. 피고인이 사망한 경우 심리를 중지하나 무죄인 것이 명백하다면 缺席审判으로 무죄를 선고한다(刑事诉讼法 제291조).

# 제 9 장

# 노동법

| láo dòng fǎ<br>**劳动法**<br>노 동 법 | 노동법 |
|---|---|

협의의 劳动法<sup>láo dòng fǎ</sup>은 근로관계 및 이와 관련된 부수적인 관계에 대하여 규정한 법률을 말한다. 劳动法<sup>láo dòng fǎ</sup>은 1994년 제8기 전국인민대표대회 상무위원회 제8차 회의에서 통과되었으며 1995년 1월 1일부터 시행되고, 최근에는 2018년 12월 29일에 개정되었다. 광의의 劳动法<sup>láo dòng fǎ</sup>은 '劳动法<sup>láo dòng fǎ</sup>'이라고 명명된 법전 외에도 근로관계를 규율하는 '노동합동법(劳动合同法)', '노동쟁의조해중재법(劳动争议调解仲裁法)' 등이 포함된다.

| láo dòng hé tóng fǎ<br>**劳动合同法**<br>노 동 계 약 법 | 노동계약법 |
|---|---|

근로계약관계를 규율하는 데 있어서 존재하는 각종 문제점을 해결하고 근로자의 권익을 보호하기 위하여 2007년에 제정된 법률을 말한다. 동법은 2007년 제10기 전국인민대표대회 상무위원회 제28차 회의에서 통과되었으며 2008년 1월 1일부터 시행되었고 최근에는 2012년 12월 28일에 개정되었다.

| láo dòngguān xì<br>**劳动关系**<br>노 동 관 계 | 근로관계 |
|---|---|

법에 의해 체결한 근로계약에 근거하여 근로자와 사용자 간에 발생한 법률관계를 말한다. 劳动关系<sup>láo dòngguān xì</sup>가 형성되면 근로자는 사용자의 관리를 받아야 하고 사용자는 근로자에게 약정한 보수와 근로보호를 제공해야 한다. 劳动关系<sup>láo dòngguān xì</sup>를 형성하려면 서면 근로계약을 체결해야 하며, 이미 근로관계를 형성하였으나 서면 근로계약을 체결하지 아니한 경우에는 근로를 제공한 날로부터 1개월 이내에 서면 근로계약을 체결해야 한다. 劳动关系<sup>láo dòngguān xì</sup>는 근로자가 근로를 제공한 날로부터 성립된다(劳动合同法 제10조).

| 004 | láo dòng zhě<br>**劳动者**<br>노 동 자 | 근로자 |

타인에게 근로를 제공하고 그 대가로 임금을 받는 자를 말한다. 劳动者<sup>láo dòng zhě</sup>는 만 16세 이상이어야 하며, 문예·체육과 특종 공예에 종사할 경우에는 만 16세 이하의 미성년자여도 가능하나 반드시 국가의 관련규정에 따라 심사비준 절차를 밟고 국가는 그들의 교육을 받을 권리를 보장해야 한다(劳动法 제15조).

| 005 | yòng rén dān wèi<br>**用人单位**<br>용 인 단 위 | 사용자 |

근로자와 근로계약을 체결하고 근로자에게 소정의 보수 지급을 약속하는 자를 말한다. 用人单位는 취업규칙을 정비하고 근로자가 근로권리를 향유하고 근로의무를 이행하는 것을 보장할 의무가 있다. 用人单位에는 기업, 개인사업자가 포함될 뿐만 아니라 국가기관·공기관·사업단체 등 근로자와 근로관계를 형성한 자도 포함된다(劳动法 제4조).

| 006 | guī zhāng zhì dù<br>**规章制度**<br>규 장 제 도 | 취업규칙 |

사용자와 근로자대표대회 또는 전체 근로자가 토론의 방법으로 초안을 작성하고 노동조합 또는 근로자대표대회가 평등하게 협상하여 전체 근로자에게 적용하는 각종의 규칙을 말한다. 规章制度는 근로관계의 형성과 이행에 관한 규칙으로서 근로자의 각종 권리를 보장할 뿐만 아니라 근로자의 행위에 대해서 규범적 역할도 한다. 따라서 근로자는 规章制度의 보호를 받을 뿐만 아니라 规章制度상의 의무도 이행해야 한다. 规章制度의 내용에는 노동보수분배·근로시간·휴식휴가·노동보호·보험복지 및 장려처벌 등이 있으며 합법적으로 제정된 规章制度는 노동분쟁사건을

심리하는 근거가 된다. 사용자는 근로자의 밀접한 이익에 직접 관련되는 规章制度<sup>guī zhāng zhì dù</sup>에 대한 결정을 공시하거나 근로자에게 고지해야 한다. 사용자가 근로자에게 规章制度를 고지하지 않은 경우에는 规章制度의 효력이 근로자에게 미치지 않으며 노동쟁의와 관한 소송에 있어서 사용자는 근로자에게 规章制度를 고지한 사항을 증명할 책임이 있다(劳动合同法 제4조).

| sān fāng jī zhì<br>三方机制<br>삼 방 기 제 | 삼방기제 | 007 |
|---|---|---|

정부·노동조합대표·사측대표로 구성된 근로관계의 조율조직을 말한다. 三方机制는 주로 근로관계에 관한 문제에 대하여 대화를 나누는 역할을 하는데 국가적 차원에서의 三方机制의 역할은 다음과 같다. ① 개혁정책과 경제사회발전계획이 근로관계에 대한 영향을 검토하고 근로관계의 상황을 판단하며 근로관계의 발전추세를 예측한다. ② 근로관계의 전반에 관한 중대한 문제에 대하여 검토하고 정책적인 의견을 제시한다. ③ 근로관계에 관련된 법령 제정 시 의견을 제시하고 시행을 감독한다. ④ 지방에서 3자 협상기제를 갖추는 것을 추진하고 지도한다. ⑤ 단체노동분쟁과 단체성격을 띤 사건에 대하여 검토를 하고 해결가능성을 제시한다. ⑥ 노동법령을 홍보한다.

| zhí gōngmíng cè<br>职工名册<br>직 공 명 책 | 근로자명부 | 008 |
|---|---|---|

근로자의 성명·성별·신분증번호·호적 및 주소지·연락처·고용형태·고용시작일·근로계약기간 등 내용이 포함된 명부를 말한다. 职工名册은 노동행정관리부서가 사용자의 고용실태를 제때에 장악하고 사용자가 근로자에 대한 관리를 제대로 실시하는지 여부를 검사하기 위하여 마련한 제도이다.

| 009 | gōng huì<br>**工会**<br>공 회 | **노동조합** |
|---|---|---|

근로자들이 자발적으로 결합하여 형성한 노동계급의 민간조직을 말한다. 工会는
평등한 협상과 단체협약(集体合同) 등 제도를 통하여 노동관계를 조율하고 근로자
의 권익을 보호한다. 工会는 근로자가 사용자와 법에 따라 근로계약을 체결하고 이
행하는 것을 돕고 지도해야 하며 사용자와 단체교섭체제를 구축하여 근로자의 합법
적인 권익을 보호해야 한다(劳动合同法 제6조).

| 010 | gōng huì jīng fèi<br>**工会经费**<br>공 회 경 비 | **노조경비** |
|---|---|---|

노조 회원이 납부한 회비, 사용자가 매월 근로자의 급여 총액의 2%로 납부한 경비,
정부의 보조 등으로 구성된 비용을 말하며 근로자의 이익을 위한 목적과 노조의 활
동에 사용된다. 사용자가 정당한 이유 없이 2% 경비의 납부를 거부하거나 연체할
경우 노조는 현지 법원에 지급명령을 신청할 수 있으며 지급명령의 집행을 거절할
경우 법원에 강제집행을 신청할 수 있다.

| 011 | zhāoyòng<br>**招用**<br>초 용 | **채용** |
|---|---|---|

사용자가 영업의 필요에 따라 근로자를 고용하는 것을 말한다. 사용자는 근로자를
招用 시 근로자에게 업무내용·근무조건·근무지·직업위험·안전생산상황·노동보
수 및 근로자가 요청한 기타 상황에 대하여 사실대로 설명해야 한다. 반면 사용자도
근로계약을 이행하는 것과 직결된 근로자의 기본상황을 알 권리가 있으며 근로자도
사실대로 설명해야 한다(劳动合同法 제8조).

| gōng zhǒng<br>**工种**<br>공 종 | 직종 |
|---|---|

근로 관리의 수요에 따라 근로의 성격, 근로 기술의 특징 혹은 서비스 활동의 특징 등으로 분류한 업무의 종류를 말한다.

| gōng zuò gǎng wèi<br>**工作岗位**<br>공 작 강 위 | 근무직위 |
|---|---|

근로자가 사용자에 의해 채용될 경우, 구체적으로 근무하게 될 부서 혹은 직위를 말한다. 채용공고에서는 직위라는 용어를 많이 사용하기도 한다.

| láo dòng hé tong<br>**劳动合同**<br>노 동 합 동 | 근로계약 |
|---|---|

근로자가 사용자에게 근로를 제공하고 사용자는 이에 대하여 임금의 지급을 목적으로 체결된 계약을 말하며, 근로 제공일부터 성립된다. 근로제공일란 사용자가 실질적으로 근로자의 노동력을 사용하고 근로자가 사용자의 지휘·감독·관리 하에 근로를 제공하기 시작한 날을 말한다. 근로관계가 성립되면 사용자와 근로자는 각자의 권리를 향유하고 의무를 이행하게 되며 근로자의 근로시간도 근로계약의 체결과 관계없이 근로관계의 성립 시부터 계산하게 된다(劳动合同法 제7조).

| láo dòng hé tong bì yào tiáokuǎn<br>**劳动合同必要条款**<br>노 동 합 동 필 요 조 관 | 근로계약 필수조항 |
|---|---|

근로계약에 반드시 포함되어야 하는 내용을 말하는데 주로 근로자의 권리와 밀접한

관련이 있는 다음과 같은 내용이 포함된다. ① 사용자의 명칭·주소와 법인대표 또
는 주요책임자, ② 근로자의 성명·주소 및 신분증 또는 기타 유효한 신분증명번호,
③ 근로계약 기간, ④ 근로내용 및 근로장소, ⑤ 근로시간 및 휴식·휴가 ⑥ 노동보
수, ⑦ 사회보험, ⑧ 노동보호·근로조건 및 직업위험의 방지·보호, ⑨ 법률·법규에
따라 근로계약에 포함되어야 하는 기타 사항 등이다(劳动合同法 제17조).

| 016 | wú xiào láo dòng hé tong<br>无效劳动合同<br>무 효 노 동 합 동 | 무효 근로계약 |

사용자와 근로자 간에 비록 근로계약을 체결하였으나, 법정 무효사유가 존재하여
무효가 되는 근로계약을 말한다. 无效劳动合同은 전부무효와 일부무효 두 가지 유
형이 있으며 일부 무효인 경우, 기타 유효한 부분에는 영향을 미치지 않는다. 无效
劳动合同에서 근로자가 이미 근로를 제공한 경우 사용자는 근로자에게 노동보수를
지급해야 하며 노동보수는 사용자의 동일 혹은 유사한 직종의 근로자의 노동보수를
참조하여 확정한다.

| 017 | láo dòng hé tongzhōng zhǐ<br>劳动合同终止<br>노 동 합 동 종 지 | 근로계약의 종료 |

법률에서 정한 상황이 발생하여 근로계약의 법적 효력을 소멸시키는 것을 말한다.
근로계약이 종료되면 당사자 간의 권리의무관계는 존재하지 않는다. 劳动合同终止
의 사유는 다음과 같은 것이 있다. ① 근로계약 기간이 만료된 경우, ② 근로자가 기
본양로보험의 대우를 받기 시작한 경우, ③ 근로자가 사망하거나 법원의 사망선고
또는 실종선고를 받은 경우, ④ 사용자가 법에 따라 파산선고를 받은 경우, ⑤ 영업
허가증을 말소당하거나 폐업명령을 받거나 등기가 취소되거나 사용자가 사전에 해
산한 경우, ⑥ 근로자가 법정퇴직 연령에 달한 경우, ⑦ 법률·행정법규에 규정한 기
타 사항이다(劳动合同法 제44조).

| láo dòng hé tong jiě chú<br>**劳动合同解除**<br>노 동 합 동 해 제 | 근로계약의 해지 |
|---|---|

018

근로계약의 유효기간 만료 전에 근로계약 일방 당사자 또는 양 당사자가 근로계약의 효력을 정지시키고 근로계약을 더 이상 이행하지 않는 행위를 말한다. 근로자는 30일 전에 서면으로 사용자에게 통보하여 근로계약을 해지할 수 있다. 시용기간(试用期)에는 3일 전에 사용자에게 통보하여 근로계약을 해제할 수 있다. 사용자가 폭력, 위협 혹은 인신자유를 제한하는 수단으로 노동을 강제하거나 규정을 위반하여 위험한 작업을 지시하여 근로자의 인신안전에 위협을 초래하는 경우 근로자는 즉시 근로계약을 해지할 수 있으며 사용자에게 통보할 필요가 없다. 반면, 사용자가 근로자와의 근로계약을 해제하려면 반드시 법정사유가 있는 경우에만 근로계약을 해제할 수 있다(劳动合同法 제36조).

| jīng jì bǔ cháng jīn<br>**经济补偿金**<br>경 제 보 상 금 | 경제보상금<br>퇴직금 |
|---|---|

019

근로계약이 종료되거나 기타 법정사유가 있는 경우에 사용자가 근로자에게 지급하는 금전적 보상이다. 经济补偿金은 근로자가 당해 사용자에게서 근로연한에 따라 매 1년마다 1개월의 임금을 기준으로 근로자에게 지급하게 된다. 6개월 이상 1년 미만일 경우 1년으로 계산하여 1개월의 임금을 지급하고, 6개월 미만일 경우 월 임금의 반으로 계산한다. 근로자의 월 임금이 사용자 소재지의 직할시·구를 설치한 시급(市级)인민정부가 공고한 당해 지역의 전년도의 월평균 임금의 3배보다 높은 경우, 근로자에게 지급하는 기준은 당해 지역 월 평균 임금의 3배 액수로 하여 지급하며, 근로자에게 지급하는 经济补偿金의 연한은 최장 12년을 초과하지 않는다(劳动合同法 제47조).

020

**gù dìng qī xiàn láo dòng hé tong**
## 固定期限劳动合同
고 정 기 한 노 동 합 동

### 기간의 정함이 있는 근로계약

일정한 기간제한이 있는 근로계약을 말하며 사용자와 근로자는 반드시 근로계약의 시작시점과 종료시점을 명확히 약정해야 한다. 사용자와 근로자는 6개월, 1년, 2년, 3년 등 다양한 기간으로 固定期限劳动合同(gù dìng qī xiàn láo dòng hé tong)을 체결할 수 있다. 계약기간이 만료되면 사용자와 근로자는 계약을 종료하거나 재계약을 해야 한다(劳动合同法 제13조).

021

**wú gù dìng qī xiàn láo dòng hé tong**
## 无固定期限劳动合同
무 고 정 기 한 노 동 합 동

### 기간의 정함이 없는 근로계약

사용자와 근로자가 계약종료 기간을 약정하지 않은 근로계약을 말한다. 사용자는 근로자와 합의하여 无固定限劳动合同(wú gù dìngxiàn láo dòng hé tong)을 체결할 수 있다. 또한 기간의 정함이 있는 근로계약(固定期限劳动合同)은 다음의 하나에 해당되는 경우에 근로자가 기간의 정함이 있는 근로계약을 체결할 것을 요구하지 않는 한 사용자는 근로자와 无固定期限劳动合同(wú gù dìng qī xiàn láo dòng hé tong)을 체결해야 한다. ① 근로자가 이미 당해 사용자에게서 연속 근로한 기간이 만 10년 이상인 경우, ② 사용자가 최초로 근로계약제도를 실시하거나, 국유기업이 구조조정으로 근로계약을 새롭게 체결할 경우, ③ 고정기간 근로계약을 연속 2회 체결하고 근로자가 노동계약법(劳动合同法) 제39조와 제40조 제1항, 제2항의 규정에 해당되지 않는 경우, ④ 사용자가 근로자가 근로를 제공한 날부터 만1년이 되어도 근로자와 서면 근로계약을 체결하지 않는 경우이다(劳动合同法 제14조).

022

**wánchéng yí dìnggōngzuò rèn wù wéi qī xiàn de láo dòng hé tong**
## 完成一定工作任务为期限的劳动合同
완 성 일 정 공 작 임 무 위 기 한 적 노 동 합 동

### 일정한 사업의 완료에 필요한
### 기간을 정한 근로계약

사용자와 근로자가 모종의 업무를 완성하는 기간을 계약기간으로 약정하는 근로계

약을 말한다. 사용자는 근로자와 합의하여 完成一定工作任务为期限的劳动合同을 체결할 수 있다. 근로자가 당해 근로에 착수하는 시점이 근로계약 시작시점으로 되고 근로자가 당해 근로를 완성하는 시점이 근로계약 종료시점이 되는 것이다(劳动合同法 제15조).

사용자와 근로자가 상호 관찰하고 이해하는 일정한 기간을 말한다. 试用期 내에 사용자는 근로자가 사용자의 업무를 제대로 수행하지 못하거나 사용자가 맡긴 임무를 제대로 완성하지 못하면 계약을 해지할 수 있다. 근로자도 근로여건이나 회사문화 등이 자신한테 맞지 않는다고 여길 경우 试用期 내에 계약을 해지할 수 있다. 사용자가 试用期를 남용하는 것을 방지하기 위하여 법적으로 试用期에 대하여 기간 제한, 임금 기준, 계약해지의 제한 등에 관하여 상세하게 규정하고 있다(劳动合同法 제19조).

사용자가 경영상 이유에 의하여 법에 정한 바에 따라 근로자를 해고하는 것을 말한다. 裁员 인력이 20명 이상 혹은 20명 미만이나 전체 직원수의 10%이상일 경우 사용자는 30일 전에 노조 혹은 전체 직원에게 상황을 설명하고, 의견을 청취한 후 노동행정부서에 裁员방안을 보고한 후 裁员할 수 있다. 裁员의 경우로는 ① 기업파산법에 의해 구조조정을 하는 경우, ② 생산경영에 중대한 곤란이 발생한 경우, ③ 기업이 생산 전환, 중대기술 혁신 혹은 경영방식의 조정으로 노동계약을 변경한 후 여전히 裁员이 필요한 경우이다(劳动合同法 제41조).

| jí tǐ hé tong<br>**集体合同**<br>집 체 합 동 | 단체협약 |

사용자와 근로자들이 법령의 규정에 따라 노동보수·근로시간·휴식휴가·노동안전위생·직업연수훈련·보험복지 등 사항에 대하여 단체교섭을 통하여 체결한 서면협의를 말한다. 集体合同(jí tǐ hé tong)은 사용자와 근로자 모두에게 구속력이 있으며 사용자와 근로자 간에 체결한 개별 근로계약의 근로조건과 노동보수 등의 표준은 集体合同(jí tǐ hé tong)에 규정한 표준보다 낮아서는 아니 된다. 集体合同(jí tǐ hé tong)에 규정된 사용자가 부담할 의무는 법적 효력이 있으며 사용자가 이행하지 않은 경우 상응하는 법적 책임을 져야 한다. 集体合同(jí tǐ hé tong)에는 분야별 集体合同(jí tǐ hé tong), 업종별 集体合同(jí tǐ hé tong), 지역별 集体合同(jí tǐ hé tong) 등이 있다(劳动合同法 제51조).

| gōng zuò shí jiān<br>**工作时间**<br>공 작 시 간 | 근무시간 |

근로자가 사용자의 지휘 혹은 수권 하에 사용자를 위하여 제공하는 근로시간을 말한다. 1일 내의 工作时间(gōng zuò shí jiān)의 총합은 표준근무일을 구성하고, 1주 내의 工作时间(gōng zuò shí jiān)의 총합은 표준근무주(周)를 구성한다. 업종이나, 직위의 특수성에 근거하여 표준 工作时间(gōng zuò shí jiān)이 아닌 다른 工作时间(gōng zuò shí jiān) 제도를 적용할 수도 있다.

| jī zhǔn gōng zuò shí jiān zhì dù<br>**基准工作时间制度**<br>기 준 공 작 시 간 제 도 | 기준근무시간제도 |

근로시간 제도 중에서 가장 일반적인 제도인데 하루의 기준근로시간 및 일주일의 기준근로시간에 대한 제도를 말한다. 基准工作时间制度(jī zhǔn gōng zuò shí jiān zhì dù)에 따르면 매일 근로시간이 8시간을 초과하면 아니 되고, 매주 근로시간은 40시간을 초과해서는 아니 되며, 매주 적어도 1일 휴식을 보장해야 한다. 사용자는 생산경영의 수요에 근거하여 노

동조합과 근로자와 협상한 후 근로시간을 연장할 수 있으나 일반적인 경우에 일일 1시간을 초과해서는 아니 되며 특수한 원인으로 근로시간을 연장할 필요가 있는 경우 근로자의 신체건강을 보장하는 전제하에서 근로시간을 연장할 수 있으나 매일 3시간을 초과해서는 아니 되며 1개월에는 36시간을 초과해서는 아니 된다(劳动法 제41조).

| bù dìng shí gōng zuò shí jiān zhì dù 不定时工作时间制度 부 정 시 공 작 시 간 제 도 | 부정시 근무시간제도 유연 근로시간제 |
|---|---|

근로성격과 직위의 특수성으로 인하여 기준근로시간제도를 준수할 수 없는 상황에서 고정적인 시간제한을 받지 않는 근로제도를 말한다. 간단히 말해서 통상 결과를 중시하고 과정이나 시간은 크게 중요시하지 않는 직종이 다수이다. 이러한 직종에는 기업의 고급관리인원, 외근근로자, 장거리운전기사, 택시운전기사, 항구·철로·창고의 수하근로자 등이 포함된다. 不定时工作时间制度를 실시하려면 노동행정관리부서에 신청하여 허가를 받아야 한다(劳动法 제39조).

| zōng hé jì suàn gōng zuò shí jiān zhì dù 综合计算工作时间制度 종 합 계 산 공 작 시 간 제 도 | 종합계산 근무시간제도 탄력적 근로시간제 |
|---|---|

사용자가 기준근로시간을 기초로, 일정한 기간을 주기로 하여 종합적으로 근로시간을 계산하는 제도를 말한다. 단 기준근로시간을 기초로 하기 때문에 평균근로시간은 기준근로시간과 대체적으로 일치해야 한다. 이러한 직종에는 교통·철도·우편·해운·항공·어업 등 연속근로를 요구하는 업종과 지질탐사·건축·제염·여행 등 계절과 자연조건의 제한을 받는 일부 근로자 및 기타 综合计算工作时间制度 시행에 적합한 업종이다. 이러한 근로시간제도를 실시하려면 사용자 소재지의 노동행정부서에 신청하여 허가를 받아야 한다(劳动法 제39조).

| 030 | xiū xī shí jiān<br>**休息时间**<br>휴 식 시 간 | **휴게시간** |

근로자가 소모된 몸을 쉬고 피로한 정신을 회복할 수 있는 시간을 말하는데 사용자는 1일 근로시간에 근로자에게 일정한 휴식시간을 보장해야 한다. 현재까지 법적으로 1일 근로시간 내 휴게시간에 대한 명시된 규정은 없으며 사용자가 업무성격에 근거하여 사내규칙을 통하여 제정할 수 있다.

| 031 | xiū rì<br>**休日**<br>휴 일 | **휴일** |

근로자가 일을 하지 않고 쉬는 날을 말하는데 사용자는 매주 적어도 근로자에게 1일의 휴일을 보장해야 한다(劳动法 제38조).

| 032 | fǎ dìng jié jià rì<br>**法定节假日**<br>법 정 절 가 일 | **공휴일** |

국가가 민족 풍습과 중요 기념활동의 필요에 의하여 법률로 경축활동을 할 수 있도록 휴가를 부여하는 제도이다. 法定节假日이 토요일, 일요일이라면 근무일에 순연하여 휴가를 보충해야 한다. 단, 일부 국민에게만 적용되는 法定节假日은 보충휴가를 부여하지 않는다. 法定节假日에는 ① 전체 국민에게 적용되는 法定节假日. 원단 1일(양력 1월 1일), 춘절 3일(음력 1월 1일, 2일, 3일), 청명절 1일(음력청명당일), 노동절 1일(양력 5월 1일), 단오절 1일(음력 단오 당일), 중추절 1일(음력 중추절 당일), 국경절 3일(양력 10월 1일, 2일, 3일)이다. ② 일부 국민에게 적용되는 法定节假日. 여성: 여성의 날, 반일(3월 8일), 청년: 청년의 날, 반일(5월 4일), 14세 미만의 소년아동: 어린이의 날 1일(6월 1일), 현역군인: 중국인민해방군 건군기념일 1일(8월 1일)이 있다.

| dài xīn nián xiū jià<br>**带薪年休假**<br>제 신 연 휴 가 | 유급휴가 |
| --- | --- |

근로자가 일정한 연한을 근무한 후 사용자가 휴일을 주고 임금을 지급하는 제도를 말한다. 带薪年休假<sup>dài xīn nián xiū jià</sup>는 근로자가 일정 기간동안 근무한 후 휴식을 취하여 재충전한 후 다시 근무에 열중할 수 있도록 하는 데 목적이 있다. 누적 근무 1년이상이고 10년 미만인 경우 带薪年休假<sup>dài xīn nián xiū jià</sup>는 5일이며, 누적 근무 10년 이상 20년 미만인 경우 带薪年休假<sup>dài xīn nián xiū jià</sup>는 10일이며, 누적 근무 20년 이상인 경우 带薪年休假<sup>dài xīn nián xiū jià</sup>는 15일이다.

| shè huì bǎoxiǎn<br>**社会保险**<br>사 회 보 험 | 사회보험 |
| --- | --- |

근로자 및 기타 자연인의 퇴직 후의 생활 및 질병산재·실업·의료 등에 대한 물질보장을 위하여 마련한 보험이며 社会保险<sup>shè huì bǎoxiǎn</sup>에는 양로보험·실업보험·의료보험·산재보험·출산보험 등 5가지 보험이 있다. 社会保险<sup>shè huì bǎoxiǎn</sup>에 참가하고 보험료를 납부하는 것은 사용자와 근로자의 법정의무이다.

| yǎng lǎo bǎoxiǎn<br>**养老保险**<br>양 로 보 험 | 국민연금 |
| --- | --- |

근로자의 퇴직 후의 생활을 보장하기 위하여 마련한 보험제도를 말한다. 일반적인 상황에서 养老保险<sup>yǎng lǎo bǎoxiǎn</sup>은 사용자가 임금의 20%, 근로자가 임금의 8%를 지급하고 보험료를 연속 15년 간 누적 납부한 근로자는 법정퇴직 연령에 달하면 퇴직한 후 매달 소정의 양로금(养老金)을 지급받게 된다. 퇴직연령에 달했으나 보험료 납부 연한이 15년 미만일 경우 만 15년까지 납부하여 기간을 만족한 후 매달 양로금을 받을 수도 있고, 신형농촌사회양로보험(新型农村社会养老保险) 혹은 성진주민사회양로보험(城镇居民社会养老保险)으로 변경하여 관련규정에 근거하여 养老保险<sup>yǎng lǎo bǎoxiǎn</sup>대우를 받

을 수 있다. 이를 원하지 아니할 경우 개인계좌에 누적된 예금을 일회성으로 지급받을 수 있으나 향후 매달 양로금은 받지 못하게 된다.

| 036 | yī liáo bǎoxiǎn<br>**医疗保险**<br>의 료 보 험 | **건강보험** |

근로자가 질병에 걸릴 경우에 대비하여 마련한 보험제도를 말한다. 일반적인 상황에서 医疗保险은 사용자가 임금의 8%, 근로자가 임금의 2%를 지급하며 전용계좌와 개인계좌로 구성되는데 사용자가 납부하는 보험료는 70%정도가 전용계좌에 입금되고 30%정도가 개인계좌에 입금되며, 근로자가 납부하는 보험료는 전부 개인계좌에 입금된다. 최저생활보장을 받는 자, 노동능력을 상실한 장애인, 저소득 가정의 만 60세 이상의 노인과 미성년자의 개인납부 부분은 정부에서 보조를 해준다.

| 037 | shī yè bǎoxiǎn<br>**失业保险**<br>실 업 보 험 | **실업보험** |

근로자의 실업기간 동안의 생활을 보장하기 위하여 마련한 보험제도를 말한다. 失业保险은 일반적으로 사용자가 임금의 2%, 근로자가 임금의 1%를 보험료로 납부한다. 失业保险금은 보험료를 만 1년 이상 납부한 근로자에게 지급되는데 실직 익월부터 보험금을 지급받게 된다. 그중 보험료를 누적하여 1년 이상 5년 이하로 납부한 경우 최장 12개월의 보험금을 지급받을 수 있고, 5년 이상 10년 이하 납부한 경우에는 최장 18개월의 보험금을 지급받을 수 있으며 10년 이상 납부한 경우에는 최장 24개월의 보험금을 지급받을 수 있다.

| gōngshāng bǎoxiǎn<br>**工伤保险**<br>공 상 보 험 | 산재보험 | 038 |

산재가 발생할 경우 근로자의 권리를 보장하기 위하여 마련한 보험제도를 말한다. 국가는 서로 다른 업종의 산재 리스크 정도에 근거하여 工伤保险에 대하여 차등 보험납부비율을 정하며, 사용자가 해당 비율에 근거하여 보험료를 납부하고 근로자는 보험료를 납부하지 않는다. 산재등급은 생활능력이 전혀 없거나, 생활능력을 대부분 상실하거나, 생활능력이 일부분 없는 3개 등급으로 나누어진다. 산재로 인한 치료기간에 사용자는 기존의 임금기준에 따라 최장 12개월 이내의 임금을 지급해야 하며 특수한 사정이 있는 경우에는 12개월을 초과하지 않는 조건에서 노동능력감정위원회의 인정을 받아 적당히 연장할 수 있다. 근로자가 치료를 마치고 산재등급이 최종 확정되면 기존의 임금지급은 중단되고 근로자는 工伤保险의 관련 법 규정에 따라 산재 보험금을 받게 된다.

| shēng yù bǎoxiǎn<br>**生育保险**<br>생 육 보 험 | 생육보험 | 039 |

여성 근로자의 출산기간의 권리를 보장하기 위하여 마련한 보험제도를 말한다. 生育保险은 일반적으로 사용자가 전체 근로자 총 임금의 0.5%~1%를 보험료로 납부하고 근로자는 보험료를 납부하지 않는다. 당해 보험금은 여성 근로자의 출산으로 인한 경제적 보상과 질병에 대한 의료비용으로 지급된다.

| zhù fánggōng jī jīn<br>**住房公积金**<br>주 방 공 적 금 | 주택공적금 | 040 |

사용자와 근로자가 장기주택적금으로 각각 근로자 임금의 5%보다 높은 비율로 납부하는 공적금이며 근로자 개인의 소유이다. 住房公积金은 근로자가 자가 거주용

주택의 구매·건축·리모델링에만 사용할 수 있다. 그 외에 퇴직하거나, 노동능력을 상실하여 노동관계가 종료되거나, 이민하거나, 주택담보대출을 상환하거나, 주택임 대료가 가정 수입의 일정한 비율을 초과한 경우에도 사용할 수 있다.

| | |
|---|---|
| **041**<br>fú wù qī<br>**服务期**<br>복 무 기 | **의무근무기간** |

사용자가 근로자에게 전문적인 연수훈련 기회를 제공한 경우 근로자가 반드시 사용 자에게 근로를 제공해야 하는 기간을 말한다. 사용자는 근로자에게 전문적인 연수 훈련 기회를 제공하고 비용을 지급해줄 경우 근로자와 服务期(fú wù qī)를 약정할 수 있다. 일 반적인 경우 근로자는 1개월 전에 회사에 통보하면 별도의 위약책임이 없이 근로계 약을 해지할 수 있지만 특별한 연수훈련을 받고 服务期(fú wù qī)를 약정한 경우 근로자가 계 약을 해지하려면 사용자에게 위약금을 지급해야 한다. 단, 이러한 위약책임은 사용 자와 임의로 정하는 것이 아니라 한정된 범위 내에서의 위약책임을 지며 위약금 액 수는 사용자가 제공한 연수훈련비용을 초과해서는 아니 되고, 미이행부분에 상응하 는 연수훈련비용을 초과해서는 아니 된다(劳动合同法 제22조).

| | |
|---|---|
| **042**<br>jiā bān  yán cháng gōng zuò shí jiān<br>**加班(延长工作时间)**<br>가 반 ( 연 장 공 작 시 간 ) | **연장근로** |

사용자는 생산경영의 수요에 근거하여 노동조합과 근로자와 협상한 후 근로시간을 연장하는 것을 말한다. 加班(jiā bān)은 일반적인 경우에 매일 1시간을 초과해서는 아니 되 나 특수한 원인으로 근로시간을 연장할 필요가 있는 경우 근로자의 신체건강을 보 장하는 전제하에서 근로시간을 연장할 수 있되 매일 3시간을 초과해서는 아니 되며 1개월에는 36시간을 초과해서는 아니 된다. 반면, 천재지변이나 공공시설의 보수 또는 공공이익을 위한 경우 또는 반드시 연속적인 생산·경영이나 운송이 필요한 경 우 加班(jiā bān)은 상술한 시간적 제한을 받지 않으며 노동조합 및 근로자와 협상할 필요가 없다(劳动法 제41조).

| gōng zī<br>**工资**<br>공 자 | 임금 |
|---|---|

사용자가 법정 혹은 약정 기준에 근거하여 화폐 형식으로 근로자에게 지급하는 노동보수를 말한다. 工资는 기본급, 업적금, 상여금, 수당 등이 포함된다. 工资는 정기적으로 지급해야 하고 적어도 매월 1차례 지급해야 하며 휴가일이나 휴일일 경우에는 가장 가까운 근무일에 지급해야 한다.

| zuì dī gōng zī<br>**最低工资**<br>최 저 공 자 | 최저임금 |
|---|---|

最低工资는 근로자가 법정 근무시간 혹은 노동계약에 약정한 근무시간에 정상적인 근로를 제공한 상황하에서 사용자가 법에 의해 근로자에게 지급해야 할 최저 노동보수를 말한다. 성·자치구·직할시의 정부는 最低工资기준을 정한 후, 국무원에 신고한 후 실행한다.

| kè kòugōng zī<br>**克扣工资**<br>극 구 공 자 | 임금삭감 |
|---|---|

사용자가 정당한 이유 없이 근로자에게 지급해야 할 임금을 삭감하는 것을 말한다. 克扣工资에 해당될 경우 노동관리부서에서 그 차액의 지급을 명하며, 기간을 도과하여 지급하지 아니할 경우 미지급 금액의 50%~100%의 기준으로 근로자에게 경제배상금을 지급해야 하며 그 행위가 엄중한 경우 사용자 및 주요책임자·직접책임자는 형사처벌을 받을 수도 있다.

| 046 | tuō qiàngōng zī<br>拖欠工资<br>타 흠 공 자 | 임금 미지급 |

임금을 제때에 지급하지 않는 행위를 말한다. 拖欠工资에 해당될 경우 노동관리부서에서 그 차액의 지급을 명하며, 기간을 도과하여 지급하지 아니할 경우 미지급 금액의 50%~100%의 기준으로 근로자에게 경제배상금을 지급해야 하며 그 행위가 엄중할 경우 사용자 및 주요책임자·직접책임자는 형사처벌을 받을 수도 있다.

| 047 | wèi chéngniángōngbǎo hù<br>未成年工保护<br>미 성 년 공 보 호 | 미성년 근로자 보호 |

미성년 근로자는 만 16세 이상 만 18세 미만인 근로자를 말한다. 만 16세 미만인 경우는 아동공으로 분류되어 근로가 금지되지만, 예술·스포츠 등 업종에서는 관련 기관의 허가를 받은 후 해당 활동에 종사할 수 있다. 미성년 근로자를 사용할 시 사용자는 국가가 규정한 업종근로시간·근로강도·보호조치 등 방면의 규정을 집행해야 하며, 미성년 근로자의 심신건강에 해를 미칠 수 있는 유독·유해·과중 등 근로와 위험 작업에 배치해서는 아니 된다.

| 048 | nǔ zhí gōngbǎo hù<br>女职工保护<br>여 직 공 보 호 | 여성 근로자 보호 |

여성 근로자의 신체·생리 특징에 근거하여 근로방면에서 특별한 보호를 제공하는 제도를 말한다. 여성 근로자는 광산채굴 작업 등 중노동이 금지되며, 생리기간·임신기간·출산기간·수유기간 등 특별한 기간에는 위험이 있는 노동이 금지되거나 연장근로가 금지된다. 또한 여성 근로자가 비교적 많은 사용자는 여직원 위생실·휴게실 등을 설치하여 여성 근로자의 생리위생 및 수유 장소 등 문제를 해결해 주어야 한다.

| jìng yè xiàn zhì<br>**竞业限制**<br>경 업 한 제 | **경업금지** |
|---|---|

영업비밀과 지식재산권에 관련된 비밀사항을 아는 고급관리인원·고급기술인원과 기타 근로자는 근로계약 종료 혹은 해지 후 일정한 시간 내에 노동자가 사용자와 동종류의 제품을 생산하는 업체 혹은 동종 업무를 경영하는 경쟁관계가 있는 기타 업체에 근무하지 못하거나 자신이 직접 사용자와 경쟁관계가 있는 생산 혹은 경영을 해서는 아니 됨을 말한다. 단, 이러한 竞业限制은 근로자에게 당연하게 부과되는 것이 아니라 사용자와 근로자가 이와 관련된 계약을 체결해야만 효력을 발생한다. 사용자는 법률에 위배되지 않는 전제하에서 竞业限制의 장소·범위·기간에 대하여 근로자와 약정할 수 있다. 하지만, 竞业限制의 범위는 경쟁관계가 있는 동종업무에 한해야 하고 竞业限制 기간은 2년을 초과해서는 아니 된다(劳动合同法 제24조).

| láo wù pài qiǎn<br>**劳务派遣**<br>노 무 파 견 | **노무파견** |
|---|---|

파견사업주와 파견근로자 사이에 근로계약을 체결하고 파견근로자의 동의를 얻은 후 파견근로자가 사용사업주의 지휘와 감독 하에 근로를 제공하는 것을 말한다. 劳务派遣의 가장 큰 특징은 근로자의 고용과 근로자의 사용이 분리되어 파견근로자와 사용사업주가 근로계약을 체결하지 않고 근로관계가 발생하지 않는다는 것이다. 파견근로자는 일반적으로 임시적·보조적·대체적인 업무에 종사한다(劳动合同法 제66조).

| láo wù pài qiǎndān wèi<br>**劳务派遣单位**<br>노 무 파 견 단 위 | **노무파견 업체** |
|---|---|

파견근로자와 근로계약을 체결하고 임금을 지급하는 사용자를 말한다. 劳务派遣单

位는 파견노동자와 2년 이상의 고정기간 근로계약을 체결해야 하며 매월 임금을 지급해야 한다. 파견업무가 없는 기간의 임금은 劳务派遣单位<sup>láo wù pài qiǎn dān wèi</sup> 소재지의 정부가 규정한 최저임금기준에 의하여 매월 임금을 지급해야 한다(劳动合同法 제58조).

---

| | |
|---|---|
| **052** **被派遣劳动者**<br>bèi pài qiǎn láo dòng zhě<br>피 파 견 노 동 자 | **파견노동자** |

노무파견업체와 근로계약을 체결하고 사용사업주에게 근로를 제공하는 자를 말한다. 被派遣劳动者는 사용사업주의 근로자와 동일노동 동일임금의 권리를 향유한다. 노무파견업체와 被派遣劳动者 간에 체결한 노동계약 및 노무파견업체와 사용사업주간에 체결한 노무파견계약에는 被派遣劳动者에게 지급하는 임금은 위 기준에 부합된다는 약정이 포함되어야 한다(劳动合同法 제63조).

---

| | |
|---|---|
| **053** **非全日制用工**<br>fēi quán rì zhì yònggōng<br>비 전 일 제 용 공 | **단시간근로자** |

일반적으로 시급으로 보수를 계산하고, 근로자가 동일 사용자에게서 평균 일 근로시간이 4시간을 초과하지 않으며, 매주 근로시간이 총 24시간을 초과하지 않는 고용형태를 말한다. 일반적인 근로계약은 서면계약을 체결하고, 근로자는 하나의 사용자를 위해 근로를 제공하는 것이 원칙이지만 非全日制用工에서 쌍방 당사자는 구두로 협의를 체결할 수 있으며 근로자는 하나 또는 둘 이상의 사용자와 근로계약을 체결할 수 있는 등 통상적인 근로계약에 비하여 다소 융통성이 있는 제도이다(劳动合同法 제68조).

| láo dòngzhēng yì<br>**劳动争议**<br>노 동 쟁 의 | 노동쟁의 | 054 |

협의의 <sup></sup>劳动争议는 사용자와 근로자간에 근로의 권리를 실현하거나 근로의무를 이행함에 있어서 발생한 분쟁을 말하고, 광의의 劳动争议는 사용자 및 사용자단체와 근로자 및 노동조합 간에 근로관계로 인하여 발생한 분쟁을 말한다. 이러한 노동쟁의에는 ① 근로관계의 확인으로 인해 발생하는 쟁의, ② 근로계약의 체결·이행·변경·해지 및 종료로 인해 발생하는 쟁의, ③ 제명·사퇴 및 사직·이직으로 인해 발생하는 쟁의, ④ 노동시간·휴식휴가·사회보험·복지·연수훈련 및 노동보호로 인해 발생하는 쟁의, ⑤ 노동보수·산재의료비·경제보상 또는 배상금 등으로 인해 발생하는 쟁의, ⑥ 법률·법규에 규정된 기타 쟁의 등이 있다(劳动争议调解仲裁法 제2조).

| láo dòngzhēng yì tiáo jiě<br>**劳动争议调解**<br>노 동 쟁 의 조 해 | 노동쟁의 조정 | 055 |

사용자와 근로자 간에 노동쟁의에 대한 분쟁이 발생하여 제3자에게 조정을 신청하여 해결하는 것을 말한다. 노동쟁의 조정기관은 조정신청을 접수한 후 15일 내에 조정결과를 도출해야 한다. 조정을 거쳐 협의를 달성하면 조정서를 작성하고, 15일 내에 조정이 이루어지지 않은 경우 당사자는 법에 따라 노동중재를 신청할 수 있다(劳动争议调解仲裁法 제14조).

| láo dòngzhēng yì zhòng cái<br>**劳动争议仲裁**<br>노 동 쟁 의 중 재 | 노동쟁의 중재 | 056 |

노동쟁의 중재위원회가 당사자의 신청에 의하여 노동쟁의에 대하여 재결을 하는 것을 말한다. 노동쟁의중재위원회는 중재신청을 수리한 날부터 45일 내에 중재결정을 내려야 한다. 사건이 복잡하여 연장이 필요한 경우에는 노동쟁의중재위원회 위원장

의 허가를 받아 연기할 수 있으며 당사자에게 서면으로 통보해야 한다. 단 연장기간은 15일을 초과해서는 아니 된다. 노동쟁의 중재결정은 일반적인 민사사건의 중재판정처럼 확정판결과 같은 효력이 있는 것은 아니다. 당사자는 노동쟁의 중재결정에 불복할 경우 중재결정서를 접수한 날부터 15일 내에 법원에 소를 제기하면 중재결정은 당사자에게 효력을 발생하지 않는다. 단, 근로자의 권익보호를 위하여 예외적인 경우로 가집행할 수 있는 사건과 중재결정이 확정판결과 같은 효력을 발생하는 경우가 있다(劳动争议调解仲裁法 제44조).

| 057 | yì cái zhōng jú<br>**一裁终局**<br>일 재 종 국 | 종국판정 |

한번의 노동중재를 거치면 법원에 소송을 제기할 수 없고, 확정판결과 같은 효력이 발생하는 경우를 말한다. 노동쟁의 중재결정은 중재결정서를 수령한 날로부터 15일 내에 법원에 소를 제기할 권리가 있고, 소가 제기되면 중재결정의 효력이 발생하지 않지만 특정한 경우에 확정판결과 같은 효력이 있는 결정이 있다. 一裁终局에 해당되는 경우로는 ① 노동보수·산재의료비·경제보상 또는 배상금 청구액이 해당지역의 월 최저임금기준의 12개월 상당금액을 초과하지 않거나, ② 국가 노동기준을 집행함에 있어서 근로시간·휴식휴가·사회보험 등과 관련하여 발생한 쟁의에 대한 중재결정이 있다(劳动争议调解仲裁法 제47조).

# 제10장

# 세법

| | |
|---|---|
| shuìshōu fǎ dìngyuán zé<br>**税收法定原则**<br>세 수 법 정 원 칙 | **조세법정주의** |

세법 주체의 권리의무는 반드시 법률로 규정해야 하고, 법적 근거가 없으면 어떠한 주체에게도 세금을 징수하거나 감면할 수 없는 원칙을 말한다.

| | |
|---|---|
| shuì fǎ zhǔ tǐ<br>**税法主体**<br>세 법 주 체 | **세법주체** |

세수법률관계 중 권리의무를 부담하는 당사자를 말하며, 여기에는 주로 과세권자와 납세자 2가지 유형이 있다. 과세권자는 국가이며 납세자에는 세법 규정에 따라 납세의무를 부담하는 자연인, 법인 및 비법인조직이 포함된다.

| | |
|---|---|
| shuì wù dēng jì<br>**税务登记**<br>세 무 등 기 | **사업자등록** |

기업 및 기업이 기타 지역에 설립한 지사 등 사업을 영위하는 납세의무자는 영업집조(营业执照)를 취득한 후 30일 내 세무 기관에 税务登记 신청을 해야 한다. 세무 기관은 신청 당일에 등기를 접수하여 税务登记 증서를 발급해야 한다.

| | |
|---|---|
| lěi jìn shuì lǜ<br>**累进税率**<br>누 진 세 율 | **누진세율** |

과세대상 금액이 증가함에 따라 적용되는 세율이 높아지는 납세산정방식을 말한다. 즉, 과세대상 금액을 여러 등급을 구분하여 낮은 금액부터 높은 금액까지 상응한 세율을 규정하고, 과세대상 금액이 높을수록 적용되는 세율이 높아진다. 累进税

率은 전액 累进税率 및 초과액 累进税率로 나눌 수 있다. 전자는 과세대상의 전부 금액에 대해 상응하는 등급의 세율로 과세하는 것이며, 후자는 각 등급의 과세대상 금액에 대해 각각 대응하는 세율로 세금을 계산한 후 총액을 합산하는 것이다(个人所得税法 제3조).

| | |
|---|---|
| **shuìshōu tè bié cuò shī**<br>**税收特别措施**<br>세 수 특 별 조 치 | **조세특별조치** |

일반적인 세수조치 외에 추가로 채택할 수 있는 세수 조치를 말하며 세수우대조치 및 세수중과(重课)조치를 포함한다. 전자는 납세의무자의 세금부담을 경감하는 것을 목표로 하며 국가가 경제·산업의 발전을 유도하는 거시적 경제조정(调控) 조치이다. 세수우대조치에는 주로 세금감면, 세액공제, 이월결손금 공제, 수출세금환급 등을 포함한다. 후자는 세금부담을 가중하는 것을 목표로 하며 주로 세금가산징수 (加成征收) 및 세금배가징수(加倍征收) 등을 포함하였으나 중국 세제개혁에 따라 해당 개념은 더 이상 사용하지 않는다.

| | |
|---|---|
| **shāng pǐn shuì**<br>**商品税**<br>상 품 세 | **상품세** |

과세 대상에 따라 세금은 商品税, 소득세 및 재산세로 분류할 수 있다. 商品税는 상품(화물 및 노무 포함)을 과세대상으로 하는 세금의 통칭이다.

| | |
|---|---|
| **guānshuì**<br>**关税**<br>관 세 | **관세** |

세관을 출입하는 화물 및 물건의 유통액을 과세대상으로 하는 상품세를 말한다. 과세 대상의 유동방향에 따라 수입关税, 수출关税, 과경关税(过境关税)로 나닐 수 있

다. 수입关税는 세관을 통해 수입되는 화물 또는 물건에 대해 징수하는 关税이고, 수출关税는 세관을 통해 수출되는 화물 또는 물건에 대해 징수하는 关税이며, 과경 关税는 한 국가의 세관을 경유하여 기타 국가나 지역으로 이송하는 화물에 대해 징수하는 关税이다(进出口关税条例 제2조).

| mào yì bì lěi 贸易壁垒 무 역 벽 루 | 무역장벽 | 008 |
| --- | --- | --- |

특정 국가의 정부에 의해 실행이 되는, 국제무역거래에 대해 왜곡되고 부당한 결과를 초래할 수 있는 입법, 정책 및 기타 일련의 조치들을 말하며, 통상 관세장벽과 비관세장벽 조치를 포함한다.

| guānshuì bì lěi 关税壁垒 관 세 벽 루 | 관세장벽 | 009 |
| --- | --- | --- |

높은 수입관세 또는 기타 부가 관세를 징수하는 방법으로 장벽을 구축하여 외국 상품을 본국에 수입하는 것을 저지하거나 제한하는 조세 조치를 말한다. 구체적으로 주로 반덤핑 관세 및 상계관세가 있다.

| fēi guānshuì bì lěi 非关税壁垒 비 관 세 벽 루 | 비관세장벽 | 010 |
| --- | --- | --- |

외국 상품의 본국 수입을 저지 또는 제한하기 위해 관세 이외의 기타 직·간접적인 조치로 구축한 장벽을 말한다. 구체적인 조치에는 주로 수입할당(进口配额)제한, 수입허가증제도, 외환관리제도, 위생안전 및 기술표준제한 등이 있다.

| 011 | fǎn qīngxiāoshuì<br>反倾销税<br>반 경 소 세 | 덤핑방지관세 |

수입무역에서 상품의 정상 가치보다 낮은 수출가격으로 중국 시장에 진입된 외국 상품에 대해 덤핑 방지 조치로 일반 수입관세 이외 추가로 부과되는 관세를 말한다 (反倾销条例 제3조).

| 012 | fǎn bǔ tiē shuì<br>反补贴税<br>반 보 첩 세 | 상계관세 |

수출국(지역) 정부 또는 기타 공공기관이 제공한 보조금 또는 기타 가격 지원을 받은 외국 상품에 대해 일반 수입관세 외에 추가로 부과되는 관세를 말한다(反补贴条例 제3조).

| 013 | guānshuì pèi é<br>关税配额<br>관 세 배 액 | 관세할당 |

수입국에서 수입된 화물의 수량을 제한하는 조치를 말한다. 할당량을 초과하지 않은 화물에 대해서는 낮은 세율을 적용하고 할당량을 초과하는 화물에 대해서는 높은 세율을 적용하는 제도이다(货物进出口管理条例 제26조).

| 014 | bào fù xìngguānshuì<br>报复性关税<br>보 복 성 관 세 | 보복관세 |

기타 국가·지역이 중국과 체결하거나 공동으로 가입한 무역협정 및 관련 협정을 위반하여, 무역에서 금지, 제한, 추가관세 부과 혹은 기타 정상적인 무역을 방해하는

조치를 취하는 경우 중국도 원산지가 해당 국가·지역인 수입 화물에 대해 부과하는 보복성 세금을 말한다.

| wánshuì jià gé<br>**完税价格**<br>완 세 가 격 | **과세가격** |
| --- | --- |

수입화물의 完税价格은 거래가격 및 해당 화물이 중국 수입 장소에 도달 후 하역 전의 운송 및 관련 비용, 보험료에 기초하여 산정한다. 수출화물의 完税价格은 해당 화물의 거래가격 및 해당 화물이 중국 내 수출 장소에서 적재되기 전의 운송 및 기타 관련비용, 보험료에 기초하여 산정한다(进出口关税条例 제18조).

| chéngjiāo jià gé<br>**成交价格**<br>성 교 가 격 | **거래가격** |
| --- | --- |

매도인이 중국 역내에서 화물을 매각 시 매수인이 실제 지급해야 하는 금액에 다음과 같은 법정 증감항목에 따라 조정한 이후의 가격을 말한다. ① 매수인이 부담한 용기, 포장 비용 등, ② 화물의 생산 또는 중국내 판매와 관련되며 매수인이 무료 또는 원가보다 낮은 가격으로 제공한 원재료, 부품, 도구, 소모품, 설계 및 개발 등 서비스 비용 등, ③ 매수인이 직간접적으로 매도인 또는 기타 관계자에게 지급하는 특허 라이선스 비용, ④ 매수인이 직간접적으로 매도인의 해당 화물에 대한 매매, 처분 또는 사용을 통해 취득한 이익.

| yuánchǎn dì<br>**原产地**<br>원 산 지 | **원산지** |
| --- | --- |

상품의 생산지를 말한다. 즉 상품을 생산, 채취, 사육, 추출, 가공, 제조하는 지역을 말한다. 原产地규칙은 특정한 상품을 생산, 제조하는 국가 또는 지역을 확정하는 규

칙 및 기준이다. 특정 국가·지역에서 생산한 화물은 해당 국가를 原产地<sup>yuánchǎn dì</sup>로 하며 2개 이상의 국가·지역이 화물의 생산에 참여한 경우 마지막으로 화물에 대해 실질적인 변화를 발생시킨 국가·지역을 原产地<sup>yuánchǎn dì</sup>로 한다.

| 018 | **zēng zhí shuì**<br>**增值税**<br>증 치 세 | **부가가치세** |
|---|---|---|

상품이 유통과정에서 얻어지는 증가된 가치(증치액)를 과세대상으로 징수하는 상품세를 말한다. 증치액이라 함은 생산자 또는 경영자가 일정한 기간의 생산경영과정에서 새로 창조한 가치를 말한다. 增值税<sup>zēng zhí shuì</sup> 세액 = 당기 매출세액 − 당기 매입세액(增值税暂行条例 제4조).

| 019 | **jìn xiàngshuì é**<br>**进项税额**<br>진 항 세 액 | **매입세액** |
|---|---|---|

납세의무자가 화물, 노무, 서비스, 무형자산, 부동산 등을 구매할 때 지급 또는 부담하는 부가가치세 금액을 말한다.

| 020 | **xiāoxiàngshuì é**<br>**销项税额**<br>소 항 세 액 | **매출세액** |
|---|---|---|

납세의무자가 매출액 및 법정 세율에 따라 산정하여 구매자로부터 수취한 부가가치세 금액을 말한다.

| zēng zhí shuì yì bān nà shuì rén<br>**增值税一般纳税人**<br>증 치 세 일 반 납 세 인 | **부가세 일반 납세자** | 021 |

중국 내에서 화물을 판매하거나, 가공, 수리 등 노무를 제공하거나, 서비스, 무형자산, 부동산 및 수입화물을 판매하는 업체 및 개인이 부가가치세의 납세자이다. 소규모납세자 이외의 기타 납세의무자가 增值税一般纳税人이다(增值税暂行条例 제1조).

| fù jiā shuì<br>**附加税**<br>부 가 세 | **부가세** | 022 |

기타 세목에 부가되어 부과되는 세를 말한다. 좁은 의미의 附加税는 기타 세목의 과세액을 그 과세기준으로 하는 세금이며, 넓은 의미의 附加税는 기타 세목의 과세기준을 그 과세기준으로 하는 세금도 포함한다. 중국의 附加税는 주로 성시유호건설세(城市维护建设税), 교육비부가(教育费附加) 등이 있다.

| chéng shì wéi hù jiàn shè shuì<br>**城市维护建设税**<br>성 시 유 호 건 설 세 | **도시유지보호건설세** | 023 |

소비세, 증치세를 납부하는 기업 및 개인에게 징수하는 부가세를 말하며, '城建税(성건세)'라고 약칭한다. 城市维护建设税는 납세의무자가 소재하는 지역에 따라 서로 다른 등급의 세율을 적용하며 도시 지역의 세율은 7%, 현성(县城), 진(镇)의 세율은 5%, 기타 지역은 1%이다(城市维护建设税法 제4조).

| jiào yù fèi fù jiā<br>**教育费附加**<br>교 육 비 부 가 | **교육세** | 024 |

소비세, 증치세를 납부하는 기업 및 개인에게 징수하는 부가세이며, 세율은 3%이다.

| | |
|---|---|
| 025 **fā piào**<br>**发票**<br>발 표 | **세금계산서** |

상품을 구매·판매하거나, 서비스를 제공하거나, 기타 경영활동 시 관련 당사자 간의 거래를 기록하기 위해 주고받는 원천 증빙을 말한다. 세무 기관은 发票(fā piào)의 주관부서로서 发票(fā piào)의 제작· 구매·제공·취득·보관 및 말소를 관리하고 감독한다. 发票(fā piào)는 대금 수수 및 자금흐름을 증명할 수 있으므로 세금징수 및 세무조사의 중요한 근거이다.

| | |
|---|---|
| 026 **zēng zhí shuìzhuānyòng fā piào**<br>**增值税专用发票**<br>증 치 세 전 용 발 표 | **부가세전용세금계산서** |

부가가치세 일반납세자가 과세대상 행위에 종사할 때 제공하는 증빙을 말하며, 이는 구매자가 관련 규정에 따라 부가가치세 매입세액을 공제하는 근거가 된다.

| | |
|---|---|
| 027 **xiāo fèi shuì**<br>**消费税**<br>소 비 세 | **소비세** |

특정 소비품의 유통액을 과세대상으로 징수하는 상품세를 말한다. 消费税(xiāo fèi shuì)의 과세 품목은 담배·주류·화장품·장신구·보석·폭죽·석유 완제품·승용차·골프공·골프 장비·고급 시계·요트·일회용 나무 젓가락·원목 마루·배터리 및 페인트 등을 포함 한다(消费税法 제1조).

| | |
|---|---|
| 028 **yān yè shuì**<br>**烟叶税**<br>연 엽 세 | **연엽세** |

중국 역내에 연초(烟叶)를 매수하는 주체에게 매수금액에 따라 부과하는 세금을 말

한다. 연초라 함은 구운 담뱃잎 및 말린 담뱃잎을 말한다. 烟叶税의 과세대상은 연초 매수 시 실제 지급하는 대금 총액이며 세율은 20%이다(烟叶税法제4조).

| chē liàng gòu zhì shuì<br>**车辆购置税**<br>차 량 구 치 세 | **차량취득세** |
|---|---|

중국 역내에 자동차·궤도차·자동차 트레일러 및 배기량이 150cc 이상의 오토바이("과세대상 차량")를 구입하는 기업 및 개인이 부담하는 세금을 말한다. 车辆购置税에는 과세대상차량을 구매·수입·생산·수증, 수상 또는 기타 방식으로 과세 대상 차량을 취득하여 자체 사용하는 경우가 포함되며 车辆购置税의 세율은 10%이다(车辆购置税法 제4조).

| suǒ dé shuì<br>**所得税**<br>소 득 세 | **소득세** |
|---|---|

소득을 과세대상으로 부과하는 세금의 총칭을 말한다. 所得税에는 주로 기업所得税 및 개인所得税가 있다.

| gè rén suǒ dé shuì<br>**个人所得税**<br>개 인 소 득 세 | **개인소득세** |
|---|---|

개인이 취득하는 소득을 과세대상으로 징수하는 소득세를 말한다. 个人所得税는 직접세이므로 소득을 취득하는 자가 직접 부담한다. 个人所得税의 납세주체에는 주민 개인 및 비주민 개인이 포함된다. 중국 내에 주소가 있거나 주소가 없지만 동일 납세 연도내에 중국 내에서 누적 183일 이상 거주하는 개인은 주민 개인에 해당된다. 주민 개인은 중국 내 및 해외 소득에 대해 개인소득세를 납부하고 비주민개인은 중국 내에서 취득한 소득에 대해 개인소득세를 납부한다. 个人所得税 중 종합소득 및 경

영소득에 대해서는 초과액 누적세율이 적용되며 그 외의 소득에 대해서는 비례세율
(20%)이 적용된다. 임금보수 소득, 노무 보수 소득, 원고료 소득, 특허권사용료 소득
은 종합소득에 해당하며, 개인사업자가 생산경영에 종사하거나 유상 서비스로 취득
한 소득 및 이와 관련된 소득은 경영소득에 해당한다(个人所得税法 제2조).

| 032 | qǐ yè suǒ dé shuì<br>**企业所得税**<br>기 업 소 득 세 | **기업소득세** |
|---|---|---|

기업 및 수익을 취득한 기타 조직을 납세의무자로 하여 일정기간 내의 기업 및 기타
조직의 소득을 과세대상으로 징수하는 소득세를 말한다. 단, 개인독자기업 및 합화
기업(合伙企业)에 대해서는 기업에 대한 企业所得税가 아닌 설립자 또는 구성원에
대한 개인소득세를 징수한다(企业所得税法 제3조).

| 033 | jū mín qǐ yè<br>**居民企业**<br>거 민 기 업 | **주민기업** |
|---|---|---|

기업소득세법의 납세의무자는 居民企业 및 非居民企业으로 나눌 수 있다. 중국법
에 의해 중국 내에 설립되거나, 외국(지역)법에 의해 설립되었으나 실제 관리기구가
중국 내에 있는 기업을 말한다(企业所得税法 제2조).

| 034 | fēi jū mín qǐ yè<br>**非居民企业**<br>비 거 민 기 업 | **비주민기업** |
|---|---|---|

외국(지역)법률에 의해 설립되고 실제 관리기구가 중국 내에 있지 않으나 중국 내
에 조직, 영업장소를 설립하거나, 중국 내에 기구, 영업장소를 설립하지 않았지만
중국 내에 소득이 있는 기업을 말한다(企业所得税法 제2조).

| fǎn bì shuì<br>**反避税**<br>반 피 세 | 조세회피방지 |
|---|---|

주민기업이 지배하거나 비주민기업 및 주민기업이 공동으로 지배하고, 세금부담이 중국 세법규정보다 현저히 낮은 국가·지역에 설립한 기업이 합리적인 경영상의 필요성이 없음에도 수익을 배당하지 않거나 적게 하는 경우 해당 수익 중 관련 주민기업에 귀속되는 부분을 주민기업의 당기 수입에 산입하는 제도를 말한다. 反避税의 핵심은 지역 간 법률규정의 차이를 악용하여 중국 내에서의 세금납부의무를 회피하는 행위를 규제하는 것이다.

| yuánquán kòu jiǎo<br>**源泉扣缴**<br>원 천 구 교 | 원천징수 |
|---|---|

사업자가 소득금액 또는 수입금액을 지급할 때, 수령인이 부담해야 할 세액을 지급인(사업자)이 미리 국가를 대신하여 해당 소득금액 또는 수입금액에서 공제하여 납부하는 것을 말한다. 비주민기업이 중국 내에 기구·장소를 설립하지 아니하였거나, 기구·장소를 설립하였으나 비주민기업이 취득한 소득과 해당 기구·장소와 실제적 연관성이 없는 경우 지급인이 해당 비주민기업의 세액을 미리 공제하고 납부해야 한다(企业所得税法 제37조).

| kòu jiǎo yì wù rén<br>**扣缴义务人**<br>구 교 의 무 인 | 원천징수의무자 |
|---|---|

법률, 행정법규에 의해 원천징수의무를 부담하는 기업 및 개인을 말한다(企业所得税法 제37조).

| | |
|---|---|
| 038<br>tè bié nà shuìtiáozhěng<br>**特别纳税调整**<br>특 별 납 세 조 정 | **조세특별조정** |

세무기관이 세금회피를 방지하기 위해 납세자의 특정 납세 항목에 대해 취하는 조정 조치를 말하며, 여기에는 주로 이전가격, 이전가격 사전협의, 원가분담협의, 과소자본 등에 대한 관리조치가 포함된다(企业所得税法 제41조).

| | |
|---|---|
| 039<br>zī běn ruò huà<br>**资本弱化**<br>자 본 약 화 | **과소자본** |

조세회피의 목적으로 자본금(지분투자)의 비율을 낮추고, 대여금(채권투자)의 비중을 높이는 행위를 말한다. 기업이 기타 관련 기업으로부터 받은 채권투자가 증가되고, 지분투자가 감소되면 해당 기업이 관련 기업에게 많은 이자를 지급함으로써 과세소득이 감소된다. 따라서 기업소득세법에 따르면 기업이 관계사로부터 받은 채권투자 및 지분투자의 비례가 일정기준을 초과하여 발생한 이자는 과세소득 산정 시 공제받을 수 없게 된다.

| | |
|---|---|
| 040<br>yù yuēdìng jià ān pái<br>**预约定价安排**<br>예 약 정 가 안 배 | **이전가격 사전 협의제** |

기업이 관계사와 향후 연도 거래 시의 가격책정원칙 및 산정방법에 대해 세무기관에 신청한 후 세무기관과 독립거래원칙에 따라 협상하고 합의하여 그 구체적인 방안을 정하는 것을 말한다.

| cái chǎnshuì<br>**财产税**<br>재 산 세 | 재산세 |
| --- | --- |

재산을 과세대상으로 재산을 점유, 사용하거나 이를 통하여 수익을 취득하는 주체가 부담하는 세금을 말한다.

| fángchǎnshuì<br>**房产税**<br>방 산 세 | 건축물재산세 |
| --- | --- |

중국 내에 생산경영에 사용되는 가옥 및 건물을 대상으로 부과하는 세금을 말한다. 주민의 주거용 가옥 및 건물에 대해서는 房产税(fángchǎnshuì)를 부과하지 않는다. 房产税(fángchǎnshuì)는 부동산의 잔존 가액 혹은 임대료를 근거로 과세한다(房产税暂行条例 제4조).

| gēng dì zhànyòngshuì<br>**耕地占用税**<br>경 지 점 용 세 | 농지점용세 |
| --- | --- |

경지를 점용하여 건축물 또는 정착물을 건축하거나 기타 농업시설 이외의 시설을 건축하는 기업 및 개인에게 징수하는 재산세를 말한다(耕地占用税法 제2조).

| tǔ dì zēng zhí shuì<br>**土地增值税**<br>토 지 증 치 세 | 토지부가가치세 |
| --- | --- |

국유토지사용권, 지상 건축물 및 그의 정착물(이하 "부동산")을 양도하고 수익을 취득한 기업 및 개인이 납부하게 되는 세금을 말한다. 양도는 매매 또는 기타 방식으로 부동산을 유상 양도하는 경우만 의미하고, 상속·증여 등 무상으로 부동산을 양도하거나, 임대·저당권 설정 등을 포함하지 않는다. 지상 건축물은 토지상의 모든

건축물을 의미하며, 지상·지하의 각종 부속 시설을 포함한다. 부착물은 토지에 부착되어 이동할 수 없고, 이동하면 그 가치가 손상되는 물건을 말한다(土地增值税暫行条例 제2조).

| 045 | qì shuì<br>契税<br>계 세 | 부동산취득세 |
| --- | --- | --- |

토지 사용권, 건물의 소유권 변동으로 인해 당사자 간에 계약을 맺을 시 매수인이 부담하는 재산세를 말한다. 契税의 과세 근거는 상황에 따라 거래가격, 인정 가격 또는 가격차액이 될 수 있다(契税法 제1조).

| 046 | chē chuánshuì<br>车船税<br>차 선 세 | 차량·선박세 |
| --- | --- | --- |

차량, 선박을 과세대상으로 차량 및 선박을 소유하거나 관리하는 기업 및 개인에게 부과하는 재산세를 말한다. 그중 차량에는 주로 승용차, 영업용차(대형 승용차·화물차 포함), 트레일러, 기타 차량(전용 작업차·바퀴식 전용 기계차), 오토바이 등이 있고, 선박의 유형에는 주로 동력엔진선박 및 요트 등이 있다(车船税法 제1조).

| 047 | chuán bó dūnshuì<br>船舶吨税<br>선 박 톤 세 | 선박톤세 |
| --- | --- | --- |

해외 항구에서 국내 항구로 진입한 선박들에게 부과되는 세금을 말한다. 船舶吨税는 세관에서 징수하며 과세대상은 여객선·화물선·동력엔진선박 및 비동력엔진선박 등이다. 船舶吨税는 선박의 순톤수 및 톤세허가기간에 따라 징수한다. 순톤수란 선적국 정부에서 발급하는 선박톤수증명서상 기재된 순톤수를 말한다. 선박이 항구에 진입하여 입국절차를 진행하려면 세관에 납세신고하여 일정한 기간의 톤세허가

를 신청해야 한다. 톤세허가의 기간은 30일, 90일 및 1년 3가지 유형이 있으며 기간
에 따라 적용되는 세율이 다르다(船舶吨税法 제2조).

| yìn huā shuì<br>**印花税**<br>인 화 세 | 인지세 | 048 |
| --- | --- | --- |

경제활동 중 과세대상 증빙을 체결하거나 증권거래를 한 주체에게 부과하는 세금을
말한다. 印花税의 과세대상 증빙은 각 종 계약, 부동산소유권양도문서, 지분양도문
서, 지식재산권양도문서, 영업장부를 포함한다. 印花税는 과세대상 증빙에 印花税
표를 부착하는 방식으로 세금을 납부한다(印花税法 제1조).

| zī yuánshuì<br>**资源税**<br>자 원 세 | 자원세 | 049 |
| --- | --- | --- |

중국 내의 자연자원을 개발, 이용하는 기업 및 개인에게 개발, 이용한 자원의 수량
혹은 가치에 따라 부과하는 재산세를 말한다. 중국에서 资源税의 납세주체는 중국
영토 및 관할 해역에서 특정한 광산품을 채굴하거나 소금을 생산하는 기업 또는 개
인이다. 资源税의 과세대상에는 주로 원유, 천연가스, 석탄, 기타 비금속광 원석, 흑
색금속광 원석, 유색금속광 원석 및 소금이 포함된다(资源税法 제1조).

| nà shuì dān bǎo<br>**纳税担保**<br>납 세 담 보 | 납세담보 | 050 |
| --- | --- | --- |

세무기관의 동의를 받아 납세의무자 또는 기타 개인, 법인, 경제조직이 보증, 저당
권설정 등의 방식으로 납세의무자가 납부해야 할 세금 및 체납금에 대해 보증을 제
공하는 것을 말한다. 纳税担保는 다음의 경우에 적용된다. ① 세무기관이 합리적으
로 생산경영활동에 종사하는 납세의무자가 납세의무를 도피하는 행위가 있다고 보

고, 정한 납부일 전에 세금을 납부할 것을 요구하였으나, 납세의무자가 과세 상품, 화물 및 기타 재산 또는 과세수입을 이전, 은닉하는 행위가 있는 경우, ② 세금, 체납금을 체납하는 납세의무자 또는 그의 법정대표인이 해외로 출국해야 하는 경우, ③ 납세의무자 및 세무기관 간에 납세 관련 분쟁이 발생하여 세금을 납부하지 않고, 행정심판을 신청해야 하는 경우, ④ 기타 법률규정에 따라 納税担保<sup>nà shuìdān bǎo</sup>를 제공해야 할 경우(税收征收管理法 제38조).

| 051 納稅保证人<br>nà shuìbǎozhèng rén<br>납 세 보 증 인 | 납세보증인 |
|---|---|

납세의무자가 세금, 체납금을 완납하지 않을 경우 세무기관에게 약정에 따라 납부할 것을 보증하는 자를 말한다. 세무기관이 승인한 후 납세의무자가 納税保证人<sup>nà shuìbǎozhèng rén</sup>과 세금 및 체납금에 대해 연대책임을 부담한다(税收征收管理法实施细则 제61조).

| 052 税收保全制度<br>shuìshōubǎoquán zhì dù<br>세 수 보 전 제 도 | 세수보전제도 |
|---|---|

납세의무자가 납세의무를 도피하는 것을 방지하고 세수 수입을 보장하는 여러 제도를 말한다. 세수를 보전하는 목적을 달성하기 위해 세무 기관은 법에 따라 ① 기간을 지정하여 세금을 납부하도록 요구하거나, ② 납세담보를 제공할 것을 요구하거나, ③ 상응한 금액의 은행예금을 동결하거나, 또는 ④ 상응한 금액의 재산을 압류할 수 있다.

| 053 抗税<br>kàngshuì<br>항 세 | 조세저항 |
|---|---|

폭력, 협박 등 방식으로 세금 납부를 거절하는 행위를 말한다(税收征收管理法 제67조).

| pianshuì<br>**骗税**<br>편 세 | **수출환급편취** |
|---|---|

기업 또는 개인이 생산 또는 경영하는 상품을 허위수출신고 등 사기방식으로 국가의 수출세금을 편취하는 행위를 말한다. 주로 ① 수출세금환급신고 시 기 납부한 세금보다 많이 신고하여 세금을 편취하는 행위, ② 국내에서 판매할 상품을 허위로 수출신고하여 세금을 편취하는 행위, ③ 생산경영에 종사하지 않은 기업 또는 개인이 증빙을 위조하여 세금을 편취하는 행위가 있다(税收征收管理法 제66조).

| shuìshōu fù yì<br>**税收复议**<br>세 수 복 의 | **세무행정심판** |
|---|---|

관련 주체들이 세무기관의 세수징수 등 법 집행행위에 불복하여 분쟁이 발생할 때 관련 주체가 상급 세무기관에 분쟁문제에 대해 재심을 신청하고, 상급 세무기관이 결정을 내리는 행정심판절차를 말한다. 신청인은 세무기관의 구체적인 행위를 안 날로부터 60일 내 税收复议를 제기할 수 있다(税收征收管理法 제88조).

# 제11장

# 경제법

| jīng jì fǎ<br>**经济法**<br>경 제 법 | 경제법 |
|---|---|

001

현대 국가의 거시적 경제관리 및 시장규제를 실시하는 과정에서 발생하는 사회관계를 조정하는 법률 규정의 총칭을 말한다. 经济法는 거시적 경제관리제도로서 재세(财税)조정제도·금융조정제도·계획조정제도를 포함하고, 시장규제제도로서 반독점제도·반부정당경쟁제도·소비자보호제도 등을 포함한다.

| yì bāngōnggòng yù suàn<br>**一般公共预算**<br>일 반 공 공 예 산 | 일반공공예산 |
|---|---|

002

一般公共预算의 주된 재원은 세수로서 국민생활을 보장하고 개선하며, 경제사회발전을 촉진하고 국가안전을 보장하며, 국가기관의 정상적인 운영에 사용되는 수지예산을 말한다. 국가 예산은 一般公共预算, 정부기금예산, 국유자본경영예산 및 사회보험 기금예산을 포함한다. 정부기금예산은 일정한 주기 내에 특정 대상으로부터 징수하거나 기타 방식으로 조달된 자금으로 특정한 공공 사업에 사용되는 수지예산을 의미한다. 국유자본경영예산은 국유자본의 수익에 대해 사용 방안을 편성하는 수지예산이며 사회보험 기금예산은 사회보험에 특정하여 사용되는 자금에 대해 편성한 수지예산이다.

| zhèng fǔ cǎi gòu<br>**政府采购**<br>정 부 채 구 | 정부조달 |
|---|---|

003

정부가 공공 목적을 실현하기 위해 법에서 정한 방식 및 절차에 따라 물품, 서비스 또는 공사를 구입하는 행위를 말한다(政府采购法 제2조).

| 004 | guózhài<br>**国债**<br>국 채 | 국채 |

중국 재정부가 중앙정부를 대표하여 발행한 인민폐로 지급하는 국가 공채를 말한다. 国债는 국가가 기능을 실현하기 위해 국가 신용에 기반하여 발행하는 채권이며 재정수입을 조달하여 재정적자를 보전하고 거시경제를 관리하는 중요한 수단이다.

| 005 | cái zhèngzhuǎn yí zhī fù<br>**财政转移支付**<br>재 정 전 이 지 부 | 재정이전지출 |

중앙정부 또는 지방정부가 일부 재정 수입을 무상으로 기타 하급 정부에게 이전할 때 발생하는 지출을 말한다. 财政转移支付은 일반성 财政转移支付 및 특정 용도의 财政转移支付을 포함한다. 일반성 财政转移支付이라 함은 현행 재정체제에 따라 실시하는 제한적 조건이 없는 자금 배정을 의미하며, 특정 용도의 财政转移支付은 특정 정치적, 경제적 목표 또는 특정 임무를 달성하기 위해 진행하는 자금 배정을 말한다(预算法 제16조).

| 006 | cún kuǎnzhǔn bèi jīn zhì dù<br>**存款准备金制度**<br>존 관 준 비 금 제 도 | 예금준비금제도 |

중앙은행이 상업은행 및 기타 금융기관에게 예금 총액 중 일정한 비례를 인출하여 중앙은행에 예치하도록 요구함으로써 간접적으로 사회 화폐공급량을 관리하는 제도를 말한다(商业银行法 제32조).

| tiē xiàn<br>**贴现**<br>첩 현 | 어음 할인 |
| --- | --- |

<small>007</small>

어음 보유자가 어음 만기일 전에 자금을 조달하기 위해 은행 또는 기타 금융기관에
게 일정한 이자를 할인하여 진행하는 어음양도행위를 말한다. 贴现을 통해 어음보
유자가 액면금액보다 낮은 자금을 취득하고, 은행 및 기타 금융기관은 어음의 소유
권을 취득한다.

| zài tiē xiàn<br>**再贴现**<br>재 첩 현 | 재할인 |
| --- | --- |

<small>008</small>

상업은행 및 기타 금융기관이 매입한 만기 전 할인 어음을 사용하여 중앙은행과 진
행하는 재할인 거래를 말한다. 再贴现은 중앙은행이 화폐 정책을 실행하는 중요한
수단 중의 하나로서 再贴现 과정에서 중앙은행은 화폐 정책 집행의 수요에 따라 상
업은행 등 기구가 보유하는 만기 전 어음을 매입하고 화폐를 양도한다.

| wài huì guǎn lǐ<br>**外汇管理**<br>외 회 관 리 | 외환관리 |
| --- | --- |

<small>009</small>

국가가 법에 따라 국내의 외환수지, 매매, 대차, 이전 및 국제 결제 외환 환율 및 외
환시장에 대해 실시하는 관리 조치를 말한다. 중국의 외환관리체제는 부분외환통제
이다. 즉, 경상수지에 대해 환전할 수 있고, 자본수지에 대해 일정한 통제를 하며 금
융기관의 외환 업무에 대해 감독관리하고 외환의 국내 결산 및 유통을 금지하며, 보
세구역에서는 차별화된 외환 관리를 실시한다(外汇管理条例 제5조).

| 010 | wài huì **外汇** 외 회 | 외국환 |

외국 화폐로 표기하는 국제결산에 사용할 수 있는 지급수단 및 자산을 말하며, 주로 ① 외국환 현금, 지폐, 주화, ② 외국환지급증빙 또는 지급 수단, 어음, 은행예금증빙, 은행카드, ③ 외국환유가증권, 채권, 주식, ④ 특별인출권 등 유형이 포함된다.

| 011 | jié huì **结汇** 결 회 | 외국환 환전 |

외국환결산(外汇结算)의 약칭으로, 외국환 소유자가 외국환을 지정 은행에게 매도하는 행위를 말한다.

| 012 | shòu huì **售汇** 수 회 | 외국환 매도 |

지정은행이 외국환을 외국환사용자에게 매도하는 행위를 말한다.

| 013 | fù huì **付汇** 부 회 | 외국환 결제 |

허가를 받은 금융기구가 유효한 증빙을 심사한 후 외국환사용자의 계정에서 외국환사용자가 매입한 외국환을 해외에 지급하는 행위를 말한다.

| fǎn xǐ qián<br>**反洗钱**<br>반 세 전 | **돈세탁방지** |
|---|---|

마약범죄, 조직폭력범죄, 테러범죄, 밀수범죄, 뇌물수수범죄, 금융사기범죄 등 범죄
행위를 통해 취득한 소득 및 수익의 원천 및 성격을 은닉하는 활동을 방지하기 위해
관련 조치를 취하는 것을 말한다(反洗钱法 제2조).

| táo huì<br>**逃汇**<br>탈 회 | **외국환 도피** |
|---|---|

국내 기구, 개인 또는 해외 기구, 개인이 법을 위반하여 국내의 외국환을 해외로 이
전하거나 기망의 수단으로 국내 자본을 해외로 이전하는 행위를 말한다.

| fēi fǎ tào huì<br>**非法套汇**<br>비 법 투 회 | **불법 외국환 거래** |
|---|---|

국내 기구, 개인 또는 해외 기구, 개인이 법을 위반하여 인민폐로 지급해야 하는 대
금을 외환으로 지급하거나, 허위·무효의 거래증빙으로 외국환업무를 영위하는 금
융기구로부터 외환을 편취하는 행위를 말한다.

| tǔ dì yòng tú guǎn zhì zhì dù<br>**土地用途管制制度**<br>토 지 용 도 관 제 제 도 | **토지용도규제제도** |
|---|---|

국가에서 토지이용에 관한 전반적인 계획을 수립하여 토지 용도를 규정하고 토지를
농업용지, 건설용지 및 미이용지(未利用地)로 구분하는 것을 말한다. 농업용지에서
건설용지로의 전환은 엄격히 제한하고 건설용지 총량을 한정하며 경지에 대해 특별

보호조치를 취한다. 농업용지라 함은 직접적으로 농업생산에 사용되는 토지를 말하며 경지·임지·초지·논밭관개용지 및 양식용 저수지 등을 포함한다. 건설용지는 건축물·정착물을 건설하는 토지를 말하며, 도시와 농촌의 주택 및 공공시설 용지, 공업 광산용지, 교통수리시설용지, 관광용지, 군사시설용지 등을 포함한다. 미이용지는 농업용지 및 건설용지 이외의 토지를 말한다. 토지를 사용하는 기업 및 개인은 엄격히 토지이용전체계획에서 확정된 용도에 따라 토지를 이용해야 한다.

| 018 | jià gé zǒngshuǐpíngtiáokòng<br>**价格总水平调控**<br>가 격 총 수 평 조 공 | **가격 거시 조정** |
|---|---|---|

국민경제발전의 수요 및 사회적 수용력에 근거하여 시장가격 총 수준에 대한 조정목표를 수립하고 국민경제 및 사회발전계획에 포함시켜, 화폐·재정·투자·수출입 등 방면의 정책 및 조치를 종합적으로 이용하여 시장가격 총 수준의 안정을 실현하는 것을 말한다(价格法 제26조).

| 019 | shì chǎngtiáo jié jià<br>**市场调节价**<br>시 장 조 절 가 | **시장가격** |
|---|---|---|

경영자가 자주적으로 책정하고 시장경쟁을 거쳐 형성되는 가격을 말한다(价格法 제3조).

| 020 | zhèng fǔ zhǐ dǎo jià<br>**政府指导价**<br>정 부 지 도 가 | **정부지도가격** |
|---|---|---|

정부의 가격주관부서 또는 기타 관련부서가 직권에 따라 기준가격 및 변동폭을 규정하고, 경영자가 이에 따라 책정한 가격을 말한다(价格法 제3조).

| zhèng fǔ dìng jià<br>**政府定价**<br>정 부 정 가 | 정부지정가격 |
|---|---|

정부의 가격주관부서 또는 기타 관련부서가 직권에 따라 책정한 가격을 말한다(价格法 제3조).

| bù zhèngdāng jià gé xíng wéi<br>**不正当价格行为**<br>부 정 당 가 격 행 위 | **부당한 가격행위** |
|---|---|

경영자가 부당한 행위로 가격을 조종하여 기타 경영자 또는 소비자의 이익을 침해하는 것을 말하며, 다음과 같은 유형의 행위가 포함된다. ① 서로 공모하여 시장가격을 조종하고 기타 경영자 또는 소비자의 합법적 권익을 해치는 행위, ② 법에 따라 신선한 상품, 계절성 상품, 재고 상품의 가격을 인하하여 상품을 처리하는 것을 제외하고, 경쟁상대방을 배척하거나 또는 시장을 독점하기 위하여 원가 이하의 가격으로 덤핑하고 정상적인 생산경영질서를 교란시켜 국가의 이익 또는 기타 경영자의 합법적 권익을 해치는 행위, ③ 가격인상정보를 날조·유포하여 가격을 편승인상하고 상품가격의 과도한 인상을 조성하는 행위, ④ 허위 혹은 오해를 불러일으키는 가격 수단을 이용하여 소비자 또는 기타 경영자가 거래하도록 기망하는 행위, ⑤ 동일한 제품 또는 서비스를 제공하면서 동등한 거래조건을 갖춘 거래상대방에 대하여 가격 차별을 실시하는 행위, ⑥ 허위로 등급을 높이거나 또는 실질 등급을 낮추는 수단 등을 이용하여 상품을 구매·판매하거나 서비스를 제공함으로써 우회적으로 가격을 인상 또는 인하하는 행위, ⑦ 법률·법규의 규정을 위반하여 폭리를 추구하는 행위 등(价格法 제14조).

| 023 | jìngzhēng fǎ<br>**竞争法**<br>경 쟁 법 | **경쟁법** |

경쟁관계 및 경쟁관리관계를 규제하는 법률규범의 총칭을 말한다. 竞争法은 시장
의 공정한 경쟁을 보호하고, 경제운행의 효율을 제고하며, 경영자의 자주적인 경영
행위를 규범화하고, 소비자 이익 및 사회 공공이익을 보호하는 법적 수단이다.

| 024 | fǎn lǒngduàn fǎ<br>**反垄断法**<br>반 농 단 법 | **반독점법** |

경쟁법의 핵심으로 독점 및 경쟁제한적 행위를 규제하는 과정에서 발생한 사회관계
를 조정하는 법률규범의 총칭을 말한다.

| 025 | fǎn bù zhèngdāngjìngzhēng fǎ<br>**反不正当竞争法**<br>반 부 정 당 경 쟁 법 | **부정경쟁방지법** |

경영자가 사기·협박·유혹 및 기타 신의성실의 원칙에 반한 수단으로 시장거래 참
여 과정에서 부당한 경쟁행위를 하는 것을 제지함으로써, 공정하게 경쟁하는 상도
덕의 구비 및 건전한 거래질서의 유지를 목적으로 하는 법률제도를 말한다. 反不正
当竞争法과 反垄断法은 중국의 경쟁법을 구성하는 가장 중요한 법 제도로 자리 잡
고 있다.

| 026 | dāng rán wéi fǎ yuán zé<br>**当然违法原则**<br>당 연 위 법 원 칙 | **당연위법 원칙** |

시장에서 특정 경쟁제한적 행위의 위법성을 판단할 때, 해당 행위의 구체적인 상황
및 효과를 불문하고 경쟁을 저해하였다면 이는 바로 위법행위에 해당하고, 이로써

반독점법에 의해 금지되었다고 인정하는 원칙을 말한다. 이러한 행위는 경쟁에 대한 파괴적 효과가 명확하고, 변동이 없으며, 기타 요소의 영향으로 실질적인 변화가 없기 때문에 별도의 증명이 필요 없이 금지되어야 한다. 当然违法原则이 적용되는 전형적인 행위에는 가격고정행위, 공동의 거래거절행위 및 시장분할행위 등이 포함된다.

| hé lǐ yuán zé<br>**合理原则**<br>합 리 원 칙 | **합리의 원칙** 027 |
|---|---|

경쟁제한적 효과가 명확하지 않은 행위의 위법성을 판단할 때 경영자의 목적, 행위의 방식 및 효과 등 요소를 신중하게 평가한 후 판단해야 하며, 기업이 독점의 의도가 있고, 산업발전의 정상적인 방식을 벗어난 수단으로 목적을 실현하여 실질적으로 경쟁을 제한한 경우에만 불법행위로 보고, 그렇지 않은 경우 합리적인 행위로 보는 원칙을 말한다.

| jīng yíng zhě<br>**经营者**<br>경 영 자 | **사업자** 028 |
|---|---|

상품의 생산, 경영에 종사하거나 용역을 제공하는 자연인, 법인과 비법인조직을 말한다. 이는 상품 또는 서비스를 생활에 소비하는 것을 목적으로 하는 소비자와 대응되는 개념이다(反垄断法 제15조).

| xiāngguān shì chǎng<br>**相关市场**<br>상 관 시 장 | **관련시장** 029 |
|---|---|

경영자들이 특정한 상품(또는 서비스)에 의해 일정한 기간 내에 경쟁하는 상품(또는 서비스)범위 및 지역범위를 말한다(反垄断法 제15조).

| 030 | xiāngguānshāng pǐn shì chǎng<br>**相关商品市场**<br>상 관 상 품 시 장 | 관련 상품시장 |

수요자가 상품의 특성, 용도 및 가격 등 요소에 따라 긴밀한 대체관계가 있다고 보는 상품으로 구성된 시장을 말한다.

| 031 | xiāngguān dì yù shì chǎng<br>**相关地域市场**<br>상 관 지 역 시 장 | 관련 지역시장 |

수요자가 긴밀한 대체관계가 있는 상품을 취득할 수 있는 지리적 구역을 말한다. 相关地域市场의 범위에 영향을 미칠 수 있는 요소에는 주로 지역간 거래 장벽, 잠재적인 경쟁, 상품 차이 및 상품의 특성 등이 포함되며, 그중에서 운송 원가 및 상품 특성이 특별히 중요하다.

| 032 | xū qiú tì dài<br>**需求替代**<br>수 구 체 대 | 수요대체 |

수요자 입장에서 상품의 기능, 용도에 대한 요구, 품질에 대한 인증, 가격의 수용 및 취득 난이도 등 요소에 따라 상품 간의 대체 정도를 확정하는 것을 말한다. 수요자 입장에서 볼 때 상품 간의 대체 정도가 높을수록 경쟁이 심하고, 같은 관련시장에 속할 가능성이 높다.

| 033 | gōng jǐ tì dài<br>**供给替代**<br>공 급 체 대 | 공급대체 |

기타 경영자가 생산시설을 개조할 때의 투자 부담, 부담할 리스크, 목표시장 진입에 필요한 시간 등 요소에 따라 경영자 입장에서 상품 간의 대체 정도를 확정하는 것을

말한다. 기타 경영자가 생산시설을 개조할 때 투자가 적고 리스크 부담이 적을수록 긴밀한 대체관계에 있는 상품을 신속하게 제공할 수 있고 供给替代<sub>gōng jǐ tì dài</sub> 가능성도 높다.

| lǒngduànxíng wéi<br>**垄断行为**<br>농 단 행 위 | **경쟁제한행위** |
|---|---|

034

독점 상태를 형성하거나 또는 독점을 도모하는 각 종 행위를 말한다. 반독점법(反垄断法)상의 垄断行为<sub>lǒngduànxíng wéi</sub>에는 독점협의의 체결, 시장지배적 지위 남용, 경쟁을 배제하거나 제한하는 효과를 일으키거나 효과를 일으킬 가능성이 있는 기업결합 등 3가지가 포함된다(反垄断法 제3조).

| lǒngduàn xié yì xíng wéi<br>**垄断协议行为**<br>농 단 협 의 행 위 | **부당한 공동행위** |
|---|---|

035

2개 또는 2개 이상의 기업이 계약, 결의 또는 기타 형식을 통해 공동으로 상품 혹은 서비스의 가격을 결정하거나 상품의 판매수량, 생산기술표준, 상품의 판매지역, 판매 대상을 제한함으로써 특정 시장의 경쟁을 배제·제한·방해하는 행위를 말한다. 垄断协议行为<sub>lǒngduàn xié yì xíng wéi</sub>에는 경쟁을 배제하거나 제한하는 협의, 결정 또는 기다 협동행위가 포함된다(反垄断法 제16조).

| xié tóngxíng wéi<br>**协同行为**<br>협 동 행 위 | **동조적 행위** |
|---|---|

036

경영자가 서면 또는 구두로 명확한 협의나 결정을 체결하지는 않았으나 사실상 동조적 행동을 통해 공동으로 경쟁을 제한하는 목적을 달성하고자 하는 행위를 말한다. 协同行为<sub>xié tóngxíng wéi</sub>를 판단하기 위해서는 관련시장의 구조, 경쟁상황, 시장변화상황, 산업상황 등을 고려해야 하며, ① 경영자들의 시장 행위에 일치성이 있는지 여부, ② 경영자들 간에 의사소통 또는 정보교환이 있는지 여부, ③ 경영자들이 실시한 행위에 대하여 합리적으로 설명할 수 있는지 여부를 고려해야 한다.

| 037 héngxiànglǒngduàn xié yì<br>**橫向垄断协议**<br>횡 향 농 단 협 의 | **수평적 공동행위** |
|---|---|

2개 또는 2개 이상의 동일한 유형의 상품을 생산, 판매하거나 동일한 서비스를 제공함으로써 서로 경쟁 관계에 있는 경영자가 공모를 통해 실시한 경쟁제한적 행위를 말하며 ① 상품 가격의 고정 또는 변경하는 행위, ② 상품의 생산량 또는 판매량 제한하는 행위, ③ 판매시장 또는 원자재 구입시장 분할하는 행위, ④ 신기술·신설비 구입을 제한하거나 또는 신기술·신제품 개발을 제한하는 행위, ⑤ 공동의 거래 거절행위, ⑥ 국무원 반독점법 집행기구가 정하는 기타 독점협의행위가 해당된다(反垄断法 제17조).

| 038 zòngxiànglǒngduàn xié yì<br>**纵向垄断协议**<br>종 향 농 단 협 의 | **수직적 공동행위** |
|---|---|

2개 또는 2개 이상의 같은 산업에 속하나 서로 다른 수급단계에 있는 경영자가 합의, 결의 또는 기타 방식으로 실시한 경쟁을 배제하거나 제한하는 행위를 말하며 ① 제3자에 대한 거래가격 고정 행위, ② 제3자에 대한 재판매 최저가격 제한 행위, ③ 국무원 반독점법 집행기구가 정하는 기타 독점협의행위가 해당된다(反垄断法 제18조).

| 039 ān quángǎng guī zé<br>**安全港规则**<br>안 전 항 규 칙 | **안전지대 원칙** |
|---|---|

특정행위 자체가 법률에 의해 금지되지만 법 집행의 효율을 보장한다는 취지에서 일정한 기준에 미달한 불법행위를 규제 대상에서 배제하는 제도를 말한다. 중국 반

독점법에 따르면 경영자가 자신이 관련시장에서의 시장점유율이 국무원 반독점
법 집행기관에서 정한 기준보다 낮으며, 반독점법 집행기관의 기타 요구사항에 부
합됨을 증명할 수 있을 경우 수직적 공동행위 관련 규제를 받지 않는다(反垄断法
제18조).

| jìn zhǐ lǒngduàn xié yì de huòmiǎn<br>**禁止垄断协议的豁免**<br>금 지 농 단 협 의 적 활 면 | 부당한 공동행위 금지의 적용 예외 [040] |

특정한 사유로 경쟁 제한 효과가 있는 행위에 대한 반독점법상 금지규정의 적용을
배제하는 제도를 말하며, ① 기술의 발전, 신제품 연구개발을 위한 경우, ② 제품의
품질 상승, 원가절감, 능률 향상, 제품의 사양과 표준 통일 또는 전문화된 분업을 위
한 경우, ③ 중소경영자의 경영능률을 제고하고 중소경영자의 경쟁력을 높이기 위
한 경우, ④ 에너지 절약, 환경보호, 재해 구조 등 사회공공이익을 위한 경우, ⑤ 경
제 불황, 매출의 심각한 하락 또는 명백한 생산과잉을 완화하기 위한 경우, ⑥ 대외
무역과 대외 경제협력 중의 정당한 이익을 보장하기 위한 경우, ⑦ 법률과 국무원이
규정하는 기타 경우가 포함된다(反垄断法 제20조).

| shì chǎng zhī pèi dì wèi<br>**市场支配地位**<br>시 장 지 배 지 위 | 시장지배적 지위 [041] |

특정 경영자 또는 다수의 경영자가 하나의 집단을 형성하여 관련시장에서 상품의
가격, 수량 또는 기타 거래조건을 지배할 수 있거나, 기타 경영자의 관련시장 진입
을 저해하거나 영향을 미칠 수 있는 시장적 지위를 말한다. 기타 거래조건이란 상품
의 가격, 수량 이외 거래에 실질적인 영향을 줄 수 있는 기타 요소를 의미하며, 여기
에는 상품의 등급, 지급조건, 인도 방식, 유지보수 서비스, 거래 선택권 및 기술제약
조건 등이 포함된다(反垄断法 제22조).

| 042 | làn yòng shì chǎng zhī pèi dì wèi<br>**滥用市场支配地位**<br>남 용 시 장 지 배 지 위 | **시장지배적 지위 남용** |

시장지배적 지위를 갖는 기업이 이러한 지위를 불합리하게 이용하여 실질적으로 일정한 거래 분야의 경쟁을 제한하거나 공공이익에 반하여 소비자 이익을 현저하게 침해하고, 자유롭고 공정한 시장경쟁질서를 해치는, 반독점법에 의해 금지된 행위를 말하며 ① 불공정한 고가로 상품을 판매하거나 불공정한 저가로 상품을 구입하는 행위, ② 정당한 이유 없이 상품을 원가 이하의 가격으로 판매하는 행위, ③ 정당한 이유 없이 거래상대방과의 거래를 거절하는 행위, ④ 정당한 이유 없이 거래상대방으로 하여금 자기와만 거래하도록 하거나, 자신이 지정한 경영자와만 거래하도록 제한하는 행위, ⑤ 정당한 이유 없이 상품을 끼워 팔거나 불합리한 거래조건을 부가하는 행위, ⑥ 정당한 이유 없이 동등한 조건의 거래자에 대하여 거래가격 등 거래상 차별 대우를 하는 행위, ⑦ 국무원 반독점법 집행기구가 인정하는 기타 시장지배적 지위 남용행위가 포함된다(反垄断法 제22조).

| 043 | shì chǎng zhī pèi dì wèi de tuī dìng<br>**市场支配地位的推定**<br>시 장 지 배 지 위 적 추 정 | **시장지배적 사업자의 추정** |

일반적으로 독과점 기업을 의미하며 특정 분야에서 단독, 혹은 타사와 함께 상품의 품질 및 가격 등을 결정하고 지속, 변경할 수 있는 힘을 가진 경영자를 말하며, ① 관련시장에서 1개 경영자의 시장점유율이 1/2에 달하는 경우, ② 관련시장에서 2개 경영자의 시장점유율 합계가 2/3에 달하는 경우, ③ 관련시장에서 3개 경영자의 시장점유율 합계가 3/4에 달하는 경우에 시장지배적 지위가 있는 것으로 추정된다. 그 중 ②항 및 ③항이 규정한 상황에서 시장점유율이 1/10에 미달하는 경영자가 있는 경우 당해 경영자는 시장지배적 지위에 있다고 추정하지 아니한다. 시장지배적 지위에 있는 것으로 추정되는 경영자가 그 자신이 시장지배적 지위가 없다는 것을 입증하는 경우 당해 경영자에 대하여는 시장지배적 지위를 인정하지 아니한다(反垄断法 제24조).

| luè duóxìngdìng jià<br>**掠夺性定价**<br>약 탈 성 정 가 | **약탈적 가격책정** |
| --- | --- |

시장지배적 지위를 갖는 경영자가 정당한 이유 없이 경쟁상대를 배제하기 위해 일정한 시장 및 기간 내에 원가보다 낮은 가격으로 상품을 판매하거나 서비스를 제공함으로써 경쟁을 배제하거나 제한하는 행위를 말한다. 掠夺性定价는 경쟁자를 시장에서 퇴출시키거나 시장에 진입하고자 하는 잠재적인 경쟁자를 배제할 수 있으므로 공정거래에 반한다.

| dā shòu<br>**搭售**<br>탑 수 | **끼워팔기** |
| --- | --- |

경영자가 시장지배적 지위를 이용하여 거래상대방의 의지에 반하여 상품 또는 서비스를 제공함에 있어서 정당한 이유 없이 기타 상품 또는 서비스를 강제적으로 끼워파는 불합리한 조건을 설정하는 행위를 말한다. 搭售로 시장지배적 지위를 갖는 경영자는 자신의 시장적 지위를 다른 시장으로 확장하여 가격을 차별적으로 책정할 수 있고, 다른 시장의 진입장벽을 높여 기타 기업이 관련 상품을 판매하는 기회를 뺏을 수 있다. 그러나 搭售는 효율성 증진의 효과도 있으므로 반독점법 집행기관은 합리성 원칙에 따라 행위의 위법성을 판단한다.

| xiàn zhì zhuǎnshòu jià gé<br>**限制转售价格**<br>한 제 전 수 가 격 | **재판매가격유지** |
| --- | --- |

상품의 제조자 또는 공급자가 구매자에게 반드시 일정한 가격 기준으로 상품을 재판매하도록 요구하는 행위를 말한다. 限制转售价格에는 재판매가격고정 및 재판매최저가격 제한 2가지 유형이 있으며, 전자는 경영자가 거래상대방과 합의하여 거래상대방이 제3자에게 전매할 가격을 고정하는 행위이고, 후자는 제3자에게 전매할 때의 최저가격을 제한하는 행위이다.

| 047 | jīng yíng zhě jí zhōng<br>**经营者集中**<br>경 영 자 집 중 | **기업결합** |
|---|---|---|

경영자가 합병, 지분 혹은 자산의 인수를 통해 기타 경영자에 대한 지배권을 취득하 거나, 계약 등의 방식으로 기타 경영자에 대하여 결정적인 영향을 미칠 수 있는 권 리를 취득하는 과정을 말한다(反垄断法 제25조).

| 048 | jīng yíng zhě jí zhōng shěn chá<br>**经营者集中审查**<br>경 영 자 집 중 심 사 | **기업결합신고심사** |
|---|---|---|

경영자가 제출한 기업결합 신청에 대하여 주관부서가 이를 심사한 후 그 기업결합 의 가부를 결정하는 것을 말한다. 주관부서는 신청일로부터 30일 내에 기업결합에 대해 초보적 심사를 진행하고 추가 심사의 진행 여부를 결정하여 이를 경영자에게 통지해야 한다. 주관부서가 추가 심사를 진행하기로 결정한 경우 결정일로부터 90 일 내에 심사를 완료해야 하며 기업결합 금지 여부를 결정하여 이를 경영자에게 통 지해야 한다. ① 경영자가 심사기한의 연장에 동의하는 경우, ② 경영자가 제출한 서류와 자료가 정확하지 아니하여 추가 확인하여야 하는 경우, ③ 신고한 후 경영자 의 관련 상황에 중대한 변화가 발생한 경우에는 주관부서가 서면으로 전술한 심사 기간을 최대 60일을 연장할 수 있다(反垄断法 제31조).

| 049 | jiǎn yì àn jiàn<br>**简易案件**<br>간 이 안 건 | **간이신고대상** |
|---|---|---|

일정한 기준에 부합되는 경우, 기업결합 사건에 대하여 간이심사절차를 적용하는 사건을 말한다. ① 기업결합에 참여하는 모든 경영자가 동일 관련시장에서의 총 시 장점유율이 15%에 미달하는 경우, ② 수직적 기업결합에 참여하는 경영자가 수직 적 시장에서의 시장점유율이 각각 25%에 미달하는 경우, ③ 기업결합에 참여하는

경영자가 동일 관련시장에 속하지 않고 안건이 수직적 기업결합에도 해당하지 않으며 참여경영자가 관련된 시장에서의 시장점유율이 각각 25%에 미달하는 경우, ④ 기업결합에 참여하는 경영자가 중국 이외의 지역에 합작회사를 설립하고, 동 합작회사가 중국 내에서 영리성 활동을 하지 않을 경우, ⑤ 기업결합에 참여하는 경영자가 외국기업의 지분 또는 자산을 인수하고, 동 외국기업이 중국 내에서 영리성 활동을 하지 않을 경우, ⑥ 2개 이상의 주체가 공동으로 지배하는 합작회사가 기업결합을 통하여 그중 하나 또는 하나 이상의 주체에 의해 지배되는 경우에는 간이심사절차를 적용할 수 있다.

| jiǎn yì chéng xù 简易程序 간 이 정 서 | 간이신고절차 [050] |
| --- | --- |

간이신고대상에 적용되는 기업결합 심사 절차를 말한다. 경영자는 정식으로 기업결합신고를 하기 전에 해당 거래의 간이신고대상기준 부합 여부 등 문제에 관하여 주관부서에 상담을 신청할 수 있다. 간이신고대상사건 수리 후, 주관부서는 홈페이지에 10일 동안 관련 정보를 공시하고, 공시기간 내에 제3자는 당해 사건의 简易程序(jiǎn yì chéng xù) 적용 여부에 대하여 주관부서에 관련 증거와 연락처를 제공하면서 서면 이의를 제출할 수 있다. 주관부서가 심사과정에서 간이신고대상으로 인정하면 아니되는 사유를 발견한 경우, 간이신고대상인정을 취소하고, 신고자에게 일반신고사건으로 다시 신고할 것을 요구한다. 简易程序(jiǎn yì chéng xù)가 적용되면 신고 시 제출해야 할 서류가 간소화되어 산업 발전 현황, 시장 집중도, 거래가 산업발전에 대한 영향 등 관련 서류를 요구하지 않는다.

| guó jiā ān quánshěn chá 国家安全审查 국 가 안 전 심 사 | 국가안전심사 [051] |
| --- | --- |

외국자본이 중국 국내 기업을 인수하거나 기타 방식으로 기업결합에 참여하는 행위가 국가안전과 관련이 있는지 여부에 대하여 심사하는 것을 말한다(反垄断法 제38조).

| 052 | làn yòngxíngzhèngquán lì pái chú xiàn zhì jìngzhēngxíng wéi<br>**滥用行政权力排除/限制竞争行为**<br>남 용 행 정 권 력 배 제 / 한 제 경 쟁 행 위 | **행정권을 남용하여 경쟁을<br>배제·제한하는 행위** |

정부 또는 정부의 수권을 받은 조직이 행정권을 남용하여 시장경쟁을 배제하거나 제한하는 행위를 말한다(反壟斷法 제39조).

| 053 | gōngpíng jìngzhēngshěn chá zhì dù<br>**公平竞争审查制度**<br>공 평 경 쟁 심 사 제 도 | **공정경쟁심사제도** |

행정기관 및 공공관리기능을 수행하는 조직에서 시장진입, 산업발전, 투자유치, 입찰, 정부조달, 경영행위규범, 자격기준 등 시장 주체의 경제활동과 관련되는 규정을 제정할 때 공정경쟁심사를 진행함으로써 시장경쟁에 대한 영향을 평가하고 시장경쟁을 배제·제한하는 것을 방지하는 제도를 말한다(反壟斷法 제5조).

| 054 | kuān dà zhì dù<br>**宽大制度**<br>관 대 제 도 | **자진신고자 감면제도** |

자발적으로 수평적 공동행위를 신고하고 중요한 증거를 제공하며 불법행위를 중단하고 조사기관에 협조하는 경영자에게 행정처벌을 감면하는 제도를 말한다. 수평적 공동행위는 흔히 경쟁을 심각하게 배제하거나 제한하는 효과가 있으나 불법행위를 발견하기 어렵기 때문에 불법행위에 참여한 경영자는 자발적으로 조사에 협조하면 조사의 난이도를 낮출 수 있다.

| 055 | shēnqǐngkuān dà shùn wèi<br>**申请宽大顺位**<br>신 청 관 대 순 위 | **자진신고순위** |

주관부서에서 경영자가 수평적 공동행위 신고의 시간 순서로 경영자의 신고 순위를

확정하고, 1순위 경영자에게는 80~100%, 2순위는 30~50%, 3순위는 20~30%, 그 후의 순위는 20% 이하의 과징금을 감면하는 제도를 말한다. 그 외 불법 소득 몰수 처분에서도 申请宽大顺位(shēnqǐngkuān dà shùn wèi)를 참조하여 적용할 수 있다.

| | |
|---|---|
| jīngyíng zhě chéngnuò zhì dù<br>**经营者承诺制度**<br>경 영 자 승 낙 제 도 | **동의의결제도** |

조사를 받는 경영자가 구체적인 조치를 취하여 위반행위의 피해구제, 원상회복을 신청하는 경우, 조사기관이 경영자의 신청을 받아들여 조사를 중단 내지 종료할 수 있는 제도를 말한다. 단, 경쟁관계에 있는 경영자 간의 상품가격 고정·변경 행위, 상품생산·판매 수량 제한 행위, 판매시장·원자재시장 분할 행위에 대하여 조사기관은 경영자의 신청을 받아들이지 않는다.

| | |
|---|---|
| jīngyíng zhě chéngnuò cuò shī<br>**经营者承诺措施**<br>경 영 자 승 낙 조 치 | **자진시정약속** |

조사를 받는 경영자가 위반행위의 피해구제, 원상복귀를 위하여 약속한 구체적인 조치를 말한다. 经营者承诺措施(jīngyíng zhě chéngnuò cuò shī)에는 구조적 조치, 행태적 조치 또는 종합 조치 등이 포함되며 이러한 조치는 명확하고, 실행 가능하며 자발적으로 이행해야 한다. 행태적 조치에는 가격책정방법조정, 각종 거래 제한 조건 취소·변경, 네트워크 또는 플랫폼 등 인프라의 개방, 특허, 기술 비밀 또는 기타 지적재산권 제공 등이 있고, 구조적 조치에는 유·무형자산 및 기타 관련 권익의 매각 등이 있다.

| | |
|---|---|
| zhuān lì liányíng<br>**专利联营**<br>전 리 연 영 | **특허 풀** |

2개 또는 2개 이상의 특허권자가 각자 보유한 특허를 연합하여 특허 풀(Patent

Pool)을 형성하여 상호 허가하거나 공동으로 제3자에게 허가하는 것을 말한다. 이
러한 专利联营은 합작회사를 설립하는 방식으로 운영할 수 있으며 특정한 연합 구
성원 또는 독립적인 제3자에게 운영을 위탁하는 방식으로 운영할 수 있다. 专利联
营의 운영은 경쟁을 배제하거나 제한하는 효과가 있을 수 있으나, 원가를 낮추고 특
허침해소송을 감소시키는 등 적극적인 효과도 있으므로 반독점법 집행기관이 합리
의 원칙에 따라 위법성을 판단한다.

| 059 | bù zhèngdāng jìngzhēng<br>**不正当竞争**<br>부 정 당 경 쟁 | **부정경쟁** |

경영자가 생산경영활동 중에 법을 위반하여 시장경쟁질서를 교란시키고 기타 경영
자 및 소비자의 합법적 권익을 해치는 행위를 말하며 이에는 혼돈행위, 상업뇌물수
수행위, 허위선전 및 홍보행위, 상업비밀(商业秘密)침해행위, 부당한 경품판매행
위, 상업비방행위 등이 포함된다(反不正当竞争法 제2조).

| 060 | shāng yè huì lù<br>**商业贿赂**<br>상 업 회 뇌 | **상업성 뇌물** |

경영자가 거래 기회 또는 유리한 경쟁 우세를 취득하기 위해 재물 제공 또는 기타
수단으로 ① 거래상대방의 직원, ② 거래상개방의 위임을 받아 업무를 처리하는 조
직 또는 개인, ③ 직권 또는 영향력을 통해 거래상대방에게 영향을 미칠 수 있는 조
직 또는 개인에게 뇌물을 제공하는 행위를 말한다. 商业贿赂를 제공하는 경영자에
대해 주관부서는 불법 소득을 몰수하고, 10만 위안 이상 300만 위안 이하의 과태료
를 부과할 수 있으며 심각할 경우 영업집조(营业执照)를 취소(吊销)할 수 있다(反
不正当竞争法 제7조).

| yǒujiǎngxiāoshòu<br>**有奖销售**<br>유 장 소 수 | 경품제공 판매 | 061 |
|---|---|---|

경영자가 상품을 판매하거나 서비스를 제공할 때 영리의 목적으로 구매자 또는 구매와 관련되는 자에게 부가적으로 물품, 금전 또는 기타 경제적 이익을 제공하는 행위를 말한다. 有奖销售행위에는 모든 구매자에게 경품을 주는 증정식 경품 판매 및 일부 구매자에게 경품을 주는 추첨식 경품 판매가 있다. 有奖销售 진행 시 경품의 종류, 당첨 조건 등 정보가 명확해야 하며 추첨식 경품의 최고 금액은 5만위안을 초과해서 아니 된다(反不正当竞争法 제10조).

| hùnxiáoxíng wéi<br>**混淆行为**<br>혼 효 행 위 | 혼동 행위 | 062 |
|---|---|---|

타인의 상품 또는 타인과 특정 연관이 있다고 오해를 불러일으킬 수 있는 행위를 말하며 구체적으로 ① 타인의 일정한 영향력이 있는 상품 명칭, 포장, 장식 등 동일하거나 유사한 표식을 무단 사용하는 행위, ② 타인의 일정한 영향력이 있는 기업 명칭(약칭, 상호 등 포함), 사회조직명칭(약칭 등 포함), 성명(필명, 예명, 번역명 등 포함)을 무단 사용하는 행위, ③ 타인의 일정한 영향력이 있는 도메인 네임의 주요 부분, 웹사이트 명칭, 인터넷 홈페이지 등을 무단 사용하는 행위를 포함한다(反不正当竞争法 제6조).

| shāng yè mì mì<br>**商业秘密**<br>상 업 비 밀 | 영업비밀 | 063 |
|---|---|---|

대중에게 알려지지 않고, 상업적 가치가 있으며 권리자가 상응한 비밀유지조치를 취한 기술정보, 경영정보 등 상업 정보를 말한다. 여기서 "권리자"라 함은 商业秘密에 대해 소유권 또는 사용권을 가지는 개인, 법인 또는 기타 조직을 말하며, "대중에

게 알려지지 않은 정보"라 함은 해당 정보가 공개적인 루트를 통해 직접적으로 취득할 수 없는 정보를 의미한다. "상업적인 가치"는 해당 정보가 권리자에게 현실적 또는 잠재적인 경제이익 또는 경쟁적 우세를 줄 수 있다는 것을 의미하며, "비밀유지조치"는 비밀유지계약 체결, 보안제도수립 및 기타 합리적인 비밀유지 조치를 말한다(反不正当竞争法 제9조).

| | |
|---|---|
| **jiàn zhù huódòng**<br>**建筑活动**<br>건 축 활 동 | **건축활동** |

각종 건물, 주택의 건설 및 관련 부대시설의 구축, 관련 회로, 배관, 설비의 설치 등 활동을 말한다. 중국에서 建筑活动 및 그에 대한 감독·관리는 건축법에 따르며 建筑活动은 건설 공정의 품질 및 안전을 보장해야 하며 국가의 건축공정안전표준에 부합해야 한다.

| | |
|---|---|
| **jiàn zhù gōngchéng shī gōng xǔ kě**<br>**建筑工程施工许可**<br>건 축 공 정 시 공 허 가 | **건축허가** |

건설공정 착공 전에 건설업체가 주관부서로부터 받는 시공허가를 말한다. 건설주관부서는 신청 접수 후 7일 내 조건에 부합하는 업체에게 建筑工程施工许可를 발급한다. 건설업체는 建筑工程施工许可를 받은 날로부터 3개월 내에 착공해야 하며 사정이 있어 착공하지 못할 경우 연기를 신청해야 한다. 연기는 2회까지만 가능하며 한번에 3개월 이상 연장할 수 없다(建筑法 제9조).

| | |
|---|---|
| **jiàn zhù gōngchéng cóng yè zī gé**<br>**建筑工程从业资格**<br>건 축 공 정 종 업 자 격 | **건축작업자격** |

건축활동에 종사하는 시공업체, 지반조사업체, 설계업체 및 공정감리업체가 그가

보유한 등록자본금, 전문 기술인원, 기술장비 및 기 수행한 건설공정실적 등에 따라 부여 받은 자격등급을 말한다. 업체는 해당 자격 등급에 따라 허가된 범위 내에서 건축활동에 종사해야 한다(建筑法 제13조).

다수의 신청희망자로부터 각자의 낙찰희망 예정가격을 기입한 신청서를 제출하게 하여 그중에서 가장 유리한 조건을 제시한 입찰참가자와 계약을 체결하는 방식을 말한다. 招标는 공개招标 및 요청招标로 나뉠 수 있다. 공개招标라 함은 발주자가 입찰공고의 방식으로 불특정 기업에게 입찰에 참여하도록 요청하는 것이고, 요청招标라 함은 발주자가 입찰요청서의 방식으로 특정한 기업에게 입찰에 참여하도록 요청하는 것이다(招标投标法 제10조).

발주자가 공개입찰 방식을 채택하는 경우 招标公告를 발표해야 하며, 법에 의해 반드시 입찰을 진행해야 하는 프로젝트의 招标公告는 국가에서 지정하는 신문·잡지, 정보네트워크 또는 기타 매체에 게재해야 한다. 招标公告에는 발주자의 명칭, 주소, 입찰 프로젝트의 성격, 수량, 장소, 시간 및 입찰서류를 취득하는 방법 등 사항을 기재해야 한다(招标投标法 제16조).

발주자가 비공개입찰 방식을 채택하는 경우 프로젝트를 수행할 능력이 있고, 자

산·신용이 양호한 3개 이상 특정한 기업에게 발송하는 입찰 요청서를 말한다. 投标<sup>tóu biāo</sup>邀请书<sup>yāo qǐng shū</sup>에 발주자의 명칭, 주소, 입찰 프로젝트의 성격, 수량, 장소, 시간 및 입찰서류를 취득하는 방법 등 사항을 기재해야 한다(招标投标法 제17조).

| <sub>070</sub> **招标文件**<br>zhāobiāowénjiàn<br>입 찰 문 건 | **입찰서류** |
|---|---|

발주자가 프로젝트의 특성 및 수요에 따라 작성한 입찰에 필요한 서류를 말한다. 招<sup>zhāo</sup>标文件<sup>biāowénjiàn</sup>에는 프로젝트의 기술 요구, 입찰참가자 자격 심사의 기준, 입찰가격의 요구 및 평가기준 등 모든 실질적인 요구와 조건, 체결할 계약의 주된 조항을 포함하여야 한다. 프로젝트의 기술, 기준 등에 대해 국가 규정이 있는 경우 발주자가 관련 규정에 따라 招标文件<sup>zhāobiāowénjiàn</sup>에 관한 요구를 제시해야 한다. 프로젝트가 단계별로 진행해야 하거나, 납기를 확정해야 하는 경우 발주자가 합리적으로 단계를 나누고, 납기를 확정하여 招标文件<sup>zhāobiāowénjiàn</sup>에 기재해야 한다(招标投标法 제19조).

| <sub>071</sub> **招标人**<br>zhāobiāo rén<br>초 표 인 | **발주자** |
|---|---|

서비스나 상품을 구매하기 위해 공급자에게 입찰에 참여할 것을 요청하는 법인 또는 기타 조직을 말한다(招标投标法 제8조).

| <sub>072</sub> **投标人**<br>tóu biāo rén<br>투 표 인 | **입찰참가자** |
|---|---|

서비스나 상품을 공급하기 위해 입찰 요청에 응하고 입찰 경쟁에 참여하는 법인 또는 기타 조직을 말한다(招标投标法 제25조).

| tóu biāowén jiàn<br>**投标文件**<br>투 표 문 건 | **입찰참가서류** |

입찰참가자가 입찰서류의 요구에 따라 작성하는 서류를 말한다. 投标文件<sup>tóu biāowén jiàn</sup>은 입찰
서류에서 제시하는 실질적인 요구 및 조건에 부합해야 한다. 건설시공프로젝트일
경우 投标文件<sup>tóu biāowén jiàn</sup>에는 지정할 프로젝트 책임자 및 주요 기술자의 이력서, 업적 및 사용
할 기계설비 등이 포함되어야 한다(招标投标法 제27조).

| tóu biāolián hé tǐ<br>**投标联合体**<br>투 표 연 합 체 | **공동입찰** |

2개 이상의 법인 또는 기타 조직이 연합체를 구성하여 하나의 입찰참가자 신분으로
입찰에 공동으로 참여하는 것을 말한다. 投标联合体 각 구성원은 모두 입찰프로젝
트 수행능력이 있어야 한다.

| kāi biāo<br>**开标**<br>개 표 | **개찰** |

입찰참가자가 입찰참가서류를 제출한 후 발주자가 입찰서류에 정한 시간 및 장소에
서 입찰참가자가 제출한 입찰참가서류를 공개하고 입찰참가자의 명칭, 입찰가격 및
기타 주요내용을 공개하는 절차를 말한다.

| píngbiāo<br>**评标**<br>평 표 | **입찰 적격심사** |

评标위원회 및 발주자가 입찰서류에서 정한 평가기준 및 방법에 따라 입찰참가자
의 입찰참가서류를 심사, 평가 및 비교하는 절차를 말한다.

| 077 | zhòngbiāotōng zhī shū<br>**中标通知书**<br>중 표 통 지 서 | 낙찰통지서 |

발주자가 최종 확정된 낙찰자에게 서면으로 낙찰을 통지하는 문서를 말한다. 中标<sup>zhòngbiāo</sup>
通知书<sup>tōng zhī shū</sup>는 발주자 및 낙찰자에게 법적 구속력이 있다. 中标通知书<sup>zhòngbiāotōng zhī shū</sup> 발송 후 발주자가
입찰결과를 변경하거나 낙찰자가 프로젝트를 포기하는 경우 법적 책임을 부담해야
한다(招标投标法 제45조).

| 078 | shāng pǐn fáng<br>**商品房**<br>상 품 방 | 매매용 주택 |

부동산 시행사가 시장가격으로 토지사용권을 취득한 후 주거용 건축물을 건축하고
관련 부서의 준공승인을 받아 시장에서 유통하는 부동산을 말한다. 商品房<sup>shāng pǐn fáng</sup>은 독립
적으로 부동산 권리증서를 받을 수 있으며 양도, 임대, 상속, 근저당 설정, 증여 및
교환 등이 가능하다.

| 079 | shāng pǐn fáng yù shòu<br>**商品房预售**<br>상 품 방 예 수 | 매매용 주택 예매 |

부동산 시행사가 개발한 매매용 주택(商品房)을 준공 검수 전에 판매하고, 예약 매
수인이 계약에 따라 구매대금을 지급하고 부동산 개발업체가 계약에 따라 매매용 주
택을 교부하는 행위를 말한다. 다음의 조건에 부합하는 경우 商品房预售<sup>shāng pǐn fáng yù shòu</sup>를 할 수 있
다. ① 토지사용권출양금 전액 지급, 토지사용권 증서 취득함, ② 건축규획허가증 및
시공허가증 취득함, ③ 예약판매할 매매용 주택기준으로 기 투입한 자금이 건설공정
총 투자의 25% 이상에 도달하였고, 시공 진도 및 준공교부기일 확정됨, ④ 현(县)급
이상 인민정부 부동산관리부서에 商品房预售<sup>shāng pǐn fáng yù shòu</sup> 등기하고, 商品房预售<sup>shāng pǐn fáng yù shòu</sup>허가증서를 취
득함.

| qǐ yè guóyǒu zī chǎn<br>**企业国有资产**<br>기 업 국 유 자 산 | 기업국유자산 | 080 |

국가가 각종 형식으로 기업에 출자함으로써 취득하는 권리 및 권리를 행사하여 취득하는 이익을 말한다(企业国有资产法 제2조).

| guóyǒu zī chǎnzhuǎnràng<br>**国有资产转让**<br>국 유 자 산 전 양 | 국유자산양도 | 081 |

국가가 기업에 대한 출자로 형성된 권익을 유상으로 기타 기업 또는 개인에게 양도하는 것을 말한다. 国有资产转让<sub>guóyǒu zī chǎnzhuǎnràng</sub>은 출자자 직책을 이행하는 기관에 의해 결정된다. 국유자산의 양도는 등가, 유상, 공개, 공평, 공정의 원칙에 따라야 한다. 특별한 규정이 있는 경우를 제외하고, 国有资产转让<sub>guóyǒu zī chǎnzhuǎnràng</sub>은 재산권리거래소(产权交易所)에서 공개적으로 진행해야 하고 2개 이상의 기업이 매수 의향이 있는 경우 공개 경매의 방식으로 거래해야 한다(企业国有资产法 제51조).

| guóyǒu qǐ yè gǎi zhì<br>**国有企业改制**<br>국 유 기 업 개 제 | 국유 기업제도개혁 | 082 |

국유기업의 기업 형태 내지 지분구조가 변경되는 것을 말하며, 주로 ① 국유독자기업을 국유독자회사로 변경하는 경우, ② 국유독자기업, 국유독자회사를 국유자본지배회사 또는 사유자본지배회사로 변경하는 경우, ③ 국유자본지배회사를 사유자본지배회사로 변경하는 경우가 포함된다(企业国有资产法 제39조).

| 083 | zhōngxiǎo qǐ yè<br>**中小企业**<br>중 소 기 업 | **중소기업** |
|---|---|---|

중국 내에서 법에 따라 설립된 인원·규모가 상대적으로 작은 기업을 말한다. 중소기업은 중형기업, 소형(小型)기업 및 미형(微型)기업으로 나뉜다. 중형기업, 소형(小型)기업 및 미형(微型)기업의 구분기준은 국무원 관련부서에서 직원수, 매출액, 자산총액 등 지표를 근거하여 산업 특성에 따라 결정한다(中小企业划型标准规定 제2조).

| 084 | nóngmínzhuān yè hé zuò shè<br>**农民专业合作社**<br>농 민 전 업 합 작 사 | **농민 전문 조합** |
|---|---|---|

농촌가정도급경영(农村家庭承包经营)을 바탕으로 농산품의 생산·경영자 또는 농업생산경영서비스 제공자, 이용자들이 자발적으로 연합하고 민주적으로 관리하는 경제공조조직을 말한다. 农民专业合作社(nóngmínzhuān yè hé zuò shè)는 구성원을 주된 서비스 대상으로 농업생산수단의 구매 및 사용, 농산품의 생산·판매·가공·운수·보관 및 기타 관련 서비스, 농촌 민간공예 및 제품, 레저 농업 및 농촌여행자원 개발 경영, 또는 농업생산경영과 관련되는 기술·정보·시설 건설 및 운영 서비스 등 업무를 운영할 수 있다(农民专业合作社法 제2조).

| 085 | chǎn pǐn zhì liàng zé rèn<br>**产品质量责任**<br>산 품 질 량 책 임 | **제조물책임** |
|---|---|---|

상품의 생산자·판매자가 제품에 어떤 결함 내지 하자가 있어 소비자나 이용자 또는 기타의 자가 인적 피해 또는 재산적 손해를 입은 경우에 부담하는 법적 배상책임을 말한다. 생산자는 그가 생산한 제품의 품질에 대해 책임을 부담해야 하며, 그 품질은 다음의 요구에 부합되어야 한다. ① 신체, 재산 안전을 위협하는 불합리한 위

험이 없으며, 신체 건강 및 신체·재산 안전을 보장하는 국가표준, 산업 표준이 있는 경우 해당 표준에 부합해야 한다. ② 제품이 구비해야 하는 사용 성능을 가져야 한다. 단 제품의 사용 성능 하자에 대해 설명한 경우는 제외한다. ③ 제품 또는 그의 포장에 기재된 채택한 제품 표준에 부합하며 상품 설명, 실물(견본) 등 방식으로 표명한 품질 상황에 부합해야 한다(产品质量法 제26조).

**产品质量认证制度**
chǎn pǐn zhì liàng rèn zhèng zhì dù
산 품 질 량 인 증 제 도

**제품 품질인증제도**

080

국가가 국제 선진 제품 표준 및 기술 요구를 참조하여 제품의 품질에 대하여 실시하는 인증제도를 말한다. 중국에서는 강제적 인정 및 자율적 인증을 병행하는 제도를 실시하고 있다. 국가가 강제적 인정을 받아야 하는 제품의 목록을 제정하고 발표한다. 기업은 자율적으로 주관부서에서 위임한 인증기관에 产品质量认证를 신청할 수 있다. 인증에 합격하면 인증기관에서 产品质量认证증서를 발급하고 기업은 제품 또는 그의 포장에 产品质量认证 표식을 사용할 수 있다(产品质量法 제14조).

**安全生产责任制**
ān quánshēngchǎn zé rèn zhì
안 전 생 산 책 임 제

**안전생산 책임제**

087

생산경영기업의 주요책임자가 기업의 안전생산 제1책임자로서 기업의 안전생산업무에 대해 전반적인 책임을 지며 기타 책임자가 직책 범위 내의 안전생산업무에 대해 책임지는 제도를 말한다. 생산경영기업은 각 직무 책임자, 책임 범위 및 평가기준 등 내용을 제도적으로 명확히 규정해야 하며 安全生产责任制의 이행상황을 감독하고 평가해야 한다(安全生产法 제5조).

| 088 | ān quánshēngchǎn    sān tóng shí<br>**安全生产 "三同时"**<br>안 전 생 산 " 삼 동 시 " | 안전생산 동시 설계 · 시공 · 가동 |

생산경영기업의 신축, 개축, 증축 공정 프로젝트의 안전시설은 주체 공정과 동시 설계, 동시 시공, 동시 생산 및 사용에 투입해야 한다는 것을 말한다. 안전시설 투자는 건설 프로젝트 개선에 포함해야 하며 공회(工会)가 安全生产 "三同时"의 이행에 대해 감독하고 의견을 제기할 권리가 있다. 안전시설은 생산경영활동에서 생산안전사고를 예방하기 위해 사용되는 설비, 시설, 장치, 건축물·정착물 및 기타 기술 조치의 총칭이다(安全生产法 제31조).

| 089 | biāozhǔn<br>**标准**<br>표 준 | 표준 |

농업, 공업, 서비스업 및 사회사업 등 분야에서의 통일화된 기술 요구를 말한다. 标准은 국가标准, 산업标准, 지방标准 및 단체标准, 기업标准 등을 포함한다. 국가标准은 강제성 标准 및 권장성 标准으로 구분되고 산업标准, 지방标准은 권장성 标准에 속한다. 강제성 标准은 반드시 준수해야 하는 것이며, 인체 건강 및 생명재산안전, 국가안전, 생태환경안전을 보장하거나 사회경제관리의 기본적인 수요를 만족시키는 기술 요구에 대해서는 강제성 국가标准을 제정해야 한다.

| 060 | néngyuán<br>**能源**<br>능 원 | 에너지원 |

석탄, 석유, 천연가스, 바이오매스, 전력, 열에너지 및 기타 직접 또는 가공, 전환을 통해 에너지로 사용될 수 있는 각종 자원을 말한다(节约能源法 제2조).

| | | |
|---|---|---|
| kě zài shēngnéngyuán<br>**可再生能源**<br>가 재 생 능 원 | **재생에너지** | 091 |

풍력, 태양열, 수력, 바이오매스, 지열, 해양 에너지 등 비화석 에너지를 말한다. 국가는 可再生能源(kě zài shēngnéngyuán) 발전 프로젝트를 장려하며 可再生能源(kě zài shēngnéngyuán) 발전량 전부 구매를 보장한다. 전력거래기업은 可再生能源(kě zài shēngnéngyuán) 발전기업과 계약을 체결하여 可再生能源(kě zài shēngnéngyuán) 발전프로젝트의 전부 발전량을 구매해야 하며 구매 가격은 국무원 가격주관부서에서 정한다. 전력거래기업의 可再生能源(kě zài shēngnéngyuán) 발전량 구매 원가가 일반 에너지 발전량 구매 원가를 초과하는 부분은 전국 범위 내에서 판매한 전력에 대해 可再生能源(kě zài shēngnéngyuán) 전기료 부가비를 징수하여 보상한다.

| | | |
|---|---|---|
| jié yuē néngyuán<br>**节约能源**<br>절 약 능 원 | **에너지 절약** | 092 |

에너지 사용 관리를 강화하여 기술적으로 가능하고 경제적으로 합리적이며 환경 및 사회가 부담할 수 있는 조치를 취하여 에너지 생산부터 소비까지 각 단계에서 에너지 소모를 줄이고, 손실 및 오염물 배출을 감소하여 낭비를 억제하고 에너지원을 효율적이고 합리적으로 사용하는 것을 말한다(节约能源法 제3조).

| | | |
|---|---|---|
| gù dìng zī chǎn tóu zī xiàng mù<br>**固定资产投资项目**<br>고 정 자 산 투 자 항 목 | **고정자산투자프로젝트** | 093 |

주된 기능이 있으며, 전반적인 설계가 완료되어 경제적으로 독립적인 결산을 실시하며 <정부투자조례>나 <기업투자프로젝트 비준 및 비안 관리조례>에 따라 관리받는 건설 프로젝트를 말한다.

| 094 néngyuánxiào lǜ biāo zhì<br>**能源效率标识**<br>능 원 효 율 표 식 | **에너지소비효율등급표시** |

에너지 소모 상품의 에너지 효율등급 등 성능지표를 기재하는 표식을 말한다. 국가 시장감독관리총국이 能源效率标识 관리제도의 수립 및 실시를 책임진다. 주관부서는 能源效率标识의 적용 대상 상품 목록을 제정하여 통일적으로 적용되는 에너지 효율기준, 실시 규칙, 能源效率标识양식 및 규격을 규정한다. 목록에 정한 상품의 생산자 또는 수입자가 제품에 能源效率标识을 붙여야 하며 중국 표준화연구원에 能源效率标识 및 관련 정보를 비안(备案)해야 한다.

| 095 jié néngchǎn pǐn rèn zhèng<br>**节能产品认证**<br>절 능 산 품 인 증 | **에너지소비효율등급 인증** |

제품의 품질, 안전 등이 기준에 부합하며 동종 제품 또는 기능이 완전히 동일한 제품에 비해 효율 또는 에너지 소모 지표가 국제 선진 수준에 상당하거나 국제 수준과 가까운 국내 선진 수준에 달한 제품으로 节能产品认证기구가 인증하는 절차를 말한다(节约能源法 제20조).

| 096 zhòngdiǎnyòngnéngdān wèi<br>**重点用能单位**<br>중 점 용 능 단 위 | **중점 에너지 소모 업체** |

연도 종합 에너지 소비량이 1만톤 기준석탄(1KG 기준석탄 = 7000 kcal) 및 그 이상의 에너지 사용 주체 및 주관부서가 지정한 연도 종합에너지 소비량이 5000톤 이상 1만 톤 이하 기준석탄의 에너지 사용 주체를 말한다. 중국은 重点用能单位에 대해 에너지절약 목표책임제 및 에너지절약평가제도를 실시한다. 즉, 지방 주관부서가 重点用能单位에게 에너지 소비총량 및 절감목표를 설정하고 重点用能单位에 대해 에너지소비총량 관리, 에너지절약목표 완성도, 에너지 이용효율 및 에너지 절약조

치 이행상황 등에 대해 평가를 실시하여 평가 결과를 사회에 공개한다(节约能源法 제52조).

국내 경영자가 외국 발주자가 제공한 원자재 또는 부품을 사용하여 발주자의 요구에 따라 가공하거나 조립하는 대가로 가공비를 받는 운영방식을 말한다. 来料加工 거래 중 국내 경영자가 원자재 또는 부품을 직접 수입할 필요가 없으며 생산한 완성품은 외국 발주자에 귀속된다.

국내 경영자가 해외로부터 원자재 또는 부품을 직접 수입하고 가공하거나 조립한 후 그 완성품을 직접 판매하는 운영방식을 말한다.

화물 수출입, 기술 수출입과 국제서비스무역을 말한다. 对外贸易은 한 나라에 있어서 그 외화수지, 세수, 경제의 발전 등에 대해 매우 중요한 영향을 미치므로 통상 각 나라들은 대외무역 관련 자국 경영자에 대한 각종 지원제도를 실행하는 한편 대외무역거래에서의 부당한 경쟁행위 등을 저지하기 위한 효과적인 제도, 예컨대 반덤핑 등 제도를 실행하고 있다(对外贸易法 제2조).

| 100 | huò wù<br>**货物**<br>화 물 | **물품** |

대외무역의 목적으로 대외무역업자 또는 기타 경영자를 통해 해외에서 수입되거나 또는 해외로 수출되는 제품 또는 상품을 말하며 이는 개인소비 등을 목적으로 하는 물품과는 다른 납세 및 통관제도를 적용한다.

| 101 | guò jìng huò wù<br>**过境货物**<br>과 경 화 물 | **경유국 통과화물** |

중국 경외로부터 그 운송이 개시된 후 중국 경내를 통과하여 계속하여 경외 지역으로 운송되는 화물 중 중국 경외로부터 운송 개시 후 중국 경내에서는 육로운송을 통하여 기타 경외 지역으로 운송되는 화물을 말한다(海关法 제100조).

| 102 | zhuǎn yùn huò wù<br>**转运货物**<br>전 운 화 물 | **환적되는 통과화물** |

중국 경외로부터 그 운송이 개시된 후 중국 경내를 통과하여 계속하여 경외 지역으로 운송되는 화물 중 중국 경외로부터 운송 개시 후 중국 경내에서는 중국 세관이 설립된 지점에서 타 운송도구로 교체하여 그 운송도구에 실려진 후에 중국 경내의 육로운송을 통하지 아니하고 타 경외지역으로 운송되는 화물을 말한다(海关法 제100조).

| 103 | tōng yùn huò wù<br>**通运货物**<br>통 운 화 물 | **환적이 필요하지 않는 통과화물** |

중국 경외로부터 그 운송이 개시된 후 중국 경내를 통과하여 계속하여 경외 지역으

로 운송되는 화물 중 선박, 항공기에 의해 중국 경내로 진입한 후 중국 경내의 육로 운송을 통하지 아니하고 기존의 운송도구에 그대로 실려 출경(出境)하는 화물을 말한다(海关法 제100조).

개인이 중국으로 입경(入境) 또는 중국에서 출경(出境) 시 함께 휴대한 물품, 우편의 방식으로 중국에서 출경 또는 중국으로 입경하는 물품 등을 말한다. 이는 개인소지 또는 개인 소비용 물품으로 자가용 및 합리적인 수량을 그 한도로 하고 이러한 개인물품은 대외무역하의 화물과 구별되는 납세 및 통관제도를 적용한다(海关法 제46조).

관련 법규정을 위반하고 세관의 관리감독을 도피하여 중국이 그 출입경을 금지한 물품, 국가가 출입경을 제한하거나 관련 법에 따라 관세와 기타 비용을 납부하여야만 수출입될 수 있는 화물, 물품을 불법적인 경로로 암거래하여 중국으로 반입하거나 중국으로부터 외국으로 반출하는 위법행위를 말한다.

화물이 해외로부터 선박 또는 기타 운송도구를 통해 중국 경내로 진입하는 것을 말하며 이 경우 해당 화물은 법정 통관절차, 검험검역(检验检疫)절차, 납세절차 등을 거쳐 중국 경내로 유입되어 적법하게 유통될 수 있다.

| | |
|---|---|
| **107**<br>chū kǒu<br>**出口**<br>출 구 | **수출** |

화물이 중국 경내로부터 선박 또는 기타 운송도구를 통해 해외로 나가는 것을 말하며 이 경우 해당 화물은 법에 따라 통관절차, 검험검역(檢驗檢疫)절차, 납세절차 등을 거쳐 중국 경외로 제공될 수 있다.

| | |
|---|---|
| **108**<br>zhuǎn kǒu mào yì<br>**转口贸易**<br>전 구 무 역 | **중계무역** |

거래의 일종으로 화물무역거래가 제조국과 최종 수요국 사이에서 직접 이루어지는 것이 아닌, 중간에 제3국의 경영자를 통해 그와 각자 거래관계를 맺고 진행되는 무역거래방식을 말한다. 이 경우 통상 화물은 제조국(수출국)에서 제3국으로 운송된 후 제3국에서 실질적 가공을 거치지 않고 최종 수요국으로 운송된다.

| | |
|---|---|
| **109**<br>guó yíng mào yì guǎn lǐ<br>**国营贸易管理**<br>국 영 무 역 관 리 | **국영무역관리** |

중국의 국가경제와 국민의 생활, 국가안전에 중요한 영향을 미치는 관건적인 화물무역영역(농산품·광물자원 등)에 대해 국가가 용이하게 그 수출입을 관리통제할 수 있도록 하는 제도를 말한다. 국영무역관리화물리스트에 있는 화물을 중국에서 수출 또는 중국으로 수입하기 위해서는 국가의 특별한 허가가 없이는 원칙상 중국 관련 정부기관의 수권을 받은 기업만이 이를 수출 또는 수입을 할 수 있다(对外贸易法 제11조).

| jìn chū kǒu zì dòng xǔ kě<br>**进出口自动许可**<br>진 출 구 자 동 허 가 | **수출입자동허가** |
|---|---|

수출입 제한 또는 금지된 화물 외의 기타 화물에 대해 원칙상 자유수출입제도를 적용하는 제도를 말한다. 이와 같이 자유로이 수출입을 할 수 있는 화물 중 대외무역주관부서가 특정 화물의 수출입상황을 모니터링 하기 위한 목적으로 자유로이 수출입하는 일부 특정 화물에 대해 적용하는 자동허가제도로 해당 화물 수출입 시 수하인 또는 송하인은 단지 통관절차를 진행하기 전에 자동허가신청을 하면 곧 관련 정부기관에 의해 자동으로 허가를 득하여 화물을 수출입할 수 있게 된다. 해당 제도를 적용하는 화물리스트는 대외무역주관부문에서 제공한다(对外贸易法 제14조).

| pèi é guǎn lǐ<br>**配额管理**<br>배 액 관 리 | **할당제 관리** |
|---|---|

국가가 화물의 대외무역거래에 있어서 국가안전, 사회공공이익 또는 공중도덕에 대한 수호, 인체 또는 동식물의 생명건강과 안전, 환경의 보호 등등의 이유로 일부 화물에 대해 그 수출입을 제한하는 제도를 실행하는 것을 말한다. 이와 같이 수출입이 제한된 화물에 대한 관리방식 중 하나로 특정 기간, 특정 화물의 수출입 수량을 제한하고 그 한정된 수량 범위 내에서의 수출입이 허용된다(对外贸易法 제16조).

| xǔ kě zhèngguǎn lǐ<br>**许可证管理**<br>허 가 증 관 리 | **허가증관리** |
|---|---|

국가가 화물 또는 기술의 대외무역거래에 있어서 국가안전, 사회공공이익 또는 공중도덕에 대한 수호, 인체 또는 동식물의 생명건강과 안전, 환경의 보호 등등의 이유로 일부 화물 또는 기술에 대해 수출입을 제한하는 제도를 실행하는데 이와 같이 수출입이 제한된 화물 또는 기술에 대한 관리방식 중 하나로 그 수출입을 하고자 하

는 자에게 인허가를 하는 방식으로 그 수출입을 관리하는 제도를 말한다(対外貿易法 제16조).

| 113 | xiàn zhì jìn chū kǒu<br>**限制进出口**<br>제 한 진 출 구 | **수출입제한** |

국가가 화물 또는 기술의 대외무역거래에 있어서 국가안전, 사회공공이익 또는 공중도덕에 대한 수호, 인체 또는 동식물의 생명건강과 안전, 환경의 보호 등등의 이유로 일부 화물 또는 기술에 대해 수출입을 제한하는 제도를 말한다. 수출입이 제한되는 화물은 배액관리(配額管理) 또는 허가증관리 등 방식으로 관리되고, 수출입이 제한되는 기술은 허가증방식으로 그 수출입이 통제관리되며, 수출입이 제한되는 화물 또는 기술의 범위는 통상 수입제한화물리스트, 수입제한기술리스트, 수출제한화물리스트, 수출제한기술리스트, 관련 법규정의 내용, 정부의 임시적인 제한조치 등에 따라 실행하게 된다.

| 114 | jìn zhǐ jìn chū kǒu<br>**禁止进出口**<br>금 지 진 출 구 | **수출입금지** |

국가가 화물 또는 기술의 대외무역거래에 있어서 국가안전, 사회공공이익 또는 공중도덕에 대한 수호, 인체 또는 동식물의 생명건강과 안전, 환경의 보호 등등의 이유로 일부 화물 또는 기술에 대해 수출입을 금지하는 제도를 말한다. 수출입이 금지되는 화물 또는 기술의 범위는 통상 수출입금지 화물 또는 기술리스트 및 기타 법령의 규정 등으로 실행하게 된다.

타국의 제조상 또는 수출상이 특정 상품을 해당 제품의 정상가치보다 낮은 가격으로 자국에 수출하는 무역행위를 말한다. 倾销<sup>qīngxiāo</sup>행위 그 자체는 WTO법에 의해 명문 금지된 것은 아니나 그러한 행위가 다른 국가의 국내 산업에 손해를 입히는 경우에는 규제의 대상으로 분류될 수 있으며 이 경우 해당 국가는 국내 동일 산업에 대한 강력한 보호 수단으로 반덤핑조치(예컨대 반덤핑세)를 취할 수 있게 된다.

수출국 정부 또는 그 임의 공공기구가 적용대상자에게 이익을 가져다 주는 재정적 자금지원 및 기타 임의 형태의 수익 또는 가격상의 지원을 말한다. 이러한 재정적 자금지원에는, ① 재정지원, 대출, 자본주입 등 방식으로 직접 자금을 제공하거나 대출담보 등 방식으로 잠재적으로 직접 자금 또는 채무를 양도하는 경우, ② 미수수익의 수취를 포기하거나 수취하지 아니하는 경우, ③ 일반적 기초시설 이외의 화물, 용역을 제공하거나 화물을 구입하는 경우, ④ 자금조달기구에 지급하거나 사영기구에 위탁 또는 지시하여 위 행위를 행하는 경우를 포함한다. 관련 국가에 의해 규제되어야 할 补贴<sup>bǔ tiē</sup>행위라고 판단되는 경우 해당 국가의 정부는 이러한 타국의 보조금 혜택을 받은 수입상품의 수입경영자에 대해 상계관세를 징수할 수 있다.

| diàn xìn 电信 전 신 | 전기통신 |
|---|---|

유선·무선의 전자시스템 또는 광전기시스템을 이용하여 언어·문자·데이터·도형 및 기타 임의 형태의 정보를 전송·송신 또는 수신하는 활동을 말하며 크게 기초전

신업무(基础电信业务)와 증치전신업무(增值电信业务)로 나뉘게 된다(电信条例 제2조).

---

| 118 | jī chǔ diàn xìn yè wù<br>**基础电信业务**<br>기 초 전 신 업 무 | 기간통신역무 |

공공네트워크기초시설, 공공데이터 전송과 기본 음성통신서비스를 제공하는 업무를 말한다. 이는 <전신업무분류목록>에 의해 고정통신업무, 셀룰러이동통신업무, 제1류 및 제2류 위성통신업무, 제1류 및 제2류 데이터통신업무, 국제데이터통신업무, 인터넷본지역데이터전송업무, IP전화업무, 무선호출업무, 네트워크접속시설서비스업무, 국내 통신시설서비스업무 등등이 포함된다. 基础电信业务는 반드시 중국 정보산업주관부문의 비준을 받아 관련 라이선스를 취득해야만 운영할 수 있다(电信条例 제8조).

---

| 119 | zēng zhí diàn xìn yè wù<br>**增值电信业务**<br>증 치 전 신 업 무 | 부가통신역무 |

공공네트워크기초시설을 이용하여 제공하는 전신과 정보서비스업무로 원칙상 정보산업부문의 비준을 받아 관련 라이선스를 취득해야만 운영할 수 있다. <전신업무분류목록>에 의해 인터넷데이터센터업무, 인터넷접속서비스업무, 온라인데이터처리 및 거래처리업무, 정보서비스업무 등이 포함된다(电信条例 제9조).

---

| 120 | diàn xìn wǎng jiān hù lián<br>**电信网间互联**<br>전 신 망 간 호 련 | 통신망 상호접속 |

기술타당성, 경제적 합리성, 공평공정, 상호협력의 원칙에 따라 전신망의 상호 연계 상호 접속을 하는 것을 말한다. 주도적 전신업무경영자는 기타 전신업무경영자와

전용네트워크운영업체가 제출한 상호접속요구를 거절할 수 없고 주도적 전신업무 경영자는 무차별 및 투명화 원칙에 따라 전신망 간 상호접속 절차, 시한 등 규정을 제정하여 국무원 정보산업주관부문의 동의를 득해야 한다.

| | |
|---|---|
| hù liánwǎng xìn xī fú wù<br>**互联网信息服务**<br>호 련 망 신 식 복 무 | **인터넷 기반 정보서비스** 121 |

인터넷을 통해 온라인이용자에게 정보를 제공하는 서비스활동을 말한다. 이에는 경영성 互联网信息服务와 비경영성 互联网信息服务로 나뉜다. 그중 경영성 互联网信息服务는 온라인 이용자에게 유상으로 정보를 제공하거나 웹사이트제작 등을 진행하는 서비스 활동이고 이는 관할부문의 허가를 받아야만 운영할 수 있다. 비경영성 互联网信息服务는 온라인 이용자에게 무상으로 공개성, 공유성 정보를 제공하는 서비스활동을 말하며 이는 관할부문에 신고 및 등록을 해야만 운영이 가능하다.

| | |
|---|---|
| wǎng luò<br>**网络**<br>망 락 | **네트워크** 122 |

컴퓨터 또는 기타 정보단말 및 관련 설비로 구성된 일정한 규칙과 절차에 따라 정보에 대해 수집, 저장, 전송, 교환, 처리하는 시스템을 말한다(网络安全法 제76조).

| | |
|---|---|
| wǎng luò ān quán<br>**网络安全**<br>망 락 안 전 | **사이버안보** 123 |

필요한 조치를 취하여 네트워크에 대한 공격, 침입, 교란, 파괴 및 불법사용과 의외사고의 발생을 방지하여 네트워크가 안정적인 운행상태에 처해있도록 하며 네트워크데이터의 완전성, 비밀성, 가용성 능력을 보장하는 것을 말한다(网络安全法 제76조).

# 중문 색인

**C**

**P**

# 국문 색인

## 저자 약력

### 김주
주요학력: 중국정법대학교 학사, 고려대학교 민사소송법 석사/박사
주요경력: (현)SK하이닉스 해외법인법무팀 팀장/중국변호사,
　　　　　삼성그룹 법무실 중국변호사, 법무법인(유) 로고스 중국변호사

### 장지화
주요학력: 중국 연변대학교 법학학사, 중국 화동이공대학교 국제경제법 석사,
　　　　　고려대학교 민사소송법 박사
주요경력: (현)김앤장 법률사무소 중국변호사/숭실대학교 국제법무학과 겸임교수,
　　　　　중국 연변조선족자치주검찰원 검사

### 강광문
주요학력: 북경대학 국제정치학 학사, 중국정법대학 법률 석사, 동경대학 헌법 석사/박사
주요경력: (현)서울대학교 법학전문대학원 교수, 중륜변호사사무소 중국변호사

### 김정애
주요학력: 길림대학교 법학 학사, 고려대학교 상법 석사
주요경력: (현)한국외국어대학교 법학전문대학원 교수, 법무법인(유)대륙아주 중국변호사

### 이해란
주요학력: 중국정법대학교 법학 학사, 서울대학교 경제법 석사과정 수료
주요경력: (현)SK하이닉스 해외법인법무팀 중국변호사, 김앤장 법률사무소 중국변호사,
　　　　　삼성그룹 중국변호사

2023 증보판
# 중국법률용어사전

| | |
|---|---|
| 초판발행 | 2023년 12월 8일 |
| 지은이 | 김주·장지화·강광문·김정애·이해란 |
| 펴낸이 | 안종만·안상준 |
| 편 집 | 한두희 |
| 기획/마케팅 | 조성호 |
| 표지디자인 | Ben Story |
| 제 작 | 고철민·조영환 |
| 펴낸곳 | (주) **박영사** |
| | 서울특별시 금천구 가산디지털2로 53, 210호(가산동, 한라시그마밸리) |
| | 등록 1959.3.11. 제300–1959–1호(倫) |
| 전 화 | 02)733–6771 |
| f a x | 02)736–4818 |
| e-mail | pys@pybook.co.kr |
| homepage | www.pybook.co.kr |
| I S B N | 979–11–303–4586–4  93360 |

copyright©김주·장지화·강광문·김정애·이해란, 2023, Printed in Korea

| | |
|---|---|
| 정 가 | 39,000원 |